KB176401

해커, 광기의 랩소디 ^{복간판}

세상을 바꾼 컴퓨터 혁명의 영웅들

해커, 광기의 랩소디(복간판)

세상을 바꾼 컴퓨터 혁명의 영웅들

초판 1쇄 발행 2013년 8월 20일
복간 1쇄 발행 2019년 5월 5일

지은이 스티븐 레비 / **옮긴이** 박재호, 이해영 / **펴낸이** 김태헌
펴낸곳 한빛미디어(주) / **주소** 서울시 서대문구 연희로2길 62 한빛미디어(주) IT출판사업부
전화 02-325-5544 / **팩스** 02-336-7124
등록 1999년 6월 24일 제25100-2017-000058호 / **ISBN** 979-11-6224-176-9 93000

총괄 전태호 / **책임편집** 이상복 / **기획** 최현우
디자인 표지 김연정 내지 김연정 조판 이경숙
영업 김형진, 김진불, 조유미 / **마케팅** 송경석, 김나예, 이행은 / **제작** 박성우, 김정우

이 책에 대한 의견이나 오탈자 및 잘못된 내용에 대한 수정 정보는 한빛미디어(주)의 홈페이지나 아래 이메일로
알려주십시오. 잘못된 책은 구입하신 서점에서 교환해드립니다. 책값은 뒤표지에 표시되어 있습니다.

한빛미디어 홈페이지 www.hanbit.co.kr / 이메일 ask@hanbit.co.kr

지금 하지 않으면 할 수 없는 일이 있습니다.
책으로 펴내고 싶은 아이디어나 원고를 메일(writer@hanbit.co.kr)로 보내주세요.
한빛미디어(주)는 여러분의 소중한 경험과 지식을 기다리고 있습니다.

해커, 광기의 랩소디

세상을 바꾼 컴퓨터 혁명의 영웅들

복간판

스티븐 레비 지음
박재호, 이해영 옮김

O'REILLY® ⅢB 한빛미디어
Hanbit Media, Inc.

개인적으로 이 책과는 특별한 인연이 있습니다. 처음 알게 된 건 2004년이었습니다. 곧 절판된다는 소식을 듣고 온라인 서점들 홈페이지를 부지런히 뒤져 교보문고에 남은 마지막 재고를 어렵게 입수했습니다. 이후 2013년에 한빛미디어에서 출간한 개정판 역시 절판된다는 소식을 2018년 5월에 접하고 부랴부랴 알라딘에서 끝물로 입수하고 나서 기뻐했습니다. 그런 인연이 있는 이 책의 복간 소식을 들으니 기쁨과 안도감이 느껴집니다. 업계에 오래 남을 고전으로 자리매김하지 않았나 하는 기쁨, 언제든 살 수 있겠다는 안도감 말입니다.

이 책은 Unsung Hero(숨은 영웅)들의 이야기입니다. 일부 등장인물은 사업적으로나 학문적으로 크게 성공해 유명해졌지만, 대부분은 IT 업계 종사자에게도 낯선 사람들입니다. 잊힌 이름입니다만 컴퓨터가 처음으로 만들어진 후 PC 혁명, 인터넷 혁명, 오픈소스 혁명을 거쳐 이후 모바일과 인공지능으로 이어지는 긴긴 과정 중 특히 초창기에 다양한 분야에서 순수한 열정으로 기여한 해커들 이야기를 읽는 것은 너무나도 재미있고 의미있는 일입니다.

부디 더 많은 IT 업계 분들이 이 이야기들을 읽고 공감하고 기억하며 곱씹어볼 수 있기를 바랍니다. 복간판 출간에 감사드리고, 이 중요하고도 좋은 책을 손에 넣은 독자께도 축하의 말씀을 드립니다!

오픈소스 커뮤니티 KLDP 설립자, 구글 한중일 · 오세아니아 개발자 생태계 총괄, **권순선**

IT 업계에서 HR로 12년 넘게 일해오며 개발자들은 참 쉽지 않은 존재들이었다. 개발은커녕 학창 시절에 공대 건물 근처도 가본 적 없는 완전 문과생인 나에게, 그들은 무표정하고, 대화하기 어려우며, 부끄러움 많고, 그러면서도 자신만의 영역이 분명하며, 입을 여는 때가 오면 상대를 개의치 않고 본인 생각을 쏟아내는, 한 마디로 힘든 상대이자 너무 다른 종족이었다. 그렇지만 낯가리는 얼굴 뒤에는 꽉 찬 자신감이, 두

리뭉실하게 타협하는 정치인들과는 다른 치밀한 논리와 단단한 주관이, 의견을 청하고 도움을 구하면 어떤 숨김이나 거들먹거림 없이 자신의 지식과 경험을 아낌없이 공유하는 모습이, 나를 그들에게 흠뻑 빠져들게 만들었다.

    HR로서 내가 속한 조직과 업계의 사람들을 온전히 이해하고 가치 있는 일을 하는 프로페셔널이 되려 했고, 그들에게서 '한 번도 개발을 해본 적이 없지만 이미 개발자시네요'라는 특유의 건조한 피드백을 들었을 때, 이보다 더한 인정은 없었다. 내가 만난 그들, 나를 개발자들에게 눈멀게 한 그들이 바로 이 책의 주인공들 같은 해커들이었음을 책을 읽고서야 알았다. 그리고 이 책을 먼저 읽었더라면, 순수 문과쟁이가 그들과 이해의 접점에 닿기까지, 해커 세계에 발을 들여놓고, 그들의 생각과 언어를 이해하고, 함께 호흡하고 가치를 만들어나가기 위해 거쳐야 했던 그 길고 쉽지 않았던 시간이 훨씬 줄어들었을 텐데…하는 배신감 드는 치트키를 발견한 기분이다. 개발자가 아니더라도, 그들과 함께하고 있는 모두에게 추천하는 책이다. 더군다나 엄청 재밌다.

스트라드비전 HR 매니저, 황은기

특별한 목적은 없었다. 그럴싸한 이유도 없었다. 누가 시킨 일도 아니었다. 그저 재밌었다. 그때가 아니면 만져볼 수도 없었다. 낮밤을 가리지 않고, 즐거움을 위해 달렸다. 그들의 뜨거웠던 순간이 모여 우리의 지금을 지탱하고 있다. 검은 터미널창 커맨드라인을 멍하게 바라본 적 있는가? 당신에게도 그들과 같은 해커 향기가 느껴진다. 함께 빠져보지 않겠는가? 세상이 우리를 기다리고 있다. 그들의 뭉클한 이야기에 빠져보자.

「마이크로소프트웨어」 편집장, 조병승

초등학교와 중학교에 다니던 시절인 80년대 초중반, 국내에 개인용 컴퓨터가 도입되기 시작했다. 금성 '패미콤 시리즈', 삼성 'SPC 시리즈', 상대적으로 늦었지만 대우 'MSX 호환 기종', 키보드 부분이 위로 치솟은 독특한 디자인의 '애플 호환기종(지금 기준으로 보면 해적판)' 컴퓨터 광고가 즐겨 보던 과학 잡지의 광고란을 채웠다. 기종별 하드웨어 스펙과 가격과 사진을 비교하기 편리하도록 매달 한데 모아 보여주기도 했다. 스펙으로만 보자면 요즘 아이들 장난감에 들어가는 컨트롤러 수준에도 미치지 못할 것이다.

오늘날에는 누구도 PC 성능을 보잘것없는 장난감 수준이라고 하지 않는다. PC의 대중화가 불러온 기술적/문화적 변혁에 대해 토를 다는 사람도 없다. 이 책은 이러한 변혁이 어디서 시작되었으며, 어떻게 발전하고 변화해왔는지, 그 주역들은 어떤 생각을 공유했는지에 대한 기록을 연대기 형식으로 담았다. 사회성은 좀 떨어지지만 대단히 논리적이고, 목표를 정하면 집요하게 파고드는 성격의 사람들이 한데 모여서 아이디어를 공유하고 무언가를 발전시키는 과정은 소설이나 영화처럼 드라마틱하지는 않지만 나름 흥미진진하다.

나처럼 80년대 추억을 간직한 분들이라면 옛 기억을 하나씩 되짚으며 읽는 재미도 꽤 쏠쏠할 것이다. 설령 그런 행운이 없더라도, 정해진 틀에 안주하지 않고 창의적으로 변화를 주도하거나 혹은 그런 의지가 있는 분들이라면 시간적 제약을 뛰어넘어 공감대를 형성하고 재미를 느낄 수 있을 것이다.

베타리더, **권일경**

특정 시기에 일군의 사람들의 정신력이 응집되어 폭발하면 어떤 일이 벌어질까? 이 책은 그 해답을 보여준다. 하달된 거대한 기획도, 거대한 자본의 지원도 없이 그저 '해 킹'에 심취한 사람들이 일으킨 파급력의 결과가 오늘날 정보기술의 세계를 이끌었다 는 사실, 그 숨겨진 사람들의 이야기를 담았다는 것만 해도 이 책의 가치는 충분하다.

베타리더, **송우일**

어떤 분야에서든지 그 뿌리를 찾아 떠나는 여행은 흥미롭다. 지금은 일상이 되어버린 컴퓨터와 소프트웨어들이 언제, 어디서, 어떤 사람들에 의해 탄생했는지에 대한 역사 를 이 책은 고스란히 담고 있다. 당시 순수했던 해커 정신과 흥망성쇠(?)를 읽으며, 요즘 들어 좋은 책을 너무 늦게 접한다는 생각이 든다.

베타리더, **정성권**

이 책은 대학교 1학년 때 번역서로 처음 접했다. 그 당시는 개인용 컴퓨터의 주도권이 8비트 컴퓨터에서 16비트 컴퓨터로 넘어가면서 PC 통신이라는 거대한 변화의 물결이 도래하던 격동의 시기였고, 운영체제는 물론이고 유틸리티와 게임을 비롯한 각종 소프트웨어를 염가(?)로 디스켓 가격만 지불하고 사이좋게 나눠 사용했다. 개인용 컴퓨터가 개인들의 손에 쥐어지고, 한 걸음 더 나가 각 컴퓨터가 서로 연결되고 있는, 참으로 시의적절한 시점에 이 책을 접하게 되었다. 철부지 대학생 시절에 이 책을 읽으며 불철주야 해킹이라는 지고지순한 목표에 매진하는 해커들의 활약상에 환호성을 질렀던 기억이 어렴풋이 떠오른다.

그 이후 인터넷을 접하고, 모자이크라는 웹 브라우저로 곳곳을 탐험하며, 이 책에서도 나오는 영원한 해커들의 대인배 디지털 이큅먼트 사가 운영하던 ftp 사이트에서 온갖 유닉스 소프트웨어 소스 코드를 구하고, 오픈소스의 효시인 X11과 GNU 소프트웨어를 가져다 컴파일하면서 해커들의 멋진 선물을 접하게 되었다. 학창 시절을 마치고 회사에 들어가 이런저런 일상에 치이다 보니 무려 20년이 훌쩍 지나가 버렸고, 이 책을 읽었는지 기억이 가물가물해질 무렵, 때마침 25주년 기념판이 오라일리 출판사에서 나왔다는 소식을 접했다. 출판사 요청을 받아 그때 그 시절 추억을 되살리기 위해 번역 작업을 시작했는데, 그동안 경험이 쌓였는지 몰라도 이 책에 대한 느낌이 완전히 달라져 버렸다. 이 책은 요즘은 물과 공기처럼 너무나 자연스러운 하드웨어, 소프트웨어, 네트워크를 존재하게 한 투사들의 기록이다.

이 책은 크게 네 부분으로 나뉜다. 정말 아무것도 없었던 초창기 시절에 실제 컴퓨터라는 물건을 만들어내는 MIT 해커 이야기, 컴퓨터로 사회를 혁신적으로 바꿔놓겠다는 일념하에 개인이 조립 및 사용 가능한 컴퓨터를 만들어내는 하드웨어 해커 이야기, 급속도로 전파되는 하드웨어를 쓸 만한 물건으로 만드는 동시에 상업적인 이익을 추구하는 게임 해커 이야기, 그리고 세월이 흘러 변신한 해커의 뒷이야기가 서로 연관을 맺으며 반세기를 관통하며 흐른다. 50년이 지나 해커 정신은 이제 대중에게도 널리 알려진 오픈소스와 실생활에 필요한 하드웨어를 직접 만드는 (아두이노로 유명세를 타기 시작한) 오픈 하드웨어와 (홈페이지와 게시판으로 시작해, 블로그와 SNS로 발전한) 개방된 정보 환경을 지탱하는 원동력으로 자리 잡고 있다.

개인적으로 이 책을 집필한 스티븐 레비에게 감사하고 싶은 이유가 하나 있다. 이 책은 사실상 스타트업을 다루는 최초의 서적이라고 봐도 무방할 정도로 1980년대 격동기 스타트업 기업들의 성장과 발전, 퇴보와 죽음을 제대로 보여준다. 1980년대 해커 선배들이 회사를 운영하며 산전수전 다 겪는 모습을 보며, 역자 역시 용기를 얻어 새로운 세상으로 뛰어들었다. 앞으로 순수한 해커 정신과 상업적인 해커 정신이 요즘과 같이 복잡한 세상에서 어떻게 상호작용을 할지 현장에서 체득할 예정이며, 기회가 닿으면 여기에 대해 어떤 형태로든 기록을 남기려 한다. 마지막으로 해커 정신이라는 깨달음을 얻게 해준 국내외 모든 선후배 해커 여러분께 감사를 표한다.

2013년 7월, **박재호**

컴퓨터와 관련된 일을 세상에서 가장 중요하게 여기는 프로그래머들과 디자이너들, 소위 해커라 불리는 사람들에 관한 글을 써보고 싶다는 생각이 든 동기는 그들이 굉장히 흥미로운 사람들이었기 때문이다. 비록 일부는 해커라는 용어를 조롱조로 '멍청한 사회적 부적응자나 지저분하고 표준에 어긋나는 코드를 내놓는 전문가답지 못한 프로그래머'라는 의미로 사용하지만 나는 해커를 다르게 생각한다. 평범한 외모 속에 감춰진 그들은 대개 모험가, 선지자, 도전자, 예술가였으며, 컴퓨터가 진정으로 혁명적인 도구라는 사실을 누구보다 분명히 이해하는 사람들이었다. 해커 정신으로 무장해 파고들면 한계란 없다는 사실을 그들은 잘 알았다. 이 책을 쓰면서 나는 진정한 해커가 해커라는 호칭을 경멸이 아니라 영광으로 여기는 이유를 알게 되었다.

1950년대 수백만 불짜리 장비를 길들였던 사람들부터 자기 집 침실에서 컴퓨터를 정복한 젊은 현대 마법사에 이르기까지, 다양한 디지털 탐험가와 이야기를 나누면서 컴퓨터라는 우아한 논리 흐름에 연결된 한 가지 공통적인 요소, 공통적인 철학을 발견했다. 그것은 공유와 개방과 분산과 무슨 일이 있더라도 기계를 손에 넣어 이 기계를 그리고 세상을 개선하겠다는 의지의 철학이었다. 이 해커 윤리는 그들이 우리에게 준 선물이며, 심지어 컴퓨터에 전혀 관심 없는 사람들에게도 가치 있는 선물이 되었다.

해커 윤리는 문서로 규정되기보다 행동으로 실현되는 윤리다. 이 책에서 나는 컴퓨터에서 마법을 보았을 뿐만 아니라 마법을 부렸던 사람들, 한 걸음 더 나가 우리 모두에게 이익이 되도록 마법을 해방한 사람들을 여러분에게 소개할 참이다. 50년대와 60년대 MIT 인공지능 연구실에서 일하던 진정한 해커들, 70년대 덜 은둔적이고 더 대중적인 캘리포니아 하드웨어 해커들, 80년대 개인 컴퓨터 시대에 명성을 떨쳤던 젊은 게임 해커들을 소개하겠다.

이 책은 컴퓨터 분야에서도, 내가 집중한 해커 분야에서도, 절대로 공식적인 역사서가 아니다. 사실 여러분이 이 책에서 만날 사람 중 다수는 컴퓨터 연보에서 가장 유명한 이름도 (물론 가장 부자인 이름도) 아니다. 여러분이 이 책에서 만날 사람들은 가장 심오한 수준으로 컴퓨터를 이해했으며 우리에게 새로운 삶의 방식과 새로운 영웅의 모습을 보여준 무대 뒤 천재들이다.

리처드 그린블랫, 빌 고스퍼, 리 펠젠스타인, 존 해리스와 같은 해커들은 컴퓨터 분야 자체의 정신이자 영혼이다. 나는 그들의 비전, 컴퓨터 자체에 대한 친밀함, 그들만의 세상에서 겪은 특이한 경험, 때로는 극적이고 때로는 어처구니없는 바깥세상과의 교류 방식이 컴퓨터 혁명이 어떻게 일어났는지 보여주는 진정한 이야기라 믿는다.

스티븐 레비

>> **IBM 704**

"IBM은 악마였으며, MIT 빌딩 26에 있었던 거대한 IBM 704는 악마의 기계였다. 나중에 IBM 709 를 거쳐 IBM 7090으로 발전했다. 배치 처리 방식이었으며 견디기 어려울 만큼 느렸다."

>> **IBM PC**

"IBM이 개인용 컴퓨터 시장에 뛰어든 첫 제품으로, 흥미롭게도 약간의 해커 윤리를 넣었기에 상당 한 인기를 끌었다."

>> **LISP 머신** LISP Machine

"궁극적인 해커 컴퓨터로 대부분 그린블랫이 고안했으며, 격렬한 MIT 분쟁의 원인이 됐다."

>> **PDP-1**

"디지털 이큅먼트가 처음으로 선보인 미니컴퓨터이며, 1961년에 MIT 해커들에게 대화식 컴퓨터라 는 횡재를 안겨주었으며, IBM 파시즘에 일격을 가했다."

>> **PDP-6**

"코톡이 일부 설계에 관여한 이 메인프레임 컴퓨터는 풍부한 명령어 집합과 16개의 매력적인 레지 스터를 제공했으며, 인공지능 연구실의 초석이 되었다."

>> **TX-0**

크기가 작은 방을 가득 채울 300만 불짜리 기계로 1950년대 말에 등장한 세계 최초의 개인용 컴퓨터였다. 바로 이 컴퓨터를 중심으로 MIT 해커 공동체가 탄생했다.

>> **게리 수스만** Gerry Sussman

젊은 MIT 해커로 파이프 담배를 피웠고 프로그램을 이리저리 바꾸다 망가뜨리는 바람에 패배자로 낙인찍혔다. 나중에 알고리즘 마법을 부려 승리자로 변신한다.

>> **고든 프렌치** Gordon French

은발의 하드웨어 해커로 차고에 자동차 대신 자신이 손수 만든 치킨 호크 컴퓨터를 넣어두었다. 첫 번째 홈브루 컴퓨터 클럽 회의를 여기서 열었다.

>> **댄 소콜** Dan Sokol

홈브루 클럽에서 기술적인 비밀을 까발린 장발의 장난꾸러기다. 알테어 베이식 프로그램을 종이 테이프에 담아 해방에 도움을 줬다.

>> **더그 칼스톤** Doug Carlston

법인 변호사를 때려치우고 브로더번드 소프트웨어 회사를 차렸다.

>> **데이비드 실버** David Silver
14살에 학교를 떠나 인공지능 연구실의 마스코트가 되었다. 불법 키와 불가능을 가능하게 만든 소형 로보트 제작자다.

>> **딕 서덜랜드** Dick Sunderland
"안색이 창백한 MBA로, 튼튼한 관료주의 경영이 가치 있는 목표라 믿었다. 하지만 시에라 온라인 의 회장이 된 다음에 해커들은 그렇게 생각하지 않는다는 사실을 알게 되었다."

>> **랜디 위긴톤** Randy Wigginton
열다섯 살 때 스티브 워즈니악이 만든 꼬마 그룹의 일원으로 워즈를 도와 애플 II를 홈브루에 가져갔다. 애플의 첫 소프트웨어 직원이 되었을 때 고등학생이었다.

>> **러셀 노프트스커** Russell Noftsker
60대 후반에 MIT 랩에서 고달픈 관리자 역을 맡았다. 나중에 심볼릭스 사의 회장이 된다.

>> **레 솔로몬** Les Solomon
『파퓰러 일렉트로닉스』의 편집자로 컴퓨터 혁명을 행동으로 옮기게 한 배후조종자였다.

>> **로버타 윌리엄스** Roberta Williams
"켄 윌리엄스의 내성적인 부인으로, 여러 베스트셀러 컴퓨터 게임 중 첫 작품인 미스터리 하우스를 작성함으로써 자신의 창의력을 재발견했다."

>> **로저 멜렌** Roger Melen
홈브루 클럽 회원이며 크로멘코 사를 창립해 알테어용 회로 기판을 만들었다. 멋진 솜씨로 식탁에서 생명LIFE 프로그램을 만들어냈다.

>> **루이스 머톤** Louis Merton
'잘 긴장하는 인공지능 체스 해커'라는 별명이 붙은 머톤은 해커 공동체를 하나로 묶었다.

>> **리 펠젠스타인** Lee Felsenstein
전직 『버클리 바브』지의 군사 편집자로 SF 소설의 영웅이다. 폐품 처리식 접근 방법으로 컴퓨터를 설계했다. 1970년대 샌프란시스코 베이 에어리어 지역에서 하드웨어 해킹으로 유명한 핵심 인물이었다.

>> **리처드 게리엇** Richard Garriott
우주비행사 아들이며 브리티시 경이라 불리는 게리엇은 컴퓨터 디스크에 울티마 세계를 창조했다.

》 **리처드 그린블랫** Richard Greenblatt
"외골수이며, 너저분하며, 엄청난 결과물을 쏟아내는 전형적인 MIT 해커로 밤낮이 너무 자주 바뀌 는 바람에 학업을 망쳤다. 최고의 해커다. 리키 그린블랫으로도 불린다."

》 **리처드 스톨먼** Richard Stallman
마지막 해커로 해커 정신의 원칙을 끝까지 지키기 위해 헌신했다. 같이 중국집에 갈 친구가 없어질 때까지 MIT에 머물렀다.

》 **마고 토머빅** Margot Tommervik
긴 머리 마고는 남편 알과 더불어 퀴즈쇼에서 번 돈을 애플 컴퓨터를 신격화하는 잡지에 투자 했다.

》 **마빈 민스키** Marvin Minsky
쾌활하며 똑똑한 MIT 교수로 인공지능 연구실을 이끌어 해커들이 자유롭게 행동하도록 허용했다.

》 **마크 두시뉴** Mark Duchaineau
재미삼아 온라인 사에서 디스크 복제를 방지한 젊은 던전 마스터다.

》 **마티 스퍼겔** Marty Spergel
"폐품업자로 유명한 스퍼겔은 회로, 케이블을 공급한 홈브루 일원으로 이 친구와는 뭐든 거래가 가능했다."

》 **밥 데이비스** Bob Davis
주류 상점 점원을 그만두고 시에라 온라인에서 컴퓨터 게임 '율리시스와 황금 양모'를 만들어 베스트셀러 게임 제작자가 되었다. 바로 이 성공이 데이비스가 몰락한 원인이었다.

》 **밥 마시** Bob Marsh
"버클리 출신 티를 내는 홈브루 회원으로 리 펠젠스타인과 창고를 공유했으며, 프로세서 테크놀로지 를 창립해 솔 컴퓨터를 만들었다."

》 **밥 선더스** Bob Saunders
"유쾌하고 머리가 벗겨지기 시작한 TMRC 해커로 일찍 결혼했으며, 레몬 젤리를 먹으며 늦은 밤까지 해킹에 몰두하고 스페이스워에서 CBS 전략에 통달했다."

》 **밥 알브레히트** Bob Albrecht Founder
피플스 컴퓨터 사를 만든 창립자이며 젊은이들에게 컴퓨터를 가르쳐주는 일을 진정으로 즐겼다.

》 **밥과 캐롤린 박스** Bob and Carolyn Box

세계 기록을 보유한 사금채취공으로서 시에라 온라인을 위해 일하는 소프트웨어 스타로 변신 했다.

》 **빌 게이츠** Bill Gates

"건방진 마법사이자 하버드 중퇴자로, 알테어 베이식을 작성했고 해커가 이 소프트웨어를 복사했을 때 불평을 늘어놓았다."

》 **빌 고스퍼** Bill Gosper

"컴퓨터 키보드를 다루는 호로비츠며, 수학 귀신이자, MIT 인공지능 연구실의 기발한 해커이자, 해커 윤리의 정신적 지도자이자, 중국집 메뉴판을 탐구하는 학생이다."

》 **솔 컴퓨터** Sol Computer

리 펠젠스타인이 두 달 동안 광란의 질주 끝에 완성한 터미널 겸 컴퓨터. 거의 세상을 바꿀뻔한 컴퓨터였지만 '거의'로는 충분하지 않았다.

》 **스튜어트 넬슨** Stewart Nelson

뻐드렁니에 체구가 작았지만 성미가 사나운 인공지능 연구실 해커로 PDP-1 컴퓨터를 연결해 전화 시스템을 해킹했다. 나중에 시스템즈 컨셉츠 사를 공동으로 창립했다. '스튜 넬슨'으로도 불린다.

》 **스티브 (슬러그) 러셀** Steve (Slug) Russell

매카시의 부하로 PDP-1에서 동작한 첫 번째 비디오게임인 스페이스워를 만들었다. 하지만 러셀은 이 프로그램으로 땡전 한 푼도 벌지 못했다.

》 **스티브 돔피어** Steve Dompier

"처음으로 알테어를 동작하게 만든 홈브루 회원이며, 나중에 솔Sol에서 동작하는 타겟 게임을 만들 어서 톰 스나이더를 무아지경에 빠뜨렸다."

》 **스티브 잡스** Steven Jobs

공상적이며 불교에 심취했고 해킹을 하지 않는 이 젊은 친구는 워즈니악의 애플 II를 손에 쥐고 수많은 거래를 성사시키며 10억 불짜리 회사를 만들었다.

》 **스티븐 '워즈' 워즈니악** Stephen 'Woz' Wozniak

"산호세 교외 출신의, 기술적으로 혁신적이고 친절한 하드웨어 해커다. 워즈는 자신과 친구를 즐겁 게 하기 위해 애플 컴퓨터를 만들었다."

» **아담 오스본** Adam Osborne

"방콕에서 태어나 출판업자에서 컴퓨터 제조업자로 탈바꿈했으며, 자신을 철학자로 여긴다. 많은 사람이 사용하기 충분한 기계를 만들기 위해 오스본 컴퓨터 사를 창립했다."

» **아타리 800** Atari 800

이 가정용 컴퓨터는 존 해리스와 같은 게임 해커에게 뛰어난 그래픽을 안겨줬다. 물론 아타리 제조사는 동작 원리를 함구불언했다.

» **알테어 8800** Altair 8800

하드웨어 해커를 자극한 선구적인 마이크로컴퓨터다. 알테어 키트를 조립하면서 해킹을 익힌다. 그러고 나서 알테어로 무엇을 할지 고민한다.

» **'엉클' 존 매카시** 'Uncle' John McCarthy

"멍하면서도 똑똑한 MIT (나중에 스탠퍼드) 교수로 컴퓨터 체스, 인공지능, LISP 분야에서 선구자다."

» **애플 II** Apple II

"스티브 워즈니악이 만든 개인용 컴퓨터로 사용자 친화적이고 색다르며 외형이 멋지다. 애플 II는 크게 성공했으며, 번성하는 업계에 활기와 혼을 불어넣었다."

» **앨런 코톡** Alan Kotok

"뉴저지 출신인 통통한 MIT 학생으로 TMRC에서 철길 배선 작업을 맡았고, 웨스턴 일렉트릭에서 전화 시스템을 배웠으며, 전설적인 TX-0와 PDP-1 해커가 되었다."

» **에드 로버츠** Ed Roberts

알테어 컴퓨터로 세상을 흔든 MITS 사의 불가사의한 창립자다. 사람들이 정신적인 피라미드를 쌓도록 돕길 원했다.

» **에드 프레드킨** Ed Fredkin

인포메이션 인터내셔널을 창립한 신사로 스튜 넬슨을 만날 때까지 자신을 전 세계에서 가장 위대한 프로그래머라 생각했다. 해커들에게 아버지와 같은 존재다.

» **에프렘 리프킨** Efrem Lipkin

뉴욕 출신인 해커 활동가로 기계를 사랑하지만 기계를 사용하기는 싫어했다. 커뮤니티메모리의 공동 창립자며 리 펠젠스타인의 친구다.

» **테드 넬슨** Ted Nelson
"자칭 혁신가며 엄청난 구두쇠로, 영향력 있는 『컴퓨터 립』을 자비로 출간했다."

» **톰 나이트** Tom Knight
16살 때 ITSIncompatible Time-sharing System를 개발한 MIT 해커다. 나중에 리스프 기계 분열을 두고 그린 블랏과 대립했다.

» **톰 스위프트 터미널** Tom Swift Terminal
"리 펠젠스타인이 구상한 전설적인 컴퓨터 터미널로, 사용자에게 세상을 떡 주무르듯이 쥐락펴락할 절대 반지를 제공할 기계로 여겨졌다. 하지만 끝내 만들어지지는 못했다."

» **톰 피트만** Tom Pittman
"독실한 홈브루 해커로, 부인을 잃었지만 자신이 만든 타이니 베이식에 대한 신념은 잃지 않았다."

» **프레드 무어** Fred Moore
"돈을 싫어 하고 기술을 사랑한 방랑자이자 반전론자이며, 홈브루 클럽의 공동 창립자다."

» **피터 도이치** Peter Deutsch
운동 신경은 형편없고 수학에는 뛰어난 피터는 MIT에서 TX-0를 우연히 발견했을 때 여전히 반바지를 입고 있었다. 그리고 해커들과 이 기계를 열심히 파헤쳤다.

» **피터 샘슨** Peter Samson
"최초의 MIT 해커로 시스템, 기차, TX-0, 음악, 의회 운영 절차, 장난, 해킹을 사랑했다."

>> 감사의 말

이 책을 집필하는 동안 물심양면으로 저를 도와준 분들에게 깊이 감사드립니다. 가장 먼저 인터뷰에 동의해준 분들에게 감사드립니다. 이런 인터뷰에 베테랑인 분들도 계셨고, 기술적인 주제만 거론했을 뿐 개인적인 사안을 언급하거나 철학적인 관점에서 해킹을 논해보지 않은 분들도 계셨고, 저 같은 사람과 전혀 만나보지 않은 분도 계셨습니다. 대부분이 자유롭고 솔직하게 인터뷰에 응해주셨습니다. 해커들은 컴퓨터 코드를 자유롭게 공유하듯, 일단 시작하면 자유롭게 대화했습니다. 저는 이것이 우연의 일치가 아니라고 생각합니다. 다음에 열거하는 많은 분이 여러 차례 인터뷰를 허락하셨고 또한 전화로 사실을 확인하거나 기술적인 내용을 해명해주셨습니다.

그들과 나누었던 대화가 제 책의 근간이 되었습니다. 감사하는 마음을 담아 알파벳 순으로 이름을 열거합니다.

아서 아브라함, 로 아담스, 밥 알브레히트, 데니스 알리슨, 레리 베인, 앨런 바움, 마이크 빌러, 도로시 벤더, 빌 베넷, 척 벤톤, 밥과 캐롤린 박스, 케이스 브리톤, 로이스 브리톤, 빌 버지, 척 뷔쉬, 데이비드 버넬, 더그 칼스톤, 게리 칼스톤, 마리 카빈, 메리 앤 클리어리, 밥 클레멘츠, 트레이시 코츠, 데이비드 크레인, 에드워드 커리, 릭 데이비드슨, 밥 데이비스, 잭 데니스, 피터 도이치, 스티브 돔피어, 존 드래퍼, 댄 드류, 마크 두시뉴, 레 어니스트, 돈 이스트레이크, 더그 앵겔바트, 크리스 에스피노사, 리 펠젠스타인, 리로이 핑클, 하워드 프랭클린, 밥 프렝크스톤, 에드 프레드킨, 고든 프렌치, 마틴 가레츠, 해리 갈렌드, 리처드 게리엇, 루 게리, 빌 게이츠, 빌 가드바우트, 빈센트 골든, 데이브 고든, 랄프 고린, 댄 고린, 빌 고스퍼, 리처드 그린블랫, 마가렛 해밀턴, 에릭 해먼드, 존 해리스, 브라이언 하비, 테드 호프, 케빈 헌트, 크리스 아이덴, 제리 제웰, 로버트 칸, 데이비드 키드웰, 게리 킬달, 톰 나이트, 조앤 콜트나우, 앨런 코톡, 마크 레브런, 밥 레프, 마이크 레비트, 에프렘 리프킨, 데이비드 루바, 오라프 루벡, 존 매카시, 존 맥켄지, 로버트 마스, 패트리샤 메리엇, 밥 마쉬, 로저 멜렌,

주드 밀혼, 마빈 민스키, 프레드 무어, 스튜어트 넬슨, 테드 넬슨, 짐 니첼스, 러셀 노프트스커, 해리 갈렌드, 롭 오닐, 피터 올리팬트, 아담 오스본, 빌 피어슨, 톰 피트만, 레리 프레스, 말콤 레이필드, 로버트 라일링, 랜디 리스만, 에드 로버츠, 스티브 러셀, 피터 샘슨, 밥 선더스, 워렌 슈바더, 길 시걸, 빅 세펄브다, 데이비드 실버, 댄 소콜, 레 솔로몬, 마티 스퍼겔, 리처드 스톨먼, 제프 스티븐슨, 아이반 스트랜드, 제이 설리반, 딕 선더랜드, 게리 수스만, 톰 타툼, 딕 테일러, 로버트 테일러, 댄 톰슨, 알 토머빅, 마고 토머빅, 마크 터멜, 로버트 와그너, 짐 워렌, 하워드 버샤, 조셉 와이젠바움, 랜디 위긴톤, 존 윌리엄스, 켄 윌리엄스, 로버타 윌리엄스, 테리 위노그래드, 도널드 우즈, 스티브 워즈니악, 프레드 라이트.

또한 리 펠젠스타인, 빌 고스퍼, 리처드 그린블랫, 피터 샘슨, 켄 윌리엄스, 로버타 윌리엄스를 포함해 제게 엄청난 관심을 쏟아준 분들에게 특별히 감사드리고 싶습니다 (물론 다른 분들도 계십니다).

집필에 필요한 조사를 진행하는 동안 저는 여러 기관으로부터 호의와 도움을 받았습니다. MIT 전자계산학과 도서관, 스탠퍼드 도서관, 컴퓨터 박물관, 로렌스 과학홀, 캘리포니아 대학 도서관 등에 감사드립니다.

캘리포니아와 케임브리지를 여행하는 동안 필리스 코벤, 아트 클라이너, 빌 멘델 존 윌리엄스가 베풀어주었던 호의에 감사합니다. 로리 카니를 비롯한 여러 사람이 수천 장에 이르는 초고를 입력했습니다. 비에라 모스는 꼼꼼한 교열로 정확한 문장을 구사하게 해주었습니다. 잡지 편집자 데이비드 로젠탈과 리치 프리드는 제게 지속적으로 일거리를 안겨주었습니다. 동료 컴퓨터 작가인 더그 갈, 존 마크오프, 데보라 와이즈와 런치 그룹 회원들이 주신 좋은 충고에 감사합니다. 응원을 아끼지 않은 부모님, 동생 다이안 레비, 친구들인 래리 바스, 브루스 버스첼, 에드 카플란, 윌리엄 무니, 랜달 로텐버그, 데이비드 와인버그와 (이 책을 읽어보면 짐작 가능한) 그 외 많은 분께 부족하나마 감사하는 마음을 전합니다.

이 책은 저를 열심히 격려한 제 에이전트 팻 베런스와 편집자 제임스 레임즈의 열정과 인내심이 만든 작품이기도 합니다. 긴 조사와 집필 기간 동안 책과 작가를 멋지게 다룬 테레사 카펜터 역시 공로자입니다.

마지막으로 제가 집필에 사용한 컴퓨터 애플 II를 설계한 스티브 워즈니악에게 감사합니다. 이 책에서 말한 그 혁명이 없었더라면 타자기로 초안을 뽑는 데만 아마 1년이 더 걸렸을 겁니다.

>> 차례

1
>>>>>>>>>>>>>>>>>>>>>>>

진정한 해커
케임브리지 : 50년대와 60년대

2
>>>>>>>>>>>>>>>>>>>>>>>

하드웨어 해커
북부 캘리포니아 : 70년대

3

>>>>>>>>>>>>>>>>>>>>>>

게임 해커

시에라 : 80년대

4

>>>>>>>>>>>>>>>>>>>>>>

마지막 진짜 해커

케임브리지 : 1983년

1

진정한 해커

케임브리지 : 50년대와 60년대

CHAPTER 01

테크 모델 철도 클럽

피터 샘슨에게 한밤중에 26동 건물 근처를 왜 기웃댔는지 묻는다면 샘슨은 참으로 난감해할 것이다. 어떻게 말해야 샘슨의 행동을 이해할 수 있을까? 만약 여러분이 1958년에서 59년 겨울, MIT 신입생이던 샘슨이 만나고 친해질 사람들과 같은 부류라면 설명이 필요 없을 것이다. 연구실과 창고로 이루어진 미로를 헤매고, 기계실에서 전화 교환기의 비밀을 캐내고, 지하 증기 터널 배관이나 배선을 추적하는 기괴한 행동이 자연스러웠던 사람들 말이다. 그들은 문밖으로 흘러나오는 미지의 소리에 안달 나는 체질로, 급기야는 몰래 침입해 눈으로 확인하고야 마는 만행을 즐겼다. 한술 너 떠 누군가 몸으로 막지 않는 한 미지의 소리를 내는 그 무언가를 만져보고 스위치를 조작하여 반응을 살펴보다가, 예삿일처럼 끝내 나사를 풀고 보드를 떼어내고 다이오드를 건드리고 연결을 바꿨다. 이렇듯 샘슨과 샘슨의 친구들은 세상과 특별한 관계를 맺으며 살아왔다. 그들의 세계에서는 그 무엇이든 동작 원리를 알아내야만 의미가 있었다. 하긴 손대지 않고서 돌아가는 방식을 알아낼 수는 없지 않은가?

샘슨과 샘슨의 친구들이 EAMElectronic Accounting Machinery 룸을 발견한 곳은 26동 건물의 지하실이었다. 26동 건물은 기다란 유리와 강철로 이루어진 신축 건물로,

MIT 대로에 인접한 유서 깊은 기둥으로 장식한 여타 건물과는 대조적이었다. 건물 지하실에는 개성이라고는 눈곱만치도 없는 EAM 룸이 있었고, 컴퓨터처럼 동작하는 기계들이 있었다.

자기가 뱉은 말의 의미를 계속 되짚어 보려는 듯 모음을 길게 끄는 습관이 있는 빨간 곱슬머리 청년 샘슨은 MIT에서 30마일도 채 떨어지지 않은 로웰에서 태어났다. 당시에는 컴퓨터를 만져보기는커녕 직접 본 사람도 드물었기 때문에, 샘슨 역시 고등학생이 되어 MIT를 방문할 때까지 컴퓨터를 보지 못했다. 샘슨은 MIT에서 난생처음으로 컴퓨터를 본 순간 마치 중력에 끌리듯 과학에 미쳐, 케임브리지 캠퍼스로 몰려든 고등학생들을 가리키는 '케임브리지 괴짜들' 중 한 명이 되었다. 샘슨은 한때 버려진 핀볼 기계 부품으로 직접 컴퓨터를 만들려고도 했다. 버려진 핀볼 기계에는 논리 회로 소자가 풍부했기 때문이다.

그렇다. 논리 소자Logic element는 제재소 기계공 아들인 샘슨이 전자공학에 홀린 이유를 한마디로 표현하는 단어다. 아마도 사물의 동작 원리에 푹 빠져 자라난 사람이라면, 모든 연결이 제각각 완벽한 루프를 형성하는 논리 회로처럼 우아한 뭔가를 발견했을 때 엄청난 기쁨의 전율을 느낄 것이다. 일찌감치 이와 같은 수학적 단순성에 매료된 샘슨은 보스턴 공영 TV 방송 WGBH가 방영한 컴퓨터 프로그래밍 기초 강의를 생생히 기억하고 있었다. 그 방송은 샘슨의 상상력에 불을 지폈고, 어린 샘슨에게 컴퓨터는 램프의 지니처럼 명령만 하면 무엇이든 해주는 기계로 여겨졌다. 그래서 샘슨은 컴퓨터에 관한 책을 탐독했고, 직접 컴퓨터를 만들었으며, 과학경진대회에 참여했고, 자신과 비슷한 사람들의 로망인 MIT로 갔다. MIT는 수학 선생님의 촉망은 한 몸에 받는 반면 체육은 낙제며, 졸업 파티에 예쁜 여학생을 데려가기보다는 GE가 주최하는 전기전자 과학경진대회에서 우승하는 쪽을 택할 가장 똑똑하고, 괴상한 검은 뿔테 안경을 쓴, 왜소한 체구의 고등학생들이 선망하는 곳이었다. 새벽 두 시에 뭔가 재미난 소일거리를 찾아 복도를 어슬렁거리는 곳, 그러다가 새로운 삶의 방식과 창의력을 발휘할 기회를 보여주는 뭔가를 발견하는 곳, 그로 인해 몇몇 B급 공상과학 소설가만 상상하던 사회의 최전방에 서게 되는 곳이 바로 MIT였다. 그 MIT에서 샘슨은 갖고 놀 컴퓨터를 발견한 것이다.

샘슨이 우연히 발견한 EAM 실은 서류 보관함 크기의 커다란 키펀치기로 가득했다. 기계를 관리하는 직원들은 낮에만 상주했다. 공식적인 허가를 받은 소수 특권자들이 마닐라 지 카드를 직원에게 제출하면, 직원은 키펀치기를 사용해 소수 특권자들이 요청한 정보에 맞게 카드에 구멍을 뚫었다. 카드에 뚫린 구멍은 자료값을 어디에 넣어라, 어떤 자료에 어떤 연산을 수행하라, 한 위치에서 다른 위치로 자료를 옮겨라 등과 같은 컴퓨터 명령이었다. 이렇게 구멍 낸 카드 한 묶음이 컴퓨터 프로그램 하나였다. 컴퓨터 프로그램은 조리법을 정확히 따르면 케이크가 나오듯이, 예상한 결과를 내놓는 명령의 조합이었다. EAM 실에서 구멍 낸 카드 묶음은 위층 직원이 받아 '리더기'에 넣었다. '리더기'는 카드 구멍을 읽어 그 정보를 26동 1층에 있는 엄청나게 큰 컴퓨터인 IBM 704로 보냈다.

》 IBM 704   출처 http://www.columbia.edu

방 하나를 가득 채운 수백만 불짜리 컴퓨터 IBM 704에는 진공관이 과열돼 자료를 파괴하는 일이 벌어지지 않도록 특수한 냉방기가 달려있었다. 운영 전문가가 관리했는데 사실 냉방기는 상당히 자주 고장 났다. 냉방기가 고장 나면 커다란 경보음이 울렸는데, 그러면 근처 사무실에서 직원 세 명이 번개같이 뛰어와 장비 내부가 녹지 않도록 미친 듯이 덮개를 벗겨냈다. 그 셋은 카드에 구멍을 내는 직원, 카드를 리더기에 넣는 직원, 버튼을 누르고 스위치를 조작하는 직원이었는데, 흔히들 통틀어 사제라고 불렀다. 이 신성한 사제들에게 자료를 제출할 정도로 권한 있는 사람들은 공식적인 시종들뿐이었다. 이것은 거의 종교의식 같은 신성한 행위였다.

시종 : 오 기계여, 제가 바치는 정보를 받으셔서 제 프로그램을 돌리시고, 가능하다면 계산 결과를 내려주시겠습니까?

(컴퓨터를 대변하는) 사제 : 해보겠습니다. 장담은 못합니다.

율법에 따르면 심지어 가장 권위 있는 시종조차 기계를 대면하지 못했다. 시종이 내놓은 카드 묶음을 기계가 소화해 결과를 내놓기까지 몇 시간을, 때로는 며칠을 기다려야 했다.

이는 샘슨도 잘 아는 규칙이었다. 물론 그 망할 놈의 기계에 손대고 싶어서 안달난 샘슨에게는 진짜 답답한 규칙이었지만 말이다. 그 당시 샘슨에게는 기계를 만져보는 일이 삶의 목표였다.

그런데 샘슨이 몰랐던 사실, 하지만 알고 나서 날 듯이 기뻐했던 사실은 EAM실에 407이라는 특수한 키펀치기가 있었다는 사실이다. 407은 카드에 구멍을 뚫을 뿐만 아니라 카드를 읽고, 정렬해, 목록을 출력했다. 나름 컴퓨터인 이 기계를 특별히 지키는 사람이 없었다. 물론 407을 쓰기도 만만치는 않았다. 먼저 플러그 보드 plug board를 연결해야 했는데, 플러그 보드는 구멍이 엄청나게 많은 가로 2인치, 세로 2인치 사각형 플라스틱 보드였다. 수백 개에 이르는 전선을 특정 순서로 구멍에 끼우면 비록 새집 같은 모양새가 되었지만, 그 새집 보드를 407이라는 장비에 끼우면 장비 특성이 변했다. 다시 말해, 사용자가 원하는 대로 407이 돌아갔다.

그래서 허가의 '허'자도 없는 샘슨이 모형 철도에 특별히 관심 있는 몇몇 MIT 친구와 407을 공략하기로 작정했다. 별다른 생각 없이 공상과학 미래로 우연히 내디딘 한 걸음이었다. 특이한 신문화가 스스로 자라나 서서히 명성을 얻어 '거친 이단아 문화'를 형성해 컴퓨터 세계에 자리 잡게 되는 전형적인 방식이었다. 그들이 바로 최초의 컴퓨터 해커인 TMRC*였다.

>>>>>>>>>>>>>>>>>>>>>>>>>

피터 샘슨은 1958년 가을, MIT에 입학한 첫 주에 TMRC에 가입했다. MIT 신입생들이 참석하는 첫 행사는 언제 시작되었는지 아무도 모르는 전통적인 환영식이었다. "왼쪽 사람을 보세요. 오른쪽 사람을 보세요. 세 사람 중 한 명은 이 학교를 졸업하지 못합니다". 환영식 연설은 신입생 모두가 일찍이 겪지 못했던 공포가 앞으로 닥쳐오리라는 예감을 느끼게 해주려는 의도였다. MIT 신입생이라면 지금껏 공부가 부담된 적이 거의 없는 학생들이었다. 똑똑하니까. 그런데 이제는 왼쪽에 앉은 친구도 오른쪽에 앉은 친구도 자기만큼 똑똑한, 아니 어쩌면 더 똑똑한 학생들일지도 모른다.

하지만 어떤 학생들에게는 이 사실이 전혀 부담스럽지 않았다. 그들에게 반 친구들은 자신의 존재를 감춰주는 일종의 우호적인 안개였다. 사물이 돌아가는 방식을 알아내고 터득하려는 힘겨운 여정에 어쩌면 도움이 될 안개였다. 배움의 여정에는 이미 장애물이 넘쳐났다. 교수에게 아첨하고 성적에 목매는 바보짓에 연연할

---

* 옮긴이_ Tech Model Railroad Club, 테크 모델 철도 클럽. 1946년 창립된 MIT 동아리. http://tmrc.mit.edu/

이유가 없었다. 피터 샘슨과 같은 친구들에게는 학위보다 여정이 더 중요했다.

» TMRC **동아리 방 입구**　출처 http://tmrc.mit.edu/

　　신입생 환영식이 끝나면 곧 새내기를 모집하려는 동아리 박람회가 열렸다. 애호가 모임, 남학생 사교 클럽 등과 같은 모든 교내 단체가 대강당에 부스를 차리고 신입회원을 모집하러 나섰다. 피터를 낚아챈 동아리는 TMRC였다. 말이 급한 사람들처럼 흥분한 억양으로 말하는, 총명한 눈빛에 짧은 머리 TMRC 선배들은 26동 동아리 방에 전시되어 있는 H0 규격*으로 만든 멋진 기차 모형을 자랑했다. 피터 샘슨은 오래전부터 기차, 특히 지하철에 매력을 느꼈다. 그래서 샘슨은 기차 모형을 구경하러 선배들을 따라나섰다. 20동 건물은 제2차 세계대전 중에 세워진 널빤지로 지붕을 덮은 가건물이었다. 복도는 동굴 같았고 동아리 방은 2층이었지만 축축하고 어둠침침한 지하실 느낌이 났다.

　　거대한 기차 모형대가 동아리 방을 점령하고 있었다. 진짜로 발 디딜 틈이 없었다. '노치notch'라는 작은 제어판 쪽에 서면 작은 마을, 작은 공장 지역, 작은 노면 전차 노선, 종이로 만든 산 그리고 당연히 많은 기차와 철로가 있었다. 각 기차는 세심하게 만들어져 실제 기차와 흡사했으며, 마치 그림책에 나온 철로처럼 완벽하고 구불구불한 철로를 따라서 칙칙폭폭 달렸다.

----

* 옮긴이_ 1/87 축척으로 만든 정해 모형 기차 규격(모형 철길폭 16.5mm)

　　피터 샘슨은 모형대를 떠받치는 가슴 높이의 판자 아래 부분을 보고는 숨이 멎는 듯했다. 모형대 아래는 전선과 릴레이relay와 크로스바 스위치crossbar switch가 한가득 배열되어 있었다. 이제껏 상상조차 하지 못했던 규모였다. 깔끔하게 정렬된 스위치 선과 아치 모양으로 쭉 늘어선 흐린 구릿빛 릴레이와 덩굴처럼 여기저기 연결된 빨간 선과 파란 선과 노란 선은 마치 헝클어진 아인슈타인 머리에 무지개 색깔을 입힌 듯했다. 엄청나게 복잡한 시스템이었고, 피터 샘슨은 돌아가는 원리를 알아내겠다고 결심했다.

》 최신 모형 철도 제어 시스템　출처 http://tmrc.mit.edu

TMRC는 모형대 작업에 40시간을 투자한 회원들에게 동아리 방 열쇠를 주었다. 새내기 동아리 박람회는 금요일이었는데 미친 듯이 매달린 샘슨은 돌아오는 월요일에 열쇠를 손에 넣고 말았다.

>>>>>>>>>>>>>>>>>>>>>>>

TMRC에는 계파가 둘이 있었다. 한쪽은 시간을 투자하고 현실을 반영해 고전적이면서도 아름다운 특정 기차 모델을 만들고 색칠한다는 생각 자체를 사랑했다. 그들은 '칼과 붓' 파였다. 철도 잡지를 구독했으며, 동아리 철도 여행을 계획했다. 다른 한쪽은 '신호와 전력S&P. Signals and Power' 파인데, 모형대 아래의 시스템에서 일어나는 일에 훨씬 더 관심이 많았다. 이를 '더 시스템The System'이라 불렀는데, '더 시스템'은 루브 골드버그*와 베르너 폰 브라운† 사이에 오가는 협력처럼 동작했다. 그들은 항상 '더 시스템'을 개선하고, 개조하고, 완성도를 높이고, 때때로 (동아리 은어를 빌자면) '망가뜨렸다'. 신호와 전력 파는 '더 시스템'이 돌아가는 방식, 증가하는 복잡도, 한 가지 변경이 다른 부분에 미치는 영향, 각 부품을 연결한 다음 최적화해서 사용하는 방법에 몰두했다.

'더 시스템'을 구성하는 부품 다수는 전화 회사가 후원하며 웨스턴 일렉트릭이 주관한 대학 지원 프로그램에서 기증받았다. 동아리 지도 교수님은 교내 전화 시스템도 책임지고 있어 TMRC에 복잡한 전화 부품을 확실하게 대주었다. 이런 전화 부품을 사용해 여러 사람이 여러 기차를 동시에 제어하는 장치를 개발했다. 이 장치는 심지어 한 철로에 기차가 여러 대 있어도 각각 제어할 수 있었다. 전화기 부품인

----

* 옮긴이_ 만화가이자 과학자. 단순한 결과를 얻기 위해 매우 복잡한 과정을 거치는 기계를 만화의 소재로 삼았다.
† 옮긴이_ 독일 출신의 미국 로켓 과학자

다이얼을 사용해 자신들이 통제하고 싶은 철로 구역을 지정한 후 거기서부터 기차를 가동할 수 있었다. 이 장치는 다양한 전화 회사 릴레이, 크로스바 익스큐터crossbar executor, 스텝 스위치step switch 같은 부품으로 만들어졌는데, 스텝 스위치는 "철커덕 철커덕" 초자연적인 소리를 내면서 한 구역에서 다른 구역으로 전력이 전달되는 소리를 현장감 넘치게 들려줬다.

이처럼 대단히 천재적인 계획을 고안한 사람들이 바로 S&P 파였다. 끊임없는 호기심으로 컴퓨터에 손댈 방법을 찾아 교내 건물을 탐색하던 사람들도 바로 S&P 파였다. 그들은 '직접 해보라'는 교리를 평생토록 추종한 신봉자들이었다. S&P 파 대장은 밥 선더스라는 혈색 좋고 둥글둥글한 체형에 웃음이 많으며 스위치 기어 장비를 다루는 데 재능 있는 선배였다. 시카고 출신으로 고등학교 시절 학교 프로젝트로 1800년대 테슬라가 만들었던 아주 강력한 전기장을 발산하는 테슬라 코일Tesla coil을 모방해 높이 6피트(1.8미터)짜리 고주파 변압기를 만들었다. 선더스의 말에 따르면 코일 프로젝트가 동네 TV 수신기를 몽땅 망가뜨릴 정도였다고 한다. S&P 로 자연스럽게 모여든 사람 중에 앨런 코톡도 있었다. 뉴저지 출신으로 샘슨과 같은 반 친구였다. 코톡은 두꺼운 안경을 쓰고 허약한 체질에 통통했다. 코톡네 가족은 코톡이 3살 때 드라이버로 벽에 꽂힌 플러그를 빼내려다 전기 스파크를 일으킨 사건을 기억하고 있다. 6살 때 이미 코톡은 전등을 달고 전원을 연결했다. 고등학교 시절 근처 하돈필드Haddonfield에 있는 모빌 연구실Mobil Research Lab을 방문했다가 처음으로 컴퓨터를 봤다. 코톡은 그때 느꼈던 흥분으로 MIT를 지원했으며 1학년 때 벌써 TMRC에서 가장 유능한 S&P 팀원이라는 명성을 얻었다.

S&P 파는 서머빌Somerville에 있는 일라이 헤프론Eli Heffron 고물상까지 가서 공짜 부품을 뒤지며 토요일을 보내고, 깊숙해서 손이 닿기 어려운 스위칭 시스템의 부분을 고치느라 '벙키'라는 작은 바퀴 의자에서 몇 시간이고 앉아 버티고, TMRC 동아리 방과 MIT 이스트 캠퍼스East Campus 기숙사를 전화기로 몰래 연결하려고 밤을

꼴딱 새우는 사람들이었다. 그들에게 기술은 말 그대로 놀이였다.

핵심 구성원들은 몇 시간이고 동아리 방에 죽치면서, 끊임없이 '더 시스템'을 고치고, 다음으로 할 일에 대해 논쟁하고, 자신들만의 용어를 만들었다. 체크무늬 반팔 셔츠 주머니에 연필을 꽂고 늘 코카콜라를 끼고 사는 면바지 차림의 10대들이 주고받는 용어를 외부인이 이해하는 것은 불가능에 가까웠다(TMRC는 당시로는 살 떨리는 가격인 165불에 콜라 자판기를 직접 구입했다. 한 병에 5센트를 받았으며, 운영은 3달 만에 흑자로 돌아섰다. 판매량을 높이고자 선더스는 잔돈 지불기를 만들었고, 선더스가 만든 잔돈 지불기는 10년 후에도 여전히 사용되었다). 장비가 동작하지 않으면 '맛 가는 중', 완전히 망가지면 '완전히 맛 감'이라 표현했다. 동아리 방구석에 있는 책상 두 개는 '사무실office'이 아니라 '구멍orifice'이었다. 교과목을 열심히 공부하는 학생은 '공부 기계tool'였고, 쓰레기는 '불쾌한 것cruft'이었으며, 단순히 건설적인 목적만이 아니라 참여 자체가 즐거워서 진행하는 프로젝트나 제품을 '해킹hack'이라 불렀다.

그중에서도 '해킹'은 MIT에서 오래전부터 통용되던 용어였다. 캠퍼스가 내려다 보이는 기숙사를, 반짝이는 알루미늄 호일로 뒤덮는 등 MIT 학생들이 주기적으로 저지르는 정교한 장난을 묘사하는 용어였다. 하지만 TMRC 학생들이 사용하는 '해킹'에는 진지한 존경이 담겨 있었다. 릴레이 몇 개를 영리하게 연결해놓고 '간단한 해킹mere hack'이라 부르는 사람도 있겠지만, 적어도 해킹이라 부르려면 혁신과 스타일과 기술적인 기교가 넘쳐야 한다는 사실을 모두가 이해했다. 누군가 나무꾼이 통나무를 내려치듯이 별일이 아니라는 듯 "더 시스템을 해킹한다"고 겸손히 말하더라도 그가 해킹에 사용한 예술적 기교는 대단하다고 여겼다.

S&P 파에 열성적으로 참여하는 학생 대다수는 아주 자랑스럽게 자신을 '해커'라 불렀다. 20동 건물에 있는 동아리 방에서 그리고 (수많은 기술 이야기를 나누고 공부도 가끔 하는) '툴 룸Tool Room'에서 자신들이 아일랜드 전설에 나오는 영웅으로

태어났다고 철석같이 믿었다. 피터 샘슨이 동아리 신문에 기고한 샌드버그* 풍 시를 보면 샘슨이 자신과 친구들을 바라본 시각이 잘 드러난다.

> 세상을 위한 스위치 탑,
> 퓨즈 테스터, 회선 제작자.
> 난해한 철로 회로와 '더 시스템'의 개량형 직류 변환기를 만지는 사람들
>
> 꾀죄죄하고 덥수룩하고 제멋대로지,
> 상태 표시용 LED 점멸등으로 만든 기계
>
> 그들은 내게 사악하다고 말하지
> 나는 그들을 믿어!
> 왜냐하면 시스템 일꾼들을 끌어들이는 투명 합성수지 아래 색색 전구를
> 보았기 때문이지.
>
> 탑 아래 곳곳에 쌓인 먼지 사이에서 쌍관 스프링으로 해킹하며
> 심지어 무지한 1학년도 결코 자리를 잃거나 중퇴한 적 없는 듯이 해킹하며
> 자물쇠 아래 스위치가 있고 컨트롤 아래 레이아웃이 첨단을 달리는
> M-보드를 해킹하며
>
> 해킹!
> 피복이 벗겨지고 달궈진 다이오드, 양손잡이, 퓨즈 테스터, 회선 제작자,
> 철로와 '더 시스템'에 붙은 개량형 직류 변환기 조작자가 되기를 자랑스러
> 워하는 젊음! 꾀죄죄하고 덥수룩하고 제멋대로인 젊음을 해킹한다.

기회가 있을 때마다 샘슨과 친구들은 플러그 보드를 챙겨 EAM 실로 숨어들었다. 그러고는 EAM 실 장비를 사용해 모형대 아래 스위치들을 추적했다. 못지않게 중요한 임무로, 그들은 전자기계식 계수기electromechanical counter를 이리저리 써보면서 한계까지 밀어붙였다.

---

* 옮긴이_ Sandburg. 퓰리처상을 수상한 미국 시인이자 소설가다.

1959년 봄, MIT는 새 과목을 개설했다. 1학년이 수강할 수 있는 첫 프로그래밍 과목이었다. 교수는 존 매카시라고, 쭈빗머리에 턱수염이 제멋대로인 쌀쌀맞은 사람이었다. 수학 대가인 매카시는 전형적으로 건망증이 심한 교수여서 질문을 받은 후 몇 시간, 때로는 심지어 며칠 후에 갑자기 답하는 버릇으로 유명했다. 몇 주 전에 던진 질문이 아니라 마치 방금 던진 질문에 답하듯 복도에서 갑자기 다가와 인사도 없이 딱딱하고 정확한 어조로 학생들에게 말하곤 했다. 매카시의 뒤늦은 대답은 대부분 훌륭했다.

매카시는 컴퓨터로 완전히 새로운 형태의 연구를 수행하는 극소수 사람 중 한 명이었다. 매카시가 수행했던 연구 분야가 논란의 여지가 다분하며 불안정하다는 사실은 자기 분야에 붙인 인공 지능Artificial Intelligence이라는 이름의 오만함에서 잘 드러났다. 매카시는 컴퓨터가 영리할 수 있다고 진심으로 믿었다. 과학적 두뇌가 모인 MIT에서도 대다수 사람이 이런 생각을 터무니없다고 여겼다. 그들에게 컴퓨터는 아주 복잡한 계산에 쓰거나 (MIT에서 가장 큰 컴퓨터인 휠윈드Whirlwind로 조기경보 SAGE 시스템을 개발했듯이) 당찮게 비싸지만 미사일 방어 시스템을 개발할 때 유용한 도구에 불과했다. 컴퓨터 자체가 과학적 연구 대상이 된다는 생각은 조롱을 받았다. 1950년대 후반 MIT에는 공식적인 전자계산과가 없었다. 매카시와 동료 컴퓨터 전문가들은 전기공학과 소속이었으며, 그해 봄학기 코톡과 샘슨과 몇몇 TMRC 학생들이 들은 수업 No.641도 전자공학과 과목이었다.

매카시는 엄청나게 큰 컴퓨터인 IBM 704에 대규모 프로그램 하나를 돌려 IBM 704에 탁월한 체스 능력을 부여했다. 이제 막 싹이 트는 인공 지능 분야를 비판하는 사람들에게 이 같은 행위는 존 매카시와 같은 사람이 멍청한 낙관주의자라고 보여주는 예였다. 하지만 매카시는 컴퓨터의 가능성에 대해 확실한 비전이 있었으며 체스는 시작일 뿐이었다.

코톡과 샘슨과 그 친구들을 수업으로 끌어들인 원동력은 비전이 아니라 호기심이었다. 그들은 그놈의 기계가 돌아가는 원리를 알고 싶었다. 641 수업에서 매카시가 가르치는 LISP라는 언어가 흥미롭기는 했지만 프로그래밍 자체만큼 재밌지는 못했다. (직접 계시를 듣는) 사제에게 출력물을 받아오는 순간만큼 짜릿하지 않았다. 프로그램 결과를 토대로 잘못된 곳을 분석하고 프로그램을 개선하느라 쏟아붓는 시간만큼 멋지지도 않았다. TMRC 해커들은 (곧 709라는 새 모델로 바뀔) IBM 704에 다가갈 방법을 찾으려고 애썼다. 이른 아침에 전산실을 기웃거리고, 사제들과 친해지고, 필요한 만큼 머리를 조아린 끝에, 마침내 코톡과 친구들은 기계 버튼 몇 개를 눌러보고 기계 동작을 표시하는 불빛을 지켜봐도 좋다는 허락을 얻었다.

IBM 컴퓨터 장비에는 몇 가지 비밀이 있었다. MIT 선배들이 704를 비롯한 기계에 접근할 권한이 있는 성직자들에게서 힘겹게 알아낸 것들이었다. 놀랍게도 매카시의 인공지능 연구실 소속 대학원생 몇 명은 그 비밀을 활용하여 기계 앞에 붙은 작은 전구 행렬 중 한 줄을 사용하는 프로그램을 만들었다. 마치 공을 굴린 듯이 오른쪽에서 왼쪽으로 불이 들어왔는데, 사용자가 딱 맞춰 스위치를 누르면 불이 들어오는 방향이 바뀌었다. 다시 말해, 컴퓨터 탁구였다. 당연히 동료들에게 뽐낼 만한 프로그램이었고, 당연한 듯 동료들은 원리를 알아내려고 프로그램을 실제로 살펴보았다.

프로그램을 살펴본 몇 사람은 이전 프로그램을 능가하고자 똑같은 기능을 더 적은 명령으로 구현하려 했다. 당시 컴퓨터는 '메모리'가 너무 작아 많은 명령을 넣지 못했으므로 충분히 가치 있는 노력이었다. 존 매카시는 IBM 704 주변을 얼쩡거리는 자기 대학원생들이 명령 수를 최대한 적게 쓰도록 프로그램을 손보고 사용되는 펀치 카드 수를 줄이고자 프로그램을 압축하려 애쓴다는 사실을 알아챘다. 이들은 명령어 한두 개를 쳐내는 작업에 사로잡혀 있었다. 매카시는 자기 대학원생들을 스키광에 비유했다. 열렬한 스키광이 고속으로 언덕을 타면서 스릴을 느끼듯이, 그들도 '코드 효율을 극대화'하면서 같은 종류의 원초적인 스릴을 느꼈다. 그들은 프로그램 결과에 영향을 미치지 않으면서 프로그램 명령 수를 줄이려는 노력을 '프로그램 쳐내기programming bumming'라고 불렀으며 "명령어 몇 개를 쳐내 8진 보정 카드octal correction card 로더에 넣을 카드 네 개를 세 개로 줄일 수 있을지도 몰라"라고 입버릇처럼 말했다.

1959년에 매카시는 체스에 쏟던 관심을 컴퓨터와 대화하는 새로운 방식, 소위 LISP라는 완전히 새로운 '언어'로 돌렸다. 앨런 코톡과 그 친구들은 아주 반갑게 체스 프로젝트를 넘겨받았다. 704 배치 프로세스로 작업하면서 그들은 '카드 게임the game of kings'을 704에게 가르치는 원대한 프로젝트에 착수했다. 이 프로젝트는 나중에 709, 심지어 709에 이어서 들어온 7090까지 이어졌다. 나중에 코톡 그룹은 MIT 전산실 전체에서 컴퓨터 사용 시간을 가장 많이 소비하게 되었다.

하지만 아무리 그래도 IBM 기계는 쓰기 쉽지 않았다. 카드를 제출하고 결과를 받기까지 기다리는 시간은 참으로 지루했다. 명령 하나에 글자 하나만 잘못 써도 프로그램이 죽어버렸고 모든 절차를 다시 거쳐야 했다. 급속하게 늘어나는 그놈의 숨 막힐 듯한 규칙과 그로 인한 전산실 분위기도 한몫을 했다. 대다수 규칙은 샘슨과 코톡과 선더스 등과 같은 젊은 컴퓨터 광팬들이 물리적으로 컴퓨터를 건드리지 못하게 만들 목적이었다. 그중에서도 누구도 장비 자체를 만지거나 조작하지 못한다는 규칙이 가장 엄격했다. 물론 이것은 S&P 팀원들이 세상에서 무엇보다 하고 싶은 일이었고, 이런 규칙 때문에 그들은 안달나 죽을 지경이었다.

밤늦게 근무하는 한 성직자가 (사실 별로 고위급도 아닌 성직자가) 특히 깐깐하고 심술궂게 이 규칙을 고수했는데, 그래서 샘슨은 적당한 복수를 고안했다. 일라이 고물상을 뒤적이던 그는 어느 날 우연히 투박한 진공관이 달린 전기 기판을 발견했는데, 그것은 IBM 기계 안에 든 기판과 똑같은 모양이었다. 어느 날 밤 새벽 4시경 그 성직자가 잠깐 자리를 비웠다가 돌아왔을 때 샘슨은 그에게 기계가 고장 났는데 원인을 찾았다고 말했다. 그러면서 완전히 망가진 704 기판을 보여주었다. 물론 그것은 엘라이 고물상에서 찾은 헌 기판이었다.

그 성직자는 말문을 잇지 못했다. "그그그 그거 어디서 가져왔어?"

광적으로 보이기 딱 좋은 녹색 눈을 동그랗게 뜨고 샘슨은 천천히 비어 있는 랙rack을 가리켰다. 물론 애당초 보드파인 없었지만 새삼 빈 자리는 슬프게 쾽했다.

성직자는 숨이 턱 막혔다. 그는 마치 속이 뒤집히는 듯한 표정을 지으면서 신에게 간곡히 중얼거렸다. 월급에서 수백만 불이 빠져나가는 광경이 머릿속에 스쳐갔다. 영리한 TMRC 괴짜의 생태를 어느 정도 이해하는 상사 대사제가 상황을 설명하고 나서야 그는 침착을 되찾았다.

장비를 건드려보려다 좌절당한 해커들의 분노를 피부로 느낀 관리자는 그가 마지막이 아니었다.

>>>>>>>>>>>>>>>>>>>>>>>>>

하루는 옛날 TMRC 팀원이자 현직 MIT 교수가 동아리 방을 찾아왔다. 그의 이름은 잭 데니스Jack Dennis였다. 1950년대 초반 학부생이었을 때 그 역시 모형대 아래서 맹렬히 일했었다. 최근 데니스는 MIT와 연계된 군사 개발 연구실인 링컨 랩Lincoln Lab이 MIT에 제공한 컴퓨터를 사용하고 있었다. TX-0라는 세계 최초의 트랜지스터 컴퓨터였다. 링컨 랩은 TX-2라는 거대한 컴퓨터를 테스트할 목적으로 TX-0를 사용했다. TX-2는 메모리가 너무나 복잡해 특수 제작한 동생격인 TX-0로만 문제를 제대로 진단할 수 있었다. 3백만 불짜리 TX-0는 원래 임무가 끝나자 '장기 임대'라는 명목하에 MIT로 보내졌는데, 링컨 랩 누구도 반환일을 정하지 않았다. 데니스는 S&P 파에게 TX-0를 살펴보고 싶은지 물었다.

보세요, 수녀님들! 혹시 교황을 만나고 싶습니까?

　　TX-0는 26동 건물 2층 전자공학 연구실RLE. Research Laboratory of Electronics에 있었
는데, 거대한 IBM 704가 있는 1층 전산실 바로 위였다. 전자공학 연구실은 고풍스
러운 우주선 조종실과 비슷했다. TX-0, 아니 간혹 틱소Tixo라 불리는 기계는 당시
기준으로 초소형이었다. 손바닥만한 진공관 대신에 손가락만한 트랜지스터를 최초
로 사용한 컴퓨터였기 때문이었다. 그래도 TX-0는 전자공학 연구실 대부분을 차
지했으며 냉방 장치만도 15톤에 달했다.

　　TX-0는 얇고 긴 금속판으로 이뤄져 다부진 금속 책장처럼 보였다. 트랜지스터
가 삽입된 병 같은 용기가 깔끔하게 줄지었고 전선이 복잡하게 뒤얽힌 모습이었다.
또 다른 랙은 정면이 금속판이었는데, 금속판에 뚫린 구멍으로 엄숙하게 느껴지는
계기반이 보였다. 랙 맞은 편에는 H. G. 웰스 책에 나오는 우주선 조종실과 비슷한
L자형 콘솔이 있었으며, 서류를 펴놓고 앉아서 작업할 파란색 작업대도 있었다. L자
형 작업대 중 짧은 쪽에 플렉소라이터Flexowriter가 있었는데, 마치 탱크전을 치르려고
개조한 군용 타자기처럼 보였으며, 바닥은 군대 분위기가 나는 회색 틀에 고정되어
있었다. 그 위에는 제어판이 있었고, 상자 모양의 돌출부는 으레 노란색으로 칠해져

있었다. 사용자가 볼 본체 앞면에는 계기반 몇 개, 지름 0.6cm 정도의 깜빡이는 몇 줄의 불빛, 큰 쌀알 크기의 강철 토글 스위치 행렬 그리고 모든 것을 압도하는 둥글고 흐릿한 회색의 CRT 화면이 있었다.

» **플렉소라이터** 출처 http://www.blinkenlights.com/classiccmp/friden/

TMRC 사람들은 충격에 휩싸였다. 카드가 필요 없는 기계라니! 사용자는 먼저 (옆방에도 몇 대 더 있는) 플렉소라이터로 길고 얇은 종이테이프에 프로그램을 찍은 후 콘솔에 앉아 프로그램을 돌렸다. 리더가 프로그램을 읽어 돌리는 동안 사용자는 앉아서 기다려도 좋았다. 프로그램에 오류가 발생하면 사용자는 즉시 알 수 있었으며, 몇몇 스위치나 반짝이는 불빛으로 문제를 진단할 수 있었다. 심지어 이 컴퓨터는 소리도 낼 수 있었다. 프로그램이 돌아가는 동안 콘솔 아래 있는 스피커는 일종의 음악을 연주했다. 조율이 어긋나 오묘한 소음을 내며 떨리는 전자 오르간 소리를 냈다. 이 '오르간'이 연주하는 화음은 마이크로초 동안 컴퓨터가 읽어들인 자료에 따라서 달라졌다. 소리에 익숙해지면 컴퓨터가 프로그램 어느 부분을 돌리는지 실제로 알아들을 수 있었다. 하지만 그러려면 전쟁터에서 기관총 소리를 방불케 하는 플렉소라이터의 딸깍거리는 소리와 화음을 구분할 수 있어야 했다.

심지어 더욱 놀랍게도, 이 같은 '대화식' 능력은 물론이고 TX-0를 사용할 수 있는 넉넉한 시간까지도 제공되어 사용자는 컴퓨터 앞에 앉아 프로그램을 수정할 수도 있었다. 신이시여!

당연히 코톡, 선더스, 샘슨과 친구들이 TX-0에서 떨어질 리 없었다. 다행스럽게도 TX-0에는 IBM 704를 둘러싼 관료주의가 없었다. 거들먹거리는 핵심 사제단도 없었다. 책임 기술자는 존 맥켄지John McKenzie라는, 영리한 백발 스코틀랜드 사람이었다. 맥켄지는 공식적으로 허가받은 사용자들, 즉 공식 프로젝트에 참여하는 사람들과 대학원생들에게 확실한 권한을 부여했지만, 동시에 TX-0가 있는 전자공학 연구실에서 죽치는 TMRC 괴짜들도 눈감아 주었다.

1학년인 샘슨, 코톡, 선더스, 밥 와그너Bob Wagner는 26동 건물에서 죽치기 가장 좋은 시간이 밤이라는 사실을 금세 알아차렸다. 매주 금요일이면 전자공학 연구실 옆에 있는 에어컨에 컴퓨터 사용 신청표가 붙는데, 과연 누가 저녁 늦은 시간을 골라 한 시간 단위로 신청하겠는가? 규정상 TX-0는 하루 24시간 계속 가동되었고 당시 컴퓨터는 밤이라고 그냥 놀리기에는 너무 비쌌다. 게다가 한 번 끄면 다시 켜서 가동하는 절차가 상당히 번거로웠다. 그래서 TMRC 해커들은 컴퓨터에 맞춰서 생활 습관을 바꾸었고 곧 자신들을 TX-0 해커라 칭했다. 그들은 빈 시간대를 모두 차지했으며, 새벽 3시에 예약한 사람이 혹시라도 나타나지 않을까 기회를 포착하러 한밤중에 들리곤 했다.

시간표에 지정된 시간에 아무도 나타나지 않은 채 1분 정도 지나면 샘슨은 "앗싸!"라며 환호했다. "컴퓨터를 놀리면 안 되지!"

컴퓨터를 놀리는 일은 거의 없었다. 그들이 거의 언제나 거기 있었으니까. 전자공학 연구실에서 공백이 생기기를 기다리지 않을 때는 TMRC 동아리 방 옆에 있는 툴 룸에서 샘슨이 고안한 행맨Hangman식 낱말 게임인 '컴 넥스트 도어Come Next Door'를 하며 전화를 기다렸다. TX-0 근처에 예약 펑크를 망보던 사람들은 예약 시간에 사람이 오지 않으면 해커들에게 곧바로 연락을 취했다. 이렇듯 해커들은 치밀하게 잠정적인 펑크를 사전에 통보받도록 정보원 네트워크도 구축했다. 연구 프로젝트 진행 과정에서 프로그램을 제시간에 준비하지 못하거나 교수님이 편찮으시면 TMRC로 소식이 전해지고 해커들이 잽싸게 TX-0 앞에 나타났다. 콘솔 뒤쪽 공간으로 비집고 들어갈 준비를 한 채로!

명목상으로는 잭 데니스가 운영을 책임졌지만, 당시 데니스는 강의가 있었고 강의 외 시간은 프로그램을 짜는 데 몰두했다. 데니스는 해커들에게 자애로운 대부였다. 데니스는 해커들에게 간단한 실전 사용법을 가르쳤고 방향을 제시했으며 해커들의 열정적인 프로그래밍 모험을 즐겼다. 게다가 관리를 별로 좋아하지 않았기에 존 맥켄지가 하는 대로 내버려 두었다. 맥켄지는 TX-0의 대화형 속성이 새로운 형태의 컴퓨터 프로그래밍을 촉진하리라는 사실을 일찌감치 알아차렸다. 해커들이 바로 그 선구자라고 생각한 맥켄지는 해커들을 심하게 규제하지는 않았다.

1959년 MIT 분위기는 미아들을 수용할 정도로 느슨했다. 피터 샘슨처럼 호기심에 목매는 과학광들은 MIT 연구실이라는 미지의 미로를 탐험하고 다녔다. 에어컨, 오디오, 해머 드릴 같은 플렉소라이터가 내는 소음은 방랑자들을 끌어들였다. 그들은 뜨게실 바구니를 들여다보는 새끼 고양이처럼 연구실로 머리를 들이밀었다.

이런 방랑자 중에는 피터 도이치Peter Deutsch라는 외부인도 있었다. TX-0를 발견하기 전부터 도이치는 이미 컴퓨터에 매혹된 상태였다. 그 매혹은 어느 날 누군가 버린 매뉴얼을 집어든 순간부터 시작되었는데, 뭔가 이해하기 어려운 컴퓨터 언어로 계산을 수행하는 매뉴얼이었다. 매뉴얼에 열거된 컴퓨터 명령들의 질서정연함이 도이치를 매혹시켰고, 나중에 도이치는, 예술가가 자신에게 너무도 꼭 맞는 표현수단을 발견하는 순간에 느끼는 감정처럼 소름 끼치게 초현실적인 느낌을 받았다고 묘사했다. 이게 바로 내가 할 일이야! 도이치는 작은 프로그램 하나를 짜서 한 사제의 다음 시간대를 예약해 자신의 프로그램을 컴퓨터로 돌려봤다. 불과 몇 주 안에 도이치의 프로그래밍 실력은 놀랍도록 발전했다. 당시 도이치는 불과 12살이었다.

도이치는 수줍음이 많은 소년이었다. 수학에는 강했으나 나머지 분야에는 자신감이 없었다. 거북할 정도로 비만이며 스포츠는 꽝이었으나 머리만큼은 탁월했다. 아버지가 MIT 교수였는데, 피터 도이치는 이를 이용해 MIT 연구실을 자유롭게 드나들었다.

도이치가 TX-0에 끌리게 될 것은 필연이었다. 먼저 도이치는 작은 '클루지 룸Kluge Room'을 우연히 발견했다. 거기에는 TX-0에 넣어 돌릴 프로그램을 종이테이프에 찍는 오프라인 플렉소라이터 세 대가 있었다(참고로 '클루지'란 논리를 무시하고 작동하는 것 같은 허접쓰레기 장비다). 여기서 누군가 분주히 프로그램을 종이테이프에 찍고 있었다. 한참을 지켜보던 도이치는 그 불쌍한 영혼에게 옆 방에 있는 이상하게 생긴 작은 컴퓨터에 관한 질문을 퍼붓기 시작했다. 그런 다음, 도이치는 TX-0 본체로 다가가 TX-0를 면밀히 관찰했다. 도이치가 관찰한 바에 따르면, TX-0는 여느 컴퓨터보다 작았으며 CRT 화면과 멋진 장난감들이 있었다. 즉석에서 도이치는 자신이 관계자처럼 행동하기로 결심했다. 도이치는 매뉴얼을 찾아 읽었으며, 얼마 지나지 않아 정말로 앞뒤가 맞는 컴퓨터 이야기를 거침없이 내뱉어 사람들을 놀라게 했으며, 결국 밤과 주말 시간대를 예약해 자신이 짠 프로그램을 돌려도 좋다는 허락을 얻어냈다.

맥켄지는 누군가 자신이 일종의 여름 캠프를 운영한다며 비난하지 않을까 걱정했다. 키가 TX-0 콘솔에 겨우 미치는 반바지 차림의 소년이 변성기도 채 시작되지 않은 높은 목소리로, 공식적으로 허가받은 사용자가 (그것도 자만심에 가득한 대학원생이) 플렉소라이터로 쳐 넣는 코드를 보고서 "여기 이 오른쪽 피연산자가 틀렸어요. 저기는 다른 명령을 써야 해요"라고 지적하면, 그 자만심에 가득한 대학생은 미쳐서 "이 애송이는 누구야? 당장 나가 다른 데서 놀아!"라고 소리 지르기 일쑤였다. 하지만 도이치가 한 지적은 언제나 옳다고 드러났다. 게다가 도이치는 기존 프로그램보다 더 나은 프로그램을 짜겠다고 큰소리를 쳤으며 실제로도 해냈다.

샘슨과 코톡을 비롯한 해커들은 피터 도이치를 인정했다. 도이치가 보유한 컴퓨터 지식은 동등한 대접을 받기에 충분했다. 하지만 공식적으로 허가받은 사용자들은 도이치를 그다지 좋아하지 않았다. 특히 자신들이 플렉소라이터를 쓰는 동안 바로 뒤에 앉아서 실수를 저지를 때마다 훈수를 둘 준비를 하고 있을 때는 말이다.

공식적으로 허가받은 사용자들은 출퇴근하듯이 규칙적으로 TX-0를 사용했다. 그들이 돌리는 프로그램은 통계적 분석, 교차 상호관계, 세포 핵 내부 시뮬레이션 같은 응용프로그램이었다. 사용자가 보기에는 괜찮았지만 해커들이 보기에는 낭비였다. 해커들은 비행기 연료 조절기를 조절하듯 TX-0 콘솔을 조절하고 싶어했다. 그들에게 TX-0를 돌리는 행위는 클래식 음악을 좋아하는 피터 샘슨이 표현하듯이, '악기를 연주하는 행위'와 같았다. TX-0는 절묘한 연주가 가능한 대단히 값비싼 악기로 변신했다. TX-0를 이용해서 (1마일 정도 떨어져 있는 하버드 스퀘어^{Harvard} ^{Square}에서 연주하는 비트족^{bitnik}처럼) 즉흥적인 연주와 작곡도 할 수 있었다.

이 같은 연주가 가능했던 배경에는 잭 데니스와 또 다른 교수 톰 스톡만^{Tom} ^{Stockman}이 고안한 프로그래밍 시스템이 있었다. MIT에 도착한 TX-0는 링컨 연구실에 있을 때보다 사양이 줄어들었다. 메모리는 18비트짜리 '워드' 4,096개로 크게 줄었다('비트'란 1이나 0으로 이루어진 이진수를 가리켰다. 컴퓨터는 이진수만 이해했다. 일련의 이진수를 '워드^{word}'라 불렀다). 또한 TX-0에는 소프트웨어가 거의 없었다. 그래서 잭 데니스는 TX-0를 TMRC 해커들에게 소개하기 전부터 '시스템 프로그램', 즉 사용자들이 TX-0를 활용하게 도와주는 소프트웨어를 구현해왔다.

데니스가 처음으로 구현한 프로그램은 어셈블러였다. 어셈블러는 기계어 명령을 세 문자로 표현하는 어셈블리 언어를 이진수 1과 0으로 이루어진 기계어로 바꿔주는 프로그램이었다. TX-0는 어셈블리 언어가 다소 제한적이었다. 18비트 워드 중 2비트만 기계어 명령으로 허용했으므로 2비트 조합으로 가능한 00, 10, 01, 11, 총 네 가지 명령만 사용했다. 따라서 컴퓨터가 수행하는 모든 동작은 네 가지 명령으로 귀결되었다. 두 숫자를 더하려면 명령 하나가 필요했고, 두 숫자를 곱하려면 대략 명령 스무 개가 필요했다. 이진수로 쓰여진 기다란 명령어 목록을 (예를 들어 10011001100001을) 들여다보다가는 몇 분 안에 헛소리를 주절거리는 정신병 환자가 되기 십상이었다. 하지만 똑같은 명령이 어셈블리 언어로는 ADD Y로 표현되었다. 데니스가 구현한 어셈블러를 컴퓨터에 로드하고 나면 사용자는 간단한 문자 형태로 프로그램을 작성한 후 컴퓨터가 이진수로 바꾸도록 점잔빼며 기다려도 좋았다. 그런 다음 그 이진수 '목적object' 코드를 다시 컴퓨터로 넣어서 돌렸다. 어셈블러의 가치는 가늠하기 어려울 정도로 막대했다. 어셈블러 덕택에 프로그래머는 0과 1이 끝없이 이어지는 골치 아픈 숫자가 아니라 코드처럼 보이는 뭔가로 프로그램을 짤 수 있었다.

데니스가 스톡만과 구현한 또 다른 프로그램은 더욱 새로운 프로그램인 디버거였다. TX-0는 원래 UT-3라는 디버거 프로그램이 있었는데, UT-3를 돌리면 플렉소라이터로 직접 명령을 입력하며 컴퓨터와 대화할 수 있었다. 하지만 UT-3는 몇 가지 심각한 결함이 있었는데, 그중 하나는 8진수 코드만 인식한다는 점이었다. '8진수'는 진수가 8인 숫자 체계인데 (진수가 2인 이진수나 10인 십진수와 달리) 사용하기가 어려웠다. 그래서 데니스와 스톡만은 UT-3보다 나은 프로그램, 즉 쓰기 쉬운 어셈블리 언어를 인식하는 디버거를 만들기로 결정했다. 이 프로그램은 FLIT이라 불리게 되었는데, FLIT을 통해서 사용자는 프로그램을 돌리는 도중에 버그를 찾아서 고친 후 계속해서 돌릴 수 있었다(데니스는 'FLIT'가 'Flexowriter Interrogation Tape'을 줄인 말이라고 하지만, 의심할 여지없이 이 이름은 FLIT라는 살충제 상표에서 따왔다). FLIT은 엄청난 발전이었다. FLIT 덕택에 프로그래머는 (음악가가 자기 악기로 작곡하듯이) 컴퓨터로 독창적인 작곡을 할 수 있게 되었다. TX-0의 4,096워드 메모리 중 1/3을 차지하는 디버거 덕택에 해커들은 새롭고 좀 더 매력적인 프로그래밍 스타일을 자유롭게 창작할 수 있었다.

그렇다면 해커들이 어떤 프로그램을 짰을까? 흠, 때로는 그들에게 어떤 프로그램인지는 전혀 중요하지 않았다. 피터 샘슨은 하룻 밤을 꼴딱 새워 십진수를 즉석에서 로마 숫자로 변환하는 프로그램을 만들었다. 잭 데니스는 샘슨이 보여준 능력에 감탄한 후 이렇게 말했다. "허, 도대체 왜 이런 프로그램을 짜지?" 하지만 데니스는 이유를 알았다. 종이테이프를 컴퓨터에 넣고, 전구와 스위치를 살펴보면서, 평범하기 짝이 없던 숫자가 로마인들이 사용하던 문자로 돌아오는 모습에서 얻는 우월감과 성취감은 그 이유로 충분하고 남았다.

사실 TX-0의 오디오 스피커를 응용해보면 어떻겠냐고 샘슨에게 제안한 사람이 바로 잭 데니스였다. 음높이나 진폭이나 소리 특색을 제어하는 내장 장치는 없었으나 스피커를 제어하는 방법은 있었다. TX-0는 백만 분의 일 초 동안 누산기^{accumulator}에 저장된 18비트 워드 중 14번째 비트 상태에 따라 소리를 전송했다. 14번째 비트가 1이면 소리가 켜졌고 0이면 꺼졌다. 그래서 샘슨은 14번째 비트값을 다양하게 바꾸어 다양한 음을 만드는 프로그램 개발에 돌입했다.

당시 전국에서 컴퓨터를 이용해 어떤 종류든 음악을 출력하려고 실험하는 사람은 소수에 불과했다. 게다가 그들이 사용하던 방법으로는 겨우 음 하나 내는 데도 엄청난 계산이 필요했다. 불가능한 시도라며 경고하는 사람들로 인해 조급해진 샘슨은 당장에 연주할 컴퓨터를 원했다. 그래서 샘슨은 찰리 파커^{Charlie Parker}가 색소폰을 다루듯 너무나도 능숙하게 누산기 비트 하나를 제어하는 방법을 익혔다. 나중에 샘슨은 컴파일러를 손봐서 사용자 프로그램에 구문 오류가 있으면 플렉소라이터의 리본이 빨간색으로 바뀌면서 '실수는 인간의 본성이고 용서는 하늘의 재량이다^{To err is human; to forgive divine}'라고 출력하는 버전도 만들었다.

화음 없이 단음 단조 사각 파형으로 연주되는 요한 세바스찬 바흐 음악을 듣는 컴퓨터 문외한들은 한결같이 덤덤하게 반응했다. "그게 뭐 대단하다고? 3백만 불짜리 기계라면서 최소한 5불짜리 장난감 피아노만큼은 해야지!" 그들에게는 태초부터 음악이 만들어져 오던 방식을 피터 샘슨이 사실상 건너뛰었다는 사실을 아무리 설명해도 소용이 없었다. 여태껏 음악은 언제나 음에 해당하는 진동을 생성해 연주했다. 그런데 샘슨이 짠 프로그램에서는 일련의 숫자가, 즉 컴퓨터에 넣을 정보 비트가 바로 음악이 담긴 코드였다. 몇 시간이고 코드를 노려봐도 어디에 음악이 있는지 짐작하기 어려웠다. 코드는 TX-0를 구성하는 금속, 전선, 실리콘 랙 중 하나에 들어 있는 누산기에서 극도로 순간적인 자료 교환이 수백만 번 일어나는 동안에만 음악이 되었다. 샘슨은 소리 내는 법조차 모르는 컴퓨터에 노래를 시켰고, TX-0는 이에 응했다.

그러므로 그것은 단지 은유적인 의미로만 작곡이 아니라 글자 그대로 진짜 작곡이었다! 음악을 연주하는 컴퓨터 프로그램은 복잡한 수학적 계산과 통계적 분석을 수행하는 프로그램과 같은 종류였다(아니, 똑같았다)! 샘슨이 컴퓨터에 집어넣은 숫자는 (바흐 푸가든 대공방어 시스템이든) 어떤 결과물도 생성할 수 있는 만능 언어였다.

샘슨은 자신의 위업에 무덤덤한 문외한들에게 이것을 전혀 말해주지 않았다. 해커 자신들도 논의하지 않았다. 그들이 샘슨의 위업을 이처럼 거시적인 시각으로 분석했는지조차 분명하지 않다. 피터 샘슨이 짰고 동료들은 가치를 인정했다. 확실히 멋진 프로그램이었으니까, 그것으로 충분했다.

>>>>>>>>>>>>>>>>>>>>>>>>>

TX-0를 열렬히 따르는 추종자이자, TMRC S&P 팀장이자, 시스템을 연구하는 학생이자, 대머리인 통통한 밥 선더스와 같은 해커에게 프로그램은 완벽한 존재였다. 시카고 교외에서 자란 선더스는 아주 어린 시절부터 전기 회로와 전화 회로를 만지는 일에 매료되었다. MIT에 입학하기 전에 선더스는 여름 한 철 동안 꿈의 아르바이트를 구했다. 사무 장비를 설치하는 전화 회사에서 일하게 되었는데, 하루 종일 납땜인두와 펜치를 손에 들고 여러 시스템 내부를 헤집으며 더없이 행복한 8시간을 보냈다. 낭만적인 분위기를 깨버리는 점심시간에는 전화 회사 매뉴얼을 탐독했다. 선더스가 TMRC에 적극적으로 참여하게 된 계기도 TMRC 모형판 밑에 있는 전화 회사 장비 때문이었다.

상급생인 선더스는 코톡이나 샘슨보다 늦게 TX-0에 뛰어들었다. 선더스는 그 여유 시간을 실제로 사교 생활의 발판을 마련하느라 보냈다. 그 시간 동안 선더스는 어느 연구 프로젝트에서 컴퓨터 사무일을 처리하던 마지 프렌치를 사귀었고 결국 결혼으로 이어졌다. 그래도 선더스에게 TX-0는 대학 생활의 중심이었다. 여느 해커들처럼 선더스 역시 수업을 빼먹어 성적은 저조했으나 별로 걱정하지 않았다. 진짜 교육은 26동 건물, 240호실, TX-0 콘솔 뒤에서 일어난다고 믿었기 때문이었다. 수년이 지난 후 선더스는 자신과 동료 해커들을 '엘리트 그룹'이라 칭했다. "다른 사람은 공부하거나, 종일 4층 건물 꼭대기에서 불쾌한 증기를 만들거나, 물리 연구실에서 무언가에 입자를 던졌습니다. 우리는 남들이 하는 일에 신경 쓰지 않습니다. 관심이 없었으니까요. 그들은 그들 공부를 했고, 우리는 우리 공부를 했습니다. 우리가 공부하는 내용 대다수가 정규 교과 과정이 아니라는 사실은 그다지 중요하지 않았습니다".

해커들은 밤에 모여들었다. TX-0가 '한가한 시간대'를 전적으로 활용하는 유일한 방법이었기 때문이다. 선더스는 낮 수업에 한두 시간 정도만 간신히 얼굴을 디밀었다. 짬을 내어 마지를 만나기도 했지만, 먹고 볼일 볼 때 말고는 26동 건물에 죽치며 전날 밤 짠 프로그램을 검토했다. 플렉소라이터가 사용하는 너비 9.5인치(약 24센티미터) 종이에 인쇄된 프로그램을 검토하며 주석을 달거나 목록을 수정하고 코드를 개선했다. 그런 다음, 때로는 TMRC 동아리 방으로 건너가 누군가와 프로그램을 바꿔보면서 좋은 아이디어를 얻고 숨은 버그도 잡다가, TX-0 실 옆에 있는 클루지 룸으로 돌아와 오프라인 플렉소라이터로 코드를 고쳤다. 그러는 동안에도 누군가가 컴퓨터 사용 예약을 취소하지 않았는지를 확인했다. 자신의 예약 시간은 보통 새벽 두세 시여서 그때까지 선더스는 클루지 룸에서 기다리거나 TMRC 동아리 방에서 카드 게임을 했다.

각 비트를 저장하거나 저장하지 않는 상태를 표현하는 컴퓨터 트랜지스터를 품은 금속 랙을 마주하고 콘솔 앞에 앉아 플렉소라이터를 설정하면, 플렉소라이터는 'WALRUS'라는 단어로 선더스를 맞이했다. 이것은 루이스 캐롤Lewis Carroll 시에 나오는 문구 "때가 왔고, 왈러스가 말했다The time has come, the Walrus said..."를 기리는 샘슨의 작품이었다. 'WALRUS' 문구에 킥킥거리며 선더스는 서랍에서 어셈블러 프로그램이 담긴 종이테이프를 꺼내 테이프 리더에 넣었다. 이제 컴퓨터는 사용자 프로그램을 어셈블러로 변환할 준비가 되었으므로 선더스는 자신이 작업한 플렉소라이터 테이프를 컴퓨터로 넣었다. 선더스가 깜빡이는 불빛들을 지켜보는 동안에 컴퓨터는 선더스의 코드를 (기호로 구현된 어셈블리 언어) '소스'에서 (이진) '목적' 코드로 바꾸어 또 다른 종이테이프에 찍어냈다. TX-0가 이해하는 오브젝트 코드가 바로 이 종이테이프였으므로 선더스는 프로그램이 멋지게 돌아가길 바라면서 종이테이프를 컴퓨터에 넣었다.

선더스 주변에는 참견하고 훈수 두는 동료 해커 몇 명이 늘 있었다. 그들은 아래층 자판기에서 빼 온 정크푸드를 먹고 콜라를 마시며 농담하고 떠들었다. 선더스는 '레몬 정키즈'라는 레몬 젤리 과자를 선호했지만 새벽 네 시에는 뭐든지 맛있었다. 프로그램이 돌아가며 불빛이 반짝이는 모습을 다 함께 지켜보고, 누산기 14번째 비트값에 따라서 스피커가 높낮이를 달리하며 내는 윙윙거리는 소리를 들었다. 흔히 어셈블이 끝난 프로그램을 돌린 후 CRT에 가장 먼저 뜨는 정보는 프로그램이 죽었다는 표시였다. 그러면 선더스는 서랍에서 FLIT 디버거가 담긴 테이프를 꺼내서 컴퓨터에 넣었다. 그러면 컴퓨터는 디버깅 장비가 되었으며, 자신의 프로그램을 다시 컴퓨터로 넣어 어디서 문제가 생겼는지 찾아냈다. 운이 좋으면 틀린 곳을 쉽게 찾아 (콘솔 스위치를 정확한 순서로 눌러서) 명령 몇 개를 집어넣어 고쳤다. 안 되면 플렉소라이터에서 코드를 다시 손봤다. 프로그램이 성공적으로 돌아가면 방 안 가득한 트랜지스터와 전선과 금속과 전기가 자신의 지휘에 따라서 조화를 이루어 자신이 고안한 출력을 내놓았고, 그 느낌은 언제나 놀랍도록 만족스러웠다. 그러고 나면 다음으로 개선할 기능을 구상했다. 자신이 예약한 1시간이 끝났을 때는, 특히 다음 시간을 예약한 사람이 조바심내며 기다릴 때는, 기꺼이 물러나 프로그램이 뻗어버린 이유를 고민하며 몇 시간을 보냈다.

컴퓨터 앞에 앉은 시간도 집중도가 엄청나게 높았지만, 몇 시간 전 혹은 심지어 몇 시간 후에도 해커는 순수한 집중 상태에 도달했다. 컴퓨터 프로그램을 구현하려면 해커는 수천 비트에 달하는 정보가 한 명령에서 다음 명령으로 어떻게 이동하는지 알아야 할 뿐만 아니라 그 모든 이동이 미치는 영향을 예측할 수, 그리고 이용할 수 있어야 했다.

그 모든 정보가 머릿속에 완전히 들어온다는 말은 프로그래머가 환경 혹은 컴퓨터와 거의 하나가 된다는 의미였다. 때로는 전체 그림이 머릿속에 들어온 상태가 되기까지 몇 시간이 설렸다. 그 상태에 도달하면 시간을 낭비하기 너무도 아까워 클루지 룸의 오프라인 플렉소라이터와 컴퓨터 사이를 오가며 한바탕 마라톤을 뛰었다. 때로는 다음 날 일정까지 '펑크' 내가며 집중 상태를 유지했다.

불가피하게 이런 태도는 해커들이 컴퓨터 세상 이외에 드물게 모습을 드러내는 모든 곳에 배어났다. TMRC 사람들 중 칼과 붓 파는 동아리에 TX-0 광이 늘어나는 현상을 탐탁지 않게 여겼다. 그들에게 TX-0 광은 동아리 핵심을 철로에서 전산으로 바꿀지 모르는 일종의 트로이 목마로 여겨졌다. 매주 화요일 오후 5시 15분에 열리는 동아리 회의에서도 이 같은 우려가 잘 드러났다. 해커들은 회의 진행 절차의 온갖 잡다한 허점을 파고들어 그들의 TX-0 프로그램처럼 복잡 난해한 회의를 만들었다. 다른 발의를 하기 위한 발의를 만들었으며, 이의는 마치 컴퓨터 오류인 양 위반으로 판정했다. 1959년 11월 24일 회의록을 살펴보면 '우리는 일부 구성원이 못마땅합니다. 그들이 회의진행법 입문Robert's Rules of Order을 덜 읽고 S&P에 더 치중하면 동아리에 훨씬 더 도움이 되겠습니다'라는 기록이 있다. 샘슨은 상대방 감정을 해치기로 유명한데, 한 번은 TMRC 구성원들이 "샘슨의 경구 설사를 막기 위한 마개를 구매하자"고 발의할 정도였다.

프로그램 구현에 필요한 논리적 태도는 회의 진행 절차를 파헤칠 때만이 아니라 좀 더 일상적인 생활에서도 드러났다. 해커에게 질문을 던지면 그가 정확한 답이 나올 때까지 머릿속에 있는 누산기로 비트를 처리하는 모습이 뻔히 보였다. 매주 토요일 아침, 마지 선더스가 차를 몰고 장 보러 갔다가 돌아와서 남편에게 "장 본 물건 옮기는 일 좀 돕고 싶어요?"라고 물으면, 밥 선더스는 "아니오"라고 대답했다. 어리병병해진 마지는 혼자서 모든 물건을 옮겼다. 같은 일이 몇 차례 반복되자 그녀는 폭발해 남편에게 욕하며 "아니오"라고 답한 이유를 대라고 요구했다.

"그것은 어리석은 질문이오"라고 그는 말했다. "물론 나는 돕고 싶지 않아요. 하지만 당신이 도와달라고 말한다면 그것은 다른 문제요".

마치 마지가 프로그램을 TX-0에 넣었는데 구문 오류가 있어서 프로그램이 죽어버린 셈이었다. 마지가 질문에서 구문 오류를 고친 후에야 선더스는 자신의 머릿속 컴퓨터로 프로그램을 성공적으로 돌렸다.

CHAPTER 02 »
해커 윤리

TX-0를 중심으로 무언가 새로운 움직임이 일어나고 있었다. 바로 철학과 윤리와 꿈이 있는 새로운 삶의 방식이었다.

수도원에나 있을 법한 헌신적인 태도로 자신들의 기술적인 능력을 컴퓨터에 바치던 TX-0 해커들은 자신들이 인간과 기계의 멋진 공생을 이끌어가는 선구자라는 사실을 자각하지 못했다. 엔진 성능을 높이는 일에만 매달리는 젊은 레이서처럼 열정에 찬 그들은 어디서도 찾아보기 드문 독특한 주변 환경을 당연하게 받아들였다. 독특한 문화가 형성되기 시작하고, 전설이 생겨나기 시작하고, 그들의 프로그래밍 실력이 그때까지 알려진 수준을 능가하는 데도 불구하고, 열두어 명 남짓한 해커들은 TX-0와 친밀한 관계 위에 형성된 그들의 작은 사회가 서서히 그리고 은연중에 개념과 믿음과 그 이상을 엮어주는 뭔가가 되었다는 사실을 인정하려 들지 않았다.

이 혁명적인 해커 윤리Hacker Ethic는 논의나 토론이 아니라 무언의 동의로 퍼져 나갔다. 선언문은 없었다. 개종에 열을 올리는 선교사도 없었다. 컴퓨터가 선교사였다. 해커 윤리를 가장 충실하게 따르는 이들은 샘슨, 선더스, 코톡 등과 같은 사람들이었다. 그들에게 MIT 이전의 삶은 TX-0 콘솔 뒤에서 자아를 실현하는 삶에 도달하기 위한 전주에 불과했다. 나중에는 전설적인 그린블랫Greenblatt이나 고스퍼Gosper

등과 같이 해커 윤리를 TX-0 해커들보다 더더욱 심각하게 받아들이는 해커들도 출현했다. 그렇지만 해커주의라는 교리가 명시적으로 기술되기까지는 그로부터도 몇 년이 더 걸렸다.

하지만 이미 TX-0 시절부터 해커 윤리의 발판은 마련되어 있었다. 해커 윤리는 이랬다.

컴퓨터에 대한 접근은 물론이고 세상이 돌아가는 방식을 가르치는 무엇이든, 그에 대한 접근은 무제한적이고 전적이어야 한다. 직접 해보라는 강령 Hands-On Imperative**을 언제나 지켜라!**

해커들은 시스템과 세상을 분해하고, 돌아가는 방식을 이해하여 얻은 지식을 토대로 더욱 새롭고 흥미로운 뭔가를 만드는 과정에서 시스템과 세상에 대한 중대한 교훈을 얻는다고 믿는다. 그들은 사람이든, 법이든, 물리적 장벽이든, 이 과정을 방해하는 무엇에든 맞선다.

특히 (자신이 보기에) 고장 났거나 개선이 필요한 뭔가에 손대고 싶어질 때 그렇다. 해커는 불완전한 시스템을 보면 참지 못하고 이를 디버깅하고픈 원초적 본능을 느낀다. 이것이 보통 해커가 운전을 싫어 하는 이유 중 하나다. 무작위로 프로그래밍된 신호등과 이상하게 배치된 일방통행 도로로 인해 정말로 짜증 나게 쓸데없이 지체되기 때문이다. 그래서 교통표지판을 다시 배치하고, 신호등 제어기를 뜯어보고, 전체 시스템을 다시 설계하고픈 충동을 느낀다.

완벽한 해커 세계에서는 신호등 제어기에 손댈 정도로 열받았다면 정말로 신호등 제어기를 열어보고 분해해서 개선해도 괜찮다. 그런 문제를 직접 해결하지 못하도록 막는 규칙은 너무도 어리석기에 지키려고 애쓸 가치조차 없었다. TMRC가 아주 비공식적으로 심야 징발대Midnight Requisitioning Committee를 출범한 배경에도 이런 태도가 깔려 있었다. TMRC가 '더 시스템'에 새 기능을 넣으려는데 다이오드나 릴레이가 부족하면 몇몇 S&P 팀원이 어두워질 때까지 기다렸다가 다이오드와 릴레이가 보관된 곳을 찾아 나섰다. 평소 다른 문제는 깐깐할 정도로 정직하면서도 이를 '도둑질'이라 여기는 해커는 없었다. 고의적인 무지였다.

모든 정보는 공짜라야 한다.

개선에 필요한 정보를 얻지 못한다면 어떻게 고치고 개선하겠는가? 정보는, 특히 정보가 컴퓨터 프로그램 형식일 때는, 전반적인 창의력을 높이기 위해 자유롭게 주고받아야 한다. TX-0에는 딸려온 소프트웨어가 거의 없었다. 그래서 모두가 맹렬히 시스템 프로그램, 즉 프로그래밍을 도와주는 프로그램을 짜서 TX-0를 사용하는 누구나 쓰도록 콘솔 옆 서랍에 보관했다. 덕분에 똑같은 프로그램을 다시 짜느라 시간을 낭비할 필요가 없었다. 모두가 똑같은 프로그램을 각자 하나씩 만드는 대신에 최고 버전이 누구에게나 제공되었으며 누구나 코드를 탐구해 개선해도 좋았다. 덕분에 크기가 최소이고, 디버깅이 완벽하고, 기능이 풍부한 프로그램이 아주 많았다.

정보는 공짜여야 한다는 (때로 무조건적으로 추종된) 믿음은 멋진 컴퓨터와 컴퓨터 프로그램이 동작하는 방식, 즉 복잡한 작업을 처리하고자 가장 단순하고 논리적인 경로로 움직이는 비트에서 나왔다. 무엇보다 컴퓨터야말로 자유로운 정보 흐름으로 득을 보지 않던가? 예를 들어 누산기가 테이프 리더나 스위치 같은 입출력 장치에서 정보를 가져오지 못하면 시스템 전체는 먹통이 돼버린다. 해커 관점에서 자유로운 정보 흐름은 어떤 시스템에나 유익하다.

권위를 불신하라! 분권을 촉진하라!

자유로운 정보 교환을 촉진하는 가장 좋은 방법은 열린 시스템이다. 열린 시스템이란, 해커가 지식을 얻고 개선하고 컴퓨터 사용 시간을 확보하는 데 필요한 장비나 정보를 아무런 장애 없이 얻을 수 있는 시스템이다. 관료주의는 절대 사절이다. 기업이든, 정부든, 대학이든 관료주의라는 결함이 있어 진정한 해커의 탐구 욕구를 수용하지 못하는 위험한 시스템이다. 관료주의자들은 기계와 컴퓨터 프로그램이 따르는 논리적 알고리즘과 반대로 임의의 규칙을 내세운다. 그들은 권력을 굳히려고 규칙을 들먹이며 해커들의 건설적인 욕구를 위협으로 간주한다.

관료주의 세계의 전형적인 본보기가 바로 IBM이라는 대기업이다. IBM 컴퓨터가 배치처리 방식으로 돌아가는 엄청나게 큰 컴퓨터였던 이유가 단순히 진공관 기술 탓만은 아니었다. 진짜 이유는 IBM이 해킹 욕구를 이해하지 못하는 어설프고 거대한 회사였기 때문이다. 세상이 IBM 뜻대로 되었다면 (TMRC 해커들이 생각하기에는) 모든 컴퓨터가 배치처리* 방식을 고수하고, 성가신 펀치 카드로 프로그램을 짜고, 가장 특권층 사제만 실제로 컴퓨터에 접근 가능한 세상이 되었으리라.

단정하게 빗어넘긴 머리카락에 틀에 박힌 흰색 와이셔츠와 깔끔하게 핀으로 고정한 검은 넥타이에 펀치 카드 묶음을 들고 다니는 IBM 직원을 보기만 해도 머릿속에 미래가 곧바로 떠올랐다. 704, 709, 나중에 (IBM 최고 제품인) 7090이 있었던 전산실에 가보면 숨 막힐 듯 질서가 정연했다. 허가 없이는 못 들어가게 막아 놓은 장소까지 말이다. 평소 지저분한 옷차림으로 출입이 자유로운, 심하게 비공식적인 TX-0 실 분위기와는 완전히 대조적이었다.

물론 IBM이 지금까지 그래 왔고 앞으로도 계속해서 많은 업적과 공로로 컴퓨터 세상을 발전시키리라 믿는다. 그들은 거대한 규모와 막대한 영향력으로 컴퓨터를 미국인의 일상으로 만들었다. 많은 사람에게 'IBM'과 '컴퓨터'는 사실상 동의어다. IBM 장비는 믿음직한 일꾼이었으며 여기에 투자한 사업가들과 과학자들의 신뢰를 얻기에 충분했다. 이는 IBM의 보수적인 접근 방식에 일부 기인했다. 그들은 기술적으로 가장 앞서나가는 장비를 만드는 대신 이미 증명된 개념과 신중하고 공격적인 홍보에 의존했다. IBM이 컴퓨터 업계에서 압도적인 우위를 차지하면서 이 회사는 비밀스럽고 독선적인 제국 자체가 되었다.

---

* 옮긴이_ 배치처리는 사람의 개입 없이 일련의 작업을 수행하도록 컴퓨터를 운영하는 방식이다. 프로그램이 자료 파일 형태로 입력받아 처리한 다음 이를 자료 파일 형태로 출력하므로 프로그램을 순서에 따라 순차적으로 실행해야 한다. 컴퓨터 가격이 비쌀 때 최고의 사용률을 달성하기 위해 사용하던 방법이다.

해커들이 특히 참기 어려웠던 부분은 IBM 사제들이 보이는 태도였다. 그들은 IBM 컴퓨터만 '진짜' 컴퓨터고 나머지는 모두 쓰레기인 듯이 행동했다. 설득은 불가능했다. 아니, 대화조차 어려웠다. 그들은 배치처리 종족이었다. 그리고 그 사실은 IBM 컴퓨터에 보이는 편애만이 아니라 전산실과 세상을 운영하는 방식에서도 드러났다. 그들은 명령하는 이가 없는 분산 시스템의 명백한 우월성을 절대로 이해하지 못했다. 분산 시스템에서는 사람들이 각자 흥미를 추구했으며 그러다가 만약 시스템에 결점이 드러나면 곧바로 대대적인 수술에 착수했다. 사전 허가서를 얻을 필요는 없었다. 문제를 해결하면 그만이었다.

이처럼 반권위주의적인 성향은 해커들의 성격과도 잘 맞았다. 해커들은 어릴 적부터 반 친구들이 운동장에서 머리를 맞대고 사교 기술을 익히는 동안 과학 프로젝트를 제작하는 데 익숙했다. 한때 왕따였던 이 젊은이들은 컴퓨터를 대단히 매력적인 무기라 보았다. 그들이 느꼈던 감정을 피터 샘슨은 이렇게 표현했다. "문을 열어 거대하고 새로운 세상으로 걸어 들어가는 듯했습니다." 일단 그들이 그 문을 지나 수백만 불짜리 컴퓨터 콘솔 뒤에 앉으면 권력은 그들에게 있었다. 그러므로 당연히 해커들은 그 권력의 크기를 제한하려는 모든 힘에 대항했다.

해커들은 학위, 나이, 인종, 직위 등과 같은 엉터리 기준이 아니라 해킹 능력으로 판단한다.

(일반 대학원생들은 그러지 못한 반면) TX-0 공동체는 겨우 12살인 피터 도이치를 기꺼이 일원으로 받아들였다. 마찬가지로, 아무리 그럴듯한 자격을 가지고 나타난 사람도 컴퓨터 콘솔 앞에서 자신을 증명하기 전까지는 진정으로 인정받지 못했다. 이처럼 능력을 중시하는 성향이 강하게 드러난 이유는 해커들이 천성적으로 좋은 사람이어서가 아니었다. 단지 그들이 사람의 피상적인 특성보다 전반적인 해킹 수준을 높이거나 훌륭한 새 프로그램을 만들거나 시스템의 새 기능을 함께 토론하는 능력을 더 높이 샀기 때문이었다.

컴퓨터로 예술과 미를 창조할 수 있다.

샘슨이 만든 음악 프로그램이 좋은 본보기다. 하지만 해커들에게 프로그램이라는 예술은 온라인 스피커에서 나오는 듣기 좋은 소리에 국한되지 않았다. 그들에게는 코드 자체가 예술이었다. 하지만 샘슨은 자기 소스 코드에 주석 달기를 거부하며 아주 모호하게 굴었다. 샘슨이 짠 프로그램 중 인기 있던 한 프로그램은 1750이라는 숫자가 든 명령어 옆에 RIPJSP라는 주석 하나만 달랑 있었다. 사람들은 머리를 짜내서 그 의미를 파악하려 애썼고, 마침내 누군가 1750년은 바흐가 죽은 해라는 사실을 깨달았다. 샘슨이 쓴 RIPJSP는 Rest In Peace Johann Sebastian Bach* 를 줄인 말이었다.

프로그래밍 스타일이라는 미학도 생겨났다. 당시 여느 컴퓨터와 마찬가지로 TX-0는 메모리 공간이 제한적이어서 해커들은 극소수 명령어로 복잡한 작업을 해치우는 프로그래밍 기술에 깊이 감동했다. 프로그램 길이가 짧을수록 메모리가 많이 남아 프로그램이 빨리 돌았다. 속력이나 공간이 필요 없고 예술이나 미학을 고려하지 않을 때는 '주먹구구' 방법으로 흉하게 대충 짜서 문제를 공략했다. 그럴 때마다 샘슨이 다음과 같이 중얼거렸을지도 모르겠다. "음, 숫자 스무 개를 더하면 되는데... 루프를 써 명령어 7~8개로 만드느니 더하기 명령어를 추가하는 편이 더 빠르겠군". 하지만 동료 해커들은 루프 프로그램을 숭배했다. 어떤 프로그램은 너무도 영리하게 단 몇 줄로 줄여놓아 프로그램을 살펴본 동료 해커들이 경탄을 금치 못했다.

때로는 누가 더 많이 줄이나를 놓고 경쟁도 벌어졌다. 자신이 시스템을 빠삭하게 꿰고 있다는 사실을 증명하기 위해서였다. 해커들은 명령어 한두 개를 줄여주는 우아한 지름길을 찾아내거나, 한 걸음 더 나가서는, 시스템 전체를 재고해 명령어 한 묶음을 줄여주는 새 알고리즘을 고안했다(알고리즘이란 복잡한 컴퓨터 프로그램

---

* 옮긴이_ 요한 세바스찬 바흐의 명복을 빕니다.

을 풀어내는 특정 절차다. 일종의 수학적인 곁쇠라 하겠다). 나중에 돌아보면 완전히 타당한 방식이지만 당시에는 누구도 생각하지 못한 기막힌 각도로 문제에 접근해 단호하게 해결했다. 고정관념을 깨는 전혀 뜻밖의 완전히 새로운 알고리즘을 갈구하는 지구 최고 지성인에게 있어, 화성에서 온 천재들의 흑마법과도 같은 기법은 흡사 예술적인 충동과도 같았다.

십진수 인쇄 프로그램은 좋은 본보기다. 컴퓨터가 사용하는 이진수를 사람들이 일반적으로 사용하는 십진수로 바꿔주는 하위 루틴이었는데, 하위 루틴이란 다른 프로그램에 통합돼 쓰이는 프로그램 내 프로그램이었다. 선더스에 따르면, 십진수 인쇄 루틴은 프로그래밍에서 '기본 중의 기본'이었다. 십진수 인쇄 루틴을 구현할 줄 안다면 자신을 프로그래머라 불러도 좋을 만큼 컴퓨터를 안다는 뜻이었다. 우수한 십진수 인쇄 루틴을 구현할 줄 안다면 자신을 해커라 불러도 좋았다. 십진수 인쇄 루틴 크기를 최대한 줄이려는 시도는 해커들 사이에 단순한 경쟁을 넘어 일종의 성배가 되었다.

여러 달 동안 다양한 십진수 인쇄 루틴 버전이 돌아다녔다. 일부러 멍청하게 구는 사람이나 진짜 멍청이는 기계어를 십진수로 바꾸는 데 명령어 100여 개를 썼다. 하지만 명색이 해커라면 그보다 적은 명령어로 가능했다. 최고의 프로그램을 최대한 신중히 살피고 명령어를 여기저기 쳐내면서 해커들은 명령어 개수를 대략 50여 개까지 줄여냈다.

50개 이하는 완전히 다른 문제였다. 해커들은 코드 몇 줄을 줄이려고 많은 시간을 투자했다. 그것은 경쟁을 넘어 모험이 되었다. 수많은 노력을 쏟아부었지만 아무도 50줄 장벽을 넘지 못했고, 50줄 이하로는 불가능하다는 의구심도 제기됐다. 불가능하다면 노력할 필요도 없잖은가!

이런 진퇴양난의 상황을 고민하던 사람 중에 젠슨Jensen이라는 해커가 있었다. 메인주 출신에 훤칠하고 과묵한 젠슨은 클루지 룸에 조용히 앉아, 산골 사람이

나무를 깎듯이, 차분하게 출력물에 뭔가를 끼적이곤 했다. 젠슨은 언제나 시간과 공간 측면에서 자신의 프로그램을 압축할 방법을 궁리했다. 젠슨이 짠 코드는 부울 연산과 산술 연산이 뒤섞인, 완전히 기이한 순서로 구성되었다. 젠슨이 짠 코드에서는 18비트짜리 '워드 하나'의 각 부분은 저마다 다른 계산을 수행했다. 놀랍고도 신기한 묘기였다.

젠슨 이전에는 십진수를 인쇄할 때 적절한 열에 숫자를 보관하기 위해 10의 거듭제곱표를 사용해 반복적으로 컴퓨터가 빼기를 수행하는 알고리즘이 유일하게 논리적이라 여겼다. 그런데 젠슨은 10의 거듭제곱표가 필요하지 않다는 사실을 깨달았다. 젠슨은 숫자를 역순으로 변환한 후 (디지털 기교로) 올바로 출력하는 알고리즘을 생각해냈다. 프로그램 논리 내부에는 복잡한 수학적인 증명이 존재했으며, 젠슨이 십진수 인쇄 루틴을 최대 한계까지 줄였다고 (자신만의 방식으로) 알리기 위해 프로그램을 게시판에 붙여놓고 나서야 다른 해커들은 이를 이해했다. 명령어 46개! 사람들은 코드를 응시하다 입이 떡 벌어졌다. 마지 선더스는 그 후로 며칠 동안 해커들이 평소와 달리 아주 조용했다고 기억한다.

"우리는 십진수 알고리즘의 종결자로 인정하게 되었습니다". 나중에 밥 선더스는 말했다. "그것은 열반의 경지였습니다".

컴퓨터가 우리 삶을 더 낫게 바꿔 줄 것이다.

이 믿음은 드러나지 않았지만 명백했다. 해커는 정보처리에 있어 컴퓨터의 장점을 해커 무리 이외의 사람들에게까지 강요하지는 않았다. 하지만 이 전제는 TX-0 해커들을 비롯해 이후 해커 세대까지 그들의 일상 행동을 지배했다.

확실히 컴퓨터는 그들의 삶을 바꾸었고, 그들의 삶을 풍요롭게 했으며, 그들의 삶에 목적을 부여했고, 그들의 삶을 모험으로 만들었다. 컴퓨터는 그들에게 한 줄기 운명이 되었다. 피터 샘슨은 나중에 이렇게 말했다. "25%에서 30%는 우리가 할 수 있고 잘할 수 있어서 했다. 60%는 은유적인 의미에서 살아 있는 뭔가를 만들기 위해서, 우리가 사라진 후에도 스스로 살아나갈 후손을 만들기 위해서였다. 프로그래밍이 멋진 이유, 마법처럼 매력적인 이유가 이것이다. (컴퓨터나 프로그램에 있는) 동작 문제는 한 번 고치면 영원히 고쳐졌다. 이것이 정확히 우리가 원하는 그림이었다".

알라딘의 램프처럼 컴퓨터는 명령어를 따라서 시키는 대로 한다.

시키는 대로 묵묵히 일하는 컴퓨터의 능력은 모두에게 유용하다. 확실히 해커 윤리에 기반을 둔 세상은 모두에게 이롭다. 해커들은 이를 암묵적으로 믿었고, 컴퓨터가 무엇을 할 수 있고 무엇을 해야 한다는 기존의 관점을 불손하게 확장했다. 그들은 컴퓨터를 바라보고 대화하는 새로운 방식으로 세상을 이끌었다.

하지만 해커 윤리를 기반으로 세상을 바꾸는 일이 말처럼 쉽지 않았다. 심지어 MIT처럼 진보한 집단에서도 해커들이 컴퓨터에 미친 듯이 쏟아붓는 애정을 실없는 짓으로, 심지어 미친 짓으로 보는 교수들이 있었다. TMRC 해커 밥 와그너는 어느 공학 교수에게 컴퓨터가 무엇인지 설명해야 한 적도 있었다. 수치해석 수업에서 와그너는 컴퓨터 대 반컴퓨터 충돌을 훨씬 더 생생하게 겪었는데, 교수가 학생들에게 덜컥거리며 투박한 전기기계식 계산기로 하는 숙제를 내주었다. 같은 수업을 듣던 코톡과 와그너는 그처럼 저급 기계를 쓰라는 소리에 기겁했다. "우리가 왜?", "컴퓨터가 있는데!"

이 일이 계기가 되어 와그너는 계산기 동작을 흉내 내는 프로그램 개발에 착수했다. 발칙하고 충격적인 아이디어였다. 혹자는 귀중한 컴퓨터 시간을 남용한다며 와그너를 비난했다. 일반적인 시각에 의거하자면 컴퓨터 시간은 매우 소중하므로 컴퓨터를 최대한 활용하는 일에만, 예를 들어 수학자 한 무리가 무식하게 계산하는 일에만 써야 했다. 해커들은 생각이 달랐다. 흥미롭거나 재미있는 일이라면 무엇이든 컴퓨터를 쓰기에 적합했다. 허가를 요구하는 사람도, 감시하는 사람도 없이 대화형 컴퓨터를 사용하는 환경에서는 이런 믿음을 추구할 수 있었다. 기본적인 곱셈도 간단히 수행하지 못하는 기계로 (소수점 위치를 정하는 데 필요한) 복잡한 부동소수점 계산과 두세 달 동안 씨름한 끝에 와그너는 3,000줄짜리 프로그램을 완성했다. 와그너는 턱없이 비싼 컴퓨터가 1000분의 1 정도 가격인 계산기 기능을 수행하게 만들었다. 이와 같은 모순을 기리기 위해 와그너는 자기 프로그램을 '비싼 탁상용 계산기'라 불렀으며, 자랑스럽게 자기가 짠 계산기로 숙제를 끝냈다.

그런데 와그너는 어이없게도 0점을 받았다! 교수는 말했다. "컴퓨터를 썼잖아! 반칙이야!"

》 **엉클 존 매카시 (1927–2011). 인공지능 언어 LISP 창시자** 출처 http://www-formal.stanford.edu

와그너는 굳이 설명하려 들지 않았다. 한때 믿기 힘든 가능성에 불과했던 일들을 컴퓨터가 현실로 만들고 있다는 사실을 어떻게 교수에게 설명한단 말인가? 또 다른 해커가 TX-0에서 텍스트를 입력받아 플렉소라이터로 문자열을 출력하는 '비싼 타자기'라는 프로그램을 짰다는 사실은 어떤가? 과연 교수가 컴퓨터로 쓴 보고서를 받아줄까? 그 교수, 아니 미지의 해킹 세상을 모르는 사람들이 와그너와 동료 해커

들이 컴퓨터로 가상의 세상을 모방하려 드는 이유를 어떻게 이해할 수 있을까? 시간이 지나면 그 교수는, 아니 모든 사람이 깨달으리라, 컴퓨터가 열어주는 세상에는 한계가 없다는 사실을!

누구든 증거가 더 필요하다면 전산 센터에서 코톡이 작업하던 프로젝트를 보여주면 된다. 해커 제자들이 '엉클'이라 부르는 턱수염이 있는 인공지능 교수 존 매카시가 IBM 704에서 시작했던 체스 프로그램 말이다. 비록 매카시를 돕던 코톡과 다른 해커들이 전산실 사제와 IBM 컴퓨터에 만연한 IBM 배치처리 정신에 경멸만을 느꼈지만, 그래도 그들은 늦은 밤 시간을 쪼개 IBM 704를 대화형으로 사용했으며 컴퓨터 시간을 가장 많이 사용하는 그룹이 되고자 IBM 704 시스템 프로그래머들과 비공식적인 경쟁도 벌였다. 선두는 왔다갔다했으며, 흰 양복 검은 넥타이 704 프로그래머들은 크게 감동한 나머지 코톡과 그 그룹에게 704용 버튼과 스위치를 만지도록 허락할 정도였다. 그네만의 자랑스러운 IBM 괴물과 드물고도 관능적인 접촉을 하도록 말이다.

》 마빈 민스키 (1927~)

체스 프로그램에 생명을 불어넣는 과정에서 코톡이 한 역할은 인공 지능 분야에서 해커들이 한 역할을 단적으로 보여준다. 매카시나 동료인 마빈 민스키 같이 뛰어난 사람이 프로젝트를 시작하거나 "이것이 가능할까?"라고 큰 소리로 말하면, 흥미

로운 아이디어라고 여긴 해커들이 곧바로 뛰어들어 구현하기 시작했다.

체스 프로그램은 초창기 컴퓨터 언어인 포트란을 사용했다. 컴퓨터 언어는 어셈블리 언어보다 영어에 더 가까웠으며, 쓰기가 쉬웠고, 더 적은 명령어로 더 많은 일을 했다. 하지만 포트란 같은 컴퓨터 언어를 사용하면 컴퓨터가 각 명령어를 이진 명령어로 변환해야 했다. 컴퓨터 언어 명령어를 이진 명령어로 바꿔주는 프로그램인 '컴파일러'는 명령어 변환 시간뿐만 아니라 소중한 컴퓨터 공간도 잡아먹었다. 사실상 컴퓨터 언어를 사용하면 컴퓨터에서 한 걸음 멀어지는 셈이었고, 해커들은 대개 포트란처럼 덜 고상한 '고차원' 언어보다 어셈블리나 (자기들 말로) '기계어'를 선호했다.

하지만 코톡은 체스 프로그램에서 일부는 포트란으로, 일부는 어셈블리로 짜야 한다는 사실을 인정했다. 입력할 숫자가 어마어마하게 많은 탓이었다. 해커들은 '말 이동기move generator', 기본 자료 구조, 체스 전략에 맞춘 온갖 혁신적인 알고리즘을 고안해 프로그램을 조각조각 나눠 공략했다. 말 이동 규칙을 컴퓨터에 넣은 후에는 매개변수를 입력했다. 그러면 프로그램은 이들 매개변수를 토대로 말 위치를 평가하고, 다음 수를 고려한 후, 승산이 가장 큰 위치로 말을 옮겼다. 코톡은 수년 동안 프로그램에 매달렸으며, MIT가 IBM을 업그레이드하면서 프로그램도 점점 커져 갔다. 그러다가 어느 잊지 못할 밤, 해커 몇 명이 모여 체스 프로그램과 처음으로 실전을 벌였다. 첫 몇 수는 상당히 훌륭했으나 여덟 수 정도가 오간 후 문제가 생겼다. 컴퓨터가 외통수에 몰려버렸다. 컴퓨터가 어떻게 반응할지 모두가 궁금해했다. 한참이 걸렸다(그 한참 동안 실제로 컴퓨터가 '생각'한다는 사실을 해커들이 깨달았다. 기계적으로 다양한 수를 고려하고, 각각을 평가하고, 대다수를 거부하고, 사전에 정의된 매개변수를 사용해 다음 수를 결정하는 과정을 '생각'이라 본다면 말이다). 마침내 컴퓨터는 졸을 두 칸 앞으로 옮겼다. 졸이 다른 말을 뛰어넘었으니 규칙 위반이었다. 버그! 하지만 컴퓨터를 위기에서 구해내는 영리한 수였다. 어쩌면 체스

계를 평정할 새로운 알고리즘을 프로그램이 스스로 창시했는지도 모른다.

당시 다른 대학 교수들은 컴퓨터는 체스로 인간을 절대로 이기지 못한다고 공공연하게 떠들었다. 해커들은 그렇지 않다는 사실을 알았다. 누구도 예상 못 할 수준으로 컴퓨터를 끌어올릴 사람은 바로 자신들이었다. 이 과정에서 가장 큰 수혜자 역시 컴퓨터와 생산적이고 의미 있는 관계에 있는 자신들이었다.

하지만 수혜자는 그들만이 아니었다. 지적으로 자동화된 세계에서 생각하는 컴퓨터를 사용한다면 모두에게 이롭지 않겠는가? 게다가 해커 윤리를 따르는 사람들처럼 강렬한 호기심, 관료주의에 대한 회의, 창의력에 개방적인 태도, 성과물을 공유하는 관대함, 뭔가를 만들려는 욕구, 그것을 개선하려는 충동으로 세상을 대한다면 모두에게 이롭지 않겠는가? 컴퓨터가 플렉소라이터로 코드를 입력하는 사람은 누구나 받아들이듯 우리도 다른 사람들을 편견 없이 받아들인다면? 완벽한 시스템을 만드는 방법을 컴퓨터로부터 배운다면, 그리하여 우리 인간 시스템에서 그 완벽함을 모방한다면? 만약 모두가 해커와 똑같이 순수하고, 생산적이고, 창의적인 충동으로 컴퓨터를 대한다면 해커 윤리는 자애로운 물결처럼 사회로 퍼져 나갈지도 모른다. 어쩌면 컴퓨터가 세상을 더 아름답게 바꿀지도 모른다.

수도원처럼 고립된 MIT에서는 사람들에게 이와 같은 해커의 꿈을 실현한 자유가 있었다. 감히 아무도 이런 꿈이 퍼져 나갈지도 모른다고 대놓고 말하지 않았다. 대신 그들은 바로 MIT에서, 다른 곳에서는 꿈도 꾸지 못할 해커 천국을 건설하기 시작했다.

CHAPTER 03

스페이스워

1961년 여름, 어느 신생 회사가 TX-0의 대화형 원리를 몇 단계 발전시킨 차세대 컴퓨터를 완전 공짜로 MIT에 제공할 예정이라는 소식이 앨런 코톡과 다른 TMRC 해커들 귀에 들어왔다. 해커들에게는 TX-0보다 더 유익할지도 모를 기계였다.

바로 PDP-1이었다. 컴퓨터 세상을 영원히 바꿔버린 기계, 아직 막연하던 해커 꿈을 현실로 한 걸음 다가오게 만든 기계였다.

》 **앨런 코톡** (1941 - 2006)

앨런 코톡은 굉장한 두각을 드러낸 진정한 TX-0 마법사로 잭 데니스가 (선더스, 샘슨, 와그너, 다른 해커들과 더불어) TX-0 시스템 프로그래밍 그룹 일원으로

채용할 정도였다. 급료는 굉장히 후하게 쳐서 시간당 1.60불이었다. 일부 해커들에게 그 일은 수업에 빠질 또 하나의 변명거리였다. (샘슨과 같은) 몇몇 해커는 결국 졸업하지 못했는데, 해킹에 미쳐서 졸업장을 별로 아쉬워하지도 않았다. 반면 코톡은 어떻게든 수업에 들어갔으며 '전형적인' 해커로서도 본보기가 되었다. TX-0 주변을 맴도는 해커들과 TMRC 구성원들 사이에서 코톡은 전설적인 존재가 되어갔다. 그해 MIT에 입학했던 신입 해커 빌 고스퍼는 신참들에게 TX-0가 돌아가는 방식을 시연하던 코톡을 이렇게 기억했다. "저는 코톡이 갑상선 기능 항진증 환자인 줄 알았습니다". 나중에 자신도 전형적인 해커가 되었던 고스퍼는 그 이유를 이렇게 설명했다. "정말로 천천히 말했고 몸집도 좀 있는 데다가 눈을 반쯤 감은 탓이었죠. 하지만 처음 느낀 인상과는 완전히 달랐습니다. 'TX-0와 관련해서' 코톡은 거의 정신적인 지주였습니다. 코톡은 체스 프로그램을 짰으며 하드웨어를 이해했습니다". 마지막 발언은 입에 발린 칭찬이 아니었다. "하드웨어를 이해한다"는 말은 득도했다는 말이나 다름없었다.

PDP-1에 대한 소문이 나돌기 시작했던 여름, 코톡은 웨스턴 일렉트릭 사에서 일하고 있었다. 해커들은 그 어떤 시스템보다도 전화 시스템을 가장 동경했으므로, 웨스턴 일렉트릭 사는 해커들에게 꿈의 직장이었다. 그림에 관심 있는 사람이 미술관으로 관람하러 가듯이, TMRC 구성원은 자주 전화 회사 교환국으로 관람을 갔다. 코톡은 지난 수십 년 동안 거대하게 성장해온 전화 회사에서 시스템 내부의 상호관계를 폭넓게 이해하는 엔지니어가 소수에 불과하다는 사실이 흥미로웠다. 어찌됐건, 웨스턴 일렉트릭 사 엔지니어들은 (크로스바 스위치나 스텝 릴레이 등과 같이) 이런저런 시스템 기능을 TMRC 구성원들에게 상세히 설명해주었다. 코톡과 친구들은 정보를 얻으려고 엔지니어들을 줄곧 쫓아다녔고, 우쭐해진 엔지니어들은 지나칠 정도로 예의 바른 대학생 애송이들이 그 정보를 실제 어떻게 써먹을지 상상도 못한 채 그들의 요청을 흔쾌히 들어주었다.

코톡은 전화 회사 교환국 관람에 꼬박꼬박 참석했고, 구할 수 있는 기술 매뉴얼은 모두 구해다 읽었으며, 이해하는 사람이 거의 없는 복잡한 MIT 전화 시스템에다 온갖 번호로 전화를 걸어댔다. 코톡에게는 단지 기초적인 탐험에 불과했으며, TX-0의 디지털 뒷골목을 탐험하는 일과 별반 차이가 없었다. 1960년과 61년 사이의 겨울 동안 TMRC 해커들은 꼼꼼한 '전화 네트워크 지문 채취' 작업에 나섰다. MIT 시스템 전용선으로 닿을 수 있는 곳을 모두 그려내는 작업이었다. MIT 시스템 전용선은 일반 전화선에 연결되지 않았으나 링컨 연구실*와 연결되었기에 링컨 연구실로부터 전국 각지에 흩어진 업체로 뻗어 나갈 수 있었다. TMRC가 하는 작업은 지도를 그리고 점검하는 일이었다. 먼저 접속 코드 하나에서 출발해 다른 숫자들을 추가한 다음 전화를 걸었다. 누군가 전화를 받으면 어딘지 물어본 후 그 번호에 숫자를 추가하여 다음 장소로 쉽게 이동했다. 때로 순진무구한 전화 회사 덕택에 근교 외부 선으로 연결되기도 했다. 코톡이 나중에 인정했듯이 "연결돼선 안 되는 전화가 연결되는 등 전화 시스템 자체에 설계 결함이 있다면 굳이 피하지는 않았다. 결함은 그들의 문제지 내 문제가 아니니까".

그렇다 하더라도, 그들의 동기는 탐험이었지 사기가 아니었다. 해커들은 이상하게 동작하는 통신망에서 불법으로 이익을 취하는 행동을 올바르지 않다고 믿었다. 때때로 외부인들은 그들의 생각을 이해하지 못했다. 예를 들어 버튼 홀 기숙사에서 샘슨과 한방을 썼던 해커가 아닌 친구들은 시스템 버그를 부당하게 이용해도 괜찮다고 생각했다. 그들에게 시스템 탐사라는 성스러운 이유는 무의미했다. 샘슨의 친구들은 여러 날 동안 샘슨을 압박했고, 마침내 그들에게 굴복한 샘슨은 20자리 전화번호 하나를 넘겼다. 샘슨에 따르면 굉장히 이국적인 곳의 전화번호였다. "복도 전화기로 걸어봐. 하지만 나는 빼 줘"라고 샘슨은 말했다. 친구들은 기대에 부풀어

---

* 옮긴이_ MIT 링컨 연구실은 국가안보에 관련된 다양한 분야의 주요 문제를 해결하기 위해 설립된 기관으로, 과학과 기술의 적용에 중점에 둔다.

다이얼을 돌렸고, 샘슨은 아래층으로 내려가 막 울리기 시작한 전화를 받았다. "국방부입니다" 샘슨은 자신이 낼 수 있는 가장 공식적인 목소리로 우렁차게 말했다. "보안 등급이 무엇입니까?" 수화기 너머로 놀라 헉하는 소리가 들렸고 딸각하는 소리와 함께 전화가 끊겼다.

네트워크 지문 채취는 확실히 해커들만이 추구한 활동이었다. 그들에게는 시스템을 파악하고픈 욕망이 붙잡힐지도 모른다는 두려움보다 더 컸다.

난해한 전화 회사 시스템이 아주 매력적이기는 했지만 코톡에게 PDP-1에 대한 기대감은 전화 회사 시스템의 매력을 능가했다. 어쩌면 코톡은 PDP-1 이후로 어떤 것도, 심지어 전화 해킹도 예전 같지 않으리라는 사실을 짐작했는지도 모르겠다. PDP-1을 기증한 회사는 DEC^{Digital Equipment Corporation}라는 신생 회사였다. 일부 TX-0 사용자는 DEC 사 첫 제품이 TX-0 전용으로 특별히 만든 특수 인터페이스라는 사실을 알았다. DEC 창립자들이 따분한 배치 방식의 IBM 세계관과 다른 시각으로 컴퓨터를 바라본다는 사실만으로도 놀라웠는데, 자발적이고 상호적이며 즉흥적이고 실천하는 TX-0 공동체 스타일을 눈여겨보고서 DEC 사람들이 이런 행동 양식을 격려하는 컴퓨터를 설계했다는 사실은 굉장히 놀라운 일이었다. 거대한 IBM 기계를 내포하는 '컴퓨터'라는 용어 대신 조금 덜 위협적으로 느껴지는 용어인 Programmed Data Processor를 줄인 PDP-1은 방대한 수치 계산이 아니라 과학 연구와 수식 표현과… 해킹을 위해 설계된 최초의 미니컴퓨터였다. 크기도 아주 작아 장비 전체가 냉장고 세 개 정도 크기였으며, 냉각 장치도 TX-0만큼 필요하지 않았다. 게다가 정확한 작업을 위해 성직자 한 무리가 일련의 전원을 올바른 순서로 공급하거나 시간축 발전기*를 가동하지 않고도 시스템을 켤 수 있었다. 소매 가격은 놀랍도록 저렴한 12만 불이어서 컴퓨터 시간 매분 매초가 소중하다며 늘어

----

* 옮긴이_ 시간에 따라 변화하는 물리량을 오실로스코프 등으로 보는 경우, 시간을 표시하는 가로축을 만드는 데 필요한 전압 또는 전류를 발생시키는 장치.

놓는 불평을 접어도 좋을 정도였다. 첫 번째 PDP-1은 BBN^{Bolt Beranek and Newman}이라는 근처 과학 회사가 구매했으며, 두 번째 PDP-1는 전자공학 연구실에 기증되었다. 덕분에 MIT는 PDP-1을 완전히 공짜로 얻었다.

따라서 해커들이 TX-0 때보다 PDP-1에 더 많은 시간을 보내리라는 사실은 자명했다.

» PDP-1

DEC 사가 MIT에 기증한 PDP-1은 간단한 시스템 소프트웨어 몇 개만 갖춘 채로 제공되었고, 해커들은 기본으로 딸려온 소프트웨어가 성에 차지 않았다. TX-0 해커들은 세상에서 가장 진보된 대화형 소프트웨어들에 익숙했다. 기계를 통제하고픈 끝없는 욕심에 부응해 자신들이 직접 제작하고 꼭 맞게 다듬은 시스템 소프트웨어들이었다. TX-0를 발견한 12살 소년 영 피터 도이치는 세련된 어셈블러를 만들겠다는 약속을 지켰고, 밥 선더스는 더 작고 더 빠른 FLIT 디버거 버전인 마이크로-FLIT를 내놓았다. 이들 프로그램은 선더스와 잭 데니스가 TX-0 명령어 집합을 확장하면서 가능해졌다. 상당한 계획과 설계를 거친 후 선더스와 잭 데니스는 TX-0를 끄고 기계를 열어젖힌 다음, 엔지니어 한 무리와 더불어 배선을 손봐서 새 명령어를 구현했다. 이 만만찮은 작업으로 명령어 몇 개를 추가하여 어셈블리 언어를 확장했다. 펜치와 드라이버를 치운 후 컴퓨터를 조심스럽게 켜자마자 새 명령어를 써서 프로그램을 고치고 낡은 프로그램을 손보는 데 모두가 미친 듯이 매달렸다.

코톡은 PDP-1 명령어 집합과 확장된 TX-0 명령어 집합이 크게 다르지 않다는 사실을 깨달았다. 그래서 그해 여름부터 곧바로 짜투리 시간을 이용해 PDP-1 시스템 소프트웨어를 짜기 시작했다. PDP-1이 MIT에 도착하자마자 모두가 프로그램을 짜려고 뛰어들리라 예상한 코톡은 마이크로-FLIT 디버거를 PDP-1용으로 변환하는 작업에 착수했다. 샘슨은 코톡이 짠 디버거를 'DDT'라 불렀고, 이후로 해커들이 새로운 기능을 추가하고 쓸모없는 명령어를 빼는 등 수없이 프로그램을 수정했지만 'DDT'라는 이름은 그대로 두었다.

PDP-1의 도착을 준비하는 사람은 코톡만이 아니었다. 출산을 기다리는 부모처럼 다른 해커들도 새 식구를 맞이하기 위해 소프트웨어 아기 신발과 담요를 짜느라 분주했다. 그들은 컴퓨터 왕좌를 이어받을 후계자가 도착하는 9월 후반에 맞추어 환영 준비를 마치기 위해 여념이 없었다.

해커들은 PDP-1을 새집으로 옮기는 일도 도왔다. PDP-1이 새롭게 입주할 집은 TX-0 옆방 클루지 룸이었다. PDP-1은 참으로 아름다웠다. 틱소 콘솔의 절반밖에 안 되는 콘솔 뒤에 앉으면 토글 스위치와 전구로 이뤄진 자그마한 패널이 보였다. 패널 옆에는 파란색 육면체 아르데코풍의 장식장에 둘러싸인 화면이 있었다. 그 뒤에는 높이가 냉장고 정도에 깊이는 냉장고 세 배인 캐비넷이 있었고, 캐비넷 내부는 온갖 전선과 보드와 스위치와 트랜지스터로 가득했다. 물론 캐비넷은 아무나 접근할 수 없었다. 온라인 입력 장치로 플렉소라이터가 연결되어 있었고, 고속 종이테이프 리더도 입력 장치로 연결되어 있었다. 플렉소라이터는 소음이 너무 커서 사람들이 불평하는 바람에 결국은 IBM 타자기로 교체되었다. 하지만 IBM 타자기는 플렉소라이터만큼 편리하지 않았다. PDP-1은 진짜 끝내주는 장난감이었다.

잭 데니스는 프로토타입 PDP-1용으로 BBN 사가 작성한 몇몇 소프트웨어가 마음에 들었다. 특히 잭 데니스는 어셈블러를 좋아했는데, 반면 코톡은 BBN 사 어셈블러가 돌아가는 모습을 보고 토할 뻔했다. 어셈블러가 동작하는 모드는 코톡이 좋아하는 동적on-the-fly 방식에 맞지 않았다. 그래서 코톡과 몇몇 해커는 어셈블러를 직접 짜겠다고 데니스에게 말했다. "별로 좋은 생각 같지 않아"라고 데니스는 대답했다. 어셈블러를 곧바로 사용하고 싶었던 데니스는 해커들이 짜면 여러 주가 걸리리라 생각했다.

코톡과 해커 친구들은 단호했다. 어셈블러는 그들이 항상 사용할 프로그램이었다. 완벽해야만 했다(물론 세상에 완벽한 프로그램은 없었지만 그렇다고 포기하는 해커는 없었다).

"그럼 이렇게 하죠" 부처님을 닮은 스무 살 마법사 청년 코톡은 회의적이지만 호의적인 잭 데니스에게 말했다. "우리가 주말 동안 어셈블러를 짜서 돌린다면 그 시간에 상응하는 대가를 지불하시겠습니까?"

당시 급여 체계로 따지면 대략 500불에 가까운 액수였다 "공정한 거래같군" 데니스는 대답했다.

코톡, 샘슨, 선더스, 와그너와 몇몇 해커들은 9월 어느 금요일 밤늦게 작업을 시작했다. 그들은 데니스가 최초 버전을 만들고 여러 해커들과 12살 소년 피터 도이치가 수정한 TX-0 어셈블러에서 출발하기로 작정했다. 입출력은 그대로 따르며 알고리즘도 손대지 않기로 결정했다. 해커 각자가 TX-0 프로그램을 나눠 맡아 PDP-1 코드로 변환하기 시작했다. 물론 잠은 자지 않았다. 해커 6명이 TMRC 동아리 방에 틀어박혀 총 250시간을 투입해 구현하고, 디버깅하고, 배달된 중국 음식과 엄청난 양의 콜라를 먹고 마셨다. 그것은 광란의 프로그래밍 파티였다. 월요일에 출근한 데니스는 PDP-1에 로드된 어셈블러가 자신의 소스 코드를 이진 코드로 변환하는 시연에 깜짝 놀랐다.

순전히 해킹으로 TX-0 해커들은, 아니 PDP-1 해커들은 컴퓨터 업계에서 여러 주, 아니 여러 달이 걸릴 작업을 주말 만에 해냈다. 컴퓨터 업계라면 요구사항 분석, 연구조사, 회의, 경영진의 우유부단으로 이어지는 길고 지루한 과정을 거쳤을 터였다. 게다가 그 과정에서 십중팔구 상당한 타협도 이루어졌을 터였다. 아예 완성하지 못했을 가능성도 없지 않다. 어셈블러 프로젝트는 해커 윤리의 승리였다.

PDP-1을 쓰면서 해커들은 TX-0 때 간신히 얻어냈던 시간과 권한보다 훨씬 더 많은 시간과 권한을 얻었고, 거의 모든 해커가 클루지 룸으로 근거지를 옮겼다. 틱소를 고수한 소수 옹고집 해커들은 PDP-1 해커들로부터 가벼운 조롱을 받았다. 그들을 약 올리려고 PDP-1 해커들은 이 대담무쌍한 새 기계의 명령어 집합 니모닉을 이용하여 작은 시위도 벌였다. PDP-1 명령어 집합은 DAC^Deposit Accumulator, LIO^Load Input-Output, DPY^Deplay, JMP 같은 특이한 니모닉을 제공했는데, PDP-1 해커들은 일렬로 서서 일제히 이렇게 외쳤다.

LAC,
DAC,
DIPPY DAP,
LIO,
DIO,
JUMP!

마지막 단어인 'JUMP'를 외칠 때는 모두가 오른쪽으로 펄쩍 뛰었다. 안무로서 부족한 부분은 열정으로 충당하고도 남았다. 그들은 기계의 아름다움에, 컴퓨터의 아름다움에 흥분을 감추지 못했다.

즉흥적으로 해커들이 존경하는 인공지능 선구자 존 매카시를 모셔다 PDP-1 앞에 앉히고 이렇게 말했다. "매카시 교수님, 우리 새 체스 프로그램을 소개합니다!" 그런 다음 그들은 다른 교수를 TX-0 앞에 앉히고는 똑같이 말했다. "체스 프로그램을 소개합니다! 한 수 두시죠!" 매카시가 말을 움직이자 TX-0 플렉소라이터 쪽 말이 똑같이 움직였고, 해커들은 TX-0쪽 교수에게 TX-0가 첫수를 두었다고 말했다. "이세 교수님이 두실 차례입니다!" 몇 수가 오간 후 매카시는 컴퓨터가 이동한 수를 한 번에 한 문자씩 출력할 뿐 아니라 가끔식 수상쩍게 느려진다는 사실을 알아챘다. 결국 매카시는 전선을 따라가 살아있는 적수를 찾아냈다. 해커들은 웃겨서 배를 잡고 굴렀다. 하지만 얼마 지나지 않아 그들은 진짜 컴퓨터끼리 두는 체스 프로그램을 만들어냈다.

PDP-1은 무한한 프로그램의 세상으로 해커들을 유혹했다. 샘슨은 공공연하게 (20진수 방식으로 돌아가는) 마야 달력과 같은 프로그램을 짰으며, 시간이 날 때마다 자신이 전에 짰던 TX-0 음악 프로그램을 PDP-1 프로그램으로 변환했다. 샘슨은 확장된 PDP-1 오디오 기능을 이용하여 3화음 음악을 만들었고, 컴퓨터가 연주하는 3성 바하 푸가는 낡은 클루지 룸에 퍼져 나갔다. 샘슨이 짠 프로그램 이야기를 들은 DEC 사 사람들은 PDP-1 음악 프로그램을 완성해달라고 샘슨에게 요청했다. 결국 샘슨은 프로그램을 완성했고, 누구든 악보에 있는 음을 숫자와 문자로 변환해 입력하기만 하면 컴퓨터가 3화음 오르간 소나타로 응답했다. 어떤 해커들은 길버트 & 설리번의 오페레타를 입력하기도 했다.

샘슨은 자랑스럽게 음악 프로그램을 DEC 사에 보냈다. 누구든 원하는 사람에게 나눠주라는 의도였다. 남들이 자기 프로그램을 사용하게 된다는 사실이 자랑스러웠다. 새로운 어셈블러를 구현한 팀 역시 같은 생각이었다. 그래서 그들은 프로그램이 담긴 종이테이프를 클루지 룸 서랍에 기쁘게 넣어두었다. 누구든 프로그램을 사용하거나, 개선하거나, 쓸모없는 명령어를 쳐내거나, 새 기능을 추가해도 좋았다. DEC 사가 프로그램을 요청했을 때 그들은 다른 PDP-1 소유자들에게도 프로그램을 제공하게 되어 영광이라 생각했다. 저작권료 따위는 생각조차 않았다. 샘슨과 다른 해커들은 컴퓨터를 사용한다는 사실 자체가 너무나 즐거워 돈 내고 쓰라 해도 기꺼이 쓸 사람들이었다. 게다가 1불 60센트라는 후한 시급까지 받으니 더 바랄 나위 없었다. 저작권료에 관해 말하자면, 소프트웨어는 그 자체로서 포상이자 선물이 아니던가? 그들은 컴퓨터를 좀 더 사용하기 쉽도록, 사용자들에게 좀 더 흥미진진하도록, 컴퓨터가 너무 재미있어서 사람들이 갖고 놀고, 탐험하고, 마침내 해킹까지 하게 만들고픈 생각이었다. 그들에게 멋진 프로그램을 짜는 일은 제품을 찍어내는 일이 아니라 공동체를 키워가는 일이었다.

어쨌거나 사람들이 돈 내고 소프트웨어를 사서는 안 될 일이었다. 정보는 자유로워야 하니까!

>>>>>>>>>>>>>>>>>>>>>>>>>

새로운 PDP-1을 두고 온갖 계획을 고안하던 사람이 TMRC 해커들만은 아니었다. 그해 1961년 여름에는 역사상 가장 정교한 프로그램을 짜려는 계획이 진행되었다. 이 계획은 해커 윤리를 엄격히 적용했을 때 얻어지는 결과물을 보여주는 좋은 본보기였다. 계획의 본거지는 케임브리지 하이암 거리에 있는 아파트 건물이었고, 주역은 수년 동안 여러 전산센터를 기웃거린 20대 중반의 뜨내기 프로그래머 3명이었다. 3명 중 2명이 그 아파트에 살고 있었는데, 삼총사는 근처 하버드 대학에서 풍기는 거만한 분위기를 기리는 의미에서 자기네 건물을 농담삼아 하이암 공대라 불렀다.

이 가짜 공대의 특별 연구원 중 한 명이 스티브 러셀이었다. 이유는 모르지만 슬러그라는 별명으로 불리던 러셀은 두꺼운 안경과 적당한 키에, 해커들에게 아주 흔한 숨 가쁜 말투를 쓰며, 컴퓨터와 B급 영화와 통속 공상과학 소설을 광신적으로 좋아했다. 이 모든 관심사는 토론과 잡담에 참여하던 하이암 거주자들 역시 열정적으로 공유했다.

러셀은 엉클 존 매카시 밑에서 일하는 (TMRC 용어로) '막노동꾼'이었다. 인공지능 개발에 사용할 고차원 언어를 설계하고 구현하려던 매카시는 LISP가 해답이라 생각했다. LISt Processing에서 이름을 딴 LISP는 단순하나 강력한 명령어를 사용해 코드 몇 줄만으로도 많은 일을 할 수 있었다. 또한 자기호출 기능인 재귀도 가능하여 LISP로 짠 프로그램은 돌아가는 와중에 자신이 겪는 경험으로부터 '배울' 수도 있었다. 당시 LISP는 컴퓨터 메모리를 너무 많이 잡아먹고, 심하게 느렸으며, 프로그램이 돌아가며 상당한 추가 코드를 생성하는 바람에 자체 '가비지 컬렉션' 프로그램을 주기적으로 돌려 컴퓨터 메모리를 청소해야 한다는 문제가 있었다.

러셀은 엉클 존을 도와 엄청나게 큰 IBM 704에서 돌릴 LISP 인터프리터를 짜는 중이었다. 러셀에 따르면 그것은 '끔찍한 엔지니어링 업무'였다. 704의 지겨운 배치처리 방식 때문이었다.

704를 사용하던 슬러그 러셀에게 PDP-1은 약속의 땅이었다. TX-0보다 접근하기 쉬웠고, 배치처리 방식도 아니었다! 비록 LISP를 돌릴 만큼 크지 않아 보였지만 다른 멋진 기능이 많았다. 하이얌 공대에서 주로 논의한 내용도 바로 이것이었다. 러셀과 그의 친구들은 CRT 모니터를 사용해 PDP-1에다 뭔가 정교한 '화면 해킹'을 시도할 가능성에 대한 강한 호기심을 느꼈다. 늦은 밤 수많은 토론 끝에 전교생이 3명뿐인 하이얌 공대는 컴퓨터의 마법을 가장 효과적으로 보여주는 방법은 시각적으로 아주 멋진 게임이라는 입장을 공식적으로 표명했다.

TX-0에서도 여러 차례 유사한 시도가 있었다. 그중 하나가 '미로 속 쥐 Mouse in the Maze'라는 프로그램이었는데, 사용자가 먼저 라이트 펜*으로 미로를 만들면 깜빡이는 쥐 커서가 치즈 모양 깜빡이를 찾으러 조심스럽게 미로를 돌아다녔다. 이 프로그램은 'VIP 버전'도 있었는데, VIP 버전에서 쥐는 치즈 대신 마티니 칵테일을 찾아다녔다. 한 잔을 찾아 마신 후에는 다음 잔을 찾아 움직였으며, 에너지를 다 쓰거나 너무 취해 못 움직일 때까지 계속해서 찾아다녔다. 두 번째로 스위치를 튕겨 쥐를 미로로 내보내면 쥐는 마티니 잔까지 가는 경로를 '기억'했다가 노련한 술꾼처럼 주저 없이 술 쪽으로 달려갔다. TX-0에서 돌아가는 화면 해킹 프로그램은 이 정도가 최고였다.

하지만 TX-0보다 화면 제어 프로그램을 짜기가 쉬웠던 PDP-1에서는 화면 해킹에 이미 상당한 진전이 있었다. MIT 인공지능 분야에서 매카시와 쌍벽을 이루는 마빈 민스키가 만든 프로그램이 단연 이 분야의 최고로 추앙받았다. 민스키는 동료 매카시보다 좀 더 사교성이 풍부했으며 좀 더 흔쾌히 해커 활동에 참여했다. 민스키는 컴퓨터의 미래에 대해 대단히 원대한 생각을 품은 사람이었다. 민스키는 언젠가 컴퓨터가 생각할 수 있게 되리라 진심으로 믿었으며, 종종 인간의 두뇌를 대놓고 '고기 기계'라 불러 물의를 일으켰다. 언젠가 고기로 만들어지지 않은 기계가 고기로 만

----

* 옮긴이_ CRT 화면의 빛을 검출한 다음 전기 신호로 변환해 컴퓨터로 전송하는 장치로 화면에서 점을 찍거나 도형을 그리는 데 사용한다.

들어진 기계만큼 우수하리라는 의미였다. 훤한 대머리에 목티와 두꺼운 안경을 착용한 장난꾸러기 민스키는 무미건조한 평소 말투로 이와 같은 이야기를 툭하니 내뱉었다. 상대를 최대한 도발하는 동시에 단순한 농담이라는 분위기를 살짝 풍기는 (기계가 무슨 생각을 해, 당연히 못 하지. 하! 하! 하!) 어조였다. 하지만 민스키는 허풍쟁이가 아니었다. PDP-1 해커들은 민스키가 가르치는 6.544 인공지능 입문 수업을 듣곤 했는데, 이는 민스키가 우수한 이론가일 뿐만 아니라 자기 분야에 정통한 전문가이기도 했기 때문이었다. 1960년대 초반에 이르자 민스키는 조직을 구성하기 시작했는데, 나중에 이 조직은 세계 최초 인공지능 연구실이 되었다. 민스키는 자신이 원하는 일을 하려면 보병처럼 듬직하고 열심히 그리고 많은 천재 프로그래머가 필요하다는 사실을 알았고, 그래서 그가 할 수 있는 모든 방식으로 해커주의를 격려했다.

프로그램 목록이 점차 늘어나는 데는 민스키의 원 알고리즘Circle Algorithm도 기여했다. PDP-1에서 돌아가는 화면 해킹 프로그램으로, 민스키가 직선을 곡선이나 나선으로 만드는 짧은 프로그램에서 쓸모없는 명령어를 정리하던 중에 우연히 발견한 알고리즘이었다. 민스키는 문자 Y 하나를 Y'으로 착각했는데, 원래 구불구불한 곡선을 불완전한 나선으로 바꾸던 프로그램이 나선 대신 원을 그려냈다. 후일 수학에 심오한 영향을 미친 놀라운 발견이었다. 민스키는 원 알고리즘을 발판으로 더욱 정교한 화면 해킹을 시도했다. 민스키는 세 입자가 서로 영향을 미쳐서 소용돌이 무늬를 만드는, 대단히 흥미로운 화면을 그려냈다. 이파리 개수가 다양하게 변하면서 장미가 피어나는 모습이었다. "각 입자가 서로에게 미치는 영향은 완전히 이국적이었다". 밥 와그너가 나중에 회상했다. "너는 자연법칙을 역행하는 시뮬레이션을 했어!" 이 화면 해킹 프로그램을 민스키 자신은 '3점' 혹은 '3점 화면Tri-Pos: Tree-Position Display'이라 불렀지만, 다른 해커들은 애정을 담아 민스키트론Minskeytron이라 불렀다.

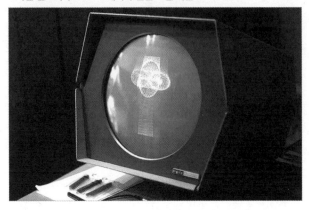

» 마빈 민스키가 PDP-1에서 구현한 '3점 화면'

민스키가 짠 프로그램은 슬러그 러셀에게 영감을 불어넣었다. 민스키트론이 나오기 몇 달 전 하이암 공대 모임에서 러셀과 러셀의 친구들은 궁극적인 화면 해킹 프로그램이 갖출 조건을 토론했었다. 이류 공상과학 소설, 특히 E. E. '독' 스미스가 쓴 우주 드라마 소설을 아주 좋아했던 그들은 PDP-1이 B급 영화와 12만 불짜리 장난감을 조합할 완벽한 기계라는 결론에 이르렀다. 두 사람이 우주 공간에서 승부를 겨루는 2인용 게임! 마침내 하이암 공대 우주전쟁 연구팀이 조직되었고, 그들은 스티브 러셀이 이 역사적인 해킹 프로그램을 짜야 한다는 의견을 강하게 피력했다.

하지만 여러 달이 지나도록 러셀은 시작조차 못 했다. 그저 민스키트론이 만들어내는 패턴을 지켜보고, 스위치를 건드려 새로운 패턴이 나오는지 살피고, 가끔씩 프로그램 동작이 느려지면 이 스위치 저 스위치를 만져댔다. 러셀은 민스키트론에 흠뻑 매료되었지만 프로그램이 너무 추상적이고 수학적이라 생각했다. "이 시연은 쓸모없어". 러셀은 마침내 결정했다. 32개 남짓한 명령어로 이뤄진 민스키트론은 실제로 하는 일이 없었다.

슬러그 러셀은 자신의 우주전쟁 게임이라면 뭔가 해내리라는 사실을 알았다. 번드르르한 공상과학 용어로 표현하자면 이제껏 그 어느 프로그램도 하지 못한 방식으로 사용자를 홀딱 빠져들게 만들리라 자신했다. 애초에 슬러그가 컴퓨터에 빠져든 이유도 프로그램을 돌릴 때 느끼는 권력 때문이었다. 컴퓨터에 일을 시키면 반항하긴 해도 결국 시키는 대로 했다. 물론 결과는 사용자의 어리석음을 반영했지만. 흔히 컴퓨터에 뭔가를 하라고 시키면 달갑지 않은 결과를 내놓기 일쑤였다. 하지만 한동안 고문과 박해를 가하면 결국은 정확히 사용자가 원하는 결과를 내놓았다. 그 순간 느끼는 희열은 세상 어떤 감정과도 비교하기 어려웠다. 중독성이 아주 강했다. 슬러그 러셀도 그래서 중독자가 되었으며, 새벽녘까지 클루지 룸을 배회하는 해커들도 마찬가지였다.

슬러그는 독 스미스가 쓴 소설에서 다소 약하지만 비슷한 감정을 느꼈다. 슬러그는 흰 로켓 우주선을 타고 우주를 가로지르는 전율을 상상하며, PDP-1 콘솔 뒤에 앉아서도 똑같은 흥분을 느낄 수 있을지 궁금해했다. 이런 흥분이 바로 슬러그가 꿈꾸던 '스페이스워'가 될 것이다. 다시 한번 슬러그는 꼭 해내겠다고 다짐했다.

그 후 어느 날...

러셀은 다른 해커와는 달리 그다지 자기 주도적이지 못했다. 누군가 떠밀어야 하는 성격이었다. 그러다 얼떨결에 자기가 생각하는 프로그램을 해커들에게 떠벌리는 실수를 저질렀는데, 그때부터 (언제나 누군가 서랍 속 공용 프로그램 테이프 더미에 새 프로그램을 추가하기 바라는) PDP-1 해커들이 러셀에게 프로그램을 짜내라고 재촉했다. 한동안 이런저런 핑계를 대며 미루다가, 하긴 하겠지만 먼저 우주선의 움직임을 그리는 데 필요한 정교한 사인-코사인 함수를 구현하는 방법부터 알아내야 한다고 말했다.

코톡은 수학적인 장애물이 그리 큰 문제는 아니라는 사실을 직감했다. 당시 코톡은 MIT에서 몇 마일 떨어진 메이나드에 있는 DEC 사 사람들과 상당히 친했다. DEC 사는 컴퓨터 제조업체치고 격식과 절차에 너그러운 회사였으며, MIT 해커들을 불량하고 시시한 컴퓨터 폭주족으로 취급하는 IBM과는 달랐다. 예를 들어 어느 날 장비 일부가 부서졌는데 코톡이 메이나드에 전화해 이 사실을 DEC에 알렸다. 대답은 "와서 바꿔가세요"였다. 코톡은 5시가 훨씬 지나 도착했고 회사에는 아무도 없었다. 하지만 경비원은 코톡을 들여보냈고 코톡과 통화했던 엔지니어의 자리를 찾은 후 책상을 뒤져 부품을 찾도록 도와줬다. 격식과 절차를 따지지 않는 분위기, 바로 해커들이 좋아하는 분위기였다. 그래서 코톡이 하루 날 잡아 메이나드에 들러 PDP-1용 사인-코사인 루틴을 얻어오는 일은 대수롭지 않았다. 누군가는 분명 이미 만들어 두었을 테니까. 짐작대로 루틴이 있었고, 코톡은 쉽사리 얻어 빌딩 26으로 가져왔다. 정보는 자유로우니까.

"여기 있어, 러셀" 코톡은 종이테이프를 건네며 말했다. "이제는 무슨 핑계를 댈 참이지?"

더는 핑곗거리가 없었다. 러셀은 근무 외 시간을 들여 자신이 떠벌였던 전대미문의 최초의 공상과학 PDP-1 게임을 구현하기 시작했다. 얼마 지나지 않아 '근무' 시간까지 투자하기 시작했다. 12월 초반에 시작했던 작업은 크리스마스가 되어서도 끝나지 않았다. 1962년 새해로 접어들어서도 끝나지 않았다. 그즈음 러셀은 사용자가 조작할 수 있는 점을 화면에 그려냈다. 사용자는 컨트롤 패널에 있는 작은 스위치를 사용해 움직이는 점의 속력이나 방향을 바꿀 수 있었다.

이어서 우주선 두 대를 만드는 일에 착수했다. 둘 다 만화에 나오는 전형적인 로켓 모양으로, 상단은 뾰족했고 하단에는 지느러미 모양의 꼬리 날개가 있었다. 두 대를 구분하기 위해 한 대는 가운데가 통통한 시가 모양으로, 나머지 한 대는 날씬한 원통 모양으로 만들었다. 여기에다 우주선을 다양한 방향으로 움직이고자 사인-코사인 함수를 사용했다. 다음으로는 사용자가 스위치를 누르면 로켓 상단에서 '어뢰(점)'가 발사되는 루틴을 짰다. 어뢰가 발사되면 컴퓨터는 어뢰 위치와 적군 우주선 위치를 파악해 두 위치가 겹치는 순간 불행한 적군 우주선을 점 파편으로 교체하는 루틴을 호출했다. 임의로 퍼지는 점 파편은 폭발을 의미했다(이 과정을 '충돌 감지'라 불렀다).

》 **스페이스워**　출처 http://www.thocp.net

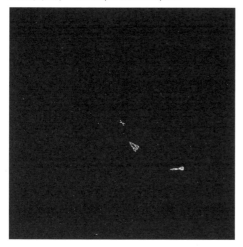

　사실 이 게임의 개발은 정교한 '실시간' 프로그래밍에 개념적으로 한 걸음 다가간 중대한 사건이었다. '실시간' 프로그래밍에서 컴퓨터의 동작 시점은 사용자가 사는 현실의 시점과 일치했다. 다시 말해서, 러셀은 해커들이 꿈꾸던 온라인 상호대화식 디버깅 방식을 에뮬레이션한 셈이었다. 프로그램이 죽은 위치에 있는 명령어를 살펴볼 자유와 스위치나 플렉소라이터로 다른 명령어를 끼워 넣을 자유를 누릴 수 있게 된 셈이었다. 그것도 DDT 디버거로 프로그램을 돌리는 와중에 말이다. 게임 스페이스워는 모든 게임이 (어쩌면 모든 프로그램이) 컴퓨터에서 돌아가는 방식을 잘 보여주었다. 길을 잃으면 매개변수를 수정해 고쳤다. 새로운 명령어도 집어넣었다. 목표 맞추기, 체스 전략, MIT 강의 프로젝트에도 같은 원리가 적용되었다. 컴퓨터 프로그래밍은 단순한 기술적 추종이 아니라 실생활에 나오는 문제를 풀려는 시도였다.

프로그래밍이 후반으로 접어들면서 선더스가 러셀을 도왔다. 두 사람은 몇 차례 모여 한 번에 예닐곱 시간 동안 집중적으로 해킹했다. 드디어 2월 어느 날, 러셀은 기본 게임의 베일을 벗겼다. 우주선은 두 대, 우주선마다 어뢰는 31개였다. 화면에 점 몇 개를 뿌려 우주 전쟁터에 떠 있는 별을 표현했다. 우주선은 PDP-1 콘솔에 있는 스위치 네 개로 조종했는데, 각각 오른쪽으로 돌기, 왼쪽으로 돌기, 가속하기, 어뢰 발사하기 기능을 제공했다.

» **스페이스워 조종기** 출처 http://www.flickr.com

개략적인 게임 형태를 보여주고 프로그램이 담긴 종이테이프를 PDP-1 시스템 프로그램 공유 서랍에 넣기만 하면 가만히 있어도 해커들이 자발적으로 프로그램을 개선하리라는 사실을 러셀은 알았다. 스페이스워는 평범한 컴퓨터 시뮬레이션이 아니었다. 사용자가 실제로 우주선 조종사가 되는 프로그램이었다. 독 스미스의 상상을 현실로 만들어주는 프로그램이었다. 역시나 러셀이 PDP-1에서 자신만의 세상을 만들도록 이끈 유혹은 다른 해커들에게도 손길을 뻗쳤다. 당연히 그들은 슬러그 러셀이 창조한 세상을 개선하고 싶어했고 즉시 실행으로 옮겼다.

개선의 본질은 슬러그 러셀이 어뢰에 사용한 원래 루틴에 해커들이 보인 반응으로 요약할 수 있겠다. 현실에서 군사 무기가 언제나 완벽하지 않다는 사실을 아는 러셀은 사실적인 어뢰를 만들기로 작정했다. 그래서 추진력이 떨어져 폭발할 때까지 직선으로 날아가는 어뢰 대신 방향과 속도에 약간의 무작위 변수를 가미했다. 해커들은 이런 현실성을 인정하기는커녕 비난을 퍼부었다. 그들은 매끄럽게 돌아가는 시스템과 안정적인 도구를 사랑했고, 그래서 제대로 돌지 않는 뭔가를 써야만 한다는 사실을 못 견뎌 했다. 나중에 러셀은 "신뢰성이 떨어지는 무기나 도구는 굉장히 존중받기 어렵다. 사람들은 자신의 무기나 도구를 신뢰할 수 있기를 진심으로 바란다. 그때가 그랬다"라고 평가했다.

물론 고치기는 어렵지 않았다. 컴퓨터 프로그램 세상에서는 결함 있는 어뢰처럼 심각한 문제도 코드 몇 줄만 고치면 그만이었다. 이는 컴퓨터 세상이 진짜 세상보다 나은 점이었으며, 사람들이 쉽사리 해커주의에 빠져드는 이유였다! 그리하여 어뢰는 고쳐졌고, 사람들은 우주에서 전투를 벌이느라 많은 시간을 보냈다. 물론 스페이스워 세상을 개선하느라 더 많은 시간을 보내야만 했다.

한 예로, 스페이스워 아이디어를 굉장히 좋아했던 피터 샘슨은 진짜 우주 공간에서는 별이 특정 위치에 있으므로 화면에 무작위로 점을 뿌려놓은 공간을 우주라 수긍하기 어려웠다. 샘슨은 "진짜 우주를 만들리라!" 다짐했다. 샘슨은 두꺼운 별자리 지도를 구해 자신이 짠 루틴에 자료를 입력하기 시작했다. 샘슨이 짠 루틴은 맑은 밤 적도에서 올려다보이는 실제 별자리를 그려냈다. 밝기가 5등급 이상인 별은 모두 포함했으며, 밝기는 컴퓨터가 점을 그리는 주파수를 조절해 표현했다. 또한 프로그램을 손질해 게임이 진행되면서 하늘이 장엄하게 움직이는 모습도 그려냈다. 화면은 전체 하늘 중 45%를 보여줬다. 샘슨의 '값비싼 별자리 투영기' 프로그램은 실제 별자리로 현실성을 추가하는 일 외에도 우주선 조종사가 위치를 가늠하도록 격자무늬 배경도 제공했다. 샘슨의 말처럼 게임은 진정으로 카시오페이아 별자리를 배경으로 벌어지는 결투라 불릴만했다.

또 다른 프로그래머 댄 에드워즈는 결투를 위해 자유자재로 움직이는 우주선이 마음에 들지 않았다. 이대로는 단순한 운동신경 테스트에 불과하다고 생각했다.

에드워즈는 중력 요소를 더하면 게임에 전략적 요소가 생기리라 여겼다. 그래서 에드워즈는 화면 한가운데 중심별, 즉 태양을 추가했다. 태양 주변을 선회하면 태양 중력으로 인하여 속력이 높아졌다. 하지만 부주의하게 너무 가까이 다가가면 태양으로 빨려들어 죽음을 맞았다.

에드워즈가 가한 변경이 게임 전략에 미치는 영향을 해커들이 충분히 느껴보기도 전에 하이얌 공대 삼총사 중 한 명인 섀그 가레츠가 복불복 유형의 기능을 내놓았다. 가레츠는 독 스미스 소설에서 '초공간 터널'을 통과해 한 우주에서 다른 우주로 이동하는 쾌속정에 관해 읽었다. '초공간 터널'을 통과하면 쾌속정은 '아주 불가사의한 N차원 공간'에 떨어졌다. 결국 가레츠는 '순간이동' 기능을 게임에 추가했고, 위기에 처했을 때 '공황 버튼'을 누르면 순간이동이 일어났다. 게임을 하는 동안 순간이동 기회는 세 번 주어졌다. 단, 어디로 이동할지는 아무도 몰랐다. 때로는 태양 바로 옆으로 이동해 미처 손도 쓰지 못하고 우주선이 태양과 충돌하는 모습을 지켜보기도 했다. 마빈 민스키가 짰던 화면 해킹 프로그램인 민스키트론에 바치는 찬사의 의미로, 가레츠는 우주선이 '초공간 터널'로 진입하며 사라지는 위치에 '순간이동으로 인한 광자 압력 방사 흔적'을 그렸다. 우주선이 사라진 자리에는 민스키트론이 잔상으로 남았다.

게임의 변종은 한없이 양산됐다. 매개변수 몇 개만 바꾸면 게임은 '물대포를 쏘는 우주전쟁'으로 변해 어뢰가 하나씩이 아니라 물줄기처럼 발사되었다. 때로는 밤이 깊어가는 줄도 모르고 빙 둘러서 게임에 몰두하다 누군가 "우주 바람을 일으켜!"라고 소리치면 다른 누군가 순간이동 변수를 조작했다. 그러면 조종사는 조작에 더 집중해야만 했다. 비록 해커들은 어떤 개선이든 반겼지만 남모르게 프로그램을 이상하게 바꾸는 행위에 극도로 거부감을 나타냈다. 망가뜨리지 말고 손수 개선하라는 해커 윤리를 탄탄하게 만들었던 사회적 압력이 이와 같은 악행도 막아냈다. 어쨌거나 이미 해커들은 '상상을 초월해 게임을' 개선하는 일에 흠뻑 빠져있었다. 값비싼 컴퓨터로 세상에서 가장 영광스러운 게임을 하고 있었으니까!

스페이스워의 인기는 대단했다. 어떤 이들은 중독되기도 했다. 그렇다고 게임을 하겠다고 PDP-1 사용 시간을 공식적으로 신청할 수는 없었다. 하지만 그해 봄, 공식적인 사용자가 없는 시간이면 어김없이 PDP-1에서는 어떤 버전이든 스페이스워 게임이 돌아갔다. 콜라병을 든 해커들은 때로는 돈까지 걸며 마라톤 토너먼트를 진행했다. 결국 러셀은 점수를 관리하는 루틴도 구현했다. 승리한 게임 횟수를 8진수로 보여주는 루틴이었다(이쯤 되니 8진수를 누구나 이해하게 됐다). 한동안 가장 큰 단점은 사용하기 불편한 PDP-1의 콘솔 스위치였다. 특정 각도로 팔을 굽힌 채 게임을 하다 보니 모두가 팔꿈치 통증을 호소했다. 그래서 하루는 코톡과 선더스가 TMRC 동아리방으로 건너가 부품을 뒤적여 최초의 컴퓨터 조이스틱을 만들어냈다. 순전히 동아리방에 굴러다니는 부품만 사용하여 한 시간 남짓 공들여 작업한 끝에 위판이 메소나이트(경질섬유판)인 나무통 제어 상자를 제작했다. 제어 상자에는 회전 스위치, 추진 스위치, 어뢰 발사 버튼이 있었다.* 모든 스위치와 버튼은 당연히 무음이었다. 그래야 은밀하게 적 주위를 돌거나 필요하면 N차원 공간으로 달아날 테니까.

》 **코톡과 선더스가 만든 최초의 컴퓨터 조이스틱** 출처 pongmuseum.com

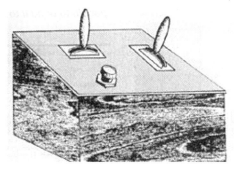

----

* 옮긴이_ 순간 이동은 추진 스위치를 위로 밀면 동작했다.

프로그래밍 단계의 열풍이 잦아들자 일부 해커들은 스페이스워에 흥미를 잃었지만 여전히 일부는 승부 근성을 불태우며 적군을 쓸어버릴 전략을 고안했다. 대다수 게임은 단 몇 초 만에 승부가 끝났다. 와그너는 '잠복' 전략에 통달했다. 중력에 끌려 태양 주변을 조용히 돌다가 순식간에 튀어나와 적군에게 어뢰를 퍼붓는 전략이었다. 이 외에 'CBS 로고'라는 전략도 있었다. 우주선을 발사 각도로 맞춘 다음 태양 주위를 도는 전략이었는데, 스페이스워 검투사들이 시도했을 때 CBS 로고(눈)와 놀랍도록 비슷한 모양을 화면에 남긴 탓에 붙여진 이름이었다. 자신의 스페이스워를 진지하게 여겼던 선더스는 수정된 CBS 전략을 이용해 토너먼트에서 계속 승리했다. 한때는 선더스에 대적할 인물이 없을 정도였다. 하지만 20여 분 동안 골목대장 뽑기식 전투에서 승리하고 나면 아무리 뛰어난 우주전사라도 눈이 침침해지고 칼 뽑는 속력이 늦어져 다른 사람도 게임을 즐길 기회를 얻기 마련이었다. 거의 모든 해커가 게임에 중독된 경험이 있었다. 예를 들어 선더스 다음으로 강한 우주전사였던 피터 샘슨은 로웰시에 있는 집으로 가는 기차에서 내리며 맑고 선명한 하늘을 올려다보았다. 그때 유성이 머리 위를 지나갔는데, 순간 '우주선은 어디 있지?'라는 생각이 든 샘슨은 재빨리 가방에서 조종기를 찾았다. 당연하겠지만 가방에 조종기가 있을 리 만무했다.

》 **스페이스워 'CBS 로고' 전략**　출처 pongmuseum.com

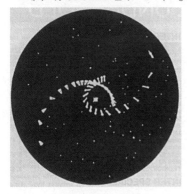

1962년 5월, 매년 열리는 MIT 개방 행사에서 해커들은 종이테이프 27쪽에 달하는 어셈블리 코드를 PDP-1에 집어넣고, 거대한 오실로스코프를 화면으로 설치한 후, 하루 종일 스페이스워 게임을 돌려 방문객에게 보여줬다. 우연히 들렀다가 게임을 본 사람들은 자신의 눈을 의심했다. 학생들이 만든 공상과학 게임을 컴퓨터가 제어하는 광경은 너무도 허무맹랑해 보여서 훗날 게임이 사랑받는 오락 장르로 자리 잡게 되리라고는 감히 누구도 상상하지 못했다.

여러 해가 지나고 슬러그 러셀이 스탠퍼드 대학으로 옮겨간 후에야 러셀은 게임이 해커의 일탈에 지나지 않았다는 사실을 깨달았다. 밤늦게까지 일한 어느 날, 러셀과 몇몇 친구는 작은 핀볼 기계가 있는 동네 술집에 들러 문 닫을 때까지 핀볼을 즐겼다. 술집이 문을 닫자 집으로 돌아가는 대신 그들은 자기네 컴퓨터 앞으로 돌아왔고, 러셀의 동료들은 곧바로 스페이스워를 실행했다. 그 순간 러셀은 깨달았다. "방금 전까지 핀볼을 하다 온 사람들이 이제 스페이스워를 하잖아. 우와, 이게 바로 핀볼 기계네!" 세상에서 가장 진보되고 창의적이고 값비싼 핀볼 기계였다!

해커들이 짠 어셈블러와 음악 프로그램과 마찬가지로 스페이스워 역시 판매용이 아니었다. 다른 프로그램과 마찬가지로 누구든 사용하고, 살펴보고, 고치도록 공유 서랍에 보관되었다. 스페이스워를 단계적으로 개선했던 그룹 노력은 해커 윤리를 옹호하는 근서가 되기에 충분했다. 시스템 내부에 들어가 더 낫게 고치라는 격려가 주목할 만한 개선을 이뤄냈고, 게다가 엄청나게 재미있는 작품이 나왔다. 당연히 스페이스워 이야기는 다른 PDP-1 소유자 귀에도 들어갔고, 스페이스워가 담긴 종이테이프는 누구에게나 자유롭게 배포되었다. 어쩌면 돈을 받아야 한다는 생각이 한때 슬러그 러셀의 마음을 얼핏 스쳤지만, 그때는 이미 수십 개에 이르는 사본이 유포된 상태였다. DEC 사도 기쁘게 사본을 얻어갔으며, 회사 엔지니어들은 새 PDP-1을 출고하기 전에 최종 진단 프로그램으로 사용했다. 진단이 완료되면, 메모리를 지우지 않고 PDP-1을 껐다. DEC 사 영업사원들도 이 사실을 알았으며,

장비를 새 고객에게 배달할 때 전원을 켜고 전원이 제대로 들어오는지 확인한 뒤, 스페이스워가 상주하는 메모리 위치인 'VY'를 눌렀다. 만약 장비를 주의 깊게 포장하여 실어왔다면 화면 가운데는 태양이, 양편에는 시가 모양 로켓과 원통 모양 로켓이 한바탕 전투할 태세로 표시될 것이다. 마법의 기계에서 펼치는 처녀비행이었다!

>>>>>>>>>>>>>>>>>>>>>>>>

스페이스워는 MIT 해킹 선구자들이 남긴 유산이 되었다. 이후로 여러 해에 걸쳐 TX-0와 PDP-1 해커들이 학교를 떠났다. 선더스는 산타모니카시에 있는 한 회사에 취직했다(거기서 선더스는 당시 회사에서 사용하던 PDP-7용 우주전쟁 게임을 만들었다). 밥 와그너는 랜드 사로 떠났다. 피터 도이치는 버클리에 입학했고, 코톡은 DEC 사에 시간제로 취직했다가 설계 관련 요직에 올랐다(물론 그러면서도 몇 년 동안 계속해서 TMRC와 PDP-1에 관여했다). 존 매카시는 MIT를 떠나 서부 스탠퍼드 대학에 인공지능 연구실을 차려 MIT식 해커주의를 케임브리지 밖으로 퍼트리는 데 크게 일조했다. 물론 매카시의 영원한 LISP 막노동꾼 슬러그 러셀도 매카시를 따라 스탠퍼드로 옮겼다.

비록 MIT 선구자는 뿔뿔이 흩어졌지만, 이어서 컴퓨터 분야에 등장하는 인물들과 한층 고조된 활동으로 인해 MIT 해커 문화는 단순히 명맥을 이어가는 정도가 아니라 그 어느 때보다도 번성하고 발전하게 되었다. 새로운 얼굴들은 숨 막히게 멋진 해커들로, 입에서 입으로 전해지는 살아있는 전설이 될 운명이었다. 하지만 그들이 해커의 꿈을 맘껏 펼칠 환경이 이미 조성되고 있었다. 학계 논문이나 수상 실적, 때로는 악명 등의 좀 더 전통적인 방식으로 이름이 알려진 이들이 이미 터를 닦았다.

그들은 더 나은 인류의 삶을 추구하는 기획자였다. (잭 데니스, 매카시, 민스키

등) 간혹 해킹에 빠져든 과학자도 있었지만 궁극적으로 그들은 컴퓨터의 발전에 중독되었다기보다 컴퓨터의 목표에 매혹된 과학자였다. 그들에게 컴퓨터는 인류에게 더 나은 삶을 안겨줄 수단이었다. 물론 그렇다고 컴퓨터가 삶을 개선하는 궁극적인 열쇠라고 믿지는 않았다.

일부 기획자는, 산업용 기계가 인간의 육체적 부담을 어느 정도 덜어주었듯이, 인공지능 컴퓨터가 인간의 정신적 부담을 덜어주는 날이 오리라 믿었다. 매카시와 민스키는 이 부류를 대표하는 선구자로서, 두 사람 모두 인공지능 연구에 토대를 세웠던 1956년 다트머스 학회에 참가했다. 매카시가 발전시킨 고차원 언어 LISP는 인공지능에 초점을 맞추었으며 굉장히 흥미로워 슬러그 러셀, 피터 도이치, 피터 샘슨 등과 같은 해커들까지 LISP를 사용했다. 민스키는 좀 더 이론적인 측면에서 인공지능에 관심을 쏟았다. 언제나 쾌활한 컴퓨터 계의 조니 애플시드*인 대머리 민스키는 인공지능 기법과 프로젝트라는 사과 나무로 자라날 만큼 튼실한 사고의 씨앗을 뿌렸다.

기획자들은 더 많은 연구자, 과학자, 통계학자, 학생 손에 컴퓨터의 힘을 쥐여주는 일에도 굉장한 관심을 쏟았다. 일부 기획자들은 컴퓨터의 사용성을 높이려고 애썼으며, 다트머스 대학의 존 키메니는 베이식이라는 쓰기 쉬운 컴퓨터 언어를 내놓았다. 베이식으로 짠 프로그램은 어셈블리 언어로 짠 프로그램보다 훨씬 느리고 메모리도 더 많이 썼지만 어셈블리 언어처럼 도 닦는 노력이 필요하지 않았다. MIT 기획자들은 더 많은 사람이 실제로 컴퓨터를 사용하게 하는 일에 집중했다. 근거는 아주 많았는데, 그중 하나가 컴퓨터 시장의 확대였다. 컴퓨터의 매분 매초가 귀중한 상품이었던 당시 상황보다 확실히 더 바람직한 방향이었다(물론 한창 스페이스워 게임이 돌아가는 PDP-1을 보면 매분 매초가 귀중한 상품이라는 생각이 안 들겠지만 말이다). 만약 컴퓨터를 사용하는 사람 수가 늘어나면 전문가 프로그래머와 이론가 수도 늘어난다. 재능있는 인물이 많아지면 당연히 컴퓨터 과학도 (그렇다, 일부

---

* 옮긴이_ 각지에 사과씨를 뿌리고 다녔다는 미국 개척 시대의 전설적 인물

적극적인 기획자들은 과학이라 불렀다) 그만큼 발전한다. 그뿐만 아니었다. 모든 해커가 이해하는 사실, 바로 컴퓨터는 그 자체로 그리고 원래부터 실용적이라는 믿음이었다. 존 매카시는 '컴퓨터를 늘 사용하는 상태가 인간에게 가장 자연스러운 상태입니다'라는 말로 자신의 믿음을 표현했다. "사용자가 원하는 것은 오랫동안 계속해서 시키는 대로 하는 컴퓨터입니다".

미래의 인간은 … 손은 키보드에, 눈은 CRT 모니터에, 역사가 시작된 이래로 세상이 기록해온 정보와 사고에 접속한 인간. 그것이야말로 컴퓨터 인류의 미래였다.

이는 배치 방식으로 처리하는 IBM 704로는 불가능한 미래였다. 매주 게시되는 예약 신청서가 몇 시간 안에 완전히 채워지는 TX-0와 PDP-1으로도 불가능한 미래였다. 그들이 꿈꾸는 미래를 이루려면 여러 사람이 동시에 사용하는 컴퓨터가 필요했다(아직까지 개인용 컴퓨터라는 개념은 해커에게나 환영받을 망상이었다). 이 개념을 시분할time sharing이라 불렀고, 1960년에 MIT 기획자 중 가장 진지한 사람들이 장기 컴퓨터 연구회Long-Range Computer Study Group를 시작했다. 그들 중에 잭 데니스, 마빈 민스키, 엉클 존 매카시 등은 MIT 해커의 성장을 흥미롭게 지켜봤다. 그들은 실제로 해보는 일이 얼마나 중요한지 알았다. 그들에게 시분할인지 아닌지는 문제가 아니었다. 어떻게 공유하느냐가 문제였다.

컴퓨터 제조업체는, 특히 IBM은, 시분할이라는 개념에 별로 열광하지 않았다. 거의 MIT 혼자 해나가야 할 분위기였다(당시 BBNBolt Bernek and Newman이라는 연구 회사도 시분할 시스템을 개발하고 있었다). 마침내 MIT에서 프로젝트 두 개가 시작되었다. 하나는 PDP-1에 시분할 시스템을 구현하는 프로젝트로 잭 데니스가 거의 혼자 진행했다. 다른 하나는 F.J. 코바토라는 교수가 맡은 프로젝트로, 달갑지 않은 대기업 IBM의 도움을 구해 7090에 시간 공유 시스템을 만드는 프로젝트였다.

미 국방성은 제2차 세계대전 이후로 ARPAAdvanced Research Projects Agency를 앞세

워 컴퓨터 연구를 지원해왔다. 언젠가 군대에 응용할 가능성을 염두에 둔 까닭이었다. 이런 분위기에서 1960년대 초반 MIT는 MAC이라는 시분할 프로젝트로 장기 정부 지원금을 따냈다(MAC은 두 가지를 의미했다. 하나는 Multiple Access Computing이고, 다른 하나는 Machine Aided Cognition이다). 미국 정부는 1년에 3백만 불을 지원하기로 약속했다. 책임자는 데니스였다. 마빈 민스키 역시 주요 인물이었는데, 민스키는 지원금 중 1/3을 시분할 개발이 아니라 아직 초창기 분야인 인공지능 개발에 투자했다. 기존 인공지능 예산으로 잡힌 돈의 10배인 백만 불을 받게 된 민스키는 굉장히 기뻐했으며 남은 2백만 불 중 많은 액수도 인공지능 활동에 쓰이리라는 사실을 깨달았다. 외부 세계의 어리석은 관료주의에 방해받지 않으면서 정교한 기계로 해커 꿈을 실현할 계획을 세울 수 있는 이상적인 시설을 갖출 기회였다. 이런 와중에서도 '해커의 꿈'은 컴퓨터에 열광하는 학생들에 의해 하루하루 이어졌다.

기획자들은 비범한 연구원이 필요하다는 사실을 알았다. 마빈 민스키와 잭 데니스는 획기적인 아이디어가 나오려면 뛰어난 해커들의 열정이 필수적이라는 사실을 감지했다. 나중에 민스키는 연구실을 이렇게 묘사했다. "연구실에서는 여러 연구가 진행되었습니다. 어떤 사람은 인공지능에서 가장 추상적인 이론을 구상했으며, 어떤 해커는 이론에 관심을 보였지만 대다수 해커들은 관심이 없었습니다. 하지만 이론을 어떻게 프로그램으로 만들까, 어떻게 돌아가게 만들까는 모두의 관심사였습니다".

민스키는 그 문제를 '세상에서 가장 흥미로운 물건이 컴퓨터'라는 사람들, 즉 해커들에게 맡겼다. 순전히 재미로 스페이스워를 훨씬 더 복잡하게 만든 후, 클루지 룸에서 밤새도록 게임에 열중하는 대신, 더 복잡한 게임을 만들겠다고 덤비는 사람들에게 말이다. 우주 시뮬레이션 대신 MAC 프로젝트에 잠시 참여한 해커들은 나중에 더 거대한 시스템을 공략하는 인물들이 되었다. 로보트 팔, 비전 프로젝트, 수학 수수께끼, 미로와도 같은 시분할 시스템 등 모두가 상상력을 자극했다. 다행스럽게도 1960년대 초반에 MIT는 컴퓨터 역사상 가장 헌신적이고 뛰어난 해커들을 배출할 운명이었다. 그리고 그중 누구도 리처드 그린블랫만큼 '해커'라는 이름에 걸맞은 인물은 없었다.

CHAPTER 04 »
그린블랫과 고스퍼

리키 그린블랫은 한 번쯤 나올 법한 해커였다. 오랜 시간이 지난 후, 전국 컴퓨터 센터에서 전형적인 해커로 명성을 떨치게 되었을 때, 그린블랫의 외골수 집념을 보여주는 에피소드가 자신이 작성한 수백만 행에 이르는 어셈블리 코드 줄 수만큼 많아졌을 때, 누군가 그린블랫에게 어떻게 지금에 이르렀느냐고 물었다. 그린블랫은 의자에 비스듬히 기대어 앉으며 대답했다. 짙은 머리, 천사 같은 얼굴에 불편할 정도로 어색한 어투로 말하던 헝클어진 대학생 모습이 아니었다. 그린블랫이 생각하기에는 문제는 해커가 타고나느냐 만들어지느냐에 있었다. 그리고는 블랫주의라 불리는, 악명 높게 불합리한 추론 하나를 내놓았다. "타고났다면 해커로 만들어질 겁니다. 해커로 만들어졌다면 타고난 겁니다".

어쨌든 그린블랫은 자신이 타고난 해커라는 사실을 부정하지 못할 것이다.

그렇다고 PDP-1과의 첫 만남이 그린블랫의 인생을 바꿔놓지는 않았다. 물론 흥미는 있었다. 정신없던 새 학기 초반, 신입생 리키 그린블랫은 학문적 영광을 위해 수업에 몰입하기 전까지 얼마간 여유시간이 있었다. 그린블랫은 가장 흥미로워 보이는 몇 곳을 방문했는데, (아마 미국 내 대학 중 유일하게 학생 오디오 엔지니어는 넘쳐나고 디스크자키는 부족한) 교내 라디오 방송국 WTBS, TMRC, (PDP-1

이 있는) 26동 건물 내 클루지 룸이었다.

마침 몇몇 해커가 모여 스페이스워 게임에 열중하고 있었다.

당시 게임을 할 때는 모든 조명을 꺼야 한다는 암묵적인 규칙이 있던 터라, 콘솔 주위는 화면 가득한 별과 우주선으로 인해 얼굴만 기괴하게 환한 사람들이 몰려 있었다. 완전히 몰입한 얼굴은 화면에 반사되어 빛났다. 리키 그린블랫은 강렬한 인상을 받았다. 그린블랫은 우주에서 벌어지는 전투를 한동안 지켜본 후 옆 방으로 건너가 TX-0를 찬찬히 살폈다. TX-0는 튜브와 트랜지스터가 놓인 랙, 멋진 전원 공급 장치, 전구와 스위치로 가득했다. 미주리주 칼럼비아에 소재한 고등학교 시절 그린블랫이 속했던 수학 클럽에서 주립대학에 있는 배치 방식 컴퓨터를 견학했고, 또한 지역 보험 회사에서 거대한 카드 정렬 기계도 보았다. 하지만 TX-0 같은 기계는 처음이었다. 비록 방송국과 TMRC는 인상적이었고 특히 TX-0는 더욱 인상적이었지만, 그린블랫은 우등생이 되겠다는 목표에 집중했다.

　이런 학구적인 목표는 오래가지 못했다. 그린블랫은 일반 MIT 신입생보다 훨씬 더 의욕적으로 '직접 해 보라'는 강령을 받아들였다. 1954년, 이혼한 이후로 계속 떨어져 살았던 아버지가 방문해 집에서 멀지 않은 미주리 주립대 학생회관으로 데려갔던 날, 그린블랫의 인생은 영원히 변했다. 리키 그린블랫은 도착하자마자 그곳이 마음에 들었다. 단지 안락한 휴게실, TV, 매점 때문이 아니었다. 바로 (동급생보다 훨씬 똑똑한) 아홉 살짜리 리키와 지적 수준이 비슷한 대학생들 때문이었다. 이후로 그린블랫은 체스하러 자주 들렀으며 대학생과 붙어도 대개는 승리를 거머쥘 정도였다. 그린블랫은 아주 우수한 체스 선수였다.

　그린블랫에게 진 사람 중에는 제대 군인 원호법에 따라 학교에 다니던 미저리 주립대 공학도도 있었다. 레스터라는 대학생이었는데, 9살짜리 영재에게 선물로 전자공학의 세계를 몸소 보여주었다. 전자공학은 모호함이 없는 세상이었다. 논리가 이기는 세상이었고 어느 정도 통제가 가능한 세상이었다. 뛰어난 지능으로 동갑내기 사이에서 불편했을 9살짜리 아이에게, 자신이 통제하지 못하는 어른들 세계에서 흔하디흔한 부모의 이혼으로 충격받은 아이에게 전자공학은 완벽한 탈출구였다.

　레스터와 리키 그린블랫은 아마추어 무선 라디오 프로젝트를 함께 했다. 둘이서 낡은 TV 수상기도 분해했다. 대학을 졸업하기 전에 레스터는 그린블랫을 동네 전파상 주인 호튼 씨에게 소개했고, 호튼 씨 가게는 그린블랫이 고등학교를 졸업할 때까지 제2의 집이 되었다. 고교 시절 친구 한 명과 그린블랫은 갖가지 흥미진진한 프로젝트를 수행했다. 증폭기, 변조기, 온갖 사악해 보이는 진공관 기계 장치를 비롯해 오실로스코프, 아마추어 무선 라디오, TV 카메라도 만들었다. TV 카메라! 당시는 좋은 생각으로 여겨졌고, 그래서 만들었다. 그리고 대학에 진학할 시기가 되자 그린블랫은 당연히 MIT를 선택했고 1962년 가을에 입학했다.

　첫 학기 수업은 상당히 **빡빡**했지만 별문제는 없었다. 그린블랫은 캠퍼스 컴퓨터 몇 대와 관계도 맺었다. 운 좋게도 EE 641 컴퓨터 프로그래밍 입문이라는 선택 과목을 듣게 되었고, 덕택에 거대한 7090용 프로그램을 짜느라 자주 EAM 실에 있는 펀치 카드 기계를 쓰러 갔다. 또한 기숙사 방을 같이 쓰는 마이크 빌러가 계산 도표학이라는 수업을 들었는데, 이 수업을 듣는 학생에게는 (IBM 영업팀이 뿌려놓은 무지의 안개에 현혹되어 사고가 흐려진 성직자들의 거주지에 설치된) IBM 1620을 직접 다룰 권한이 주어졌다. 그린블랫은 틈이 날 때마다 빌러와 함께 1620을 사용하러 전산실로 향했다. 학생들은 펀치 카드에 구멍을 뚫은 후 1620 앞에 줄을 섰다. 자기 차례를 기다렸다가 리더기에 카드를 넣으면 플로터—프린터가 곧바로 결과를 출력했다. "저녁 무렵 재미난 소일거리였습니다". 나중에 빌러가 그 시절을 떠올리며 말했다. "남들이 스포츠를 보거나 외식하러 가거나 맥주 한잔하듯이 우리는 프로그램을 짰습니다". 제약은 있었으나 뿌듯하고 흐뭇했다. 갈수록 그린블랫은 더 많은 것을 원하게 되었다.

크리스마스 무렵이 되어서야 그린블랫은 TMRC 동아리방에서 노닥거릴 정도로 편해졌다. 동아리방에서 피터 샘슨 같은 사람들과 부대끼다보니 당연히 해커 모드로 빠져들게 되었다(컴퓨터에는 '모드'라는 다양한 상태가 있는데, 흔히 해커들은 현실 상태를 묘사할 때도 '모드'라는 단어를 사용했다). 당시 샘슨은 거대한 모형대 위에서 도는 TMRC 운영 세션에서 사용하기 위한 복잡한 시간표 프로그램을 짜는 중이었는데, 방대한 수를 계산하느라 7090에서 포트란 프로그램을 돌렸다. 이에 그린블랫은 PDP-1에서 돌아가는 최초의 포트란 프로그램을 짜기로 결심했다. 왜 그런 결심을 했는지는 자신도 몰랐고, 십중팔구 물어보는 사람도 없었으리라. 프로그램을 돌리고 싶은데 소프트웨어가 없어 못한다면, 다들 당연한 듯 필요한 소프트웨어를 직접 짰다. 그린블랫은 나중에 이 충동을 예술로 승화시키게 된다.

그린블랫도 마찬가지였다. 포트란 프로그램을 기계어로 바꿀 뿐 아니라 컴퓨터의 기계어 응답을 도로 포트란으로 바꾸는 프로그램을 직접 짰다. PDP-1 앞에서 온라인으로 충분히 작업하기 힘들어지자* 주로 방에서 짰으며, 포트란 컴파일러 외에도 TMRC 모형대 아래 새 릴레이 시스템을 구현하는 작업에도 참여했다. (청소원의 출입을 공식적으로 금지한 탓에 늘 지저분한) 동아리방 벽에서 떨어진 회반죽 조각 일부가 (잭 데니스가 50년대 중반에 설계한) 시스템 연결부로 들어간 데다 와이어–스프링 릴레이라는, 기존보다 더 좋은 부품이 새로 나왔다. 그래서 그해 봄 그린블랫은 TMRC 릴레이 시스템에 상당한 시간을 투자했다. 물론 동시에 PDP-1용 포트란 컴파일러도 구현했다.

되돌아보면 우스운 일이었다. 학생 본분에 맞게 성심껏 공부해 우등생이 되었다가, 어느 날 돌연 수업이 시시해지는 뭔가를 발견했다. 그 뭔가는 수업과 철저히 무관했고, 그 뭔가가 바로 해킹이었다. 너무 만족스러워 일생을 바칠 만한 일이라는 사실이 너무도 당연하게 여겨졌다(적어도 TMRC나 PDP-1 주위 사람들에게는 너무 당연해 거론할 가치조차 없었다). 컴퓨터는 복잡했지만 인간 동물원 속에 오가는 온갖 관계만큼 복잡하지는 않았다. 게다가, 사회학에 대한 공식적 비공식적 연구와는 달리, 해킹은 시스템에 대한 이해와 중독성 있는 통제감에 몇 가지 기능만 더하면 완전히 시스템을 장악할 수 있다는 환상까지 주었다. 당연히, 해커들은 시스템 안에서 올바로 동작하는 데 가장 필요해 보이는 기능부터 구현했다. 개선된 시스템 내에서 일하다 보니 자연스럽게 더 개선할 측면이 보였다. 그러다 마빈 민스키와 같은 사람이 지나가며 이렇게 말한다. "여기 로봇 팔이 있습니다. 이 로봇 팔을 컴퓨터 옆에 두겠습니다". 그 순간부터 컴퓨터와 로봇 팔 사이에 적절한 인터페이스를 만들고, 로봇 팔을 완벽히 제어하고, 로봇 팔 상태를 파악하는 시스템 제작 방식을 찾아내는 일이 세상에서 가장 중요해진다. 그리고 마침내 자신의 창조물이 살아나는 모습을 본다. 어떻게 이것을 시키는 대로 마지못해 하는 공학 수업과 비교할 수 있을까? 공학 교수님은 해커들이 PDP-1에서 매일 푸는 문제처럼 재미난 문제는 구경도

---

* 옮긴이_ 네트워크 접속을 상상하시면 안 됩니다. 아직 ARPANet이 일반화되기 전입니다.

못했을 가능성이 다분하다. 누가 옳은가?

》 1968년 제작된 마빈 민스키의 로봇 팔   출처 http://www.flickr.com/photos/gastev/3504336001

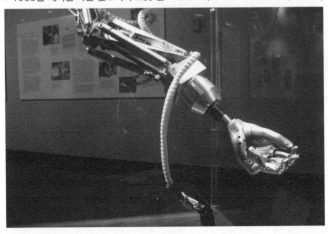

그린블랫이 2학년이 되었을 무렵 PDP-1 주변 풍경은 상당히 변했다. 비록 원조 TX-0 해커 여럿이 졸업했지만 새로운 인재들이 입학했을 뿐 아니라 인심 좋은 국방부가 지원하는 야망찬 새 시스템이 해킹을 멋지게 수용했다. 게다가 PDP-1, 2호기가 메인 스트리트에 있는 9층짜리 사각형 신축 건물에 새로이 자리 잡았다. 밋밋하고 틈새 없는 회백색 창문으로 둘러싸인 지루하고 단조로운 건물이었는데, MIT와 제휴기업 중에 프로젝트 MAC 관련 조직이 테크스퀘어라는 이 건물로 이사했다. PDP-1이 있는 건물 9층은 해커 세대에게 본부였으며 그중에서도 그린블랫이 가장 많은 시간을 보냈다.

시스템 프로그램을 짜는 해커들이나 인공 지능 프로그램을 짜기 시작한 해커들과 마찬가지로 그린블랫 역시 학생 신분으로 (최저임금보다 적은 돈을 받으며) 일했다. 주변 해커들은 이 서투르고 예의 바른 2학년생에게 잠재적인 PDP-1 슈퍼스타 자질이 있음을 감지했다.

그린블랫이 쏟아내는 코드양은 엄청났다. 모든 시간을 투자해 해킹에 몰두했고,

출력물을 산더미처럼 쌓아두고 검토했다. 구현 중인 프로그램 구조와 TMRC 모형판 아래서 작업하던 릴레이 시스템을 통째로 머릿속에 넣고 PDP-1과 TMRC를 오갔다. 오랫동안 집중하기 위해, 동료 해커들과 마찬가지로, 그린블랫 역시 30시간 단위로 하루를 보냈다. 30시간 단위로 하루를 보내면 중단없이 프로그램에 투입할 시간이 늘어났으므로 집중해서 치열하게 해킹하기에 안성맞춤이었다. 일단 프로그램에 몰두하면 잠처럼 사소한 일들이 귀찮아지기 마련이었다. 30시간 동안 미치게 일한 후 완전히 탈진된 상태로 집에 도착하여 12시간 동안 기절했다. 때로는 컴퓨터 실에서 바로 잠들기도 했다. 이런 생활은 약속이라든가 식사나 수업처럼 속세의 일정과 상충한다는 사소한 단점이 있었다. 그렇지만 해커들은 이런 생활 방식을 금방 수용했다. 누군가 "그린블랫이 지금 무슨 모드지?"라고 물으면 그린블랫을 가장 최근에 본 사람이 대답했다. "밤 모드일꺼야. 아마 9시쯤에 올걸". 여전히 속세에 발을 담그고 있던 교수님들은 쉽게 이런 시차에 적응하지 못했고, 그린블랫은 학업을 '망쳤다'.

결국 그린블랫은 학교서 정학을 받았고, 어머니가 학장을 만나러 MIT로 오셨다. 상황을 파악하기 위해서였다. "어머니는 걱정이 많으셨습니다". 나중에 방을 같이 쓰던 빌러가 말했다. "그린블랫이 학위를 받았으면 하셨죠. 하지만 그린블랫이 컴퓨터로 하는 일은 결코 아무도 시도한 적 없는 최첨단이었습니다. 그린블랫이 보기에는 할 일이 많았습니다. 수업에 흥미를 느끼기가 매우 어려웠죠". 대학에서 쫓겨날지도 모른다는 위험은 그린블랫에게 별로 중요하지 않았다. 해킹이 무엇보다도 중요했다. 그린블랫이 가장 잘하는 일이었고, 그린블랫을 가장 행복하게 해주는 일이었다.

최악의 순간은, 즉 그린블랫이 일상에서 지나치게 멀어진 순간은 자느라 기말시험을 빼먹었을 때였다. 덕택에 MIT 학생 신분을 더 빨리 벗어나게 되었지만 그린블랫은 전혀 개의치 않았다. 학교서 쫓겨나면 학생 신분으로 일하지 못한다는 점만 제외하고는 전과 다름없는 생활이 가능했다. 그래서 그린블랫은 직장을 구하기 시작했다. 낮에는 프로그래머로 일하고 밤에는 자신이 원하는 곳, 바로 테크스퀘어 9층에서 해킹을 허용하는 직장을 염두에 뒀다. 그리고 그린블랫은 정확히 자신이 원하는 그대로 했다.

>>>>>>>>>>>>>>>>>>>>>>>>>

그린블랫만큼이나 인상적인 해커가 또 한 명 있었다. PDP-1을 다른 방식으로 터득한 이 해커는 그린블랫보다 더 표현에 능해 자신의 비전을, 즉 컴퓨터가 자신의 인생을 어떻게 바꿨는지 그리고 우리 모두의 삶을 어떻게 바꿀지 더 분명히 묘사할 수 있었다. 이 학생이 바로 빌 고스퍼였다. 그린블랫보다 1년 먼저 입학했지만 고스퍼는 다소 천천히 PDP-1 단골이 되었다. 고스퍼는 빼빼하고 새 같은 몸, 헝클어진 갈색 머리칼에 두꺼운 안경을 쓴 학생이었다. 하지만 잠시만 대화해보면 잘난 외모 따위는 별로 중요하지 않다는 생각이 들 정도로 똑똑한 사람이라는 확신이 들었다. 고스퍼는 수학 천재였다. 고스퍼가 컴퓨터에 끌린 이유도 시스템을 해킹하기 위해서가 아니라 수학 세계를 해킹하기 위해서였고, 그리하여 고스퍼는 신생 프로젝트 MAC 주변에 막 생성되는 똑똑한 실무 해커들로 구성된 보병 사회에서 그린블랫과 다른 시스템 해커들의 장기적인 지원병이 될 운명이었다.

고스퍼는 필라델피아 강 건너 있는 뉴저지 주 펜소켄 출신이었다. 그린블랫과 마찬가지로 MIT에 들어오기 전까지 고스퍼 역시 유리 뒤에서 거대한 기계가 돌아가는 모습을 지켜본 경험이 전부였다. 고스퍼는 필라델피아 주 프랭클린 공학 기술 연구실에서 유니백이 벤자민 프랭클린 사진을 라인 프린트로 찍어내는 광경을 생생하게 기억했다. 당시는 무엇이 어떻게 돌아가는지 전혀 몰랐지만 재미는 있어 보였다.

고스퍼는 MIT에 입학한 후 두 번째 학기에 난생처음으로 즐거움을 맛보았다. 엉클 존 매카시가 가르치는 수업을 들었는데, 1학기 학점이 뛰어난 1학년생들만 수강하는 과목이었다. 수업은 포트란으로 시작해 IBM 기계어를 가르친 후 PDP-1으로 끝났다. 709에서 광학계를 통과하는 광선 추적하기, PDP-1에서 새로운 부동소수점 해석기로 루틴 짜기 등과 같이 난해한 문제들이었다.

고스퍼는 프로그래밍이라는 도전에 매혹되었다. 특히 IBM 배치 처리 방식으로 고문을 당해오다 PDP-1에서 하는 프로그래밍은 마약 같은 매력이 있었다. 아니, 첫 경험 같은 충격이라고나 할까. 여러 해가 지난 후에도 고스퍼는 여전히 "살아

있는 키보드를 손 아래 두고 내가 시키는 대로 기계가 천분의 1초 안에 반응하는 그 짜릿함..."이라며 흥분을 감추지 못했다.

그럼에도 불구하고 학기가 끝나자 고스퍼는 PDP-1 프로그래밍에 선뜻 뛰어들지 못했다. 고스퍼가 속한 수학과 사람들이 컴퓨터를 멀리하는 편이 현명하다고, 안 그럼 사무원이 된다고 잔소리한 탓이었다. 수학과의 비공식적인 구호는 "전자계산학이란 없다. 사악한 마법일 뿐이다!"였다. 흠, 그렇다면 고스퍼는 마법사였다! 고스퍼는 민스키의 인공지능 강의를 신청했다. 또다시 PDP-1로 진행되는 수업이었는데, 이번에는 확실히 해킹에 빠져들었다. 민스키의 수업을 들으며 고스퍼는 최초의 진짜 프로젝트를 해냈다. 화면에 함수를 그리는 프로그램으로, 하위 루틴 하나에 굉장히 우아한 코드를 짜넣은 고스퍼는 용기를 내 앨런 코톡에게 자신의 코드를 보여줬다. 고스퍼에게 있어 코톡은 '신의 경지'에 이른 고수였다. 코톡이 PDP-1과 TMRC에서 업적을 이루었을뿐만 아니라 DEC 사에서 PDP-1을 크게 개선하는 새 컴퓨터 디자인에 핵심적인 역할을 했다는 소문이 자자했기 때문이었다. 그런 코톡이 자신의 코드를 살펴본 정도가 아니라 남에게 보여줄 정도로 멋지다고 여긴 사실에 고스퍼는 날 듯이 기뻤다. 코톡이 내 코드를 꽤 괜찮다고 생각하다니! 고스퍼는 더더욱 해킹에 몰두했다.

민스키의 수업에서 짠 대형 프로젝트 하나가 페그 솔리테어 혹은 HI-Q라는 게임을 '푸는' 문제였다. 십자 모양 구멍이 33개 있는 보드 게임으로, 구멍 1개를 제외하고 32개 구멍에 말이 있었다. 말을 옮길 때 다른 말 하나를 뛰어넘으면 그 말을 제거했다. 최종적으로 보드 가운데 말 하나를 남기는 게임이었다. 고스퍼와 두 동급생이 PDP-1에서 문제를 풀어내겠다고 민스키에게 제안했다. 민스키는 미심쩍었지만 해보라고 허락했다. "우리는 문제를 풀었을 뿐 아니라 완전히 격파해버렸죠"라고 나중에 고스퍼는 말했다. 그들은 게임을 격파하는 PDP-1 프로그램을 한 시간 반 만에 짜냈다.

» 페그 솔리테어 게임

			a	b	c			
			d	e	f			
	g	h	i	j	k	l	m	
	n	o	p	✕	P	O	N	
	M	L	K	J	I	H	G	
			F	E	D			
			C	B	A			

미국식

			a	b	c			
		y	d	e	f	z		
	g	h	i	j	k	l	m	
	n	o	p	✕	P	O	N	
	M	L	K	J	I	H	G	
		Z	F	E	D	Y		
			C	B	A			

유럽식

고스퍼는 컴퓨터가 HI-Q 게임을 풀어내는 방식이 감탄스러웠다. '직관에 반하는' 방식이었기 때문이다. 고스퍼는 겉보기에 불가능한 듯 보이나 실상은 문제의 심오한 수학적 진실을 이용하는 기법을 진심으로 숭상했다. 직관에 반하는 해법은 수학적 관계의 광대한 만다라 속 마법적 관계에 대한 이해에서 나왔으며, 해킹은 궁극적으로 이러한 수학적 관계에 기반했다. 이 관계를 찾는 작업, 다시 말해 컴퓨터에서 새로운 수학을 만드는 목표를 고스퍼가 추구했다. 그리고 점점 더 PDP-1과 TMRC 주변을 맴돌면서 고스퍼는 대가 '수학 해커'로서 없어서는 안 될 존재가 되어갔다. 시스템 프로그램에는 별 관심이 없었으나 놀랍도록 명료한 (하지만 직관에 반하는!) 알고리즘을 내놓아 시스템 해커의 하위 루틴에서 명령 몇 개를 줄여주거나 프로그래머들의 정신적 정체[障礙]를 해소해줬다.

>>>>>>>>>>>>>>>>>>>>>>>>>

고스퍼와 그린블랫은 각각 TMRC와 PDP-1 주변에 일어나는 두 가지 해킹 유형의 대명사였다. 그린블랫은 실용적인 시스템 구축에 치중했고, 고스퍼는 수학적 탐험에 집중했다. 두 사람 모두 상대의 강점을 존중했으며 둘의 강점을 활용해 협력하는 프로젝트에도 참여했다. 하지만 그보다도 두 사람은 테크스퀘어 9층에서 막 꽃피기 시작한 문화를 발전시킨 주요 공헌자였다. 다양한 이유로 테크스퀘어 9층은 해커 문화가 무성하게 자라나 해커 윤리를 극단까지 이끄는 기술 온실이 되었다.

　해커들의 놀이터는 여러 곳이었다. (잭 데니스가 1년 동안 짠 시분할 시스템을 탑재한) PDP-1이 있는 클루지 룸은 여전히 야밤 해킹, 특히 우주전쟁 게임이 벌어지는 곳이었다. 하지만 진짜 해커들은 점점 더 프로젝트 MAC 컴퓨터를 선호하게 되었다. 프로젝트 MAC 컴퓨터는 테크스퀘어 9층을 질서정연하게 채우며 현란하게 껌벅거리는 기계들 사이에 있었다. 테크스퀘어 9층은 많은 컴퓨터를 식히는 에어컨 소리로 요란했지만, 많고 작은 사무실 중 하나로 숨어들면 별문제가 되지 않았다. 마지막으로 절대 바닥나지 않는 콜라 자판기와 선더스의 잔돈 상자가 있는 TMRC 동아리방과 그 옆방인 툴 룸이 있었다. 사람들은 TMRC 동아리방에 밤새도록 죽치고 앉아 남들이 보기에 황당할 만큼 난해한 주제를 토론했다.

　이런 토론은 해커 공동체의 활력소였다. 때로 해커들은 특정 어셈블러 구현 방식이나 인터페이스 유형이나 컴퓨터 언어 기능을 고집하며 글자 그대로 서로에게 악을 쓰기도 했다. 의견 차가 좁혀지지 않으면 칠판을 내리치거나 분필도 던졌다.

자존심을 건 싸움이 아니었다. '옳은 길'을 찾으려는 시도였다. '옳은 길'이라는 용어는 해커들에게 특별한 의미가 있었다. 옳은 길이란, 그것이 어떤 문제든 (프로그래밍 진퇴양난이든, 하드웨어 인터페이스 부정합이든, 소프트웨어 아키텍처 문제든) 딱! 맞는 해결책이 존재한다는 의미였다. 완벽한 알고리즘! 과녁의 정중앙을 꿰뚫으면 제아무리 아둔한 인간이라도 두 점을 잇는 직선을 알아보고 더 이상 왈가왈부 못한다는 의미였다. 나중에 고스퍼는 옳은 길을 이렇게 설명했다. "구체적으로, 모든 제약조건을 만족하면서 동시에 고유하고 올바르며 우아한 해결책을 가리킵니다. 모두가 대다수 문제에 옳은 길이 있다고 믿었습니다".

고스퍼와 그린블랫은 둘 다 주장이 강했다. 그린블랫은 머리 아프게 사람들을 상대하는 일에 염증을 느꼈으며 뭔가를 실제로 구현하러 정처 없이 방황했다. 우아하든 어쨌든, 그린블랫이 보기에는, 해야 할 일이었다. 아무도 하는 사람이 없으면 그린블랫이 했다. 종이와 연필을 들고, 때로는 PDP-1 콘솔 옆에 앉아, 코드를 쏟아냈다. 그린블랫이 짠 코드는 튼튼했다. 기초가 탄탄했으며, 오류 점검 코드가 내장되어 단순한 실수 하나로 프로그램이 끝장나는 사고가 없었다. 그린블랫이 짜놓은 프로그램은 디버깅도 완벽했다. 고스퍼는 자기가 만난 사람 중 그린블랫이 디버깅을 가장 좋아하는 사람이라 생각했고, 때로 그린블랫이 고칠 수 있도록 일부러 코드에 버그를 심어 넣었다고 의심했다.

고스퍼는 좀 더 공개적인 스타일로 해킹을 즐겼다. 고스퍼가 프로그래밍할 때면 늘 초짜 해커들이 고스퍼 뒤에 의자를 끌어 놓고 앉아 콘솔에 펼쳐지는 고스퍼의 절묘한 코딩 솜씨를 지켜봤는데, 고스퍼는 이들을 반겼다. 흔히 고스퍼가 짜는 코드는 간결하고 흥미롭고 자잘한 수학으로 가득했다. 고스퍼는 화면 해킹에 최고였는데, 고스퍼가 짠 화면 해킹 프로그램은 독특한 알고리즘이 예측하기 어려운 일련의 화려한 불꽃을 CRT에 쏘아 올렸다. 시간이 갈수록 고스퍼는 해커들의 멘토 역할을 떠맡게 되었다. 고스퍼는 때로는 입력 오류도 흥미로운 수치 현상을 일으킬 수 있다고 강조했다. 컴퓨터가 예상치 못한 응답을 뱉어내는 방식에 매료되었으며, 무한한 존경으로 컴퓨터가 내뱉은 응답을 다루었다. 가끔 아주 무작위로 보이는 사건에도 고스퍼는 한 걸음 더 나가 2차 무리수나 초월 함수를 떠올렸다. 고스퍼의 프로그램에서 어떤 하위 루틴 마법은 간혹 다음과 같은 학술적 메모로 진보하기도 했다.

> 사람들이 연분수를 자주 사용하지 않는 이유가 익숙지 않은 탓이라는 전제
> 하에, 나는 연분수 대비 다른 수학적 표현의 상대적인 장점을 다음 세션에
> 서 설명하겠다.

툴 룸에서 벌어지는 논쟁은 단순히 남자 대학생 사이에 오가는 잡담이 아니었다. 코톡도 이런 논쟁에 자주 참여했는데, DEC 사를 위해 PDP-6를 설계하던 코톡은 이런 논쟁 속에서 중대한 결정을 내리기도 했다. 심지어 설계 단계부터 PDP-6는 TMRC 회원들 사이에 절대적으로 '옳은 길'이라 여겨졌다. 때로 연휴가 다가오면 코톡은 고스퍼를 사우스 저지에 있는 집까지 데려다주었고, 운전하는 내내 새로운 PDP-6에 독립 레지스터 16개를 장착하는 방법을 이야기했다(레지스터 혹은 누산기는 컴퓨터가 실제 계산을 수행하는 장소다. 레지스터 16개란 지금껏 전례가 없는 능력을 컴퓨터에 부여한다는 뜻이었다). 고스퍼는 숨이 막혔다. 'PDP-6는 역사상 가장 위대한 컴퓨터가 될 거야'라고 고스퍼는 생각했다.

DEC 사가 실제로 PDP-6를 만들어 첫 프로토타입을 프로젝트 MAC에게 제공했을 때 모두가 알아챘다. 비록 PDP-6가 상용 사용자를 위해 필요한 구색을 모두 갖췄지만 근본은 해커를 위한 컴퓨터라는 사실을 말이다. 코톡과 코톡의 상사인 고든 벨은 TX-0 시절을 회상하며 TX-0에서 그들이 겪었던 한계를 PDP-6에서 깨부쉈다. 코톡은 또한 TMRC 해커들이 내놓은 제안을 신중하게 받아들였으며, 그중 하나인 레지스터 16개는 피터 샘슨이 낸 아이디어였다. PDP-6 명령 집합은 필요한 명령을 모두 지원했으며, 전반적인 아키텍처는 대칭적으로 탄탄했다. 레지

스터 16개는 각각 3가지 방식으로 접근이 가능했고, 세 가지를 조합하는 방식도 지원해 명령어 하나로 많은 일이 가능했다. PDP-6는 또한 '스택'을 사용했으며, 덕택에 프로그래머는 하위 루틴, 프로그램, 여러 활동 등을 쉽게 섞고 조합할 수 있었다. 해커들에게 PDP-6의 도입과 PDP-6의 놀랍도록 아름다운 명령 집합은 지금껏 어설픈 용어로 간신히 표현하던 감정을 자유롭게 표현할 강력한 새 어휘를 의미했다.

» PDP-6　출처 http://www.search-results.com

　　PDP-1보다 더욱 효율적인 제어판, 줄지어 늘어선 (한쪽 끝이 고정된) 광이 나는 지렛대형 스위치, 반짝이는 전구 행렬이 캐비닛 3개를 차지하는 아름다운 바다색 컴퓨터 PDP-6가 들어오자 민스키는 곧바로 해커들에게 새 시스템 소프트웨어를 싸라고 시켰다. 해커들은 PDP-1을 접했을 때처럼 PDP-6의 바다에 깊이 빠져들었다. 결국 PDP-6는 PDP-1보다 더 깊은 심해로 해커들을 이끌었다. 하루는 TMRC 툴 룸에서 해커들이 컴퓨터로 10진수를 아라비아 숫자로 출력하는 방식을 논하던 중 누군가 새로운 스택 명령을 써보자고 제안했다. PDP-6에서 새롭게 제공하는 화려한 명령이었다. 그때까지 자기 프로그램에 새 스택 명령을 사용하는 해커는 거의 없었다. 하지만 칠판에다 프로그램을 짜면서 Push-J라는 명령 하나를 썼더니, 모두가 놀라게도, 보통 1쪽을 넘기는 10진수 인쇄 루틴이 겨우 6줄로 끝났다. 그때부터 TMRC 해커들은 Push-J가 PDP-6에 들어간 '옳은' 명령이라는 사실에 동의했다.

툴 룸에서 벌어진 토론과 논쟁은 흔히 저녁 메뉴를 결정하는 문제로도 이어졌고, 결론은 거의 중국 음식이었다. 싸고, 양이 많았으며, 무엇보다 늦은 밤에도 주문이 가능했다(다음으로 열악한 메뉴는 케임브리지 메인 거리에 있는 싸구려 식당이었다. F&T 다이너라는 적갈색 구식 열차칸 식당이었는데, 해커들은 이 식당을 '더 레드 데스'라 불렀다). 흔히 토요일 저녁이면, 혹은 주중이라도 10시 넘어 즉흥적으로, 해커들은 보스턴 차이나타운으로 향했다. 때로 그린블랫이 모는 1954년식 셰비 컨버터블을 타고서...

해커들에게는 중국 음식 역시 시스템이었으며, 그들은 새로운 LISP 컴파일러를 대하듯 끊임없이 중국 음식이라는 시스템에 호기심을 쏟았다. 특히 샘슨은 TMRC에서 센트럴 스퀘어에 있는 조이 퐁이라는 중국 식당에 처음 가 본 후로 중국 음식의 열렬한 팬이 되었으며, 실제로 60년대 초반에 이르러서는 메뉴판을 읽고 흔치 않은 음식을 주문할 정도로 중국어를 익혔다. 고스퍼는 샘슨보다 더욱 열정적으로 중국 음식에 빠져들었다. 고스퍼는 12시 넘어서도 문을 연 식당을 찾아 차이나타운을 자주 배회했는데, 어느 날 밤 작은 가족이 운영하는 조그만 지하 식당을 찾아냈다. 음식 맛은 별로였는데, 고스퍼는 중국 사람 몇 명이 굉장히 멋져 보이는 음식을 먹고 있다는 사실을 눈치챘다. 그래서 고스퍼는 샘슨을 데려가기로 결심했다.

해커들은 중국어 사전을 잔뜩 들고가서 중국어 메뉴판을 요청했다. 주방장인 왕씨는 마지못해 중국어 메뉴판을 가져왔고, 고스퍼와 샘슨과 친구들은 새 컴퓨터의 명령 집합을 살피듯이 메뉴를 탐구했다. 샘슨이 번역한 메뉴는 유용한 정보를 드러냈다. 영어 메뉴판에서 '토마토를 곁들인 쇠고기'라는 음식은 글자 그대로 '야만족 가지 소 돼지고기'라는 의미였다. '완탕'은 중국어로 구름 스프를 뜻했다. 시스템에는 놀라운 것들이 많았다! 가장 흥미로운 음식을 결정한 후 ("하비스쿠스 날개라고? 어디 한번 주문해보자") 그들은 왕씨를 불렀다. 왕씨는 알아듣지 못할 중국말로 그들이 선택한 음식에 강력한 불만을 표명했다. 왕씨가 내키지 않아했던 이유는 미국인들이 전통적인 중국 음식을 먹지 못하리라 생각했기 때문이었다. 왕씨는 해커들을 전형적인 소심형 미국인들이라 오해했다. 하지만 그들은 탐험가였다! 기계에 들어가 본 사람들, 살아남아 (그것도 어셈블리 언어로) 믿기 어려운 이야기를 남긴 사람들이었다. 왕씨는 결국 굴복했고, 해커들은 그때까지 먹은 어떤 음식보다 최고의 중국 음식을 맛보았다.

TMRC 해커들은 중국 음식 해킹에 굉장한 전문성을 발휘해 나중에는 식당 주인보다 더 박식해졌다. 만우절 해커 나들이에서 고스퍼는 '쓴 멜론'이라는 잘 알려지지 않은 음식이 당겼다. 쓴 멜론은 사마귀가 난 듯 울퉁불퉁한 피망이었다. 강한 퀴닌 맛이 나서 익숙하지 않은 사람은 메스꺼워할 음식이었다. 무슨 이유인지 모르겠으나, 고스퍼는 쓴 멜론을 새콤달콤 소스와 먹기로 하고 중국어로 주문서를 적었다. 주인 딸이 킥킥거리며 나와 말했다. "실수하셨어요. 아빠가 말하길 '새콤달콤 쓴 멜론'이라고 쓰셨다는데요". 고스퍼는 이것을 도전으로 받아들였다. 게다가 고스퍼는 주인 딸이 중국어를 읽지조차 못한다는 사실에 기분이 상했다. 그것은 고스퍼가 존경하게 된 효율적인 중국 식당 시스템 논리에 반하는 일이었다. 그래서 고스퍼는 자신의 주문이 터무니없는 요청이라는 사실을 알면서도 분개한 척하며 주인 딸에게 이렇게 말했다. "눌론 새콤달콤 쓴 멜론이라고 썼죠. 우리 미국인들은 언제나 4월 1일에 새콤달콤 쓴 멜론을 주문합니다". 마침내 주인이 직접 나왔다. "못 먹어!" 주인이 외쳤다. "맛없어! 맛없어!" 해커들은 주문을 고집했고, 주인은 마지못해 주방으로 돌아갔다.

새콤달콤 쓴 멜론은 주인이 말한 그대로 끔찍했다. 그 식당 소스는 심하게 독해서 한 입 먹으면서 숨이라도 들이쉬면 질식할 정도였다. 그냥 먹어도 쓰디쓴 멜론에다 소스까지 얹었으니, 음식은 이빨을 부드득 갈 정도로 지독한 화학물질이 되었다. 일반 사람이라면 악몽으로 여겼을 경험이었다. 하지만 해커들에게는 이 모두가 시스템의 일부였다. 인간 관점에서는 말이 되지 않았지만 시스템 관점에서는 논리가 타당했다. 그것은 '옳은 길'이었다. 그래서 매년 만우절이 되면 해커들은 그 중국 식당을 찾아가 후식으로 새콤달콤 쓴 멜론을 먹겠다고 고집했다

해커가 가장 사교적으로 변하는 때가 바로 이런 식사 시간이었다. 중국 식당은 해커들에게 매혹적인 요리 시스템과 물리적으로 예측 가능한 환경을 제공했다. 환경을 더욱 편안하게 만들고자 고스퍼는 건전지로 돌아가는 자그마한 선풍기를 가져갔다. 공공장소에서 담배 피우는 사람들과 공기 중에 떠다니는 연기를 경멸하고 혐오했기 때문이다. 소형 선풍기는 인공지능 연구실에 자주 죽치던 어느 10대 해커가 만든 조잡한 물건이었다. 못 쓰는 컴퓨터의 냉각 팬으로 만들었는데 마치 볼품없는 소형 폭탄처럼 보였다. 고스퍼는 탁자 위에 선풍기를 올려두고 연기를 점잖게 흡연자 쪽으로 되돌려보냈다. 한 번은 케임브리지의 럭키 가든이라는 식당에서 옆 테이블에 앉았던 육중한 근육질의 양아치가 자기 여자친구의 담배 연기를 자기네 탁자로 되뿜는 선풍기에 격노했다. 양아치는 꼬질한 MIT 학생들을 노려보며 선풍기를 끄라고 요구했다. "그쪽 여자친구가 담배를 끄면 저도 선풍기를 끄죠". 해커들이 대답한 순간 양아치는 해커들 탁자로 돌진해 접시를 떨어뜨리고 차를 쏟고 심지어 젓가락을 선풍기 날개에 꽂아넣었다. 몸싸움을 어리석은 휴먼 인터페이스 중 하나라고 생각하는 해커들은 경악하며 그를 응시했다. 사건은 양아치가 식당 건너편에 경찰관이 앉아 있다는 사실을 알아채는 순간 끝났다.

양아치 사건은 예외일 뿐 평소에는 식사 시간이 아주 유쾌한 모임이었다. 이야기 주제는 해킹과 관련한 다양한 문제였다. 흔히 해커들은 출력물을 챙겨와 대화가 뜸한 틈을 타 어셈블리 코드 세계로 빠져들었다. 간혹 '현실'에서 벌어진 사건을 논할 때도 있었지만 그때도 대화에는 해커 윤리가 묻어났다. 결국은 언제나 시스템에 존재하는 결함에 관해서였다. 아니면 사물이 돌아가는 방식에 대한 그들의 타고난 호기심에 비추어 흥미롭게 여겨지는 사건만 논의했다.

자주 오르내리던 주제는 컴퓨터 왕국의 벌거벗은 임금님, 바로 IBM의 극악무도한 통치였다. 그린블랫은 IBM 컴퓨터에 낭비되는 수많은 비용에 (흥분해 1절에 그치지 않고 2절, 3절 장황하게 반복하며) 열통을 터뜨렸다. 방학 동안 집에 갔던 그린블랫은 돈 없다고 징징대는 미주리대학 이과대학이 PDP-6 발끝에도 못 미치는 거대한 IBM 컴퓨터의 유지보수 비용으로 일 년에 수백만 불씩 쏟아붓는 모습을 보았다. 또 하나 극심한 과대평가에 대해서 말하자면, MIT에 있는 IBM 시간 공유 시스템은 어떤가? 9층에 있는 IBM 7094는? 얼마나 지독한 낭비인가!

이렇게 밥 먹는 내내 울분을 토해냈다. 하지만 해커들이 논의하지 않는 주제도 있었다. 그들은 (컴퓨터에 대한 일반인들의 개념이 얼마나 틀리고 순진한지 언급하는 경우가 아니라면) 컴퓨터가 미치는 사회적 영향이나 정치적 영향은 별로 거론하지 않았다. 그들은 스포츠도 논하지 않았다. 사생활이나 사적인 감정도 (만에 하나 존재하더라도) 드러내지 않았다. 심지어 건장한 남자 대학생들이 흔히 집착하는 여학생에 대한 논의조차 놀랍도록 드물었다.

사교 활동이 활발한 해커도 일부 있었지만, TMRC-PDP 소속의 핵심 해커들은 스스로를 소위 '독신남 모드'로 설정했다. 이런 모드로 쉽게 빠져든 이유는 대다수 해커들은 애초에 사교성이 부족한 외톨이였기 때문이다. 해킹을 특히 매력적으로 만든 요인은 인간관계의 절망적인 무작위성과 반대인 컴퓨터 시스템의 예측 가능성과 통제 가능성이었다. 하지만 더욱 중요한 요인은 해킹이 연애보다 훨씬 중요하다는 그들의 사고방식이었다. 그것은 우선순위의 문제였다.

그들은 자신들의 삶에서 섹스를 해킹으로 대체했다.

"우리는 컴퓨터와 해킹에 흠뻑 빠져 연애할 시간이 없었습니다". 코톡은 나중에 이렇게 회상했다. "게다가 다들 나이가 들면 어느 날 여자가 다가와 해커의 머리를 툭 치며 '당신!'이라고 말하는 날이 온다고 믿었습니다". 코톡이 그랬다. 비록 30대 후반에야 제 짝을 만났지만 말이다. 그동안 해커들은 섹스가 존재하지 않는 듯 행동했다. 중국 식당에 가서도 그들은 옆자리 아리따운 여인을 알아채지 못했다. 왜? "아리따운 여인이라는 개념은 우리 어휘에 없었으니까요". 해커 데이비드 실버가 나중에 설명했다. 진지한 해커에게 여자가 생기면 이런 이야기가 오갔을지도 모르겠다. "아무개는 어떻게 되었지... 완전 폐인 됐어..." 하지만 대개 경멸하기보다 그저 대수롭지 않게 취급하고 말았다. 낙오한 사람들까지 곱씹어 고민할 여유가 없었다. 세상에서 가장 중요한 일, 바로 해킹에 참여하고 있었으니까. 해킹은 집착과 욕망의 대상일뿐 아니라 하나의 사명이었다. 그들은 해킹에 전념하고 해커 윤리를 따랐다. 여자처럼 끔찍하게 비효율적이고 쓸모없는 존재는 CPU 시간을 낭비하고 메모리만 차지할 뿐이었다. "심지어 오늘날에도 여자들은 예측하기 어려운 존재로 여겨집니다". 거의 20년 후에 한 PDP-6 해커가 말했다. "해커가 어떻게 그토록 불완전한 존재를 참아내겠습니까?"

만약 TMRC와 9층에 여자가 더 많았다면 상황이 달라졌을지도 모른다. 그나마 있었던 몇 명이 해커와 사귀기는 했다(한 해커는 나중에 이렇게 말했다. "그들이 우리를 발견했습니다"). 하지만 이런 여자는 많지 않았다. 남자든 여자든 외부인에게 해커는 별로 매력적이지 않은 존재였으니까. 이상하게 말했고, 황당한 시간에 자고 일어났으며, 괴상한 음식을 먹었고, 컴퓨터만 생각하는 사람들이었으니까.

그러다 보니 해커들은 배타적인 남성 문화를 형성했다. 슬프게도 지금까지 스타 여자 해커는 한 명도 없다. 이유는 아무도 모른다. 여자 프로그래머들은 있었고 그중 일부는 우수했으나, 그린블랫이나 고스퍼처럼 해킹을 성스러운 소명이라 여기는 여자 해커는 없었다. 진지한 컴퓨터 분야가 여학생을 반기지 않는다는 문화적 편견이 있었지만, 문화적 편견만으로 여자 해커의 철저한 부재가 설명되지 않는다. "문화적 편견이 강했습니다만 그 정도로 강하지는 않았습니다". 나중에 고스퍼는 여자 해커의 부재를 유전적 혹은 '하드웨어' 차이로 결론지었다.

어쨌거나 중국 식당으로 밥 먹으러 갈 때나 TMRC 옆 방 툴 룸에서 토론할 때 여학생이 참석하는 경우는 극히 드물었다. 그러니 자연스럽게 다들 외모에 무심해졌다. 그중에서도 그린블랫은 특히 심했다. 60년대 중반 그린블랫은 초대형 프로젝트 몇 개에 참여했는데, 해킹에 몰두한 나머지 위생에 소홀해 동료 해커들에게 민폐가 될 지경이었다.

학교를 그만둔 후 그린블랫은 찰스 아담스 어소시에이츠라는 회사에 취직했다. 회사는 PDP-1을 구입해 설치하는 과정이었다. 그린블랫은 낮에는 시 외곽 보스턴 '테크놀로지 하이웨이' 근처에 있는 사무실에서 일했고 퇴근 후 30마일 떨어진 MIT로 돌아와 밤새도록 해킹했다. 원래 그린블랫은 기숙사에서 케임브리지 YMCA로 거처를 옮겼으나 방을 더럽게 써서 쫓겨났다. 아담스 사에서 퇴직한 후에는 인공지능 연구실로 다시 고용되었다. (은퇴한 치과의사 부부가 소유한 벨몬트 주택에 하숙해) 안정적인 주거지가 있었지만 그린블랫은 자주 9층 간이침대에서 잤다. 그에게 청결은 확실히 중요하지 않은 문제였다. 그린블랫의 지나친 불결함과 관련해 에피소드가 아주 많았다(그린블랫은 다른 해커들도 마찬가지였다고 주장했다). 어떤 해커들은 그린블랫이 해킹하느라 목욕을 하지 않아서 악취가 심했다고 회상한다. 인공지능 연구실에는 밀리블랏이라는 새로운 악취 측정 단위도 생겨났다. 1 또는 2 밀리블랏은 아주 강력했으며, 1 블랏은 상상을 넘어서는 수준이었다. 한 에피소드에 의하면, 밀리블랏을 줄이려고 해커들은 (화학물 누출 사고를 대비해 응급 샤워기가 설치된) 건물 20 복도로 그린블랫을 데려가 물줄기를 터트렸다.

때때로 고스퍼는 개인적인 습관에 대해 그린블랫을 비꼬았으며, 특히 그린블랫의 손 비비는 버릇을 싫어했다. 그린블랫이 손을 비비면 작은 때 조각이 떨어졌는데, 고스퍼는 이것을 블랏리즈라고 불렀다. 그린블랫이 고스퍼 책상에서 일하고 블랏리즈를 남겨놓으면 고스퍼는 반드시 암모니아로 주변을 청소했다. 고스퍼는 또한 그린블랫의 서투른 말투, 잦은 기침, 엉성한 철자, 중얼거림도 놀려댔다. 비록 그린블랫의 표현 다수가 모두에게 익숙한 해커 방언이 되었지만 말이다. 예를 들어 특정 단어를 두 번씩 말해 강조하는 방식을 유행시킨 주인공이 바로 그린블랫이었다. 잔뜩 들떠 고스퍼, 코톡, 샘손에게 뭔가를 설명하려 애쓰다 말이 꼬이자 한숨을 내쉬며 "아니, 뭐더라, 뭐더라"고 내뱉고는 다시 시작하기 일쑤였다. 고스퍼와 해커들은 그저 웃을 뿐이었다. 하지만 아기 말투와 서투른 발음을 온 가족이 따라 하듯 해커 공동체는 많은 그린블랫어를 흡수했다.

이렇듯 기이한 개인적 습관에도 불구하고 해커들은 그린블랫을 진심으로 존경했다. 그린블랫의 기이한 습관은 스스로 자각하는 우선순위가 분명한 탓이었다. 그린블랫은 사교계 명사가 아니라 해커였으며, 해커에게 해킹보다 더 중요한 일은 없었다. 너무나 해킹에 열중한 나머지 6개월 동안이나 MIT 월급 수표를 찾아가지 않은 적도 있었다. "만약 그린블랫이 대화 도중에 자기 생각과 행동을 설명하려 애썼다면 그린블랫은 아무 진전도 이뤄내지 못했을 겁니다". 고스퍼는 나중에 이렇게 말했다. "그린블랫이 올바른 철자를 신경 썼더라면 아무 코드도 쓰지 못했을 겁니다. 그린블랫은 자기가 하는 일에 뛰어났습니다. 완벽한 실용주의자였죠. 사람들 생각은 개나 주라죠. 누군가 그린블랫을 멍청이나 샌님으로 여긴다면 그것은 그들의 문제입니다. 몇몇은 그렇게 생각하기도 했었는데, 그들이 틀렸습니다".

고스퍼는 그린블랫의 외골수 정신을 높이 평가했다. 고스퍼 자신이 학교를 졸업하겠다는 고집으로 인해 곤란을 겪었던 탓이다(1965년에 졸업했다). 성적 문제가 아니었다. 가까스로 졸업 요건은 맞춰냈다. 문제는 고스퍼가 미 해군과 했던 약속이었다. MIT에 입학하기 전, 고스퍼는 공무원 임용 시험을 쳤는데 좋은 성적을 거두어 우수 학생 공학 개발 프로그램에 들어갔다. 고스퍼는 여름 동안 미 해군에서 일했고, 미 해군은 졸업 후 3년 동안 일한다는 조건으로 학비 절반을 지원했다. 고스퍼가 서명한 계약서에는 의무를 연기해도 좋은 면책 조항이 있었다. 대학원에 진학하거나 미 해군이 투자한 3천 불을 갚아 줄 회사를 구하는 길이 있었다. 하지만 고스퍼가 4학년이 되던 해 대학원 조항이 없어졌다. 3천 불을 되갚는 방법밖에 없었지만, 고스퍼는 무일푼이었다.

해군에 입대할지도 모른다는 가능성은 참으로 끔찍했다. 여름에 잠시 일하는 동안 고스퍼는 한심하기 짝이 없는 해군 시스템을 접했다. 해커 윤리와 정반대인 시스템이었다. 프로그래머들은 컴퓨터로부터 완전히 격리된 방에서 일했다. 간혹 오래 일한 포상으로 말 잘 듣는 프로그래머에게 컴퓨터실을 구경시키고 프로그램이 돌아가는 모습을 보여주었다(들리는 이야기에 의하면, 한 여성 프로그래머에게 이 기회가 주어졌는데 번쩍이는 불빛과 디스크가 웅웅거리는 소리에 기절했다고 전해진다). 게다가 고스퍼와 일할 해군 상사는 주어진 식에서 합의 로그와 로그의 합이 다른 이유를 이해하지 못하는 사람이었다. 빌 고스퍼가 합의 로그와 로그의 합이 다른 이유를 이해하지 못하는 사람 밑에서 일할 가능성은 절대 없었다.

또 하나, 고스퍼는 미 해군이 유니백과 한 통속이라 믿었다. 고스퍼는 거대한 IBM을 엉성하게 모방한 괴작이 유니백이며, 또한 미 해군은 유니백이 근본적으로 가짜 컴퓨터라는 사실을 알면서도 그냥 쓴다고 생각했다. 외부 세계 관료주의가 낳은, 철저하게 왜곡된 행태를 보여주는 전형적인 예였다. 유니백을 쓰면서 살라니, 지옥에 떨어지라는 소리였다. 고스퍼는 지금까지 아무도 찾지 못한 뭔가를 찾으려 컴퓨터를 썼으며, 고스퍼가 쓰는 컴퓨터는 반드시 모든 면에서 최적이어야 했다. PDP-6는 그때까지 고스퍼가 접한 컴퓨터 중 최고였고, 고스퍼는 PDP-6와 결별할 생각이 전혀 없었다. 그것도 유니백처럼 빌어먹을 컴퓨터를 위해 PDP-6를 떠나다니! "설계든 무엇이든 정말 멍청하게 잘못된 기계를 보면 저는 속에서 열불이 터집니다". 고스퍼는 나중에 이렇게 설명했다. "반면 PDP-6는 대단히 완벽한 기계로 보였습니다. 뭔가 잘못되었다면 직접 고쳤습니다. 어떤 의미로 우리는 그 망할 기계 속에 살았습니다. 우리 환경의 일부였죠. 그 안에 사회가 있었습니다. PDP-6가 없는 세상은 상상할 수도 없었죠".

고스퍼는 미 해군에 돈을 갚기로 결심했다. 구체적으로는 PDP-6가 있는 회사에 취직해 돈을 벌기로 작정했다. 결국 고스퍼는 그린블랫이 직전 해에 일했던 회사인 찰스 아담스 사에 취직해 미 해군의 엄격한 조건을 맞추었다. 아담스 사가 PDP-6를 한 번도 제대로 돌리지 못했다는 사실은 별로 신경 쓰지 않았다. (그린블랫은 당시 자기가 맡았던 부분은 부족함이 없다고 주장했다) 반면 찰스 아담스 사가 이 프로젝트를 취소하고 미 해군에 있었던 거대한 유니백과 똑같은 기계를 사들였다는 사실에는 경악했다.

하지만 그즈음에 이르러 프로젝트 MAC으로 지원금이 더 많이 들어왔고 빌 고스퍼도 급여 대상자 명단에 이름을 올리게 되었다. 아담스 사에서 일하는 동안에도 매일 밤 9층 PDP-6로 해킹했으므로 생활은 크게 달라지지 않았다.

>>>>>>>>>>>>>>>>>>>>>>>>

그 무렵, 그린블랫은 해킹에 완전히 빠져들었다. PDP-6에서 그란블럿이 수행한 첫 프로젝트 중 하나가 LISP 컴파일러였으며, 존 매카시가 만든 인공지능 언어인 LISP의 최신 깔끔 버전을 PDP-6에서 돌게 할 목적으로 진행되었다. 어린 피터 도이치가 PDP-1용 LISP 컴파일러를 짜두었지만, PDP-1은 메모리가 작아 LISP 컴파일러를 돌리기에는 굉장히 버거웠다. LISP는 (이진수로 변환하기 쉬운) 숫자가 아니라 기호로 동작하는 터라 메모리를 놀랍도록 많이 소비했기 때문이다.

어떤 사람들은, 특히 고스퍼는, PDP-1과 마찬가지로 PDP-6에서 LISP를 구현하려는 노력 역시 시간 낭비라 생각했다. 당시 고스퍼는 컴퓨터 용량이 형편없이 부족한 현실을 항상 염려했으며, 인공지능 연구실 사람들이 애당초 불가능한 프로젝트에 도전했다 실패한 후 실패 원인을 허접한 컴퓨터가 아니라 자신들 탓으로 돌리는 무식에 경탄했던 기억 때문이었다. 4학년 때 고스퍼는 특정 시각적 현상이 단안인지 양안인지 구분하는 프로젝트를 맡았다. 민스키가 내준 프로젝트였는데, 가까스로 교묘한 클로버 이파리 형상을 보여주는 수준까지 (즉, 적어도 현상 자체를 화면에 표시하는 수준까지) 해냈지만 그 이상을 (즉, 컴퓨터 능력을 넘어서는 수준을) 해내려니 머리에 쥐가 날 지경이었다. 고스퍼가 불가능하다고 여긴 프로그램 중 하나가 PDP-6에서 돌아가는 쓸 만한 LISP였다. 기호 계산기로는 가능할지 몰라도 실용성은 없어 보였다. 고스퍼는 민스키의 어리석은 판단으로 인해 그린블랫과 다른 해커들이 불가능한 일에 말려들었다고 믿었다.

하지만 그린블랫은 그 이상을 보았다. 프로젝트가 어느 정도 헛발질이라는, 즉 PDP-6에서 완전히 실용적인 LISP를 구현하는 일이 쉽지 않다는 사실을 깨달았지만 그래도 이 방향으로 가야 하는 필요성을 믿었다. LISP는 인공지능 분야의 발전을 뒷받침할 강력한 언어였다. 컴퓨터가 엄청나게 어려운 일을 해내게 만들어 줄 언어이자 컴퓨터가 실제로 학습할 수 있게 만들어줄 언어였다. 그즈음 그린블랫은 미래에 대한 비전이 생기기 시작하던 참이었다. 그린블랫에게는 해커 꿈이 기술적으로 실현된 미래가 어렴풋이 보였다. 그래서 그린블랫과 다른 해커들은 (심지어 DEC 사에서 코톡까지 내려와) PDP-6용 LISP를 구현하기 시작했다. 그들은 TMRC 동아리방 칠판을 수많은 코드로 겹겹이 채웠고 마침내 그 코드를 PDP-6에서 돌렸다.

핵심 부분은 그린블랫과 또 다른 해커 한 명이 작성했다. (IBM처럼 수십 명을 투입해 결국 쓰레기만 양산하는 소위 '인해전술' 방식과 달리) 해커들은 프로젝트에 두세 명을 투입하는 방식이 '옳은 길'이라 믿었다. 투사 한 명보다 두세 명에 의존하는 편이 나았다. 그래야 한 사람이 서른 시간 마라톤을 뛰고 나면 다른 사람이 뒤를 이어 계속할 수 있었다. 일종의 이어달리기 프로젝트였다.

(프로젝트 MAC에서 이름을 딴) PDP-6 MacLISP가 제공되자 해커들은 LISP를 프로그램에 쓰기 시작했고 심지어 일상에서 대화할 때도 써먹기 시작했다.

예를 들어 술어predicate를 p로 시작하는 LISP 관례는 해커들이 질문을 던지는 방식에 영감을 주었다. 누군가 "Food-P?"라 물으면 어느 해커든 "식사하러 갈래?"라는 소리로 알아들었다. LISP 용어 'T'와 'nil' 역시 각각 '예'와 '아니오'를 뜻하게 되었다. LISP를 받아들였다고 해커들이 어셈블리 언어를 멀리하게 되었다는 의미는 아니었다. 해커들은 여전히 어셈블리 언어를, 특히 우아한 PDP-6 명령 집합을 사랑했다. 하지만 그린블랫이 깨달았듯이 심지어 고스퍼도 나중에 깨달았지만, LISP는 '직접 하라'는 해커 윤리에 완벽히 들어맞는 강력한 시스템 구축기였다.

DEC 사 역시 MacLISP에 흥미를 보였고, 코톡은 늦은 밤 그린블랫과 몇몇 해커를 DEC 사로 데려가 프로그램을 구현하고 디버깅하도록 주선했다. MIT와 DEC 사의 스스럼없는 관계 덕택이었고, 아무도 거기에 의문을 제기하지 않았다. '옳은 길'은 프로그램을 최대한 노출하는 일이었다. 왜냐하면 정보는 자유로워야 하며 가속화된 정보의 흐름은 세상을 개선하니까.

MacLISP를 만든 후 그린블랫은 PDP-6에 관한 한 명실상부 최고 권위자가 되었다. 인공지능 연구실 새 관리자로 온 러셀 노프트스커라는 남서부 출신 젊은이가 그린블랫을 고용했는데, 기본 업무는 컴퓨터 운영체제라는 유기적 피조물을 유지하고 개선하는 일이었다. 하지만 그린블랫의 비전은 시스템에 멈추지 않았다. 그린블랫은 인공지능이라는 개념에 깊숙이 끌렸다. 그래서 그린블랫은 컴퓨터로 인공지능 분야에 관한 뭔가를 해보겠다고 결심했다. 평생 체스 선수였던 그린블랫 입장에서 코톡이 만든 체스 프로그램이나 전국 각지 연구실에서 시도한 인공지능 체스 프로젝트를 넘어서는 체스 프로그램에 도전하겠다는 결정은 필연이었다.

여느 우수한 해커처럼 그린블랫도 맘먹은 즉시 프로젝트에 돌입했다. 아무도 그에게 제안서를 요구하지 않았다. 그 역시 상사에게 굳이 보고하지 않았다. 민스키는 프로젝트의 상대적인 가치를 고민할 필요가 없었다. 보고하고 보고받는 계통이 없었다. 60년대 중반 인공지능 연구실 초기 시절에는 해커들 자신이 계통이었으니까.

그저 해커 윤리를 실행으로 옮겼고, 그린블랫은 이런 기회를 최대한 이용했다.

그린블랫은 예전에 코톡의 체스 프로그램이 경기하는 모습을 보고서 아주 형편 없다고 생각했다. 근본적으로 프로그램을 짠 해커 자신들도 체스 두는 방법을 몰랐다. 컴퓨터가 말을 옮기는 모습에 감동한 나머지 그들은 체스가 상대 말을 빼앗는 게임이라는 사실을 간과했다. 그린블랫의 체스 프로그램은 정교하고 복잡한 인공지능 기법을 사용해 자신이 좋은 체스라 생각하는 기준에 부합하는 다음 수를 예측했다. 다른 해커 두어 명과 함께 그린블랫은 맹렬히 구현에 돌입했다. 그린블랫은 하루 네 시간씩 PDP-6 사용권을 얻어냈고 컴퓨터를 쓰지 않을 때는 오프라인으로 계속 구현했다. 1주일 만에 그린블랫은 실제로 체스를 두는 프로그램을 내놓았다. 다음 몇 달 동안 그린블랫은 프로그램을 디버깅하고, 기능을 추가하고, 전반적으로 생명을 불어넣었다(결국 MIT는 그린블랫에게 학위를 주겠다고 제안했다. 단, 그린블랫이 자신의 체스 프로그램에 관해 논문을 쓴다는 조건을 붙였다. 하지만 그린블랫은 결코 논문을 끝내지 못했다).

1965년 당시 '연금술과 인공지능'이라는 악명 높은 랜드 코퍼레이션 메모가 MIT 캠퍼스에 나돌았다. 저자는 허버트 드레퓌스라는 학자로, 인공지능 분야와 연구자들을 대놓고 맹렬히 비난했다. 해커들에게 드레퓌스의 비판은 매우 껄끄러웠다. 컴퓨터는 그들의 절대적인 행동 모델이었으니까. 적어도 정보, 공정함, 행동이라는 그들의 이론 속에서는 컴퓨터는 절대적인 존재였다. 드레퓌스는 (인간 두뇌 구조와 비교해) 컴퓨터의 터무니없이 제한된 구조에 초점을 맞추었다. 드레퓌스가 날린 최후의 일격은 10살짜리 아이를 이길 만큼 체스에 능한 프로그램이 불가능하다는 노골적인 주장이었다.

그린블랫이 MacHack라는 체스 프로그램을 완성한 후 MIT는 드레퓌스를 초대해 PDP-6에서 체스 경기를 벌였다. 리처드 그린블랫이 만든 컴퓨터 대표가 건방지고 비쩍 마른 붉은 머리 안경쟁이 반컴퓨터 적군과 체스 두는 모습을 지켜보러 해커들은 모여들었다. 시합을 지켜본 인공지능 선구자인 허버트 사이먼은 나중에 이렇게 말했다.

> "마지막 순간까지 손에 땀을 쥐게 만드는 시합이었습니다. 실력이 엇비슷한 체스 선수 두 명이 경기하는 모습이었습니다. 드레퓌스는 굉장히 밀렸고 그러다가 상대편 퀸을 잡을 수를 찾아냈습니다. 상대가 이 상황을 벗어나려면 킹과 퀸을 모두 잡는 수가 나올 때까지 자신의 여왕으로 드레퓌스를 계속 장군 상태로 몰아간 후 둘을 맞교환하는 방법밖에 없었습니다. 체스 프로그램은 정확히 그렇게 했습니다. 이렇게 되자 곧바로 드레퓌스의 게임은 박살 났고, 프로그램은 보드 한가운데서 드레퓌스에게 장군을 불렀습니다"

드레퓌스가 게임에 진 직후 장면을 피터 샘슨은 이렇게 회상했다. 패배한 비판자는 주변에 모여든 MIT 교수들과 (승리한 그린블랫을 포함해) 해커들을 혼란스런 얼굴로 쳐다봤다. 어째서 환호하고, 손뼉 치고, 잘난 체하지 않지? 왜냐하면 그들은 이미 알았으니까. 드레퓌스는 컴퓨터의 놀라운 본질을 그리고 PDP-6가 일상이 될 만큼 컴퓨터와 밀접하게 일하는 기분을 결코 이해하지 못하는 '현실'에 속한 존재였다. 이것은 드레퓌스가 죽었다 깨어나도 이해하지 못하는 뭔가였다. 한 번에 30시간, 매주 7일씩 어셈블리어 세례당에 자신을 완전히 담가본 적 없는 민스키조차도 결코 이해하지 못할 뭔가였다. 그린블랫과 고스퍼와 해커들은 이미 해봤고, 그 기분을 맛보았고, 다시 해커의 일상으로 돌아갔다. 그들은 꾸준히 만들어내고, 알아내고, 세상을 더 낫게 고쳐나갔다. 회의론자들을 납득시키고, 바깥세상에 비밀을 알리고, 남들을 해커 윤리로 개종시키는 일 따위는 직접 부딪히는 일에 비하면 시시했기 때문이었다.

CHAPTER 05

심야 컴퓨터 배선 연구회

그린블랫은 시스템 해커이자 응용 프로그램의 선지자였다. 고스퍼는 형이상학적 탐험가이자 난해한 언어의 술사였다. 두 사람은 향후 MIT에서 문화적 패권으로 떠오를 해커 윤리를 떠받치는 기술적-문화적 삼각대의 두 다리였다. 삼각대의 세 번째 다리는 1963년 가을에 도착했고, 그의 이름은 스튜어트 넬슨이었다.

MIT에 입학하고 얼마 지나지 않아 스튜어트 넬슨은 미지의 전자공학 세계로 뛰어들기 위한 호기심과 능력을 드러냈다. 해커 윤리에 공헌할, 대 마법사가 될 잠재력을 보여주는 모습이었다. 넬슨은 MIT 전통에 따라 신입생 환영회에 참가하려고 일주일 일찍 학교에 도착했다. 넬슨은 예리한 갈색 눈에 키가 작고 위턱이 많이 튀어나온 곱슬머리 소년이었고, 덕택에 호기심이 왕성한 설치류처럼 보였다. 실제로도 스튜어트 넬슨은 자신이 갖고 놀 복잡한 전자전기 장비를 쿵쿵거리며 찾는 중이었고, 오래 걸리지 않아 MIT에서 원하는 물건을 발견했다.

해커로서 첫 테이프를 끊은 곳은 교내 라디오 방송국 WTBS였다. 방송국에서 일하는 학생이자 나중에 PDP-6 해킹도 조금 한, 밥 클레멘츠는 신입생 한 무리에게 제어실을 구경시켜주는 중이었는데, 복잡한 기계가 가득한 제어실 문을 열었더니 스튜 넬슨이 있었다. "우리 전화 시스템과 교내 라디오 송신기의 핵심부를 만지

작거리고 있던 교활한 녀석이었습니다". 훗날 밥은 이렇게 기억했다.

결국 넬슨은 클루지 룸에 있는 PDP-1까지 도달했다. PDP-1을 보고 넬슨은 굉장히 흥분했다. 자신이 직접 다뤄볼 수 있는 이 우호적인 컴퓨터를 만나자 (그란블랏이 사용했을 표현인) 타고난 해커주의에서 나온 자신감으로 해킹에 돌입했다. 즉시 넬슨은 PDP-1 외부 스피커가 컴퓨터에 연결된 방식과 피터 샘슨의 음악 프로그램이 그 스피커를 제어하는 방식을 알아냈다. 그래서 어느 날 밤 아주 늦게, 옆방 TX-0를 돌보는 사람들과 존 맥켄지가 자기네 집에서 자는 동안, 스튜어트 넬슨은 PDP-1 프로그램 방식을 익히기 시작했다. 넬슨이 PDP-1에게 새로운 기교를 가르치기까지는 오래 걸리지 않았다. 넬슨은 PDP-1 스피커로 특정 음을 내어 클루지 룸에 있는 교내 전화 수신기로 보내는 프로그램을 구현했다. PDP-1이 내는 음은 전화 시스템의 이목을 끌어 (쉽게 말해) 춤추게 만들었다. 춤, 전화선, 춤 말이다!

전화 신호는 정말로 춤을 췄다. 춤은 한 곳에서 MIT 전용선 내 다른 곳으로, 그런 다음 (MIT 시스템에 연결된) 해이스택 업저버토리*로 전달되어 (일반 전화선을 거쳐) 세상으로 뻗어나갔다. 걸림돌은 없었다. PDP-1이 내는 음은 전화 회사가 전 세계로 내부 전화를 걸 때 쓰는 소리와 똑같았고, 스튜 넬슨은 자신이 만든 음으로 동전 한 푼 내지 않고 멋진 전화 회사 시스템을 맘껏 탐험할 수 있었다.

새로운 해커 왕으로 등극한 이 아날로그 연금술사는 외톨이 신입생 한 명이 거의 100년 묵은 전화 시스템을 통제하는 모습을 보여줌으로써 PDP-1 프로그래머들을 깊이 감동시켰다. 그것도 이익 추구가 아니라 순전히 장난기 어린 탐험 때문에 말이다. 넬슨의 위업이 알려지자 넬슨은 TMRC와 클루지 룸에서 영웅의 반열에 올라섰다. 일부 깐깐한 PDP-1 프로그래머들은 넬슨의 장난이 지나쳤다며 크게 우려했지만 그린블랏은 그렇게 생각하지 않았다. 진정한 해커라면 누구도 그렇게 생각하지 않았다. 수년 동안 TMRC 해커들은 온갖 짓을 해오지 않았던가! 만약 넬슨이

----

* 옮긴이_ Haystack Observatory. MIT에서 전파 천문학, 측지학, 대기 현상을 연구하는 학제 간 연구 센터

한 걸음 더 나갔다면 그것은 해커 윤리의 긍정적인 결과였다. 하지만 소식을 들은 존 맥켄지는 넬슨에게 당장 관두라고 지시했다. 그러면서도 맥켄지는 시스템을 이해하려는 넬슨의 마르지 않는 탐구 정신을 막기란 불가능하다는 사실을 직감했다. "그런 재능을 어떻게 막을 수 있겠습니까?" 훗날 맥켄지는 이렇게 회상했다. 나중에 드러나지만, 넬슨은 훨씬 멀리 가 본 후에야 탐험을 멈추었다. 아니, 어떤 면에서 탐험 정신은 결코 멈추지 않았다.

신입생 넬슨이 보여준 활약은 MIT 입학 전 넬슨의 삶에 비하면 별로 놀랄 일이 아니었다. 브롱스 출신인 넬슨은 아버지가 컬러 TV 설계에 선도적으로 참여했던 물리학자 출신 엔지니어였다. 하지만 넬슨이 전자공학에 보인 관심은 부모님 영향 때문이 아니었다. 넬슨에게 전자공학이란 그저 걷기처럼 자연스러웠다. 5살 무렵에는 크리스탈 라디오를 만들었고, 8살에는 이중 릴레이 경보기를 제작했다. 학교에 다니며 친목을 익히고 공교육을 받아야 한다는 사실에는 별 관심이 없었고, 전자부품 가게에 살다시피 하면서 끈질기게 실험에 매달렸다. 머지않아 학부모들은 자기 아이가 넬슨과 어울리지 못하게 했다. 자식이 감전될까 두려웠던 탓이다. 110볼트 전압이 흐르는 진공관 회로와 최신 트랜지스터를 만지다 보면 위험이 뒤따르기 마련이었다. 넬슨 역시 가끔 펄쩍 뛸 정도로 큰 충격을 받곤 했다. 훗날 넬슨은 장비가 방 저편으로 날아가 산산조각이 났던 이야기도 해주었다. 한 번은 충격이 너무 커서 다시는 전자기기를 만지지 않으리라 맹세하기도 했다. 결국 삼일도 못 견디고 환상적인 프로젝트에 빠진 고독한 젊은이로 되돌아왔지만 말이다.

사실 넬슨은 전화기를 사랑했다. 가족이 뉴저지주 하돈필드로 이사한 직후 넬슨은 수화기 몸통에 달린 스위치로 전화를 걸 수 있다는 사실을 알아냈다. 전화기 반대편에서 "여보세요? 예? 여보세요?"라는 소리가 들렸고, 그때부터 전화기는 더 이상 단순한 기계가 아니었다. 끝없이 탐험할 수 있는 시스템에 연결된 미지의 문이었다. 넬슨은 곧 자동으로 전화를 거는 장치, 여러 전화선에 연결하는 장치, 한 선으로 들어오는 전화를 다른 선으로 보내는 장치 등 1950년대 중반 사람들에게 낯선 장비를 만들기 시작했다. 넬슨은 예술가가 자기 도구를 다루 듯 능수능란하게 전화 장비를 다루었다. 넬슨에게 전화기를 쥐여주면 순식간에 수화기를 분해한 후 가장 먼저 (전화 건 사람이 다이얼 신호를 못 듣도록 막는) 필터를 제거하고 (다이얼 속도가 현저하게 빨라지도록) 몇 가지를 손봤다고 주변 사람들은 이야기했다. 본질적으로 넬슨은 웨스턴 일렉트릭 사 장비를 일방적으로 디버깅해 전화기를 재프로그래밍했다.

넬슨은 14살 때 아버지가 돌아가셨고 어머니와 가족은 뉴욕주 포키프시로 이사했다. 넬슨은 수업에 빠지는 대신 라디오와 TV를 고쳐주겠다고 고등학교 선생님들과 협상했다. 대신 넬슨은 근처에 생긴 작은 라디오 방송국에서 부품을 연결하고 송신기를 조절하고 잡음이 일어난 원인을 찾아내며 (본인 설명으로는 '거의 조립하다시피' 하며) 시간을 보냈다. 라디오 방송국이 운영 중일 때는 주 엔지니어가 되었고 때로는 디스크자키도 맡았다. 시스템에서 발생하는 고장은 모두가 새로운 모험이자 새로운 뭔가를 시도해 어떤 결과가 나오는지 탐험하라는 초대장이었다. 스튜어트 넬슨에게 어떤 결과가 얻어질지 알아내고 싶은 욕구는 자기 방어나 일시적 정신장애보다 더욱 강력하고 궁극적인 동기였다.

이런 태도로 무장한 넬슨은 TMRC와 PDP-1 그룹에 안착해 어울렸다. TMRC 해커들도 이미 '전화 해킹'에 열렬한 관심을 가졌던 터라 넬슨이 합류하자 관심은 급격히 피어올랐다. 넬슨은 기술적으로 천재였을 뿐만 아니라 대단한 끈기와 집념으로 문제를 공략했다. "넬슨은 행동으로 문제에 접근했습니다". 넬슨과 같은 반이던 해커 도널드 이스트레이크는 이렇게 회상했다. "넬슨은 언제나 끈질겼습니다. 보통은 몇 번 시도해서 안 되면 포기하고 결국 목적지에 도달하지 못합니다. 하지만 계속 시도하면 보통 사람들보다 두세 배 끈질기게 시도하면 실제로 풀릴 문제가 세상에는 많습니다".

넬슨은 우리가 뭔가를 발견하고픈 욕구에 충실하다면 더 많은 것을 찾아내고 더 많은 것을 만들고 더 많은 것을 통제하리라는 해커 윤리에서 한 걸음 더 나갔다. MIT에서 넬슨이 최초로 탐험한 영역은 당연히 전화 시스템이었다. 처음에는 PDP-1이, 다음에는 PDP-6가 전화 시스템 탐험에 이상적인 도구로 쓰였다. 하지만 이런 전자 세상의 탐험 속에서도 넬슨은 비공식적인 해커 도덕성을 고수했다. 어디든 전화하고 무엇이든 시도하고 끝없이 탐험해도 좋았지만, 금전적 이익을 취해서는 안 된다. 넬슨은 전화비를 떼먹으려고 (불법적으로 전화하는 하드웨어 장비인) '블루 박스'를 만든 MIT 학생들을 탐탁잖게 여겼다. 넬슨과 해커들은 자신들이 전화 회사를 돕는다고 믿었다. 그들은 주요 전화 회선을 골라 전국 각지로 전화해 테스트했으며, 회선이 제대로 동작하지 않으면 해당 수리 센터에 알려주었다.

물론 오류를 보고하려면 벨 시스템즈 전화 회사 기사인 양 가장해야 했는데, 『Principles of Electricity and Electronics Applied to Telephone and Telegraph Work, Notes on Distant Dialing』, 혹은 『Bell Systems Technical Journal』 최신 호를 읽은 해커들은 기사 행세에 아주 능숙했다.

» 『Principles of Electricity and Electronics Applied to Telephone and Telegraph Work, Notes on Distant Dialing』, 1961년 호　출처 http://www.search-results.com

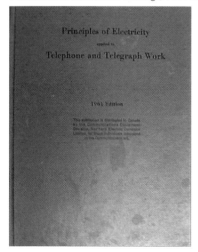

이런 정보로 무장하면 전 세계 어디나 전화가 가능했다. 전화 교환원에게 "뉴저지 해큰세크에 있는 테스트 보드에서 전화합니다. 로마로 연결해주세요. 회선을 점검하는 중입니다"라고 말하면 그만이었다. 그런 다음 "번호를 넣으세요"라는 교환원 지시에 따르면 다음 번호로 연결되어 곧 로마 전화국 교환원에게 이탈리아 날씨를 물을 수 있었다. 아니면 블루 박스 모드에서 PDP-1으로 전화를 계속 라우팅시켜 (일반 전화로는 못 거는, 블루 박스로만 가능한) 영국 어느 곳으로 전화해 아이들에게 읽어주는 동화를 들을 수도 있었다.

1960년대 중반, 전화 회사는 지역번호 800으로 무료 전화 시스템을 구축하기 시작했다. 당연히 해커들은 이 사실을 알았다. 과학적인 치밀함으로 무장한 그들은 아직 문서화되지 않은 영역을 도표로 만들겠다고 나섰다. 지역번호 800 영역을 탐험하다 보면, 버진 아일랜드에서 뉴욕까지 온갖 별난 곳에 도달했다. 결국 전화 회사 직원이 컴퓨터 근처 회선으로 전화해 (전화 회사 입장에서는) 존재하지 않는 장소로 걸린 사오백 통 전화에 관해 물어왔다. 불운한 케임브리지 전화국 지사는 전에도 MIT에 맞섰고 계속해서 그럴 작정이었다. 심지어 한 번은 테크스퀘어 9층에 난입해 해커들에게 블루 박스를 보여달라 요구했다. 해커들이 PDP-6를 가리키자 좌절한 직원은 기계 전체를 가져가겠다고 협박했고 결국 해커들은 전화기 인터페이스를 떼어 넘겨줬다.

비록 넬슨이 처음 PDP-1에 흥미를 느꼈던 이유가 전화 시스템을 해킹할 수 있다는 가능성 때문이었지만, 넬슨은 점점 더 다용도로 PDP-1을 쓰게 되었고 결국 온갖 프로그램을 짜냈다. 프로그램을 짤수록 실력은 좋아졌고, 실력이 좋아질수록 프로그램을 더 많이 짰다. 다른 대학원생이 어설프게 프로그램을 짜는 동안 넬슨은 콘솔 옆에 앉아 기다렸다. 때로는 주변을 배회하며 어깨너머로 재촉했고 그러면 대학원생들은 더욱 서툴러져 실수를 저질렀다. 결국 넬슨은 못 참고 소리쳤다. "그 문제만 해결해주면 컴퓨터를 내가 써도 됩니까?" 필경 몇 주 동안 문제에 매달렸던 대학원생은 이 괴상한 녀석이 해낼 리 없다고 믿으며 그러라고 대답했다. 넬슨은 그를 밀어내며 콘솔 앞에 앉아 'TECO' 문서 편집기를 띄운 후 전광석화처럼 코드를 쏟아냈다. 5분 만에 끝낸 프로그램을 순식간에 컴퓨터 옆 모델 33 텔레타입 프린터로 보낸 후 번개 같은 동작으로 라인 프린터에서 용지를 찢고 기계로 돌아와 프로그램이 든 테이프를 꺼내 대학원생에게 안겨 돌려보냈다. 그러고서는 자신만의 해킹에 돌입했다.

» **스티브 워즈니악이 개발한 블루 박스**

넬슨은 한계를 몰랐다. 넬슨은 클루지 룸에 있는 PDP-1뿐만 아니라 프로젝트 MAC에서 쓰는 새 컴퓨터도 사용했다. 다른 해커들은 PDP-1과 PDP-1의 제한된 명령어 집합을 사용하면서 간단한 작업에도 명령어를 여러 개 써야 한다며 툴툴거리다 필요한 기능을 하위 루틴으로 만들었다. 넬슨은 최고급 하위 루틴을 금방 짜낼 수 있었지만 실제로 기계 명령어 수 자체가 더 늘어나기 바랐다. 컴퓨터에 (다시 말해, 하드웨어에) 명령어를 추가하는 작업은 매우 까다로웠다. TX-0에 새 명령어를 추가했을 때는 교황 수준으로 훈련받은 공식 성직자가 필요한 두뇌 수술을 하는 동안 컴퓨터를 완전히 꺼놓아야 했다. 그것이 유일하게 논리적인 방법이었다. MIT가 눈 돌아가게 비싼 컴퓨터를 학부생이 건드리게 놔두겠는가?

물론 아니었다. 실제로도 민스키의 제자이자 스페이스워 해킹에 참여했던 대학원생 댄 에드워드는 자신을 하드웨어 보호자로 자처했다. 고스퍼에 따르면, 에드워드는 "누구든 타이프라이터에 리본을 갈아끼는 짓만 해도 이곳에서 영구히 추방이야!"라고 선언했다. 하지만 해커들은 대학이 무엇을 허용하고 무엇을 금지하든 개의치 않았다. 하물며 댄 에드워드의 생각은 더더욱 개의치 않았다. 해커들은 대다수 관료의 권위처럼 에드워드의 권위를 재난으로 여겼다.

넬슨은 "add to memory" 명령어를 추가하면 PDP-1이 더 나아지리라 생각했다. 적절한 절차에 따라 승인을 얻으려면 몇 달이 걸릴지도 몰랐다. 하지만 직접 해보면 시스템이 돌아가는 방식을 좀 더 배울 터였다. 그래서 어느 밤 스튜어트 넬슨은 즉흥적으로 심야 컴퓨터 배선 연구회Midnight Computer Wiring Society, MCWS를 소집했다. 완전히 즉석에서 만든 조직이었다. 그들은 역사의 흐름이 요구한다면 값비싼 컴퓨터를 허가 없이 만지지 말라는 MIT 규정을 어길 의사가 충분했다. 그날 밤 넬슨과 학생 직원 한 명과 관심 있는 구경꾼 몇 명으로 이루어진 MCWS는 캐비넷을 열어젖히고 PDP-1을 재배선하기 시작했다. 넬슨은 명령어 디코더 출력선 중 'add' 선과 'store' 선 사이에 다이오드 두어 개를 땜질해 (기존 명령어 집합을 그대로 지원하리라는 가정 아래) 새 연산코드op-code를 만들었다. 그런 다음 넬슨은 기계를 조립해 감쪽같이 원래대로 돌려놓았다.

그날 밤 해커들은 PDP-1이 얼마나 잘 작동하는지 시험했고 PDP-1은 정상적으로 동작했다. 하지만 다음 날 공식적으로 허가받은 사용자인 마가렛 해밀턴이 소용돌이 모델Vortex Model이라는 프로그램을 짜러 9층에 들렀다. 해밀턴이 참여하는 날씨 시뮬레이션 프로젝트에서 사용하는 프로그램이었다. 훗날 아폴로 달 탐사선에 탑재된 컴퓨터를 책임지게 되는 마가렛 해밀턴은 당시 프로그래밍을 막 시작한 신참이었고, 소용돌이 프로그램은 해밀턴에게 굉장히 큰 프로그램이었다. 해밀턴은 9층에서 벌어지는 해커들의 장난을 잘 알았으며 해커 몇 명과 조금은 친근한 사이였다. 비록 훗날 해밀턴의 기억 속에는 모두가 뒤섞여 예의 바르지만 지저분하며 컴퓨터에 대한 사랑에 눈이 먼 젊은이라는 총체적인 특성 하나만 남게 되지만 말이다.

마가렛 해밀턴이 소용돌이 프로그램에 사용한 어셈블러는 해커들이 짠 MIDAS 어셈블러가 아니었다. 해커들이 끔찍하게 여기는, DEC 사가 제공한 DECAL 시스템이었다. 물론 전날 밤 PDP-1을 점검할 때 넬슨과 심야 컴퓨터 배선 연구회 사람들은 DECAL 어셈블러를 테스트하지 않았다. DECAL 어셈블러가 명령어 코드에 접근하는 방식이 MIDAS와 다르리라 상상조차 못한 탓이었다. DECAL 어셈블러는 넬슨이 add 선과 store 선 사이에 추가한 다이오드 두 개가 일으키는 약간의 순방향 전압 강하에 큰 영향을 받았다. 물론 마가렛은 전날 밤 PDP-1이 수술받은 사실을 전혀 몰랐다. 그래서 DECAL 어셈블러로 소용돌이 프로그램을 돌렸을 때 소용돌이 프로그램이 죽은 이유를 곧바로 알아채지 못했다. 프로그램이 동작하지 않는다! 죽었다! 희한하게도 완벽히 잘 돌던 프로그램이 갑자기 멈춰버렸다. 갖가지 이유로 프로그램이 갑자기 멈추는 경우는 흔했지만, 이번에는 마가렛 해밀턴이 불평하는 바람에 누군가 원인을 조사했고 다른 누군가 심야 컴퓨터 배선 연구회를 지목했다. 결국 훈계와 좋지 못한 조치가 뒤따랐다.

그 일로 심야 컴퓨터 배선 연구회가 문을 닫지는 않았다. 에드워드와 그의 동족이 밤새도록 기계를 지키기란 불가능했다. 게다가 프로젝트 MAC을 이끄는 민스키와 동료들은 해커들의 야행성 활동이 논리 설계와 하드웨어 기술을 익히는 대학원의 실전 수업이라 여겼다. 부분적으로는 넬슨과 해커들 실력이 굉장히 발전해 위대한 마가렛 해밀턴의 프로그램 죽이기와 같은 재앙이 발생할 가능성이 낮아진 덕분에, 하드웨어를 건드리지 말라는 인공지능 연구실 공식 금지령은 점차 잊혀져 (누구도 퇴출을 걱정하지 않는) 낡아빠진 법과 같은 상태가 되었다. 일요일은 공공장소에서 말을 때리면 안 된다는 법처럼 말이다. 결국 심야 컴퓨터 배선 연구회는 별다른 제제 없이 자유롭게 명령어를 바꾸고, 새 하드웨어를 연결하고, 심지어 컴퓨터로 9층 조명을 조작해 TECO 문서 편집기를 띄우면 조명이 자동으로 어두워져 CRT 화면을 읽기 좋게 만들었다.

조명 해킹은 예상치 못한 결과를 초래했다. TECO 문서 편집기는 사용자가 오류를 저지르면 텔레타이프에 있는 종을 울렸다. 평소에는 문제가 없었으나 가끔씩 컴퓨터는 굉장히 불안정해 전력 변화에 극도로 민감해졌다. 텔레타이프에 있는 종 역시 전력 변화를 일으키는 요인이었다. 누군가 TECO를 쓰다가 실수하면 종이 울렸고 기계는 완전히 엉망진창으로 변했다. 통제가 불가능했다. 발작적으로 키를 입력했고, 종을 울렸으며, 심지어는 전등을 반복해서 껐다 켰다. 컴퓨터는 완전히 미쳐 날뛰었다! 공상과학 소설에 나오는 아마게돈 자체였다!

믿기 힘들겠지만 해커들은 이 현상을 무척 즐겼다.

다행히도 연구실 책임자들, 특히 마빈 민스키는 굉장히 너그럽게 이해해주었다. (해커들은 모두가 서로를 성으로 불렀는데 특이하게) 해커들로부터 마빈이라 불리던 민스키는 연구실의 놀라운 생산성이 해커 윤리 덕분이라는 사실을 알기에 해커주의의 핵심 요소 중 하나를 간섭할 의사가 없었다. 하지만 다른 한편에는 언제나 규칙을 무시하는 스튜 넬슨이 있었다. 뜨거운 감자였던 넬슨은 결국 전화 시스템 해킹 현행범으로 잡혀 더욱 뜨거워졌다. 뭔가 조치가 필요했다. 그래서 민스키는 절친 에드 프레드킨을 불러 고민을 털어놨다. "놀랍도록 똑똑한 19살짜리가 있는데 정교하고 복잡한 장난을 좋아하네. 자네가 고용하면 어떻겠나?"

>>>>>>>>>>>>>>>>>>>>>>>>

마빈 민스키와 절친한 데다 트리플-I^{Information International Incorporated} 사를 창립한 에드 프레드킨은 자신이 세상에서 가장 뛰어난 프로그래머라 믿었다.

갈색 머리, 살짝 지적인 매부리코 위에 놓인 안경 뒤로 갈색 눈이 따스한 프레드킨은 대학을 마치지 못했다. 그는 1956년 미 공군에서 컴퓨터를 배웠으며, 당시 인류 역사상 가장 복잡한 시스템으로 유명하던 SAGE 컴퓨터 항공 방어 시스템의 초기 일원이었다. 프레드킨과 다른 19명은 메모리 드럼, 논리, 통신, 프로그래밍 등 신생 컴퓨터 분야를 배우는 집중 강의를 수강했는데, 훗날 프레드킨은 차분한 이야기꾼 어조로 이렇게 회상했다. "일주일 후 모두가 수강을 포기하고 저만 남았습니다".

코톡, 샘슨, 그린블랫, 고스퍼와는 달리 에드 프레드킨은 해킹에 홀딱 빠져들지 않았다. 어떤 면에서 프레드킨은 아주 신중하고 빈틈없는 사람이었으며 컴퓨터 하나에 몰입하기엔 다방면으로 지적 능력이 뛰어났다. 하지만 프레드킨은 컴퓨터에 대단한 흥미를 느꼈으며, 그래서 제대 후 MIT와 연계된 링컨 연구실에 취직했다. 링컨 연구실에서 프레드킨은 곧 최고 프로그래머라는 명성을 얻었다. 언제나 독창적인 알고리즘을 개발했으며, 프레드킨이 구상한 알고리즘이 표준 프로그래밍 프로토콜로 쓰일 정도였다. 또한 프레드킨은 PDP-1의 중요성을 알아본 첫 인물 중 하나였다. 프레드킨은 프로토타입이 만들어지기 전에 PDP-1에 대해 알았고 첫 제품을 주문했다. 하지만 BBN^{Bolt Beranek and Newman} 사의 만류로 결국 구매는 하지 않았지만, 대신 BBN은 프레드킨을 고용해 시스템 프로그램을 짜고 어셈블러도 구현하게 시켰다. 프레드킨은 거뜬히 프로그램을 완성했고 스스로 최고의 걸작이라 여겼다. 시스템 프로그래밍 외에도 프레드킨은 훗날 빌 고스퍼가 두각을 드러내는 수학 해킹에도 참여해 초창기 오토마타 이론 정립에도 기여했다. 하지만 부양할 가족이 있고 사업 수완이 좋던 프레드킨은 순수 해커가 되지 못하고 BBN을 떠나 트리플-I라는 회사를 창립해, 온갖 디지털 문제를 해결하고 특별한 컴퓨터 컨설팅을 제공했다.

이 회사는 훗날 LA에 자리를 잡기 전까지 오랫동안 테크스퀘어 건물의 PDP-6가 자리 잡은 두 층 아래에 세 들어 있었다.

프레드킨은 테크스퀘어에 있는 해커 공동체를 매우 마음에 들어 했다. 그들이 해커주의를 한 걸음 더 발전시켰기 때문이었다. 해커주의는 (MIT, DEC, 군대, BBN과 같이) 컴퓨터 자체가 목적인 사람들이 컴퓨터를 맘껏 쓸 수 있는, 세상에서 몇 안 되는 곳에서 드물게 발견되는 정신이었다. MIT에서 해커주의는 전부였다. 프레드킨은 해커들을 사랑하게 되었다. 프레드킨은 해커들의 언어를 이해했고 그들의 업적을 존경했다. 때로는 해커들의 중국 식당 나들이도 따라갔으며, 거기서 아주 자유분방한 토론이 벌어졌다. 많은 해커가 (스페이스워가 만들어진 배경에서 충분히 드러나듯이) 열렬한 공상과학 소설광이었지만, 특히 프레드킨은 하인라인과 아시모프의 경이로운 이야기를 해커들이 하는 일과 연결할 수 있었다. 해커들은 컴퓨터를 강력한 시스템으로 만들고 인공지능을 위해 소프트웨어 기초를 닦는 사람들이었다. 프레드킨은 해커들의 상상력에 날개를 달아주는 재능이 있었으며, 언젠가 사람들 머리 위에 초소형 로봇이 살며 머리카락이 자라면 원하는 길이와 스타일로 정확히 잘라주는 날이 오리라 생각했다(TV 토크쇼에서 똑같은 예언을 했다가 전국적인 소란을 불러일으키기도 했다).

하지만 해커들을 존경하면서도 프레드킨은 여전히 자신이 최고 프로그래머라 생각했다. 비록 해커 윤리에서는 무엇이든 함께 고쳐가는 방식을 장려했지만, 해커라면 누구나 마법사로 인정받고 싶어했으며 빠른 프로그래밍 실력과 쏜살같은 코드 구현 능력을 적극적으로 자랑하고 토론했다. 해커 언덕 꼭대기에 서는 느낌은 짜릿한 자긍심을 안겨주었고 프레드킨은 자신이 꼭대기에 있다고 믿었다. 프레드킨에게 해킹은 장인으로서 품음직한 자긍심을 넘어섰다.

"그때까지 어떤 식으로든 저보다 (코드를) 잘 짜는 사람은 보지 못했습니다". 훗날 프레드킨은 이렇게 회상했다. "하지만 넬슨이 저보다 낫다는 사실은 아주 명백했습니다". 넬슨은 컴퓨터에 관해서는 모르는 게 없으며, 창의적인 방식으로 문제에 접근했으며, 놀랍도록 열정적으로 문제를 공략했고, 보통 인간을 넘어서는 집중력을 발휘하는 천재였다. 민스키가 추천한 대로 프레드킨은 이 젊은 해커를 고용했으며, 우수한 프로그래머가 흔하디흔한 MIT에서도 넬슨이 각별히 특별한 존재라는 사실을 곧바로 알아챘다. 넬슨은 아주 특별했으며 프로그래머 일개 군단에 맞먹는 프로그래머였다. 물론 트리플-I가 테크스퀘어에 있었으므로 넬슨 역시 9층 인공지능 연구실를 드나들며 인공지능 프로그래머들 일도 거들었다. 하지만 프레드릭은 이를 문제 삼지 않았다. 프레드릭이 필요할 때마다 넬슨은 언제나 마법을 부렸으니까.

DEC 사가 PDP-7에서 진행하는 프로젝트 하나가 있었는데, 프레드릭이 넬슨에게 작업을 맡겼으나 웬일인지 진전이 없었다. 같은 시기에 프레드킨의 회사는 특정 컴퓨터와 자료 저장용 디스크 드라이브 사이를 연결하는 인터페이스 디자인이 필요했다. 프레드킨은 후자를 6개월짜리 프로젝트라 예상해 전자부터 끝내라고 지시했다. 넬슨은 주말 동안 결과를 내놓겠다고 약속했다. 다음 주 월요일, 넬슨은 여기저기 자잘하게 휘갈겨 쓴 메모와 메모 블록을 연결짓는 긴 선으로 가득한 큰 종이 한 장을 들고 나타났다. 넬슨이 가져온 종이는 수십 번을 지우고 다시 쓴 흔적이 역력했다. 그것은 프레드킨이 요청한 PDP-7 프로그램이 아니라 디스크 드라이버 인터페이스 전체였다. 주말 동안 넬슨은 해야 할 업무로부터 벗어나기 위한 건설적인 탈출구로 하드웨어 설계를 택했다. 프레드킨의 회사는 종이 한 장을 바탕으로 장비를 만들었고, 장비는 돌아갔다.

프레드킨은 기뻤지만 넬슨이 PDP-7 문제도 해결하기 바랐다. 그래서 프레드킨은 말했다. "넬슨, 우리 둘이 같이 구현하세. 자네가 이 루틴을 짜고 내가 저 루틴을 짜지". 당장 사용할 PDP-7이 없는 터라 두 사람은 책상에 앉아 디버깅된 어셈블리 코드를 짰다. 그들은 곧바로 해킹에 돌입했다. 어쩌면 프레드킨 자신이 세계 최고 프로그래머가 아니라는 사실을 깨달은 순간이 이때였는지도 모른다. 넬슨은 최대한 빠르게 종이에 낙서하듯 프로그램을 적으며 혼자 달려나갔다. 프레드킨은 마침내 호기심을 못 이기고 넬슨이 짠 프로그램을 들여다보았다. 믿을 수가 없었다. 코드는 괴상했다. 무슨 소린지 감도 안 오는, 하위 루틴들이 얽히고 설킨 미친 조각처럼 보였다. 그럼에도 불구하고 코드가 돌아가리라는 사실은 명백했다. "스튜", 프레드킨은 참지 못하고 소리쳤다. "도대체 왜 이렇게 짜지?" 넬슨은 예전에 PDP-6에서 비슷한 프로그램을 짰다고 설명했다. 새로운 알고리즘을 구상하는 대신 넬슨은 순전히 기억에 의존해 예전에 짰던 루틴을 PDP-7 코드로 바꾸는 중이었다. 넬슨이 사고하는 방식을 보여주는 완벽한 예제였다. 넬슨은 머릿속으로 기계어 명령어를 그대로 압축하는, 그래서 작업 결과물을 최소로 줄이는 경지에 이르렀던 것이다.

확실히 사람을 대면할 때보다 기계를 다룰 때, 더 적합한 접근 방식이었다. 넬슨은 굉장히 수줍음이 많았고, 프레드킨은 젊은 해커에게 아버지 같은 존재였으리라. 프레드킨은 넬슨이 사무실로 들이닥쳐 "저, 결혼해요!"라고 말해 자신을 놀라게 했던 날을 회상했다.

넬슨이 여성에게 청혼은커녕 데이트를 신청하는 방법조차 모르리라 생각했던 프레드킨은 "멋지군! 행운의 여성은 누군가?"라고 물었다.

"아, 몰라요"라고 넬슨은 대답했다. "결혼해도 괜찮겠다고만 결정했어요".

하지만 15년이 지나서도 넬슨은 여전히 독신 모드였다.

비록 넬슨의 삶에서 여성이 차지하는 비중은 미미했지만 동료 해커들과 쌓은 우정은 깊었다. 넬슨은 고스퍼와 다른 해커 두 명과 한 집으로 이사했다. 비록 이 '해커 하우스'는 벨몬트 근처에 있다가 브링턴으로 옮겼지만 넬슨은 자동차를 사려들지 않았다. 넬슨은 운전을 견디지 못했다. "길거리 운전은 너무 많은 처리가 필요해요". 넬슨은 나중에 이렇게 설명했다. 넬슨은 대중교통을 이용하거나, 다른 해커에게 차를 얻어타거나, 심지어 택시를 탔다. 일단 테크스퀘어에 도착하면 한참은 괜찮았다.

넬슨 역시 하루 28시간, 주 6일 일정으로 살아가는 해커 중 한 명이었다. 수업은 걱정하지 않았다. 학위가 있든 없든 자신이 원하는 직장을 얻을 수 있다고 판단했으므로 대학에 다시는 등록하지 않았다.

넬슨은 머리끝부터 발끝까지 해커 윤리의 산물이었고, 넬슨의 행동은 인공지능 연구실의 문화적, 과학적 성장에 크게 공헌했다. 만약 민스키가 특정 루틴이 돌아가지 않는 이유를 밝혀낼 사람이 필요하면 당연히 넬슨을 찾아갔다. 그동안 넬슨은 온갖 일에 참여했다. 프레드킨이 시킨 일을 하고, 그린블랫과 시스템 작업을 하고, 고스퍼와 화면 해킹을 하고, 온갖 괴상한 물건들을 만들어냈다. 게다가 넬슨은 선 하나만 써서 7층에 있는 트리플-I 컴퓨터와 9층에 있는 PDP-6를 연결하고 오실로스코프와 TV 카메라가 신호를 주고받게 만들었다. 넬슨은 온갖 새로운 전화 해킹도 성공했다. 그뿐만 아니라 또다시 '계획보다는 실천'이라는 신념을 바탕으로 '자물쇠 해킹'이라는 신성한 흑마술 분야에서 대가가 되었다.

'자물쇠 해킹'이란 (문이나 서류 보관함이나 금고를 포함한) 물리적 자물쇠를 여는 기술이었다. 어떤 면에서 자물쇠 해킹은 MIT, 특히 TMRC 전통이었다. 하지만 해커 윤리와 결합하면서 자물쇠 해킹이라는 전통은 단순한 게임이 아니라 성전에 가까워졌다. 물론 인공적인 장애물을 극복한다는 즐거운 도전도 자물쇠 해킹의 인기에 한몫을 했다.

해커들에게 닫힌 문은 모욕이었으며 잠긴 문은 분개의 대상이었다. 컴퓨터 간에 정보가 명료하고 우아하게 전송되어야 하고 소프트웨어가 자유롭게 배포되어야 하듯이 세상이 돌아가는 방식을 찾아내고 개선하겠다는 목적에 유용한 서류철이나 도구는 모두가 사용할 수 있어야 한다고 해커들은 믿었다. 만들고 탐험하고 고치는 데 뭔가가 필요하다면 재산권 따위의 터무니 없는 개념은 신경 쓰지 않았다.

예를 들어 어느 밤 PDP-6에서 프로그램을 짜는데 컴퓨터가 죽어버린다. 컴퓨터 내부를 살펴보니 부품이나 부품을 설치할 공구가 필요하다. 그런데 그 필요한 뭔가가 (디스크, 테이프, 드라이버, 납땜기, 여분 IC 등 그것이 무엇이든) 자물쇠로 잠긴 곳에 있다. 백만 불짜리 기계가 무용지물로 놓고 있다. 왜? 고칠 줄 아는 하드웨어 마법사가 75센트짜리 IC를 구하지 못해서 혹은 오실로스코프가 금고 속에 있어서다. 이런 논리를 바탕으로 해커들은 보관함과 금고 열쇠를 빼내 부품을 가져와 기계를 고친 후 빼내온 열쇠를 주의 깊게 되돌려놓고 하던 일로 돌아갔다.

훗날 데이비드 실버라는 해커가 표현했듯이, 그것은 "고도로 영리한 전쟁이었습니다. 어떤 관리자들은 보관실에 열쇠를 넣어두고 특수 자물쇠를 걸었습니다. 기록부에 서명해야 열쇠를 주었죠. 그래야 안심했습니다. 모든 것을 가두고 통제해 정보가 잘못된 방향으로 흐르지 못하도록 물건을 도둑맞지 않게 지키는 듯했습니다. 다른 한편에는 모든 것이 모두에게 개방되어야 한다고 믿는 사람들이 있었죠. 해커들에게는 정말 정말 정말 많은 열쇠가 있어 못 들어가는 곳이 거의 없었습니다. 그들은 매우 정직하고 도덕적이어서 자신들이 가진 힘을 남을 해치거나 물건을 훔치는 데 사용하지 않았습니다. 어느 정도는 필요성에 의해, 어느 정도는 자존심과 재미로 시작된 일종의 게임이었습니다. 한창때는 해커들이 뭔가에 접근하려 들면 못 여는 금고와 자물쇠가 없을 정도였습니다".

모든 자물쇠 해커가 기본적으로 갖춰야 할 도구는 마스터키였다. 올바른 마스터키는 건물 출입문이나 복도를 열었다. 마스터키보다 더 좋은 도구는 그랜드 마스터키였다. 일종의 마스터의 마스터키로, 캠퍼스 모든 문의 2/3 정도는 가뿐히 여는 열쇠였다. 전화 해킹과 마찬가지로, 자물쇠 해킹 역시 끈기와 인내가 필요했다. 해커들은 한밤중에 캠퍼스를 돌며 출입문에서 나사를 풀어 자물쇠를 제거한 후 조심스럽게 자물쇠를 분해했다. 대다수 자물쇠는 몇 가지 열쇠 조합으로 열렸다. 그래서 해커들은 같은 복도에서 여러 자물쇠를 한꺼번에 분해해 공통으로 열리는 열쇠 조합을 알아낸 후 그 조합으로 열쇠를 만들려고 애썼다.

마스터키를 만들려면 때로는 (일반인이 못 구하는) 특수한 '멍텅구리blank' 열쇠가 필요했다(국방부에서 사용하는 마스터키처럼 일부 특수 마스터키는 멍텅구리 열쇠로 만들었다). 그래도 해커들은 포기하지 않았다. 몇몇은 이미 관련 과목을 수강해 열쇠공 자격을 취득한 터라 공식적으로 멍텅구리 열쇠를 구매할 수 있었다. 어떤 열쇠는 보안이 너무 철저해 인가된 열쇠공도 멍텅구리 열쇠를 구매하지 못했다. 이런 열쇠를 복사하기 위해 해커들은 한밤중에 철공소를 방문했다. 9층 구석에 위치한 철공소에서는 빌 베넷이라는 유능한 대장장이가 낮 동안 로봇 팔과 같은 도구를 만들었다. 해커 여러 명이 이 철공소 밑바닥부터 시작해 자신만의 멍텅구리 열쇠를 만드는 장인의 경지에 등극했다.

마스터키는 목적을 달성하는 수단 이상이었다. 마스터키는 자유로운 접근을 추구하는 해커의 상징이었다. 심지어 TMRC 해커들은 신입생을 끌어들이고자 MIT 마스터키를 모든 신입생에게 나눠주려고 계획한 적도 있었다. 마스터키는 악마를 무찌르는 마법의 검이었다. 악마는 물론 잠긴 문이었다. 잠긴 문 뒤에 도구가 없더라도 자물쇠는 관료주의라는 권력, 해커 윤리의 완벽한 실현을 방해할 권력을 뜻했다. 관료주의자들은 세상과 사물이 돌아가는 방식을 알아내려는 사람들로부터 언제나 위협을 받았다. 관료주의자들은 자신들이 살아남으려면 사람들을 무지 속에 가두어야 한다는 사실을, 자물쇠와 같은 인공적인 수단을 이용해 사람들을 통제해야 한다는 사실을 알았다. 그래서 관리자가 새로운 자물쇠를 설치하거나 (정부가 인증하는 기밀 서류 보관 등급인) 2급 보안 금고를 구매해 판돈을 키우면 해커들은 즉시 달려들어 자물쇠를 풀고 금고를 열어버렸다. 후자의 경우, 탄턴에 있는 최첨단 군용 물자를 불하하는 판매점을 방문해 비슷한 2급 보안 금고를 찾아내 9층으로 가져온 후 아세틸렌 토치로 열어 금고 자물쇠와 회전판이 돌아가는 방식을 알아냈다.

이처럼 온갖 자물쇠 해킹이 벌어지는 인공지능 연구실는 관리자에게 지옥이었다. 그런데 러셀 노프트스커라는 관리자는 해커들의 이런 괴상한 행동을 이해했다. 멕시코 대학에서 공학 학위를 받은 후 1965년에 테크스퀘어에 도착한 노프트스커는 인공 지능에 관심이 있었으며 프로젝트 MAC에 참여하는 친구도 있었다. 노프트스커가 민스키를 만난 때는 뛰어난 대학원생 관리자, 댄 에드워드가 연구실를 떠난 직후였다. 관리에 무심하기로 악명 높은 민스키는 (나중에 프로젝트 MAC에서 분리되어 독립적인 조직으로 정부 지원금을 받게 되는) 인공지능 연구실의 행정업무를 담당할 누군가가 필요했다. 그래서 민스키는 노프트스커를 고용했고, 노프트스커는 공식적으로 그린블랫과 넬슨과 고스퍼를 전임 해커로 고용했다. 어떻게 해서든지 노프트스커는 해커들의 전자공학 서커스가 MIT 가치와 정책에 어긋나지 않도록 유지해야 했다.

꼭 다문 입에 숱이 많은 금발과 푸른 눈이 때로는 꿈꾸는 듯, 때로는 걱정스러운 듯 보이는 노프트스커는 기괴한 기술적 탐구에 이미 익숙했다. 학창 시절 그 자신도 친구와 폭발물을 해킹한 적이 있었다. 어느 기술 회사에 고용되었던 노프트스커와 친구는 월급을 고도의 폭발성 물질인 프라마코오드나 다이너마이트로 받았고, 거미가 몇 마리나 죽는지 보려고 혹은 프라마코오드가 얼마나 있어야 65갤런 드럼통을 절반으로 쪼개는지 보려고 월급으로 받은 폭발물을 동굴에서 터뜨렸다. 노프트스커의 친구는 밤늦게 TNT 30파운드를 집 부엌 오븐에서 녹이다가 TNT에 불이 붙어 오븐과 냉장고를 녹여버리는 바람에 이웃들을 찾아가 "실례합니다. 저기, 아무래도 조금 떨어진 곳으로 대피하시는 편이 좋겠습니다"라고 해야 하는 난처한 입장에 처하기도 했다. 노프트스커는 자신이 운 좋게 살아남았다는 사실을 잘 알았다. 그럼에도 고스퍼에 따르면, 집 앞에 쌓인 눈을 프라마코오드로 날려버릴 계획을 세우다 아내의 저지로 그만두었다고 한다. 노프트스커는 해커들과 마찬가지로 담배를 혐오했으며 때때로 산탄통으로 산소를 쏘아 불만을 표현했다. 깜짝 놀란 흡연자는 자신의 담배가 강렬한 붉은 불꽃으로 타내리는 모습을 지켜봤다. 명백히 노프트스커는 유쾌한 환경을 유지하려면 기술적 극단주의가 필요하다는 사실을 이해했다.

다른 한편으로, 노프트스커는 책임자였다. 잠긴 곳은 못 들어가게, 기밀 정보는 누설되지 않도록 막는 사람이었다. 고함치고, 위협하고, 자물쇠를 바꾸고, 새 금고를 주문하더라도, 결국 힘으로는 이기지 못한다는 사실을 노프트스커는 잘 알았다. 현실에서는 순진하기 짝이 없는 생각이지만 해커들은 재산권이 존재하지 않는다고 믿었다. 적어도 9층에서 재산권이란 개념은 존재하지 않았다. 해커들은 무엇이든 열고 어디든 들어갈 수 있었으며, 노프트스커는 이런 현실을 두 눈으로 똑똑히 확인했다. 어느 날 24시간 안에 절대로 따지 못한다고 보장하는 자물쇠가 달린 새 금고가 도착했는데, 노프트스커가 제조업체로부터 자물쇠 번호를 받기 전에 누군가 실수로 금고를 닫고 다이얼을 돌려버렸다. 공인 열쇠공 해커 한 명이 도와주겠다고 자원했고, 그는 20분 만에 금고를 열어버렸다.

그러니 노프트스커가 무엇을 할 수 있겠는가?

"장벽을 높이면 도전할 의욕만 부추깁니다". 훗날 노프트스커는 이렇게 설명했다. "비결은 무언의 합의입니다. '비록 가상의 선이지만 이 선이 한계다'라는 식이죠. 사생활과 보안이 필요하다고 느끼는 사람들에게 실제로 어느 정도 사생활과 보안이 보장된다는 느낌을 주기 위해서입니다. 만약 누군가 한계를 넘어서면 아는 사람이 없는 한 눈감아 줍니다. 그러므로 내 사무실에 숨어들어 뭔가를 알아냈다면 절대로 입 밖에 내지 말아야죠".

일방적인 무장해제. 해커들에게 원하는 곳이라면 어디든 가도 좋다고, 전자공학 모험이나 전산 탐험에 관한 것이라면 원하는 무엇이든 취해도 좋다고 허락하라. 단, 관료주의 황제들이 벌거벗었다며 동네방네 떠들고 다니지만 마라. 이런 식으로 노프트스커와 노프트스커가 대변하는 관리자들은 위엄을 유지했으며 동시에 해커들은 관리자가 없는 듯이 해킹할 수 있었다. 그들은 원하는 곳이라면 어디든 들어갔다. 셔츠 주머니에 연필을 꽂은 특수 요원들은 낮은 천장 위에 있는 작은 공간을 기어 사무실까지 도달한 후 천장 타일을 제거하고 목적지로 잠입했다. 어느 해커는 천장이 무너지는 바람에 민스키의 사무실로 떨어져 허리도 다쳤다. 하지만 대개 노프트스커의 눈에 띄는 유일한 증거는 간혹 벽에 남겨진 발자국이었다. 물론 가끔은 자신의 잠겨진 사무실에 들어가다 소파에서 졸고 있는 해커를 발견하기도 했다.

하지만 해커 윤리를 절대로 용납하지 못하는 사람들도 있었다. 바로 기계공 빌 베넷이었다. TMRC 회원이었지만 빌은 절대 해커가 아니었다. S&P 분파가 아니라 (고스퍼가 칭하기로) '물리적—장비의—정확한—모형—만들기' 분파에 충성하는 회원이었다. 조지아 주 마리에타 출신의 착한 소년인 베넷은 자신의 공구를 거의 종교처럼 숭배했다. 베넷이 자란 고향에서는 공구를 신성한 물건으로 간주하는 전통이 있었다. 그들에게 공구는 다듬고 보살펴 나중에 자손에게 물려주는 유산이었다. "저는 광신자입니다". 훗날 베넷은 이렇게 설명했다. "공구는 깨끗하게 정리해 다음에 곧바로 쓸 수 있게 제자리에 두어야 합니다". 그래서 베넷은 자신의 공구 전부를 잠글 뿐만 아니라 마루에 줄을 긋고 주변에 밧줄을 쳐 자신의 작업장에 해커들이 발조차 들이지 못하게 했다.

베넷은 해커들에게 선을 긋고 넘지 말라고 말했을 때 발생하는 필연적인 결과를 막지 못했다. 출근해서 공구가 사용된 흔적을 발견하고 민스키에게 불평했으며 그만두겠다고 협박했다. 노프트스커는 베넷이 작업장 주변에 폭탄을 설치하겠다고 협박했던 사실도 기억했다. 베넷은 민스키에게 넬슨을 처벌하라고 강력히 요구했다. 베넷이 보기에 넬슨은 최악의 범죄자였다. 민스키나 노프트스커는 형식상 넬슨을 징계하기도 했지만 속으로는 상당히 재미있다고 여겼다. 결국 노프트스커는 해커 각자에게 공구 상자를 나눠주고 자기 공구 상자를 자기가 책임지게 했으나, 이 아이디어는 별로 효과를 발휘하지 못했다. 기계를 고치다 뭔가 필요하거나 재빨리 하드웨어를 해킹하고 싶을 때면 해커는 친구의 공구든 베넷이 신줏단지처럼 모시는 공구든 아무거나 손에 잡히는 공구를 가져다 썼다. 한 번은 넬슨이 베넷이 애지중지하는 드라이버를 썼는데, 작업하다 드라이버에 살짝 흠집이 났다. 다음 날 출근해 흠집 난 드라이버를 발견한 베넷은 곧바로 넬슨에게 달려갔다.

평소 넬슨은 아주 조용했지만 간혹 폭발했다. 훗날 고스퍼는 이렇게 묘사했다. "넬슨은 놀라운 논쟁가입니다. 넬슨을 구석으로 몰면 겁 많은 작은 소년에서 야수로 변합니다". 고스퍼에 따르면, 그날 넬슨과 베넷은 고함치기 싸움에 돌입했고 싸우는 중 넬슨은 어차피 이미 '고물이 다 된' 드라이버였다고 말해버렸다.

고물이라니! 베넷에게는 믿기 힘든 무례한 철학이었다. "베넷의 머리에서 연기가 피어오르기 시작했습니다". 훗날 고스퍼는 이렇게 묘사했다. "베넷은 그냥 폭발해버렸죠". 베넷과 같은 사람들에게 공구는 쓸모없어질 때까지 이 손에서 저 손으로 떠도는 물건이 아니었다. 즉, 한 번 구현하고 다듬은 후 공유해두면 아무나 저작자의 허락 없이 손보고 새 기능을 추가하고 바꾼 후 또 다른 사람이 고치도록 내버려두는 일이 반복되다가 멋진 새 프로그램이 되는 컴퓨터 프로그램과는 달랐다. 빌 베넷에게 공구는 소유하는 물건, 즉 사적인 물건이었다. 그런데 해커들은 공구로 뭔가 유용한 일을 할 수 있다면 공구를 사용할 자격이 있다고 믿는 사람들이었다. 게다가 일을 끝내면 그냥 던져버렸다. 고물이 다 되었다고 말하면서!

이처럼 철저하게 반대인 두 철학을 감안하건대 베넷이 넬슨에게 폭발한 것도 당연했다. 훗날 베넷은 자신이 언제나 성급히 폭발했으며 폭발 후에는 평소 좋은 관계로 돌아갔다고 말했다. 하지만 넬슨은 당시 기계공이 자신에게 신체적인 위해를 가할까 봐 두려웠다고 말했다.

며칠 후 넬슨은 테크스퀘어 7층에 있는 컴퓨터 전원 공급장치를 허가 없이 완전히 개조하고 싶었고, 이 작업을 위해 큰 드라이버가 필요했다. 당연히 그는 베넷이 잠가 둔 캐비닛에서 드라이버를 가져왔다. 그런데 웬일인지 전력 공급기의 전력 차단기가 불안정한 상태여서 상당한 전기적 충격이 발생했다. 넬슨은 운 좋게 살아남았지만 충격으로 드라이버 끝이 녹아버렸다.

다음 날 빌 베넷은 자신의 사무실에서 엉망이 된 드라이버와 메모를 발견했다. 메모에는 이렇게 쓰여 있었다. "드디어 고물이 되었음".

CHAPTER 06

승자와 패자

1966년 데이비드 실버가 처음으로 테크스퀘어 9층을 방문했을 즈음 인공지능 연구실은 해커 윤리라는 신성한 표상을 따르는 대표적인 공동체가 되어 있었다. 중국 음식으로 배를 채운 해커들은 PDP-6 주변에 모여 자신들에게 세상에서 가장 중요한 일인 해킹에 새벽까지 몰두했다. 해커들은 어기적거리며 자신의 출력물과 매뉴얼 사이를 오갔고, 터미널을 쓰는 사람들 주위를 맴돌며 주제넘게 참견하고, 다른 프로그래머가 코드로 보여주는 예리한 통찰력을 음미했다. 확실히 인공지능 연구실의 핵심 역량은 해킹이라는 임무에 대한 연대감과 협력에서 발휘되었다. 해커들은 열정적으로 기술에 뛰어들었고, 이런 해커들을 보자마자 데이비드 실버는 평생을 거기서 보내고 싶은 마음이 들었다.

데이비드 실버는 14살이었다. 2번이나 낙제하는 바람에 아직 6학년이었다. 실버는 거의 글을 읽을 줄 몰랐으며, 친구들로부터 자주 놀림을 당했다. 훗날 사람들은 실버가 난독증을 앓았다고 회상했다. 실버는 선생님들과 학생들과 학교생활 따위에는 전혀 흥미가 없었다. 실버는 시스템을 만드는 일에 관심이 있었다.

6살 무렵부터 실버는 주기적으로 케임브리지에 있는 일라이 헤프론 고물상에 들러 온갖 신기한 고물을 주워왔다(그곳은 TMRC 해커들도 자주 가는 고물상이었다). 10살 경에는 레이더 접시를 주워와 분해한 후 소리를 흡수하게 고치기도 했다. 레이더 접시를 포물면 반사기로 만든 후 마이크를 장착해 수백 미터 떨어진 곳에서 나는 소리가 들리게 만들었는데, 대개는 멀리 있는 차나 새나 곤충 소리를 들었다. 또한 실버는 많은 오디오 장비를 만들었고 저속 촬영 사진을 장난삼아 찍었다. 그러고 나서 컴퓨터에 관심이 생겼다.

》IBM 7094

실버 아버지는 과학자로, MIT 교수이자 민스키의 친구였다. 실버 아버지의 IBM 7094에서 동작하는 CTSS^{Compatible Time-sharing System}에 연결된 터미널이 있었다. 실버는 아버지의 터미널을 쓰기 시작했다. 실버가 짠 첫 프로그램은 영어 문구를 피그 라틴어*로 번역하는 LISP 프로그램이었다. 다음으로 실버는 '버그'라는 작은 로봇을 제어하는 프로그램을 짰다. 버그는 일라이 고물상에서 주워온 구식 전화 릴레이로 자신이 집에서 직접 만든 로봇이었다. 실버는 버그를 터미널에 연결하고 기계어를 사용해 이륜구동 버그가 실제로 굴러가게 만드는 프로그램을 짰

....

* 옮긴이_ 어린이들이 장난으로 사용하는 일종의 암호로 단어 중 최초 자음을 맨 뒤로 옮기고 거기에 -ay를 붙인다. 예를 들어 hacker는 ackerhay가 된다.

다. 실버는 로봇공학이 자신에게 최고의 전공이라 판단했다. 스스로 움직이고, 스스로 보고, 스스로 생각하는 기계를 만드는 일보다 더 흥미로운 일이 무엇이겠는가?

따라서 민스키가 주선한 인공지능 연구실 견학은 신이 내린 계시나 다름없었다. 인공지능 연구실에는 자신만큼 컴퓨터에 푹 빠진 사람들이 있을 뿐만 아니라 연구실 주요 활동 중 하나가 로봇공학을 연구하는 것이었다. 민스키는 로봇공학에 굉장히 관심이 많았다. 로봇공학은 인공지능 분야의 진보에 결정적인 요소였다. 로봇공학은 똑똑한 기계가 인간의 일을 어느 정도 처리할 수 있는지 보여주었다. 민스키의 대학원생 다수는 로봇공학 이론을 익혔으며 로봇에게 이런저런 일을 시키려고 상대적으로 어려운 로봇공학 이론을 적용했다. 해커들 역시 로봇공학에 깊이 관여했다. 물론 이론을 만드는 측면보다 로봇을 만들고 실험하는 측면에 관심을 더 많이 쏟았지만 말이다. 해커들은 데이비드 실버와 똑같은 이유로 로봇을 사랑했다. 로봇 제어는 컴퓨터 프로그래밍보다 한 걸음 더 나가 실생활 시스템을 제어하는 일이었다. 고스퍼는 늘 "어째서 우리는 사람들이 키보드로 말하는 거짓 세상 속에다 컴퓨터를 가두는가?"라고 말했다. 고스퍼에게 있어 로봇은 직접 모험에 나서 진짜 세상을 스스로 알아내야만 존재 가치가 있다.

훗날 고스퍼의 설명에 따르면 로봇에게 무언가를 시키는 프로그램을 짤 때는 특이한 경험을 하게 된다. "뭐라 형용하기 어려운 어떤 성취감이나 감정적인 충격을 받습니다. 이는 그냥 돌아가는 프로그램에서 얻는 성취감보다 훨씬 큽니다. 자신의 창조물이 올바르다는 증거를 두 눈으로 확인하니까요. 어쩌면 아이를 낳는 일과 비슷할지도 모르겠습니다".

한 번은 움직이는 공을 잡아내는 로봇 팔을 만드는 대형 프로젝트를 성공적으로 완수했다. PDP-6로 로봇 팔과 텔레비전 카메라를 제어해 로봇 팔이 높이 반원을 그리며 날아오는 탁구공을 잡기까지 넬슨과 그린블랫과 고스퍼는 여러 달을 쏟아부었다. 로봇은 적절한 시간 내에 공의 위치를 판단해 공이 떨어질 위치로 팔을 움직였다. 해커들이 굉장히 뿌듯하게 여긴 성과였고, 특히 고스퍼는 한 걸음 더 나가 좀 더 유연하게 움직이며 실제로 탁구 치는 로봇을 만들고 싶어했다.

"크리스마스까지 탁구 치는 로봇 제작은 어떤가?" 탁구공을 잡아내는 로봇을 보며 민스키는 고스퍼에게 물었다.

중국 식당과 마찬가지로 탁구 역시 고스퍼가 존경하는 시스템이었다. 어린 시절 고스퍼는 집 지하실에서 탁구를 즐겼으며, 고스퍼의 탁구 스타일은 해킹 스타일과 굉장히 비슷했다. 둘 다 물리적으로 일어날 가능성이 낮은 쪽을 사랑하는 코스퍼의 성향에 기반했다. 고스퍼가 치는 탁구공은 PDP-6 화면 해킹만큼이나 제멋대로였다. 공에다 굉장한 스핀을 넣는 바람에 복잡하고 반직관적인 힘이 가해져 공이 예측 불허의 방향으로 날아갔다. 고스퍼는 중력을 무시하는 스핀을 사랑했다. 스핀을 걸어 공을 세차게 내려치면 공은 상대편 탁구대 저편으로 날아가다가 갑자기 뚝 떨어졌고, 그 공을 상대가 받아치면 굉장한 스핀이 걸려 천장으로 튀었다. 혹은 공을 내려찍어 스핀을 심하게 걸면 공은 거의 평평하게 날아가다 원심력으로 인해 급격히 궤도를 바꿨다. 고스퍼는 훗날 이렇게 말했다. "탁구 치는 도중에 공이 공중에서 물리적이지 않은 행동을 보여 구경꾼들이 놀라 숨죽이는 때도 있었습니다. 저는 공중에서 설명할 수 없는 현상이 벌어지는 모습을 여러 차례 보았습니다. 모두 흥미로운 순간이었죠".

고스퍼는 탁구 치는 로봇이라는 아이디어에 한동안 집착했다. 해커들은 실제로 로봇 팔에 탁구채를 쥐여줬고, 로봇은 날아오는 공을 향해 탁구채를 휘두르는 단계까지 이르렀다. 빌 베넷은 민스키가 (비디콘 카메라* 때문에 조명을 환하게 켜놓은) 로봇 팔 영역 안으로 들어왔을 때 민스키의 대머리에 반사되는 빛을 보고 커다란 탁

---

* 옮긴이_ 광전도성 판에 영상의 초점을 맞추고 전자빔을 이용해 이 판을 스캔해 상대적인 화소값을 읽는 방식으로 동작하는 이동식 카메라

구공으로 오해해 민스키의 목을 날릴 뻔한 사건을 회상했다.

고스퍼는 끝까지 가고 싶어했다. 로봇을 움직이게 만들고, 날카로운 일격을 날리고, 멋진 고스퍼식 발리에 비현실적인 스핀을 걸고 싶어했다. 하지만 실제로 공 잡는 기계를 설계한 적이 있는 민스키는 그것을 흥미로운 문제로 보지 않았다. 민스키가 보기에는 국방부가 이미 해결한 듯이 보이는 문제, 즉 날아오는 미사일을 다른 미사일로 쏘아 맞히는 문제와 별반 다르지 않았다. 민스키는 탁구 프로젝트에서 손을 떼도록 고스퍼를 설득했고, 고스퍼는 탁구 로봇이 역사를 바꿀 수도 있다고 반박했다.

물론 데이비드 실버에게는 탁구 로봇과 같은 프로젝트가 '고려된다'는 사실 자체가 감동이었다. 민스키는 실버가 9층에 죽치고 앉아도 좋다고 허락했고, 곧 실버는 테크스퀘어에서 좀 더 건설적인 시간을 보내고자 학교를 완전히 그만두었다. 해커들은 나이가 아니라 해킹에 기여할 잠재력을 중시했으므로 14살인 데이비드 실버를 (처음에는 일종의 마스코트로) 받아들였다.

실버는 몇 가지 지루한 자물쇠 해킹 과제를 자원해 떠맡으며 즉시 자신의 가치를 증명했다. 마침 관리자들이 까다로운 새 보안 시스템을 설치한 직후였다. 때때로 이 작은 체구의 십 대는 밤새도록 천장을 기어 다니며 복도 전체 자물쇠를 떼어내어 마스터 시스템이 돌아가는 방식을 연구한 후 관리자들이 출근하기 전에 힘겹게 다시 설치했다. 실버는 기계 공구를 굉장히 능숙하게 다뤘기에 까다로운 특수 자물쇠를 열 수 있는 멍텅구리 열쇠도 만들 정도였다. 까다로운 특수 자물쇠란 보안 금고가 있는 방을 보호하는 자물쇠였고, 보안 금고에는 열쇠 꾸러미가 있었다. 일단 해커들이 이 열쇠를 손에 넣자, 실버의 표현에 따르면, 시스템은 즉각 '해제'되었다.

실버에게는 해커들이 스승이었다. 컴퓨터나 기계에 관해서라면 무엇이든 물어보았고, 해커들은 실버에게 방대한 지식을 전수했다. 지식은 괴상하고 유치하게 변형된 단어와 다채로운 해커 용어로 전달되었다. winnitude(승리의 결과가 아닌 품질), Greenblattful(그린블랫스런), gronk(박살 내거나 무력화하다), foo(불교에서 사용하는 전언인 옴마니반메훔을 바꾼 'FOO MANI PADME HUM'이라는 성가 첫음절) 등과 같은 단어는 대표적인 해커 어휘로*, 비교적 과묵한 사람들이 자신의 생각을 정확히 전달하기 위한 속기 표현이었다.

실버는 온갖 질문을 던졌다. 어떤 질문은 아주 기본적이었다. 컴퓨터는 어떻게 구성되죠? 제어 시스템은 어떻게 구성되죠? 하지만 로봇공학을 점차 심도 있게 공부하면서 실버는 던져야 할 질문이 양날의 검이라는 사실을 깨달았다. 로봇을 현실로 만들려면 우선 가장 보편적인 관점에서 고려해야 하는 질문들이 있었다. '점이란 무엇인가? 속도란 무엇인가? 가속도란 무엇인가?'처럼 물리학과 숫자와 정보와 표현에 관한 질문에서 시작해, 나중에는 '나는 누구인가, 세상은 무엇인가, 컴퓨터란 무엇인가, 무엇에 쓰는가, 어떤 관계가 있는가' 같은 철학적인 질문을 던지는 수준에 이르렀다고 실버는 회상했다. "당시는 이 모든 질문이 흥미로웠습니다. 난생처음으로 뭔가를 심사숙고하기 시작했기 때문입니다. 난생처음으로 컴퓨터를 충분히 이해하기 시작했고, 생물적 인간적 동물적 기능을 컴퓨터와 연관 지어 생각했습니다. 컴퓨터도 지적 존재의 행동을 어느 정도 따라 할 수 있다는 가능성을 인식하기 시작했습니다".

빌 고스퍼는 실버의 정신적 지도자였다. 종종 두 사람은 탁구 치러 기숙사로 가거나, 중국 음식을 먹으러 나가거나, 컴퓨터와 수학에 관해 토론했다. 그러는 동안 실버는 이 케임브리지 상공의 도원경에서 지식을 맘껏 흡수했다. 남들은 모르는 자신만의 학교였고, 난생처음으로 실버는 행복했다.

컴퓨터와 컴퓨터를 둘러싼 공동체는 실버를 해방시켰고, 곧 데이비드 실버는 PDP-6를 사용해 좀 더 진지한 과제에 도전할 준비가 되었다. 실버는 크고 복잡한

---

* 옮긴이_ 여기서 소개하는 단어의 정확한 뜻은 http://www.hacker-dictionary.com/과 http://tmrc.mit.edu/dictionary.html을 참고하자.

프로그램을 짜고 싶었다. 실버는, 자신의 로봇 '버그'에 TV 카메라를 장착하여 사람이 바닥에 던지는 물건을 '주워'오게 하고 싶었다. 그때까지 아무도, 심지어 온갖 고도의 장비를 갖춘 전문가도 해내지 못한 일이었으나 해커들은 전혀 기죽지 않았다. 실버는 꼬치꼬치 캐묻는 평소 방식으로 문제에 돌입했다. 수십 명에 이르는 해커들을 일일이 찾아다니며 각각에게 프로그램 시각 능력 문제의 구체적인 부분에 대해 질문했다. 어셈블리 코드로 담장을 칠하도록 친구들을 꼬드긴, 첨단기술 시대의 톰소여였다. 넬슨에게는 하드웨어 문제를, 그린블랫에게는 시스템 문제를, 고스퍼에게는 수학 공식을 물었다. 그런 다음 실버는 해당 문제를 처리하는 하위 루틴 구현을 도와달라고 각 해커에게 요청했다. 모든 하위 루틴이 완성되면 프로그램으로 조합했고, 그렇게 실버는 시각 프로그램을 완성했다.

버그는 길이 30cm, 높이는 18cm에 플라스틱 끈으로 작은 모터 두 개를 동여맨 로봇이었다. 양쪽 끝에 이렉터 세트* 바퀴가 달렸고, 상단에 이렉터 세트 막대가 가로놓였으며, 정면에는 사슴뿔처럼 구리 막대 2개가 튀어나왔다. 모양새는, 솔직히 말하자면, 잡동사니처럼 보였다. 실버는 '이미지 감산image subtraction'이라는 기법을 이용해 컴퓨터가 언제나 버그의 위치를 알게 만들었다. 카메라는 항상 장면을 스캔해 뭔가 움직이면 변화를 감지했다. 그동안 버그는 카메라가 표적을 (예를 들어 가까이 있는 누군가 던진 지갑을) 감지해 컴퓨터가 목표 지점을 지시할 때까지 맘대로 쏘다녔다.

실버가 시각 프로그램에 몰두하는 동안 MIT 해커 천국에는 해커들의 지속적인 고군분투를 보여주는 사건이 일어났다. 데이비드 실버가 상당한 비판을 받기 시작했는데, 비판은 해커 윤리의 강력한 적으로부터 쏟아졌다. 바로 8층에 거주하는 인공지능 이론가들과 대학원생들이었다. 그들은 컴퓨터를 유쾌한 목적 자체로만 여기지 못하는 사람들이었다. 학위를 따고, 전문적인 명예를 얻고, 전산 분야를 발전시

---

* 옮긴이_ 구멍이 뚫린 금속 막대를 나사를 사용해 조립하는 어린이용 장난감

키는 일에 더욱 관심 있는 사람들이었다. 그들에게 해커주의는 비과학적이었다. 자신들의 '공식적으로 인가된 프로그램'을 돌려야 한다며 항상 해커들에게 기계를 내놓으라 요구했으며, 해커들이 시시하고 하찮아 보이는 목적으로 컴퓨터를 쓴다는 사실에 소스라치게 놀랐다. 학구적인 대학원생들은 과학 학위 논문과 학술 논문을 쓰는 중이었고, 그들은 논문에서 데이비드 실버가 시도하는 유형의 프로그램과 난이도를 거드름 피우며 논했다. 그들은 컴퓨터-시각 실험을 수행하려면 충분한 계획과 기존 실험의 완벽한 검토와 신중한 아키텍처와 먼지 하나 없이 깨끗한 방에 검은 벨벳을 깔고 순수한 흰색 칸막이를 설치한 환경이 필요하다고 믿었다. 저따위 장난감이 PDP-6의 귀중한 시간을 잡아먹는다는 사실에 격노했다. 머리에 피도 안 마른 십 대 애송이가 PDP-6를 마치 자기 전용 보행기인 양 갖고 놀다니!

데이비드 실버가 결코 아무것도 해내지 못하리라며, 인공지능 연구를 똑바로 하지 않는다며, 재귀 함수 이론과 같은 주제를 절대 이해하지 못하리라며 대학원생들이 불평하는 동안, 데이비드 실버는 PDP-6와 버그로 차분히 진전을 이뤄냈다. 누군가 더럽고 지저분한 바닥에 지갑을 던지면, 버그는 초당 15cm 속력으로 앞으로 돌진했다가 멈추고 오른쪽으로 움직였다 멈추고 앞으로 전진했다. 볼품없는 작은 버그는 지갑에 도달할 때까지 계속 앞으로 혹은 좌우로 빠르게 움직인 후 (구부린 셔츠 옷걸이와 똑 닮은) '뿔' 사이에 지갑이 확실히 놓일 때까지 앞으로 몰아붙였다. 그런 다음 버그는 지정된 '울타리'로 지갑을 밀어 넣었다. 임무 완수.

대학원생들은 완전히 미쳐 날뛰었다. 그들은 실버를 쫓아내려고 시도했다. 밤늦게 14살짜리를 연구실에 두면 보험 문제가 생긴다고 주장했다. 결국 민스키가 변호에 나서야 했다. "(그들은) 정말 미치고 환장했습니다". 훗날 실버는 이렇게 회상했다. "꼬마 녀석이 몇 주 동안 빈둥거리는 듯싶더니 자신들이 컴퓨터로 정말 열심히 시도했던 일을 해낸 겁니다. 자신들이 난관에 부딪힌 일, 현실에서 절대 (문제를) 풀지 못하고 절대 구현하지 못한다고 생각했던 일을 말입니다. 그것도 순식간에 눈앞에서 벌어졌으니 진저리를 낼 만했죠. 그들이 온갖 이론에 몰두하는 동안 저는 소매를 걷어붙이고 직접 부딪혔습니다. 아마 해킹에서 많이 보셨을 겁니다. 저는 이론이나 공학 관점이 아니라 일종의 재미 관점에서 문제에 접근했습니다. 재미있고 흥미로운 방식으로 로봇을 돌아다니게 만들자. 내가 만든 로봇과 내가 짜는 프로그램들이 실제로 뭔가를 하게 하자. 그리고 많은 경우 제가 만든 결과물은 대학원생들이 하려고 애쓰는 것이었고, 바로 그 일을 실제로 해냈습니다".

결국 대학원생들은 실버에 관해 잠잠해졌다. 하지만 대학원생들과 해커들 사이에 분열은 여전히 존재했다. 대학원생들은 해커들을 필요하지만 미성숙한 기술자로 취급했다. 해커들은 대학원생들이 8층에 죽치고 앉아, 맹목적으로 컴퓨터가 무엇인지를 놓고 이론만 파고, 멍청이를 옹호하는 무지렁이라 여겼다. 대학원생들은 올바른 길을 눈앞에 보여줘도 몰라볼 사람들이었다. 이처럼 무능한 인간들이 (계속 사용되고 개선되는 해커 프로그램과는 달리) 논문 주제로 쓰인 후 버려질 공식 인가 프로그램을 돌리다니, 불쾌하기 짝이 없었다. 어떤 대학원생들은 그럴듯한 감언이설을 동원해 컴퓨터에 관해 쥐꼬리만큼도 모르는 교수로부터 인가를 얻었다. 해커들은 이들이 PDP-6 앞에 앉아 '멍청한 짓을 하는' 모습을 보며 멀쩡한 컴퓨터 시간이 낭비되는 현실을 한탄했다.

이런 대학원생들 가운데 해커들을 특히 짜증 나게 만드는 한 명이 있었는데, 이 대학원생은 프로그램에서 컴퓨터가 항상 같은 오류 명령, 소위 '미사용 옵코드'라는 명령을 실행하게 만드는 실수를 저질렀다. 이 짓을 날이면 날마다 반복했다. 컴퓨터는 미사용 옵코드를 처리하는 특별한 방식이 있었는데, 프로그래머가 새 옵코드를 정의해 나중에 가져다 사용할 의도라 가정하고 이를 특정 영역에 저장했다. 이 잘못된 명령을 재정의할 의도가 없다면 그리고 자신이 한 짓이 무언지도 모르고 진행하면 프로그램은 루프를 돌았다. 일단 이렇게 되면 프로그래머는 실행을 멈추고 코드를 살펴 오류를 찾아낼 수 있었다. 하지만 이 학생은, 이름은 오래전에 잊었으니

편의상 멍청이*라 부르겠다. 이 원리를 전혀 이해하지 못한 채 계속해서 불법 명령을 집어넣었다. 그러면 컴퓨터는 멍청이가 프로그램을 멈출 때까지 존재하지 않는 명령을 계속 실행하며 미친 듯이 루프를 돌았다. 멍청이는 그냥 앉아 화면만 빤히 쳐다보다가 프로그램을 출력해서는 출력물을 또 빤히 쳐다봤다. 나중에 집에 들고 갔다가 실수를 깨닫고 돌아와 프로그램을 다시 돌렸다. 그러고는 똑같은 실수를 또 저질렀다. 해커들은 출력물을 집으로 가져가 고치는 방식은 대화형이 아니라 IBM 배치처리 방식이라며, PDP-6를 낭비하는 행동이라며 광분했다. 해커들에게는 원죄에 상응하는 범죄였다.

그래서 어느 하루 넬슨은 컴퓨터 앞에 앉아 멍청이가 늘 저지르는 실수에 특별하게 반응하는 프로그램을 짜 넣었다. 그래놓고 해커들은 멍청이가 다음번 컴퓨터를 사용하기로 예약한 시간에 주변을 어슬렁거렸다. 멍청이는 콘솔 앞에 앉아 여느 때처럼 지루하게 오랜 시간을 들여 프로그램을 돌리기 시작했고, 아니나 다를까, 반 시간 안에 똑같이 멍청한 실수를 저질렀다. 하지만 이번에는 프로그램이 루프를 도는 대신 화면에 오류가 발생한 코드 부분이 표시되었다. 코드 한가운데는 커다란 형광 화살표가 번쩍이며 멍청이가 넣은 불법 명령어를 가리켰다. 화살표 옆에는 "멍청이야, 또 틀렸어!"라는 범례가 붙어 있었다.

멍청이는 너그럽게 반응하지 않았다. 멍청이는 누군가 자기 프로그램을 고의로 파괴했다며 울부짖었다. 멍청이는 너무 분노해 넬슨의 해킹이 제공한 (어디가 틀렸고 무엇을 고치라는) 정보를 완전히 무시했다. 자신이 습관적으로 저지르는 오류를 찾기 쉬우라고 이 멋진 기능이 설치되었다는 사실을 멍청이는 해커들이 기대한 만큼 감사하게 여기지 않았다. 뛰어난 해킹 기술이 멍청이에게 낭비되었을 뿐이다.

---

* 옮긴이_ 원문에 나온 FUBAR는 제2차 세계 대전에 참가한 미 육군이 사용하던 속어로 'Fucked Up Beyond All Recognition'을 줄인 단어다.

해커들이 이런 대학원생들을 묘사하는 단어가 있었다. 컴퓨터에 대해 뭔가 아는 척하지만 해커 수준의 전문적 지식을 갖추지 못한 사람들을 가리킬 때도 쓰는 단어였다. 이 단어는 '패자'였다. 해커들 자신은 '승자'였다. 즉, 인공지능 연구실을 오가는 사람들은 패자 아니면 승자라는 이분법적인 사고였다. 유일한 기준은 해킹 능력이었다. 시스템을 이해하고 구축해 세상을 개선하겠다는 목표가 너무도 강렬해 다른 인간적 특성은 거의 전부 무시되었다. 난독증이 있는 14살짜리도 승자가 될 수 있었다. 총명하고 감성적이며 기꺼이 배우려는 열의가 있더라도 패자가 될 수 있었다.

9층은 결코 무너지지 않을 열정으로 가득해 신참이 주눅 들기 딱 좋은 과학의 궁전이었다. 그린블랫, 고스퍼, 넬슨 같은 사람들 옆에 있다는 사실만으로도 소름이 돋았다. 이들은 세상에서 가장 똑똑한 사람들로 느껴졌다. 한 번에 한 명만 PDP-6를 사용할 수 있었으므로 컴퓨터 앞에 앉아 대화형으로 프로그램을 배우려면 상당한 배짱이 필요했다. 그래도 해커 정신이 있는 프로그래머라면 프로그램을 짜겠다는 열정에 불타올라 자기에 대한 의심은 접어두고 프로그램을 짜기 시작했다.

굉장히 키 크고 비쩍 마른 17살짜리 1965년 신입생인 톰 나이트는 어쩌다 9층에 모습을 드러내 역시 이 과정을 거쳐 결국 승자의 지위를 획득했다. 훗날 나이트는 이렇게 회상했다. "그러려면 해커 문화에 완전히 몰입해야 합니다. 뭔지 모르지만 뭔가 흥미로운 프로그램에 열중한 사람들 어깨너머로 구경하는 일부터 말이죠". 나이트가 계속했던 이유는 컴퓨터의 매력 때문이었다. 컴퓨터는 복잡한 시스템을 만들게 해주고 게다가 완전히 통제하게 해주었다. 어떤 의미에서, 훗날 나이트에 따르면, 마치 독재자가 정치 시스템을 통제하는 느낌과 유사했다. 하지만 나이트는 컴퓨터가 무한히 유연한 예술적 매체라고, 자신만의 작은 세상을 만들어 자신을 표현할 수 있는 매체라고도 생각했다. 훗날 나이트는 이렇게 설명했다. "여기 뭔가를 하라고 시킬 수 있는 물건이 있습니다. 그것은 내가 시키는 일을 의심 없이 무조건 합니다. 18살짜리가 마음 놓고 그렇게 할 수 있는 조직은 거의 없습니다".

나이트나 실버 같은 사람들은 강렬한 열정과 뛰어난 해킹 실력으로 승자가 되었다. 어떤 사람들은 길고 가파른 오르막에 직면했다. 일단 전반적인 시스템 개선에 장애물이 된다고 해커들이 느끼면 완전 패자로 찍히고 노골적으로 냉대를 당하거나 쫓겨났다.

혹자에게는 잔인하게 여겨질 문화였다. 감성적인 해커인 브라이언 하비는 이처럼 철저한 강제적인 기준을 굉장히 싫어했다. 하비 자신은 성공적으로 검열을 통과했다. 프로그램을 짜다가 TECO 문서 편집기에서 버그를 발견하고 지적하자 사람들은 "좋아, 그럼 직접 고쳐"라고 했다. 직접 버그를 고치면서 하비는 디버깅된 프로그램을 사용하는 일보다 프로그램을 디버깅하는 과정 자체가 더 재미있다는 사실을 깨닫고는 수정할 버그를 더 찾아 나섰다. 어느 날 TECO 문서 편집기를 해킹하는 동안 그린블랫이 뒤에서 그를 지켜보았다. 턱을 두드리며 하비가 코드 짜는 모습을 지켜보던 그린블랫은 "아무래도 자네한테 월급을 줘야겠군"이라고 말했다. 이것이 연구실에 고용되는 방식이었다. 단지 승자만 고용되었다.

하지만 하비는 단지 뛰어나지 않다는 이유만으로 사람들을 패자로 지목하고 최하층민으로 취급하는 분위기를 싫어했다. 하비는 이 같은 태도가 널리 퍼진 배경에는 마빈 민스키의 책임이 크다고 생각했다(훗날 민스키는 해커들이 자기들 방식으로 꾸려나가도록 허락했을 뿐이라고 주장했다. "시스템은 개방적이었고, 글자 그대로 누구나 참여해도 좋았습니다. 해롭거나 부적합하다면 물러나는 편이 낫다는 분위기였죠"). 하비는 (해커 윤리를 연료로 돌아가는) 인공지능 연구실이 한편으로 '위대한 지적 정원'인 동시에 다른 한편으로 '어떤 해커인지가 중요할 뿐 어떤 사람인지는 중요하지 않다'는 결함을 인지했다.

어떤 사람들은 승자가 되려고 너무 심하게 노력하다 곧바로 패자로 찍히는 덫에 빠졌다. 17살에 MIT에 입학한 건방진 게리 수스만*이 한 예다. 어린 시절 전자공학 광에다 고등학교 시절 컴퓨터 팬이었던 게리는 MIT에 도착하자마자 제일 먼저 컴퓨터를 찾아 나섰다. 누군가 테크스퀘어를 알려주었고, 수스만은 테크스퀘어 소속으로 보이는 사람에게 컴퓨터를 써도 좋으냐고 물었다. 리처드 그린블랫은 괜찮다고, 쓰라고 말했다.

그래서 수스만은 프로그램을 짜기 시작했다. 얼마 지나지 않아 이상하게 생긴 대머리 아저씨가 다가왔다. 수스만은 아까 그 남자가 대머리를 쫓아내리라 생각했지만 대신 대머리는 옆에 앉아 "뭐 하니?"라고 물었다. 수스만은 마빈 민스키에게 자기 프로그램을 설명했다. 토론하는 중 어느 시점에 수스만은 컴퓨터가 어떤 선입견도 가지지 않도록 자기 프로그램이 특정 난수 기법을 사용한다고 말했다. 민스키는 말했다. "음, 선입견은 이미 존재한다네. 단지 그것이 무엇인지 우리가 모를 뿐이지". 그것은 게리 수스만이 들은 중 가장 심오한 사고였다. 계속해서 민스키는 게리에게 세상은 특정 방식으로 만들어졌으며, 우리가 할 수 있는 가장 중요한 일은 임의성을 피하고 계획을 세울 방법을 찾아내는 작업이라고 말했다. 17살짜리 신입생에게 이 같은 지혜가 미치는 영향은 굉장했고, 그 순간부터 수스만은 완전히 빠져들었다.

하지만 수스만은 해커들과 만날 때 첫 단추부터 잘못 끼웠다. 자신의 불안감을 보상하려고 과도한 허세를 부렸지만 아무도 속지 않았다. 게다가 수스만은, 많은 증언에 따르면, 굉장히 어설펐다. 항상 제어 문제로 시달린 로봇 팔과 씨름하다 깔릴 뻔했고, 한 번은 고스퍼가 연구실로 가져온 특제 수입 브랜드 탁구공을 실수로 밟아 찌부러뜨렸다. 또 한 번은 미드나잇 배선 연구회가 주관한 모험에 나섰다가 납땜 방울이 눈에 들어가기도 했다. 한마디로 천방지축 사고뭉치였다.

....

* 옮긴이_ 수스만은 나중에 『컴퓨터 프로그램의 구조와 해석Structure and Interpretation of Computer Programs』(SICP)을 공동으로 집필하게 된다.

세련된 인상을 줄 생각이었던지 수스만은 파이프 담배를 피웠다. 이는 금연 지역인 9층에서 완전히 잘못된 행동이었고, 한 번은 해커들이 색상이 비슷한 고무줄을 잘게 잘라 파이프에 채워두기도 했다.

수스만은 해커 중 언어적으로 가장 심오한 고스퍼를 따라다니며 견습생을 자처했다. 그 무렵 수스만을 승자라 여기지는 않으나 추종자를 좋아했던 고스퍼는 수스만의 그릇된 건방짐을 참아주었다. 때로, 옹고집의 정신적 지도자가 내뱉는 발언은 수스만을 커다란 혼란에 빠뜨렸다. 한 번은 고스퍼가 "데이터는 그저 바보 같은 프로그래밍이야"라고 퉁명스럽게 말했다. 수스만에게 그 발언은 "너는 누구냐?"라는 끊임없는 실존적인 질문에 대한 답이었다. 우리는 데이터이며, 광대한 컴퓨터 프로그램의 조각일 뿐이다. 고스퍼가 짜놓은 프로그램을 보며 수스만은 코드에 깃든 이런 철학을 알아챘다. 훗날 수스만은 이렇게 설명했다. "고스퍼는 세상이 작은 조각으로 이루어졌다고 상상했습니다. 각 조각은 작게 독립된 자체 상태를 유지하는 작은 기계였죠. 그리고 (각 상태는) 이웃과 대화했습니다".

고스퍼의 프로그램을 보면서 수스만은 해커주의의 중요한 가정을 깨달았다. 모든 진지한 컴퓨터 프로그램은 개인의 표현이다. "컴퓨터가 프로그램을 실행한다는 사실은 부수적인 고려 사항이었습니다"라며 훗날 수스만은 이렇게 설명했다. "프로그램은 사람들에게 보여줄 수 있고 사람들이 읽을 수 있고 뭔가를 배울 수 있다는 측면에서 중요합니다. 프로그램은 정보를 전달합니다. 마치 책처럼 기록해 누군가에게 줄 수 있는 사고의 일부입니다". 수스만은 문학가가 시를 읽듯 감성적으로 프로그램을 읽는 방법을 배웠다. 농담과 재치가 담긴 재미난 프로그램이 있었고, 올바른 길을 가는 흥미진진한 프로그램이 있었으며, 용감무쌍하게 시도하지만 비상하지 못하는 슬픈 프로그램도 있었다.

이는 중요한 사실이었지만, 이를 안다고 반드시 승자가 되지는 못했다. 수스만이 승자가 된 방법은 바로 해킹이었다. 수스만은 꾸준히 해킹에 몰두했고, 고스퍼 주변을 맴돌았으며, 건방진 태도를 죽였고, 그 무엇보다, 인상적인 프로그래머가 되었다. 수스만은 극히 드물게 상황을 반전시켜 패자에서 승자가 된 경우였다. 나중에 수스만은 아주 복잡하고 널리 인정받는 프로그램을 짰다. 컴퓨터가 로봇 팔로 블록을 옮기는 프로그램으로, 디버깅과 거의 유사한 과정을 거쳐 어느 블록을 옮겨야 사용자가 요청한 블록에 도달할지 스스로 알아냈다. 인공지능 분야에서는 중요한 진전이었고, 이후로 수스만은 과학자이자 기획가로 더 널리 알려지게 되었다. 수스만은 자신이 만든 유명한 프로그램을 해커라 불렀다.

수스만이 패자에서 승자로 돌아선 비결 중 하나가 올바른 길에 대한 감각이었다. 해커들 눈에 무엇보다 가장 큰 패자는 올바른 길에 대한 감각이 없어 진정한 최고의 기계가 무엇인지, 진정한 최고의 컴퓨터 언어가 무엇인지, 컴퓨터를 사용하는 진정한 최고의 방법이 무엇인지 알아보지 못하는 무능력자였다. 그래서 프로젝트 MAC의 주요 요소로 자리 잡은 이래 테크스퀘어 9층에서 사용되던 시분할 시스템만큼 해커들에게 경멸을 받은 시스템도 없었다. 그중 첫째 시스템은 1960년대 중반부터 쓰인 CTSS^{Compatible Time-sharing System}였다. 다른 하나는 멀틱스^{Multics}라는 시스템으로, 오랜 준비 기간을 거치고 큰 비용을 들였으나 너무 비위에 거슬린 나머지 존재 자체가 해커들로부터 분개를 자아냈다.

PDP-6에서 돌아가며 여러 프로그래머가 항상 더 좋은 방향으로 고쳐가는 시스템 프로그램들과 달리, CTSS는 F.J. 코바토라는 MIT 교수 한 사람이 구현한 프로그램이었다. IBM 7094에서 돌리며 여러 터미널을 동시에 지원하도록 신중하게 구현된, 기술적으로 많은 측면에서 뛰어난 프로그램이었다. 하지만 해커들에게 CTSS는 관료주의와 IBM주의의 표상이었다. "진정한 컴퓨터 프로그래밍의 재미는 자신이 컴퓨터를 맘대로 제어한다는 데 있습니다". CTSS를 미워하던 톰 나이트는 훗날 이렇게 설명했다. "컴퓨터에 관료주의를 도입하면 프로그래머는 더 이상 컴퓨터를 통제하지 못합니다. CTSS는 '진지한' 시스템이었습니다. 사람들은 계정을 얻어야 했고 보안에 신경 써야 했습니다. 악의는 없었으나 그럼에도 불구하고 (9시에 출근해서 5시에 퇴근하는 사람들로 가득한) 관료주의였습니다. 시스템 특성과 동작 방식을 바꾸고 싶은 경우, 가끔씩만 올바로 돌아가는 프로그램이나 시스템을 죽일지도 모르는 프로그램을 개발하는 행위가 (CTSS에서는) 어려웠습니다. 사람들은 이런 실수를 저질렀다고 벌 받는 환경이 아니라 '이런, 실수했네'라고 말하는 환경을 바랐습니다".

다시 말해, CTSS는 해킹을 달가워하지 않았다. 게다가 설상가상으로 해커들이 보기에 PDP-6보다 훨씬 열등한 2백만 불짜리 IBM에서 돌아갔다. 한 마디로 또 하나의 패자 시스템이었다. 해커들더러 CTSS를 쓰라는 사람은 아무도 없었지만, 때로는 CTSS로 동작하는 IBM 7094에서 해킹을 해야 할 때도 있었다. 해커가 CTSS를 쓰려고 시도하면 암호 없이는 로그인을 못한다는 메시지가 어김없이 화면에 떴고, 이는 해커들의 신경을 자극했다. 왜냐하면 해커들에게 암호란 잠긴 문보다 훨씬 더 밉살스러운 존재였으니까. "너는 내 컴퓨터를 사용할 자격이 없어"라는 말

만큼 밉살스러운 소리가 또 있을까?

사정이 이렇게 되자, 해커들은 CTSS 시스템을 낱낱이 파헤쳐 암호 없이 로그인하는 우회 방법을 알아냈다. 일단 시스템에 들어간 후에는 관리자에게 "아무개 여기 다녀가다"에 상응하는 메시지를 남겨 관리자를 놀려먹었다. 때로 해커들은 현재 암호 목록 전체를 출력해 관리자 사무실 문 아래로 밀어넣기도 했다. 이 정도까지 사태가 커지자 이런 장난을 안 좋게 여긴 프로젝트 MAC-CTSS 사람들이 로그인 직후에 '암호는 신성하며, 인간 말종만이 암호를 교란한다'라는 취지의 공식적인 MAC 메모를 화면에 띄웠다고 그린블랫은 회상했다. 톰 나이트는 시스템 내부로 침투해 메모 제목에서 MAC를 HAC으로 바꿔버렸다.

CTSS도 나빴지만, 해커들이 보기에 멀틱스는 더 나빴다. 멀틱스는 대중을 위해 테크스퀘어 9층에서 제작하고 디버깅한 엄청나게 값비싼 시분할 시스템이었다. 비록 일반 사용자를 위해 설계되었지만 해커들은 아주 개인적인 관점에서 시스템 구조를 평가했다. 특히 자신들이 해킹하며 상주하는 테크스퀘어 9층에서 만들어진 시스템인지라 해커들에게는 멀틱스가 주요 관심사였다.

멀틱스는 원래 제너럴 일렉트릭 사와 함께 개발하다가 나중에 하니웰 사가 합류해 개발한 시스템이었다. 멀틱스에는 온갖 문제가 있었다. 빠른 대화형 CRT가 아니라 텔레타이프 모델 33 터미널을 사용한다는 소식이 퍼지자마자 해커들은 시스템이 철저한 패자라는 사실을 알아챘다. 매끄러운 기계어가 아니라 IBM의 PL/I 언어로 짠다는 사실도 끔찍했다. 첫 실행에서 멀틱스는 믿기 어려울 정도로 굼뜨게 돌아갔다. 너무 굼떠 해커들은 시스템이 두뇌 손상을 입었다고 결론지었다. 두뇌 손상이라는 용어는 해커들이 멀틱스를 언급할 때마다 너무 자주 사용하는 바람에 결국 표준 해커 속어가 되어버렸다.

하지만 멀틱스 시스템에서 최악의 문제점은 답답한 보안과 사용자에게 시간제로 요금을 부과하는 시스템이었다. 멀틱스는 사용자에게 한 푼이라도 더 쥐어짜네겠다는 입장을 취했다. 사용자가 사용한 메모리에 요금을 부과했고, 디스크 용량에 따라 요금을 추가했으며, 사용 시간으로 요금을 더 추가했다. 그러면서 멀틱스 기획자들은 당당하게 (해커들이 보기에는) 이것이 공공재를 제공하는 유일한 방법이라 공표했다. 멀틱스는 해커 윤리를 완전히 뒤엎는 시스템이었다. (대다수 해커들 생각에 그나마 시분할 시스템의 유일한 장점인) 컴퓨터 앞에서 시간을 많이 보내라고 장려하는 대신, 멀틱스는 시간을 줄이라고 강요했다. 컴퓨터 앞에 앉아서는 자원도 적게 쓰라고 강요했다! 멀틱스 철학은 재앙이었다.

해커들은 계략과 충돌로 멀틱스 시스템을 괴롭혔다. 해커들에게는 거의 의무였다. 훗날 민스키는 이렇게 말했다. "일부 사람이 싫어 하는 프로젝트를 하는 사람들이 있었습니다. 그 일부 사람은 프로젝트를 진행하지 못하게 막으려고 온갖 장난을 쳤습니다. 저는 (해커들이) 어리석은 계획을 도모하는 교수들을 방해해 오히려 발전을 도왔다고 생각합니다".

해커들의 게릴라 성향 때문에 인공지능 연구실을 책임지는 기획자들은 해커 환경에 영향을 미칠 만한 제안을 아주 제한적으로 받아들였다. 그러던 1967년 즈음 기획자들은 큰 변화를 구상했다. 이 기획자들은 해커들이 사랑하는 PDP-6를 시분할 시스템으로 바꾸고 싶었다.

당시 민스키는 인공지능 연구실 지휘권을 친구인 에드 프레드킨에게 상당수 넘긴 상태였다. 트리플-I 사에서 넬슨의 상사인 에드 프레드킨은 점차 사업에서 벗어나 MIT 교수로 옮겨가는 중이었다(훗날 프레드킨은 가장 젊은 전임 교수이자 유일하게 학위 없는 정교수가 되었다). 자신도 뛰어난 프로그래머였던 프레드킨은 이미 해커들과 가까웠다. 프레드킨은 '자유 방임주의'적인 태도로 해커들의 생산성이 눈부시게 높아지는 분위기를 존중했다. 하지만 프레드킨은 때로 하향식 감독이 해커들에게 도움이 되리라 생각했다. 로봇공학 문제 하나에 우르르 몰려드는 '인해전술' 방식을 (해커마다 구체적인 부분을 할당해) 체계화하려던 프레드킨의 초기 시도 중 하나는 무참히 실패했다. "모두 제가 미쳤다고 생각했습니다". 훗날 프레드킨은 이렇게 회상했다. 결국 프레드킨은 해커들에게 뭔가를 시키는 최선의 방법은 해커들에게 제안한 다음 그들이 흥미를 느끼기를 바라는 것뿐이라는 사실을 받아들였다. 일단 흥미를 끄는 데 성공하면 해커들은 학계에서든 업계에서든 전무후무한 성과를 내놓았다.

시분할은 민스키와 프레드킨이 필수라 생각하는 시스템이었다. 해커들에다 공식 인가 사용자들까지 PDP-6는 수요가 끊일 날이 없었다. 사용하려면 너무 오래 기다려야 하는 바람에 답답해하는 사람들이 많았다. 하지만 해커들은 시분할 시스템을 인정하지 못했다. CTSS, 멀틱스, 심지어 잭 데니스가 PDP-1에서 짠 훨씬 더 우호적인 시스템까지 지적하며, 사용자들이 컴퓨터를 동시에 사용하면 속도는 느려지고 기능은 떨어진다고 주장했다.

일부 대형 프로그램은 시분할 시스템에서 아예 돌리지 못한다는 사실도 지적했다. 그중 하나가 피터 샘슨이 짜던 괴물 프로그램이었다. 샘슨이 처음 TX-0에서 짰던 프로그램으로부터 발전시킨 프로그램으로, 뉴욕 지하철역 이름 두 개를 입력하면 어느 노선을 탈지 그리고 어느 역에서 어느 노선으로 갈아탈지 알려줬다. 당시 샘슨은 뉴욕 지하철 시스템 전체를 공략하는 중이었다. 전체 지하철 시스템을 메모리에 올려두고, 각 기차 시간표를 디스크에 저장할 작정이었다. 어느 날 샘슨은 프로그램을 돌려 한 사람이 토큰 하나로 지하철 전 노선을 타는 경로를 알아냈다. 샘슨의 발견은 방송을 탔고, 정말 컴퓨터로 가능하다면 예전에 어느 하버드 대학생이 뉴욕 지하철 모든 역을 실제로 여행해 세운 기록을 깰 수 있을지 해보자고 누군가 제안했다.

몇 달에 걸친 해킹 끝에 샘슨은 구체적인 계획을 고안했고, 어느 하루 해커 두 명이 실험에 나섰다. 맨해튼에 있는 MIT 동창회 사무실에는 PDP-6에 연결된 텔레타이프 터미널이 설치되었고, 스무 명이 넘는 정보원이 각 노선에 배치되었다. 그들은 주기적으로 공중전화 박스에 뛰어들어 운행 정보를 갱신하고, 지연된 열차를 알려주고, 정차를 보고하고, 환승 실패를 알려줬다. 터미널 앞에 앉은 해커들은 정보를 연거푸 쳐넣었고, 케임브리지에 있는 PDP-6는 경로를 다시 계산했다. 여행자가 각 역을 지날 때마다 샘슨은 작전실 지도에서 해당 역을 지워나갔다. (다른 종류의 활동으로 뉴스에 실리는 긴 머리 시위꾼들과 달리) 상고머리 미치광이들의 아이디어는 하루 동안 방송 매체의 관심을 사로잡았고, 위대한 지하철 해킹은 PDP-6를 이용한 사례 중 가장 기억할 만한 사건으로 기록되었다.

위대한 지하철 해킹 사건은 그린블랫, 고스퍼, 나머지 해커들이 필수적이라 여기는 뭔가, 즉 컴퓨터 전부를 쓰는 프로그램에서만 얻어지는 마법을 분명히 보여주었다. 해커들은 한 사람씩 돌아가며 PDP-6를 마치 자기 개인 컴퓨터인 양 사용했다. 그들은 '실시간' 모드로 돌아가며 화면을 계속 갱신하는 화면 해킹 프로그램도 자주 돌렸다. 시분할 시스템을 설치하면 화면 해킹 프로그램이 느려질 터였다. 게다가 해커들은 (컴퓨터에서 어느 레지스터가 쓰이는지 보여주는) 반짝이는 빛으로 프로그램 실행을 추적하는 기능처럼 PDP-6를 완벽히 제어하는 경우에만 사용할 수 있는 자잘한 기능에 이미 익숙했다. 시분할 시스템에서는 이런 기능도 사용하지 못할 터였다.

근본적으로 시분할 문제는 심미적 문제였다. 시스템 전체를 통제하지 못한다는 개념 자체가 마음에 안 들었다. 시분할 모드에서 컴퓨터가 단일 사용자 모드와 정확히 똑같은 방식으로 응답한다 치더라도 컴퓨터가 몽땅 내 것이 아니라는 사실을 안다. 아내가 나 말고 동시에 6명과 오붓한 시간을 보낸다는 사실을 알면서 아내와 오붓한 시간을 보내려고 애쓰는 기분이다!

시분할 문제에 대한 해커들의 고집은 그들이 컴퓨팅의 질을 얼마나 중요하게 여겼는지 보여준다. 해커들은 새로운 시스템이 더 많은 사람을 섬기고 해킹이라는 복음을 퍼트린다 하더라도 열등한 시스템을 사용하도록 타협할 준비가 되어 있지 않았다. 해커들 입장에서는 최대한 가장 좋은 시스템을 사용하는 편이 해킹에 더 유익했다. 시분할 시스템은 아니었다.

프레드킨은 험난한 정치적 전투에 부딪혔다. 프레드킨은 반 시분할 진영에서도 가장 열렬한 반대자인 그린블랫을 돌려세우자는 전략을 세웠다. 둘 사이에 미묘한 애정이 있었다. 프레드킨은 테크스퀘어 9층에서 그린블랫을 '리키'라 부르는 유일한 사람이었다. 프레드킨은 그린블랫에게 아첨하고 꼬드겼다. 새 하드웨어를 설치하면 세상 어떤 컴퓨터보다 메모리가 더 많아진다며, 그러면 PDP-6가 얼마나 강력해질지 말해줬다. 새로운 시분할 시스템은 현재 어떤 시분할 시스템보다 나으리라며, 해커들에게 시분할 시스템을 제어하게 해주겠다고 약속했다. 몇 주 동안 프레드킨은 그린블랫을 구슬렸고, 마침내 리키 그린블랫은 PDP-6에 시분할 시스템을 구현해도 좋다고 동의했다.

그 직후 빌 고스퍼가 해커 몇 명을 끌고 프레드킨의 사무실로 쳐들어왔다. 그들은 책상 앞에 나란히 서서 일제히 차가운 눈초리로 프레드킨을 노려봤다.

"무슨 일인가?" 프레드킨이 물었다.

해커들은 한참 더 프레드킨을 노려봤다. 마침내 그들은 입을 열었다.

"그린블랫에게 무슨 짓을 했는지 알고 싶습니다". 해커들은 말했다. "우리는 당신이 그린블랫에게 최면을 걸었다고 믿습니다".

특히 고스퍼는 PDP-6를 공동으로 제어한다는 개념을 받아들이기 어려워했다. 프레드킨은 고스퍼의 행동을 보며 아인 랜드가 쓴 '더 파운튼헤드'에 등장하는 건축가 루크를 떠올렸다. 아름다운 건물을 설계했던 루크는 상사가 설계 권한을 가져간 후 조형미를 희생하자 건물을 폭파시켜버렸다. 훗날 프레드킨은 고스퍼가 PDP-6에 시분할 시스템을 구현하면 컴퓨터를 물리적으로 부숴버릴지도 모른다고 했던 말을 회상했다. "루크처럼 말입니다" 프레드킨은 말했다. "고스퍼는 그처럼 끔찍한 일이 행해진다면 컴퓨터를 부숴버리는 편이 낫다고 생각했습니다. 그리고 저는 그 느낌을 이해했습니다. 그래서 협상을 했죠". 협상에 의거해 늦은 밤에는 PDP-6를 단일 사용자 모드로 돌릴 수 있었고, 그 덕분에 거대한 화면 해킹 프로그램을 돌리는 등 PDP-6을 완전히 통제할 수 있었다.

시분할 실험은 결과가 나쁘지 않았다. 아주 특별한 새 시분할 시스템이 만들어진 덕택이었다. 이 시스템에는 해커 윤리가 뼛속까지 깃들었다.

>>>>>>>>>>>>>>>>>>>>>>>>

시스템 핵심은 그린블랫과 넬슨이 짰다. 두 사람이 2주 동안 미친 듯이 해킹한 결과였다. 소프트웨어 일부를 완성한 후에는 톰 나이트와 다른 해커들이 PDP-6를 적절히 조율하고 새 메모리를 추가했다. 새 메모리는 모비Moby (거대한) 메모리라 불리는, 둘레가 산업용 세탁기 두 대 정도인 대형 캐비닛이었다. 비록 시스템을 만들어도 좋다는 허가는 관리자들이 내렸지만, 시스템을 만드는 방법에 대한 설계는 그린블랫과 나머지 해커들이 전권을 행사했다. 톰 나이트가 해커 프로그램에 붙여준 이름 ITS Incompatible Time-sharing System (비호환 시분할 시스템)는 이 시스템이 (CTSS를 포함한) 다른 시스템과 다르다는 사실을 보여준다.

사실 ITS라는 이름은 굉장히 반어적이었다. 실제로 ITS는 CTSS에 비해 호환성이 높았기에 다른 시스템과 다른 프로그램에 훨씬 더 우호적이었다. 해커 윤리에 충실하게 설계된 ITS는 다른 시스템이나 다른 프로그램과 연결하기 쉬웠으며, 덕택에 사용자는 무한히 시스템을 확장해 좀 더 효율적으로 세상을 탐색할 수 있었다. 여느 시분할 시스템과 마찬가지로 ITS에서도 여러 사용자가 여러 프로그램을 동시에 돌릴 수 있었다. 하지만 ITS에서는 한 사용자가 여러 프로그램을 동시에 돌릴 수도 있었다. ITS는 화면 사용을 적극 허용했으며 당시로는 엄청 진보된 (전체 화면을 사용하는) 편집 기능을 제공했다. 훗날 그린블랫은 "시대를 몇 년이나 앞선 시스템이었죠"라며 자랑했다. 해커들은 시분할 시스템이 없을 때처럼 컴퓨터가 빠르게 돌아가기 바랐기에 그린블랫과 넬슨은 시분할 시스템을 기계어로 짰다. 덕택에 ITS는 그동안 누구도 해내지 못했던 완벽한 통제를 제공했다.

ITS 내부에는 해커 윤리가 더욱 확실하게 깃들어 있었다. 여느 다른 시분할 시스템과는 달리 ITS는 암호를 사용하지 않았다. 대신 모든 사용자 파일에 접근하는 최대 권한이 해커들에게 주어졌다. 서랍에 종이테이프를 넣어두던 옛날 관례대로 자기 프로그램을 남들이 사용하고 개선하도록 한 곳에 모아두는 종합 프로그램 라이브러리가 ITS에 내장되었다. 각 사용자는 디스크에 저장된 다른 사람 파일을 열어볼 수 있었다. 이렇게 개방형 아키텍처 덕택에 사용자들은 어떤 파일이든 살펴보고, 다른 해커가 짜놓은 프로그램을 검토하고, 남의 프로그램에서 버그를 찾아 고쳤다. 예를 들어 사인 함수를 계산하는 루틴이 필요하다면 고스퍼의 파일을 살펴 10줄짜리 사인 프로그램을 찾을 수 있었다. 대가 해커들의 프로그램을 훑어보고, 아이디어를 떠올리고, 코드에 감동을 받았다. 요컨대 컴퓨터 프로그램이 개인이 아니라 사용자 세상에 속한다는 사상이었다.

게다가 ITS는 단 한 사람만 컴퓨터를 사용할 때 모두가 주변에 모여들어 구경하던 시절 해커들이 품었던 공동체라는 느낌을 보존했다. 영리한 크로스바 스위칭을 활용해 ITS 사용자는 현재 시스템에 로그인한 모든 사용자를 알아낼 수 있을 뿐만 아니라 구경하고 싶은 사용자의 터미널로 전환할 수도 있었다. 심지어 다른 사용자와 합동으로 코드를 짤 수도 있었다. 예를 들어 나이트가 로그인했다가 고스퍼가 다른 포트로 로그인된 상태라는 사실을 알아내고, 고스퍼가 해킹 중인 프로그램을 호출해 코드를 짜 넣을 수 있었다.

해커들은 온갖 방식으로 이 기능을 사용했다. 나중에, 나이트가 다소 발전한 그래픽 터미널을 만들었는데, 프로그램을 짜던 사용자가 갑자기 화면에 다리 6개짜리 벌레가 나타났다며 울부짖었다. 벌레는 화면을 기어 다니며 코드를 먹어치웠고 벌레가 지나간 자리에는 작은 부스러기가 사방에 떨어졌으며, 저쪽 터미널에서 미친 듯이 낄낄거리는 소리가 들려왔다. 이처럼 이해하기 어려운 방식으로 '네 프로그램에 버그가 있다'고 말해주는 해커도 있었다. 비록 이런 장난을 즐겼지만 다른 사람의 파일을 열어 열심히 해킹한 코드와 귀중한 노트를 삭제할 (해커들 용어로는 '날려버릴') 권한이 있었음에도 결코 남의 코드를 날려버리는 해커는 없었다. ITS를 사용하는 해커들에게는 명예가 있었으니까.

고의적인 시스템 충돌이라는 문제를 처리하는 방식을 보면 ITS가 사용자에 거는 믿음이 어느 정도인지를 잘 알 수 있다. 이전까지 해커들은 통과 의례로 시분할 시스템을 해킹해 심각한 디지털 난동을 일으켜 (예를 들어 계산 루프로 레지스터를 넘치게 만드는 방법으로) 시스템 '충돌'을 유발했었다. 그러면 시스템은 완전히 죽어버렸다. 사고 친 해커는 얼마간 시간이 지나면 파괴적인 모드에서 벗어났지만, 시스템에서 작업하는 사람들이 심각한 문제라 여길 만큼 시스템 충돌이 빈번히 발생했다. 여기에 대한 방지책을 강화할수록 시스템을 굴복시키고야 말겠다는 누군가의 의욕이 커졌다. 예를 들어 멀틱스를 폭파하려면 고난도 해킹이 필요했다. 그래서 멀틱스를 죽임으로써 스스로를 증명하려는 마초 프로그래머가 항상 있었다.

반면 ITS에는 시스템을 죽이는 명령이 별도로 있었다. KILL SYSTEM이라는 명령만 입력하면 PDP-6는 움직임을 멈췄다. 시스템 충돌을 식은 죽 먹기로 만들어 재미를 앗아버리겠다는 의도였다. 간혹 멍청한 패자가 사용 가능한 명령어 목록을 살피다 "흠, KILL이 뭘 하는 명령일까?"라며 시스템을 죽여버리기도 했지만, 전반적으로 ITS는 無보안이 上보안이라는 사실을 증명했다.

물론 PDP-6에 ITS를 설치한 직후부터 디버깅 폭풍이 몰아쳤다. 어떤 의미에서 폭풍은 10년 이상 이어졌다. 특히 그린블랫은 가장 두드러지게 'ITS 해킹'에 전력을 쏟았다. 버그를 찾아내고, 새 기능을 추가하고, 코드 실행 속력을 높이는 등 너무도 열심히 일해서 사실상 ITS 환경은 시스템 해커들에게 안식처와 같은 존재가 되었다.

인공지능 연구실이 있는 세상에서는 시스템 해커의 역할이 중추적이었다. 해커 윤리에 의거해 누구든 ITS에서 작업해도 좋았으나, 모두에게 공개되는 시스템 해킹 결과는 해커의 실력을 적나라하게 드러냈다. 만약 MIDAS 어셈블러나 ITS-DDT 디버거를 개선하려다 끔찍한 실수를 저지르면 모든 프로그램이 죽어버렸고 모든 사람이 어느 패자의 책임인지 추궁했다. 다른 한편으로는 해커주의에서 우수한 시스템 해킹보다 더 뜻깊은 소명은 없었다.

기획자들은 해커들만큼 시스템 해킹을 높이 치지 않았다. 그들은 응용 분야에 관심이 있었다. 단순한 계산 용도 이상으로 컴퓨터를 사용해 인간에게 유용한 도구와 개념을 만드는 일에 더 신경썼다. 해커들에게 시스템은 그 자체가 목적이었다. 아무튼 대다수 해커들은 어린 시절부터 시스템에 매혹된 사람들이었다. 그들은 시스템을 만드는 궁극적인 도구가 컴퓨터라는 사실을 일단 깨닫자 삶에서 거의 모든 것을 제쳐놓았다. 컴퓨터를 사용하면 놀랍도록 복잡하고 교묘하면서도 우아하게 효율적인 시스템을 구축할 수 있을 뿐만 아니라, 그러고 나서 ITS 같은 '모비' 운영체제를 도입하면 동일한 컴퓨터가 진짜 완벽한 시스템으로 변신할 수도 있었다. ITS는 스스로를 개방했으며, 사용자가 프로그램을 짜 넣기 쉬웠고, 새로운 기능과 부가 프로그램을 절실히 원했다. ITS는 누구든 편하게 하고 싶은 일을 해도 좋은 해커들의 거실이었다. 자신만의 작은 공간을 만들고 마음껏 꾸며도 좋았다! ITS는 시스템을 만들기에 정말 완벽한 시스템이었다!

이는 나선 모양으로 끝없이 돌아가는 논리 루프였다. 쓰면 쓸수록 감동적인 기능도 있었지만, 대개의 기능은 개선의 대상이 되었다. 지극히 자연스러운 과정이었다. 해커주의의 중요한 명제가 어떤 시스템이나 프로그램도 결코 완성되지 않는다고 명시하기 때문이었다. 언제나 개선할 여지는 있다. 시스템은 유기적인 생명체다. 사람들이 사용하고 개선하지 않으면 시스템은 죽는다.

어셈블러나 디버거처럼 굉장히 어려운 프로그램이든, 인터페이스 출력 멀티플 렉서처럼 신속하고 (자신이 보기에) 우아한 프로그램이든, 시스템 프로그램을 완성 하면 해커는 세 가지를 동시에 하는 셈이었다. 도구를 만들고, 자기 창조물을 세상 에 내놓고, 자신의 미래 해킹 실력을 발전시킬 뭔가를 다듬는다. 이것은 특히 순환 적인, 거의 종교적인 과정이었다. 이 과정에서 시스템 프로그래머는 자신이 개선한 시스템을 항상 쓰는 사용자였다. 고도로 뛰어난 시스템 프로그램 다수는 해커들이 최적의 프로그래밍 환경을 저해한다고 느끼는 짜증스런 장애물을 없애기 위한 목 적에서 나왔다(물론 진정한 최적의 프로그래밍 환경은 해커와 컴퓨터 사이에 존재 하는 모든 장애물을 완벽히 제거했을 때만 가능하나, 해커들이 컴퓨터와 생물학적 으로 결합하지 않는 한 불가능한 이상적 방식이다). ITS 해커들이 만든 프로그램 은 코드를 더 짜기 쉽고 프로그램을 더 빨리 돌아가게 만들었으며, 컴퓨터의 능력을 더 잘 활용해 거기서 나오는 힘으로 다른 프로그램에 이익을 주었다. 그래서 해커는 (모두가 사용하고 경탄할) 뛰어난 시스템 프로그램을 짰다는 사실만이 아니라 자신 이 다음 시스템 프로그램을 만들 기회에 한 걸음 더 다가갔다는 사실에서도 커다란 만족을 얻었다.

ITS가 처음 동작한 지 5년이 지난 후 해커 돈 이스트레이크가 쓴 보고서에는 다 음과 같은 문구가 있다.

ITS 시스템은 인해전술이나 벼락치기로 얻어진 결과가 아니다. 이 시스템 은 도입된 이후로 거의 항상 점진적으로 개발되었다. 큰 시스템은 결코 '완 성'되지 않는다는 표현이 맞다. 전반적으로 ITS 시스템은 설계자가 개발하 고 사용자가 설계한 시스템이다. 설계자가 개발하면 비현실적인 소프트웨 어 설계라는 문제가 크게 줄어든다. (본질적인 의미에서) 개발자가 설계자 면 구현에 대한 여유와 결과물에 대한 자부심이 커진다. 사용자가 설계자 면 사용자가 설계한 기능이 안 쓰이고 뒷전으로 밀려날 가능성이 낮아진 다. 설계자가 사용자면 시스템이 쓰기 어려워질 가능성이 낮아진다.

말은 길지만 요지는 분명하다. ITS는 역사상 해커 윤리를 가장 강력히 표현하는 프로그램이었다. 많은 사람이 ITS가 시분할 시스템에 관해 국가 표준이 되어야 한다고 생각했다. 이 땅의 모든 컴퓨터 시스템에 복음이 퍼지게 만들자. 밉살스러운 암호 개념도 없애고, 제약 없이 직접 해보는 시스템 디버깅 관례를 장려하고, 소프트웨어 공유에서 나오는 상승 작용을 보여주자. 이런 세상에서 프로그램은 저작자가 아니라 모든 사용자의 것이다.

1968년, 주요 컴퓨터 기관들이 DEC 사의 최신 컴퓨터 PDP-10에 탑재할 표준 시분할 시스템을 결정하러 유타대학에 모였다. PDP-10은 PDP-6와 아주 유사했으며, 고려 대상 운영체제 두 개 중 하나가 해커들이 만든 ITS였다. 다른 하나는 BBN^Bolt Beranek and Newman 사가 제시한 (아직 구현하지 않은) 시스템 TENEX였다. 그린블랫과 나이트는 학회에서 MIT를 대표했는데, 해커 두 명이 열두 개에 이르는 대규모 조직으로 구성된 관료주의자들에게 수백만 불에 달하는 그들의 장비에다 보안 기능조차 내장하지 않은 시스템을 기본 탑재하라고 설득하는 기묘한 광경을 연출했다.

두 사람은 실패했다.

훗날 나이트는 패배한 MIT 해커들이 정치적으로 순진무구했다고 평가했다. 나이트는 학회가 열리기 전에 이미 결정이 났으리라 짐작했다. 기관이 선택하기에는 해커 윤리에 기반을 둔 시스템은 너무 급진적이었다. 하지만 그린블랫은 "우리가 정말로 원했다면 이길 수도 있었습니다"라고 말했다. 하지만 그린블랫의 표현을 빌자면 '앞으로 나가는 일'이 더 중요했다. 그린블랫에게 해커 윤리를 케임브리지 밖으로 전파하는 일은 그다지 중요하지 않았다. 해커 윤리를 적용해 더더욱 완벽한 시스템을 만들어 세상을 놀라게 만들 해커 천국, 즉 테크스퀘어 사회에 집중하는 작업이 훨씬 더 중요했기 때문이었다.

CHAPTER 07

생명

테크스퀘어 9층에서 벌어진 이 멋진 나날을, 훗날 그들은 황금기라 불렀다. 칙칙한 기계실과 너저분한 근처 사무실에서 시간을 보내며, 녹색 글자 코드가 화면을 가득 채운 터미널 주변에 바짝 모여, 셔츠 주머니서 꺼낸 연필로 출력물에 끼적이고, 무한 루프니 느린 하위 루틴이니 자신들만 이해하는 은어를 떠들며, 인공지능 연구실에 거주하는 공돌이 스님들은 난생처음 극락을 느꼈다. 너그러운 무정부주의적인 생활 방식이 생산성 향상과 PDP-6라는 열정에 고스란히 바쳐졌다. 예술, 과학, 놀이가 프로그래밍이라는 마법 활동에 녹아들었다. 모든 해커가 기계 속 정보의 흐름에 전지전능한 거장이 되었다. 디버깅된 삶은 전성기를 맞이했다.

하지만 해커들이 '현실 세계'라는 가련하게 뒤틀린 시스템으로부터 간섭 없이 해커의 꿈을 이루려 아무리 애써도 현실은 그렇지 못했다. 그린블랫과 나이트가 ITS의 본질적인 우월성을 외부인들에게 납득시키지 못한 사건은 해커주의에 완전히 몰입한 소수만으로 해커들이 필연적이라 여기는 대중적 변화를 일으키기 어려울지 모른다는 사실을 여실히 보여주는 단적인 예였다. 확실히 처음 TX-0가 MIT에 도착한 10년 전과 달리 일반 대중과 MIT의 다른 대학생들은 컴퓨터라는 개념에 조금은 익숙해졌다. 하지만 그들은 해커들만큼 존경심과 황홀감에 싸여 컴퓨터를 바라보지 않았다. 게다가 해커들의 의도를 무조건 악의 없고 이상적이라 여기지도 않았다.

오히려 1960년대 후반을 살아가던 젊은이 다수는 컴퓨터를 사악한 존재로 치부했다. 부유하고 힘 있는 사람들이 가난하고 힘없는 사람들을 착취할 목적으로 컴퓨터를 사용한다는 기술 음모론 탓이었다. 이는 비단 (미국 컴퓨터도 부분적으로 가담한) 그 당시 터진 베트남 전쟁에 반대하는 학생들에게만 국한된 태도는 아니었다. 기계가 인간성을 파괴한다고 믿는 수백만에 이르는 애국적인 보통 시민도 해커주의의 핵심인 컴퓨터를 혐오했다. 잘못된 고지서가 올 때마다 바로잡으려는 일개 시민의 시도는 답답한 일련의 전화로 이어졌고 대개는 "컴퓨터가 그랬어요"라는 대답과 디지털 빗장을 벗기려면 초인적인 노력이 든다는 설명으로 끝났다. 그러니 컴퓨터를 향한 비호감은 점점 더 커졌다. 물론 해커들은 이런 재난을 배치처리 방식에 찌든 관료주의 뇌손상 환자 IBM 탓으로 돌렸다. 해커 윤리는 (수천 불짜리 전기 고지서와 같은) 버그를 고치자고 격려하는 방식으로 컴퓨터의 오용을 방지한다는 사실을 일반 사람들은 왜 모르지? 하지만 일반인들이 보기에는, 거대한 메인프레임을 쓰는 프로그래머들과 세련된 대화형 PDP-6를 쓰는 인공지능 연구실 거주민은 별 차이가 없었다. 또한 일반인 눈에 컴퓨터 프로그래머는, 해커든 아니든, 세계 파괴를 모의하는 폭탄 머리를 한 미치광이 과학자거나 아니면 기술적 독재를 꿈꾸며 단조로운 목소리로 딱딱한 문구를 반복하는 희멀겋고 흐리멍텅한 로봇이었다.

대다수 해커들은 이런 인상을 별로 신경 쓰지 않았다. 하지만 1968년과 1969년에 이르러 해커들은 좋든 싫든 자신들이 서글프게 각인된 대중적인 이미지에 직면하지 않을 수 없었다.

테크스퀘어에서 절정에 달했던 시위행진은 해커들이 또래 동료들과 얼마나 거리가 있었는지 단적으로 보여준다. 많은 해커가 반전 운동에 찬성했다. 예를 들어 그린블랫은 뉴 헤이븐에서 열렸던 행진에 참여했으며, 반전 과격론자들을 위해 브랜다이스의 전국 파업 정보 센터National Strike Information Center에 전화선도 연결해주었다.

또한 해커 브라이언 하비는 시위 준비 활동에 아주 적극적으로 가담했으며, 인공지능 연구실로 돌아와 시위자들이 인공지능 연구실을 완전히 무시한다고도 전했다. 심지어 일부 반전 모임에서는 테크스퀘어에 있는 컴퓨터 일부가 전쟁을 돕는 데 쓰인다는 소리까지 나왔다. 하비가 아니라고 설명하려 애썼으나, 과격론자들은 그를 믿지 않았을 뿐 아니라 하비가 거짓말을 한다며 화를 냈다.

이 안타까운 오해를 전해 들은 해커들은 그저 고개만 설레설레 저었다. 사람들이 자기네를 이해하지 못한다는 또 한 가지 예였다. 하지만 반전 운동가들이 인공지능 연구실에 퍼부은 비난 중 하나는 전적으로 정확했다. 모든 연구실 활동은, 심지어 해커 윤리의 가장 괴짜스럽고 무정부적인 표명까지도 미 국방부로부터 금전적인 지원을 받았다. ITS부터 피터 샘슨의 지하철 해킹까지, 모든 활동에 투입된 돈은 베트남인들을 살상하고 미국 젊은이들을 징집해 죽음으로 몰아넣는 바로 그 미 국방부가 내놓은 돈이었다.

과격론자들이 퍼붓는 비난에 인공지능 연구실 사람들은 직접적인 물주인 미 국방부의 ARPA^{Advanced Research Projects Agency}가 단 한 차례도 해커들과 기획자들이 진행하는 컴퓨터 연구를 군사적으로 응용할 방법을 찾아보라고 요청한 적이 없다고 응답했다. ARPA는 컴퓨터 과학자들이 운영하는 조직이었고, 순수하게 연구와 기술 발전이 목표였다. 1960년대 후반에는 로버트 타일러라는 기획자가 ARPA 자금 지원을 책임졌는데, 훗날 타일러는 군의 '임무 위주' 프로젝트에서 순수하게 컴퓨터 기술을 발전시킬 프로젝트로 자금을 돌렸다고 시인했다. ARPA 자금을 '더러운 돈'이라 부르는 해커는 지극히 드물었다.

거의 모든 사람은, 심지어 전쟁을 반대하는 사람들조차도 ARPA 지원금이 해킹이라는 삶의 방식에 생명줄이라는 사실을 인정했다. 미 국방성이 인공지능 연구와 인공지능 연구실에서 내놓는 결과물을 군사적인 목적으로 사용하는 구체적인 방법을 대놓고 요청하지 않았더라도 연구 결과를 군사적으로 응용하는 방법은 무궁무진하다는 당연한 사실을 누군가 지적하면 (시각과 로봇공학에서 수행한 온갖 '흥미로운' 실험이 기습 폭격을 좀 더 효율적으로 만드는 데 쓰이지 않으리라고 누가 장담하겠는가?) 해커들은 그린블랫처럼 "비록 미 국방부에서 나오는 돈이지만 군자금은 아니다"라고 당연한 사실을 부인하거나 마빈 민스키처럼 대답했다. "미 국방성이 연구를 지원하는 행위는 절대 불법이 아닙니다. 상무부나 교육부가 지원하는 연구보다 확실히 낫습니다. 왜냐하면 그쪽은 사고를 통제하는 연구일 테니까요. 나로서는 군대에서 지원받는 편이 낫습니다. 군인들은 원하는 바를 솔직히 인정하므로 긴가민가 싶은 압력이 없습니다. 뭐가 어떻게 돌아가는지 분명하죠. ARPA는 독특했습니다. 그들은 이 나라가 국방 기술에 능숙한 사람들을 요구한다고 생각했기 때문이었습니다. 이런 인력이 필요하다면 확보할 것입니다".

기획자들은 자신들이 진짜 과학을 진보시킨다고 생각했다. 해커들은 자유로운 정보 흐름, 권력 분산, 컴퓨터 민주주의에 기반해 그들의 자그만 신세대 철학을 경쾌하게 가꿔가는 중이었다. 하지만 반전 시위자들은 이를 위선이라 여겼다. 소위 그 이상주의가 궁극적으로 미 국방성이라는 전쟁 기계를 도와주기 때문이었다. 반전 시위자들은 불쾌감을 표현하고 싶었고, 어느 날 시위자들이 행진을 계획한다는 소식이 인공지능 연구실로 흘러들었다. 어이없게도 행진이 끝나면 바로 테크스퀘어 9층에서 시위를 벌인다는 소식이었다. 거기서 시위자들은 해커, 기획자, 사용자 모두가 미 국무성의 꼭두각시라며 강력하게 항의할 심산이었다.

인공지능 연구실의 실제적인 관리자인 러셀 노프트스커는 시위자들의 위협을 심각하게 받아들였다. 당시는 (반전 지하조직인) 웨더 언더그라운드가 활동하던 시절이었고, 노프트스커는 분노에 찬 극단주의자들이 진짜로 컴퓨터를 폭파시키려들까 봐 두려웠다. 노프트스커는 뭔가 연구실을 보호할 조치가 필요하다고 느꼈다.

몇몇 조치는 너무 기밀이어서 (어쩌면 당시 테크스퀘어에 지부가 있었던 CIA 같은 기관이 관여한 탓에) 전쟁이 끝나고 10년이 지나서도 노프트스커는 입을 열지 않았다. 하지만 다른 몇몇 조치는 유치할 정도로 명백했다. 노프트스커는 9층 엘리베이터 입구부터 해커들이 컴퓨터를 가지고 노는 구역까지 이어지는 문에서 유리를 제거했다. 유리를 제거한 자리에는 철판을 설치한 후 나무판으로 덮어 별다른 방어벽이 없는 듯 위장했다. 문 바로 옆에 있는 유리판은 두꺼운 방탄 플랙시 유리로 교체해 안에서 바깥 사람을 확인한 후에야 자물쇠와 빗장을 열게 했다. 또한 노프트스커는 시위자들이 문짝을 제거하고 밀려들어 컴퓨터를 파괴하는 사태를 막고자 초강력 경첩으로 문을 벽에 단단히 고정시켰다.

시위 날짜가 다가오는 동안에는 승인 목록에 있는 사람들만 9층 요새에 공식적인 출입이 허락되었다. 심지어 시위 당일 노프트스커는 40여 개에 이르는 초소형 고정 초점식 인스타매틱 카메라를 여러 사람에게 나눠주며 보호 구역으로 접근하는 시위자들을 찍어달라 요청하기까지 했다. 혹시라도 시위자들이 폭력을 행사한다면 증거를 남길 작정이었다.

방어벽은 효과가 있었다. (노프트스커가 짐작하는 바로, 이삼십여 명에 이르는) 시위자들은 테크스퀘어로 걸어들어와 연구실 바깥에 잠깐 머문 후 (PDP-6를 대형 망치로 두들겨 부수지 않고서) 떠났다. 하지만 해커들이 다 함께 내쉰 안도의 한숨에는 유감도 짙게 묻어났으리라... 비록 연구실 안에서는 자물쇠 없는 민주적 시스템을 만들어냈지만 외부 세상과 너무도 멀어지는 바람에 자신들의 이상적인 환경을 보호하기 위해 자신들이 혐오하던 바로 그 자물쇠와 방어벽과 관료주의적인 접근 목록을 사용해야 했으니까. 자물쇠의 존재에 투덜거리는 해커들도 있었지만 이번 경우는 자유로운 접근을 주창하는 게릴라 정신이 적용되지 않는 듯했다. 무질서한 군중이 출현할 가능성에 겁먹은 일부 해커들은 심지어 엘리베이터 시스템을 조작해 엘리베이터가 9층까지 직행하지 못하게 만들었다. 한때 "자물쇠가 있는 곳에서는 일하지 않겠습니다"라고 단언했던 해커들도 있으나, 시위가 끝나고 접근 목록이 사라진 후에도 오랫동안 자물쇠는 그대로 있었다. 일반적으로 해커들은 자물쇠를 자신들이 주류에서 얼마나 동떨어졌는지 나타내는 증거로 보려 들지 않았다.

아주 확고한 유아론*이 9층을 지배했다. 해커주의가 다양한 출판물에서 (비록 신체적인 위해는 덜했지만) 직접적인 공격을 당할 때도 유아론은 굳건히 버텨냈다. 하지만 조셉 와이젠바움이라는 전자계산학과 교수가 (그렇다, MIT가 드디어 전자 계산학과를 만들었다!) 퍼붓는 공격은 아주 지독해 (게다가 MIT 내부에서 쏟아지는 공격이라) 무시하기 어려웠다. 여윈 몸에 가는 콧수염, 동유럽 악센트를 쓰는 전직 프로그래머인 와이젠바움 교수는 1963년부터 MIT에 재직했으나 해커들과 교류가 거의 없었다. 인공지능 분야에서 와이젠바움이 한 가장 큰 공헌은 ELIZA라는 프로그램이었다. ELIZA는 사용자와 대화를 이끌어가는 프로그램으로, 컴퓨터가 치료사 역할을 수행했다. 와이젠바움은 컴퓨터의 힘을 인식했으며, 사용자들이 ELIZA와 굉장히 진지하게 대화하는 모습에 마음이 심란했다. 상대가 '단지' 컴퓨터 프로그램에 불과하다는 사실을 알면서도 사람들은 가장 사적인 비밀을 털어놨다. 와이젠바움에게 이것은 컴퓨터의 힘이 인간을 비합리적이고 거의 중독적인 행동으로 이끌어 결국 인간성 말살을 초래하고 만다는 증거였다. 이런 그에게 '강박적인 프로그래머'인 해커들은 컴퓨터가 인간성을 말살한 궁극적인 예였다. 와이젠바움은 『Computer Power and Human Reason』에 실려 악명을 떨친 글에서 이렇게 말했다.

> ...지저분한 외모에 푹 꺼진 눈을 반짝이며 총명한 젊은이들이 컴퓨터 콘솔 앞에 앉아 두 팔을 걷어붙이고 버튼과 키를 번개처럼 두드릴 태세를 갖추고는, 마치 도박꾼이 주사위에 몰두하듯, 모든 주의를 집중한다. 그렇게 꼼짝없이 컴퓨터에 사로잡히지 않았을 때는 탁자에다 컴퓨터 출력물을 잔뜩 펼쳐놓고, 신비한 문자를 해독하는 신들린 학생처럼 코를 박고 탐독한다. 그들은 한 번에 스무 시간이든 서른 시간이든 지쳐나가 떨어질 때까지 일

---
* 옮긴이_ 唯我論. 자신만 존재하며 타인이나 그 외 존재는 자신의 의식 속에 있다는 생각으로, 독아론이라고도 한다.

한다. 음식은 (만일 챙겨 먹는다면) 커피, 콜라, 샌드위치 따위를 배달시켜 먹는다. 필요하면 출력물을 끼고 간이침대에서 잔다. 구겨진 옷, 안 씻고 면도 안 한 얼굴, 안 빗은 머리는 그들이 자신의 몸과 자신들이 사는 세상에 무심하다는 사실을 여실히 보여준다. 그들은 컴퓨터 부랑자, 강박적인 프로그래머다.

나중에 와이젠바움은 이 생생한 묘사가 나름 해커로서 자신의 경험에서 나왔다고, 9층 문화를 관찰해 직설적으로 묘사한 글이 아니라고 말했다. 하지만 많은 해커는 그렇게 생각하지 않았다. 일부는 와이젠바움이 누가 누구인지 드러나게 묘사했으며 심지어 사생활을 침범했다고 생각했다. 일부는 운이 없게도 그린블랫이 찍혔다고 추측했다. 실제로 그린블랫은 와이젠바움이 장황하게 쓴 글에 반박하는 문구를 와이젠바움에게 보냈다.

이렇듯 해커들의 생활 방식에 온갖 공격이 가해졌지만 해커들 사이에 내적 성찰은 없었다. 내적 성찰은 연구실 사람들이 살아가는 방식이 아니었다. 대체로 해커들은 남들의 심리 상태를 파고들지 않았다. "목표, 지적인 흥분, 크게는 사회생활을 공유했지만 서로 넘지 않으려는 경계선도 있었습니다". 훗날 톰 나이트는 이렇게 설명했다.

바로 이 무언의 경계가 해커 데이비드 실버를 괴롭혔다. 실버는 십 대 청소년으로 연구실에 참여해 글자 그래도 연구실에서 성장했다. 생산적으로 해킹하는 시간을 제외하고 실버는 해커들과 컴퓨터 사이 관계를 생각하며 시간을 보냈다. 실버는 PDP-6처럼 단순한 뭔가에 모두가 얼마나 애착을 가지는지, 모두가 얼마나 친밀하게 결속되어 있는지가 놀라웠다. 거의 무서울 정도였다. 이런 생각을 하던 실버는 PDP-6처럼 비교적 단순한 뭔가가 해커들을 이렇듯 서로 가까이 끌어당길 때 무엇이 사람들을 이어주는지, 어떻게 서로 찾아내는지, 왜 서로 잘 지내는지 궁금해졌다. 인간이란 존재가 한편으로 그저 정교한 컴퓨터의 일종일 따름인지 아니면 다른 한편으로 영혼을 지닌 신의 형상인지 실버는 궁극적인 주제가 궁금했다.

실버는 이런 내적 성찰을 그린블랫이나 고스퍼 등과 같은 지도 선배들에게 털어놓지 않았다. "제가 보기에 사람들은 그런 따스한 대화를 나누지 않았습니다". 훗날 실버는 이렇게 말했다. "초점을 벗어났으니까요. 모든 초점은 순수하게 지적인 능력에 모였습니다". 심지어 고스퍼와의 관계도 마찬가지였다. 고스퍼 밑에서 도제 살이를 했던 실버는 훗날 두 사람의 관계를 따스한 인간관계라기보다 '해커 관계'라 회상했다. 컴퓨터에 관해 공감하는 측면에서는 아주 가까웠으나 현실 세계에서 우정이 넘쳐나는 관계는 아니었다고 말했다.

"오직 해킹만 하며 아주 아주 아주 많은 해를 보냈습니다만 외롭다거나 뭔가 놓쳤다는 느낌은 없었습니다"라고 실버는 이렇게 말했다. "하지만 나이를 더 먹고, 더 둥글어지고, 더 변하고, 덜 괴상해지면서 저는 사람들로부터 더 많은 입력이 필요해졌습니다. (고등학교에 안 가는 바람에) 저는 모든 사회 활동을 건너뛰고 곧바로 이 비현실적인 두뇌집단에 들어왔습니다. 평생을 로봇처럼 말하고 행동하며 보냈습니다. 많은 다른 로봇을 상대하며 말이죠".

사적으로 깊이 관계하지 못하는 해커들의 성향은 때때로 잔인한 결과를 초래했다. 전문가 수준에 이른 해커에게 인공지능 연구실은 이상적인 장소였지만, 그렇지 못한 해커들에게는 압박감이 너무 컸다. 심지어 터미널이 개방된 물리적인 연구실 구조마저 상당한 긴장감을 조성했다. 세계 최고 컴퓨터 프로그래머가 항상 주변을 오가고, 차가운 공기를 뿜어내는 에어컨은 끝없이 윙윙거렸다. 한 번은 과도하며 불가피한 소음을 제거하고자 소음 연구 회사를 불렀는데, 그들은 에어컨의 윙윙거림이 거슬리는 이유가 경쟁 소음이 충분하지 않아서라 결론지었다. 그래서 회사는 에어컨을 손봐 크고 지속적인 쉭쉭거림을 추가했다. 그린블랫의 표현을 빌자면, 이 변경은 "승리가 아니었다". 지속적인 쉭쉭거림은 9층에서 오랜 시간 죽치고 해킹하는 일부 해커들의 신경을 오히려 긁어대는 소리였다. 거기에 (수면 부족, 영양실조에 이를 정도로 건너뛰는 식사, 눈앞에 있는 해킹을 끝내겠다는 강력한 열정 등) 다른 요소까지 가미되었으니 정신줄을 놓아버리는 해커도 있었다는 사실이 놀랍지 않다.

그린블랫은 (자신의 표현으로) '갖은 실패로 인한 전형적 증후군'을 알아보는 데 최고 권위자였다. "어떤 면에서 저는 여기저기서 사람이 죽어나갈까 걱정했습니다". 때때로 그린블랫은 사람들에게 한동안 집에 가서 쉬라고 말하곤 했다. 다른 것들은 그린블랫도 어쩔 수 없었다. 한 예가 마약이었다. 어느 날 저녁 중국 식당에서 돌아오는 길에 젊은 해커 한 명이 그린블랫에게 "한 대 맞겠느냐*"고 물었다. 농담이 아니었다. 그린블랫은 소스라치게 놀랐다. 진짜 세상이 또다시 침투하고 있었고, 그린블랫이 할 수 있는 일은 거의 없었다. 그로부터 얼마 지나지 않아, 그 젊은 해커는 하버드 다리에서 얼음이 뒤덮인 찰스 강으로 뛰어내려 심하게 다쳤다. 하지만 이 사건이 인공지능 연구실 해커들 사이에서 일어난 유일한 자살 시도는 아니었다.

그 사건 하나만 본다면 와이젠바움의 주장이 옳아 보일지도 몰랐다. 하지만 해커 문화는 그 이상이었다. 와이젠바움은 해커 헌신 자체의 아름다움을... 혹은 해커 윤리 자체의 이상주의를 인정하지 않았다. 에드 프레드킨과는 달리 와이젠바움은 넬슨이 TECO 문서 편집기로 코드를 짜는 동안 그린블랫과 고스퍼가 지켜보는 모습을 보지 못했다. 한마디 말도 없이 넬슨이 (PDP-6 '언어'를 통달한 두 사람에게 완전히 웃기고 예리한 농담에 상응하는) 어셈블리어 기교를 부려 사람들을 즐겁게 해주는 모습을 말이다. 명령어 사이사이에 촌철살인 명령어를 곁들여 절묘하게 소통하는 모습은 프레드킨이 결코 잊지 못하는 인상 깊은 장면이었다.

해커 관계가 독특하다는 사실을 인정하며, 특히 대다수 해커가 이성과 무관한 삶을 살았다고 말하고, 프레드킨은 훗날 이렇게 회상했다. "그들은 컴퓨터의 미래를 살았습니다. 그저 재미있게 지냈죠. 스스로 엘리트라는 사실을, 뭔가 특별하다는 사실을 알았습니다. 저는 해커들이 서로의 진가를 인정했다고 생각합니다. 서로 달랐

---

* 옮긴이_ 마약 정맥 주사를 가리킨다.

지만, 각자 상대에게 특별한 뭔가가 있다는 사실을 알았습니다. 모두가 서로 존중했습니다. (해커 문화와 유사한) 다른 뭔가가 세상에 또 존재하는지 저는 알지 못합니다. 그들은 나름 서로를 사랑했다고 생각합니다".

비록 해커들이 인간적인 감정 대신 컴퓨터 마법에 관심을 쏟았지만, 다른 인간들로부터 감동을 받을 줄도 알았다. 가장 좋은 예가 (가명인) 루이스 머튼이다. 다소 내성적인 MIT 학생 머튼은 굉장히 뛰어난 체스 선수였는데, 그 사실을 제외하면 그린블랫은 처음에 머튼을 연구실로 우연히 찾아든 사람 중 하나라 간주할 정도로 평범한 학생이었다.

머튼이 뛰어난 체스 선수라는 사실에 자신의 체스 프로그램을 개선한 고성능 체스 프로그램이 돌아갈 컴퓨터를 만들던 그린블랫은 굉장히 기뻐했다. 머튼은 프로그램 짜는 법을 약간 배운 후 그린블랫이 진행하는 프로젝트에 참여했다. 나중에 머튼은 거의 안 쓰이는 9층 PDP-7에서 독자적인 체스 프로그램도 만들었다. 머튼은 체스와 컴퓨터에 열정적이었고, 1966년 후반 추수감사절 연휴 동안 테크스퀘어 8층에 있는 인공지능 연구실의 작은 극장형 '놀이방'에서 일어날 사건을 예시하는 징후는 없었다. (시모어 파퍼트 교수와 그룹이 교육용 LOGO 컴퓨터 언어를 연구하던) 8층 '놀이방'에서 머튼은 일시적으로 식물인간이 돼버렸다. 머튼은 주먹을 쥔 채두 팔을 몸통에 붙이고 꼿꼿이 앉는 전형적인 긴장증 증상을 보였다. 주변 사람들이 던지는 질문에 반응하지 않았으며, 심지어 자기 자신 외 어떤 외부 존재도 알아보지못했다. 사람들은 어찌할 바를 몰랐다. MIT 의무실에 전화했더니 케임브리지 치안대로 전화하라 지시했고 치안대에서 불쌍한 머튼을 실어갔다. 머튼 사건으로 해커들은 심하게 동요했다. 연휴 동안 집에 갔다 오느라 나중에야 소식을 전해 들은 그린블랫도 마찬가지였다.

머튼은 최고 해커 중 하나가 아니었다. 그린블랫은 막역한 친구가 아니었다. 그럼에도 불구하고 그린블랫은 즉시 머튼을 데리러 웨스트브로 주립병원으로 갔다.

차로도 상당히 먼 거리에 있는 웨스트브로 주립병원은 마치 중세에서 튀어나온 건물처럼 보였다. 병원이라기보다 감옥같았다. 그린블랫은 반드시 머튼을 데려가겠다고 결심했다. 이리저리 뒤틀린 과정에서 마지막 단계는 망령이 났음이 틀림없는 늙은 의사로부터 서명을 받는 일이었다. "공포 영화에 나오는 장면과 똑같았습니다". 훗날 그린블랫은 이렇게 회상했다. "그는 서류를 읽을 수 없었습니다. 대충 비서로 보이는 사람이 '여기, 여기 서명하세요'라고 말했습니다".

알고 보니 머튼은 병력이 있었다. 대다수 긴장증 환자와는 달리, 머튼은 며칠이 지나면 (특히 약을 투여하면) 상태가 좋아졌다. 흔히 머튼이 어디선가 발작을 일으키면 누구든 발견한 사람이 병원에 전화해 머튼을 데려갔고, 머튼이 정신을 차리는 와중에도 의사가 영구 긴장증이라 진단하기도 했다. 머튼이 인공지능 연구실로 전화해 "도와줘"라고 말하면 누군가(대부분 그린블랫이) 가서 머튼을 데려왔다.

나중에 누군가 MIT 기록에서 머튼의 돌아가신 엄마가 보낸 편지를 발견했다. 편지는 루이스 머튼이 특이한 소년이며 때로 뻣뻣해진다고 설명했다. 루이스가 뻣뻣해지면 "루이스, 우리 체스 한 판 둘까?"라고만 물으면 된다고 적혀있었다. 평소 머튼에게 관심이 있었던 프레드킨이 이 방법을 시도했다. 어느 날 머튼이 의자에 앉은 채로 뻣뻣해지면서 완전히 조각상 모드로 돌입했다. 프레드킨이 체스 한 판 두자고 요청하자, 머튼은 뻣뻣하게 체스판 앞으로 걸어갔다. 프레드킨 혼자 일방적으로 떠들며 체스를 두던 중 머튼이 갑자기 움직임을 멈췄다. 프레드킨이 물었다. "루이스, 왜 말을 안 움직이지?" 오랜 침묵 후 머튼은 저음에 느릿느릿한 쉰 목소리로 대답했다. "장...군". 프레드킨이 마지막 수에서 무심코 장군을 허용했었다.

머튼의 상태는 특정 약물을 복용하면 누그러졌지만, 나름의 이유로 머튼은 거의 약을 복용하지 않았다. 그린블랫이 간청했으나 머튼은 거절했다. 한번은 그린블랫이 프레드킨을 찾아가 도움을 청했는데, 프레드킨이 그린블랫에게로 돌아왔을 때 머튼은 또다시 뻣뻣한 무반응 상태였다.

"루이스, 어째서 약을 안 먹지?" 프레드킨이 물었다. 머튼은 얼굴에 희미한 미소가 굳어진 상태로 그냥 앉아 있었다. "왜 약을 안 먹지?" 프레드킨이 재차 물었다.

갑자기 머튼은 몸을 뒤로 젖혔다가 프레드킨의 턱을 세게 쳤다. 이런 행동이 머튼의 유감스러운 특성 중 하나였다. 하지만 해커들은 놀라운 인내심을 보였다. 그들은 머튼을 패자로 치부하지 않았다. 프레드킨은 머튼의 경우가 와이젠바움이 사실상 감정 없는 안드로이드 무리라 규정했던 해커들이 근본적인 인간애를 보여주는 좋은 예라 생각했다. "그냥 미친 사람입니다"라고 훗날 민스키는 와이젠바움을 평가했다. "해커들은 세상 누구보다 세심하고 고결한 사람들입니다" 과장일지도 모르지만 해커들의 외골수 성격 뒤에 (해커 윤리의 집단적 실현 형태로) 따스함이 존재한다는 말은 사실이었다. 여느 독실한 종파와 마찬가지로 해커들도 외부인들이 기본적이며 정서적인 행동이라 여길 특성을 희생했다. 해킹에 대한 사랑을 위해!

결국 종파를 떠나게 되는 데이비드 실버는 여러 해가 지나서도 이런 아름다운 희생을 경외했다. "극도의 총명함과 사회적인 장애는 일종의 필수조건이었습니다. 이들이 단 한 가지에 집중하기 위해서는 말이죠" 해킹. 해커들에게 세상에서 가장 중요한 가치.

>>>>>>>>>>>>>>>>>>>>>>>>>

해커들이 테크스퀘어 9층에서 번성하는 동안 케임브리지 바깥 컴퓨터 세상도 가만있지는 않았다. 1960년대 후반에 이르면서 해커주의가 세상으로 퍼져 나갔다. PDP-10 혹은 XDS-940과 같은 대화형 기계가 확산되고, MIT에서 해커들이 만든 도구를 포함해 편리한 프로그램 환경이 생겨나고, 연구실을 떠난 MIT 선배 해커들이 해킹 문화를 새로운 장소로 퍼뜨린 덕분이었다. 하지만 핵심적인 원인은 해킹하고픈 사람들이 해킹할 컴퓨터를 갈구했기 때문이었다.

해킹할 컴퓨터가 반드시 MIT에만 있는 건 아니었다. 해커 문화는 스탠퍼드에서 카네기-멜론에 이르기까지 전국에 걸쳐 다양한 기관에서 자라나고 있었다. 각 기관들은 특정 시점에 도달하면서, 즉 큰 시스템을 해킹하며 매일 밤 근처 중국 식당으로 참배하러 나갈 만큼 해킹에 헌신적인 사람들이 충분히 생겨나면서, MIT 인공지능 연구실 해커들을 꼬여내기 시작했다. 이렇게 옮겨 간 특사들이 강렬한 MIT 방식의 해커주의를 전파했다.

일부 해커들은 기관이 아니라 회사로도 옮겼다. 마이크 레비트라는 프로그래머는 샌프란시스코에서 시스템즈 콘셉츠라는 최첨단 기술 회사를 설립했다. 레비트는 전화 해커이자 PDP-1 해커인 스튜 넬슨을 동업자로 들일 만큼 똑똑했다. TX-0 음악 대가인 피터 샘슨도 이 최첨단 하드웨어의 설계와 제조 사업에 동참했다. 전체적으로 이 작은 회사는 엄청난 해커 여럿을 테크스퀘어에서 샌프란시스코로 옮기는 데 성공했다. 이것은 대단한 성과였다. 일반적으로 해커들은 캘리포니아 생활에 필수적인 사항들, 특히 운전과 오락과 선탠에 반대하기 때문이었다. 하지만 넬슨은 이미 그 전에 교훈을 배웠다. 60년대 중반 프레드킨이 재차 재촉했음에도 불구하고 넬슨은 트리플-I의 새 LA 본사에 가기를 거부했다. 그러던 어느 날 넬슨은 자신의 맹세를 강력히 반복한 후 코트도 걸치지 않은 채 테크스퀘어를 뛰쳐나왔다. 하필 그날은 케임브리지에서 가장 추운 날이었다. 넬슨이 건물 밖으로 나오자마자 갑작스러운 온도 변화로 안경알에 금이 갔다. 곧장 프레드킨의 사무실로 되돌아간 넬슨은 눈썹에 고드름이 맺힌 채 이렇게 말했다. "LA로 가겠습니다".

때로는 민스키와 에드 프레드킨이 '사회 공학'이라 부르던 개념이 해커의 이주를 재촉했다. 간혹 기획자들은 자기 틀에서 벗어나지 못하는 해커를 발견했다. 특정 시스템 문제에 지나치게 몰두하거나 (자물쇠 해킹이나 전화 해킹 등과 같이) 과외 활동에 과도하게 집착하는 바람에 기획자들이 그들의 일을 더 이상 '흥미롭게' 여기지 않게 되는 경우가 생겼다. 훗날 프레드킨은 해커들이 어느 순간 '항해 속력을 늦추는 닻'과 같은 상태가 돼버리기도 했다고 회상했다. "어떤 면에서 시간은 그들을 모른 체하고 지나갔습니다. 그들은 연구실에서 벗어날 필요가 있었고, 연구실도 그들을 내보낼 필요가 있었죠. 그럴 때면 어디선가, 보통 아주아주 먼 어디선가, 멋진 제안이 들어오거나 방문 일정이 잡혔습니다. 이들이 회사나 다른 연구실로 천천히 퍼져 나가기 시작했습니다. 운명이 아니었습니다. 제가 그렇게 만들었습니다"

민스키라면 프레드킨의 활동이 완전 비밀이었다는 사실을 인정하며 '용감한 프레드킨'이라 말했으리라. 해커 공동체가 전혀 알아채지 못하게 주선해야 했으니까. 해커들은 그들이 갈 곳을 실질적으로 결정하는 조직 체계를 참아내지 못할 테니까.

해커들은 회사로도 옮겼지만 대개는 다른 컴퓨터 센터로 옮겼다(시스템즈 컨셉츠 사 외에 프레드킨의 트리플-I 사도 많은 MIT 해커를 고용했다). 그중 가장 인기 있는 곳이 스탠퍼드 인공지능 연구실SAIL, Stanford AI Lab이었다. 바로 엉클 존 매카시가 1962년 MIT를 떠나 세운 곳이었다.

많은 측면에서 SAIL은 MIT 인공지능 연구실의 복사판이었다. 태평양에서 캘리포니아 반도로 간혹 밀려드는 안개 때문에 살짝 변형된 정도였다. 하지만 캘리포니아식 변형은 중대한 차이였다. MIT 해커 공동체와 가장 비슷하다는 SAIL도 단지 이상향에 근접했을 뿐이었다. 해커주의의 온상인 MIT 방식은 세상으로 퍼져 나갈 운명이었지만, 캘리포니아 햇살과 같은 세상에 노출되면서 강도는 약간 시들해졌다.

주변 환경부터가 달랐다. 콘크리트, 유리, 붉은 목재로 지어진 반원형 건물은 원래는 학회 회의 장소용 건물로, 스탠퍼드 캠퍼스가 내려다보이는 언덕 위에 있었다. 이 건물 안에서 해커들은 여러 사무실에 흩어진 터미널 64개를 자유롭게 사용했다. 테크스퀘어와 같은 폐소 공포증은 없었다. 엘리베이터도 없었고, 귀청이 터질 듯한 에어컨 소리도 없었다. 이처럼 느긋한 분위기에서 MIT의 건설적인 독설은

(TMRC 동아리방에서 벌어지는 목청 높은 언쟁, 대학원생들과 해커들이 벌이는 종교 전쟁 등은) 스탠퍼드 환경으로 따라오지 않았다. 테크스퀘어에 만연한 총격전을 벌이는 공상과학 우주전쟁 이미지와는 달리, SAIL은 J.R.R. 톨킨이 지은 3부작 『반지의 제왕』의 중간계에 나오는 요정, 호빗, 마법사처럼 온화한 전설 이미지였다. 인공지능 연구실 각 방은 중간계 장소 이름으로 불렸고, SAIL 프린터를 조작해 세 가지 엘븐 글꼴을 지원하도록 만들었다.

MIT 스페이스워가 전성기를 지난 후 스탠퍼드 연구실이 개발한 유명한 컴퓨터 게임의 장르에서도 캘리포니아식 차이는 드러난다. 도널드 우즈라는 스탠퍼드 해커가 하루는 제록스 연구 컴퓨터에서 일종의 게임을 발견했다. 아마추어 동굴 탐험가가 지하 동굴에서 보물을 찾는 게임이었다. 우즈는 이 게임을 만든 프로그래머인 윌 크라우더에게 연락해 이야기를 나눈 후 크라우더의 게임을 완전한 어드벤처 게임으로 확장하기로 결심했다. 사용자가 컴퓨터를 사용하여 톨킨스 소설과 유사한 환경에서 탐험가 역할을 맡고, 적과 싸우고, 영리한 기교로 장애물을 극복하며, 결국 보물을 찾아내는 시나리오였다. 사용자는 프로그램에 2단어로 이뤄진 '동사 명사' 명령어를 내렸다. 명령어로 도널드 우즈가 상상해서 컴퓨터 속에 만든 세상을 변화시킬 수 있었다. 프로그램은 사용자가 내린 명령어에 따라 반응했다. 예를 들어 게임을 시작하면 가장 먼저 컴퓨터는 사용자가 출발할 위치를 묘사했다.

> 당신은 작은 벽돌 건물 앞에 놓인 길의 끝에 서 있습니다. 당신 주변은 숲입니다. 실개천이 이 건물에서 시작해 도랑으로 흘러갑니다.

만약 GO SOUTH(남쪽으로 이동)라 입력하면 컴퓨터는 다음과 같이 응답했다.

> 당신은 암상을 따라 아래로 흐르는 개울 옆에 위치한 숲 속 계곡에 있습니다.

게임 진행 과정에서 사용자는 살아남기 위한 온갖 기교를 생각해야만 했다.

예를 들어 길에서 만난 뱀은 오는 길에 주운 새를 놔줘야만 처리할 수 있었다. 새가 뱀을 공격하는 동안에 통과할 수 있는 것이다. 탐험에서 각 '방'은 컴퓨터 하위 루틴 하나처럼 사용자가 해결해야만 하는 논리적 문제 하나를 제시했다.

어떤 의미에서 어드벤처는 컴퓨터 프로그래밍 자체를 비유하는 프로그램이었다. 어드벤처 세상에서 사용자가 탐험하는 깊숙한 구석구석은 프로그래머가 어셈블리 코드를 해킹할 때 탐험하는 기계 속 가장 난해하고 기본적인 부분과 흡사했다. 두 경우 모두 자신의 위치를 기억하려 애쓰다 보면 머리가 어질어질해지기 일쑤였다. 실제로 어드벤처는 프로그래밍만큼이나 중독성이 강하다는 사실이 드러났다. 우즈는 금요일 날 SAIL PDP-10에다 프로그램을 올렸는데 (현실 세상 '여행자들' 과) 일부 해커들이 게임을 푸느라 주말을 몽땅 쏟았다. 물론 좋은 시스템과 프로그램이 그렇듯이, 어드벤처는 결코 완성되지 않았다. 우즈와 우즈의 친구들은 항상 프로그램을 개선하고, 디버깅하고, 더 많은 퍼즐과 기능을 추가했다. 그리고 주목할 만한 프로그램이 그렇듯이, 어드벤처는 저자들의 성격과 환경을 표현했다. 예를 들어 '고집 센 트롤이 지키는 안개로 뒤덮인 유료 다리'라는 아이디어는 어느 밤 우즈와 몇몇 해커들이 해킹을 멈추고 잠시 쉬는 동안에 떠올랐다. 그들은 안개에 싸인 디아블로 산으로 가 일출을 보기로 결심했는데, 샌프란시스코 베이 에어리어 근방에서 가장 높은 디아블로 산은 차로도 상당히 먼 거리였다. 비록 늦게 도착해 일출은 못 봤지만, 우즈는 안개 낀 새벽을 기억했고 그날 아침을 먹으며 구상한 내용을 게임 속 장면에 넣었다.

스탠퍼드에는 시스템 해커 못지않게 전문적인 실력을 갖춘 교수가 많았다(『The Art of Computer Programming』(한빛미디어, 류광 역)이라는 여러 권으로 나뉜 고전을 저술한 저명한 전산학자 도널드 커누스 역시 스탠퍼드대학 교수였다). 어드벤처가 대유행하기 전에 격식 없이 즐기던 스페이스워가 고품격 예술로 승화된 곳도 바로 스탠퍼드였다(스티브 러셀이 매카시와 함께 스탠퍼드로 오기는 했지만,

5명이 동시에 게임을 하는 버전과 다시 살아나는 옵션을 만들고 대규모 철야 토너먼트를 개최한 이들은 젊은 스탠퍼드 해커들이었다). 해커들이 매일 배구하러 간다며 실제로 터미널 앞을 떠나는 곳도 스탠퍼드였다. 연구실에 시설을 추가하려는 모금 활동이 성공하는 곳도 스탠퍼드였다(MIT에서는 꿈도 꾸지 못할 시설, 바로 사우나였다). 컴퓨터가 비디오 이미지를 지원해 사용자가 컴퓨터 프로그램에서 TV 프로그램으로 전환할 수 있는 곳도 스탠퍼드였다. 그중에서도 가장 유명한 사건은, 일부 SAIL 죽돌이들에 따르면 SAIL 해커들이 적극적인 여성 파트너 몇 명을 구한다고 학교 신문에 광고를 낸 사건이었다. 광고에 회신한 여성들은 인공지능 연구실 섹스 파티의 스타가 되었고, 비디오카메라로 녹화 후 터미널로 방영되는 그 장면을 해커들은 감사한 마음으로 감상했다. 마찬가지로 MIT에서는 꿈도 꾸지 못할 일이었다.

그렇다고 SAIL 해커들이 MIT 해커들보다 해킹을 등한시했다는 의미는 아니다. 스탠퍼드 연구실 역사를 요약하는 논문에서 브루스 뷰캐넌 교수는 "첫사랑이 해킹인 열정적인 젊은이들이 만든 특이한 사회 환경"을 언급했으며, 실제로도 캘리포니아로 간 해커들은 테크스퀘어 해커들 못지않게 극단적인 행동을 서슴지 않았다. 예를 들어 SAIL 해커들은 낮은 연구실 천정과 건물 지붕 사이에 있는 높이가 얕은 공간이 잠자기 딱 좋은 오두막이라는 사실을 알아냈고, 몇몇 해커들은 정말로 여러 해 동안 그곳에 살았다. 한 시스템 해커는 고장 난 자기 차를 건물 밖에다 주차하고는 1970년대 초반을 차 안에서 보냈다. 일주일에 한 번, 그는 자전거를 타고 팔로 알토로 생필품을 사러 갔다. 혹은 날뛰는 조랑말Prancing Pony이라는 중간계의 선술집에서 이름을 딴 SAIL 음식 자판기에서 건강식 과자와 근처 중국 식당에서 반달 모양의 군만두를 조달할 수 있었다. 해커마다 날뛰는 조랑말에 회계 장부가 있었고, 이를 컴퓨터가 관리했다. 음식을 구매한 후에는 음식값 "2배 아니면 공짜" 선택권이 주어졌다. 결과는 구매자가 내기에 참여한 그 순간이 짝수 밀리초인가 홀수 밀리초인가에 따라 달라졌다. 이처럼 식량까지 확보한 SAIL은 MIT보다 훨씬 더 24시간 해킹에 적합한 환경이었다. 응용 프로그램 인력이 있었고 시스템 인력도 있었다. 외부인에게도 개방적이었다. 누구나 들어와 해킹해도 좋았으며, 가능성이 보이면 매카시가 고용했다.

SAIL 해커들 역시 해커 윤리를 따랐다. SAIL 컴퓨터에 설치된 시분할 시스템은 ITS와 마찬가지로 암호가 필요 없었으나, 존 매카시가 고집해 사용자에게 자기 파일을 비공개로 설정할 권한을 주었다. SAIL 해커들은 자기 파일을 비공개로 설정한 사람들을 찾아내는 프로그램을 구현한 후 비공개 파일을 열어 특별히 관심 있게 읽었다. "비공개 권한을 요청한 사람이라면 분명히 뭔가 흥미로운 일을 벌일 테니까요". SAIL 해커 돈 우즈는 훗날 이렇게 설명했다.

또한 중요한 컴퓨터 작업에서도 SAIL은 결코 MIT에 뒤지지 않았다. 라이벌인 MIT 인공지능 연구실 해커들과 똑같이 SAIL 해커들도 로봇공학 팬이었으며, 이는 SAIL 건물 밖에 있던 '주의, 로봇 차량'이라는 표지에서도 잘 드러났다. 로봇이 자신의 육체적 정신적 힘으로 구질구질한 인공지능 연구실을 떠나 캠퍼스까지 3마일을 이동하게 만드는 일은 존 매카시의 꿈이었다. 한 번은 실수로 로봇이 풀려나 언덕 아래로 기울어지며 질주했는데 다행히 연구실로 가던 직원이 발견해 구출한 적도 있었다. SAIL에는 음성 인식과 자연어 연구처럼 중요한 기획 분야를 연구하는 해커들과 학자들도 있었다. 일부 해커들은 훗날 음악 분야에 혁신을 일으키는 컴퓨터 음악 프로젝트에 깊이 관여했다.

ARPA가 통신 네트워크로 컴퓨터 시스템을 연결하면서 스탠퍼드와 (카네기 멜론 같은 대학교와 스탠퍼드 연구실 같은 연구 기관에 속한) 다른 연구실은 더욱 가까워졌다. 이 'ARPAnet'은 시스템을 분산하고, 탐험을 장려하고, 자유로운 정보 흐름을 촉진해야 한다는 믿음을 가치로 삼는다는 측면에서 해커 윤리로부터 큰 영향을 받았다. 사용자는 ARPAnet 상에 있는 어느 '노드' 컴퓨터도 원격 컴퓨터 시스템의 터미널 앞에 앉은 듯이 사용할 수 있었다. 전국에 흩어진 해커들은 테크스퀘어에 있는 ITS 시스템을 사용할 수 있었고, 여기에 내재된 해커 가치는 전국으로 퍼져 나갔다. 사람들은 거대한 양의 전자편지를 주고받았으며, 기술을 공유했으며, 공동 프로젝트를 진행했고, 어드벤처를 즐겼으며, 한 번도 보지 못한 사람들과 친밀한 해커 친분을 쌓았으며, 예전에 해킹하던 곳에 있는 친구들과 연락하며 지냈다. 덕택에 해커주의가 표준화되어서 유타주에 있는 해커가 TMRC 옆 방 툴 룸에서 만들어진 특이한 유행어를 사용하는 경우를 목격할 수도 있었다.

하지만 신봉자 수가 늘면서 해커 윤리가 점차 퍼져 나가는 와중에도 MIT 해커들은 케임브리지 바깥세상이 케임브리지 안쪽 세상과 똑같지 않다는 사실을 감지했다. 그린블랫, 고스퍼, 넬슨이 추구한 해커주의는 유토피아를 만들겠다는 목표에 철저히 집중했고, 그래서 아무리 유사한 분파라도 원조와 비교하면 많은 면에서 부족했다.

"현장에서 벗어나 캘리포니아로 가다니, 도대체 왜?" 사람들은 스탠퍼드로 가는 해커들에게 이렇게 묻곤 했다. 어떤 해커는 9층에서 벌어지는 승자-패자 이분법에 질려서 떠났다. 물론 캘리포니아에는 MIT 같은 강렬함이 없다고 인정하면서도 말이다. 한동안 스탠퍼드에서 해킹했던 톰 나이트는 스탠퍼드에서 정말로 일을 잘하기란 어렵다고 말하곤 했다.

데이비드 실버 역시 스탠퍼드로 옮겼으며 이렇게 결론 내렸다. "스탠퍼드 사람들은 생각하는 방식이 다소 패자였습니다. 어떤 면에서 그리 치열하지 않았으며, 뭐랄까, 재미를 추구하는 사람들이었습니다. 지하실에서 한 녀석은 경주용 자동차를 만들었고, 또 다른 녀석은 비행기를 만들었죠..." 실버 자신도 스탠퍼드에서 오디오 스위치를 만들며 하드웨어에 빠져들었다. 실버가 만든 오디오 스위치 덕분에 사람들은 터미널 앞에 앉아 일하면서 라디오 방송국에서 SAIL 구내방송까지 16채널 중 아무 채널이나 골라 들을 수 있었다. 물론 16채널은 SAIL PDP-6에 저장되어 있었다. 그리고 실버는 캘리포니아 해킹 방식에 노출된 덕분에 긴장이 많이 풀어져 9층의 폐쇄 사회로부터 탈출할 준비를 도왔다고 생각했다.

실버와 다른 MIT 해커들이 변절했어도 인공지능 연구실은 심각한 손상을 입지 않았다. 새 해커들이 변절한 해커들을 대신했다. 그린블랫과 고스퍼가 머물렀으며, 나이트와 다른 대표적인 해커들도 그대로 있었다. 하지만 새로운 인공지능 연구를 시작할 때나 새로운 소프트웨어 시스템을 설치할 때 연구실을 휩쓸던 놀랍도록 낙관적 에너지는 사라진 듯싶었다. 일부 과학자들은 초창기 인공지능 기획자들이 떠벌렸던 성과를 이행하지 못했다고 불평했다. 해커 공동체 안에서는 과거 10년 동안 자리 잡은 열광적 습관과 괴상한 패턴이 굳어진 듯 보였다. 정말로 경화되었을까? 30시간 단위로 하루를 살아가며 해커로 늙어갈 수 있을까? "저는 정말로 자랑스러웠습니다". 고스퍼는 훗날 이렇게 말했다. "밤낮없이 해킹한다는 사실이 말입니다. 해가 떴는지 달이 떴는지 상관하지 않았죠. 자다 일어나 밖이 어슴푸레해도 새벽인지 초저녁인지 몰랐습니다". 하지만 이런 생활을 영원히 계속하기 어렵다는 사실을 고스퍼도 알았다. 그때가 오면, 한 번에 30시간씩 질주할 고스퍼나 그린블랫이 없는 때가 오면, 해커 꿈은 얼마나 나아갈까? 이제 서서히 끝을 향해 가는 황금기가 정말로 의미가 있었을까?

》》》》》》》》》》》》》》》》》》》》》》》

빌 고스퍼가 생명 게임을 해킹하기 시작한 때는 1970년대였다. 생명은 그 자체가 세상인 시스템이었다. 동작하는 방식이 '대단히 다채롭지만, 이해하지 못할 정도로 다채롭지 않은' 세상이었으며, 수년 동안 빌 고스퍼를 사로잡은 세상이었다.

생명은 저명한 영국 수학자인 존 콘웨이가 개발한 컴퓨터 시뮬레이션 게임으로,

사이언티픽 아메리칸 지 1970년 10월 호 'Mathematical Games'라는 칼럼에서 마틴 가드너가 처음으로 소개했다. 게임은 바둑판 모양의 게임판에 표시되는 표지들로 이뤄졌다. 각 표지는 '세포'를 상징하며, '세대'라 불리는 세포 패턴은 게임에서 각 세포가 움직이는 수에 따라 변했다. 게임은 간단한 규칙 몇 개를 따랐다. 세포는 인접한 주변 세포 수에 따라 죽거나, 태어나거나, 다음 세대까지 살아남았다. 고립된 세포들은 외로워 죽었고, 혼잡한 세포들은 인구 과잉으로 죽었다. 바람직한 환경에서는 새로운 세포가 생성되며 기존 세포도 살아 있었다. 가드너의 칼럼은 이 간단한 게임이 만드는 복잡성을 논하며 콘웨이나 콘웨이의 동료들이 아직 해내지 못한 특이한 결과를 기정사실로 가정했다.

고스퍼는 어느 날 연구실에 들렀다가 두 해커가 PDP-6에서 갖고 노는 게임을 보았다. 고스퍼는 두 사람이 게임을 하는 모습을 한동안 지켜봤다. 처음에는 재미없어 보여 무시하려 했다. 그러다가 패턴이 형태를 갖춰가는 모습을 잠시 더 지켜봤다. 예전부터 고스퍼는 인간의 눈이 특정 대역폭의 패턴을 인식하는 방식에 관심이 무척 많았다. 자주 고스퍼는 괴상한 알고리즘을 써서 수학적 계산에 기반을 둔 화면을 만들곤 했다. 종이에서는 무작위로 보이던 숫자가 화면에서는 살아 움직였다. 화면에는 특정 순서가 뚜렷이 드러났고, 그 순서는 알고리즘을 몇 차례 더 반복하거나 x와 y 패턴을 교체하면 흥미로운 방식으로 변했다. 고스퍼는 생명이 이런 가능성과 그 이상을 대변한다는 사실을 바로 깨달았다. 고스퍼는 인공지능 해커 몇 명과 굉장히 진지하게 생명을 해킹하기 시작했다. 이후 18개월 동안 고스퍼는 다른 작업을 거의 하지 않았다.

가장 먼저 고스퍼와 해커들은 생명 세상에서 초기 구성을 찾으려 시도했다. 이론상으로는 가능했으나 실제로는 아무도 못 한 일이었다. 대개는 어떤 패턴으로 시작하든 몇 세대가 지나면 패턴은 소멸하거나 많은 표준 패턴 중 하나로 되돌아갔다. 표준 패턴은 셀 무리가 생성하는 모양에 따라 이름을 붙였는데 벌집, (벌집 네 개로 이루어진) 꿀벌 농장, 우주선, 화약통, 베이컨, 라틴 십자가, 두꺼비, 팔랑개비, 나찌 문양 같은 패턴이 있었다. 때로는 많은 세대가 지난 후 몇몇 패턴이 교대로 나타나기도 했는데, 이런 패턴을 오실레이터, 신호등, 펄서라 불렀다. 고스퍼와 해커들이 찾는 패턴은 글라이더 총이었다. 글라이더는 화면 위를 돌아다니다 일정한 기간마다 똑같은 모양으로 되돌아오는 패턴이었다. 누구든 모양을 바꾸며 실제로 글라이더를 토해내는 생명 패턴을 만든 적이 있다면 글라이더 총을 썼을 터이다. 생명 발명자인 존 콘웨이는 글라이더 총을 만드는 첫 번째 사람에게 50불을 걸었다.

» **고스퍼의 글라이더 총**

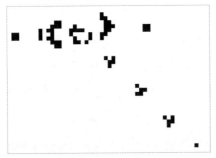

해커들은 밤새도록 PDP-6의 (DEC 사가 만든 특수 고속 모니터인) '340' 고해상도 화면 앞에 죽치고 앉아 이런저런 패턴을 넣어보며 패턴이 변하는 모양새를 살폈다. 그들은 이 인공 우주에서 찾아낸 각 '발견'을 (고스퍼가 생명 스크랩북이라 부르던) 크고 검은 스케치북에 기록했다. 그들은 화면을 응시하며 세대가 지나면서 패턴이 바뀌는 모습을 관찰했다. 때로 그것은 꼬리를 뚝 부러뜨리며 방향을 180도 바꾸는 벌레처럼 보였다. 마치 자신과 거울 속 이미지를 오가는 듯했다. 어떤 때는 총체적인 인구 과잉 시점까지 셀이 마구 불어나다가도 시간이 흐르면서 하나 둘 고립된 셀이 죽으면서 화면이 점점 어두워지다가 결국 텅 빈 화면으로 끝났다. 또 어떤 때는 표준 패턴 중 하나를 유지하며 안정적인 '정지 생명' 패턴으로 끝났다. 때로는 세대가 점차 축소되는 듯싶더니 죽어가는 '군체'에서 떨어져나온 작은 셀 하나가 다른 패턴으로 성장해 폭발적인 활동을 보였다. 훗날 고스퍼는 환상적이었던 첫 몇 주를 이렇게 기억했다. "패턴은 제멋대로 탈선해 놀랍도록 무작위로 행동했습니다. 우리는 눈을 떼지 못했죠. 그저 앉아서 패턴이 영원히 지속될지 궁금하게 여기면서 지켜봤습니다".

게임을 하면서 해커들은 주변 세상도 생명 시뮬레이션 패턴으로 연결했다. 자주 그들은 옷자락 천이 짜인 방식이나 책이나 그림에 보이는 패턴 등과 같은 임의의 패턴을 컴퓨터에 입력해보았다. 대개는 그다지 흥미로운 결과가 나오지 않았다. 하지만 때때로 그들은 큰 생명 패턴의 작은 부분에서 독특한 행동을 감지했다. 그러면 해커들은 그 부분을 격리하려 애썼다. 이렇게 찾아낸 패턴 중 하나가 화면 저편까지 갔다 돌아오는 '우주 왕복선'이었다. 우주 왕복선은 오가는 경로에 셀을 조금씩 남겼고 해커들은 이를 '찔끔찔끔 흘린 방울'이라고 불렀다. 이렇게 화면에 흘린 방울은 안정적인 생명 개체군을 가차 없이 파괴하는 '독'이었다.

고스퍼는 우주 왕복선 두 대가 충돌하면 어떤 일이 벌어질지 궁금했다. 대략 이백 가지에서 삼백 가지 가능성이 있으리라 짐작한 고스퍼는 각 경우를 일일이 시도한 끝에 결국 글라이더를 토해내는 패턴을 발견했다. 고스퍼가 발견한 패턴은 두 박자 지터벅을 추는 채찍처럼 느릿느릿한 형광 입자 부메랑을 뿜어내며 화면 위를 움직였다. 아주 멋진 광경이었으며, 확실히 (자신에게 생명을 부여한 프로그램 이름 그대로) 생명이라 불릴 만한 패턴이었다. 고스퍼에게 콘웨이의 시뮬레이션은 유전적 창조의 한 형태였다. 새 생명을 만들려면 불쾌한 방출과 감정적 연루가 필요한 현실 세계와 달랐다. 축하합니다! 글라이더 총을 낳으셨습니다!

다음 날 아침 일찍 고스퍼는 글라이더 총을 생성하기 위한 패턴의 좌표를 출력한 후 웨스턴 유니언 사무실로 달려가 마틴 가드너에게 전보로 보냈다. 해커들은 50불을 받았다.

9층에서 생명 열풍은 식을 줄 몰랐다. 매일 밤 고스퍼와 그의 친구들은 340 모니터를 독점하고 다양한 생명 패턴을 돌렸다. 또 다른 존재를 찾아가는 지속적인 오락이자 탐험이자 여행이었다. 그들만큼 생명에 매혹되지 않은 해커도 있었다. 대표적인 인물이 그린블랫이었다. 1970년대 초반에 이르자 그린블랫은 연구실에서 지도자 역할을 좀 더 맡게 되었다. 그린블랫은 해야할 일을 가장 신경 쓰는 듯이 보였으며, ITS 시스템을 돌보는 실질적인 인물이 되고 나서부터는 해커 꿈에 대한 자신의 비전을 (해커 꿈을 구체화할) 기계로 변환하는 작업에 적극적이었다. 첫걸음이 '체스 기계'였는데, 그린블랫의 체스 기계는 대다수 컴퓨터가 꿈도 못꿀 속력으로 응답했다. 또한 그린블랫은 해킹이 발전하고 계속해서 흥미롭도록 연구실이 순조롭게 돌아가게 하려고 애썼다.

그린블랫은 생명에 매료되지 않았다. 구체적으로 그린블랫은 고스퍼와 다른 해커들이 '걸쭉한 생명 패턴들을 응시하느라 콘솔 앞에서 믿기지 않을 만큼 오랜 시간을' 보내며 하나뿐인 340 모니터를 독점한다는 사실이 못마땅했다. 그린블랫이 보기에 무엇보다 최악은, 그들이 사용하는 프로그램이 '명백히 최적과 거리가 멀다'는 사실이었다. 생명 해커들이 기꺼이 인정하는 사실이었지만, 생명은 해커들이 약간의 비효율성을 참아주는 드문 경우였다.

해커들은 화면으로 생명이 전개되는 모습에 너무나 흥분한 나머지 (프로그램을 개선하기에 충분한 시간인) 단 며칠도 중단할 생각이 없었다. 그린블랫은 아우성치며 항의했고 ("열 좀 받았죠". 훗날 그린블랫은 이렇게 인정했다.) 생명 해커 중 하나가 더 빠른 프로그램을 내놓을 때까지 입을 다물지 않았다. 생명 해커가 결국 내놓은 프로그램은 지정한 수만큼 앞뒤 세대로 이동하는 기능, 화면에서 원하는 부분에 집중하는 기능, 탐험을 강화할 온갖 기능으로 가득했다.

그린블랫은 결코 이해하지 못했다. 하지만 고스퍼에게 생명은 일상적인 해킹보다 훨씬 더 중요했다. 고스퍼에게 생명은 다음과 같은 의미였다. "이미 이삼백 년 전에 살았던 똑똑한 사람들이 자신을 퇴짜놓지 않은 새로운 세상에서 과학 하는 길이었다. 수학자라면 100% 공감할 이야기리라. 굉장한 뭔가를 발견할 때마다 가우스나 뉴턴은 갓난아기 시절부터 알았다는 사실을 깨닫는다. 생명 세상에서는 무엇이든 최초였으며 언제나 흥미진진한 사건이 벌어졌다. 재귀함수 이론에서 동물농장 운영까지 모든 것이 가능했다. 자신의 경험을 공유하는 사람들이 모인 공동체도 있었다. 나와 환경이 연결된다는 느낌이 있었다. 어디까지가 컴퓨터인가? 어디서 컴퓨터가 끝나고 환경이 시작되는가?"

명백하게 고스퍼는 거의 종교적인 열정으로 생명을 해킹했다. 개체군, 세대, 삶, 죽음, 생존 등 시뮬레이션에 내재된 비유는 고스퍼에게 점차 현실이 되어갔다. 고스퍼는 만약 거대한 슈퍼컴퓨터로 생명만 돌린다면 어떤 일이 일어날지 궁금했고... 결국 패턴에서 현실적으로 거의 불가능한 몇몇 개체가 생성되리라 상상했다. 이런 개체들 중 가장 끈기 있는 개체만 (수학자인 고스퍼가 판단하기에) 거의 불가능한 확률을 이기고 살아남으리라. 생존을 결정하는 요인은 임의성이 아니라 일종의 컴퓨터 다윈주의리라. 쇠퇴와 망각에 대항해 투쟁하는 이 게임에서 생존자들은 '최고로 지속적인 상태를 유지하는 형태'리라. 이런 생명 형태라면 어떻게든 존재해나가리라. 그래서 결국은 지적인 존재로 진화하리라고 고스퍼는 생각했다.

"바위가 닳고 닳아 수십억 년이 흘러도 DNA가 이어져 왔듯이, 지적인 행동은 DNA처럼 몇몇 존재가 생존 확률을 높이고자 고안한 또 다른 조직적 현상 중 하나일 뿐입니다. 그래서 사람들은, 특히 창조론자가 아닌 사람들은 아주 아주 거대한 생명의 초기 구성이라면 결국 지능(특성)을 드러내지 않을까 의심합니다. 이런 존재가 무엇을 알지 혹은 무엇을 찾아낼지 사색하는 일은 굉장히 흥미롭습니다. 그리고 어쩌면 이것이 우리 자신의 존재를 설명해줄지도 모릅니다". 훗날 고스퍼는 이렇게 설명했다.

고스퍼는 우리 세상이 어쩌면 다른 차원에서 어느 해커가 돌리는 컴퓨터 시뮬레이션일지도 모른다는 (아니라고 말하기 어렵다는) 에드 프레드킨의 이론에 더욱 고무되었다. 고스퍼는 자신이 상상하는 궁극의 생명 기계 속에서 수십억 세대 후 형성될 지적인 존재 역시 동일한 사색에 빠져들지도 모른다고 깊이 생각했다. 우리가 우리 자신의 물리학을 이해하는 방식에 따르면 완벽하게 안정적인 컴퓨터를 만들기는 불가능하다. 그러므로 기막히게 훌륭한 생명 기계에 불가피한 버그가 발생하면 시뮬레이션 속 지적인 존재에게 갑자기 자신의 존재를 결정한 형이상학을 발견할 기회가 주어진다. 즉, 그들은 자신들이 실제로 구현된 방식을 보여주는 단서를 얻는다. 프레드킨이 추측하기를, 이런 경우가 발생하면, 그들은 자신들이 거대한 시뮬레이션의 일부라는 사실을 정확하게 판단 내린 후 스스로를 조직적인 패턴으로 배열해 자신들의 구현자가 이해할 수 있는 코드를 만들어 자신들의 실체와 관련한 단서를 달라고 요구할지도 모른다. "불편함을 느끼게 하는 개념이라 여러 날 동안 고민한 끝에야 이를 받아들였습니다"라고 고스퍼는 상기했다.

고스퍼는 이를 받아들였다.

어쩌면 별로 놀랍지도 않은 일이었다. 어떤 의미에서 널리 퍼진 추론은 이미 현실이었다. PDP-6 안에서 조화롭게 복잡한 패턴에 둘러싸인 지식의 비트를 움직이는 해커들이야말로 지식의 신이 아니고 무엇이란 말인가? 이 힘보다 해커들을 만족시키는 것은 없었다. 만약 누군가 힘이 부패했다고 인정한다면 그것은 해커들이 이 힘을 그리고 해커 꿈 자체를 연구실 바깥세상으로 퍼뜨리지 못한 데 있다고 하겠다. 이 힘은 승자를 위한 힘이었다. 해커 윤리에 따라 살지만 자신들처럼 '호기심', '천재성', '직접 해보라' 강령을 중시하는 동료들 이상으로 인간관계를 넓히려 거의 애쓰지 않는 내부자들을 위한 힘이었다.

생명에 푹 빠지고 얼마 지나지 않아 고스퍼 자신도 해커들이 형성한 좁은 인간관계의 한계를 목격할 기회가 생겼다. 1972년 아폴로 17호 달 탐사선의 인공 일광에서 일어난 일이었다. 고스퍼는 아폴로 17호 발사 시각에 맞춰 카리브 해로 출발하는 '과학 크루즈'라는 특별한 유람선에 탑승했는데, 배는 공상과학 작가, 미래주의자, 다양한 부류의 과학자, 문화평론가 등으로 발 디딜 틈 없었다. 고스퍼에 따르면 '크루즈에 열광하는 머리가 텅 빈 깡통들이 믿기 어려울 정도로 많은' 행사였다.

고스퍼는 마빈 민스키 일행으로 행사에 참가했다. 고스퍼는 노만 매일러, 캐서린 앤 포터, 아이작 아시모프, 칼 세이건 등과 같은 유명 인사들과 대화를 나누게 되었다. 그중 칼 세이건은 탁구 실력으로 고스퍼를 감동시켰다. 시합다운 진짜 시합을 위해 고스퍼는 배에서 실력이 가장 뛰어난 인도네시아 승무원과 금지된 게임도 몇 차례 벌였다.

》 유인 달 탐사선 아폴로 17호 발사 광경

아폴로 17호는 밤에 쏘아 올리는 최초의 유인 우주선이었고, 크루즈 유람선은 케이프 케네디에서 3마일 떨어진 위치에 떠 있었다. 발사 광경을 보기에 딱 좋은 곳이었다. 고스퍼는 굳이 거기까지 가서 볼 필요가 있느냐는 소리를 많이 들었다. 어차피 발사 장소에서 몇 마일 떨어져 있을 텐데, 그냥 TV로 보면 되잖아? 하지만 빌어먹을 우주선이 실제로 발사되었을 때 고스퍼는 3마일이라는 거리에 감사했다. 밤하늘은 격렬히 타올랐고, 최고조에 도달한 에너지는 뱃속까지 느껴졌다. 셔츠는 가슴을 철썩 때렸고, 주머니 속 잔돈은 출렁거렸으며, PA 시스템 스피커는 고정 장치가 부러지는 바람에 전선에 매달려 대롱거렸다. 컴퓨터 없이 그토록 정확한 경로로 날아가기란 절대로 불가능할 로켓은 하늘로 도약해 스페이스워의 악몽인 타오르는 복수자처럼, 결국엔 아랑곳없이 우주로 향할 작정이었다. 크루즈에 열광한 사람들은 그 힘과 장관에 놀라 넋을 잃었다. 인도네시아인 승무원들은 흥분해 펄쩍펄쩍 뛰었다. 훗날 고스퍼는 그들이 공포에 질려 허둥지둥 뛰어다니며 탁구 장비를 '마치 제물을 바치듯' 배 밖으로 내던지던 장면을 회상했다.

발사 장면은 고스퍼에게 심오한 영향을 미쳤다. 그날 밤 전까지 고스퍼는 미항공우주국의 인해전술 방식을 경멸했다. 고스퍼는 프로그래밍 분야에서 그리고 전반적인 컴퓨팅 방식 역시 인공지능 연구실의 좀 더 개인주의적이고 우아한 해커 방식을 단호히 옹호하는 입장이었다. 하지만 그날 밤 고스퍼는 진짜 세상이 마음먹고 했을 때 이뤄내는 놀라운 결과를 보았다. 미항공우주국은 해커 윤리를 적용하지 않았지만 인공지능 연구실이 온갖 선구자적 활동에도 불구하고 결코 내놓지 못한 성과를 이뤄냈다. 고스퍼는 9층 해커들이 어떤 면에서 착각 속에 산다는 사실을 깨달았다. 미래 컴퓨터에 비하면 미약하기 짝이 없는 컴퓨터를 쓰면서 모든 일을 처리하려 여전히 애쓰며 연구실 안에서 세상을 바꿀 수 있다는 착각 말이다. 그런데 전산 기술이 아직은 전반적인 세상을 바꿀 만큼 강력한 기계를 만들지 못했으므로 미항공우주국이 한 만큼 가슴을 울릴 만한 뭔가는 확실히 없었다. 해커들이 하는 일은 결국 도구를 만드는 데 쓰이는 도구를 만드는 행위에 불과했다. 창피한 일이었다.

고스퍼는 이 같은 깨달음 끝에 해커들도 상황을 바꿀 수 있다고 믿게 되었다. 비용을 아끼지 말고 더 크고 강력한 컴퓨터를 만들면 되지 않겠는가? 하지만 문제는 훨씬 더 깊은 곳에 있었다. 비록 해커들의 탁월한 실력이 컴퓨터 프로그래밍을 정신적 추구의 대상이자 신비한 예술의 경지로 끌어올렸으며, 연구실 문화가 기술적으로 월든 호수*의 수준에 이르렀지만, 근본적으로 뭔가가 부족했다.

바로 세상이었다.

....

* 옮긴이_ 헨리 데이빗 소로우가 자연과 교감하기 위해 오두막을 짓고 2년 동안 홀로 살았던 곳이다. 해커들이 속세에서 벗어나 해킹을 즐겼듯이 소로우도 속세에서 벗어나 사색과 저작 활동에 전념했다.

해커들은 9층에서 자신들의 세상을 만들려고 애썼지만 현실과 거리감만 더 커져갔다. 결국 핵심 인물들이 뿔뿔이 흩어질 운명이었다. 1970년대에 들면서 자금 조달과 관련한 가혹한 현실이 테크스퀘어를 덮쳤다. ARPA가 국회에서 통과된 엄격한 새 맨스필드 수정안에 따라 많은 컴퓨터 프로젝트에 구체적인 당위성을 요구했다. 기초 연구에 투자되던 무한한 자금이 말라갔다. ARPA가 정부의 국내외 전화 도청 능력을 직접적으로 높여주는 음성 인식과 같은, 특히 선호하는 몇몇 프로젝트로 예산을 돌렸기 때문이었다. 민스키는 새로운 정책이 '실패하고 있는' 정책이라 생각해 인공지능 연구실을 그런 프로젝트에서 떨어뜨려 놓았다. 하지만 덕분에 탁월한 재능을 보이는 해커를 고용할 돈도 부족해졌다. 게다가 MIT 자체가 통상적인 컴퓨터 학문을 가르치는 기관으로 점차 안주하면서 컴퓨터 학문을 대하는 학교 태도도 다소 바뀌었다. 인공지능 연구실은 연구할 사람뿐만 아니라 강의할 사람도 찾기 시작했고, 해커들은 강의에 수반하는 관료주의적 번거로움, 사교할 필요성, 컴퓨터 앞에 앉을 시간 부족에 관심이 거의 없었다.

그린블랫은 여전히 해킹에 열심이었다. 나이트도 마찬가지였고, 시스템 프로그래밍에 통달해가는 신참 해커도 몇 명 있었다. 하지만 많은 해커가 떠났거나 떠날 참이었다. 이제 빌 고스퍼가 서쪽으로 향했다. 인공지능 연구실에 취직한 상태를 유지하며 ARPAnet을 통해 9층 PDP-6에 연결해 계속 해킹하기로 했으나, 스탠퍼드대학 도날드 커누스 교수 아래서 컴퓨터 프로그래밍 기술을 공부하러 캘리포니아로 옮겼다. 고스퍼는 팔로 알토에서 최고 중국 식당인 루이스의 단골이 되었지만 테크스퀘어 생활을 그리워했다. 스탠퍼드에서도 고스퍼는 재치 있는 존재였지만 더 이상 물리적인 관심을 끄는 중심은 아니었다. 340 터미널이 미친 듯이 새로운 생명 형태를 토해내는 동안에 의자에 걸터앉아 "저것 봐"라며 속삭이던 시절은 사라졌다. 고스퍼는 캘리포니아에 있었고 차를 샀다.

이 같은 변화와 더불어 일부 해커들은 한 시대가 끝나고 있다는 사실을 감지했다. "예전에는(1960년대에는) '여기 새 기계가 있네. 무엇을 할 수 있는지 한번 보자'라며 달려들었습니다". 훗날 해커 마이크 비러는 이렇게 회상했다. "그래서 우리는 로봇 팔을 만들었고, 언어 구문을 분석했으며, 스페이스워를 했습니다. 이제는 국가적 목적에 부합하는 이유를 내놓아야만 합니다. 그리고 (사람들은) 우리가 하는 일이 흥미롭지만 중요하지 않다고 지적합니다. 우리가 살던 세상이 유토피아였다는 사실을 깨달았습니다. 그 멋진 문화 말이죠. 우리 세상은 고립되었고 해커 복음은 전파되지 못했습니다. 저는 우리 문화가 사라지고 있다고 걱정했습니다"

그들의 문화는 사라지지 않았다. 두 번째로 밀려온 해커 물결 때문이었다. 그들은 해커 윤리를 따랐을 뿐만 아니라 복음을 최대한 전파할 필요성도 느꼈다. 복음은 지금 당장 컴퓨터의 능력을 활용해서 자연스럽게 전파되어야 했다. 복음을 전파할 컴퓨터는 (DEC 미니컴퓨터가 거대한 IBM 메인프레임처럼 보일 만큼) 작고 저렴해야 했다. 그런데 세상을 진정으로 바꾸려면 작고 강력한 컴퓨터가 무수히 많아야 했다. 이런 비전을 품은 사람들이 있었고, 그들은 고스퍼나 그린블랫 같은 부류가 아니었다. 그들은 불가사의한 인공지능 응용 프로그램 해킹보다 컴퓨터 보급에 관심이 더 많은 2세대 해커들이었다. 이 2세대는 하드웨어 해커들이었으며 MIT 해커들이 다진 문화적 토대를 딛고서 캘리포니아에서 그들이 부린 마법은 해커 꿈을 전 세계로 퍼뜨렸다.

2

>>>>>>>>>>>>>>>>>>>>>>>>>>

하드웨어 해커스
북부 캘리포니아 : 70년대

CHAPTER 08 》
2100년의 반란[*]

커뮤니티메모리^{CM} 프로젝트가 설치한 최초의 공용 터미널은 미국에서도 (마약에 쩔어) 가장 흐리멍텅한 동네인 캘리포니아주 버클리에 있는 낡아빠진 건물 2층의 어수선한 현관에 놓인 못생긴 기계였다. 컴퓨터가 버클리까지 침투하는 현상은 자연스러웠다. 고급 음식부터 지역 정부까지 모든 것이 그랬으니까. 그리고 1973년 8월은 컴퓨터가 비인간적이고 비자연적이며 고집스럽고 전쟁을 도발하는 물건이라 여겨지던 시절이었지만, 듀란트 거리에서 분위기 좋기로 소문난 레오폴드 레코드점의 입구 같은 곳에 전체주의 괴물에 연결된 터미널을 설치하는 행위가 반드시 누군가의 행복을 위협하지는 않았다. 단지 또 하나의 시대적 흐름일 뿐이었다.

어떤 면에서는 완전 터무니없는 시도였다. 펜더로즈[†] 높이 정도에 찌그러진 피아노 모양, 건반 대신 타자기 키보드가 달린 터미널이었다. 키보드는 골판지 상자로 보호되었고 앞면은 유리판으로 덮여 있었다. 키를 만지려면 마치 전자 감옥에 자신을 가두라고 자수하듯 두 손을 작은 구멍으로 밀어 넣어야 했다. 하지만 터미널 옆

---

* 옮긴이_ 『2100년의 반란』(revolt in 2100, Shasta Publishers, 1953)은 유명한 SF 작가인 로버트 A. 하인리히가 쓴 미래사 단편집이다.

† 옮긴이_ R&B 장르에서 흔히 쓰이는 전자 피아노다. 몽롱하거나 몽환적인 느낌을 준다.

에 선 사람들은 치렁치렁한 긴 머리에 청바지와 티셔츠를 즐겨 입으며 모르는 사람
이 보면 마약에 취했다고 오인할 정도로 두 눈에 광기가 서린, 친숙한 버클리 유형
이었다. 그들을 잘 아는 이들은 그들이 마약이 아니라 기술에 취했다는 사실을 이해
했다. 그들은 생전 처음 날개를 펴보듯 날아오르려는 참이었다. 베이 에어리어에서
가장 효력이 강한 마리화나 품종을 다루듯 해커 꿈을 소중히 품은 채 말이다.

» 레오폴드 레코드점 입구에 설치된 커뮤니티메모리 터미널

그들이 속한 그룹 이름은 커뮤니티메모리였다. 그들이 나눠주는 유인물에 따르
면 터미널은 '판단을 제3자에게 유보할 필요 없이 관심사가 같은 사람들끼리 서로
연결해주는 통신 시스템'이었다. 분권화되고 비관료주의적인 시스템으로 정보가 흐
르는 속력을 높이겠다는 생각이었다. 컴퓨터에서 태어난 생각이었고, 컴퓨터로만
실현 가능한 생각이었다. 그들이 사용한 컴퓨터는 샌프란시스코 어느 창고 지하에
있는 XDS-940 시분할 메인프레임이었다. 직접 조작이 가능하며, 사람들을 서로
이어주는 컴퓨터 시설을 제공한다! 살아있는 은유가 만들어지는 순간이었다. 관료
주의에 대항하는 사람들이 컴퓨터 기술을 게릴라 전술로 활용할 수 있는 방법을 보
여주는 증거였다.

역설적이게도 이스트 베이에서 가장 히피스러운 장소인 레오폴드 레코드점 2층
로비는 많은 음악가가 메시지를 교환하는 곳이기도 했다. 벽면의 게시판은 '채식주

의자 가수가 공연 무대를 찾는다', '저그 밴드가 도브로 기타 연주자를 구한다', '제스로 툴에 심취한 플룻 연주자가 취향이 비슷한 작곡가를 찾는다' 같은 광고로 도배되어 있었다. 이는 옛날 방식의 구인시스템이었다. 이에 반해 커뮤니티메모리는 새로운 방식을 선보였다. 컴퓨터에 광고를 넣어두고 기다리면, 가장 필요한 사람이 즉석에서 그리고 정확하게 광고를 본다. 하지만 얼마 지나지 않아 버클리 학생들은 터미널을 다음과 같이 다른 용도로도 사용하기 시작했다.

> 1984를 찾아. 당신이 말했지.
>
> 헤, 헤, 헤... 앞으로 어디 가지 마
>
> 10년간
>
> 알빈 리의 노래를 들으며
>
> 가르마를 반대쪽으로 타며
>
> 아스피린을 복용하며
>
> 힘을 합쳐 노력하며
>
> 줄행랑을 치며
>
> 말썽 피우지 않으며
>
> {언덕 위의)} 집
>
> 나를 보고 나를 느끼던 옛 마음을 걷어차는 행위를 멈추며
>
> 미 합중국, 워싱턴에서 떠나며
>
> 자유로운 인디애나폴리스 500 경주에서
>
> 일어나서 빠져나가며
>
> 도중에 실패하며
>
> 분노하며
>
> 똑바로 살며

미소가 당신의 우산이 되게 하며

... 그리고...

이걸 알기 전에 {}{}{}{}{}{}{}{}{}

1984는

당신을

찾을 것이다!

그리고 올바르게 살자...

키워드 : 1894 벤웨이 트랄크라트란 인터존

2-20-74

이것은 폭발이었고, 혁명이었으며, 기득권에 날리는 한 방이었다. 선봉은 버로즈가 쓴 소설인 『네이키드 런치』(Naked Lunch , 1964, Grove Press)에 나오는 가학적 변태를 기리고자 자신을 닥터 벤웨이Doctor Benway라 부르는 한 미치광이 사용자인데, 그는 사용자주의userism를 사람들에게 전파했다. 교활한 닥터 벤웨이는 커뮤니티메모리에 속한 컴퓨터 근본주의자들조차 상상하지 못한 방식으로 한 걸음 더 나아갔고, 컴퓨터 극단주의자들은 쌍수를 들어 환영했다.

그중에서 가장 기뻐한 사람은 리 펠젠스타인Lee Felsenstein이었다. 커뮤니티메모리를 창립한 사람 중 한 명이었는데, 비록 커뮤니티메모리에서 가장 영향력 있는 구성원은 아닐지라도 해커 윤리를 거리로 퍼뜨리는 운동에서 상징적 존재였다. 향후 10년 동안 그린블랫과 테크스퀘어 인공지능 연구실 해커들이 질겁할 해커 꿈을 세상에 퍼뜨렸다. 기술적인 단순성, 정치적 기반, 컴퓨터 복음을 기꺼이 (무엇보다) 시장에 퍼뜨리겠다는 의지를 1세대 해커들이 알았더라면! 하지만 펠젠스타인은 해커 1세대에게 뭔가를 빚졌다는 생각은 추호도 없었다. 그는 새로운 종족, 논쟁을 좋아하며 풀뿌리 민주주의를 부르짖는 하드웨어 해커였다. 리의 목적은 컴퓨터를 인공지능 연구실이라는 요새에서 구해내고 기업 회계 부서라는 땅굴에서 끌어내어, 사람들이 '직접해보라'는 강령을 따르며 스스로 깨닫게 하는 데 있었다. 나중에는 단순히 하드웨어를 해킹하던 해커들도 그의 노력에 동참하게 되었는데, 물론 그들은 어떤 정치적인 목적이 있어서가 아니라 활동 그 자체가 순수하게 재미있어서였다. 훗날 하드웨어 해커들이 만든 기계와 액세서리 덕분에 컴퓨팅이라는 개념 자체를 바꿀 만큼 컴퓨터가 널리 보급되었고, 그만큼 사람들이 마법을 느낄 기회가 더 많아지게 되었다. 펠젠스타인은 이들 과격한 무정부주의자 군대에서 실질적인 전장 지휘관이 될 만한 가장 근접한 위치에 도달하지만, 아직은 커뮤니티메모리 구성원으로서 MIT 해커들이 싸울 가치가 있다고 상상조차 않았던 중대한 전투에 첫걸음을 내딛는 공동의 노력에 동참하는 중이었다. 바로 사람들에게 컴퓨터를 보급해 해커 윤리를 퍼뜨리려는 전투였다.

이것이 펠젠스타인이 생각하는 '해커의 꿈'의 실현이었고, 해커 윤리를 배운 사람으로서 마땅히 해야 할 일로 느꼈다.

>>>>>>>>>>>>>>>>>>>>>>>>

리 펠젠스타인은 테크스퀘어 9층에서 엘리트 해커 한 자리를 차지하기에 충분한 유년 시절을 보냈다. 여느 엘리트 해커와 마찬가지로 리 역시 전자기기에 집착했다. 소름 끼칠 정도로 사로잡혀 도저히 합리적인 설명이 불가능할 정도였다. 하지만 훗날 자신의 전자기기 사랑에 합리적인 설명을 내놓으려 시도했다. (수년에 걸친 심리 치료로) 초창기 시절을 재구성하며 자신이 기술에 빠져든 이유가 '직접해보라' 강령과 더불어 심리적, 감정적, 생존적 충동이 복잡하게 뒤얽힌 탓이라 설명했다. 그리고 자신이 처한 특수한 상황으로 펠젠스타인은 코톡, 실버, 고스퍼, 그린블랫과 성향이 다른 해커가 될 수밖에 없었다.

1945년에 태어난 펠젠스타인은 필라델피아 주 스트로베리 대저택 지역에서 자랐다. 그곳은 유태인 이민자 1세대와 2세대가 자리 잡은 주택가였다. 리의 어머니는 중요한 디젤 엔진 연료 분사 장치를 발명한 공학도의 딸이었고, 아버지는 한때 기관차 회사에서 일했던 상업미술가였다. 훗날 미출간된 자서전 초고에서 펠젠스타인은 아버지 제이크가 "인간 사회가 추구할 모델로서 인간과 기계가 '완벽해질 가능성'을 믿은 근대주의자였다. 자식들과 놀아줄 때 동물을 흉내 내는 다른 아버지들과달리, 우리 아버지는 주로 증기 기관차를 흉내 내셨다"고 말했다.

》 **컴퓨터 해방전사 리 펠젠스타인** 출처 http://www.search-results.com

가정생활은 그리 행복하지 않았다. 가족 간에 긴장감이 팽배했다. 펠젠스타인은 3살 많은 형 조와 여동생으로 입양된 동갑 사촌과 항상 서로 대립하며 다투었다. 공산당원이었던 아버지 제이크의 정치적 모험은 50년대 중반 당 내분으로 지역 책임자 자리를 잃으며 끝났지만, 정치는 여전히 가족에게 중요한 주제였다. 12살과 13살 때 워싱턴 DC에서 열리는 행진에 참가했으며, 한번은 초창기 인권 시위에 참여해 울워스 빌딩 앞에서 피켓 시위도 벌였다. 하지만 집안 분위기가 너무 팽팽해지면 고물 텔레비전과 라디오에서 떼낸 전자부품이 가득한 지하실 작업장으로 도피했다. 훗날 펠젠스타인은 그곳이 자신의 수도원이자 피난처였다고 회상했다. 지하실 작업장은 기술에 헌신을 맹세한 곳이었다.

지하실 작업장은 신체적으로도 학업적으로도 언제나 우월한 형도 펠젠스타인을 이기지 못하는 곳이었다. 펠젠스타인은 전자기기에 대한 특별한 재능이 있었고, 난생처음으로 이 방면에서 형을 이길 수 있었다. 펠젠스타인으로서는 한껏 펼치기 두려운 힘이었다. 이것저것 만들었지만 자신이 만든 기기를 결코 켜보지 않았다. "절대로 동작하지 않을 거야"라는 형의 주장이 맞을까 두려워서였다. 그래서 다른 뭔가를 만들었다.

펠젠스타인은 전자기기라는 개념을 사랑했다. 그가 6학년 때 사용하던 공책 표지는 전자 회로도 그림으로 가득했다. 동네에 있는 필라델피아 무료 도서관 분점을 방문하여 아마추어 무선 안내서를 훑어보곤 했다. 펠젠스타인은 단파 수신기 제작 방법이 담긴 히스 사 매뉴얼을 읽으며 최고의 흥분을 느꼈다. 이 회사는 DIY 전자 프로젝트를 판매하고 있었는데, 매뉴얼은 전선과 각종 접속 방식을 아주 상세하게 묘사한 회로도를 제공했다. 팔각형과 팔각형이 이어진 완벽한 회로도를 5구 진공관 프로젝트의 실제 부품과 비교하며 펠젠스타인은 접속을 이해했다. 아, 회로도에서 이 선은 진공관 소켓의 저 핀을 말하는구나! 자신이 꿈꾸던 전자기기 세계를 현실과 연결하며 펠젠스타인은 거의 육체적인 희열을 맛보았다. 펠젠스타인은 기도서를 품고 다니는 순례자처럼 언제 어디든 매뉴얼을 휴대하고 다녔다.

곧 펠젠스타인은 갖가지 프로젝트를 완료해냈고, 13살 때 만든 '우주 위성 모델'로 상을 타며 재능을 입증했다. 위성 이름은 종주국 러시아에 대한 예의로 펠스닉Felsnik이라 불렸다.

하지만 비록 펠젠스타인이 예전에는 결코 해보지 못한 방식으로 자신의 이상을 실현하고 있었지만, 펠젠스타인이 만든 새 기기는 모두 피해망상을 이겨내려는 모험이었다. 펠젠스타인은 자신이 창조한 기기가 동작하게 만드는 부품을 구할 수 없을지도 모른다는 두려움에 떨었다. "저는 '이 트랜지스터가 있으면 당신이 늘 바라던 진짜 라디오를 만들고, 친구들과 대화하고, 새 친구도 만들 수 있습니다'라는 『파풀러 미캐닉스』 기사를 항상 보았습니다. 하지만 그 부품을 구하지 못했고 구할 방법도 몰랐습니다. 살 돈도 없었죠". 펠젠스타인은 패배자라며 비웃는 형의 목소리를 상상했다.

펠젠스타인이 필라델피아 특별 인문고등학교인 센트럴 고등학교 1학년이 되었을 때, 4학년이던 형 조가 동생을 교내 신흥 컴퓨터 클럽 수석 엔지니어로 차출했다. 조는 동생에게 한물간 플립플롭 회로도를 보여주며 만들어보라고 시험했다. 너무 겁나 거절하지 못한 펠젠스타인은 시도했으나 성공적으로 프로젝트를 끝내지 못했다. 이 경험으로 이후 10년 동안 컴퓨터를 조심하게 되었다.

하지만 고등학교는 펠젠스타인을 발전시켰다. 펠젠스타인은 정치 그룹에 참여했으며, 교내 사이클로트론 제작도 도왔으며, 상당한 독서도 (특히 로버트 하인라인이 쓴 소설을) 즐겼다.

자그마한 체구에 안경잽이 유태인 십 대 소년은 소설에 등장하는 미래 주인공들과 (특히『2100년의 반란』에 등장하는 순수한 젊은 병사들과) 동질감을 느꼈다. 『2100년의 반란』은 21세기 독재 정부를 무대로 헌신적이고 이상주의적인 지하군대가 지각없는 대중이 숭배하는 전지전능한 독재자 프로핏의 군대에 대항할 계획을 세우는 이야기였다. 프로핏의 위선이 드러나는 증거를 우연히 발견한 주인공은 선과 악 중 하나를 선택해야만 하는 입장에 처하고, 결국 혁명군 카발에 합류하겠다는 과감한 결정을 내린다. 그리고 혁명군 카발은 주인공의 상상력을 자극하는 가르침을 준다.

> 생애 처음으로 나는 프로핏의 검열을 통과하지 못한 글을 읽었고, 내가 받은 충격은 엄청났다. 때때로 나는 누가 나를 감시하지 않을까 겁이 나서 나도 모르게 어깨너머로 흘깃 훔쳐본다. 비밀이 모든 독재의 주춧돌이라는 사실을 희미하게나마 깨닫기 시작했다.
>
> 『2100년의 반란』에서

그 소설을 읽으며, 또한 나중에는 외계인 주인공이 사회에 깊은 영향을 미치는 종교 지도자가 되는 『낯선 땅의 이방인』(Stranger in a Strange Land, Putnam Publishing Group, 1961)을 읽으며 자신의 삶을 공상과학 소설과 비슷하게 여기기 시작했다. 훗날 펠젠스타인은 책이 그에게 용기를 주었다고 말했다. 크게 꿈꿀 용기, 위험한 프로젝트를 시도할 용기, 자신의 감정적 모순을 극복할 용기를 말이다. 위대한 전투는 내적인 분투가 아니라 오히려 선과 악 중 하나를 택하는 웅대한 결정이었다. 이렇듯 낭만적인 개념을 가슴에 품은 펠젠스타인은 자신을 '타고난 환경에 안주하다가 선의 편에 서겠다며 어려운 길을 택하고, 악을 무찌르고자 긴 여정을 떠나는 잠재력 있는 평범한 인물'이라 믿었다.

얼마 지나지 않아 펠젠스타인은 이 은유를 현실에 적용하기 시작했다. 졸업 후 버클리 캘리포니아대학 전자전기 공학과에 정식으로 입학했다. 장학금은 못 받았다. 1학년 한 해는 전형적인 MIT 해커들의 1학년 생활과 판이했다. 거의 학교가 시키는 대로 따라갔으며, 아주 근소한 차이로 장학금을 놓쳤다. 하지만 장학금 못지않게 좋은 기회를 잡았다. 모하비 사막 끝자락에는 에드워즈 공군 기지가 있었는데, 그곳 나사 항공 연구실에서 체험학습자리를 얻게 된 것이다. 펠젠스타인에게 이런 기회는 천국으로 가는 입장권이었다. 그곳 사람들이 말하는 언어는 전자공학과 로켓 전자공학이었고, 공부했던 회로도와 공상과학에 나오는 물건이 현실화될 참이었다. 펠젠스타인은 엔지니어들과 우애를 맘껏 즐겼다. 넥타이를 매는 일, 사무실을 걸어나가는 일, 다른 사무실과 식수대가 산뜻하게 열 지어 늘어선 모습을 바라보는 일을 사랑했다. 하인라인은 잊혀졌다. 틀에 찍힌 쿠키 마냥 조직에 순응했다. 프로핏을 섬기며 기뻐서 어쩔 줄 몰랐다. 그렇게 '최고의 천국'에서 두 달을 지낸 어느 날, 훗날 펠젠스타인이 회상하는 바에 따르면, 보안 책임자가 면담 차 펠젠스타인을 호출했다.

보안 책임자는 불편한 기색이 역력했다. 회의에는 증인도 한 사람 참석했다. 보안책임자는 회의 내용을 기록했고 페이지가 끝날 때마다 서명을 시켰다. 또한 에드

워즈에 들어오는 데 필요한 '보안 양식 398호'를 채우라고도 지시했다. 보안책임자는 펠젠스타인에게 아는 사람 중 공산당원이 있느냐고 계속해서 물었다. 펠젠스타인은 계속해서 없다고 대답했다. 마침내 보안책임자는 부드러운 목소리로 물었다. "부모님이 공산당원이었다는 사실을 모릅니까?"

금시초문이었다. '공산당원'이란 (빨갱이 사냥처럼) 자기 부모님과 같은 열성 자유주의자에게 사람들이 비난 차 퍼붓는 용어일 뿐이라고 생각했다. (스탈린 이름을 딴) 형은 이미 아는 사실이었지만, 펠젠스타인은 생전 처음 듣는 소리였다. 공산당원을 아느냐는 양식 389호의 질문에 명쾌히 '아니오'라고 대답했을 때, 펠젠스타인 입장에서 완벽하게 정직했다.

"그렇게 저는 천국에서 쫓겨났습니다". 훗날 펠젠스타인은 이렇게 회상했다. "그리고 보안 책임자는 제게 말했습니다. '몇 년만 말썽 없이 조용하게 지내면 다시 들어오는 데 문제가 없을 겁니다.' 사실 저는 항상 버려질 준비를 해왔고 항상 버려지리라 기대했습니다. 그런데 갑자기 정말로 버려졌습니다. 글자 그대로 황야에 내던져졌죠. 하느님 맙소사, 그것도 모하비 사막에 말입니다!"

1964년 10월 14일 밤, 실패한 공학도인 펠젠스타인은 기차를 타고 버클리로 돌아왔다. 2주 전부터 학생 시위가 시작되었다는 소식을 이미 라디오로 들었지만 1952년에 일어났었던 전설적인 (남학생이 여학생 기숙사를 습격하는) 팬티 훔치기의 현대판 버전이라 치부하며 무시했었다. 하지만 버클리에 와서 보니 동네 전체가 자유언론운동으로 활기가 넘치고 있었다. '비밀은 모든 독재의 주춧돌이다'. 『2100년의 반란』에서 주인공이 한 이 말은 버클리 혁명의 탄원만이 아니라 해커 윤리를 부르짖는 것이기도 했다. 마침내 펠젠스타인은 한 단계 도약해 카발에 합류했다. 하지만 펠젠스타인은 자신의 열정에 자신의 재능을 가미했다. 펠젠스타인은 혁명의 연료로 기술을 사용했다.

녹음기를 소유했던 펠젠스타인은 운동의 미디어 센터인 프레스센트럴로 찾아가 자신을 오디오 기술자로 써달라고 제안했다. 펠젠스타인은 등사판 인쇄부터 쓸데없는 잡무까지 거의 모든 일에 조금씩 관여했다. 자유언론운동의 구조가 분권화되었다는 사실에 고무되었다. 800명이 넘는 학생들이 스프롤홀을 채웠던 12월 2일, 녹음기를 들고 집회에 참석했다. 물론 펠젠스타인은 체포되었지만, 결국 정부는 패배를 인정했다. 전투는 승리로 끝났다. 하지만 전쟁은 이제 막 시작이었다.

향후 몇 년 동안 펠젠스타인은 정치적으로 활동적인 운동가와 사회적으로 은둔한 엔지니어라는 공존하기 어려워 보이는 두 역할을 균형 있게 해나갔다. 운동권에는 기술을 이해하는 사람이 별로 없던 터라 기술을, 특히 컴퓨터를 사악한 힘으로 인식했다. 펠젠스타인은 맹렬히 일해 (교내에서 가장 정치적인) 옥스포드홀 기숙사 자기 방에서 사람들을 조직했다. 펠젠스타인은 운동권 기숙사 신문도 편집했다. 하지만 동시에 전자기기를 갖고 놀고, 회로와 다이오드로 이뤄진 논리 세상에 빠져들며, 전자공학을 더 깊이 배워나갔다. 자신의 힘이 닿는 한 두 가지를 최대한 결합했다. 예를 들어 경찰의 공격을 막기 위해 곤봉과 휴대용 확성기를 조합한 도구도 설계했다. 하지만 버클리의 방탕하고 자유분방한 사교 활동에 깊이 빠진 운동권 사람들과는 달리, 친밀한 인간관계를 회피했다. 특히 여성과 관계를 기피했다. 작업복 차림에 씻지 않은 몰골로 의식적으로 공돌이라는 전형적인 이미지에 맞춰 살았다. 불규칙적으로 목욕했으며 유행 지난 짧은 머리는 한 달에 한 번 정도 깎았다. 마약은 하지 않았다. 자유 언론들이 부추기는 온갖 자유 섹스는 고사하고 그 어떤 섹스도 하지 않았다. "여자가 무서웠습니다. 여자를 어떻게 대할지 몰랐습니다"라고 훗날 펠젠스타인이 설명했다. "성격상 재미를 금기로 여겼습니다. 재미를 느끼면 안 된다고 생각했죠. 일 그 자체가 바로 재미니까... 동작하는 뭔가, 다른 사람들이 좋아하는 뭔가를 만들어내는 행위가 내 능력을 증명하는 방법인 듯이 말입니다".

1967년 버클리를 그만두고 전자기기 직업과 운동권을 오갔다. 1968년에는 지하신문 『버클리 바브』지에 '군사 편집가'로 합류했다. 페퍼 병장과 제퍼슨 퍽 폴란드 같은 작가 단체에 합류해 (사안이 아니라 우아한 시스템의 조직, 구조, 형태라는 관점에서) 시위를 평가하는 일련의 기사를 작성했다. 1968년 3월에 작성한 한 초기 기사에서 다가오는 징집반대주간 기념 시위를 알리며 부족한 계획과 조직 내부 다툼이 초래할 필연적인 결과를 강조했다. "다른 시위와 마찬가지로 어설프고 혼란스러운 행사가 될 겁니다. 진짜 세상에서 행동은 이념적 논쟁이 아니라 시간과 물리적 자원으로 이뤄진다는 사실을 운동권 정치가들은 깨닫지 못하는 듯이 보입니다. 단순히 비판으로 그치지 않고 대안을 제시하는 일도 기술자로서 제 책임입니다".

그리고 실제로 대안을 제시했다. 자신이 경외하는 정밀한 회로도에 정의된 논리 회로처럼 깔끔하게 시위를 수행해야 한다고 주장했다. 시위에서 '깨져도 싼 창문을' (소상공인들의 가게 창문이 아니라 은행 창문을) 깨는 시위자들을 칭찬했다. 순수하게 적을 끌어낼 목적인 공격을 옹호했다. 징병 위원회의 폭파를 "신선하다"고 묘사했다. '군사 편집자의 집안일 힌트'라는 칼럼에서는 "보관해 둔 다이너마이트는 날씨가 무더울 때 2주일에 한 번씩 뒤집으세요. 그래야 니트로글리세린이 엉기지 않습니다"라고 충고했다.

『2100년의 반란』의 주인공은 이렇게 말한다. "혁명은 버려진 폐허로 숨어들어 타오르는 촛불을 둘러싸고 밀담하는 공모자 몇 명으로 이뤄지지 않는다. 혁명에는 수많은 보급품, 최신 장비, 최신 무기가 필요하다. 충성심과... 최상의 조직이 필요하다". 1968년 펠젠스타인은 이렇게 썼다. "혁명은 무작위적인 길거리 싸움이 아니다. 조직, 돈, 완강한 투지 그리고 과거의 재앙을 받아들이고 여기서 한 걸음 더 나아갈 의지가 필요하다".

펠젠스타인은 영향을 미쳤다. 오클랜드 세븐*을 재판하는 자리에서 변호사 말콤 번스타인은 이렇게 말했다. "정작 이 자리에 설 사람은 피고들이 아닙니다. 리 펠젠

---

* 옮긴이_ 오클랜드 세븐은 징집 반대를 외치며 오클랜드 징집센터로 들어가려는 200여 명에 이르는 시위대를 차단해 그중 40여 명을 체포하고 그중 일곱 명을 기소한 사건이다.

스타인입니다".

>>>>>>>>>>>>>>>>>>>>>>>>>

1968년 여름, 리 펠젠스타인은 『버클리 바브』지에 광고를 실었다. 광고 자체는 분명하지 않았다. 르네상스 남자, 공학도, 혁명가, 대화 상대를 찾습니다. 얼마 지나지 않아 주드 밀혼이라는 여성이 이 광고를 발견했다. 바브 지 뒷장에 흔히 실리는 '여성만 보시오! 당신의 발을 맛보고 싶습니다'라는 천박한 유혹성 광고에 비하면 나름 괜찮은 남자가 낸 광고로 보였다. 격동의 시대에 바로 주드에게 필요한 것이었다. 노련한 시민권리 운동가이자 오랜 활동가인 주드는 1968년에 일어난 정치적 사회적 사건들로 멍한 상태였다. 세상이 무너지는 듯했다.

주드는 운동가일 뿐만 아니라 컴퓨터 프로그래머였다. 주드는 함께 운동에 참여했던 에프렘 리프킨이라는 남자와 가깝게 지냈는데, 에프렘은 주드에게 재미로 퍼즐을 보내주던 컴퓨터 전문가였다(주드는 잠도 안 자고 퍼즐을 풀곤 했다). 프로그래밍을 배운 주드는 비록 해커들이 집착할 정도로 빠져드는 이유를 이해하지 못했으나 프로그래밍이 아주 마음에 들었다. 몇 달 후 에프렘이 주드와 지내려고 동부에서 서부로 옮겨 올 예정이었지만 그동안 주드는 외로웠고 그래서 바브 지에 광고 낸 남자에게 연락했다.

차분한 푸른 눈에 늘씬하고 용감한 금발 여인 주드는 즉시 펠젠스타인을 '전형적인 공돌이'로 규정지었지만 이것은 순전히 펠젠스타인이 자초한 결과였다. 주드의 동료들과 특히 주드의 일관된 정직함으로 인해 거의 부지불식간에 다양한 집단에서 행한 수많은 자기 평가로 단련된 주드는 펠젠스타인의 성격을 끌어내는 긴 작업을 시작했다. 두 사람의 우정은 연인 사이보다 깊었으며 동부에서 주드의 친구인 에프렘이 도착한 후에도 오랫동안 지속되었다. 펠젠스타인은 운동가일 뿐만 아니라 해커이기도 한 에프렘과 친구가 되었다. 에프렘은 기술이 세상을 도울 수 있다는 리의 믿음을 공유하지는 않았다. 그럼에도 컴퓨터를 멀리하던 10여 년에 끝이 찾아왔다. 1971년 펠젠스타인에게는 새로운 룸메이트가 생겼다. 바로 XDS-940 컴퓨터였다.

XDS-940은 리소스원이라는 그룹이 소유하는 컴퓨터였는데, 리소스원은 베이에어리어 그룹을 총괄하는 프로젝트원 소속이었다. 공동체 활동과 인본주의 프로그램을 육성하는 '원'은 실직한 전문가들에게 자신의 기술을 유용하게 활용할 기회를 주려는 어느 아키텍처 엔지니어가 시작한 프로젝트였다. 그는 지역사회를 도우며 '기술 세계에 팽배한 엘리트주의, 심지어 신비주의 분위기'를 깨부수고 싶었다. 샌프란시스코 공단 지역에 있는 5층 겨자색 창고에서 프로젝트원이 진행하는 프로젝트 중 하나가 리소스원이었으며, 리소스원은 '통제만 잘 한다면 과학 기술 도구로 사회 변화를 일으킬 수 있다고 믿는' 사람들로 이루어진 단체였다. 리소스원 사람들은 트랜스아메리카 사를 꼬드겨 안 쓰는 XDS-940 시분할 컴퓨터를 빌린 후 우편 주소를 수집하는 동시에 컴퓨터 교육, 경제 조사 프로젝트, '일반 대중이 느끼는 신비주의 타파' 계획에 착수했다.

XDS-940은 이미 구식이 된 $800,000불짜리 거대한 메인프레임이었다. 방 하나를 가득 채웠고, 23톤에 이르는 냉방 장치가 필요했다. 시스템을 돌리려면 담당자가 항상 붙어있어야 했다. 리소스원은 해커가 필요했고 펠젠스타인이 합리적인 선택으로 보였다.

XDS-940 시스템 소프트웨어는 제록스 PARC^{Palo Alto Research Center}, 팔로알토 연구실에 다니는 어느 해커가 설치했다. 버클리에서 940에다 원조 시분할 시스템을 구현했던 인물이었다. 긴 머리에 수염 난 피터 도이치, 12년 전 12살 나이에 TX-0 콘솔을 어깨너머로 유심히 보던 바로 그 피터 도이치였다. 버클리 졸업생인 도이치는 전반적인 캘리포니아 생활 방식과 PARC에서 진행한 강도 높은 해킹을 성공적으로 조합했다.

하지만 정작 기계를 보살핀 사람은 리였다. 언제나 자신의 삶을 공상과학 소설에 비추어 생각하던 펠젠스타인은 이 기간을 '가장 친한 친구가 기계인 인물, 카발을 섬기고자 자신을 희생하는 기술적 탐미주의자'라는 비사교적 인물로서 몰입할 시기라 보았다. 이번에는 리소스원 창고 지하실이 수도원이었다. 한 달 30불에 빌린 지하실은 하수관보다 낮았고, 상수도가 없었으며, 굉장히 더러웠다. 하지만 펠젠스타인에게 완벽했다. "눈에 띄지 않는 하인이 될 생각이었습니다. 기계의 일부가 되려고 했죠".

하지만 리소스원은 펠젠스타인을 실망시켰다. 펠젠스타인은 기술을 사회적으로 활용하려면 해커 윤리와 유사한 뭔가를 실천해야 한다는 사실을 그룹 내에서 누구보다 먼저 깨달았다. 하지만 그룹 사람들은 직접 해보는 기술을 동경하며 자라지 않았다. 그들에게 컴퓨터는 본능적인 대상이 아니라 지적인 대상이었다. 그 결과 그들은 이론은 접고 기계를 실제로 써보는 대신에 올바른 사용 방법에 관해 논쟁했다. 리로서는 이를 견디기 어려웠다.

훗날 펠젠스타인은 이렇게 설명했다. "우리는 젠체하는 사람들이었습니다. 극심한 탐미주의자들이었죠. 기계를 사용하고픈 사람은 누구든 그룹 앞에서 당위성을 입증해야 했습니다. 사용하게 해달라고 빌어야 했죠". 펠젠스타인은 그룹의 시각을 좀 더 해커스럽고 '직접 해보는' 개방주의로 바꾸고 싶었지만 사교적인 노력을 기울일 배짱이 없었다. 자신감이 바닥을 치던 때였고, 심지어 건물 밖으로 나가 세상과 마주칠 용기도 거의 없었다. 아주 가끔 밖으로 나갈 때면 유흥가 부랑자들이 자기보다 더 잘 살고 더 말쑥하게 차려입는다고 우울하게 생각했다. 공동체에 속한 다른 사람들은 펠젠스타인의 마음을 열어주려고 애썼다. 한번은 위층 비디오 공동체로부터 TV 카메라를 빌려 회의 중 사람들이 웃을 때마다 어김없이 무표정인 펠젠스타인을 집중적으로 녹화했다. 나중에 녹화 장면을 보면서 펠젠스타인은 자신이 무정한 인간이 되고 있다는 사실을 깨달았다. "심장을 가질 여유가 없다고 생각했습니다"라고 훗날 말했다. "자초지종을 알고는 있었지만 (도와주려는) 다른 사람들을 뿌리쳤습니다".

그 경험 후에 펠젠스타인은 좀 더 적극적으로 그룹에 영향을 미치려고 애썼다. 하루 종일 커피를 홀짝이며 시간만 축내던 어느 게으름뱅이에게 대놓고 말했다. "이제까지 뭘 했습니까?" 펠젠스타인은 강력히 대답을 요구했다. 그 친구가 막연한 아이디어를 늘어놓자 펠젠스타인은 말했다. "무엇을 하고 싶으냐는 말이 아니라, 무엇을 했느냐고 묻는 겁니다". 하지만 펠젠스타인은 곧 사람들의 엉터리 짓거리를 들춰내는 행동이 무의미하다는 사실을 깨달았다. 비효율적인 기계와 마찬가지로 문제는 그룹의 아키텍처 자체에 있었다. 관료주의의 문제였고, 리 속에 있는 해커 기질은 이것을 참기 어려웠다. 다행스럽게도 이즈음 에프렘 리프킨이 리소스원에 합류해 펠젠스타인을 구하고 커뮤니티메모리를 본격 가동시켰다. 1973년 봄이었다.

에프렘 리프킨은 긴 유대인 얼굴에 반쯤 감긴 눈으로 상대를 쳐다보며 말 한마디 없이도 세상은 결점투성이고 당신 역시 예외가 아니라는 사실을 깨닫게 만드는 사람이었다. 자신이 세운 엄격한 기준에 절대 도달하지 못하는 순수주의자 분위기를 풍기는 탓이었다. 보스턴에 있는 컴퓨터 컨설팅 회사에서 일하다 막 돌아온 리프킨은 회사가 군대 관련 프로젝트를 진행하자 출근을 그만두었다. 우리의 이상주의자 프로그래머는 자신이 그만둔 사실을 회사에 알리지도 않았다. 자신의 불참으로 프로젝트가 중단되기 바라며 프로젝트에서 그냥 손을 떼버렸다. 9개월 동안 회사는 리프킨이 해킹 중이라 믿었고, 9개월 후 프로그램이 없다는 사실이 드러났다. 바퀴벌레가 우글거리는 케임브리지 무료 숙소로 찾아온 회사 사장은 그에게 물었다. "도대체 왜 이러나?" 사장은 마틴 루터 킹이 죽은 후에 (좋은 일을 하고자) 회사를 시작했다고 에프렘에게 말했다. 또한 자신이 따낸 프로젝트는 일본의 기술 위협에 대항해 나라를 지켜줄 프로젝트라 주장했다. 에프렘은 계약을 준 회사가 전쟁 때 대인 살상용 무기에 관여했다는 사실만 봤다. 지금까지 너무 자주 해롭게 사용된 전적을 알면서도 에프렘 자신이 어떻게 컴퓨터 일을 하겠는가?

이 질문은 수년 동안 에프렘 리프킨을 괴롭혔다.

에프렘 리프킨은 고등학교 시절부터 해커였다. 처음 보자마자 기계가 좋았고 프로그래밍은 '궁극적인 유체이탈 활동'이었다. "말하기를 잊어 먹기도 했습니다. 제 마음은 컴퓨터 방식으로 돌아갔습니다". 하지만 뉴욕시 특별 프로그램에 참여한 다른 컴퓨터 애호 고등학생들과 달리 에프렘은 자신의 불가사의한 컴퓨터 재능을 저주라 여겼다. 펠젠스타인과 마찬가지로 에프렘 역시 열성적인 좌파 가정에서 자랐다. 수학 선생님들에게는 무한한 감동을 안겨주었지만, 국기에 대한 경례를 거부하거나 역사 선생님을 거짓말쟁이라 불러 교실에서 쫓겨나기 일쑤였다. 기술과 정치를 결합하려 애썼던 펠젠스타인과 달리, 에프렘은 기술과 정치를 극과 극으로 보았으며 이런 태도 때문에 에프렘은 항상 혼란 속에 살았다.

"저는 컴퓨터를 사랑했지만 동시에 컴퓨터의 잠재력을 증오했습니다"라고 에프렘은 훗날 말했다. 고교 시절 에프렘에게 있어 고지서나 발송하는 대형 컴퓨터의 상업적 응용은 그저 따분하고 시시했다. 하지만 베트남 전쟁이 터지고 나자 자신이 가장 좋아하는 장난감을 파괴의 도구로 보기 시작했다. 한동안 케임브리지에 살던 에프렘은 어느 날 테크스퀘어 9층에 들렀다. 그곳에서 에프렘은 PDP-6를 보았고, 테크스퀘어 9층에서 자라난 해커 윤리의 자그맣고 완벽한 교두보를 보았고, 응축된 기교와 열정을 보았다. 하지만 에프렘의 머릿속에는 이 억제되지 않은 마법이 궁극적으로 쓰일 분야와 자금줄만 떠올랐다. "너무 화가 나서 울기 시작했습니다"라고 에프렘은 훗날 말했다. "그들이 내 직업을 훔쳐갔으니까요. 그들 때문에 컴퓨터 종사자가 되기는 불가능해졌으니까요. 그들은 자신을 팔아버렸습니다. 기술의 군사적 사용에, 악의적 사용에 말입니다. 그들은 미 국방부가 완전히 소유한 자회사에 불과했습니다".

그래서 에프렘은 캘리포니아로 옮겼다가 동부로 돌아갔다가 다시 캘리포니아로 흘러왔다. 컴퓨터가 사회적으로 유용하게 쓰일 방법을 에프렘이 깨닫기까지는 한참이 걸렸다. 가능성이 보일 때마다 에프렘은 배신을 의심했다. 한 번은 월드 게임이라는 흥미로운 프로젝트에 참여했는데, 일군의 캘리포니아 프로그래머들, 철학자들, 엔지니어들이 컴퓨터 속에다 세상을 시뮬레이션했다. 벅민스터 풀러가 내놓은 아이디어에 기반을 둔 게임으로, 게임 속에서 사용자는 온갖 변화를 시도하고 나서 그것들이 세상에 미치는 영향을 살펴볼 수 있었다. 여러 날 동안 사람들은 아이디어를 제안하고 컴퓨터에서 게임을 돌렸다. 세상을 돌리기 위한 방식을 제안한다는 측면에서는 별다른 성과가 없었지만, 이 과정에서 대다수 사람은 자신과 관점이 비슷한 사람들을 만났다.

그 후 얼마 지나지 않아 에프렘은 우연히 리소스원을 발견했다. 물론 그 속에 깊이 빠져 허우적대는 리도 발견했다. 처음에 에프렘은 사람들이 무능하다고 생각했다. 컴퓨터와 공동체 데이터베이스 소프트웨어와 스위치보드까지 갖춰 놓고 이 멋진 장비들을 제대로 활용하지 못하다니! 몽땅 거리로 갖고 나가면 어떨까? 에프렘은 이런 생각에 흥분하기 시작했다. 어쩌면 생전 처음으로 사회를 위해 유용하게 컴퓨터를 써먹을 방법이 보였다. 자신의 의견을 펠젠스타인에게 전달하고 월드 게임에서 만난 사람들을 데려왔다.

리소스원 안에 커뮤니티메모리라는 분과를 만들자는 아이디어였다. 컴퓨터를 길거리에 두고 사람들에게 직접 소통할 자유를 주자. 펠젠스타인은 리소스원 사람들에게 경비를 대달라고 설득해 버클리에 그가 머물 아파트 겸 사무실을 얻었다. 그래서 커뮤니티메모리 분과는 샌프란시스코 만을 건너 버클리로 옮긴 후 시스템을 가동하기 시작했다. 그리고 펠젠스타인은 스스로를 가두었던 제도화로부터 해방감을 느꼈다. 이제 펠젠스타인은 해커 정신이 충만한 그룹에 속했고, 컴퓨터로 뭔가를 시도할 준비가 되었으며, 자신들이 개방한 터미널이 전대미문의 효율성으로 사람들을 연결해 궁극적으로 세상을 바꾸리라는 생각에 의기가 충만했다.

>>>>>>>>>>>>>>>>>>>>>>>>>

컴퓨터를 사람들과 좀 더 가깝게 만들려고 노력하는 단체는 커뮤니티메모리만이 아니었다. 베이 에어리어 전반에 걸쳐 컴퓨터를 사랑했으며 반전 운동 시절 정치에 관여했었던 엔지니어들과 프로그래머들 역시 자신들의 두 가지 활동을 결합할 방법을 모색하는 중이었다. 특히 한 그룹 사람들은 유독 아이들을 컴퓨터에 노출하겠다는 복음주의적 의도를 느긋한 반체제적 불손함과 결합한 듯 보였다. 바로 이들이 피플스 컴퓨터 컴퍼니PCC였다. 창립자의 특이한 취향 덕분에 PCC는 사실은 회사가 아니었다. 조직은, 굳이 조직이라 부른다면 같은 이름으로 정기간행물을 발행했지만 사실상 회사의 유일한 생산품은 컴퓨팅 자체에 대한 강렬한 열정뿐이었다. 리 펠젠스타인은 각자 음식을 조금씩 가져와서 나눠 먹는 PCC의 수요일 밤 저녁 식사에 자주 참여했으며, 그곳에서 베이 에어리어 컴퓨터 반문화적인 사람들과 교류하는 기회를 가졌고 밥 알브레히트가 몇 번인지 모를 정도로 모두에게 그리스 민속춤을 가르치려 애쓰는 모습도 보았다.

밥 알브레히트는 PCC를 탄생시킨 주인공이었다. 펠젠스타인이 나중에 말하기를, 알브레히트는 "아이에게 컴퓨터를 가르치는 일은 아동 성추행과 같다"고 믿는 사람이었다. 다시 말해, 아동 성추행과 마찬가지로 컴퓨터 교육은 중독에 빠진 아동 남색자나 하는 짓이었다.

1962년 봄 밥 알브레히트는 어느 교실에 들어갔다가 인생이 바뀌는 경험을 했다. 당시 CDC^{Control Data Company} 사에서 선임 시스템 분석가로 일하던 그는 덴버 주

조지 와싱턴 고등학교 수학 클럽 학생들에게 컴퓨터에 관한 강연을 요청을 받았다. 굉장히 평범하고 예의 바르면서도 성취욕이 대단한 고등학생들이었다. 큰 코와 (사각형 안경 뒤에서 때로는 창의력으로 빛나고 때로는 바셋 개처럼 축 처지는) 바다빛 파란 눈에 클립형 넥타이를 맨 알브레히트는 학생 32명에게 컴퓨터에 관해 간단히 설명한 후 별생각 없이 컴퓨터 프로그램 짜는 법을 배우고 싶은 사람이 있느냐고 물었다. 하늘로 손이 32개 올라왔다.

'IBM 학교에 다녔으나 아무것도 배우지 못한 사람들을 위한 일일 강의'에서 보충 수업으로 포트란을 가르치던 알브레히트는 이 같은 반응을 본 적이 없었다. 알브레히트는 IBM이 사람들을 가르친다면서 어떻게 아무것도 못해보게 하는지 이해하기 어려웠다. 이미 알브레히트는 가장 중요한 자질이 '직접해보라'라는 사실임을 잘 알았다. 1955년 허니웰 사 항공 부서에서 컴퓨터를 처음 다루기 시작했던 시절 이후로 쭉 변하지 않은 사실이었다. 여러 직장을 거치며 알브레히트는 관료주의에 끊임없이 좌절했다. 알브레히트는 융통성 있는 환경을 선호했으며 생활 방식과 장래성에 있어 운이 따르는 부류였다. 알브레히트는 지극히 평범한 사람이었다. 머리는 짧았고, 셔츠 단추는 목까지 다 채웠으며, 가족으로는 아내와 세 아이와 개가 있었다. 하지만 그 평범함 이면에는 그리스 술인 우조와 그리스 현악기인 보주키를 즐기는 그리스 민속춤꾼이 있었다. 그리스 민속춤, 술, 컴퓨터, 이것이 밥 알브레히트가 추구하는 세 가지였다. 그리고 자신이 즐기는 세 가지 중 가장 매혹적인 마지막 즐거움에 열정적으로 뛰어들려는 고등학생들 모습에 알브레히트는 깜짝 놀랐다.

알브레히트는 CDC 사무실에서 저녁 시간에 학생들에게 컴퓨터를 가르치기 시작했다. 곧 알브레히트는 젊은이들이 컨트롤 데이터 160A 컴퓨터를 통제하는 방법을 배우며 강렬하고, 중독적이고, 본능적인 기쁨에 빠진다는 사실을 깨달았다. 알브레히트는 아이들에게 새로운 삶의 방식을 보여주고 있었다. 아이들에게 힘을 부여하고 있었다.

당시는 자신도 깨닫지 못했으나 알브레히트는 해커 윤리라는 복음을 전파하는 전도사였다. 알브레히트의 학생들은 프로그램을 교환하고 기술을 공유했다. 알브레히트는 컴퓨터가 사람들에게 새롭고 해방된 삶을 가져다주는 세상을 꿈꾸기 시작했다. 모두가 컴퓨터를 쓸 수만 있다면... 서서히 알브레히트는 자신의 삶의 목적을 깨닫기 시작했다. 이 마법을 세상에 퍼뜨리자!

알브레히트는 가장 뛰어난 학생 4명을 프로그래머로 고용했다. 급여는 한 시간에 대략 1불이었다. 학생들은 책상에 앉아 행복하게 2차 함수 프로그램을 짰다. 기계는 학생들이 짠 카드를 받아들여 처리했고, 학생들은 그 모습을 행복하게 바라보았다. 그런 다음 알브레히트는 이들 우수 학생들에게 친구들을 가르치도록 요청했다. "최대한 빨리 우리 숫자를 늘리려는 생각이었습니다". 그룹 일원이었던 빨간 머리 밥 칸은 훗날 이렇게 설명했다.

알브레히트는 그 4명을 약장수 행사의 여리꾼으로 썼다. 모든 권한을 그들에게 주었다. 알브레히트는 행사를 위해 회사를 설득해 160A와 플렉소라이터를 일주일간 빌렸고, 칸과 네 학생은 20여 개에 이르는 수학 시간을 돌았다. 학생들에게 몇 가지 수학 기교를 보여주고 나면 컴퓨터가 수학책 뒤쪽 연습문제를 풀 수 있느냐는 질문이 들어왔다. 그러면 칸은 컴퓨터로 그날 숙제를 해 보였다. 플렉소라이터를 써서 등사인쇄본을 잘라낸 후 학생들에게 사본을 나눠줬다. 60여 명에 이르는 학생들이 약장수 행사에 고무되어 컴퓨터 수업을 신청했으며, 이후 다른 고등학교에서 연 행사도 마찬가지로 반응이 열광적이었다. 얼마 후 알브레히트는 자신의 약장수 행사를 국립컴퓨터콘퍼런스에서 자랑스럽게 발표했고, 콘퍼런스에 참가한 신동 학생들은 업계 성직자들을 크게 놀라게 했다. "우리는 그렇게 안 합니다". 성직자들은 알브레히트에게 말했다. 알브레히트는 신 났다. "저는 그렇게 할 겁니다".

알브레히트는 홍보 행사를 전국으로 퍼뜨리자고 컨트롤 데이터 사를 설득한 후 근거지를 컨트롤 데이터 사의 미네소타 본사로 옮겼다. 바로 이곳에서 누군가 알브레히트에게 베이식을 보여주었다. 다트머스 대학교수인 존 케메니가 개발한 컴퓨터 언어 베이식은, 케메니 교수가 쓴 글에 따르면 '수백만에 이르는 사람들이 자신만의 컴퓨터 프로그램을 작성할 가능성을 염두에 두고 수년 동안 포트란을 사용한 경험을 토대로 보통 사람도 배우기 쉽도록, 그래서 인간과 기계가 대화하기 쉽게 만든 언어'였다. 그 자리에서 알브레히트는 베이식이 답이라고, 포트란은 죽었다고 판단했다. 베이식은 대화형이라 컴퓨터에 굶주린 사람들이 기계로부터 즉각적인 응답을 얻었다(포트란은 배치처리로 돌아가는 언어였다). 베이식은 INPUT, THEN, GOTO처럼 영어와 유사한 단어를 사용해 배우기도 쉬웠다. 게다가 내장 난수 생성기를 제공하므로 아이들이 게임을 짜기도 수월했다. 당시 이미 알브레히트는 게임이 풍기는 매혹적인 향기가 아이들을 프로그래밍으로, 즉 해커주의로 끌어들이리라는 사실을 알았다. 알브레히트는 베이식의 대변자가 되었고, 결국은 SHAFT(Society to Help Abolish FORTRAN Teaching, FORTRAN 교육을 포기하도록 돕는 모임)라는 그룹을 공동으로 창립했다.

선교 활동에 점점 더 깊이 관여하면서 셔츠 단추를 끝까지 채운 외모 아래 숨겨졌던 진정한 밥 알브레히트가 마침내 모습을 드러냈다. 완연한 60대에 접어든 알브레히트는 긴 머리, 타오르는 눈빛, 아이들을 컴퓨터에 노출시키겠다는 극단적인 아이디어로 가득 찬 머리로 이혼 상태에서 캘리포니아로 옮겼다. 알브레히트는 샌프란시스코에서 가장 높고 가장 구불구불한 언덕인 롬바드 거리 꼭대기에 살며 전도에 사용할 컴퓨터를 빌리거나 구걸했다. 매주 화요일 밤에는 자기 아파트를 공개해 와인 시음회와 그리스 민속춤과 컴퓨터 프로그래밍을 결합한 모임을 열었다. 또한 알브레히트는 지역 사회에 영향력 있던 미드페닌술라자유대학에도 관여했다. '하고 싶은 일을 해라' 태도의 전형적인 지역사회인 미드페닌술라자유대학은 바바 람 다스, 티모시 리어리, 전 MIT 인공지능 현자인 엉클 존 매카시와 같은 사람들을 끌어들인 곳이었다. 알브레히트는 (훗날 『홀 어스 카탈로그』를 발간한) 포톨라협회라 불리는 비영리 단체에서 느슨하게 운영하는 '컴퓨터 교육 부서'를 시작하는 일에 참여했다가 우드사이드 고등학교에서 온 리로이 핑클이라는 선생님을 만났는데, 핑클은 아이들에게 컴퓨터를 가르치겠다는 열정이 알브레히트와 같았다. 핑클과 함께 알브레히트는 디맥스^{Dymax}라는 컴퓨터 서적 출판사를 시작했다. 디맥스는 벅미니스터 풀러가 dynamism(활력)과 maximum(극한)을 결합해 상표로 등록한 단어인 디맥션^{dymaxion}을 찬미하는 이름이었다. 이 영리 회사는 알브레히트가 소유한(운 좋게 DEC 사 상장 때 사둔) 상당한 주식을 자본으로 출발했으며, 곧 회사는 베이식 사용서 시리즈의 출판권을 따냈다.

알브레히트와 디맥스 사람들은 DEC PDP-8 미니컴퓨터를 구하게 되었다. 이 멋진 기계를 보관하기 위해 회사는 본사를 멘로파크로 옮겼다. DEC 사와 맺은 계약에 따르면, 알브레히트는 컴퓨터와 터미널 몇 대를 얻는 대신 『My Computer Likes Me』라는 책을 써주기로 했다. 단, 약삭빠르게 저작권은 알브레히트가 보유했다(책은 40만 부 이상이 팔렸다). 알브레히트는 약장수 행사를 부활해 장비를 폭스바겐 버스에 싣고 학교를 돌아다니며 순회공연을 벌였다. 장비는 더 들어왔고, 1971년 무렵이 되자 디맥스는 젊은 컴퓨터 사용자들, 신예 해커들, 장래 전문 컴퓨터 교육자들, 기술-사회 불평분자들이 들락거리는 집합소가 되었다. 그동안 알브레히트는 (도시에서 30마일 정도 떨어진) 비치 하버에 정박한 돛대가 두 개 달린 12미터짜리 보트로 이사했다. "생전 항해를 해본 적은 없습니다. 단지 보트에서 살 때가 되었다고 판단했습니다"라고 훗날 알브레히트가 말했다.

컴퓨터를 보급하는 일에 앞장선 알브레히트는 기술을 악마로 취급하는 팔로 알토 히피족으로부터 종종 비판을 받았다. 그래서 알브레히트가 사람들을 컴퓨터 세상으로 끌어들일 때 사용하는 방법은 교활한 마약상과 비슷했다. "그냥 이 게임 한 번 해보세요. 느낌 괜찮죠? 잘 아시겠지만 당신도 이런 게임을 직접 짤 수 있답니다." 훗날 알브레히트는 이렇게 설명했다. "우리는 은밀하게 움직였습니다. 무의식적으로, 우리는 장기적인 관점에서 접근했습니다. 누구든 컴퓨터를 쓰고 싶어 하는 사람을 격려하고, 사람들에게 프로그램 짜는 법을 가르치는 책을 쓰고, 누구든 컴퓨터를 써보며 재미를 느껴볼 장소를 만들었습니다".

하지만 디맥스에는 반체제 인물이 많았다. 회사는 컴퓨터에 미친 긴 머리 풀뿌리 민주주의자로 가득했고, 그중 많은 수가 고등학생이었다. 밥 알브레히트는 아무도 따라잡기 어려울 정도로 빠르게 아이디어와 개념을 내뱉으며 수염 긴 전문가 역할을 수행했다. 어떤 아이디어는 뛰어났고, 어떤 아이디어는 쓰레기였다. 하지만 모든 아이디어는 알브레히트의 성격에서 우러나오는, 대체로 매력적이지만 한편으로 고압적인 카리스마가 묻어났다. 알브레히트는 직원들을 근처 피아노 선술집으로 데려가곤 했으며, 결국은 마이크를 잡고 민요 합창을 주도하곤 했다. 또한 디맥스 사무실 일부를 크리스마스 조명이 반짝이는 그리스 음식점으로 꾸미며 금요일 밤마다 댄스 수업을 열었다. 하지만 그중에서도 대중에게 컴퓨터를 보급하겠다는 생각이 가장 악마 같았다.

알브레히트는 이 운동을 연대기로 기록하는 출판물, 즉 새 운동에 피뢰침이 되어줄 출판물이 필요하다고 생각했다. 그래서 그룹은 『피플스 컴퓨터 컴퍼니』라는 타블로이드판 정기 간행지를 출간하기 시작했다. 『피플스 컴퓨터 컴퍼니』는 재니스 조플린의 록 그룹인 '빅브라더와 더홀딩컴퍼니'를 기념해 지은 이름이었다. 1972년 10월에 출간된 창간호 표지는 (이제 막 시작되는 황금기를 상징하고자) 석양으로 항해하는 가로 돛단배 그림과 다음과 같은 필기체 설명이 실렸다.

> 컴퓨터는 주로
>
> 사람을 위해서가 아니라 사람에 대항하기 위해 쓰입니다.
>
> **자유**를 주기 위해서가 아니라 앗아가기 위해서 쓰입니다.
>
> 이제 이 모든 상황을 바꿀 때입니다.
>
> 우리에게는...
>
> 피플스 컴퓨터 컴퍼니가 필요합니다.

》『**피플스 컴퓨터 컴퍼니**』 창간호(표지, 1쪽, 2쪽)   출처 http://www.digibarn.com

신문 구성은 『홀 어스 카탈로그』와 비슷했으며 다만 좀 더 즉흥적이고 좀 더 엉성했다. 한 면에 사용하는 글꼴은 4개에서 5개 정도였고, 너무 급해 식자공을 기다리지 못하고 보드에다 직접 기사를 휘갈기는 경우도 많았다. 이것은 모든 것을 아우르면서도 성급한 알브레히트의 방식을 완벽하게 보여주는 사례였다. 독자들은 컴퓨터를 대중에게 퍼뜨리는 임무에 낭비할 시간이란 거의 없다는 인상을 받았다. 여백을 정확히 맞추고, 기사를 깔끔하게 배치하고, 너무 앞서 계획하는 자잘한 업무에 낭비할 시간은 확실히 없었다. 각 호는 컴퓨터 교에 빠져든 사람들 소식으로 가득했고, 그중 몇몇은 나라 반대편에서 알브레히트와 비슷한 작전을 시작했다. 이와 같은 정보는 민중의 컴퓨터 혁명 최전방에서 보내온, 컴퓨터에 취해 있는 재기발랄하고 열정적인 편지로 표현되었다. 학계 상아탑이나 지나치게 이상적인 연구 기관은 아무런 반응도 보이지 않았다. MIT 해커들과 같은 해커들은 PCC에 눈도 깜짝하지 않았다. 그들이 사랑하는 어셈블리 언어가 아니라 겨우 베이식 프로그램 목록을 게시하는 신문에 불과했으니까. 하지만 자신과 다른 사람들이 컴퓨터를 더 많이 사용할 방법을 찾으려다 PCC 타블로이드를 발견한 리 펠젠스타인과 같은 부류의 새 하드웨어 해커족은 글을 투고하거나, 프로그램을 제공하거나, 컴퓨터 부품 구매법을 공유하거나, 그저 격려하는 메시지라도 보냈다. 실제로 펠젠스타인은 PCC에 하드웨어 칼럼을 썼다.

신문이 성공하자 디맥스는 비영리 자회사인 PCC를 설립했다. PCC는 출판뿐만 아니라 급성장하는 컴퓨터 센터 운영도 맡았다. 컴퓨터 센터에서 강의가 열렸고 길거리에서 시간당 50센트를 받고 누구에게든 컴퓨터를 사용해볼 기회를 줬다.

PCC와 디맥스는 멘라토가에 위치한 작은 쇼핑센터 안에 있었다. 예전에 모퉁이 약국이 있던 장소로, 회사 사무실은 간이식당 형태의 방으로 꾸며져 있었다. "누구든 찾아오면 맥주 한 캔을 사와 식탁에서 이야기를 나눴습니다"라고 훗날 알브레히트가 회상했다. 옆 방 컴퓨터실에는 거대한 스테레오 수신기처럼 보이는 PDP-8

이 있었다. PDP-8 정면은 FM 다이얼과 일련의 스위치 대신에 반짝이는 빛으로 가득했다. 회색 텔레타이프 터미널 앞에 있는 의자 몇 개를 제외하면 가구라고는 쿠션 겸 침대 겸 장난칠 때 사용하는 무기로 사용하는 큰 배게 몇 개가 전부였다. 바닥에는 닳아빠진 녹색 카페트가 깔려 있었고, 낡은 책장에는 지역에서 최고이자 가장 잘 나가는 공상과학 소설 전집으로 채워져 있었다.

사무실에는 늘 컴퓨터를 조작하는 딸깍딸깍 소리가 났다. 터미널 하나는 PDP-8에 연결되었고, 다른 터미널 하나는 전화선에 연결되어 휴랫-패커드 사 컴퓨터를 사용할 수 있었다(휴랫-패커드 사가 PCC에 무상임대 형식으로 기증한 컴퓨터였다). 십중팔구 누군가 (점차 그 수가 늘어나는) PCC 해커들이 작성한 게임 중 하나를 하고 놀았다. 한 번은 집안일에 충실하던 주부가 아이와 함께 와 '직접' 써보고는 베이식 프로그래밍에 매료되어 자식과 집안일을 내팽개치기도 했다. 어떤 사업가는 주식 가격 예측 프로그램을 짜려고 덤볐다가 수많은 시간을 주식 예측 프로그램 만들기라는 불가능한 목표에 투자하기도 했다. 누구에게나 개방된 컴퓨터 센터에서는 무슨 일이라도 일어날 수 있었다. 알브레히트는 『세터데이 리뷰』에서 다음과 같이 말했다. "우리는 친근한 이웃 같은 컴퓨터 센터를 만들고 싶었습니다. 볼링장이나 게임방에 놀러 가듯 우리 센터에 들렀다가 컴퓨터로 즐기는 방법을 배우는 곳 말입니다".

사람들이 컴퓨터에 푹 빠지는 분위기는 의도한 대로 흘러가는 듯했다. 예를 들면 PCC에 관한 기사를 쓰려던 기자가 어느 날 5시 30분에 들렀는데 PCC 직원들이 그를 스타트렉이라는 게임이 돌아가는 텔레타이프 터미널 앞에 붙잡아 앉혔다. "문득 정신을 차려보니 누군가 내 어깨를 두드리며 집에 갈 시간이라 말했습니다. 그때가 새벽 12시 30분이었습니다". 며칠 동안 PCC에서 시간을 보낸 후 이 기자는 이렇게 결론지었다. "지금까지 총 28시간 동안 저 매혹적인 기계에서 게임 한 일 외에는 편집자에게 할 말이 하나도 없습니다".

매주 수요일 밤 PCC는 각자 음식을 조금씩 가져와 나눠 먹었다. 머릿속에서 아이디어가 스페이스워 어뢰처럼 날아다니는 알브레히트가 쉽게 안건을 따라오지 못하는 바람에 무질서한 PCC 직원회의가 끝나면 긴 탁자는 식탁보로 덮였고, 이 방은 점차 북캘리포니아주 대안 컴퓨팅계의 명목상으로는 다르나 실질적인 인물들로 채워졌다.

모임에 참석한 저명한 인물 중 누구보다 환영받는 존재는 테드 넬슨이었다. 넬슨은 해커 꿈의 성경이자 컴퓨터 혁명의 서사시인 『컴퓨터 립』을 직접 출판한 저자였다. 주변의 만류에도 불구하고 넬슨은 아주 고집스럽게도 자비로 책을 출판했다.

테드 넬슨은 시대에 훨씬 앞서 스스로 진단한 병이 있었다. 영화 '들백합'(Lilies of the Field, 1963)을 만든 감독 랄프 넬슨과 여배우 셀레스터 홈 사이에 난 아들이자 줄곧 사립학교를 거쳐 비싼 인문대에서 공부하던 학생인 넬슨은 스스로도 인정하듯 화를 아주 잘 내는 완벽주의자였으며 '혁신자'적 재능이 있었다. 1957년이라는 이른 시대에 록 뮤지컬을 썼으며, 돌고래와 의사소통하기 위한 돌고래 프로젝트에서 존 릴리와 일했고, 몇몇 영화 작업에도 관여했다. 하지만 넬슨의 머리는 훗날 넬슨이 설명하기를 무기력하게 '아이디어 속에서 허우적거렸다'. 넬슨이 컴퓨터를 만나 프로그래밍을 배울 때까지 말이다.

그때가 1960년이었다. 이후 14년 동안 넬슨은 이 직장에서 저 직장으로 옮겨다녔다. 최첨단 기업에서 일하다가 사무실 바깥으로 나오면 '복도에는 믿기 힘든 황량함'이 묻어났다. 넬슨은 IBM 배치 방식으로 인해 사람들이 컴퓨터의 무궁무진한 가능성을 못 보는 현실을 깨닫기 시작했다. 자신의 관찰을 귀담아듣는 사람은 세상에 아무도 없었다. 도대체 어째서?

마침내 화도 나고 필사적인 심정으로 넬슨은 '반문화 컴퓨터 서적'을 집필하기로 결심했다. 관심을 보이는 출판사는 없었다. 더구나 그가 요구하는 형식으로! 『홀 어스 카탈로그』나 『PCC』와 유사하게 배치하되 훨씬 자유롭게 만들었다. 특대 크기 종이에 읽기 힘들 정도로 작은 글자를 넣었다. 글자 주변에는 메모를 휘갈겨 쓰고, 심하게 아마추어적인 그림을 그려넣었다. 책은 두 부분으로 나뉘었다. 하나는 컴퓨터 립이라 불렸고, 다른 하나는 드림머신이라 불렸다. 전자는 넬슨이 바라본 컴퓨터 세상을 다루었으며, 후자는 넬슨이 생각하는 컴퓨터 미래를 다루었다. 주머니를 탈탈 털어 2,000불을 모아 ("제게는 큰돈이었습니다"라고 나중에 넬슨이 말했다) 넬슨은 훗날 사실상 해커 윤리에 대한 지침서가 될 책을 이삼백 부 찍었다. 서문 몇 장에서 넬슨은 사람들이 컴퓨터에 대해 품고 있는 나쁜 이미지를 한탄하고 이는 권위자들이 컴퓨터에 관하여 퍼뜨린 거짓말, 넬슨이 '컴퓨터 사기'라 부르는 거짓말 탓이라고 비난했다. THE PUBLIC DOES NOT HAVE TO TAKE WHAT IS DISHED OUT(대중은 주는 대로만 받을 이유가 없다)이라고 대문자로 선포하며 긴급한 행동을 촉구했다. 그는 대담하게 자신을 컴퓨터 팬이라 선언하고는 다음과 같이 말했다.

> 내게는 날을 세울 도끼가 있다. 나는 컴퓨터가 개인에게 유용하게 쓰이는 모습을 보고 싶다. 복잡할 필요나 비굴할 필요 없이 빠르면 빠를수록 좋다. 이 원리에 동의하는 사람은 누구든 내 편이다. 동의하지 않는 사람은 누구든 내 편이 아니다.
>
> 이 책은 개인의 자유를 지지한다.
>
> 그리고 제약과 강압을 반대한다.
>
> 거리에서 함께 외칠 구호 :
>
> 컴퓨터의 힘을 사람들에게!
>
> 컴퓨터 사기 타도!

"컴퓨터는 인기 있다"고 넬슨은 책에서 말했고, 느리지만 그래도 꾸준히 팔려 책은 결국 여러 쇄가 나왔다. 좀 더 중요하게 책을 추종하는 열광적인 팬들이 생겨났다. PCC에서 컴퓨터립은 컴퓨터가 마법이라는 사실을 조만간 모두 알게 되리라 믿을 또 하나의 이유였다. 저녁 식사 행사에 넬슨은 왕족처럼 대우받았다.

하지만 사람들이 저녁 식사에 참석하는 이유는 컴퓨터 혁명의 마법사들을 만나기 위해서가 아니었다. 그들이 참석하는 이유는 컴퓨터에 관심이 있어서였다. 어떤 사람은 중년 골수 하드웨어 해커였고, 어떤 사람은 컴퓨터에 유혹당한 중학생이었으며, 어떤 사람은 PCC PDP-8 해킹이 즐거운 긴 머리 십 대 소년이었고, 어떤 사람은 교육자였으며, 어떤 사람은 그저 보통 해커였다. 늘 그렇듯이, 밥 알브레히트와 같은 기획자들은 컴퓨팅 분야의 당면 과제를 논하는 반면, 해커들은 기술 정보를 교환하거나 알브레히트의 베이식 편애를 불평했다. 베이식은 구조가 제한적이라 기계 깊숙이 접근하기 어렵고 프로그래머의 권한을 줄이는 탓에 해커들은 베이식을 '파시스트' 언어라 불렀다. 저녁을 먹고 한두 시간이 지나면, 해커들은 딸깍거리는 터미널로 몰려가 버리고, 활동가들만 남아 이 개발이니 저 개발이니 열띤 논쟁을 벌였다. 그리고 그곳에는 늘 밥 알브레히트가 있었다. 위대한 컴퓨터 꿈의 빠른 성장에 상기된 채 방 뒤편에서 알브레히트는 절정을 향해 그리스 민속춤을 반복해 추었다. 음악이 있든 없든 말이다.

>>>>>>>>>>>>>>>>>>>>>>>>

구세주적인 목적의식이 끓어오르는 분위기 속에서 커뮤니티메모리 사람들은 프로젝트를 추진하고자 주저 없이 스스로를 던졌다. 에프렘 리프킨은 사용자 기본 인터페이스로 쓰일 대규모 프로그램을 고쳤고, 펠젠스타인은 팀셰어 사가 기증한 모델 33 텔레타이프를 손보기 시작했다. 수천 시간은 족히 사용한 터미널이라 CM으로 넘어왔을 때는 거의 고물이었으며, 하도 망가지기 쉬운 탓에 누군가 항상 옆에서 지켜야 했다. 자주 먹통이 되거나, 키보드 완충기가 끈적끈적해지거나, 줄바꿈을 빼먹고 다음 줄을 출력했다. 나중에 실험 과정에서 더 안정적인 해이절틴 1500 CRT 터미널을 구했지만, 그래도 문제가 생길 경우를 대비해 항상 누군가 터미널 옆에서 대기해야만 했다. 펠젠스타인은 프로젝트가 돌아가도록 만들 새로운 터미널을 개발할 작정이었고, 이미 새로운 하드웨어 프로젝트를 구상하기 시작했다.

하지만 하드웨어 개발은 나중 일이었다. 일단은 거리로 나가는 일이 급선무였다. 여러 주 동안 준비한 끝에 에프렘과 펠젠스타인을 필두로 여러 사람은 모델 33과 엎질러진 커피나 마리화나 재로부터 모델 33을 보호할 판지 상자 껍데기를 레오폴드 레코드점 앞에 설치했다. 시스템 사용법을 일러주는 포스터도 그랬다. 화려한 색상에 몽환적인 토끼와 구불구불한 선이 그려진 포스터였다. 그들은 사람들이 직장 찾기, 집 구하기, 차 얻어타기, 물물교환 등과 같이 실제 생활에 사용할 목적으로 컴퓨터를 사용하리라 기대했다. 너무 간단해서 누구든 쉽게 사용할 수 있으니까. 그저 ADD나 FIND 명령만 사용하면 되니까. 시스템은 해커 꿈의 애정 어린 변주곡이었고, 그들은 커뮤니티메모리의 모 회사에 붙인 특별한 이름인 자애로운 은총의 인공 두뇌학Loving Grace Cybernetics에 영감을 주었던 리처드 브라우티간이 지은 시에서 유사한 정서를 발견했다.

기계의 자애로운 은총이 보살피는 모든 존재

저는 사색을 좋아합니다

(그리고 빠를수록 좋아요)

포유류와 컴퓨터가

서로 사이 좋게 지내는 곳에서

깨끗한 물과 같이

맑은 하늘을 만지며

조화를 프로그래밍합니다

저는 사색을 좋아합니다
(바로 지금 말입니다!)
소나무와 전자공학으로 가득 찬
인공 두뇌학의 숲 속
사슴이 평화롭게 노니는 곳에서
마치 실을 잣는 꽃인양
컴퓨터는 떠져 나갔습니다

저는 사색을 좋아합니다
(그래야 합니다!)
인공두뇌 생태계에서
우리가 노동자를 자유롭게 해서
자연으로 돌아갑니다.
형제자매,
그리고 기계의 자애로운 은총이 보살피는 모든 존재인
포유류로 돌아갑니다.

레오폴드 레코드점 앞에 놓인 물건은 단순한 터미널이 아니었다. 자애로운 은총을 베풀어줄 기구였다. 숨 막히는 관료주의라는 그늘에서 벗어나 자애로운 해커 윤리로 비옥한 목초지까지 무지한 무리를 이끌어 줄 목자였다. 하지만 커뮤니티메모리 내부에도 의심을 품는 이들이 있었다. 펠젠스타인은 언제 고장 날지 조마조마한 터미널 보다, 컴퓨터가 버클리 레코드 가게라는 신성한 영역을 침범했다는 생각에 사람들이 보일지도 모르는 적대적인 반응이 훨씬 더 두려웠다. 펠젠스타인은 최악의 경우에 터미널을 돌보는 커뮤니티메모리 '선전꾼'들이 신기술을 반대하는 사나운 히피 폭도 무리에 대항해 몸으로 하드웨어를 보호하는 사태가 벌어질까 두려웠다.

근거 없는 두려움이었다. 실험 첫날부터 사람들은 터미널에 따뜻하게 반응했다. 그들은 호기심에 가득 차 터미널을 써보았고, 시스템에 넣을 내용을 떠올리느라 머리를 쥐어짰다. 실험을 시작하고 일주일 후 펠젠스타인은 레오폴드 레코드점 앞에서 모델 33 텔레타이프 터미널이 보낸 첫 닷새 동안 경험을 『버클리 바브』지에 실었다. 총 사용 시간은 1,434분이었고, 새로운 항목 151개가 입력되었으며, 세션 188개를 출력했고, 그중 32%는 성공적인 검색 결과였다. 폭력은 없었다. '100% 웃음이었다'고 펠젠스타인은 보고했다.

소문이 퍼지자 사람들은 필요한 정보를 찾으려고 터미널을 찾아왔다. 예를 들어 FIND HEALTH CLINICS(건강 진료소를 찾아라)를 입력하면 하이트-애스베리 의료연구진료소에서 조지 잭슨 민중 무료 진료소까지 총 8곳에 이르는 병원 정보를 얻을 수 있었다. (베이 에어리어에서 맛있는 뉴욕식 베이글 가게를 찾으려고) BAGELS를 입력하면 네 건의 결과가 출력되었다. 세 건은 베이글 소매상 이름이었고, 나머지 하나는 베이글 만드는 방법을 직접 보여주겠다며 전화번호를 입력한 마이클이라는 사람이었다. 사람들은 체스 상대, 공부 상태, 보아 뱀 교미 대상을 찾았다. 식당과 레코드판에 대한 팁을 교환했다. 아기 보기, 짐 옮기기, 문서 입력, 타로 읽기, 배관 고치기, 판토마임, 사진 등과 같은 서비스도 제공했다('달콤한 멋쟁이가 비영리 사진/모델링/둘 다에 관심 있는 사람들을 찾습니다. 옴 샨티').

특이한 현상이 일어났다. 프로젝트가 진행되면서 사용자들은 미지의 영역으로 들어가기 시작했다. 커뮤니티메모리 사람들이 하루 동안 입력된 항목을 살피다 보면 어느 범주에도 들지 않는 항목이 발견되곤 했다. 예를 들어 "너는 너 자신의 가장 좋은 친구다"라는 메시지가 있었다. 첨부된 키워드는 "친구, 애인, 개, 너, 나, 우리,

감사"였다. "다른 행성에서 온 외계인이 우주선을 고칠 유능한 물리학자를 구합니다. 지자기 유도에 관한 지식이 없는 사람은 지원하지 마십시오"라는 메시지도 있었다. "신이시여, 어째서 저를 저버리셨습니까"라는 메시지도 있었으며, 긴즈버그*, 더 그레이트풀 데드†, 알로거스리‡, 셰익스피어가 쓴 수수께끼 문구를 인용하는 메시지도 있었다. 물론 벤웨이 박사와 비밀스러운 인터존이 쓴 메시지도 있었다.

네이키드 런치에 등장하는 인물인 벤웨이 박사는 기호 시스템의 조작자이자 통제자이며 심문, 세뇌, 통제에 있어 모든 단계에 통달한 사람이었다. 이 정신 나간 사용자가 누구든, 벤웨이는 XDS-940 저장소 비트를 쓸데없는 장황설로 채우고, 형언하기 어려운 비전이 담긴 삐딱한 시평을 내뱉고, 무장 혁명을 부르짖으며, 전체주의가 오리라는 끔찍한 예측을 역설적이게도 1984년 스타일의 컴퓨터 기술을 급진적이고 창의적인 방식으로 사용해 표현하는 식으로 내놓았다. 벤웨이는 '벤웨이가 여기 왔다. 나는 이 비옥한 데이터베이스 모래 속에 단지 한 사람의 방문객일 뿐이다'라고 판에 박힌 등장 문구를 입력해 스스로를 밝혔다. 해커들이 이미 발견했듯이 이상한 인격을 표방하는 사람은 벤웨이 한 명만이 아니었다. 컴퓨터는 상상력의 무한한 확장을 뜻했으며, 어떤 모습이든 원하는 자화상을 아무런 도덕적 판단 없이 보여주는 거울이었다. 무엇을 입력하든 사용자가 메시지에 남기는 유일한 지문은 상상력이었다. 해커가 아닌 사람들이 이와 같은 아이디어에 열광한다는 사실은 누구든 접근할 수 있는 곳에 있는 컴퓨터의 존재 자체가, 즉 신기술이 제시하는 가능성을 맛볼 기회 자체가 사회적 변화를 촉발할지도 모른다는 뜻이었다.

훗날 펠젠스타인은 이렇게 회상했다. "눈이 번쩍 떠지는 깨달음을 주는 놀라운

---

* 옮긴이_ Ginsberg. 1950년대 후반 미국에서 일어난 반체제, 반정치, 반지성적인 비트 운동을 이끈 시인이다.
† 옮긴이_ The Grateful Dead. 1960년대와 1970년대를 풍미하던 비주류 언더그라운드 밴드로 애호가들 사이에서는 록의 지존으로 추앙받고 있다.
‡ 옮긴이_ Arlo Guthrie. 밥 딜런의 정신적인 스승이자 포크의 전설인 우디 거스리의 장남으로 태어났으며, 역시 뛰어난 포크 가수로 활동했다.

경험이었습니다. 민중의 공원*과 자유언론운동Free Speech Movement에서 내가 겪었던 경험과 같았죠. 맙소사! 사람들이 이렇게 할 수 있다는 사실을 저는 미처 생각도 못했습니다!"

주드 밀혼은 자신의 온라인 아바타를 만들었고 시도 썼다. "정말 재미있었습니다. 꿈이 이뤄졌죠"라고 훗날 그녀는 이렇게 회상했다. 어느 CM 단골 방문객은 벤웨이와 전자 메시지를 주기적으로 주고받았다. 버로우즈가 묘사한 타락한 인신매매 시장을 기리는 컴퓨터 '인터존'을 만들고자 두 사람은 네이키드 런치 주제를 상세히 의논했다. 맨 처음 벤웨이는 이런 변화에 놀라움을 표명했지만 마치 매체의 민주적 가능성을 깨달은 듯 곧 인정했다. "벤웨이 로고를 복제하겠다는 일부 비도덕적인 해적들이 있다. 그렇게 하라... 공유재산이니까". 벤웨이가 쓴 글이었다.

주드 밀혼은 벤웨이를 만났다. 그녀의 묘사에 따르면 벤웨이는 '아주 수줍음이 많지만 커뮤니티메모리 세상 안에서 정상적인 생활이 가능한' 사람이었다.

그룹은 1년 반 동안 번성했다. 그동안 터미널은 레오폴드 레코드점에서 홀어스 억세스 스토어로 옮겨졌고, 샌프란시스코 미션가 공공 도서관에 두 번째 터미널도 설치되었다. 하지만 터미널은 계속 고장났고, 좀 더 튼튼한 장비가 필수라는 사실이 명백해졌다. 사실은 완전히 새로운 시스템이 필요했다. 메인프레임 XDS-940으로는 한계가 있었으며, 그 와중에 CM은 자금원인 리소스원과 사이가 틀어지고 있었다. 기다리고 있는 새로운 시스템도 없고, 돈과 기술도 부족하고, 왕성했던 구성원들의 에너지도 빠르게 바닥나는 상황에서 커뮤니티메모리는 새로운 뭔가가 급박하게 필요했다.

마침내 1975년, 완전히 지쳐버린 커뮤니티메모리 이상주의자들은 프로젝트를 계속할지 그만둘지 결정하기 위해 한자리에 모였다. 아주 즐겁고도 고단한 한 해였다. 프로젝트는 '가능성과 길을' 보여줬다고 펠젠스타인은 훗날 주장했다. 하지만 펠

* 옮긴이_ 미국 캘리포니아 버클리에 있는 민중의 공원은 1960년대 후반 급진적인 정치 운동 기간에 만들어졌다.

젠스타인과 구성원들은 현재 상태로 프로젝트를 지속하기는 '너무 위험하다'고 판단했다. 일련의 실망스런 결함과 무작위한 시스템 충돌로 인해 프로젝트가 흐지부지 사라지는 모습을 지켜보기에는 모두가 기술적으로나 감정적으로 너무 많이 투자한 탓이었다. 모두가 실험을 일시적으로 중단하자는 의견에 동의했다. 그래도 이것은 여전히 정신적으로 충격이 큰 결정이었다. "막 피어나려던 참에 싹이 잘려버렸습니다". 훗날 주드 밀혼은 이렇게 말했다. "우리와 커뮤니티메모리는 로미오와 줄리엣과 같았습니다. 우리 영혼의 반쪽이었죠. 그런데 갑자기 싹둑! 사라져버렸습니다. 봉우리가 잘려나가 버렸죠".

에프렘 리프킨은 다른 곳으로 떠나 컴퓨터에서 벗어날 방법을 한 번 더 궁리했다. 다른 사람들은 기술 프로젝트, 사회 프로젝트 등 다양한 프로젝트에 참여했다. 하지만 아무도, 적어도 펠젠스타인과 같은 사람들은 꿈을 포기하지 않았다.

CHAPTER 09

모든 사람은 신이다

1974년 6월, 리 펠젠스타인은 버클리 어느 차고 위층에 있는 방 한 칸짜리 아파트로 이사했다. 편의 시설이라고는 온도 조절장치조차 없는 척박한 곳이었지만 월세가 겨우 185불이었고 한쪽 구석에 작업대를 설치하자 집이라 부르기 충분했다. 펠젠스타인은 그곳의 저렴한 경비와 이동성과 실용성이 마음에 들었다.

펠젠스타인에게는 구상 중인 디자인 프로젝트가 하나 있었다. 커뮤니티메모리 개념에 기반을 둔 컴퓨터 터미널 제작이었다. 펠젠스타인은 부주의한 사용자로부터 철저히 안전하게 보호된 터미널을 혐오했다. 기존에 사용했던 터미널은 정보만 내뱉을 뿐 나머지는 제작 과정부터 철저히 가려진 블랙박스였다. 펠젠스타인은 기계가 동작하는 모습을 사람들이 보아야 한다고, 기계와 소통하도록 사용자를 격려해야 한다고 믿었다. 컴퓨터처럼 유연한 물건은 사람들이 그만큼 유연한 활동에 참여하게 고무하는 법이다. 펠젠스타인은 컴퓨터 자체가 행동주의의 본보기라 보았고, 사람들에게 컴퓨터를 퍼뜨리면 해커 윤리도 퍼지리라 생각했다. 그것이 사람들에게 기계를 통제하는 권력뿐만 아니라 정치적인 압제자에 대항하는 권력을 주는 일이라 믿었다.

언젠가 아버지로부터 이반 일리치가 쓴 『성장을 멈춰라』(Tools for Convi

viality, 1973, http://clevercycles.com/tools_for_conviviality/#over)라는 책을 받았는데, 책 속에서 일리치가 펼치는 주장은 리의 생각을 더욱 확고히 굳혀주었다. "제가 보기에 최고 선생님들은 제가 이미 옳다고 아는 바를 말합니다". 훗날 펠젠스타인은 이렇게 설명했다. 일리치는 사람들의 편의만을 위해서가 아니라 장기적인 관점에서 사용자와 도구의 궁극적인 공생을 고려해 하드웨어를 설계해야 한다고 주장했다. 이와 같은 주장에 고무된 펠젠스타인은 일리치, 버키 풀러, 칼 마르크스, 로버트 하인라인의 사상을 모두 포용하는 도구를 구상했다. 바로 민중을 위한 터미널이었다. 자신이 구상한 터미널을 '장비를 갖고 놀 가능성이 가장 높은 평범한 미국 민중을 기리는 의미'에서 '톰 스위프트 터미널'이라 불렀다. 해커 꿈에 생명을 불어넣을 사람이 바로 펠젠스타인이었다.

그동안 펠젠스타인은 프리랜서 엔지니어로 계약해 프로젝트에서 나오는 수입으로 먹고살았다. 일거리를 구하는 곳 중 하나가 시스템 컨셉츠라는 회사였는데, 전화 마법사이자 프로그램 천재인 MIT 베테랑 스튜 넬슨과 TMRC와 TX-0 동창생인 피터 샘슨을 고용한 작은 회사였다. 펠젠스타인은 MIT와 관련한 모든 것을 수상쩍게 여겼다. 전형적인 하드웨어 해커인 펠젠스타인은 MIT 해커들의 (펠젠스타인이 보기에) 지나친 순수성, 특히 '패자'들에게 기술을 퍼뜨리는 문제에 그들이 보이는 무관심이 거슬렸다. "인공지능 분야에 관여했던 사람이라면 누구든 가망 없는 인물일 가능성이 컸습니다". 훗날 펠젠스타인은 이렇게 표현했다. "그들은 현실에서 너무나 동떨어져 진짜 세상에 대처할 줄 몰랐습니다". 그들이 "음, 근본적으로 이거면 충분합니다. 어쩌구저쩌구"라 말하기 시작하면 저는 그저 한 귀로 흘려들으며 이렇게 말했습니다. "친구여, 알겠습니다. 하지만 그건 쉬운 부분입니다. 우리가 하는 일은 그 나머지 전부입니다".

펠젠스타인이 품은 의심은 작은 체구에 황소고집인 스튜 넬슨을 만났을 때 확실히 굳어졌다. 만나는 순간부터 그들은 언쟁을 벌였다. 훗날 '내가 너보다 똑똑해'라는 전형적인 해커식 논쟁이라 표현한, 난해한 기술적 논쟁이었다. 특정 하드웨어 기교를 놓고 스튜는 가능하다고 주장했고 펠젠스타인은 (동작하지 않을지도 모른다는 어린 시절 편집증의 영향을 받은 엔지니어링 방식으로) 아니라 주장했다. 대형 목재 창고처럼 생긴 시스템 컨셉츠 사 건물에 앉아 펠젠스타인은 그들이 컴퓨터 기술을 민중에게 퍼뜨리는 일보다 우아하고 환상적인 컴퓨터 불꽃놀이를 즐기는 일에 더 흥미가 있다는 사실을 깨달았다. 펠젠스타인이 보기에 그들은 기술 궤변가였다. 펠젠스타인은 그들이 만드는 고도의 마법이나 그들이 외경하고 찬양하는 권위 있는 마법사 신전에는 관심이 없었다. 민중은 어디 있지?

그래서 전형적인 MIT 해커인 스튜 넬슨이 펠젠스타인에게 하드웨어 제품 하나를 빠른 시간 내에 설계하라며 능력 평가 시험에 상응하는 문제를 주었을 때 응하지 않았다. 스튜가 추구하는 기술적 명품을 만드는 일에는 아예 관심 없었으니까. 펠젠스타인은 그냥 자리를 떴다.

펠젠스타인은 다른 회사를 알아보면 된다고 생각했다. 1년에 8천 불만 벌면 충분하다고 계산했다. 불경기로 일거리가 귀했지만 그래도 분위기는 조금씩 좋아지고 있었다. 버클리에서 남쪽으로 80킬로미터 떨어진 곳, 실리콘 밸리가 활기를 띠기 시작했다.

반도에 있는 팔로 알토와 샌프란시스코 만 끄트머리에 있는 산호세 사이 32킬로미터 정도를 사람들은 '실리콘 밸리'라 불렀다. 정제된 모래로 만든 '실리콘'은 반도체 제조에 사용하는 자재였다. 20여 년 전 팔로 알토는 트랜지스터의 주요 생산지였고, 여기에 IC^Integrated Circuit라는 마법이 더해졌다. IC는 마치 머리 없는 로봇 곤충처럼 보였다(작은 플라스틱 사각형 칩 바닥에는 가는 금속 커넥터가 달렸고 칩 위에는 트랜지스터들이 압착되었다. 트랜지스터로 이뤄진 네트워크가 바로 IC였다). 그리고 드디어 1970년대, 산타클라라에 있는 인텔이라는 회사에서 일하는 대담한 엔지니어 3명이 마이크로프로세서라는 칩을 발명했다. 눈부시도록 정교하게 연결된 IC

집합체로 오늘날 컴퓨터 CPU 안에 든 복잡한 회로와 흡사했다.

이들 엔지니어의 상사들은 마이크로프로세서를 어디다 사용할지 여전히 궁리하는 중이었다.

어쨌거나 펠젠스타인은 갓 나온 신기술로 모험할 생각이 없었다. 리의 '잡동사니 부품 상자'식 엔지니어링 방식은 앞으로 계속 쓰이리라 확신하는 제품 이외 모든 것을 배제했다. 마이크로칩이 성공하고 (칩 설계와 프로토타입 제작에는 엄청난 돈이 들지만 일단 조립라인만 있으면 칩 생산에는 돈이 거의 들지 않으므로) 칩이 대량으로 생산되면서 가격이 빠르게 하락하자 1974년에는 마이크로칩이 부족해지는 사태까지 발생했고, 펠젠스타인은 업계가 새 마이크로프로세서를 지속적으로 넉넉히 공급하리라는 확신이 없었다. 펠젠스타인은 해커들이 컴퓨터 운영체제를 다루듯 사용자들이 컴퓨터 부품을 교체하고 고쳐가며 터미널을 쓰리라 생각했다. "기계적인 시스템이 아니라 살아 있는 시스템으로 말입니다". 훗날 펠젠스타인은 이렇게 설명했다. "도구는 재생 과정의 일부입니다". 이렇게 터미널을 사용하는 사용자들은 부품이 꾸준하게 필요하리라. 그래서 펠젠스타인은 마이크로칩 경쟁에서 뚜렷한 승자가 가려지길 침착하게 기다리며 '사람들이 자신의 목표를 자신만의 독자적인 방식으로 추구할 능력을 키워주는' 도구를 주창한 이반 일리치의 교훈을 되새겼다. 느긋한 분위기의 버클리에서 햇살이 따스한 날이면 펠젠스타인은 (60년대에 자신이 해방을 도왔던 녹색 지구인) 민중의 공원으로 스케치북을 가져가 흰 도화지에서 반사되는 햇볕에 타가며 회로도를 그렸다.

리는 어느 순간부터 자신의 관심이 순전히 직업적이라는 허세를 모두 벗어 버린 베이 에어리어 엔지니어 수백 명 중 한 명에 불과했다. 그들은 회로도와 전자공학의 직접 해보기 측면을 사랑했다. 비록 대다수가 낮에는 자일로그, 인텔, 네셔널 세미컨덕터 등 괴상한 이름의 회사에서 일했지만 밤에는 집으로 돌아와 에칭된 라인과 울퉁불퉁한 IC가 줄지어 서 있는 실크스크린 에폭시 보드 앞에 앉아 멋드러진 프로젝트에 몰두했다. 금속 상자에 납땜 된 보드는 라디오, 비디오, 로직 등 온갖 특이한 기능을 수행했다. 보드가 돌아가게 만드는 과정은 보드를 만드는 행위나 뭔가 해내는 시스템을 만드는 행위보다 더 중요했다. 이것이 해킹이었다. 자기 집 안방에서 컴퓨터를 만든다. 이것이 목표라면 목표였다. 특정 기능을 제공하기 위해서가 아니라 갖고 놀고 탐험하기 위해서! 궁극적인 시스템. 하지만 이들 하드웨어 해커는 자신들의 목적을 외부인들에게 털어놓는 경우가 드물었다. 1974년 당시만 해도 보통 사람이 가정에 컴퓨터를 둔다는 생각은 확실히 터무니없었다.

그럼에도 불구하고, 그것은 다가오는 미래였다. 하드웨어 해커들이 모이는 곳이라면 어디든 흥분이 느껴졌다. 펠젠스타인은 PCC 저녁 식사 모임에서 벌어지는 기술적 토론에 가담했으며 마이크 퀸 고물상에서 열리는 토요일 아침 헛소리 모임에도 참여했다.

샌프란시스코 베이 에어리어에 위치한 마이크 퀸 고물상의 규모는 TMRC 해커들이 크로스바 스위치와 스텝 릴레이를 구하려 어슬렁거렸던 케임브리지의 일라이 헤프론 고물상에 상응했다. 큼직한 규모와 희미한 회색에 2차 세계대전 시절에 사용하던 오클랜드 공항에 놓인, 격납고 구조처럼 생긴 유서 깊은 가게를 운영했던 대장은 비니 '곰' 골든이라는 인물이었다. 몇 센트짜리 스위치와 레지스터가 수북이 담긴 상자들로 어수선한 카운터에서 비니 '곰'은 친근감을 표현하고자 자신이 별명을 지어준 '구두쇠 은둔자'라는 하드웨어 해커들과 흥정을 벌었다. 중고 회로기판, 정부 매각 오실로스코프, 디지털 시계 LED를 두고 그들은 실랑이를 벌였다. 거대한 건물 속에서 낡아빠진 마룻바닥을 돌아다니며 하이에나-해커들은 수천 개에 이르는 IC, 축전기, 다이오드, 트랜지스터, 만능기판breadboard, 전위차계, 스위치, 소켓, 클립, 케이블이 담긴 줄지어 서 있는 수많은 상자를 뒤졌다. 가게에는 '못 찾으면 뒤져라'는 고딕체 문구가 있었고, 해커들은 이 충고를 충실히 따랐다. 사업에 실패한 백여 개 회사가 재고를 퀸 고물상에 버렸고, 운이 좋으면 대형 가스 제어 유닛이나 중고 컴퓨터 테이프 묶음이나 심지어 파일 캐비닛 크기의 중고 컴퓨터 테이프 드라이브도 찾아냈다. 덥수룩한 수염에 뚱뚱한 거구인 비니 '곰'은 고객이 골라낸 부품을 받아서 들어 면밀히 검사하고, 남은 수명을 추정하고, 고객이 부품을 연결할 수 있을지 궁금해하고, 자신의 머리 위에 붙여놓은 '가격은 고객 태도에 따라 달라집니다'라는 문구를 철저히 지켰다. 온갖 기술적 토론이 격렬히 벌어졌고, 대개는 비니 '곰'이 토론 상대의 지능을 슬쩍 모욕하는 소리를 웅얼거리며 논쟁이 끝났다. 물론 토론 상대는 또다시 고물 더미를 뒤지고 토론을 하기 위해 다음 주에 또 들렀다.

마이크 퀸 고물상 옆집은 빌 가드바우트가 운영하는 고물상이었다. 빌 가드바우트는 좀 더 거대한 규모로 고물을 취급했다. 흔히 특정 기능이 표준에 맞지 않아 정부로부터 퇴짜 맞은 칩과 부품이었는데, 다른 용도로 쓰기에는 전혀 부족함이 없었다. 합법적으로 이름을 거론하지 못하는 정부 기관에서 과거에 일하며 국제 스파이 작전과 비밀공작에 가담한 냄새를 풍기는 걸걸한 목소리에 체격이 우람한 현역 조종사인 가드바우트는 이렇게 구한 잉여 부품에 자기 브랜드 이름을 붙여 팔았다. 흔히 통신 판매로 구입이 가능한 논리 회로 키트였다. 어느 회사가 무엇을 주문하고 어느 회사가 무엇을 버리는지 백과사전에 맞먹는 지식을 보유한 가드바우트는 실리콘 밸리에서 일어나는 일을 모조리 꿰고 있는 듯이 보였다. 고물상이 점점 커지면서 가드바우트는 점점 더 많은 부품과 키트를 열정적인 하드웨어 해커들에게 제공했다.

펠젠스타인은 비니와 가드바우트와 수십 명에 이르는 다른 사람들을 알게 되었다. 하지만 펠젠스타인은 커뮤니티메모리 프로젝트가 무기한 중단되기 전 터미널을 사용해 연락한 하드웨어 해커 한 명과 특별히 친해졌다. 펠젠스타인이 버클리 기숙사 옥스포드 홀에 살던 시절에 대충 알던 사람이었다. 그 사람 이름은 바로 밥 마쉬였다.

멕시코 판초 빌라처럼 기른 콧수염, 길고 검은 머리, 창백한 피부, 날카롭고 풍자적인 어투, 거기에 체구가 작은 마쉬는 터미널로 펠젠스타인에게 메시지를 남겼었다. 『라디오 일렉트로닉스』 최신 호에서 읽은 장치를 만드는 프로젝트에 참여하고 싶은지를 물어보는 메시지였다. 이 기사에서는 돈 란케스터라는 하드웨어 해커가 자신이 'TV 타이프라이터'라 부르는 기기를 만드는 방법을 묘사했다. 값비싼 컴퓨터 터미널처럼 타이프라이터 식 키보드를 이용해 TV 화면에다 문자를 띄우는 장치였다.

마쉬는 어린 시절부터 하드웨어 광이었다. 아버지는 라디오 기사였고, 자신은 학창 시절 내내 아마추어 무선 라디오를 만졌다. 버클리에서 공학을 전공했으나 학업은 뒷전으로 미루고 대부분 시간을 당구장에서 보냈다. 결국 학교를 그만두고 유럽으로 건너가서 사랑에 빠졌다가 학교로 돌아왔다. 하지만 공학은 아니었다. 60년대는 공학을 굉장히 시시하게, 거의 보수 우파적이라 여기던 시절이었다. 하지만 마쉬는 하이파이 오디오 가게에서 스테레오를 팔고 고치고 설치하는 일을 했으며 생물학 학사로 졸업한 후에도 계속해서 일했다. 이상주의에 고취된 마쉬는 가난한 아이들을 가르치는 선생님이 되려 했으나, 아무리 좋게 봐도 학교란 학생들을 일렬로 앉히고 말문을 막아버리는 엄격한 곳이라는 사실을 깨닫고는 그만두었다. 전자공학이라는 자유로운 흐름의 세계에서 수년 동안 일한 경험은 마쉬에게 해커 윤리를 심어주었고, 마쉬의 눈에는 학교가 비효율적이고 억압적인 시스템으로 보였다. 심지어 교실을 개방하는 급진적인 학교에서 일할 때조차 마쉬는 학교가 여전히 엉터리이자 감옥이라 여겼다.

그래서 마쉬는 사업에 소질이 없는 탓에 스테레오 가게 운영에 실패한 후 결국 공학으로 되돌아갔다. 딕트란이라는 회사에서 일하던 친구 게리 인그램의 소개로 최초의 디지털 전압계를 만드는 자리에 취직했다. 그곳에서 몇 년 동안 일하며 마쉬는 컴퓨터라는 개념에 매료되었고 란캐스터Lancaster가 쓴 기사에 깜짝 놀랐다. 마쉬는 TV 타이프라이터를 컴퓨터에 연결해 터미널로 사용할 수 있을지도 모른다고 생각했다.

잡지사에서 제공하는 조립 키트를 구매한 마쉬는 마이크 퀸 고물상에서 부품을 사다 이리저리 장비를 개선하며 몇 주 동안 프로젝트에 몰두했다. 완벽히 돌아가게 만들지는 못했으나 직접 해본다는, 그러면서 뭔가를 배운다는 그 자체가 중요했다. 훗날 마쉬는 이렇게 설명했다. "아마추어 무선 라디오와 똑같았습니다. 돈을 들여가 며 방송으로 장비를 자랑하고 싶지는 않았습니다. 그냥 만들고 싶었습니다".

리는 마쉬가 CM에 남겨놓은 메시지에 응답했고, 두 사람은 CM 그룹 본사 정 문에서 만났다. 펠젠스타인은 마쉬에게 톰 스위프트 터미널에 대해 말해주었다. 톰 스위프트 터미널은 일반 가정 TV를 문자 출력 화면으로 사용하는 터미널로, 확장 할 여지가 무한한 '인공두뇌 구성 요소'였다. 마쉬는 감명을 받았다. 마침 마쉬는 무 직인 상태로 하루 대부분을 베이 4번가 임대 차고에서 TV 타이프라이터 해킹에 몰 두하던 중이었다. 기혼에 아이까지 있던 터라 경제적으로 궁핍한 마쉬는 펠젠스타 인에게 차고 임대료 175불을 나눠내자고 요청했고, 펠젠스타인은 자신의 작업대를 마쉬네 차고로 옮겼다.

그래서 마쉬는 자신의 프로젝트를 진행하는 동시에 빌 가드바우트로부터 디지 털 시계 부품을 사들여 멋진 목재 장식장에 장착할 궁리에 몰두했다. 친구 중 우수 한 목수가 있었다. 그동안 'Loving Grace Cybernetics'에서 이름을 딴 1인 기업 LGC 엔지니어링 컴퍼니 사장인 펠젠스타인은 터미널 제작에 돌입했다. 프로젝트 는 설계 프로젝트이자 철학적인 모험이었다.

중심 칩 하나가 모든 부품을 제어하는 일반적인 설계와 다르게, 리의 터미널은 복잡한 다단계 백업 체계로 동작했다. 모든 문자를 저장하는 '메모리'가 있었고, 그 메모리는 회로 '카드' 혹은 회로 기판에 놓였다. 다른 카드들은 키보드에서 문자를 받아 화면으로 출력했다. 프로세서가 흐름을 지시하는 대신, 카드들은 소위 키보드 와 같은 입력 장치에 계속 "주세요, 주세요, 주세요"라 청하며 항상 정보를 주고받았 다. 메모리는 터미널의 교차로였다. 나중에 컴퓨터와 비슷한 기능을 수행하고자 마이크로프로세서를 장착한다 할지라도, 그 강력한 칩은 메모리에 연결될 뿐이었다. 흔히 사용되는 방식대로 마이크로프로세서 하나가 장비 전체를 통제하지는 않았다. 분권화라는 개념이 고스란히 녹아든 설계였으며, 리의 편집증이 고스란히 드러나는 설계였다. 펠젠스타인은 모든 권력을 그저 그런 칩 하나에 몽땅 양도할 생각이 없었다. 이 부품이 고장 난다면? 저 부품이 고장 난다면? 여전히 펠젠스타인은 시스템이 죽으면 빈정거릴 태세를 갖춘 형이 어깨너머로 자신을 들여다보는 양 터미널을 설계했다.

하지만 펠젠스타인은 톰 스위프트 터미널이 영원히 살아남을 수 있는 방법을 알아냈다. 펠젠스타인이 구상하는 터미널은 사람들이 동호회를 만드는 시스템, 즉 자그만 톰 스위프트 터미널 동호회를 중심으로 발전하는 시스템이었다. 커뮤니티메모리를 되살리고, 세상에 활력을 불어넣고, 마이크 퀸 고물상이나 PCC 저녁 식사 모임에서 으뜸가는 화젯거리로 떠오르고, 심지어 사람들을 컴퓨터 세상으로 이끌 기반을 다져주고, 궁극적으로는 시장에서 독점적인 조작과 컴퓨터 사기로 번창하고 있는 사악한 IBM 체제를 무너뜨릴 시스템이었다.

하지만 이 대단한 터미널의 배선도에서 반사되는 햇볕에 리의 코가 빨개져 가는 동안에도 『파풀러 일렉트로닉스』지 1975년 1월호가 나올 시점에는 기계를 취미로 즐기는 구독자 수가 거의 50만에 육박했다. 1975년 1월 호는 표지에다 사람들에게 거대한 영향을 미칠 기계 사진을 실었다. 리의 상상 속에서 톰 스위프트 터미널이 세상에 미칠 영향만큼 거대한 영향이었다. 표지를 장식한 기계는 바로 컴퓨터였다. 그리고 가격은 397불이었다.

>>>>>>>>>>>>>>>>>>>>>>

그것은 뉴멕시코주 앨버커키에서 회사를 운영하는 특이한 플로리다 출신 인물이 만든 기계였다. 이 사람의 이름은 에드 로버츠였고, 회사의 이름은 Model Instrumentation Telemetry Systems를 줄인(혹자가 주장하기로는 Man In The Street을 줄인) MITS였다. 가장 친한 친구들에게조차 수수께끼 인물인 에드 로버츠는 그런 종류의 추측을 부추기는 사람이었다. 190cm가 넘는 키에 몸무게가 110kg이나 나가는 거인이었으며 정력과 호기심이 어마어마했다. 어떤 주제에 관심이 생기면 엄청난 열의로 파고들었다. "도서관 책장에 있는 책을 몽땅 해치우곤 했습니다". 훗날 로버츠는 이렇게 설명했다. 만약 어느 날 사진에 관해 호기심이 생기면 한 주 안에 완벽한 암실을 갖출 뿐만 아니라 전문가와 대화할 정도로 지식을 쌓았다. 다음으로는 양봉이나 미국 역사로 넘어갔다. 로버츠가 가장 깊이 매료된 주제는 기술과 기술의 활용이었다. 데이비드 버넬이라는 MITS 초창기 직원이 말했듯이, 호기심은 에드 로버츠를 '세계 최고의 애호가'로 만들었다. 그리고 당시 디지털 전자공학 세계에서 애호가라는 소리는 필경 하드웨어 해커라는 의미였다.

에드 로버츠가 MITS를 시작한 계기는 모델 로켓이었다. 처음 MITS는 로켓 애호가들이 쓰는 조명 점멸 장치를 제작했다. MITS 점멸 장치를 사용하면 뒷마당 로켓 과학자들이 하늘에 구멍을 뚫으려고 시도할 때 로켓이 날아가는 궤적을 촬영할 수 있었다. 여기서부터 로버츠는 MITS를 온도 감지기, 오디오 파형 생성기 같은 테스트 장비 제작으로 이끌었다. 다음으로는 LED를 사용하는 장비에 흥미를 느꼈고, 그래서 MITS는 디지털 시계를 만들었다. 회사는 디지털 시계의 완성품과 조립 키트를 모두 제공했으며, 소형 디지털 계산기에 필수적인 마이크로칩 기술의 발전을 활용하기 좋은 곳에 위치했다. 로버츠는 조립 키트 형태로도 디지털 계산기를 판매했고, 회사는 직원 수가 거의 100명에 이를 만큼 급속도로 성장했다. 하지만 직접 마이크로칩을 생산하는 텍사스 인스트루먼츠와 같은 '큰 형님들'이 시장에 뛰어들면서 작은 회사들이 계산기 가격을 급격히 낮추는 바람에 MITS는 경쟁에서 밀리기 시작했다. "우리가 계산기를 배송하는 비용은 39불인데 근처 문방구에서 29불에 팔던 시기가 있었습니다". 훗날 로버츠는 이렇게 회상했다. 엄청나게 힘든 시기였다. 1974년 중반에 이르자 MITS는 365,000불에 이르는 빚더미에 앉게 되었다.

하지만 에드 로버츠는 남몰래 준비한 대책이 있었다. 그는 인텔의 새로운 마이크로프로세서 칩에 대해 알았으며 칩 하나를 기반으로 컴퓨터를 만들 수 있다는 사실도 알았다. 컴퓨터 말이다! 공군에 복무하던 시절 컴퓨터를 처음 접한 이후로 로버츠는 컴퓨터의 힘에 경탄했으며 컴퓨터를 쓰기 위해 거쳐야 하는 복잡 난해한 단계를 혐오했다. 1974년경 에드 로버츠는 플로리다에 있는 어린 시절 친구인 에디 커리와 자주 대화했는데, 통화료를 아끼느라 그냥 카세트테이프를 교환할 정도였다. 카세트테이프 자체는 음향 효과와 배경 음악과 극적인 낭독을 포함한 한 편의 작품이었다. 어느 날 에디 커리는 로버츠로부터 종전과 전혀 다른 테이프를 받았다. 훗날 커리가 기억하는 바에 따르면, 로버츠는 그가 낼 수 있는 최고의 격앙된 목소리로 대중을 위해 컴퓨터를 만들겠다고 말했다. 컴퓨터 사제들을 완전히 그리고 영원히 제거할 뭔가였다. 로버츠는 인텔의 새로운 마이크로프로세서 기술을 이용해 세상에 컴퓨터를 보급할 참이었다. 비싸서 못 사는 사람이 없을 만큼 싸게 만들 작정이었다.

로버츠는 테이프를 보낸 후 커리에게 전화했다. 너라면 500불에 살래? 400불은? 그는 망해가는 회사에 몇 남지 않은 직원들과도 대화했다. MITS 직원이었던 데이비드 버넬은 훗날 이렇게 회상했다. "우리는 로버츠가 미쳤다고 생각했습니다".

하지만 로버츠는 일단 결심을 굳히면 어떤 압력에도 굴하지 않는 사람이었다. 컴퓨터를 만들겠다고 결심했고, 그것으로 끝이었다. 인텔의 현재 칩인 8008로는 부족하다는 사실을 알았지만, 상당한 메모리와 다른 하드웨어를 지원하는 새 8080 칩이 나왔을 때 로버츠는 인텔에 전화하여 빈틈없이 흥정했다. 소량으로 구매하면 칩 가격은 개당 350불이었다. 하지만 로버츠는 소량에 관심이 없었다. 그래서 로버츠는 인텔에게 '한 방 먹이고' 개당 75불에 합의했다.

칩이라는 장애물을 해결한 후 로버츠는 회사 엔지니어인 빌 예이츠에게 하드웨어 '버스' 설계를 시켰다. '버스'는 컴퓨터 메모리를 비롯해 각종 주변 기기를 지원할 칩의 출력 '핀'에 배선된 지점을 연결하는 설정이었다. 버스 설계는 그다지 우아하지 않았지만 당장 해내겠다는 에드 로버츠의 완강한 결심을 반영했다(실제로 나중에 해커들은 설계자가 칩의 연결 지점과 버스의 연결 지점을 아무렇게나 무작위로 선택했다며 입을 모아 불평했다). 유사한 종류의 칩으로부터 컴퓨터를 만들 수 있다는 사실은 공공연한 비밀이었지만 그때까지 누구도 도전하지 않은 일이었다. 컴퓨터 제국의 큰 형님들은, 특히 IBM은 이런 생각 자체를 어리석게 여겼다. 세상에 어떤 바보가 조그만 컴퓨터를 원하겠는가? 심지어 칩을 만든 인텔조차 자기네 칩이 미니컴퓨터보다 신호등 제어기와 같은 분야에 더 적합하다고 믿었다. 그럼에도 로버츠와 예이츠는 컴퓨터 설계를 진행했다. 버넬은 이 컴퓨터를 전체주의 거물 대기업에 빗대어 '작은동생'이라 부르자고 강력히 촉구했다. 로버츠는 컴퓨터를 조립 키트로 제공하면 사람들이 구매하리라 확신했다. 어쩌면 첫해에 몇백 명이 살지도 모른다고 생각했다.

에드 로버츠가 프로토타입 제작에 열중하는 동안, 뉴욕시에 있는 짜리몽땅 대머리 잡지 편집자도 로버츠와 비슷한 생각을 품었다. 레 솔로몬은 버나드 맬러머드 이야기에 나오는 부랑자이자 음침한 유머 감각을 지닌 브루클린 출신의 괴짜 전직 엔지니어였다. 이 지극히 평범한 외모의 남자는 팔레스타인에서 메나헴 베긴 편에 서서 시온주의자 용병으로 싸웠던 과거를 자랑했다. 또한 남미 인디언 마법사나 마녀의사를 만나 환각제를 복용하거나 그때까지 알려지지 않았던 존재의 의미를 깨달았던 자신의 특이한 여행 이야기를 털어놓기도 했다. 1974년 솔로몬은 자신이 일하는 『파퓰러 일렉트로닉스』지 구독자들을 기술 선봉에 세우는 동시에 그들에게 특이한 프로젝트를 제공하고자 컴퓨터 조립 키트를 설계할 사람을 찾는 중이었다. 훗날 그는 원대한 동기 따윈 없었던 듯 대수롭지 않게 말했다. "인간이 소유할 수 있는 희열은 두 가지뿐입니다. 하나는 자아이고, 다른 하나는 지갑입니다. 그렇습니다. 이 두 가지를 얻는다면 성공입니다. 기사를 구하는 책임은 제게 있었습니다. 『라디오 일렉트로닉스』라고, 디지털과 관련한 잡지가 또 하나 있었습니다. 그들은 인텔 8008 칩에 기반을 둔 컴퓨터 조립 키트를 내놓았죠. 저는 8080이 8008보다 우월하다는 사실을 알았습니다. 우리 잡지에 디지털 계산기에 관한 글을 기고했던 에드 로버츠에게 그의 컴퓨터에 대해 물어보았죠. 그것이 우리 잡지에서 끝내주는 프로젝트가 되리라는 사실을 깨달았습니다. 잘하면 월급이 오를지도 몰랐고요”.

하지만 솔로몬은 이것이 단순한 프로젝트가 아니라는 사실을, 자아와 지갑을 넘어서는 요소가 다분하다는 사실을 잘 알았다. 이것은 컴퓨터였다. 훗날, 꼬임에 빠진 솔로몬은 독자들에게 막 소개하려는 프로젝트에 관해 숨죽인 목소리로 이렇게 말했다. “컴퓨터는 마법의 상자입니다. 도구이자, 예술이자, 궁극적인 무술입니다. 헛소리가 숨어들 여지가 없습니다. 진실이 없으면 컴퓨터는 돌아가지 않으니까요. 컴퓨터를 속이지는 못합니다. 비트가 있거나 없거나 둘 중 하나입니다”. 솔로몬은 창조의 행위를 이해했다. 그것은 해커의 강박적인 열정으로 컴퓨터를 사용할 때 얻어지는 자연스러운 결과물이었다. “컴퓨터 세상에서 모든 사람은 신이 될 수 있습니다”라고 레 솔로몬이 말했다.

그래서 솔로몬은 에드 로버츠의 기계가 너무나 보고 싶었다. 에드 로버츠는 자신의 유일한 프로토타입을 항공 소포로 보냈고, 소포는 배송 도중에 분실되고 말았다. 유일한 프로토타입이! 그래서 솔로몬은 동작한다는 로버츠의 말을 믿고 회로도를 살펴보는 수밖에 없었다. 솔로몬은 믿었다. 어느 밤 솔로몬은 별생각 없이 딸에게 새 기계의 이름으로 무엇이 좋을지 물었다. 딸은 그날 저녁 방영된 TV 프로그램 스타 트렉에서 모선 엔터프라이즈가 알테어라는 별로 출발했다고 말했다. 그래서 에드 로버츠의 컴퓨터는 알테어라 불리게 되었다.

로버츠와 그의 설계 도우미 빌 예이츠는 자신들의 컴퓨터를 묘사하는 기사를 썼다. 1975년 1월 솔로몬은 MITS 주소와 더불어 기사를 실으며*. 유혹적인 정면 패널에 작은 스위치들과 빨간 LED 두 줄이 박힌, 에어컨 절반 정도 크기의 파란 상자였다. 나중에 정면 패널은 MITS 로고와 (컴퓨터 출력물에 쓰이는 글자체로) "Altair 8800"이라는 문구와 크롬 줄무늬가 박힌, 좀 더 세련된 모양으로 바뀌었다).

》『파퓰러 일렉트로닉스』지에 실린 알테어 8800

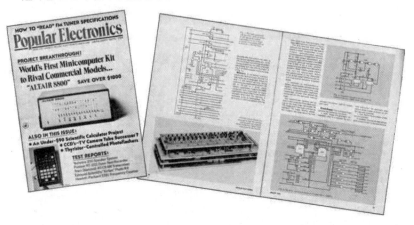

기사에 따르면 컴퓨터는 메모리가 256바이트에 불과했다. 입력 장치나 출력 장치는 없었다. 다시 말해, 외부에서 정보를 받고 외부로 정보를 제공하는 방법을 내장하지 않았다. 고통스럽게도 정면 패널 스위치를 이용해 사용자가 메모리 위치로 정보를 일일이 넣어야 했다. 사용자에게 정보를 전달하는 수단은 정면 패널에서 반짝이는 LED가 전부였다. 실용적인 측면을 고려하자면, 알테어 8800은 귀머거리에 장님에 벙어리였다. 전신이 마비되었으나 두뇌가 살아있는 사람처럼, 껍데기만 보면 알테어 8800이 외부와 대화할 수단이 없었지만 그 속에서 컴퓨터 두뇌는 살아 움직였다. 알테어 8800은 컴퓨터였고, 컴퓨터로 할 수 있는 일은 해커 자신의 상상력에 달려있었다.

----

* 397불에 기본 조립 키트를 판다고 광고했다. 1월 호 표지에는 알테어 8800 가짜 사진이 실렸다.

로버츠는, MITS가 헌신적인 애호가들에게 안정적인 조립 키트를 제공할 수 있는 수준으로 조립 공정을 다듬어 가는 동안, 대략 400건 정도의 주문이 조금씩 나뉘어 들어오리라 예상했다. 로버츠는 도박처럼 회사 미래를 알테어에 걸고 있다는 사실을 알았다. 원래 브레인스토밍에서 로버츠는 대중에게 컴퓨터를 보급해 사람들이 직접 쓰게 만들겠다고, 해커 윤리를 세상으로 퍼뜨리겠다고 말했다. 이와 같은 언급은 어느 정도 홍보용이었다고 훗날 로버츠는 시인했다. 로버츠는 회사를 구하고 싶었다. 기사가 나올 때까지 로버츠는 회사가 망해서 어쩔 수 없이 은퇴해야 할지도 모른다는 걱정으로 잠도 제대로 못 잤다.

드디어 구독자들 손에 잡지가 쥐어졌고, 로버츠의 걱정은 기우로 드러났다. 한번 울리기 시작한 전화는 멈추지 않았다. 우편 주문이 밀려들었고, 주문마다 수백 불에 이르는 MITS 장비를 주문하는 수표와 우편환이 동봉되었다. 독자들은 단순히 컴퓨터만이 아니라 컴퓨터를 더욱 유용하게 하는 추가 보드도 주문했다. 아직 설계되지도 않은 보드를 말이다. 어느 오후, MITS는 컴퓨터 400대를 주문받았다. 에드 로버츠가 감히 바라던 바로 그 숫자였다. 이후로도 미국 전역에서 자기 손으로 컴퓨터를 만들고픈 갈망에 목마른 수백 명으로부터 주문은 계속 밀려들었다. 3주 만에 MITS 은행 잔고는 마이너스에서 25만 불로 돌아섰다.

레 솔로몬은 이 현상을 어떻게 묘사했을까? "마법이라는 단어 외에는 달리 표현할 방법이 없었습니다. 알테어를 사면 직접 조립해야 하고, 돌아가게 하려면 다른 장비를 연결해야 했습니다. 괴상한 사람들이 하는 짓이었죠. 괴상한 사람이나 기계를 깜빡여보겠다고 부엌 아니 지하실에 죽치고 보드에다 이것저것 납땜하며 밤을 새울 테니까요. 가장 경악스러운 사실은 뉴멕시코주 알바커키에 있는, 생전 듣도 보도 못한 회사가 컴퓨터를 만든다는 사실이었습니다. 이 기사를 실은 잡지는 표지에다 '이제 400불에 자신만의 컴퓨터를 만드세요. 알바커키에 있는 MITS로 수표만 보내시면 회사에서 모든 부품을 보내드립니다'라는 문구를 내걸었습니다. 대다수 사람은 손전등 부속품에는 15센트 쓰기도 아까워하지 않습니까? 그런데 대략 2,000 명에 이르는 사람들이 제품도 보지 않고 300, 400, 500불에 달하는 수표와 우편환을 기술적으로 별로 알려지지 않은 주의, 별로 알려지지 않은 시의, 전혀 알려지지 않은 회사로 보내왔습니다. 이들은 달랐습니다. 이들은 새로운 땅을 탐험하는 모험가였습니다. 미국 초창기에 서부로 향했던 사람들과 같은 부류였죠. 캘리포니아, 오레곤 등 생전 듣도 보도 못한 곳으로 가겠다고 결정한 괴짜들 말입니다".

그들은 해커였다. 그들 역시 MIT 해커들에 못지않게 시스템에 대한 호기심이 넘쳤으나 PDP-6에 매일 접근하지 못하는 처지라 자신만의 시스템을 직접 만드는 수밖에 없었다. 직접 만든 시스템에서 얻어진 가장 중요한 성과는 스스로 시스템을 이해하고 탐험하고 고쳐가는 행위 자체였다. 그것은 창조의 행위였다. 컴퓨터라는 명료하고 논리적인 세상, 진실과 개방과 민주주의가 다른 어느 곳에서보다 더 순수한 형태로 존재하는 세상에서 그들은 자애롭게 힘을 행사했다.

훗날 로버츠는 권력에 대해 이렇게 말했다. "부를 논할 때 진짜 속뜻은 '당신이 몇 사람이나 통제합니까?'입니다. 만약 제가 당신에게 군인 만 명을 제공하면 당신은 피라미드를 만들 수 있습니까? 컴퓨터는 보통 사람이, 심지어 고등학교 1학년짜리가 지난 30년간 어느 수학자도 못한 일을 1주일 안에 해내는 힘을 줍니다".

알테어 기사에 충격받은 전형적인 사람 중 한 명이 긴 금발에 녹색 눈이 반짝이는 서른 살 먹은 버클리 건축 도급 업자인 스티브 돔피어였다. 『파퓰러 일렉트로닉스』지 기사가 나오기 1년 전 그는 가파르고 구불구불한 버클리 언덕을 운전해 음울한 기운이 감도는 거대한 벙커식 콘크리트 건물인 로렌스 과학 회관으로 갔다. 세상을 정복할 목적으로 지능적인 컴퓨터 두 대가 서로 협력하는 영화인 '포빈 프로젝트 The Forbin Project'를 촬영했던 장소였다. 박물관이자 교육 센터인 로렌스 과학 회관은 과학 능력을 키우려는 지원금으로 운영되었고, 1970년대 초반 컴퓨터 교육 프로그램을 책임졌던 사람은 밥 알브레히트의 원조 약장사 선전꾼이었던 밥 칸이었다. 센터에는 거대한 HP 시분할 컴퓨터에 연결된 암회색 텔레타이프 터미널 수십 대가 있었고, 센터를 처음 방문한 날 스티브 돔피어는 놀이기구 티켓을 사듯이 줄 서서 컴퓨터 1시간 사용권을 50센트에 샀다. 스티브 돔피어는 차례를 기다리는 동안 전시물을 둘러봤고, 마침내 덜그럭거리는 텔레타이프 터미널 30대가 있는 방에 들어섰다. 터미널실은 마치 시멘트 혼합기 속처럼 느껴졌다. 돔피어가 터미널을 켜자 라인 프린터는 맹렬한 기세로 'HELLO. WHAT'S YOUR NAME'이라는 문구를 찍어냈다. 스티브가 'STEVE'라고 입력하자 라인 프린터는 'HI STEVE WHAT DO YOU WANT TO DO'라고 찍어냈고, 스티브 돔피어는 완전히 마음을 빼앗겼다.

훗날 돔피어는 이렇게 묘사했다. "그것은 지능이 있는 마법 기계였습니다. 물론 기계가 돌아가는 방식은 이해하지 못했죠. 하지만 실제로 기계에 지능이 없다는 사실을 이해하기 전까지 처음 네다섯 달 동안은 모든 사람 얼굴에 같은 표정이 어렸습니다. 기계가 내 말에 대답하고 수학을 놀랍도록 빨리 계산하는 첫 번째 마법, 그것이 중독적인 요소였습니다". 스티브 돔피어에게 중독은 지속적이었다. 돔피어는 시스템에서 '스타 트렉' 같은 게임을 즐기거나 요셉 와이젠바움이 만든 엘리자 프로그램과 대화를 나누었으며, 베이직 프로그래밍 책을 구해 자잘한 루틴을 만들었으며, 『컴퓨터 립Computer Lip』을 읽고 기술적으로 정치화되었다. 로렌스 홀에 있는 컴퓨터에 전화로 연결하려고 집에다 텔레타이프 터미널을 사다 설치했으며, 집에서 새 우주게임인 트렉 '73을 몇 시간이고 계속했다. 이때, 돔피어는 알테어에 대한 이야기를 들었다.

스티브는 곧바로 알바커키로 전화해 카탈로그를 요청했고, 스티브가 받은 카탈로그는 컴퓨터 조립 키트, 선택적 디스크 드라이브, 메모리 모듈, 클럭 모듈 등 모든 것이 굉장했다. 그래서 스티브는 전부를 몽땅 주문했다. 자그마치 4천 불어치나! 새 컴퓨터 시스템으로 자신이 소장한 『파풀러 사이언스』잡지를 몽땅 정리하겠다는 명분이었다. 만약 특정 기사를 찾으려면, 말하자면 전열관에 관한 기사를 찾는다면,

컴퓨터에 HEAT PIPES를 친다. 그러면 컴퓨터는 ISSUE 4, PAGE 76, STEVE! 라고 말한다. 하지만 10년이 지나고 수많은 컴퓨터를 거쳤지만 스티브는 여전히 자신이 소장한 잡지를 정리하지 못했다. 컴퓨터가 갖고 싶었던 진짜 이유는 해킹하고 싶어서지 멍청한 색인 따위나 만들기 위해서가 아니었으니까.

MITS는 스티브에게 돈을 너무 많이 보냈다고 답장했다. 그가 주문한 장비 중 절반은 아직도 막연한 계획 단계에 있었다. 나머지 절반도 아직 존재하지 않았으나, MITS는 제품을 제작하는 중이었다. 그래서 스티브 돔피어는 기다렸다.

그해 스티브는 1월에 기다렸고, 2월에도 기다렸고, 그리고 3월 초에 기다리다 지친 나머지 공항으로 달려가, 비행기를 잡아타고, 알바커키로 날아가, 차를 빌린 후, 도로 이름 하나만 들고 알바커키를 돌아다니며 컴퓨터 회사를 찾아 나섰다. 실리콘 밸리에 있는 회사 여러 곳을 방문한 경험이 있던 터라 충분히 찾아낼 수 있으리라 믿었다. 널찍한 잔디밭에 스프링클러가 돌아가고 정문에는 'MITS'라 새겨진 투박한 나무판이 걸린, 길고 현대적인 단층짜리 건물을 찾으면 되겠지. 하지만 주소지 주변은 전혀 그런 분위기가 아니었다. 허름한 공단 지역이었다. 몇 번을 오간 후에야 스티브는 'MITS'라는 작은 간판을 발견했다. 작은 상가 건물 한구석, 마사지 가게와 빨래방 사이 창문에서였다. 만약 스티브가 근처 주차장을 살펴보았다면 몇몇 해커들이 주문한 기계를 기다리며 석 주 전부터 머물렀던 캠핑카를 발견했을 터였다.

건물로 들어간 돔피어는 조그만 사무실 두 개와 전화기에 매달린 비서 한 명이 전부인 MITS 본사를 발견했다. 수화기를 내려놓자마자 전화는 울려댔고, 비서는 매번 '네, 컴퓨터가 곧 나옵니다'라고 응답했다. 돔피어는 이 모든 상황을 유쾌하게 받아들이는 에드 로버츠를 만났다. 로버츠는 컴퓨터의 환상적인 미래, MITS가 IBM보다 커질 미래에 대하여 장황하게 늘어놓았다. 그런 다음 두 사람은 부품이 천장까지 쌓인 뒷방으로 갔다. 그곳에는 한 손에 정면 패널을 들고 다른 손에 LED 한 줌을 쥐어 든 엔지니어들이 일하고 있었다. 지금까지 만들어진 알테어는 그것이 전부였다.

MITS 시스템 키트는 미국 우편 규정을 엄격하게 준수하지 않았다. 잡지 표지에 실은 그림 외에 실제로 팔 물건이 없으면서 우편으로 돈을 받는 행위는 우편 규정상 바람직하지 않았다. 하지만 우체국으로 들어오는 불평은 많지 않았다. 급박한 사태를 돕고자 에드 로버츠의 친구인 에디 커리가 회사에 합류했을 때 에디 커리는 자신이 접한 어느 시카고 고객의 반응이 MITS 고객들의 전형적인 반응이라는 사실을 깨달았다. 한 예로, 어느 고객이 1년 전에 수천 불을 보냈는데 아무런 응답이 없다며 불평했다. "사기 아닙니까? 환불도 안 해주다니!"라고 그는 소리쳤다. 커리는 이렇게 말했다. "알겠습니다. 성함을 알려주십시오. 저희 경리부에서 즉시 환불해드리겠습니다. 이자를 붙여서요". 고객은 재빨리 겸손한 태도로 돌아왔다. "오, 아니, 환불은 바라지 않습니다". 그는 장비를 원했다. "이것이 고객의 사고방식이었습니다" 훗날 커리는 이렇게 회상했다. "사람들이 얼마나 절실하게 컴퓨터를 바라는지 믿기지 않을 정도였습니다".

에드 로버츠는 날아갈 듯한 기분이었다. 너무 바빠 주문이 얼마나 밀렸는지 걱정할 틈조차 없었다. 백만 불을 넘어서는 주문이 들어왔고, 자신의 계획은 그 이상이었다. 컴퓨터 혁명이 바로 자신의 회사에서 시작되었다는 사실을 명확히 확인시켜주는 새로운 사건이 매일 일어나는 듯 보였다. 심지어 『컴퓨터 립』의 저자인 테드 넬슨이 전화로 축하해주었다. 밥 알브레히트도 전화해 만약 로버츠가 PCC 검토용으로 동작하는 알테어를 자신에게 보내주면 알테어용 게임에 관한 책을 쓰겠다고 말했다.

마침내 MITS는 조립 키트 몇 개를 간신히 내놓았다. 스티브 돔피어는 로버츠에게서 당장 조립 가능한 부품 한 봉지를 얻은 후에야 MITS 본사를 떠났다. 이후 몇 달에 걸쳐 더 많은 부품이 UPS로 도착했고, 마침내 돔피어는 일련번호 4번 알테어를 조립하기에 충분한 부품을 확보했다. 일련번호 3번은 주차장에 살면서 배터리 납땜기로 작업하던 해커에게로 갔다. 문제가 생길 때마다 그는 캠핑카를 뛰쳐나와 문제가 납득될 때까지 MITS 엔지니어를 괴롭혔다. 그보다 훨씬 전에 조립된 프로토타입은 PCC로 갔으며, PCC는 처음부터 완성된 모델을 얻었기에 월등한 우위를 점했다.

알테어 조립은 쉽지 않았다. 훗날 에디 커리는 다음과 같은 발언으로 그 사실을 인정했다. "MITS 관점에서 조립 키트의 가장 좋은 점 중 하나는 우리가 보내는 부품을 우리가 테스트하지 않아도 된다는 점이었습니다. 하위 유닛을 테스트할 필요가 없었습니다. 완성된 유닛을 테스트할 필요도 없었습니다. 그냥 몽땅 상자에 담아서 배송하면 그만이었습니다. 상자 가득한 잡동사니를 어떻게 조립할지 알아내는 일은 불쌍한 고객 몫이었죠"(사실 에드 로버츠는 공장에서 조립하는 편이 훨씬 더 싸게 먹혔으리라고 말했다. 종종 좌절한 애호가들이 반쯤 완성한 기계를 MITS로 보내는 바람에 손해를 감수하고 조립을 마치는 경우가 잦았기 때문이다).

알테어 조립은 본질적으로 교육이었다. 디지털 로직과 납땜 기술과 혁신을 배우는 수업이었다. 하지만 달성 가능한 과제였다. 문제는, 조립을 끝내고 얻어지는 결과물이 겨우 256바이트 메모리에 LED가 반짝이는 상자라는 사실이었다. 프로그램을 넣으려면 손가락을 베이기에 십상인 조그만 스위치들로 8진수를 튕겨주는 방법뿐이었다. 프로그램이 내놓는 답을 이해하려면 반짝거리는 LED 한 무리로 나오는 8진수를 해석해야만 했다. 그것조차 8진수로 나왔다. 뭐, 그게 대수인가? 그것은 시작이었다. 그것은 컴퓨터였다.

PCC 사람들에게 알테어 8800의 발표는 크게 축하할 일이었다. PCC의 비공식적인 자매지 『마이크로-8 뉴스레터』가 이미 덜 강력한 인텔 8008 칩으로 컴퓨터를 돌리려던 시도는 모두가 이미 알고 있었다(캘리포니아주 롬폭에서 선생님이자 8008 광팬인 인물이 발간하는 『마이크로-8 뉴스레터』는 눈곱만한 서체에다 복잡하고 알아보기 힘들게 만들어진 간행물이었다). 하지만 사람들은 놀랍도록 저렴한 가격에 8080 칩을 사용한 알테어를 마치 예수의 재림인 양 여겼다.

1975년 『PCC』 첫 호는 한 페이지 전체에다 새 기계 소식을 전했다. 기사는 독자들에게 『파퓰러 일렉트로닉스』 기사를 읽으라고 촉구하며 밥 알브레히트가 쓴 친필 메모를 덧붙였다. "우리는 80xx 칩 위에 우리의 칩을 쌓을 겁니다. 인텔 8008이나 인텔 8080을 써서... 가정용 컴퓨터, 학교용 컴퓨터, 공동체용 컴퓨터, 게임용 재미용 컴퓨터를 만든다면... PCC 드래곤(편집자)에게 편지를 주세요!".

『PCC』에 하드웨어 리뷰 기사를 기고하던 펠젠스타인은 알테어를 굉장히 보고 싶었다. 그때까지는 차고를 같이 쓰는 밥 마쉬가 만들던 TV 타이프라이터가 최고의 관심사였고, 펠젠스타인은 설계자 돈 란캐스터와 서신을 주고받는 중이었다. 설계에는 출력 페이지마다 마지막 부분이 지워지는 치명적 결함이 있었다. 화면이 새 출력으로 갱신될 때 앞서 있던 출력을 지우는 방식인 '빙글빙글 도는 무도승'이라는 기법에 문제가 있었고, 펠젠스타인은 문제를 해결하는 보드를 설계할 생각이었다. 하지만 알테어가 나오자 모든 계획은 무효가 되었다. 펠젠스타인과 마쉬는 『파퓰러 일렉트로닉스』 기사를 읽었고, 잡지에 실린 모델이 가짜라는 사실을 즉시 깨달았다. 그들은 진짜 알테어가 나온다 하더라도 LED가 반짝이는 상자에 불과하리라는 사실도 곧바로 알아차렸다. 아무것도 없었다! 모두가 아는 지식, 아무도 이용하려고 덤비지 않았던 지식을 논리적으로 확장한 물건에 불과했다.

그럼에도 불구하고 펠젠스타인은 조금도 화나지 않았다. 알테어의 의의는 기술적 진보가 아니라는 사실을, 심지어 유용한 제품도 아니라는 사실을 펠젠스타인은 이해했다. 알테어의 가치는 가격과 약속에 있었다. 가격과 약속, 이 두 가지가 사람들이 조립 키트를 주문하고 자신만의 컴퓨터를 만들도록 유혹하는 요인이었다. MIT 같은 엘리트 상아탑 대학을 대수롭잖게 여기는 펠젠스타인은 하드웨어 해킹을 가르치는 최초의 대학이 생겼다는 사실에 환호했다. 바로 알테어 대학이었다. 납땜, 디지털 로직, 기술적 임기응변, 디버깅, 도움 청할 사람 알기 등과 같은 과목을 수료하면 학위가 주어졌다. 학위를 받고 나면 뭔가 해내는 물건 만들기 박사 과정으로 평생 입학할 준비가 갖춰졌다.

　MITS가 처음으로 조립한 알테어 몇 대 중 한 대를 PCC로 보냈을 때 밥 알브레히트는 이 기계를 펠젠스타인에게 일주일 동안 빌려주었다. 펠젠스타인은 알테어를 에프렘 리프킨 집으로 가져왔고, 두 사람은 알테어를 내려놓고 진귀한 조각상인 양 고이 모셨다. 알테어를 분해해 살펴본 펠젠스타인은 기계를 시스템으로 만드는 데 필요한 사항을 꿈꾸기 시작했다. 작은 마을에 내려꽂히는 번개 사진을 곁들여 『PCC』에 기고한 리뷰에서 펠젠스타인은 이렇게 묘사했다. "알테어 8800은 적어도 두 가지가 제대로다. 지금 있다는 점과 돌아간다는 점이다. 이 두 가지 사실만으로도 알테어는 적어도 내년 한 해 동안 대표적인 아마추어 컴퓨터로 확고히 자리 잡을 것이다".

　『PCC』는 임박한 혁명의 중심에 선 알테어 소식에 여러 페이지를 할당했다. 하지만 밥 알브레히트는, 비록 알테어에 열광적인 팬이었으나, 잡지가 다룰 핵심은 앞다투어 알테어를 주문하는 하드웨어 해커들이 경험하는 광기가 아니라 컴퓨터가 가진 원초적인 마법 자체라고 생각했다. PCC에는 많은 하드웨어 해커가 죽치고 앉아 시간을 보냈는데, 그중 한 명이자 컴퓨터에 관해 아주 정치적인 아이디어를 가진 이상주의자인 프레드 무어가 PCC에서 컴퓨터 하드웨어 교실을 열어도 되느냐고 알브레히트에게 물었을 때 알브레히트는 반대했다.

　그것은 전형적인 해커-기획자 충돌이었다. 기획자 알브레히트는 마법을 널리 퍼뜨리고 싶었다. 그에게 고차원 해킹이라는 강도 높은 광신은 부차적인 문제였다. 하드웨어 해커들은 기계 속으로 끝까지 들어가고 싶었다. 세상이 가장 순수한 형태로 존재하는 곳, 레 솔로몬의 표현처럼 "비트가 있거나 없거나 둘 중 하나인" 세상까지 깊숙이 도달하고 싶었다. 정치와 사회적 명분 따위와 무관한 세상으로 가고 싶었다.

　하드웨어 수수께끼를 파고드는 여정을 이끌고 싶어 하는 사람이 프레드 무어라는 사실은 역설적이었다. 왜냐하면 나름대로 무어는 해커보다 기획자에 가까웠기 때문이다.

프레드 무어가 컴퓨터에 관심을 가졌던 이유는 컴퓨터가 헌신적인 프로그래머에게 제공하는 즐거움 때문만이 아니라 사람들을 하나로 묶어주는 능력 때문이기도 했다. 프레드는 떠돌이 활동가였으며, 모든 사람이 모여 대화를 나누고 해결책을 공유하면 대다수 문제가 풀린다고 믿는 비폭력주의자였다. 때로 이런 믿음을 실천하기 위해 프레드 무어는 아주 괴상한 짓도 가끔 저질렀다.

가장 유명한 사건은 4년 전인 1971년 『홀 어스 카탈로그』 폐간 파티에서 일어난 일이었다. 편집자 스튜어트 브랜드가 참석자 1,500명이 정하는 사람에게 2만 불을 거저 주겠다고 발표하는 바람에 '잘 가라-카탈로그 파티'는 순식간에 혼란에 빠져들었다. 발표는 밤 10시 30분에 있었고, 이후 10시간 동안 파티는 마을 모임에서 의회 회의로, 토론으로, 싸움으로, 서커스로, 불만토로장으로 다양하게 변했다. 무리는 점차 줄어들었다. 새벽 3시경에 이르러 점괘를 뽑았으나 결론에 이르지 못했다. 그때 프레드 무어가 발언했다. 나중에 어느 리포터가 '곱슬머리와 수염에 강렬하고 진지한 표정의 젊은이'라 묘사한 무어는 돈이 구세주라 여겨지고 사람들이 매수당하고 있다는 사실에 분개했다. 무어는 파티 전체가 우울해지고 있다고 생각했고, 지금 일어나고 있는 사건이 돈보다 더 중요하다고 군중에게 선언했다. 무어는 어느 시인이 시집을 출판하려고 돈을 요청하자 누군가 "종이를 어디서 구할지 압니다"라고 했고 다른 누군가 값싼 프린터를 제안했다는 이야기를 언급했다. 무어는 사람들이 원하는 것을 얻기 위해 돈이 필요하지 않다고, 단지 자기 자신만 있으면 충분하다고 생각했다. 자신의 생각을 보여주고자 무어는 지폐를 태우기 시작했다. 그런 다음 사람들은 돈을 쓸지 말지 투표로 정하자고 결정했다. 무어는 투표에 반대했다. 투표가 사람들을 양분한다고 여긴 탓이었다. 투표라는 개념 자체에 대한 반대가 논의를 너무 흐려서 결국 투표를 이용한 여론 조사는 성사되지 않았다. 그런 다음, 한참 더 장황한 토론을 거친 후에, 무어는 "우리는 오늘 밤 여기 모인 사람들이 돈보다 훨씬 더 중요한 자원이라 생각합니다"라는 문구가 든 청원서를 돌리기 시작했다. 무어는 실용적인 네트워크를 구축해 서로 연락하며 지내도록 청원서에 서명하라고 사람들을 설득했다. 마침내 새벽이 훨씬 지나고 스무 명 남짓한 사람들이 남았다. 남은 사람들은 될 대로 되라며 프레드 무어에게 돈을 주라고 말했다. 『롤링 스톤』지 리포터의 설명을 인용하자면, "무어는 끈질기게 남아 있었고 모두가 기권하는 바람에 돈을 받았다. 무어는 한동안 놀라고 얼떨떨한 상태로 자신을 팔로 알토까지 태워줄 사람을 구하러 돌아다녔다. 돈을 은행에 입금해야 할지 큰 소리로 중얼거리다가 은행 계좌가 없다는 사실을 깨달았다".

프레드 무어는 그 돈을 은행에 넣지 않았다("돈은 전쟁을 일으킵니다"라고 무어는 말했다). 결국 무어는 자격 있는 몇몇 그룹에 수천 불씩 나눠줬다. 하지만 그 경험은 무어에게 두 가지를 증명했다. 첫째, 무어가 이미 아는 사실인 '돈은 악마였다'와 둘째, 사람들이 함께 모여 발휘하는 힘인 '돈 없이도 함께 뭉쳐 타고난 자원을 사용하면 뭔가를 이뤄낼 수 있다'는 사실이었다. 프레드 무어가 컴퓨터에 흥분한 이유가 여기에 있었다.

1970년대 스탠퍼드 의료 센터의 컴퓨터 센터를 우연히 방문한 이래로 여러 해에 걸쳐 무어는 컴퓨터에 관여해왔다. 당시 어린 딸과 폭스바겐 버스로 여행하는 중이었는데, 때로는 딸을 버스에 남겨두고 컴퓨터를 쓰러 갔다. 한 번은 너무도 정신이 팔려버린 나머지 경찰이 컴퓨터 센터로 찾아와 주차장에 방치된 어린 소녀에 대해 아는 사람이 있는지 물어볼 정도였다.

무어는 컴퓨터를 놀라운 촉진제이자 사람들이 자신의 환경을 통제할 방법으로 보았다. PCC 수업에서 자신이 게임을 가르치던 아이들로부터 무어는 이 사실을 확인했다. 아이들은 그저 즐겁게 놀았다. 무어는 일주일에 열세 번을 수업하며 신세대 친구들을 큰 데이터베이스로 한데 묶는 방법에 대해 많이 생각했다. 그런 참에 알테어가 발표되었고, 무어는 사람들이 함께 모여 알테어 사용법을 서로에게 가르쳐야 한다고 생각했다. 자신은 하드웨어에 관해 아는 바가 별로 없었고 만드는 방법도 거의 몰랐지만, 수업 듣는 사람들이 서로 돕는다면 해낼 수 있으리라 믿었다.

밥 알브레히트는 이런 생각을 좋아하지 않았고, 그래서 하드웨어 수업은 없었다.

프레드 무어는 또 다른 PCC 죽돌이 고든 프렌치와 이에 대해 이야기를 나누게 되었다. PCC에서 좌절감을 느끼던 고든 프렌치는 인텔 8008 칩으로 만든, 뭐 그럭저럭 돌아가는 (하드웨어 해커들 표현을 빌자면) '자가 양조식' 컴퓨터를 만든 컨설팅 엔지니어였다. 자신이 만든 시스템을 프렌치는 치킨 호크(말똥가리 무리)라 불렀다. 프렌치는 사람들이 자동차에서 엔진을 떼어내 다시 조립하기 좋아하듯 컴퓨터 만들기를 좋아했다. 프렌치는 뒤틀린 함박웃음에 긴 머리가 일찌감치 회색이 돼버린 멀쑥한 남자였다. 컴퓨터에 대하여 말하기를 굉장히 좋아했으며, 일단 컴퓨터 이야기로 입을 열면 마치 큰 렌치와 고무 작업복으로 무장한 배관공 한 무리가 매달려 잠가야만 멈추는 수도꼭지처럼 마구 쏟아냈다. 비슷한 사람과 만나고픈 바램으로 PCC에 왔지만 PCC 이사회에 넣어달라는 신청서는 기각되었다. 또한 프렌치는 수요일 저녁 식사 모임이 점점 사라져간다는 사실도 불만이었다. 알테어가 시장에 나왔고, 사람들은 열광했고, 모일 시간이 왔지만, 방법이 없었다. 그래서 프렌치와 무어는 컴퓨터 제작에 관심 있는 사람들의 모임을 시작하기로 결정했다. 자신들의 하드웨어 그룹! 좋은 컴퓨터 이야기로 가득하고, 전자공학 기법을 공유하고, 가능하면 시중에 나온 최신 제품 한두 개를 시연해도 좋으리라. 조금은 불규칙적인 모임에서 출발해 어떻게 되어갈지 보려는, 단순한 하드웨어 해커들 한 무리였다.

그래서 지역 핵심 게시판 몇 곳에 (PCC, 로렌스 홀, 학교 몇 곳, 첨단 기술 회사 몇 곳에) 프레드 무어는 다음과 같은 게시물을 붙였다.

아마추어 컴퓨터 사용자 그룹 홈브루 컴퓨터 클럽… 이름은 맘대로

직접 컴퓨터를 만드십니까? 터미널? TV 타이프라이터? I/O 장치? 혹은 다른 디지털 흑마술 상자?

아니면 시분할 서비스에서 시간을 구매하십니까?

그렇다면 흥미가 비슷한 사람들 모임에 오십시오. 정보를 공유하고, 아이디
어를 교환하고, 프로젝트를 도와주고, 무엇이든...

모임 날짜는 1975년 3월 5일이었고 장소는 멘로 파크에 있는 프렌치의 집이었
다. 이렇게 프레드 무어와 고든 프렌치는 마지막으로 해커 꿈이 피어났던 무대를 마
련했다.

CHAPTER 10

홈브루 컴퓨터 클럽

3월하고도 다섯 번째 날 밤, 실리콘 밸리에는 비가 내렸다. 아직 이름 없는 그룹의 첫 모임에 참석한 32명은 차량 두 대를 주차할 수 있는 고든 프렌치의 차고 속 딱딱한 시멘트 바닥에 앉아 빗소리를 들었다.

모임에 참석한 일부는 서로 안면이 있었지만 나머지는 프레드 무어가 붙인 게시물을 보고 무작정 찾아왔다. 리 펠젠스타인과 밥 마쉬는 리의 낡은 소형 트럭을 몰아 버클리에서 왔다. 밥 알브레히트는 그룹의 탄생을 축하하고 MITS가 PCC에 빌려준 알테어를 자랑할 겸 참석했다. 초창기 인텔 4004 칩으로 거의 불가능한 컴퓨터를 직접 만들었던 프리랜서 엔지니어 톰 피트만은 직전 달 컴퓨터 학회에서 프레드 무어를 만난 후 관심사가 비슷한 사람들을 더 만나고 싶었다. 여전히 나머지 알테어 부품을 기다리는 스티브 돔피어는 로렌스 홀에 붙은 게시물을 보고 왔으며, 전자기기 부품 상점을 운영하는 마티 스퍼겔은 엔지니어들에게 칩을 홍보하러 참석했다. 앨런 바움이라는 휴렛-패커드 사 엔지니어는 모임에 대해 듣고 주제가 새로운 저가 컴퓨터인지 궁금해서 참석했다. 바움은 고등학교 시절부터 알던 친구이며 회사 동료이기도 한 스티븐 워즈니악을 끌고 왔다.

　차고에 모인 거의 모두가 하드웨어에 미쳐있었다. 새 모임이 하드웨어를 공부하는 일종의 사교 모임이 되리라 기대하는 프레드 무어를 제외하고 말이다. 프레드 무어는 그날 모인 사람들이, 훗날 고든 프렌치의 표현을 빌자면 '한 지붕 아래 모이기 힘든 정말 최고의 엔지니어와 기술자'라는 사실을 알아채지 못했다. 그들은 집에다 컴퓨터를 들이는 일에 지대한 관심을 가졌다. 공부하려고, 갖고 놀려고, 컴퓨터로 뭔가 해보려고... 컴퓨터를 직접 만들어야 한다는 사실은 문제가 되지 않았다. 알테어는 그들의 꿈이 가능하다는 증거였으며, 목적이 같은 사람들을 만난다는 사실 자체가 전율이었다. 그리고 (차량 두 대는 고사하고 한 대도 온전히 못 들어갈) 고든 프렌치의 어수선한 차고 작업장에는 바로 그 알테어가 놓여있었다. 밥 알브레히트가 알테어를 켜자 LED가 반짝였고, 모두는 그 완강한 정면 패널 속에 와글거리는 작은 이진 비트가 있다는 사실을 알았다. LDA하고, JMP하고, ADD하면서...

　프레드 무어는 앞쪽에 탁자를 차려놓고 기록을 맡았고, 자신의 홈브루 8008 기계가 말할 수 없이 자랑스러운 고든 무어는 진행을 맡았다. 모두가 자신을 소개했다. 알고 보니 32명 중 6명이 어떤 형태로든 자신만의 컴퓨터 시스템을 만들어봤으며 알테어를 주문해놓은 사람도 여럿이었다. 곧바로 칩, 특히 8008의 상대적인 장점에 대해 토론이 벌어졌다. 사실 토론 거리는 무궁무진했다. 16진수 대 8진수, 8080 명령어, 종이테이프 저장 장치 대 카세트 대 종이와 필기… 그들은 각자 모임에서 원하는 바를 토론했고, 가장 많이 나온 단어는 '협력'과 '공유'였다. 가정에서 컴퓨터를 어떻게 활용할 수 있는지에 관해서도 토론했고, 일부는 게임과 가전기기 제어와 문서 편집과 교육을 제안했다. 펠젠스타인은 커뮤니티메모리를 언급했다. 알브레히트는 『PCC』 최신호를 나눠주었다. 스티브 돔피어는 알바커키로 순례갔던 경험과 MITS 사가 주문 물량 4,000여 대를 채우느라 얼마나 애쓰는지, 기본 키트 생산에 바빠 (알테어가 LED를 반짝이는 것 이상을 하게 만들) 추가 부품 생산은 꿈도 꾸지 못한다는 사실을 전했다.

》 **알테어** 8800

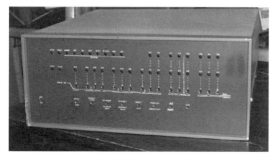

프레드 무어는 모임이 뿜어내는 에너지에 굉장히 흥분했다. 자신이 뭔가를 시작한 기분이었다. 당시는 그 지적인 열기의 원천이 컴퓨터 대중화가 일으킬 사회적 변화에 대한 기획자적인 사색이 아니라 기술에 매료되어 한껏 고조된 해커적인 심취라는 사실을 깨닫지 못했다. 기꺼이 함께 일하려는 모두의 태도에 들떠 무어는 2주에 한 번씩 만나자고 제안했다. 모두가 떠나려는 참에는 그룹이 실천하려는 자유 교역 개념을 상징이라도 하려는 듯 (나중에 그룹에서 고물상이라 불린) 전자부품 가게 주인 마티 스퍼겔이 인텔 8008 칩 하나를 들고 "이것 가질 사람?"이라 물었고,

수백만 불짜리 TX-0에 맞먹는 힘을 제공하는 손톱 크기의 기술 조각을 처음 손든 사람에게 던져주었다.

엉클 존 매카시의 고향이자 톨킨Tolkien풍 해커들의 고향인 작은 언덕 위 스탠퍼드 인공지능 연구실에서 열린 두 번째 모임은 40명이 넘는 사람이 참석했다. 그날 모임 대부분은 그룹 이름을 정하느라 보냈다. 무한소 컴퓨터 클럽, 작은 두뇌들, 스팀 비어 컴퓨터 클럽, 민중의 컴퓨터 클럽, 8비트 프로그래머, 베이 에어리어 컴퓨터 실험가들의 그룹, 미국 아마추어 컴퓨터 클럽 등이 후보에 올랐다. 결국 사람들은 베이 에어리어 아마추어 컴퓨터 사용자 그룹 – 홈브루 컴퓨터 클럽Homebrew Computer Club으로 결정했다. 마지막 세 단어는 실질적인 명칭이 되었다. 진정한 해커 정신에 의거해 그룹은 가입 절차가 없었으며, 비록 모임 공지와 소식지 비용으로 누구든 원하면 1불을 기부하자고 프렌치가 제안하자 세 번째 모임까지 52.63불이 모였지만 회비도 없었으며, 임원도 뽑지 않았다.

네 번째 모임이 다가오면서 홈브루 컴퓨터 클럽이 해커 천국이 되리라는 사실은 분명해졌다. 100명 이상 되는 사람들이 퍼닌술라 학교에서 모일 예정이라는 소식지를 받았다. 퍼닌술라는 멘로 공원 숲 근처에 위치한 외떨어진 사립 학교였다.

그즈음 스티브 돔피어는 알테어를 마침내 완성했다. 어느 아침 10시경 마지막 부품을 받은 돔피어는 곧바로 36시간을 쉬지 않고 매달렸으나 256바이트 메모리가 돌아가지 않았다. 6시간을 더 투자한 끝에 돔피어는 버그 원인이 인쇄 기판의 긁힌 자국이라는 사실을 알아냈다. 긁힌 자국을 대충 수선해 버그를 고치고 나니 컴퓨터로 무엇을 할지가 고민스러웠다.

알테어 조립을 끝낸 사람들에게 MITS 사가 제공하는 유일한 옵션은 기계어 프로그램이었다. 8080 칩 명령 LDA, MOV, ADD, STA, JMP를 사용하는 프로그램으로 숫자 두 개를 더하는 기능이었다. 입력은 정면 패널에 있는 아주 작은 스위치들로만 가능했으며, 프로그램을 실행한 후 반짝이는 8진수 LED 값을 머릿속에서 16진수로 변환하면 답이 나왔다. 최초로 달에 발을 딛는 역사적 인물이 되는 기분이리라. 수 세기 동안 인류를 괴롭힌 문제의 해답을 얻는다! 6에다 2를 더하면? 8! "컴퓨터를 아는 엔지니어들에게 그것은 놀라운 사건이었습니다". 초창기 알테어 소유자이자 홈브루 클럽 회원 해리 갈렌드는 훗날 이렇게 말했다. "물론 컴퓨터 문외한들은 이런 경험이 왜 놀라운지를 이해하지 못할 겁니다". 스티브 돔피어에게 이런 경험은 전율이었다.

스티브 돔피어는 거기서 멈추지 않았다. 돔피어는 모든 칩 기능을 확인하는 작은 기계어 프로그램들을 만들었다(알테어 메모리가 너무 작은 터라 프로그램도 엄청 작아야만 했다). 자신의 입력 장치 10개에, 그러니까 열 손가락에 두꺼운 군살이 박힐 정도였다. 8080 칩에는 72개에 이르는 기능 명령 집합이 있었고, 그래서 할 일은 많았다. 그러던 어느 날 아마추어 파일럿인 돔피어가 저주파 라디오 방송으로 일기예보를 들으며 일하다 숫자 정렬 프로그램을 테스트하려고 프로그램 '실행' 스위치를 눌렀을 때 아주 신기한 현상이 발생했다. 라디오가 지직! 지지직! 지지지지 직거리기 시작했다! 알테어 내부 여기저기서 비트가 바뀌면서 라디오가 전파 방해를 받는 소리였다. 돔피어는 라디오를 가까이 당긴 후 프로그램을 다시 돌렸다. 이번에는 지직 소리가 더 크게 났다. 돔피어는 가슴이 뛰었다. 알테어 8800 컴퓨터의 첫 입출력 장치를 발견한 순간이었다!

문제는 장비를 통제하는 방법이었다. 돔피어는 기타를 가져와 현을 튕겨봤다. 컴퓨터가 메모리 주소 075번에서 내는 소리가 F# 음과 같다는 사실을 알아냈다. 그래서 돔피어는 모든 음의 메모리 위치를 파악할 때까지 해킹을 계속했다. 여덟 시간 정도 걸려 모든 음계를 파악한 돔피어는 음악을 연주하는 프로그램을 작성했다. 비록 피터 샘슨의 우아한 PDP-1 음악 프로그램과 비교가 안 되게 단순한 프로그램이었지만, 돔피어가 그 미친 스위치들로 프로그램을 입력하는 데는 엄청난 그리고 고통스러운 시간이 걸렸다. 하지만 홈브루 그룹이 퍼닌슐라 학교에 모일 즈음 돔피어는 그가 우연히 발견한 악보의 첫 부분인 비틀즈의 '언덕 위의 바보Fool on the Hill'를 연주할 준비를 끝냈다.

모임은 공포 영화인 아담스 패밀리에 나올 법한 거대하고 오래된 목조 건물 2층 어느 방에서 열렸다. 물론 돔피어의 알테어는 경탄의 대상이었고, 돔피어는 모두에게 최초로 공개된 응용 프로그램을 보여주고 싶어 안달이 났다. 하지만 돔피어가 알테어를 켰을 때 컴퓨터는 동작하지 않았다. 회의실 콘센트가 작동하지 않는 탓이었다. 멀쩡한 콘센트 중 가장 가까운 것은 1층에 있었고, 1층부터 2층까지 기다란 연장선을 연결한 후에야 마침내 알테어는 돌아갔다. 비록 연장선 길이가 조금 짧아 컴퓨터가 회의실 문턱에 반쯤 걸쳐 있었지만 말이다. 돔피어는 오랜 시간 올바른 스위치를 튕겨가며 8진수 코드로 노래를 입력했고, 거의 끝나갈 즈음 복도에서 놀던 아이 두 명이 코드에 걸려 넘어지며 플러그를 빼버렸다. 이 사고로 메모리 내용이 몽땅 지워졌고, 돔피어가 비트 단위로 입력하던 내용도 함께 날아갔다. 돔피어는 다시 시작했고, 마침내 동작하는 알테어 응용 프로그램을 대중 앞에서 최초로 시연코자 모두를 조용히시켰다.

돔피어는 '실행' 스위치를 눌렀다.

크고 위협적인 컴퓨터 몸체 위에 놓인 작은 라디오가 윙윙거리는 쇳소리를 내기 시작했다. 일종의 음악이었고, 폴 매카트니의 애처로운 발라드 첫 몇 소절이 끝날 즈음 대개는 최신 칩의 소문에 대해 수다를 떠느라 와자지껄한 해커들은 경외로 가득한 침묵에 빠졌다. 스티브 돔피어의 컴퓨터가, 첫 학예회 무대에 서는 1학년 어린이의 순수하고 떨리는 천진함으로 노래를 연주하는 중이었다. 마지막 소절이 끝나자 완전히 얼이 나간 침묵만 남았다. 그것은 자신들이 공유하던 꿈이 현실이라는 증거였다. 불과 몇 주 전만 해도 막연하고 어렴풋이 여겨졌던 꿈이었다.

미처 충격에서 회복하기 전에 알테어는 다시 연주를 시작했다. (돔피어를 제외한) 누구도 잇따른 공연을 예상하지 못했다. 데이지라는 노래였고, 1957년 벨 연구실에서 최초로 컴퓨터가 연주한 노래라는 사실을 일부 해커들은 알았다. 컴퓨터 역사에서 그 중요한 사건에 필적하는 사건이 바로 자신들 귀 앞에서 울려 퍼지는 중이었다. 전혀 기대하지 못했던 앙코르 연주여서 음악은 마치 조상인 IBM 괴물과의 유전적 연관성에서 나오는 듯 느껴졌다(큐브릭의 2001스페이스 오디세이에 할이라는 컴퓨터가 죽으며 아이처럼 이 노래를 불렀을 때 암시된 개념이었다).

알테어가 연주를 끝냈을 때 침묵은 오래가지 않았다. 방안에서 커다란 환호와 박수가 터져 나왔고, 해커들은 서로 손을 맞잡으며 펄쩍펄쩍 뛰었다. 홈브루는 너무 열정적이라 컴퓨터 분야를 떠나지 못하는 전문가들, 기술의 가능성에 매혹된 아마추어들, 정부와 회사와 특히 IBM이 컴퓨터를 혐오스러운 사제직에 위탁해버린 억압적 사회를 뒤집겠다는 목표에 전념하는 기술—문화 게릴라 등 서로 어울리지 않는 남성들의 모임이었다. 펠젠스타인은 그들을 '탈출자 한 무리, 적어도 업계에서 일시적으로 탈출한 사람들'이라 불렀다. "감시하는 상사는 없었습니다. 우리는 모여서 중요하지 않은 일을 하기 시작했습니다. 큰 형님들이 하지 않는 일이었으니까요. 하지만 그것이 합당한 방식으로 뭔가를 이뤄낼 기회라는 사실을 우리는 알았습니다". 그것은 거의 컴퓨터 역사를 다시 쓰는 일이었고, 스티브 돔피어의 알테어가 보여준 간단하고 자그만 연주는 첫걸음을 내디딘 듯이 보였다. "컴퓨터 역사에서 중대한 성과라고 저는 생각했습니다". 밥 마쉬는 훗날 이렇게 말했다. 돔피어는 『PCC』 다음 호에 '음악, 나름대로'라는 제목으로 프로그램 기계어 코드와 자신의 경험을 실었고, 이후로 여러 달 동안 알테어 소유자로부터 전화가 쇄도했다. 때로는 한 번에 세 사람에게 한밤중에 전화로 바흐의 푸가를 연주해 보이기도 했다.

돔피어는 이와 같은 전화를 400통 넘게 받았다. 세상에는 생각보다 훨씬 많은 해커가 있었다.

>>>>>>>>>>>>>>>>>>>>>>>>>

리 펠젠스타인이 차고에서 만난 실업자 밥 마쉬는 그 작은 차고에서 벌어진 모임의 일원이 되었다는 흥분에 흠뻑 취해 홈브루 첫 모임을 떠났다. 그때까지 마쉬는 감히 개인용 컴퓨터라는 개념을 꿈꾸는 사람이 극소수라고 생각했다. 그런데 긴 머리 스티브 돔피어는 MITS라는 별 볼 일 없는 회사에 수천 건에 이르는 주문이 들어오더라고 전했다. 바로 그 자리 그 순간, 밥 마쉬는 향후 몇 년 안에 해커 친목 단체가 기하급수적으로 증가하리라는 사실을 깨달았다. 하지만 맹렬히 타오르는 불길과 마찬가지로 해커 친목 단체에도 연료가 필요했다. 알테어의 반짝이는 LED는 흥미진진했지만, 진짜 해커들이 온갖 주변 장치를 (MITS가 확실히 제공하지 못하는 주변

장치를) 요구하리라는 사실을 마쉬는 알았다.

하지만 누군가는 해야 할 터였다. 알테어는 새로운 시스템, 새로운 세상을 건설할 멋진 시스템의 기반이었다. PDP-1이나 PDP-6가 만족스러운 운영체제 없이 마술 상자 채로 MIT에 도착했을 때 MIT 해커들이 어셈블러와 디버거와 온갖 하드웨어 도구와 소프트웨어 도구를 만들어 새로운 시스템 제작과 심지어 응용 프로그램 개발을 용이하게 만들었듯이, 알테어 8800에 자신들의 족적을 남기는 일은 아직 조직화되지 않은 이들 하드웨어 해커의 몫이었다.

밥 마쉬는 이런 작업이 바로 새로운 시대, 굉장한 기회의 시작이라는 사실을 이해했다. 고든 프렌치의 차가운 마룻바닥에 앉아, 마쉬는 알테어 버스의 빈 슬롯에 연결할 몇몇 회로 보드를 설계하고 제작하려는 결심을 굳혔다.

이 같은 생각을 한 사람이 밥 마쉬 혼자는 아니었다. 사실 모임이 열렸던 멘로 공원 바로 옆 동네인 팔로 알토에서 해리 갈랜드와 로저 멜렌이라는 스탠퍼드 대학 교수 두 명이 이미 알테어용 추가 기능 보드를 제작하는 중이었다. 첫 모임에 대해 몰랐던 그들은 하드웨어 광들의 두 번째 모임에 참석했었으며 이후로 꼬박꼬박 모습을 드러냈다.

교수 두 명은 1974년 후반 장신의 거구 멜렌이 『파퓰러 일렉트로닉스』지 뉴욕 사무실로 솔로몬을 방문했을 때 알테어의 소문을 처음 접했다. 멜렌은 평소 자주 더듬거리는 바람에 아주 살짝 재기 발랄함을 망치곤 했다. 멜렌과 갈랜드는 취미가들이 여가에 즐길 만한 프로젝트 소개 기사를 써왔고, 막 TV 카메라 제어 장치 제작법에 대한 기사를 끝낸 참이었다.

멜렌은 솔로몬의 책상 위에서 이상한 상자를 발견하고 무엇인지 물었다. 솔로몬은 그것이 에드 로버츠가 보낸 알테어 프로토타입이라 말했다. 앞서 항공 소포로 보냈다가 잃어버린 프로토타입을 대체하는 모델로, 가격이 400불도 안 되는 8080 마이크로컴퓨터라 설명했다. 로저 멜렌은 그런 일이 가능하다고 생각하지 않았고, 솔로몬은 의심스럽다면 직접 알바커키에 있는 에드 로버츠에게 연락해보라고 말했다. 멜렌은 주저없이 에드 로버츠에게 전화했고, 서부로 돌아가는 길에 알바커키에 잠시 들르기로 결정했다. 멜렌은 컴퓨터 두 대를 구매할 작정이었다. 게다가 에드 로버츠는 멜렌과 갈랜드가 『파퓰러 일렉트로닉스』지에 기고한 프로젝트를 허가받아 사용했으나 한 번도 사용료를 지불하지 않았다. 그래서 멜렌이 에드 로버츠와 의논할 사안은 두 가지였다.

하지만 멜렌 생각에는 적절한 때에 나온 적절한 장난감인 알테어 컴퓨터가 단연코 더 중요했고, 그날 밤 멜렌은 알테어를 소유한다는 기대에 들떠 잠을 이루지 못했다. 마침내 수수한 MITS 본사에 도착한 멜렌은 집으로 가져갈 알테어가 없다는 사실에 실망했다. 하지만 맹렬한 비전으로 무장한 골수 엔지니어 에드 로버츠는 흥미로운 친구였다. 두 사람은 새벽 5시까지 비전의 기술적인 측면을 논했다. 그때는 『파퓰러 엘렉트로닉스』지에 알테어 기사가 실리기 전이었고, 로버츠는 사람들 반응이 어떨지 염려스러웠다. 그래서 알테어에 장착할 추가 기능 보드를 다른 누군가에게 위탁해도 나쁘지 않으리라 생각했다. 로버츠는 멜렌과 갈랜드에게 초창기 프로토타입을 보내기로 동의했다. 그러면 멜렌과 갈랜드는 알테어에 TV 카메라를 연결할 뭔가를 만들고, 이어서 비디오 이미지를 출력할 보드도 만들 계획이었다.

이렇게 갈랜드와 멜렌은 본격적인 사업에 뛰어들었다. 회사 이름은 그들이 한때 살았던 스탠퍼드 기숙사 크로더스 메모리얼을 기념해 크로멤코라 지었다. 두 사람은 홈브루 모임에서 비슷한 영혼들을 발견하여 굉장히 기뻤다. 그중 한 명이 자신의 친구 개리 잉그램을 설득해 프로세서 테크놀로지라는 회사를 함께 설립한 밥 마쉬였다.

마쉬는 알테어 소유자들의 가장 다급한 요구가 기본으로 내장된 찌질한 256바이트보다 큰 메모리라는 사실을 알았다. 그래서 마쉬는 메모리 2K를 제공하는 보드를 만들어야겠다고 계획했다(1K는 1,024바이트다). MITS도 자사 메모리 보드를 공표했고 일부 고객에게 이미 배송했다. 멋진 메모리 보드였으나 동작하지 않았다. 마쉬는 PCC에 있는 알테어를 빌려다 신중하게 살펴보고 설명서를 빠짐없이 탐독했다. 처음에는 설명서를 복사할 금전적 여유가 없었기에 그럴 수밖에 없었다. 마쉬는 '로버츠가 MITS를 운영하는 방식' 그대로 자신의 회사를 운영하기로 결정했다. 우선 제품을 발표한다. 그런 다음 제품 설계와 제조에 필요한 돈을 모은다.

그래서 4월 1일 만우절, 마쉬와 잉그람은 공식적으로 회사를 출범했다(은둔형 엔지니어 잉그람은 홈브루 모임에 참석하지 않았다. "모임은 잉그람 스타일이 아니었습니다"라고 훗날 마쉬는 말했다). 마쉬는 고생해서 돈을 긁어모아 계획 중인 제품군을 설명하는 안내지 50부를 복사했다. 4월 2일 마쉬는 세 번째 홈브루 모임에 참여해 안내지를 나눠주며 미리 주문하는 사람에게 20%를 할인해주겠다고 공표했다. 일주일이 지났지만 아무도 연락하지 않았다. 훗날 마쉬는 이렇게 표현했다. "절망을 느꼈습니다. 망했다, 실패할 거야"라고 생각했습니다. 그러다 첫 주문이 들어왔습니다. 겨우 45불짜리 ROM(메모리) 보드였습니다. 크로멤코라는 회사에서 '30일 신용거래'를 요청하는 주문이었습니다. 우리는 '도대체 크로멤코가 누구야? 왜 현금을 내지 않지?'라고 생각했습니다. 한 번 더 절망을 느꼈습니다. 완전히 망할 거야! 다음 날 주문 3개가 들어왔고, 이어서 일주일 안에 현금 2,500불이 들어왔습니다. 1,000불을 빼내 『파퓰러 일렉트로닉스』지에 그럴듯한 6쪽짜리 광고를 실었고, 그 후로는 완전히 아수라장이 되어버렸습니다. 두 달 만에 10만 불어치 주문이 들어왔으니까요".

흥미롭게도 마쉬나 다른 해커들이 운영하는 회사는 대규모 사업을 목표로 하지 않았다. 그들은 전자기기를 갖고 놀거나, 조그만 컴퓨터라는 신계계를 탐험하는 여가 활동에 돈을 댈 방법이 필요할 뿐이었다. 보드 만들기라는 열정을 품은 채 첫 홈브루 모임을 마친 마쉬와 다른 해커들에게 재미는 이제 시작이었다. 뭔가를 설계하고 만든다. 에드 로버츠의 복잡 미묘한 버스에 장착할 디지털 로직 IC^{Integrated Circuit}

보드의 얽힘과 설킴으로 스스로를 표현한다.

마쉬는 알테어용 보드 제작이 대작 소설을 쓰는 작업과 맞먹는다는 사실을 깨달았다. 가혹한 홈브루 논평가들은 주의 깊게 살필 기세였다. 그들은 돌아간다 아니다를 판단하는 데 그치지 않고 아키텍처의 상대적인 미와 안정성까지 평가할 터였다. 보드의 회로 배치는 설계자의 성격을 보여주는 창이었다. 심지어 설계자가 보드를 장착할 때 사용한 구멍의 품질처럼 극히 피상적인 요소조차 설계자가 동기, 철학, 기품에 전념하는 태도를 드러냈다. 컴퓨터 프로그램과 같은 디지털 설계는 "당신이 가진 마음을 가장 잘 보여주는 그림이다"라고 펠젠스타인이 언젠가 말했다. "하드웨어 설계를 보면 사람이 보입니다. 보드를 보면 이런 말이 나오죠. 맙소사, 이 친구는 지렁이처럼 설계하는군. 이쪽 끝에서 저쪽 끝으로, 게다가 그 과정에서 자신이 무슨 짓을 했는지도 모르잖아".

밥 마쉬는 프로세스 테크놀로지가 품질이 뛰어난 제품으로 알려지기 바랐다. 그래서 단순히 프로젝트를 완수하기 위해서가 아니라 제대로 완수하기 위해서 이후 몇 달을 기진맥진한 상태로 보냈다. 회사만이 아니라 마쉬의 자존심이 걸린 중요한 문제였다.

이런 과정은 그리 간단하지 않았다. 보드 기능을 결정한 후에는 기판 배치를 설계하느라 많은 밤을 지새웠다. 8080 칩 동작을 설명하는 매뉴얼을 들여다보며 이곳저곳 필요한 섹션 번호를 받아적고 (이 섹션은 입력으로, 저 섹션은 메모리로 지정한 후) 머릿속에서 검은 플라스틱 조각 내부의 미로 격자를 배치하기 시작한다. 접근을 위해 선택한 섹션이 얼마나 효과적인가는 그 그림을 머릿속에 얼마나 잘 그리고 얼마나 정확하게 담아두는지에 좌우되었다. 보드 한쪽 면을 향하는 연결은 파란색으로, 다른 면에 향하는 연결은 빨간색으로 표시하며 연필로 그렸다. 그런 다음은 마일라(폴리에스테르 필름)를 가져와 형광 테이블 위 격자 위에 올려놓고 주름 종이테이프를 사용해 개략적으로 연결 내용을 배치했다. 한 곳에 너무 몰린다든가, 배선이 너무 빡빡하다든가 하는 문제를 발견하면 배치를 바꿔야만 했다. 한 가지 실수만으로도 전체를 망칠 수 있었다. 그러므로 회로도의 중첩은 필수였다. 종이테이프로 배치한 설계 위에 오버레이(종이나 삽화에 얼룩이 묻지 않게 덮어 두는 판)를 올린 후 혹시라도 선 세 가닥을 한꺼번에 연결하는 등의 중대한 과실이 없는지 살폈다. 만약 회로도 자체에 오류가 있다면 그것으로 끝장이었다.

위층과 아래층에 들어가는 연결 상태가 독립적인 집합으로 유지하도록 보드를 여러 층으로 설계하는 방법도 적용했다. 때로 종이테이프가 벗겨지거나, 조그만 테이프 조각이 남아돌거나, 머리카락이 어딘가로 들어갔다. 이처럼 예상치 못한 실수는 청사진 출력소에서 만들어주는 (혹은 돈이 없어 복사기로 주의 깊게 복사한) 적갈색 복사지에 정확히 복제되어 파멸을 초래하는 합선으로 이어졌다. 그다음에는 보드 제작 회사에 구멍 뚫을 위치와 도금할 부분 등을 알려주는 정보를 회로도에 추가했다.

마지막으로 근처 보드 제작 회사를 찾아가 회로도를 건네주었다. 경기가 여전히 좋지 않은 터라 비록 꾀죄죄하고 삼류에 눈빛이 흐리멍텅한 하드웨어 해커가 내미는 주문이라도 그들은 기쁘게 받아주었다. 그들은 회로도를 디지타이저 위에 놓고 구멍을 뚫은 후 녹색 에폭시 자재 위에 수많은 은색 연결선을 만들었다. 이것은 사치스러운 방법이었다. 처음에는 돈이 없어 주방 스토브 위에서 직접 기판을 에칭했다. 인쇄 회로 기판에다 재료를 녹여 희미하게 선을 그렸는데, 자칫하면 모든 게 물거품이 될 수도 있는 정교한 작업이었지만 다행스럽게도 마쉬는 강박적으로 세심한 사람이었다. 훗날 그는 이렇게 설명했다. "정말로 빠져들었습니다. 제가 설계하는 회로와 하나가 되었죠".

첫 메모리 보드는 마쉬에게 엄청난 부담감을 주었다. 격주로 열리는 홈브루 모임에서 그리고 매일매일 전화로, 잠수부가 산소를 갈망하듯 극도로 흥분한 사람들이, 메모리 확장 보드를 갈망했다. 훗날 마쉬는 그들의 외침을 이렇게 기억했다. "내

보드는 어디 있죠? 필요합니다. 꼭 있어야 합니다".

마침내 마쉬는 설계를 끝냈다. 하지만 프로토타입을 제작할 시간이 없었다. 마쉬는 알테어 버스 슬롯에 딱 맞는 크기로 보드를 제작했다. 에칭된 금색 연결 단자가 약간 돌출된 녹색 에폭시 사각형 보드였다. 칩과 전선은 키트 조립자가 직접 납땜해야 했다(프로세스 테크놀로지는 처음에 조립되지 않은 보드만 팔았다). 마시가 모든 준비를 마쳤지만, 테스트할 알테어가 없었다. 그래서 새벽 3시에 마쉬는 홈브루에서 만난 돔피어라는 사람에게 전화하여 알테어를 가져오라고 말했다. 돔피어에게 알테어는 (결혼했더라면) 자식만큼 소중했으므로 작은 빨간색 담요에 알테어를 조심스럽게 감싸 마쉬에게 가져왔다. 돔피어는 정석대로 기계를 조립하는 사람이었다. 심지어 납땜할 때는 정전기를 줄이고자 손목에 구리 팔찌를 찼으며, 컴퓨터의 연약한 8080 심장을 건드리지 않으려고 조심했다. 그러니 마쉬의 작업장에 알테어를 살포시 내려놓은 직후 하드웨어 베테랑 마쉬와 잉그람이 차량 정비공이 머플러를 설치하듯 칩을 다루는 모습에 큰 충격을 받을 수밖에 없었다. 그들은 지저분한 손으로 칩을 잡아 비틀어 빼냈다가 다시 끼워 넣었다. 돔피어는 공포에 질린 채 그들을 지켜보았다. 마침내 두 사람은 준비를 끝냈고, 잉그람이 스위치를 켜자 스티브 돔피어의 소중한 컴퓨터는 쉬익거리며 무의식으로 빠져들었다. 보드를 거꾸로 장착한 탓이었다.

돔피어의 알테어를 고치는 데는 꼬박 하루가 걸렸지만 스티브 돔피어는 화내지 않았다. 오히려 돔피어는 테스트를 더해보라고 자기 기계를 프로세서 테크놀로지에 빌려주었다. 홈브루 정신을 보여주는 행동이었다. 이들은 범접하기 어려운 MIT 마법사들과 다른 종족이었지만 소유와 이기심을 공공의 이익으로 승화시키는 해커 윤리는 똑같이 따랐다. 여기서 공공의 이익은 사람들의 해킹을 좀 더 효율적으로 도울 수 있는 모든 것을 의미했다. 스티브 돔피어는 자신의 알테어가 걱정스러웠지만, 그 역시 알테어에 진짜 프로그램을 돌리려면 메모리 보드가 절실히 필요했다. 일단 보드를 쥐고 나면, 알테어를 더욱 강력하게 만들 유틸리티를 구현하기 위해 I/O 장치, 화면 장치는 물론이고 더 많은 장치가 필요했다. 도구를 만드는 도구, 자신의 알테어 속에 있는 신비한 8080 마이크로프로세서 세상으로 깊이 들어갈 도구가 필요했다. 밥 마쉬를 비롯한 홈브루 해커들에게 있어 제품을 만들어 판매하는 사람이든, 단순히 호기심 넘치는 해커든, 모두가 한배를 탄 몸이었다. 세크레멘토에서 산호세까지 흩어진 이들은, MIT에서 PDP-6를 중심으로 생겨났던 공동체처럼 지리적으로 묶이지는 않았으나 강한 연대를 형성한 공동체였다.

6월 초, 밥 마쉬가 첫 출시작 보드를 들고 홈브루 모임에 나타났을 때 보드를 주문했던 사람들은 너무도 감사하는 태도였다. 만약 누군가 보았다면 마쉬가 보드를 공짜로 나눠준다고 생각할 정도였다. 마쉬는 작은 플라스틱 뽁뽁이로 포장한 보드와 IC 그리고 펠젠스타인이 작성한 안내서를 건네주었다. "숙련된 키트 조립자가 아니라면 조립하지 마시오"라고 펠젠스타인은 경고했다.

세상에는 이런 종류의 물건을 조립할 줄 아는 사람이 거의 없었지만, 그나마 조립할 줄 아는 사람 대다수는 그날 그 방에 있었다. SLAC^{Stanford Linear Accelerator} 강당에서 열린 모임은 가벼운 첫 만남 이후 넉 달이 지난 시점이었고 회원 수는 거의 10배로 늘어났다.

>>>>>>>>>>>>>>>>>>>>>>>>>

프레드 무어와 고든 프렌치가 시작한 작은 모임은 상상을 초월하는 규모로 자라났다. 홈브루는 자신들의 힘으로 새로운 업계를 '부트스트랩'해나가는 하드웨어 해커 종족의 선봉대였다. 그들은 당연히 새로운 업계가 이전 업계와 다르리라 믿었다. 마이크로컴퓨터 업계는 해커 윤리가 지배하리라('부트스트랩'이라는 용어는 해커들이 사용하는 대표적인 새 기술 은어였다. 글자 그대로, 컴퓨터가 처음으로 켜졌을 때 혹은 부팅될 때 프로그램이 자신을 컴퓨터로 올리는 과정을 뜻했다. 프로그램 일부가 코드를 컴퓨터로 올리면 바로 그 코드가 컴퓨터를 돌려 나머지 코드를 가져온다. 자기 신발 끈을 당겨 자신을 끌어올리는 셈이었다. 바로 이것이 홈브루 사람들이 하려는 일이었다. 작은 컴퓨터 시스템 세계에 틈새를 만든 후 깊이깊이 파고들어 틈새를 동굴로, 즉 영구적인 정착지로 만든다).

하지만 홈브루 창립자 두 사람은 주변에 모여든 탁월한 기술자에게 외면당하기 시작했다. 특히 은연한 관료주의적 태도 때문에 주변에서 프렌치를 힘들어했다. 어떤 면에서 모임을 질서정연하게 운영하려는 프렌치의 조급증은 홈브루에 도움이 됐다. 프렌치는 비서이자 사서로서 모두의 전화번호와 각 회원이 소유한 장비 목록을 관리했다. 훗날 프렌치는 이렇게 회상했다. "전화가 끊이지 않았습니다. 놀라웠죠. 모두가 정보를 필요로 했습니다. 장비가 절대적으로 부족한 탓에 일을 진행하려면 서로가 서로를 필요로 했습니다. 예를 들어 '혹시 터미널이 있으면 펀치 카드 테이프 레코더를 읽는 프로그램을 입력하게 며칠만 빌려줄래요?' 같은 식이었습니다".

하지만 다른 면에서, 특히 프렌치가 모임을 중재하는 방식에서 프렌치의 방식은 홈브루에서 막 자라나는 해커 정신과 일치하지 않았다. "고든 프렌치는 다른 사람을 가르치려 들었습니다" 펠젠스타인은 훗날 이렇게 회상했다. "자신이 원하는 방향으로 토론을 끌어가려 했습니다. 강의를 열거나 사람들에게 특정 주제를 (특히 자신이 잘 아는 주제를) 가르치는 등 홈브루 모임이 교육적인 행사가 되기를 바랐죠. 토론이 글자 그대로 학교처럼 서로를 가르치는 분위기에서 벗어나면 굉장히 화를 냈습니다. 사람들이 대화하는 도중에 끼어들어 자기 의견을 주입하고 '놓치지 말아야 할 중요한 점이 있습니다. 그리고 제가 거기에 관해 좀 압니다'라며 관여했습니다". 사람들이 자신을 소개하고 자신이 작업 중인 프로젝트를 설명하는 회의 첫 부분이 지나면, 고든 프렌치는 앞에 서서 거의 개별 지도에 상응하는 설명을 늘어놓았다. 사용자가 입력한 코드를 기계가 어떻게 쓰는지 설명하고, 지루해서 들썩이는 회원들에게 좋은 프로그래밍 습관을 들이면 장래 두통거리가 사라진다고 알려주고... 사람들은 너무 짜증 나서 회의실을 빠져나가 복도에서 정보를 교환하기 시작했다. 해커들이 최대한 피하려는 복잡한 인간 딜레마라는 민감한 상황이 벌어지고 있었다. 결국 새 중재자가 임무를 넘겨받아야 한다는 사실에 모두가 동의했다.

논리적인 선택은 프레드 무어였다. 무어는 자신이 매달 출간하는 소식지에 핵심적인 내용을 요약해 싣고자 홈브루가 모이는 초기 몇 달 동안 녹음기와 공책을 들고 앞자리에 앉아 회의를 기록했다. 무어는 해커들과 그들의 알테어가 중대한 사회적 영향력을 발휘하는 직전이라 보았기에 상당한 시간을 홈브루 모임에 투자했다. "경험을 공유하고 정보를 교환함으로써 우리는 최신 기술을 발전시키고 대중에게 퍼트릴 저가 컴퓨터를 가능하게 만듭니다". 무어가 소식지에 쓴 글이다. 여기에 자신의 사회적 논평도 덧붙였다. "오락적인 목적이든 교육적인 목적이든 사람들이 컴퓨터를 원한다는 증거는 압도적입니다. 어째서 대기업이 이 시장을 놓쳤을까요? 그들은 너무 비싼 기계를 서로 (또한 정부와 군대에) 파느라 바쁩니다. 대중에게 직접 팔 생각이 없습니다. 저는 세 가지 이유로 MITS가 알테어로 일으키는 반향에 찬성합니다. 첫째, 알테어는 다른 회사들에게 가정용 저가 컴퓨터의 수요를 일깨워줄 겁니다. 둘째, 알테어로 인해 지역 컴퓨터 클럽과 취미 그룹이 기술 지식의 공백을 채울 겁니다. 셋째, 알테어는 컴퓨터에 대한 신비감을 없애줄 겁니다."

무어는 홈브루 모임의 목적을 정보 교환이라 명시했다. 우아하게 설계된 컴퓨터 안에서 비트가 자유롭게 흐르듯이, 홈브루 참여자 사이에서 정보는 자유롭게 흘러가야 한다. "누구보다 프레드 무어는 공유의 의미를 잘 알고 있었습니다". 고든 프렌치는 훗날 이렇게 회상했다. "무어는 늘 공유, 공유, 공유를 입에 달고 살았습니다".

하지만 홈브루 해커들 대다수는 프레드 무어가 지향하는 길과 다른 길을 선호했다. 프레드는 항상 응용 분야를 강조했다. 초창기 모임에서 무어는 자주 이 기본적으로 무정부적인 그룹에게 모여서 뭔가를 하자고 촉구했다. 비록 그 뭔가가 무엇인지 분명치 않았지만 말이다.

컴퓨터를 사용해 장애인을 돕거나, 징병 반대 운동에 사용할 주소 목록을 수집하거나... 클럽을 끌어가는 추진력이라는 측면에서 정치적인 무어가 옳았는지도 모르겠다. 하지만 무어의 시각은 현실과 너무 동떨어졌다. 현실의 해커들은 일반적으로 사회적 변화를 일으키려 덤벼드는 유형이 아니었다. 해커는 해커처럼 행동했다. 무어는 컴퓨터 시스템이 돌아가는 원리보다 서로 나누는 자애로운 사회 시스템을 만든다는 생각에 더 매혹되었다. 무어에게 홈브루는 가정용 컴퓨터의 막강한 힘에 굶주린 사람들의 기술적 본거지가 아니라 자신이 쭉 가담했던 징병 반대 그룹이나 반핵 그룹처럼 사회 변화에 전념하는 핵심 그룹이었다. 무어는 케이크 판매로 그룹 자금을 모으자고 제안하거나, 소식지에다 "불평불만 이제 그만 / 우리에게 달렸어 / 클럽이 하게 만들어 / 우리가 원하는 일을"과 같이 귀여운 시도 실었다. 그동안에 클럽 구성원 대다수는 소식지 뒷면을 펼쳐 '디지털 다중 통신장치로 임의의 로직 함수 생성하기'라는 기사에 실린 회로도를 공부했다. 해커들에게는 바로 그것이 세상을 바꾸는 방식이었다. 게다가 케이크 판매보다 훨씬 더 재미있었다.

훗날 펠젠스타인은 자신의 생각을 이렇게 피력했다. "무어의 정치는 철두철미하지 않았습니다. 겉보기에는 저항이나 저항하려는 몸짓에 머물렀습니다. 하지만 우리는 소위 실행의 확산에 훨씬 더 관심이 있었습니다"

그래서 사회보장연금공단에서 컨설팅 업무를 하던 고든 프렌치가 당분간 볼티모어로 가야 하는 바람에 중재자가 공석이 되어버려 자유로운 해커 정신과 좀 더 어울리는 모임을 만들 기회가 생겼을 때, 일부 클럽 해커들이 중재자가 되달라고 요청한 사람은 무어가 아니라 펠젠스타인이었다. 누구보다 진정한 하드웨어 해커이면서 동시에 정치적 컴퓨터 사용자인 펠젠스타인은 이상적인 중재자로 판명 났다. 펠젠스타인은 모임 중재자가 돼달라는 요청을 중요한 승진이라 간주했다. 이제 자신은 하드웨어 전방에서 일어나는 혁명에 척후병이 될 수 있었다. 무정부적 성향과 관리를 제대로 섞어 모임을 진보시키고, 자신의 게릴라 하드웨어 설계 계획을 계속해 톰 스위프트 터미널을 성공으로 이끌고, 휴지 상태인 커뮤니티메모리 개념을 되살리는 취지로 그해 여름부터 출간된 『공동체 통신Journal of Community Communications』이라는 등사판 잡지 출판에 동참하리라(이 잡지는 '공동체 구성원으로 사람들이 일상에서 만들고 사용하는 마이크로컴퓨터 장비'라는 개념을 퍼뜨리려는 목적으로 만들어졌다).

1975년 6월 홈브루 모임이 열리는 방 앞에 처음으로 섰을 때 펠젠스타인은 잔뜩 겁에 질렸다. 펠젠스타인이 회상한 바에 따르면, 누군가 새 중재자를 누구로 하면 좋겠냐고 묻자 M&R 일렉트로닉스 부품 가게 주인인 '고물상' 마티 스퍼겔이 펠젠스타인을 제안했고 모두가 '환호성을 질렀다'. 마치 왕관을 수여받은 듯했다. 떨렸지만 사양할 수 없는 기회였다. 리로서는 실패할 위험보다 전혀 시도하지 않는 위험이 더 무서웠다.

펠젠스타인은 토론을 이끄는 방법에 어느 정도 익숙했다. 1968년 급진적인 학생 시절, 펠젠스타인은 버클리 라디오 청취자 전화 프로그램을 자주 들었다. 방송은 잡음이 심하고 청취자 목소리도 알아듣기 힘들 만큼 설비가 엉망이어서 펠젠스타인은 스튜디오로 달려가 자신의 휴대용 라디오를 흔들며 "이거 좀 들어봐, 멍청이들아!"라고 외쳤다. 결국 펠젠스타인은 방송을 도와주게 되었는데, 방송에 나갈 게스트에게 미리 언질을 주는 일도 그가 맡았다. 펠젠스타인은 홈브루에서 자신이 맡은 역할이 그때와 비슷하다고 생각했다. 펠젠스타인은 사람보다 전자 부품 한 무더기와 나누는 대화에 더 익숙한 사람들에게 자신이 흥미 있어 하는 바를 다른 사람에게 말해보라고 격려했다. 프레드 무어가 감지했듯이 바로 이 같은 정보의 교환이 모임의 핵심이었다. 그래서 펠젠스타인은 전자기기 설계 문제를 공략하듯이 모임 아키텍처를 만들고 회의 순서도를 그렸다. 모두가 돌아가며 한 사람씩 자신이 하는 일과 자신이 알고 싶은 정보를 말하는 시간을 준다. 회로도 그리기에 비유하면 '매핑 mapping'하는 시간이었다. 그런 다음, '임의 접근' 시간을 준다. 흥미로운 아이디어를 제안했거나, 내 질문에 대답할 수 있거나, 내가 원하는 정보를 가진 듯이 보이거나, 그냥 대화하고 싶은 사람에게 다가가 말을 건다. 그런 다음, 누군가 간단히 발표하거나 새 시스템을 시연하거나 새 제품을 보여주었다. 그리고 나서는 또다시 할당과 임의 접근이 뒤따랐다. 맨 처음 임의 접근 시간을 끝낸 후 사람들이 (보드 와이어 래핑wire-wrapping 기법 같은 종교적인 쟁점이나 기술적인 논지에 너무 깊이 빠져들어) 제자리로 돌아가기 싫어 하자, 펠젠스타인은 임의 접근 시간을 회의 끝에 한 번만 넣도록 회의 구조를 바꾸었다. 이렇게 디버깅을 거친 구조는 잘 돌아갔다.

펠젠스타인은 자신을 받아들여 주고 컴퓨터가 수행할 계산 순서를 결정하는 '스택 포인터'라는 자신의 역할을 감사히 여겨주는 사람들 앞에 서는 경험이 은둔의 껍질에서 벗어나려는 자신의 의식적인 노력에 도움이 된다는 사실을 깨달았다. 중재자 직책을 맡고서 얼마 지나지 않아 펠젠스타인은 자신의 톰 스위프트 터미널에 관해 그룹 앞에서 발표할 만큼 자신감이 쌓였다. SLAC의 작은 강당의 흑판 앞에 서서 펠젠스타인은 비디오 디스플레이, 하드웨어 안정성, 이반 일리치, 사용자를 고려한 설계에 대해 논했다. 사회적 논평과 기술적 비전을 잘 조합한 발표였고, 홈브루 해커들은 발표에 감사했다. 펠젠스타인은 자신이 준비된 재담에 능하다는 사실을 깨닫고는 모임을 시작할 때마다 모두에게 재미있는 이야기를 전달하도록 절차를 해킹했다. 펠젠스타인은 클럽 의례를 주재하는 자신의 임무에 강렬한 자긍심을 가지게 되었다. 자신의 마음속에서 펠젠스타인은 이제 마이크로프로세서 방식의 삶을 형성하는 핵심적인 그룹의, 즉 해커 운동의 단장이었다.

펠젠스타인이 중재자를 맡고 얼마 지나지 않아 난관에 봉착한 프레드 무어는 회계원, 비서, 소식지 편집자로서 자신이 맡았던 역할을 모두 사임했다. 여자 친구와 헤어지는 등 무어에게는 사적인 문제가 있었다. 떠나겠다는 결정은 쉽지 않았다. 무어에게 홈브루 클럽은 어떤 의미로 자신이 창조한 유산이었다. 하지만 그즈음에 이르러 무어도 깨달았으리라. 클럽이 공익 서비스에 헌신하면 좋겠다는 자신의 희망이 별로 가망 없다는 사실을 말이다. 대신 실행의 확산이 있었고, 무어의 회상에 따르면 더 큰 문제는 돈 생각에 눈빛이 반짝반짝하거나 '와, 새로운 사업거리다. 회사를 만들고 이 보드를 만들어 백만장자가 되어야지.'하는 사람이 있었다는 점이다. 컴퓨터와 관련해 자신이 추구하고픈 사회적 사안이 더 있었지만 무어는 깨달았다. "클럽 사람들은 전자공학이나 컴퓨터 지식에 관한 한 저보다 훨씬 앞서 있었습니다. 이 때문에 사람들은 그런 부류의 장비에 사족을 못 썼죠. 아주 매혹적이었으니까요". 그래서 무어는 사람들이 기술을 맹목적으로 받아들인다는 사실이 불편했다. 누군가 무어에게 그 마법의 칩은 말레이시아와 다른 아시아 국가에서 싼 여성 노동력으로 하나하나 조립된다는 이야기를 했다. 무어는 아시아 여성들이 비참할 정도로 낮은 급료를 받으며, 위험한 공장에서 일하고, 전통적인 요리나 양육 방식을 배울 기회가 전혀 없었던 탓에 자신들의 마을로 돌아가지 못한다는 이야기도 들었다. 무어는 클럽에 이 사실을 알리고 행동을 촉구해야 한다고 느꼈지만 홈브루 클럽 성격에 맞지 않는 사안이라는 사실도 깨달았다.

그래도 무어는 클럽을 여전히 사랑했다. 개인적인 문제로 모든 직책에서 사퇴하고 동부로 돌아갔던 때를 "제 삶에서 가장 슬픈 날들이었습니다"라고 회상했다. 8월 중반 모임에서 아쉬운 모습으로 흑판 앞에 선 무어는 자신이 하던 일을 적어 내려가며 소식지를 맡을 사람, 회계원을 맡을 사람, 기록을 맡을 사람을 청했다. 누군가 흑판 앞으로 걸어나와 모든 항목 옆에 '프레드 무어'라고 적기 시작했다. 마음이 많이 아팠지만, 자신의 임무는 거기까지라는 사실을 무어는 알았다. 모든 이유를 털어놓을 수는 없었지만 사람들과 더 이상 함께하지 못한다는 사실은 알려야만 했다.

"저는 저 자신을 사람들이 함께 모여 기술과 에너지를 공유하도록 도운 사람으로 봤습니다". 훗날 무어는 이렇게 말했다. 그리고 이런 목표는 이루어졌다. 실제로 모임은 언제나 열기와 흥분으로 타올랐다. 사람들은 소문과 칩을 공유하며 자신들을 새로운 세상으로 부트스트래핑했다. 할당 시간에 사람들이 일어나 알테어를 조립하는 데 몇 가지 문제를 겪고 있다고 말하면 펠젠스타인은 이렇게 물었다. "누가 도와주시겠습니까?" 서너 명이 손을 들었고 도움을 주었다. "다른 요청은 없나요?" 라고 그러면 누군가 일어나 1702 칩이 필요하다고 말했고, 여분의 6500 칩이 있는 누군가가 나타나면 즉석에서 거래가 이뤄졌다.

다음으로 사람들이 일어나 실리콘 밸리에서 일어나는 따끈따끈한 소문과 소식을 전했다. 스탠퍼드 컴퓨터 공학 대학원을 졸업한 땅딸막이 짐 워렌은 연줄이 아주 좋은 수다쟁이였다. 임의 접근 시간에 나타나 10분 넘게 이 회사 저 회사 소식을 전했으며, 그 와중에 간간이 디지털 방송에 의한 컴퓨터 커뮤니케이션의 미래에 대해 자신의 개인적 견해를 몇 가지 끼워 넣었다.

이처럼 괴상한 소문을 전하는 악명 높은 또 한 명이 댄 소콜이라는 신참 엔지니어였다. 실리콘 밸리에 있는 큰 회사에서 시스템 테스터로 일하는 소콜이 전하는 토막 뉴스는 굉장히 놀랍도록 선견지명이 있었다(훗날 소콜은 자신이 전한 소식 중 대략 절반은 해커들의 호기심을 자극하고자 지어낸 이야기라고 시인했다). 긴 머리에 수염이 덥수룩한 디지털 사도 소콜은 새롭게 개종한 신도의 에너지로 홈브루에 자신을 내던졌으며 재빨리 해커 윤리에 빠져들었다. 소콜에게 공유하지 못할 만큼 기밀인 소문은 없었으며, 중요한 비밀일수록 폭로하는 기쁨도 컸다. "인텔에 다니는 분 있습니까?"라고 던진 후 아무도 없으면 소콜은 인텔이 그때까지 모든 실리콘 밸리의 회사에 (혹은 러시아 스파이에게조차) 감춰왔던 칩 소식을 폭로했다.

때때로 상습적인 교역꾼인 소콜은 실제로 주머니에서 칩 프로토타입을 꺼내 보이기도 했다. 예를 들어 소콜이 회상하기를, 하루는 회사에서 아타리라는 신생 회사 사람들이 칩 몇 개를 테스트하러 왔다. 그들은 극도로 비밀스러웠고 무슨 칩인지 밝히지 않았다. 칩을 살펴보았더니 일부는 Syntech라는 표시가, 일부는 AMI라는 표시가 있었다. 소콜은 Syntech 사람들과 AMI 사람들을 모두 알았는데, 그들로부터 아타리 사람들이 직접 설계한 맞춤형 칩이라는 소리를 들었다. 그래서 소콜은 칩 하나를 집으로 가져와 보드에 장착하고 테스트를 해보았다. 시험 결과, 새 비디오 게임 퐁을 돌리는 프로그램이 든 칩이었다. 아타리는 TV 화면에 빛으로 표현되는 '라켓'으로 깜빡거리는 점 같은 '공'을 치는 가정용 2인용 게임 시스템을 막 양산하려던 참이었다. 소콜은 회로 기판 설계 배치를 끝낸 후 홈브루 모임에 가져와 전시했다. 칩 몇 개를 더 가져와 다른 장비와 계속 교환해 결국 키보드와 RAM 칩 몇 개를 얻었다. "우리는 노골적으로 장물에 대해 이야기하고 있었습니다". 훗날 소콜은 이렇게 말했다. 하지만 홈브루 용어로 소콜은 독점적인 독재자로부터 끝내주는 프로그램을 해방시킨 사람이었다. 퐁은 너무 멋졌기에 세상 밖으로 알려져야만 했다. 그리고 홈브루 내에서 이 같은 교환은 자유롭고 쉬웠다.

그보다 몇 년 앞서 벅미니스터 풀러는 한 시스템 안에서 함께 일하는 사람들과 현상들에서 생기는 각 부분을 합한 값보다 큰, 총체적인 위력인 동반 상승효과라는 개념을 내놓았고, 홈브루는 동반 상승효과가 생겨나는 교과서적인 예였다. 한 사람이 내놓은 아이디어가 자극이 되어 다른 사람이 큰 프로젝트를 시작하거나 심지어 그 아이디어에 기반을 둔 제품을 만드는 회사가 생겨났다. 누군가 알테어에서 난수 생성기 프로그램을 교묘하게 해킹하여 모두에게 쓰라며 코드를 나눠주면, 다음 회의가 열릴 즈음이면 다른 누군가 그 루틴을 활용하는 게임을 만들어왔다.

동반 상승효과는 모임이 끝난 후에도 이어졌다. 몇몇 홈브루 사람들은 캠퍼스 근처 시끌벅적한 선술집 오아시스에서 자정까지 대화를 계속했다(술집을 제안한 사람은 로저 멜렌이었다. 극렬한 금연주의자인 짐 와런은 빌리지 호스트라는 술집의 금연 구역으로 사람들을 꼬시려고 해봤지만 결코 성공하지 못했다). 스탠퍼드 학생들 여러 세대의 이름이 깊이 새겨진 탁자와 칸막이 의자에 몰려 앉아 갈랜드와 멜렌과 마쉬와 펠젠스타인과 돔피어와 프렌치와 누구든 자발적으로 참여한 사람은 모임의 에너지와 맥주의 기운으로 대담해졌다. 그들은 너무 환상적이라 아무도 현실이 되리라 믿지 않을 발전을 구상했다. 가정용 컴퓨터와 TV가 그들이 SMUT-ROM 이라 부르던 외설 프로그램을 낳을 날처럼 완전 엉뚱한 환상을 포함해 말이다. 게다 가 외설 프로그램은 불법이 되지도 못한다. 컴퓨터가 읽어들이는 방식으로 프로그 램을 스캔하는 경우만 외설이 되니까. 원시 코드가 어떻게 외설이 되겠는가? 이것은 수십 가지 말도 안 되게 불가능해 보이는 영감 중 하나였다. 그리고 이것들은 몇 년 안에 현실이 되었을 뿐 아니라 원래의 영감을 능가했다.

동반 상승효과. 고물상 마티 스퍼겔은 동반 상승효과가 동작하는 방식을 정확히 이해했다. 갈색 피부에 천진한 미소의 중년 흥정꾼 스퍼겔은 홈브루를 이렇게 묘사 했다. "나만의 작은 보이스카우트 부대를 소유한 느낌이었습니다. 모두가 모두를 도 왔죠. 언젠가 사무실 텔레타이프 기계가 문제를 일으켰는데 홈브루 회원인 한 친구 가 살펴보겠다고 했습니다. 그러더니 그저 살펴보는 정도를 넘어서 작은 키트를 가 져와 부품 네댓 개를 넣고 기름칠을 하고 모든 기어를 조정했습니다. 제가 물었죠 "얼마 드리면 될까요?" 그는 이렇게 대답했습니다. "안 주셔도 됩니다". 고물상 스퍼 겔에게는 바로 그것이 홈브루의 본질이었다.

스퍼겔은 항상 사람들이 필요로 하는 부품을 기억해두었다가 가끔씩 모임에 상 자 채로 들고왔다. 톰 스위프트 터미널 발표 이후 스퍼겔은 펠젠스타인에게 자신의 회사인 M&R 일렉트로닉스를 위해 스위프트 터미널을 만들어달라고 요청했다. "음, 스위프트 터미널은 준비되지 않았습니다". 펠젠스타인은 대답했다. "대신에 제가 몇 년 전에 만들었던 컴퓨터가 전화선으로 통신하게 해주는 모뎀은 어떨까요?". "아마 스퍼겔은 모뎀이 무엇인지 알았을 겁니다. 비록 스퍼겔이 반응한 방식으로는 아는 지 모르는지 확실치 않지만 말입니다". 훗날 펠젠스타인이 한 말이다. 당시 모뎀 은 400불에서 600불에 팔렸지만, 마티는 펠젠스타인이 깔끔하게 설계한 '페니휘슬' 모뎀을 109불에 팔 수 있게 제작해냈다. 그들은 회로도면을 『파퓰러 일렉트로닉스』

지의 레 솔로몬에게 보냈고, 솔로몬은 리의 모뎀 사진을 표지에 실었다.

동반 상승효과. 게임 조이스틱에서 알테어용 I/O 보드에 이르기까지 새로운 제품을 설계하거나 공짜로 나눠주는 홈브루 회원들이 점차 늘어나면서 그들에게 클럽은 아이디어를 얻는 곳, 초기 주문을 받는 곳, 프로토타입을 베타 테스트하는 곳이 되었다. 제품 하나를 완성할 때마다 클럽으로 가져와 최고 전문가들로부터 비평을 얻었다. 그런 다음에는 기술 명세서와 회로도면을, 소프트웨어라면 원시 코드를 배포했다. 모두가 그것에서 배우고, 의지와 실력이 있다면 그것을 개선했다.

아주 잘 돌아가는 뜨거운 분위기였다. 해커 윤리를 지키는 데 인공적인 경계는 설 자리가 없었으니까. 실제로 홈브루 내에서는 해커 윤리의 모든 원칙이 MIT 해커들이 만든 대로 어느 선까지는 지켜졌다. 탐험과 직접 해보라 강령은 기본적인 가치로 인식되었고, 이러한 탐험과 모험에서 얻은 정보는 명목상 경쟁자들에게조차 자유롭게 배포되었다(모두가 함께 일하는 해커 버전의 업계를 만들려고 애썼던 탓에 이들 신생 회사에 경쟁이라는 개념은 느즈막이 찾아왔다). 권위주의적 규칙은 경멸당했으며, 개인용 컴퓨터는 분권화의 궁극적인 대사라 믿어졌다. 회원 자격은 모임에 참가하는 누구에게나 주어졌으며, 전문 기술과 좋은 아이디어가 존경받았고, 17살짜리와 성공한 중년 베테랑 엔지니어가 동등하게 대화하는 모습이 낯설지 않았다. 하드웨어 해커들은 기술적인 세련됨과 디지털 예술성을 대단히 귀중하게 여겼으며, 무엇보다 이런 하드웨어 해커들 눈에는 활기차게 이색적이며 대중적인 방식으로 컴퓨터가 어떻게 삶을 바꿀지가 보였다. 불과 몇 년만 지나면 저렴한 컴퓨터가 실제로 유용한 기계가 되리라는 사실을 그들은 알았다.

물론 그렇다 하더라도 해커들은 여전히 해킹 자체를 위해, 제어와 탐험과 꿈을 위해 해킹에 완전히 몰입했다. 처음으로 자신이 설계한 보드가, 자신이 연결한 버스가, 자신이 입력한 프로그램이 돌아가던 순간이 그들의 삶을 지배했다. 어느 해커는 그 순간을 자신이 방금 고친 철로 위로 기관차를 후진한 후 시속 145킬로미터로 달리는 느낌에 비유했다. 철로가 튼튼하지 못하면 기차는 비참하게 탈선하리라... 연기... 불... 뒤틀린 철로... 하지만 똑바로 해킹했다면 유쾌하고 통쾌한 박진감을 느끼리라. 내 이름이 찍힌 장비로 초당 수천 회에 이르는 계산이 오간다는 사실에 전율을 느끼리라. 정보의 대가, 새 세상의 입법자, 바로 당신이다.

홈브루를 방문했다가 토론의 기술적인 면에서 한 치의 양보도 없는, 뭔가를 만든다는 해커 꿈에 자신을 온전히 던질 때 가장 밝게 타오르는 강렬한 불꽃에 실망하고 돌아간 기획자도 있었다. 『컴퓨터 립』의 저자인 테드 넬슨은 모임에 왔다가 이 모든 분위기에 당황했다. 나중에 그는 지저분한 차림에 빗질 안 한 머리의 홈브루 사람들을 '칩-신봉자'나 '칩 미치광이'라 부르며 "망치를 사랑하는 사람들 모임에 참석한 느낌이었습니다"라고 표현했다. 모임에 거의 참석하지 않았던 밥 알브레히트는 이렇게 말했다 "네 단어 중 한 단어 정도만 알아들었습니다. 그들은 해커였습니다". 『바브』 지에서 만나 커뮤니티메모리에 함께 참여한 인연으로 펠젠스타인과 친분을 계속 유지했던 주드 밀혼도 모임에 한 번 참석했다가 철저한 기술, 탐험, 통제를 위한 통제에 몰입하는 모습에 거부감을 느꼈다. 밀혼은 여성 하드웨어 해커가 부족한 현실을 언급하며 기술적인 놀이와 권력에 집착하는 남성 해커들에게 분노했다. '사내놈들과 장난감'이라는 표현으로 자신의 감정을 요약하며, 프레드 무어와 마찬가지로 기술과 함께하는 사랑놀음이 그 기술의 남용으로 이어질지 모른다고 우려했다.

이 같은 우려에도 불구하고 홈브루의 여세는 수그러들지 않았다. 회원 수는 수백 명으로 늘어났고, 모임은 SLAC 강당을 꽉 채웠으며, 백여 명이 넘는 골수 회원들에게 2주일에 하루 저녁은 삶의 최고 순간이 되어갔다. 그들이 시작한 것은 이제 거의 개혁 운동이 되었다. IBM을 장황하게 비판하는 이야기로 책을 채웠던 테드 넬슨조차 미처 예상하지 못했던 현상이었다. IBM과 큰 형님들이 개인용 컴퓨터라는 아이디어로 모인 컴퓨터 클럽 해커들에게 눈길조차 주지 않는 동안에 홈브루 사람들과 다른 컴퓨터 클럽 사람들은 8080 칩을 해킹했으며 이제는 배치 처리 방식의 시끌벅적한 비트 탑 아래 무너져가는 기초까지 도달한 상태였다. "우리는 서로 도왔습니다". 펠젠스타인은 훗날 이렇게 설명했다. "우리는 상부상조했습니다. 서로의 제품을 샀습니다. 사실상 서로의 뒤를 봐주었죠. 그런 우리가 있었지만, 업계는 전혀 신경 쓰지 않았습니다. 하지만 우리에게는 기술적 측면을 누구보다 잘 아는 사람들이 있었습니다. 완전히 새로운 분야였으니까요. 우리는 맘껏 내달릴 수 있었고, 또 그렇게 했습니다".

>>>>>>>>>>>>>>>>>>>>>>>>

이 운동의 뉴욕 지부 지도자인 레 솔로몬이 서부를 방문했을 즈음 홈브루 컴퓨터 클럽의 황금기는 최고조에 달했다. 솔로몬은 먼저 로저 멜렌과 해리 갈랜드를 만났다. 두 사람은 『파퓰러 일렉트로닉스』지 1975년 11월 호 표지에 실릴 크로멤코 제품의 프로토타입을 막 마친 참이었다. 알테어를 컬러 TV에 연결해주는, 그러면서도 눈부신 그래픽을 보여주는 알테어용 보드였다. 실제로도 멜렌과 갈랜드는 보드를 눈부시다는 뜻인 '더 데즐러'라 불렀다. 솔로몬은 로저의 아파트로 보드를 보러갔지만, 로저의 알테어에 보드를 장착하기 전에 세 사람은 술을 마시기 시작했고, 보드를 장착하고 컬러 TV를 켤 즈음에는 모두가 상당히 취한 상태였다.

당시로 더 데즐러를 활용할 만한 알테어 프로그램은 두 개였다. 하나는 화면에서 아른하게 빛나며 형상을 바꿔가는 칼레이도스코프라는 프로그램이었다. 자신의 도움으로 세상에 소개된 컴퓨터가 컬러 TV에 아름다운 패턴을 그리는 모습에 솔로몬은 큰 감동을 받았다.

다음으로 그들은 또 다른 프로그램을 시도했다. 수학자 존 콘웨이가 만든 '게임 이상의 게임', 바로 생명이었다. MIT 마법사 빌 고스퍼가 열정적으로 해킹했던 게임, 어쩌면 생명 자체를 만들어낼지도 모른다고까지 생각했던 게임이었다. 알테어 버전은 물론 PDP-6 버전보다 훨씬 느리게 돌아갔다. MIT 해커들이 우아하게 해킹한 유틸리티는 전혀 없었지만 규칙은 동일했다. 그리고 생명은 부엌 식탁 위에서 돌아갔다. 갈랜드가 패턴 몇 개를 입력했고, 게임 규칙을 완전히 이해하지 못할 뿐만 아니라 게임에 내재한 심오한 철학적 수학적 의미를 전혀 모르는 솔로몬은 더 데즐러가 셀을 표시하는 방식대로 작은 파랑, 빨강, 녹색 별이 다른 작은 별을 먹어치우거나 새 별을 만드는 모습을 지켜봤다. 이 무슨 시간 낭비야, 그는 생각했다. '누가 신경이나 쓴데?'

레 솔로몬은 심심풀이 삼아 패턴을 끼적이며 기계를 갖고 놀았다. 그러다 취한 상태에서 우연하게 다윗의 별과 닮은 모양을 그렸다. 훗날 솔로몬은 이렇게 회상했다. "프로그램을 실행하고 그것이 자신을 먹어치우는 모습을 지켜보았습니다. 대략 10분이 걸려서 마침내 죽어버렸죠. 저는 생각했습니다. '와, 그것참 재미있군. 유태교가 247세대 후에 사라진다는 뜻인가?' 그래서 저는 십자가를 그렸습니다. 십자가는 121세대 후에 사라졌습니다. 유대교가 기독교보다 오래간다는 뜻일까요?" 곧 솔로몬은 회교도를 상징하는 초승달과 별과 다양한 의미의 기호를 넣어보기 시작했다. 세 명(알테어를 포함해 네 명)은 전 세계 종교와 국가의 비밀을 탐구하고 있었다. "새벽 세 시에 술 취해 설마 개똥철학 따위가 필요했겠습니까?" 훗날 솔로몬은 말했다. "컴퓨터 때문이었습니다. 거기 있었으니까요".

하지만 레 솔로몬은 전해줄 마법이 더 있었다. 솔로몬이 전하는 이야기들은 너무 괴상해 상상력이 극도로 빈약한 사람 같으면 헛소리라 불평할 정도였다. 그중 하나가 자신의 '취미'인 아메리카 발견 이전 고고학을 추구하느라 탐험하던 시절 이야기였다. 정글에서 많은 시간을 보내며 "인디언들과 돌아다니고, 땅을 파고, 흙을 파헤쳐 무언가를 찾아냈죠". 솔로몬은 인디언에게서 브릴^{viii}이라는 중대한 원리를 배웠다고 주장했다. 브릴이란 노력을 거의 들이지 않고 거대한 물체를 움직이는 힘이었다. 그는 이

집트인들이 피라미드를 세울 수 있었던 비밀이 바로 브릴이라 믿었다(어쩌면 에드 로버츠가 자신의 알테어가 사람들에게 이집트 피라미드 일꾼 수만 명에 상응하는 힘을 주리라 깨달았을 때 언급한 바로 그 힘이 브릴인지도 모르겠다). 솔로몬의 이야기에 따르면, 자신은 존엄한 인디언 브루조를 만났고 브루조에게 브릴을 전수해달라고 요청했다. 브루조가 그에게 전수해 주었을까? 브루조는 승낙했다. 다음 날, 술에 취해 생명 프로그램LIFE Programm과 하루 저녁을 보낸 솔로몬은 SLAC에서 열리는 홈브루 모임에 참석했고 그곳에서 에드 로버츠의 알테어가 탄생하게 도와준 산파로서 귀빈급 존경과 대우를 받았다. 모임이 끝난 후 솔로몬은 하드웨어 해커들에게 브릴에 대해 말해주었다. 의심스러운 눈초리를 가진 사람들이 있었다.

SLAC 밖에는 콘크리트 받침대 위에 놓인 거대한 오렌지색 피크닉 탁자들이 있었다. 솔로몬은 탁자 하나에 손을 대라고 홈브루 사람들에게 시켰다. 물론 자신도 손을 댔다. "그냥 탁자가 떠오른다고 생각하세요".

펠젠스타인은 훗날 이렇게 묘사했다. "'자, 이제 보여주겠습니다.'라고 그는 말했습니다. 우리는 그가 하는 모든 말을 귀담아들었고, 그가 시키는 일이라면 무엇이든 할 작정이었습니다. 그래서 대략 여섯 명이 탁자 주위에 둘러서서 손을 올렸습니다. 그는 자신의 손을 맨 위에 올려놓은 후 눈을 가늘게 뜨고 말했습니다. '얍!' 그러자 탁자가 약 30센티미터 떠올랐습니다. 조화 진동 함수, 그러니까 사인 곡선처럼 우아하게 말입니다. 별로 무겁게 느껴지지 않았습니다. 그냥 떠올랐습니다".

시간이 지나고 솔로몬을 제외한 나머지 다른 사람들은, 심지어 참석자들조차 실제로 일어난 일인지 의심스러워했다. 하지만 자신의 인생에서 지구를 뒤흔드는 공상과학 소설의 또 다른 장 하나가 끝나는 모습을 지켜본 펠젠스타인은 이 사건의 신화적 의미를 이해했다. 그들, 홈브루 컴퓨터 클럽의 병사들은 자신의 재능을 활용하고 해커 윤리를 적용해 공익에 이바지했다. 그들은 주저하거나 의심하지 않고 다 같이 팔을 걷어붙이고 협력했으며, 바로 그런 행위가 놀라운 성과로 이어졌다.

심지어 불가능한 일도 일어났다. MIT 해커들은 해킹하고픈 욕구로 집요하게 한 목표를 파고들면 결국 보안, 육체적 한계, 정신적 한계라는 장벽이 사라진다는 사실을 이미 알고 있었다. 이제 컴퓨터 업계의 중앙집권화된 반해커적 통제 세대를 날려버리고, 컴퓨터와 컴퓨터 관련자Computer People를 못마땅히 바라보는 세상의 시각을 바꾸려는 움직임 속에서 '서로 협력하는 하드웨어 해커의 하나 된 힘'은 뭐든지 해낼 수 있었다. 망설이지 않는다면, 움츠러들지 않는다면, 탐욕에 굴하지 않는다면, 그들은 해커주의라는 이상을 사회에 퍼뜨릴 수 있었다. 은색 대야에 떨어진 진주 한 알처럼.

홈브루 클럽은 브릴의 힘보다 더 강력했다.

CHAPTER 11

타이니 베이식

1960년대 PDP-1과 PDP-6 해커들과 마찬가지로 1970년대 하드웨어 해커들이 알테어를 제작하고 확장하고 싶은 갈망에 타오르는 동안 홈브루 클럽 내부에는 갈등이 불거지고 있었다. 자칫 스스로 배워가는 이상적인 과정을 늦출지도 모르는 갈등, 그들 모두를 띄워 올린 밀물을 막을지도 모르는 갈등이었다. 문제의 중심에는 해커 윤리의 핵심 교리 중 하나가 있었다. 정보의 자유로운 흐름, 특히 동료 해커들이 시스템을 이해하고 탐험하고 만들도록 도와주는 정보의 자유로운 흐름이라는 교리였다. 그때까지는 다른 사람으로부터 정보를 얻는 데 별문제가 없었다. 홈브루에서 열리는 '매핑' 시간이 좋은 예였다. 거기서는 종종 큰 기업의 비밀이 폭로되기도 했다. 게다가 1976년에 이르러 출판물이 증가하면서 (『PCC』와 『홈브루 소식지』 외에도 뉴햄프셔주에서 발행되는 『바이트』 지가 있었다) 하드웨어 해커들의 전국적인 정보망이 형성되어 언제든 재미난 어셈블리어 프로그램이나 하드웨어 도움말을 얻거나 기술 동향 등을 귀동냥하기 쉬웠다. 해커들이 만든 신생 회사는 홈브루 모임에서 자기네 제품의 회로도를 나눠주었다. 경쟁사가 볼지도 모른다는 걱정은 하지 않았다. 모임이 끝나면 다양한 회사에서 온 청바지 차림의 젊은 해커들이 오아시스에 모여 앉아 자기네가 판매한 보드 수나 새롭게 구상 중인 제품을 자유롭게 토론했다.

그러고 나서는 알테어 베이식을 두고 격렬한 불만을 토로했다. 알테어 베이식은 하드웨어 해커들에게 해커 윤리의 새로운 취약성을 내비쳤다. 컴퓨터의 힘이 사람들에게 도달하면서 다른 덜 이타적인 철학이 득세할지도 모를 조짐이었다.

시작은 전형적인 해커식 무분별한 행동이었다. MITS가 발표만 해놓고 주문자들에게 배송하지 못한 상품에는 베이식 컴퓨터 언어도 있었다. 베이식은 알테어 소유자들이 가장 간절히 원하는 도구였다. 일단 알테어에 베이식을 깔고 나면, 알테어로 시스템을 구현하는 힘은 (정신적 피라미드를 옮기는 힘은) 글자 그대로 '수십 배' 증가했다. 종이테이프에 기계어 프로그램을 힘들게 입력하고 결과로 나오는 신호를 다시 번역하는 대신 유용한 프로그램을 재빨리 작성할 수 있었다(그즈음 알테어를 텔레타이프와 종이테이프 리더기에 연결해주는 I/O 카드를 설치한 소유자가 많았다). 고스퍼와 그린블랫과 같은 고전적인 어셈블리어 광신자들과 소프트웨어 해커들은 독재적 언어라며 베이식을 경멸했지만, 시스템을 확장하려는 하드웨어 해커들에게 베이식은 놀랍도록 귀중한 도구였다.

문제의 시발점은 베이식을 구하지 못하는 데 있었다. 비록 홈브루 사람들 중 누구도 보지 못했지만 MITS에 있다고 추정되기 때문에 더더욱 짜증 나는 상황이었다.

사실 MITS에는 베이식이 있었다. 1975년 이른 봄부터 그들은 베이식을 돌렸다. MITS가 컴퓨터에 굶주린 『파퓰러 일렉트로닉스』지 독자들에게 알테어를 배송하기 얼마 전에 에드 로버츠는 폴 앨런과 빌 게이츠라는 대학생 두 명에게서 전화를 받았다.

두 십 대는 시애틀 출신이었다. 고등학교 시절부터 두 사람은 컴퓨터를 해킹했으며 큰 회사들로부터 돈을 받고 수익성 좋은 프로그램을 짜 주었다. 어린 시절보다 더 어려 보이는 금발 천재 게이츠가 하버드에 입학하려고 고향을 뜬 무렵 두 사람은 컴퓨터 언어 해석기, 즉 새 컴퓨터를 위한 프로그래밍 도구로 베이식 같은 인터프리터 프로그램이 돈이 된다는 사실을 발견했다.

『파풀러 일렉트로닉스』지에 실린 알테어 기사는, 비록 기술적으로 별로였지만, 두 사람에게 흥분을 안겨주었다. 대세가 마이크로컴퓨터라는 사실은 명백했고, 알테어용 베이식을 구현해 대세에 뛰어들기로 작정했다. 그들에게는 8080 칩 명령 집합을 설명하는 매뉴얼과 알테어 회로도가 실린 잡지 기사가 있었고, 그래서 두 사람은 4K 메모리에 들어갈 해석기를 작성하기 시작했다. 사실 그들은 4K보다 더 작은 해석기를 짜야 했다. 메모리에는 해석기 프로그램만이 아니라 사용자가 작성한 프로그램도 올라가기 때문이었다. 쉽지 않았지만, 게이츠는 코드 크기를 줄이는 능력이 굉장히 뛰어났다. 프로그램을 최대한 쥐어짜고 정교한 8080 명령 집합을 획기적으로 사용해 두 사람은 결국 해냈다. 그들이 로버츠에게 전화했을 때 두 사람은 자신들이 빌 게이츠의 대학 기숙사 방에서 전화한다는 사실을 밝히지 않았다. 로버츠는 친절했지만 "다른 사람들도 알테어 베이식을 구상 중입니다. 원한다면 시도해도 좋습니다. 제일 먼저 들고 오는 사람에게서 사겠습니다"라고 말했다.

》 폴 앨런(좌)과 빌 게이츠(우) 출처 http://www.paragkalra.com

그로부터 얼마 지나지 않아 폴 앨런은 알테어에 베이식 해석기가 담긴 종이테이프를 들고 알바커키로 가는 비행기에 올랐다. 폴 앨런이 찾아간 MITS는 정신없는

곳이었다. "사람들은 하루 종일 일하고 집으로 뛰어가 저녁을 먹고 다시 돌아왔습니다". MITS 임원이었던 에디 커리는 이렇게 회상했다. "사람들이 밤낮없이 들락거렸고, 스무 명에서 서른 명 남짓, 제조부를 제외한 직원의 1/3에서 1/2 정도는 항상 있었습니다. 일주일 내내 그랬습니다. 너무도 고마워하는 사람들, 너무도 갈구하는 사람들에게 컴퓨터를 제공한다는 생각에 모두가 푹 빠져들었습니다. 장엄하고 영예로운 일이었습니다".

당시 MITS에는 메모리가 4K인 기계가 딱 한 대뿐이었고, 그마저도 간신히 돌아갔다. 폴 앨런이 텔레타이프 리더기에 테이프를 넣고 테이프가 읽혔을 때 누구도 결과를 예측하지 못했다. 그런데 알테어에 연결된 텔레타이프가 READY라 말했다. 프로그램을 짤 준비가 되었다! "모두가 굉장히 흥분했습니다". 훗날 빌 게이츠는 이렇게 말했다. "그때까지 알테어로 뭔가 의미 있는 일을 하는 모습을 아무도 못 봤으니까요".

사실 폴 앨런이 가져온 베이식은 제대로 동작하지 않았지만 거의 완성되어 가는 중이었고 영리하게 만들어진 루틴은 에드 로버츠를 감동시키기에 충분했다. 로버츠는 폴 앨런을 고용했으며 게이츠는 하버드에 다니며 개발을 돕도록 허락했다. 얼마후 학교를 떠나 (다시는 돌아가지 않고) 뉴멕시코주의 알바커키에 있는 MITS로 간 게이츠는 끝없이 펼쳐진 빈 캔버스를 마주한 피카소가 된 기분이었다. 유틸리티가 없는 멋진 컴퓨터라니! "아무것도 없었습니다!" 몇 년이 지나서도 여전히 경탄한 목소리로 게이츠는 말했다. "제 말은, 소프트웨어에 관한 한 전혀 세련되지 못했습니다. 우리는 어셈블러를 다시 짰고, 로더를 다시 짜고, 소프트웨어 라이브러리를 만들었습니다. 꽤 질이 낮았지만 사람들은 즐겁게 이를 사용했습니다".

게이츠-앨런 소프트웨어 라이브러리는 판매 전용이라는 측면에서 PDP-6나 홈브루 클럽이 만든 서랍 속 소프트웨어 라이브러리와 달랐다. 빌 게이츠와 에드 로버츠는 소프트웨어가 신성한 물건이라 믿지 않았다. 너무 성스러워 돈으로 살 수 없는 물건인 양 공짜로 나눠줘야 한다고도 생각하지 않았다. 하드웨어와 다름없이 소프트웨어도 땀과 노력의 결실이었고, 알테어 베이식은 MITS가 판매하는 다른 제품과 똑같이 카탈로그에 열거되었다.

한편으로 알테어 베이식을 향한 홈브루 사람들의 갈망은 점점 더 견디기 어려워졌다. 알고 보니, 홈브루 사람들도 베이식 해석기를 작성할 능력이 충분했고 일부는 직접 작성했다. 하지만 다른 사람들은 알테어 베이식을 주문하고 초조하게 배달을 기다렸다. 물론 주문한 다른 MITS 제품도 감감무소식이긴 마찬가지였다. 사람들의 인내심은 점점 바닥을 보였다. 특히 동적 메모리 보드가 크게 실패한 후로는 더욱 심해졌다. 에드 로버츠는 보드가 돌아간다고 주장했지만 결코 돌아가지 않았다. 메모리 보드를 샀다가 낭패 본 사람들은 에드 로버츠의 MITS를 언급할 때 코웃음 치거나 빈정거렸다. 한 번도 알바커키를 떠나지 않은 은둔형 천재로서 전설적 지위를 얻은 로버츠는 탐욕스럽고 권력에 미친 해커 윤리의 적으로 사람들 입에 오르내렸다. 심지어 경쟁자가 망가지기를 바란다는 소문도 돌았다. 해커라면 경쟁자에게 비즈니스 계획과 기술 정보를 제공하는 행동이 당연했다. 그래야 그들이 더 나은 제품을 내놓고 세상이 전반적으로 좋아지니까. 알테어가 나오고 1년 후 알바커키에서 열린 제1회 세계 알테어 학회에서 로버츠가 보여준 행동은 해커 윤리와 거리가 멀었다. 경쟁자에게 전시 공간을 빌려주지 않겠다고 똥고집을 피우는가 하면, 밥 마쉬의 프로세서 테크놀로지 같은 회사가 행사가 열린 호텔에 방을 빌려 잠재적인 고객을 대접한다는 소식에 로버츠는 격노했다.

1975년 6월 MITS 캠핑카가 팔로 알토 소재 리키스 하얏트 하우스에 도착했을 때 누군가는 범죄라 부르고 누군가는 해방이라 부르는 사건의 무대가 마련되었다. 캠핑카는 MITS의 혁신적인 마케팅 전략이었다. MITS 엔지니어 몇 명이 MITS-모바일이라는 별명을 붙인 캠핑카로 도시를 여행하며 모텔 세미나실에 알테어를 설치하고 사람들을 초대해 놀라운 저가 컴퓨터가 동작하는 모습을 보여주었다. 주로 알테어를 주문한 사람들이 예상 배송 시기를 물으러 나타났다. 이미 알테어를 소유한 사람들은 괴물을 조립하다 어디서 틀렸는지 알아내려 나타났다. MITS 메모리 보드를 소유한 사람들은 보드가 동작하지 않는 이유를 알아보러 나타났다. 그리고 알테어 베이식을 주문한 사람들은 제품을 못 받았다고 불평하러 나타났다.

6월 초, 팔로 알토 시 엘 카미노 리얼 거리에 있는 리키스 하얏트에 MITS 캠핑카가 왔을 때 홈브루 컴퓨터 클럽 사람들은 대거 몰려갔고 전시 중인 알테어가 베이식을 돌리는 모습에 깜짝 놀랐다. 알테어에 연결된 텔레타이프는 종이테이프 리더기가 있었고, 일단 프로그램이 메모리에 올라오면 누가 명령을 입력하든 즉각적인 응답을 내놓았다. 이미 수백 불을 MITS에 보내놓고 안달하며 베이식을 기다리던 해커들에게는 하늘이 준 선물로 보였다. 시스템을 확장할 방법이 눈앞에 있는데도 손대지 못하는 상황만큼 해커들에게 좌절스러운 일도 없었다. 리키스 하얏트의 가짜 플러시 천 위에서 돌아가던 그 기계의 능력을 집에 있는 알테어로 가져가지 못한다는 생각은 해커들에게 징역형이나 다름없었으리라. 하지만 결국은 직접 해보라 강령이 승리했다. 몇 년 후 스티브 돔피어는 당시 일어난 사건을 재치 있게 다음과 같이 묘사했다. "누군지 아직도 모릅니다만, 누군가가 바닥에 뒹굴던 그들의 종이테이프를 빌려 왔습니다". 문제의 종이테이프에는 빌 게이츠와 폴 앨런이 구현한 알테어 베이식의 최신 버전이 들어 있었다.

훗날 댄 소콜은 그 막연한 '누군가'가 자신을 찾아와 반도체 회사에서 일하지 않느냐며 종이테이프를 복제할 방법이 있는지 물었다. 소콜은 테이프 복사 기계를 사용하면 된다고 대답했다. 그 누군가는 소콜에게 테이프를 건네주었다.

소콜이 테이프 복사 임무를 받아들일 이유는 충분했다. 소콜이 보기에 MITS가 요구하는 베이식 가격은 터무니없었다. 소콜이 보기에 MITS는 탐욕스러웠다. 게이츠와 앨런이 정부가 보조하는 기관의 대규모 컴퓨터 시스템용 해석기를 짰다는 소문도 들었다. 그러므로 소콜이 보기에 이 프로그램은 모든 납세자의 소유물이었다.

소콜은 이미 MITS에 제품값을 지불한 사람이 많다는 사실을 알았다. 그들이 조금 일찍 제품을 받더라도 MITS에 재정적인 타격이 가지 않는다고 생각했다. 무엇보다, 복사는 옳은 일로 여겨졌다. 시스템을 탐험하고 개선하고 구축하는 도구와 해커 사이에 소유권이라는 장벽이 왜 필요할까?

이처럼 철학적인 근거로 무장한 소콜은 테이프를 회사로 가져가서 PDP-11 앞에 앉아 테이프를 끼워 넣었다. 소콜은 밤새도록 기계를 돌리며 테이프를 찍어낸 다음 홈브루 모임에 한 상자를 가져갔다. 소콜은 이 소프트웨어에 해커 용어로 적당한 가격을 매겼다. 물론 공짜였다. 대신 테이프를 가져간 사람은 사본을 만들어 다음 모임에 두 개를 들고와야 한다는 조건만 걸었다. 그리고는 모두에게 공짜로 나눠줬다. 사람들은 서둘러 테이프를 낚아챘고, 다음 모임에 사본을 가져왔을 뿐만 아니라 다른 컴퓨터 클럽에도 보내줬다. 이렇게 첫 알테어 베이식 버전은 공식적으로 출시되기 훨씬 전에 무료로 자유롭게 배포되었다.

하지만 이 같은 공유와 협력의 실천이 전혀 기쁘지 않은 해커 두 명도 있었다. 폴 앨런과 빌 게이츠였다. 그들은 팔리는 제품 수대로 로열티를 받는다는 조건으로 MITS에 베이식을 팔았다. 해커 공동체가 태연하게 자기들 프로그램을 복사해 무료로 나눠주는 행위는 두 사람에게 그다지 이상적으로 보이지 않았다. 외려 도둑질로 보였다. 빌 게이츠는 사람들이 주고받는 버전이 아직 수정 중인 버그로 가득했기 때문에 더더욱 화가 났다. 처음에 게이츠는 사람들이 디버깅이 끝난 버전을 구매하리라 생각했다. 하지만 생각과는 달리 '해적판' 베이식 때문에 디버깅을 끝낸 베이식 정식 버전의 판매는 신통치 않았다. 아무래도 그들은 버그를 참아내거나 아니면 스스로 버그를 고치며 멋진 해킹 시간을 즐기는 듯했다. 게이츠는 굉장히 화가 났고, MITS에서 새로 시작한 『알테어 사용자 소식지Altair Users' Newsletter』를 편집하던 데이비드 버넬이 어떻게 하고 싶으냐고 물었을 때, 대인관계 기술이 다소 부족하나 기술적 기교에서 얻어진 자신감으로 가득 찬 19살짜리 게이츠는 편지를 쓰겠다고 대답했다. 버넬은 게이츠의 편지를 말썽꾼들에게 반드시 전달하겠다고 약속했다.

그래서 게이츠는 편지를 썼고, 버넬은 그 편지를 소식지에 실었을 뿐 아니라 다른 출판사에도 보냈다. 홈브루 컴퓨터 클럽 소식지를 포함해서 말이다. '컴퓨터 애호가들에게 보내는 공개 편지'라는 제목의 편지에서 게이츠는 자신과 앨런이 해석기에 대해 좋은 피드백을 많이 받았지만 칭찬하는 사람 대다수가 제품을 구매하지 않았다고 설명했다. 편지는 곧바로 핵심으로 들어갔다.

> 왜일까요? 많은 애호가분은 이미 아시겠지만, 여러분 대다수는 소프트웨어
> 를 훔칩니다. 하드웨어는 돈 주고 사지만 소프트웨어는 그냥 공유합니다.
> 제작한 사람이 보수를 받든 안 받든 아무도 신경 쓰지 않습니다.

게이츠는 계속해서 이런 소프트웨어 '도적질'로 인해 재능 있는 프로그래머들이 알테어 같은 기계를 위한 프로그램을 구현하지 못한다고 설명했다. "누가 아무런 보상 없이 전문적인 일을 하겠습니까? 어떤 애호가가 3명이 1년 동안 쏟아부을 노력을 들여 프로그램을 짜고, 버그를 고치고, 제품을 문서화한 다음에 공짜로 배포하겠습니까?"

February 3, 1976

An Open Letter to Hobbyists

To me, the most critical thing in the hobby market right now is the lack of good software courses, books and software itself. Without good software and an owner who understands programming, a hobby computer is wasted. Will quality software be written for the hobby market?

Almost a year ago, Paul Allen and myself, expecting the hobby market to expand, hired Monte Davidoff and developed Altair BASIC. Though the initial work took only two months, the three of us have spent most of the last year documenting, improving and adding features to BASIC. Now we have 4K, 8K, EXTENDED, ROM and DISK BASIC. The value of the computer time we have used exceeds $40,000.

The feedback we have gotten from the hundreds of people who say they are using BASIC has all been positive. Two surprising things are apparent, however. 1) Most of these "users" never bought BASIC (less than 10% of all Altair owners have bought BASIC), and 2) The amount of royalties we have received from sales to hobbyists makes the time spent of Altair BASIC worth less than $2 an hour.

Why is this? As the majority of hobbyists must be aware, most of you steal your software. Hardware must be paid for, but software is something to share. Who cares if the people who worked on it get paid?

Is this fair? One thing you don't do by stealing software is get back at MITS for some problem you may have had. MITS doesn't make money selling software. The royalty paid to us, the manual, the tape and the overhead make it a break-even operation. One thing you do is prevent good software from being written. Who can afford to do professional work for nothing? What hobbyist can put 3-man years into programming, finding all bugs, documenting his product and distribute for free? The fact is, no one besides us has invested a lot of money in hobby software. We have written 6800 BASIC, and are writing 8080 APL and 6800 APL, but there is very little incentive to make this software available to hobbyists. Most directly, the thing you do is theft.

What about the guys who re-sell Altair BASIC, aren't they making money on hobby software? Yes, but those who have been reported to us may lose in the end. They are the ones who give hobbyists a bad name, and should be kicked out of any club meeting they show up at.

I would appreciate letters from any one who wants to pay up, or has a suggestion or comment. Just write me at 1180 Alvarado SE, #114, Albuquerque, New Mexico, 87108. Nothing would please me more than being able to hire ten programmers and deluge the hobby market with good software.

Bill Gates

Bill Gates
General Partner, Micro-Soft

버넬이 신경 써서 편집한 편지는 비록 상당히 열정적이었지만 사심이 없었다. 하지만 해커 공동체는 벌집을 쑤셔놓은 듯했다. 에드 로버츠는 비록 철학적으로는 게이츠에 동의했지만, 나쁜 감정을 의식하지 않을 수 없었고 편지를 싣기 전에 자신과 먼저 상담하지 않은 게이츠에게 화가 났다. SCCS^{Southern California Computer Society}는 컴퓨터 애호가들을 '도둑'이라 표현한 게이츠를 고소하겠다고 위협했다. 게이츠는 삼사백여 통에 달하는 편지를 받았는데, 자신이 편지에서 해적판 베이식 소유자들에게 제안했던 자발적인 대금이 든 편지는 대여섯 통에 불과했다. 대다수 편지는 굉장히 부정적이었다. 특별 우편으로 게이츠의 편지를 받았던 『마이크로-8』 소식지의 편집자인 할 싱어는 '가장 논리적인 행동은 편지를 찢고 잊어버리는 겁니다'라고 썼다.

하지만 훗날 '소프트웨어 논란'이라 알려진 이 사건은 쉽게 잊혀지지 않았다. MIT 해커들이 소프트웨어를 만들어 누구든 쓰라고 서랍에 넣어두었을 때 그들에게는 로열티라는 유혹이 없었다. 예를 들면 슬러그 러셀의 게임 스페이스워는 아예 시장이 없었다(PDP-1은 50대만 만들어졌고, PDP-1을 소유한 기관들이 우주 게임에 돈 쓸 리도 만무했다). 하지만 알테어를 비롯해 다른 기종을 포함한 컴퓨터 수가 늘어나면서 좋은 소프트웨어는 큰돈벌이가 되었다. 물론 해커들이 자기네 동네서는 소프트웨어를 훔쳐도 괜찮다고 여기지만 않는다면 말이다. 소프트웨어 제작자가 뭔가 대가를 얻어야 한다는 생각에 반대하는 사람은 아무도 없었다. 하지만 컴퓨터 프로그램이 모두의 소유라는 아이디어를 포기하려는 해커도 없었다. 이 아이디어를 포기하면 해커 이상향에서 사라지는 부분이 너무 많았다.

스티브 돔피어는 빌 게이츠가 그저 징징거린다고 생각했다. "얄궂게도 해적질에 대한 빌의 불평은 아무것도 멈추지 못했습니다. 여전히 사람들은 '가졌으면 사용해도 괜찮아'라고 믿었습니다. 허공에 흐르는 음악을 녹음하는 행동과 같았죠. 베이식은 미 전역을 넘어 전 세계로 퍼졌고, 아이러니하게도 게이츠에게 호재를 물어다 주었습니다. 모두가 알테어 베이식을 가졌으며 어떻게 돌아가고 어떻게 고치는지 알았기에 다른 신생 컴퓨터 회사가 베이식을 원할 때는 자연스레 게이츠의 회사를 찾게 된 겁니다. 게이츠의 베이식은 사실상 업계 표준이 되었습니다".

홈브루 컴퓨터 클럽 사람들은 해커의 이상을 잃지 않으면서도 소프트웨어가 상업적 가치를 지니는 새로운 시대에 익숙해지려고 애썼다. 예를 들어 그들은 비공식적이고 준합법적 방식으로, 즉 알테어 베이식과 마찬가지로 가지를 치듯 친구에게 나눠주기 방식으로 소프트웨어를 배포하겠다는 구체적인 의도로 프로그램을 만들었다. 원본을 만든 저자가 무한한 개선이 일어날 여정으로 프로그램 코드를 발사하면 소프트웨어는 계속해서 유기적인 과정을 밟아 살아나가리라 믿었다.

>>>>>>>>>>>>>>>>>>>>>>>>>

이런 유기적 과정을 가장 잘 보여주는 예제가 '타이니 베이식' 해석기의 급격한 확산이었다. PCC의 밥 알브레히트는 처음 자신의 알테어를 살펴보았을 때 알테어를 프로그램하려면 8080 칩의 무시무시한 기계어를 사용하는 방법밖에 없다는 사실을 곧바로 알아차렸다. 또한 알브레히트는 알테어 메모리가 굉장히 작다는 사실도 알아차렸다. 그래서 밥 알브레히트는 스탠퍼드에서 컴퓨터 공학을 가르치는 PCC 이사 데니스 알리슨을 찾아가 쓰기 쉽고 메모리도 적게 쓰는 초간단 베이식을 설계해 달라고 요청했다. 알리슨은 알테어에서 돌아갈 만한 해석기의 프레임워크를 작성한 후 기사에 '참여 프로젝트'라는 제목을 붙였다. '간단한 프로그래밍에 필요한 초간단 베이식 유사 언어' 작성에 관심 있는 사람은 누구든 도와주면 좋겠다는 의미였다. 알리슨은 훗날 이 『PCC』 기사에 독자들이 보인 반응을 이렇게 회상했다. "3주 후 우리는 여러 응답을 받았습니다. 그중 하나가 텍사스에서 두 사람이 작성해 철저히 손보고 디버깅한 타이니 베이식이었습니다. 그들은 8진수 코드 목록 전체를 보내왔습니다". 텍사스 2인조는 베이식을 2K 메모리에 넣었고 아무런 사심 없이 『PCC』에 실으라고 보냈다. 알브레히트는 전체 소스 코드를 돌려보고서 기사로 편집했고, 몇 주 안에 알테어 주인들은 '버그 보고서'와 개선 방안을 보내오기 시작했다. 당시는 알테어에 I/O 보드가 존재하기 전이었다. 『PCC』독자들은 정면 패널 스위치를 사용해 숫자 2,000개를 일일이 손으로 입력했고, 기계를 켤 때마다 같은 작업을 반복했다.

다양한 해커들로부터 새로운 타이니 베이식 변종과 이 언어로 작성한 흥미로운 프로그램이 『PCC』로 쇄도했다. 언제나 해커보다 기획자에 가까웠던 알브레히트는 모든 코드를 실으면 『PCC』가 지나치게 기술적인 잡지가 되어 버릴까 걱정스러웠다. 그래서 알브레히트는 타이니 베이식 저널이라는 임시 『PCC』부록을 발간하려고 계획했다. 하지만 독자들 반응이 너무 뜨겁자 소프트웨어만 다루는 완전히 새로운 잡지가 필요하다는 사실을 깨달았다. 알브레히트는 짐 워렌에게 새 잡지의 편집을 맡겼다.

워렌은 담배가 너무 싫어 홈브루 뒤풀이 모임 때 오아시스에 가지 않는, 뚱뚱하고 빈틈없는 컴퓨터 공학도였다. 워렌은 미드페닌슐라자유대학의 베테랑이었다. 학위가 여러 개에다 8년간 컴퓨터 컨설팅을 했고 ACM^{the Association for Computer Machinery}의 SIG^{Special Interest Group} 여러 곳에서 의장으로도 활동했다. 『PCC』는 편집 일에 한 달 350불을 제안했고, 워렌은 곧바로 수락했다. "재미있어 보였습니다". 훗날 워렌은 이렇게 말했다. 베이식에 열렬히 반대하는 사람도 있다는 사실을 아는 워렌은 잡지가 베이식에만 국한하지 않고 기계는 만들어 놓았는데 내부에서 비트를 조작할 주문을 원하는 하드웨어 해커들을 도우려면 소프트웨어 전반을 다뤄야 한다고 주장했다.

새 잡지 이름은 당시 『PCC』와 홈브루를 둘러싼 분위기를 여실히 보여주었다. 타이니 베이식이 메모리 바이트를 절약하므로 잡지는 '컴퓨터 미용 체조법과 치열 교정법에 대한 돕스 박사의 기록... 바이트 넘침 없이 가볍게 돌리기'라 불렸다. 그게 뭐 어때서?

『DDJ^{Dr. Dobbs Journal}』는, 워렌이 창간호에 실은 사설에 따르면 '공짜와 아주 값싼 소프트웨어'를 다루는 잡지였다. 잡지 목적을 설명하는 편지에서 워렌은 이렇게 공들여 묘사했다. "소프트웨어 '도적질'과 관련해 컴퓨터 애호가들에게 보낸 성난 편지에서 빌 게이츠가 제기한 문제를 풀어낼 현실적인 대안이 있습니다. 소프트웨어가 공짜거나 너무 싸서 복제보다 구매가 더 쉽다면 '도적질'은 없을 겁니다".

» DDJ에서 다룬 첫 번째 이슈인 타이니 베이식 관련 기사

워렌은 『DDJ』를 해커 꿈의 선봉으로 보았다. 워렌은 『DDJ』가 어셈블러, 디버거, 그래픽, 음악 소프트웨어를 교환하는 정보 센터가 되길 바랐다. 또한 워렌은 『DDJ』를 '정보 전달 매체이자 지적인 대중 선동가'로 바라보았다. 하지만 1976년 즈음에는 모든 일이 너무 빨리 일어나서 워렌이 들은 하드웨어 소식이나 소프트웨어 해결책은 출판되기까지 기다리기 어려울 때가 아주 많았다. 그래서 워렌은 다음 홈브루 모임에 쫓아가 그 주에 자신에게 들어온 소식을 모두 쏟아냈다. 홈브루에서

워렌은 친숙한 인물이 되었다.

공개 소프트웨어를 소리 높여 지지하는 사람은 워렌만이 아니었다. 상업화가 해커 정신을 변질시킬지도 모른다는 위협에 아마 가장 독특한 반응을 보인 해커는 톰 피트만이라는 고집스럽게 독립적인 소프트웨어 마법사였다. 당시 피트만은 홈브루 사람들이 진행하던 주요 프로젝트에 전혀 참여하지 않았다. 피트만은 홈브루로 자연히 끌려들어 갔고 마이크로컴퓨터 혁명에 관여한다는 사실에 자부심이 강했으나 해킹의 개인적인 즐거움에 너무 만족한 나머지 클럽에서 두드러지게 행동하지 않는 전형적인 중년 하드웨어 해커였다. 피트만은 펠젠스타인과 같은 나이였으며 심지어 같은 시기에 버클리를 다녔으나 리처럼 허세 찬 내면세계가 없었다.

피트만은 첫 모임부터 충실하게 홈브루 모임에 참석했으며, 사람들과 소통하려는 노력 없이 클럽에서 가장 순수하고 가장 성공한 해커 중 하나로 알려졌다. 체격이 다부진 피트만의 두꺼운 안경에 살짝 비치는 함박웃음은 부끄럼이 많지만, 하드웨어 이야기라면 언제든 가담하겠다는 인상을 풍겼다. 비교적 성능이 떨어지는 인텔 4004 칩으로 거의 믿기지 않을 정도로 쓸 만한 컴퓨터 시스템을 직접 만들었으며, 한동안 이와 관련한 홈브루 메일링 리스트도 관리했다. 피트만은 이론적 한계를 훨씬 뛰어넘어 시스템이 돌아가게끔 만들고는 자신이 달성한 업적을 이야기해줄 때 사람들이 엄청나게 놀라는 모습에서 삐뚤어진 쾌감을 느꼈다.

피트만은 1960년대 초, 고등학생 시절부터 컴퓨터를 갖고 싶어했다. 평생 자칭 '구경꾼이 아닌 행동가'로 살아왔지만, 위안을 주는 전자공학 논리가 지배하는 개인적인 세상에서 혼자 일했다. "저는 다른 사람이 생각하는 방식에 무심했습니다". 훗날 피트만은 이렇게 말했다. 도서관에 가서 특정 주제에 대한 책을 빌려 읽고 또 빌려 읽었다. "얼마 읽지 못하고는 책을 내려놓고 한 번 시도해봤습니다. 실제로든 머릿속으로든 말입니다".

버클리에 입학할 무렵 피트만은 이미 각종 대학 수학 과목과 공학 과목을 이수한 상태였다. 1학년 때 피트만이 가장 좋아한 과목은 수치해석이었다. 대학가 주변은 자유 언론 운동으로 격렬한 분위기였지만 피트만은 실습 시간에 즐겁게 문제와 씨름하며 각 문제가 살려달라 애원할 때까지 엎어치고 매쳤다. 하지만 이론 수업은 지겨웠다. 전혀 '흥미롭지' 않아 결국 수치해석 실습 성적은 A, 이론 수업 성적은 F로 갈렸다. 재수강 결과도 똑같았다. 어쩌면 피트만은 천성적으로 대학이라는 조직화된 구조에 적응하지 못하는 사람이었다.

그러다 피트만은 탈출구를 발견했다. 피트만을 동정하던 교수 한 명이 샌프란시스코에 있는 미 국방성에 일자리를 구해주었다. 미 국방성 컴퓨터를 사용해 가상 핵폭발 시 발생할 방사능 영향을 측정하는 시뮬레이션에 관한 일이었다. 피트만에게 윤리적인 문제는 없었다. "원래부터 정치적 문제에 무심했기에 생각조차 못했습니다"라고 훗날 피트만은 말했다. 독실한 기독교인으로서 피트만은 자신을 '절반의 반대자'라 선언했다. "도와줄 용의는 있으나 직접 방아쇠를 당기지는 않겠다는 뜻입니다. 저는 나라를 돕고자 그곳 연구실에서 일했습니다. 아주 재미있었습니다"라고 피트만은 설명했다.

피트만은 마침내 컴퓨터에 중독될 기회를 기쁘게 받아들였다. 업무 시간은 공식적으로 6시에 끝났지만 때로 훨씬 늦게까지 남아 혼자라는 평화를 즐겼다. 때로는 너무 지쳐 계속하기 힘들 때까지 일했으며, 한 번은 이스트 베이에 있는 집으로 운전하다 잠이 들어 길가 장미 덤불 속에서 깨어나기도 했다. 연구실 컴퓨터 시스템을 완벽히 익혀버린 덕택에 피트만은 비공식적인 시스템 해커가 되었고, 시스템에 문제가 생길 때마다 사람들은 피트만을 찾아왔다. 그래서 전쟁이 끝나고 미 국방부 자금이 바닥나 연구실이 문을 닫았을 때 피트만은 대단히 낙심했다.

하지만 그 무렵 피트만은 자신만의 컴퓨터를 만들 수 있다는 가능성에 푹 빠져들었다. 최초의 마이크로프로세서 4004 칩을 만든 인텔에 찾아가 어셈블러를 만들겠다고, 일한 값으로 컴퓨터 조립에 필요한 부품을 달라고 제안했다. 대가처럼 코드를 줄이고 또 줄여 초소형 어셈블러를 구현했고, 다음으로 디버거를 구현해주고 부품을 더 받아냈다. 인텔 사람들은 프로그램이 필요하다는 4004 구매자들을 피트만에게 보내기 시작했다. 피트만이 홈브루 모임에 참여하기 시작했을 무렵 그는 산 호세로 옮겨 자신과 남편의 컴퓨터 광신을 마지못해 받아주는 아내를 부양하기에 충분한 컨설팅 사업을 운영하는 중이었다.

홈브루 사람들이 발휘하는 기술적 형제애에 매료되긴 했으나, 프로세서 테크놀로지를 창립한 밥 마쉬와는 달리, 톰 피트만은 창업에 대해 꿈도 꾸지 않았다. 홈브루 사람들이 창립한 패기 가득한 신생 회사에 합류할 가능성 역시 생각조차 하지 않았다. "거기 사람들 누구와도 죽이 맞지 않았습니다. 사람들은 저를 몰랐습니다. 저는 외톨이었죠". 훗날 피트만은 이렇게 말했다. "게다가 저는 관리에 소질이 없었습니다. 전자공학 엔지니어라기보다 소프트웨어 쪽 사람이었으니까요".

하지만 빌 게이츠의 편지가 일으킨 '소프트웨어 논란' 후에 피트만은 공개적인 행동을 취하기로 결심했다. "게이츠는 도적질을 불평했고, 사람들은 '네가 150불이나 청구하지 않았으면 우리는 돈 내고 샀을 거야'라고 말했습니다. 저는 그것을 증명하기로 결심했습니다". 『DDJ』에서 타이니 베이식 소식을 꾸준히 읽어온 피트만은 기본적인 베이식 작성법을 이해했다. 또한 MITS 알테어와 달리 인텔 8080 칩 대신 모토로라 6800 칩을 쓰는 새로운 경쟁 컴퓨터가 있으며 그쪽은 아직 베이식 해석기가 없다는 사실에 주목했다. 그래서 피트만은 6800 타이니 베이식 해석기를 만들어 MITS 가격에 비하면 새 발의 피인 5불에 팔기로 작정했다. 사람들이 훔치지 않고 구매할지 보고 싶었다.

진정한 해커로서 피트만은 그저 아무 타이니 베이식이나 돌리면 된다고 생각하지 않았다. 피트만 자신 역시 해커들 뒤에서 등을 쿡쿡 찌르며 "기능 더 넣어! 더 좋게 만들어!"를 외치는 (피트만이 부르기로) '스믈스믈 추가되는 기능 구현'이라는 괴물의 포로였다. 피트만은 유용한 주석을 삽입할 공간을 만들고 전체 명령 집합을 활용하는 등 일부 사람이 '작은' 언어로 불가능하다고 여길 기능을 집어넣었다. 두 달 만에 피트만은 해석기를 돌렸고, 운 좋게도 AMI 사에 3,500불을 받고 팔았다. 물론 독점이 아니라는 조건이 따랐다. 컴퓨터 애호가들에게 개당 5불에 파는 실험을 진행할 작정이었으니까.

피트만은 『바이트』 지에 광고를 실었고, 광고가 나가고 며칠 안에 우편함에 50불이 들어왔다. 5불이 너무 작다며 10불 넘게 보낸 사람들도 있었다. 이미 친구에게서 복사했으니 아무것도 보내지 말라며 5불만 보낸 사람들도 있었다. 피트만은 프로그램을 계속 발송했다. 피트만이 들이는 경비는 종이테이프 값 12센트, 자신이 작성한 매뉴얼 인쇄비 50센트가 전부였다. 밤마다 수수한 자기 집 거실 소파에 앉아 산호세 기독교 라디오 방송이나 기독교 연사 카세트테이프를 들으며 종이테이프를 접었다. 8인치씩 딱 맞게 접는 기술을 완벽히 익히면서 말이다. 그런 다음, 우체국으로 가서 소포를 발송했다. 모든 일은 손으로 이뤄졌고 전반적인 사업에 회의적이던 아내가 도와주었다.

실험은 해커주의의 승리였다. 하지만 톰 피트만은 거기서 멈추지 않았다. 사람들에게 말해주고 싶었고, 본보기로 삼을 사례를 보여주고 싶었다. 얼마 후 홈브루 모임에서 발표가 있었다. 강당 앞으로 성큼성큼 걸어나가는 피트만이 한껏 긴장해 뻣뻣한 사실을 펠젠스타인이 알아차렸다. 펠젠스타인은 긴장을 풀어주려고 "사람들이 당신을 타이니 톰 피트만이라 부르는데 체구가 작지는 않네요. 왜 그렇게 부를까요?"라고 말했다. 대중 앞에서 재담에 익숙하지 않은 피트만은 그저 웃기만 했다. 하지만 발표를 시작하자 피트만은 기운을 얻어 몸을 뒤틀고 팔을 공중에 휘저으며 무료 소프트웨어를 주창했다. 피트만의 발표에는 뭔가 모르게 극적인 요소가 있었다. 평소에는 과묵한 기술자가 진심을 담아 자신에게 정말 중요한 사안, 즉 정보의 자유로운 흐름에 대해 열변을 토했다.

타이니 베이식을 내놓고 얼마 지나지 않아 피트만은 한 걸음 더 나가 마이크로 컴퓨터용 포트란을 제작해 25불에 팔겠다고 공표했다. 또 다른 잘 나가는 전업 기업이 생겨날 참이었다. 한창 프로그램에 몰두하던 중, 훗날 피트만의 표현에 따르면 "제 컴퓨터 과부가 저를 떠났습니다. 아내는 중독자 남편과 살기 싫다고 했습니다".

이혼은 어떻게든 여자를 꼬셔 결혼했던 많은 홈브루 컴퓨터 중독자들이 이미 경험한 충격이었다. "컴퓨터 애호가들 사이에 이혼율은 거의 100%였습니다. 제 경우도 마찬가지였죠". 훗날 고든 프렌치는 이렇게 말했다. 그렇다고 톰 피트만이 받은 충격이 작었던 건 아니었다. 피트만은 포트란을 끝낼 엄두가 안 났다. 자신이 컴퓨터에 바치는 헌신과 그 이유에 대해 깊이 생각했고, 기계어가 아니라 영어로 뭔가를 쓰려고 책상 앞에 앉았다.

피트만은 자신의 수필을 '데우스 엑스 마키나* 즉, 진정한 컴퓨터인'이라 불렀다 (컴퓨터인과 '해커'를 같은 말이라 여기는 사람도 있다). 피트만의 수필은 실리콘 밸리의 하드웨어 해커들과 케임브리지의 인공지능 해커들이 뭉치는 이유를 아주 잘 설명하는 글이었다. 피트만은 뭔가를 해킹한 후 느끼는 감정을 이렇게 묘사했다. "그 순간, 기독교인으로서 내가 느낀 만족감은 신이 세상을 만든 후 느꼈을 만족감일지도 모른다고 여겨집니다". 계속해서 피트만은 컴퓨터인(하드웨어 해커)들의 신조를 설명했다. 홈브루 해커들에게 굉장히 친숙한 '신앙 고백'을 포함하는 글이었다.

컴퓨터는 대다수 사람보다 더 흥미롭습니다. 저는 컴퓨터와 보내는 시간을 사랑합니다. 컴퓨터 프로그램을 작성하고, 컴퓨터에서 게임하고, 새로운 컴퓨터 구성 요소를 만드는 일은 재미있습니다. 깜빡거리는 빛과 윙윙거리는 라디오 소리로 지금 컴퓨터가 실행 중인 프로그램 부분을 알아내려 애쓰는 일은 대단히 매력적입니다. 어떤 지루한 대화보다 낫습니다.

컴퓨터가 이런저런 기능을 하려면 (메모리) (속력) (주변기기) (더 좋은 베이

---

* 옮긴이_ Deus Ex Machina. 문학 작품에서 결말을 짓거나 갈등을 풀기 위해 뜬금없는 사건을 일으키는 플롯을 의미한다. 원래 의미는 '기계 장치에서 비롯한 신'이다.

식) (더 새로운 CPU) (버스 잡음 억제) (프로그램 디버깅) (강력한 편집기) (더 강력한 전원 공급기가) 조금만 더 있으면 됩니다.

이런 소프트웨어나 저런 회로기판을 사들일 필요가 없습니다. 제가 더 나은 것을 만들 수 있으니까요.

홈브루 모임을 절대 빼먹지 마십시오. 바로 여기가 중심입니다. 따끈따끈한 소식, 지난 2주 동안 골머리 썩혔던 문제를 푸는 법… 이것이 바로 진짜입니다! 게다가 공짜 소프트웨어를 얻을지도 모릅니다!

여기서부터 피트만은 어조를 바꾸었다. 피트만은 자신도 "한때 푹 빠져보았는데" 문제가 있더라며 신앙 고백에서 예외 입장을 취했다. 해킹의 어리석음을 하나씩 지적하며 피트만은 이렇게 결론지었다. "이제 컴퓨터는 은신처에서 나와 여러분의 인생으로 들어왔습니다. 여러분이 허락한다면 여러분 여가 시간과 심지어 휴가까지 모두 빼앗을 겁니다. 지갑을 털어가고 머릿속을 점령할 겁니다. 가족을 밀어낼 겁니다. 친구들이 당신을 지루한 인간이라 여기기 시작할 겁니다. 무엇을 위해서죠?"

이혼에 충격받은 피트만은 습관을 바꾸기로 결심했다. 그리고 바꾸었다. 훗날 피트만은 자신의 변화를 이렇게 묘사했다. "하루 쉬자. 일요일은 컴퓨터를 켜지 말자".

"나머지 6일은 소처럼 일하자".

>>>>>>>>>>>>>>>>>>>>>>>>

홈브루 컴퓨터 클럽 모임의 주재자 역할을 하면서 리 펠젠스타인의 자신감과 목적의식은 점차 커져갔다. 펠젠스타인은 클럽이 스스로 알든 모르든 행동이라는 신념으로 맺어진 약한 결합이자 무정부주의 공동체로 자라나기 바랐다. 펠젠스타인은 무어와 프렌치가 보지 못한 뭔가를 봤다. 하드웨어 해커들이 IBM처럼 사악한 힘과 벌이는 전쟁에서 정치적 효과를 극대화하려면 전략이 해커주의 방식 자체를 반영해야 한다는 점이었다. 다시 말해, 이는 딱딱한 권위주의 방식으로 클럽을 운영해서는 절대로 안 된다는 의미였다.

만약 실패할 방법을 알고 싶다면 남쪽으로 눈길을 돌려 SCCS^{Southern California Computer Society}를 보면 충분했다. 홈브루가 첫 모임을 열고 나서 몇 달 후에 출범한 SCCS는 최첨단 미 국방부 계약업체 거의 전부가 있는 남부 캘리포니아 전자공학 집중 지역에 사는 컴퓨터 애호가들이 대거 참여해 회원 수가 순식간에 8,000명에 이르렀다. 그룹 공동 구매, 전국적인 잡지 발행, 점차 커져가는 마이크로컴퓨터 업계에서 계약 조건을 좌우할 영향력을 구상했던 SCCS 지도자들은 단순한 정보 교환에 만족하지 않았다. 홈브루 클럽은 목적과 방향을 정하는 운영 위원회가 없었다. 운영 위원회는 클럽이 생긴 후 거의 1년이 지나서야 생겨났다. 게다가 클럽은 회비도 없었다. 그저 수수한 소식지를 만드느라 1년에 10불 정도 자발적인 성금만 받았다. 하지만 SCCS는 공식적인 이사진이 있었으며, 주기적인 이사진 회의에서는 '클럽이 무엇을 해야 하는지'를 두고 종종 험악한 논쟁이 오갔다. 곧 SCCS는 번드르르한 잡지를 출판했고, 1달에 4만 불에 이를 만큼 대규모 공동구매 제도를 마련했으며, 전국 컴퓨터 협회^{National Computer Society}로 개명까지 고려했다.

잘나가는 프로세서 테크놀로지 이사 밥 마쉬는 자주 남부로 날아가 발 디딜 틈 없는 SCCS 모임에 참석했으며 심지어 몇 달 동안 SCCS 이사직도 맡았다. 훗날 마쉬는 SCCS와 홈브루의 차이를 이렇게 묘사했다. "홈브루는 신기하게도 1달에 2번씩 사람들이 모여드는 곳이었습니다. 체계는 전혀 없었습니다. 하지만 SCCS는 좀 더 체계적이었습니다. 그들은 권력욕이 거의 병적이었습니다. 끔찍한 정치가 SCCS를 망쳤습니다". 구체적인 전모는 밝혀지지 않았으나 공동구매 과정에서 많은 돈이 사라졌다. 번드르르한 잡지를 만들라고 고용한 편집자는 당당히 클럽과의 관계를 끊고 『인터넷 에이지』라는 이름으로 지금도 출간되는 새로운 잡지를 발간하며 자기 길을 가버렸다. 소송이 벌어졌다. 이사회 회의는 믿기 어려울 정도로 격렬해졌고, 일반 회원 모임까지 나쁜 감정이 퍼져 나갔다. 결국 클럽은 서서히 쇠퇴했다.

비록 리의 계획은 SCCS 지도자들의 계획 못지않게 야망찼지만 권위주의적인 '나를 따르라' 방식으로 이 전쟁을 치뤄서는 안 된다고 믿었다. 펠젠스타인은 밥 마쉬의 무리와 톰 피트만의 무리에 전혀 불만이 없었다. 누구는 해커주의 정신으로 만든 제품으로 세상을 바꾸고, 누구는 그저 해커로서 자기 길을 가도 좋았다. 펠젠스타인의 궁극적인 목표는 해커들이 지하실 수도원에서 경험했던 경이를 대중에게 퍼트리는 데 있었다. 직접 해보라 강령을 장려하고 촉진하는 환경! 펠젠스타인은 1975년 IEEE 학회에서 이렇게 말했다. "업계 방식은 접근하기 어려우며 작동하지 않습니다. 업계의 설계 좌우명은 '바보가 사용하게 천재가 설계한다'입니다. 또한 훈련받지 못한 무지한 일반인들에게 내거는 암구호는 '손대지 마!'입니다. 제가 제안하는 유쾌한 방식은 배워서 도구를 통제할 줄 아는 사용자 능력에 의존합니다. 사용자는 장비 내부를 탐구하느라 어느 정도 시간을 투자해야 합니다. 그리고 우리는 탐험이 가능하지만, 장비나 사람에게 심각한 문제가 일어나지는 않도록 만들어야 합니다".

펠젠스타인이 언급한 장비는 자신의 톰 스위프트 터미널이었다. 1975년 당시 톰 스위프트 터미널은 미완성이었다. 한창 뜨는 프로세서 테크놀로지 사를 확장하고 싶어 안달하던 밥 마쉬는 펠젠스타인에게 거절하기 어려운 거래를 제안했다. "톰 스위프트 터미널의 비디오 부분을 설계해주면 대가를 지불하겠습니다"라고 마쉬가 말했다. 그동안 프로세서 테크놀로지 사에서 문서와 회로도 작업에 참여했던 리로서는 괜찮은 제안이었다. 사업에 뛰어든 첫해 동안 밥 마쉬는 여전히 해커 윤리를 고수하고 있었다. 회사는 회로도와 소프트웨어 소스 코드를 공짜로 나눠주거나 명목상 책정된 최소 가격으로 팔았다(MITS의 고가 베이식에 대응해 프로세서 테크놀로지는 자체 베이식을 개발하여 소스 코드와 함께 5불에 팔았다). 한동안 회사는 모든 직원에게 일괄적으로 한 달에 800불을 지급하는 사회주의적인 월급 구조를 유지했다. "우리는 어떤 종류든 이익이나 관리를 신경 쓰지 않았습니다".

리는 정식 직원이 아니었고 계약직으로 일했다. "제가 금액을 제시하면 회사는 비용을 거의 10배 정도 불려 다시 책정해야 했습니다. 돈에 관한 한 저는 완전히 소심했으니까요". 훗날 펠젠스타인은 이렇게 회상했다.

석 달 안에 펠젠스타인은 동작하는 프로토타입을 만들어냈다. 리의 VDM^{Video Display Module}은 또 다른 알테어 비디오 보드 제품인 크로멤코의 더 데즐러와는 다른 철학으로 구현됐다. 더 데즐러는 색상을 사용했으며 알테어 (혹은 알테어와 유사한 하드웨어 버스를 사용하는 다른 신기종 컴퓨터) 기본 칩에 있는 메모리를 상시 호출해 화려한 효과를 만들어냈다. 스티브 돔피어는 데즐러를 사용한 베이식 프로그래밍을 즐겼다. 데즐러는 그 순간 컴퓨터 메모리 이미지를 로르샤흐 무늬* 같은 시각적 패턴으로 그려냈다. 화면에 출력되는 암호 모양 무늬는 프로그램이 어떻게 돌아가는지 보여주는 단서였다. 콘솔 스피커로 TX-0 메모리 이미지를 들려주는 방식과 흡사했다.

하지만 리의 VDM은 아주 노골적으로 한 가지 목표에 집중한 장비였다. 다시 말해 궁극적으로 커뮤니티메모리를 부활시키겠다는 의도로 설계한 장비였다. 출력은 흑백이었으며, 점을 사용하는 대신 실제로 문자와 숫자를 그렸다(리는 역경에 나오는 6각형도 고려했지만 아이디어는 묻혔다). 하지만 리의 VDM은 굉장히 영리한 방식으로 새로운 마이크로프로세서 성능을 활용했다. 덕택에 계산 기능과 디스플레이 기능이 컴퓨터 메모리를 공유할 수 있었다. 비디오 디스플레이와 컴퓨터 자체가 사용자가 두 명인 소형 시분할 시스템처럼 동작했다. VDM이 나오면서 알테어와 다른 확장 카드에 더해, TV 타이프라이터†는 한 걸음 더 현실로 다가왔으며

----

* 옮긴이_ 좌우 대칭된 불규칙한 잉크 무늬를 말한다.
† 옮긴이_ TV 타이프라이터는 NTSC 방식의 표준 텔레비전에 글자를 출력해주는 보드로 굿이어 에어로스페이스에 다니던 돈 랜캐스터가 만들었다.

VDM은 즉각적인 성공을 거두었다. 비록 거의 모든 프로세서 테크놀로지 제품과 마찬가지로 약속한 출시일이 다소 지난 1975년 후반에야 나왔지만 말이다.

VDM에 특히 감동한 사람은 뉴욕에 있는 레 솔로몬이었다. 솔로몬은 에드 로버츠의 기념비적인 기계를 발굴했다는 영예에 만족하지 않았다. 솔로몬의 잡지는 컴퓨터 업계의 격변을 지속적으로 다루었으며, 솔로몬 자신은 컴퓨터 관련 표지 기사를 여러 편 실었고, 이제 솔로몬은 완벽한 컴퓨터 비디오 디스플레이 터미널을 소개하고 싶었다. 디스플레이 기능에다 컴퓨터 기능까지 갖춘 독립형 기계, 컴퓨터 텔레타이프와 비디오를 조합한 터미널은 알테어 다음 단계였다. 더 이상 알테어 정면 패널 스위치를 올렸다가 내리느라 피멍 든 손가락은 없어야 한다. 터미널을 구하고자 솔로몬은 버클리에서 밥 마쉬가 만들려고 시도했던 TV 타이프라이터를 발명한 돈 랜캐스터를 만나러 피닉스로 갔다. 그곳에서 돈을 설득하여 두 사람은 에드 로버츠를 만나러 알바커키로 차를 몰았다. 어쩌면 두 거인이 터미널 프로젝트에 힘을 합칠지도 몰랐다. 훗날 솔로몬의 표현에 따르면, 돈 랜캐스터와 에드 로버츠의 만남은 "쾅, 대충돌이었습니다. 두 자아의 격돌이었죠. 돈은 에드의 컴퓨터가 비효율적이라 에드의 컴퓨터에 맞춰 자기 설계를 고치지 않겠다고 고집했습니다. 에드는 '나도 재설계는 못 합니다'라고 응수했죠. 두 사람은 그 자리에서 서로 죽일 듯 덤벼들었고, 제가 갈라놓았습니다".

그래서 솔로몬은 밥 마쉬를 찾아갔다. 당시 밥 마쉬의 프로세서 테크놀로지는 이미 VDM과 메모리 보드와 심지어 알테어 기본 보드를 교체할 수 있는 '마더보드'도 판매했다. "셋을 조합하면 어떨까요? 눈으로 볼 수 있는 뭔가를 만들어봅시다". 만약 마쉬가 30일 안에 '지능형 터미널'을 만들면 잡지 표지에 싣겠다고 솔로몬은 약속했다.

밥은 솔로몬의 제안을 펠젠스타인에게 말했고, 펠젠스타인은 설계 대부분을 맡겠다고 동의했다. 새로운 터미널을 토론하다 두 사람은 레 솔로몬이 원하는 바가 단순한 터미널이 아니라 완전한 컴퓨터라는 사실을 깨달았다. 알테어가 발표된 후로 '아마추어' 컴퓨터라는 조립키트나 완제품으로 팔리는 제품들이 출현했다. 대표적 제품으로 IMSAI라는 컴퓨터를 들 수 있는데, 제작사 직원 모두가 베르너 에르하르트의 심신운동ᴱˢᵀ 교육을 받았다. '아마추어' 컴퓨터는 거의 모두가 100핀 알테어 버스를 기반으로 사용했다. 거의 모두가 알테어와 흡사하게 FM 다이얼 대신 LED와 스위치가 달린 비대한 스테레오라디오 모양이었다. 모두가 어떤 식이든 터미널이 있어야 사용할 수 있었는데, 대개 덜걱거리는 텔레타이프 터미널을 달고 있었다.

1975년 12월, 펠젠스타인과 밥은 설계에 몰두했다. 마쉬는 8080 칩을 쓰고 싶었다. '중앙 실리콘 독재자가 왜 필요해'라는 정치적인 이유로 처음에는 반대했던 리도 진정으로 '지능형 터미널'을 만들려면(컴퓨터와 같은 능력을 제공하려면) 두뇌가 필요하다는 사실을 깨닫고는 동의하게 되었다. 펠젠스타인은 두뇌가 미처 날뛰지 못하도록 자신의 고물상-편집증 방식을 적용해 설계의 나머지 부분을 균형 잡겠다고 생각했다. 마쉬는 '기능이 풍부한 창조물'로부터 얻은 자신의 최신 영감을 내놓으며 리의 설계 작업을 자주 방해했다.

훗날 펠젠스타인은 잡지 기사에서 설계 과정을 이렇게 묘사했다. "마쉬가 걱정 외에 별로 할 일이 없을 때는 늘 새로운 기능이나 절감안을 불쑥 들고 와 설계에 넣자고 주장했습니다. 먼저 문제나 기회를 설명하고는 어김없이 자신의 기술적 해결책을 꺼냈죠. '이렇게만 하면…' 만약 설계자가 무대 위의 프리 마돈나라면 그런 사건 직후에 '프로 정신'이니 '간섭'이니 씩씩거리며 관계가 끝장났겠죠. 물론 내 작업장이 마쉬와 같은 방이라 화내며 끝장냈어도 그리 멀리 못 갔겠지만서도요".

펠젠스타인과 마찬가지로 마쉬에게도 기계는 재미나고 좋은 설계 대상이자 정치적인 도구였다. "인간들이 이해하기 쉬운 마이크로컴퓨터를 만들고 싶었습니다"라고 훗날 마쉬는 말했다. "일반인들은 아직 몰랐습니다만 컴퓨터는 대세였습니다. 언젠가 모든 가정에 컴퓨터가 놓이고 사람들이 유용한 목적으로 컴퓨터를 쓰리라 믿었습니다. 정확히 무엇인지 확실치 않았지만 우리가 어떤 면에서 이런 흐름에 참여하고 있다고 느꼈습니다".

리는 솔로몬의 지혜를 기계에 넣는 중이므로 새 기계를 솔^{Sol}이라 부르자고 주장했다. 레 솔로몬은 나중에 이렇게 응수했다. "돌아간다면 솔이 스페인어로 '태양'이라고 말하겠죠. 돌아가지 않는다면 유대인들 탓*이라 비난하겠죠".

솔을 완성하는 데는 하루 14에서 16시간, 주당 7일을 꼬박 투자해서 6주가 걸렸다. 거의 오렌지 쥬스로 연명하던 펠젠스타인은 형광 테이블 위에 놓인 마일라 지에 비친 레이아웃을 응시하며 수많은 시간을 보냈다. 그동안 밥 마쉬의 목수 친구한 명이 호두나무 심부분을 좋은 가격에 사들였고, 솔 옆면에 그 고급 목재를 쓰기로 결정했다. 레 솔로몬이 제시한 마감일을 15일 정도 넘겨 프로토타입 보드를 마침내 완성했다. 두 주 후 1976년 2월 후반, 재조정된 출시일 바로 전날, 뉴욕에서 그들은 서둘러 모든 장비를 알테어 버스에 끼워 넣었다. 조잡한 전원 공급기, 키보드, 심지어 번들 소프트웨어 몇 개까지 포함해서 말이다. 운영체제는 프로세서 테크놀로지의 소프트웨어 개발 팀장이자 홈브루 회원인 스티브 돔피어가 만들었다.

엄청난 짠돌이였음에도 불구하고 마쉬는 펠젠스타인과 자신이 타고 갈 항공편을 그날 밤으로 예약했다. 아슬아슬하게 작업을 끝낸 두 사람은 비행기를 놓치지 않으려고 헬리콥터 탑승장으로 직행했고 '대중이 사용할 컴퓨터'가 담긴 종이봉투 두 개를 나눠 들고 녹초가 되어 케네디 공항에 도착한 시간은 새벽 6시였다. 그 시각 공항은 고요했다. 심지어 커피숍도 열지 않았다. 그래서 솔로몬은 플러싱에 있는 자기 집에서 아침을 먹자며 두 사람을 초대했다. 당시 레 솔로몬의 집은, 특히 솔로몬의 지하실 작업장은 황홀한 신기술을 증명하는 본거지로서 거의 전설적인 곳이었다. 솔로몬은 신제품을 설계한 젊은 하드웨어 해커들을 자주 초대했고, 솔로몬의 아

---

* 옮긴이_ Sol은 유대인 남자 이름으로 많이 쓰인다. 'Shlomo'는 평화라는 뜻이 있으며, 다윗의 아들로서 기원전 10세기 이스라엘을 지배하며 하느님을 위한 성전을 지은 왕의 이름이기도 하다.

내는 언제나 한눈에 그들을 알아봤다. "특징이 모두 같았으니까요". 훗날 솔로몬은 이렇게 설명했다. "눈빛 속에 타오르는 뭔가가 있었습니다. 아내는 그들에게 숨겨진 성격이 있다고 말하곤 했습니다. 비록 겉으로는 질 나쁜 부랑자처럼 보였지만 얼굴을 들여다보면, 두 눈을 들여다보면, 그들이 누구인지 보였습니다. 아내는 그들에게서 뿜어져 나오는 총명함과 강렬함을 알아봤습니다".

아쉽게도 그 차가운 2월 아침에는 총명함이 빛을 발하지 못했다. 마쉬와 리의 터미널은 동작하지 않았다. 새 컴퓨터 잡지인 『바이트』지 사람들을 만나러 뉴햄프셔로 당일치기 여행을 다녀온 후에야 펠젠스타인은 작업장에 들어가서 문제를 찾아냈다. 작은 전선이 접촉 불량을 일으킨 탓이었다. 그들은 『파퓰러 일렉트로닉스』지 사무실로 돌아가 터미널을 켰다. "완전 불난 집이었습니다". 훗날 솔로몬은 이렇게 말했다. 자신이 완전한 컴퓨터를 보고 있다는 사실을 솔로몬은 즉시 알아차렸다.

》 솔 터미널 컴퓨터

그달 『파퓰러 일렉트로닉스』지 기사는 지능형 컴퓨터 터미널을 소개했다. 사실 솔은 명백히 컴퓨터였다. 비록 프로세서 테크놀로지가 호두나무 옆면과 예쁜 파랑 케이스로 포장해놓아 얼핏 보면 롤러 없는 고급 타자기처럼 보였지만 말이다. 1,000불 미만인 조립키트 개선 버전을 위한 회로도도 있었다. 회로도는 터미널이 돌아가는 방식이 궁금한 누구에게든 제공했다. 훗날 마쉬는 회로도를 보내달라는 요청이 대략 3만에서 4만에 달했다고 말했다. 조립키트 주문은 꾸준히 쏟아졌다. 솔은 컴퓨터 애호가들 시장을 벗어나 해킹을 일반 가정으로 퍼뜨릴 기계로 보였다.

솔을 대중에게 선보인 첫 시연은 PC '76라는, 아틀란틱시에서 열린 박람회였다. 컴퓨터 애호가 겸 사업가 장사꾼들이 처음으로 모여 자기네 제품군을 선보이는 독특한 행사였다. 이 행사는 셀버른 호텔이라는 곳에서 열렸는데, 한때 도박으로 흥했던 호텔은 구멍난 벽, 손잡이 없는 문, 고장난 에어컨 등 눈에 띄게 허름했다. 호텔에 사는 은퇴 노인 몇몇은 엘리베이터에서 스티브 돔피어의 긴 머리를 보고서 분개해 때리려 들었다. 그래도 행사는 정말 신나는 경험이었다. 거의 5천 명 정도가 참석했고, 많은 수가 나라 반대편에서 날아왔다(SCCS가 대규모 단체 여행을 기획한 덕택에 샌프란시스코에 위치한 베이 에어리어 사람들이 많이 참석했다). 프로세서 테크놀로지와 크로멤코 등 홈브루에 영감 받은 회사들이 마침내 나라 반대편에서 온 비슷한 영혼들을 만났고, 모두가 아주 늦은 밤까지 기술 정보를 교환하고 미래를 구상했다.

솔은 많은 주목을 받았다. 납작한 외형, 타자기 방식의 내장형 키보드, 비디오 디스플레이를 갖춘 솔이 다음 단계라고 해커들 모두가 동의하는 듯했다. 얼마 지나지 않아 프로세서 테크놀로지는 솔을 TV에 내보냈다. 톰 스나이더의 '투모로우'라는 방송이었다. 평소 까다롭기 그지없는 TV 인사가 해커 꿈의 최신 표현, 바로 스티브 돔피어가 쓴 게임 프로그램이 돌아가는 솔과 마주 앉았다. 사용자가 포탄으로 외계인 우주선을 격추하는 타겟이라는 게임이었다. 이 게임은 화면 하단에 작은 대포 하나가 놓여있었고 화면 상단을 떠다니는 외계인 우주선은 숫자와 알파벳으로 만들어졌다. 작지만 꽤 영리한 프로그램이었다. 훗날 스티브 돔피어는 이렇게 말했다. "사실상 거저 나눠주었습니다". 돔피어가 게임을 만드는 이유는 사람들이 컴퓨터로 즐기는 모습을 보기 위해서였으니까.

타겟은 톰 스나이더와 시청자들에게 악으로 치부되던 괴물, 즉 컴퓨터를 바라보는 새로운 방식을 보여주기에 완벽했다. 지저분한 차세대 히피들이 컴퓨터를 방송국 스튜디오로 가져와 설치하고 톰 스나이더와 같은 기술 문외한에게 써보라고 권유하는 모습을 상상해보라. 톰은 시키는 대로 따라 했고 '광고' 시간이 되기도 전에 (농담이 아니라 진짜로) 화면을 휙휙 날아다니는 외계인 비행선을 격추하는 게임에 완전히 빠져버렸다. 시간이 지날수록 비행선 수는 늘어났고, 심지어 수류탄이 한가득 장착된 자그만 낙하산도 떨어졌다. 뭔가 맞서 이겨내야 할 듯한 도전이었다. 톰 스나이더는 자신에게 주어진 힘을 어렴풋이 느꼈다. 실제 컴퓨터로 뭔가를 만드는 느낌이 어떨지 살짝 맛보는 기분이었다. 타자기처럼 생긴 이 기계에 도대체 무슨 마법이 숨어있을까? 타겟처럼 단순한 게임조차 사용자에게 이런 생각을 불어넣었다. "아직 아무도 여기에 대해 정의하지 않았습니다". 나중에 스티브 돔피어는 이렇게 말했다. "하지만 저는 거기에 마법이 있다고 생각합니다". 어떻든, 훗날 돔피어의 기억에 따르면 "그들은 쇼를 진행하기 위해 톰 스나이더를 컴퓨터에서 억지로 떼어놔야 했습니다".

CHAPTER 12 》
워즈

스티브 워즈니악은 홈브루 회합이 진행되는 동안 SLAC 강의실 앞쪽 리 펠젠스타인 옆에 앉지 않았다. 매핑 시간에도 거의 참여하지 않았다. 거창한 포부도 없었으며, 커뮤니티메모리 사람들처럼 배치 처리 사회의 근간을 공격하겠다는 계획도 없었다. 회합에 올 때마다 스티브 워즈니악은 자신의 디지털 업적을 추종하는 사람들 한 무리와 강의실 뒤편에 앉았다. 대다수가 워즈가 보여준 해킹의 절대적인 매력에 이끌린 고등학생들이었다. 워즈니악은 건달처럼 보였다. 헝클어진 머리는 어깨까지 내려왔고, 외모를 가꾸기 위해서라기보다 시간을 낭비하기 싫어 기른 듯한 수염에, 항상 몸에 안 맞아 보이는 청바지와 스포츠 셔츠 차림이었다.

그래도 그는 스티브 워즈니악이었다. 친구들에게 '워즈'로 알려진 워즈니악은 홈브루 컴퓨터 클럽의 정신과 상승효과를 가장 잘 보여주는 예였다. 해커 윤리를 최소한 하드웨어 해킹 관점에서 정점으로 끌어올린 출발점이 바로 워즈니악과 워즈니악이 설계한 컴퓨터였다. 워즈의 컴퓨터는 홈브루의 업적이었다.

스티브 워즈니악은 리 펠젠스타인과 달리 개인적인 투쟁과 정치적인 반추를 거쳐 해커주의에 이른 게 아니었다. 오히려 리처드 그린블랫과 스튜 넬슨에 가까웠다. 워즈니악은 타고난 해커였다. 워즈니악은 캘리포니아주 쿠퍼티노에서 자랐다. 작은 단독 주택과 드문드문 창이 난 단층 공장 건물이 줄지어 늘어선 동네였다. 동네 공장들이 뿌리는 실리콘 씨앗은 훗날 스티브 워즈니악의 존재에 핵심이 되었다. 초등학생 시절부터 워즈니악은 수학 문제에 푹 빠져 엄마가 머리를 툭툭 쳐야 현실로 돌아올 정도였다. 13살에는 덧셈과 뺄셈이 가능한 컴퓨터와 비슷한 기계를 만들어 과학 경시대회에서 상도 탔다. 워즈니악의 친구인 앨런 바움은 홈스테드 고등학교 시절의 워즈니악을 이렇게 기억했다. "종이에 깔끔한 다이어그램을 끼적이는 친구를 보았습니다. 제가 물었죠. '그게 뭐야?' 워즈니악은 대답했습니다. '컴퓨터를 설계하는 중이야.' 워즈니악은 독학으로 컴퓨터 만드는 법을 익혔습니다".

바움은 이 괴짜 급우에게 감명받아 컴퓨터에 접근하려는 모험에 가담했고, 두 사람은 연줄을 동원해 실리콘 밸리의 다양한 시분할 컴퓨터에 접근했다. 매주 수요일마다 학교를 나선 바움과 워즈니악은 친구의 도움으로 실베니아 회사의 전산실로 숨어들었다. 그들은 2의 승수를 모두 출력하거나 소수를 찾아내는 프로그램을 작성했으며, 광적인 스포츠 팬들이 자기가 좋아하는 팀을 졸졸 따라다니듯 진지한 열정으로 컴퓨터 업계 소식을 좇았다. 새로운 미니컴퓨터가 출시된다는 소식을 들을 때마다 디지털 사든 컨트롤 데이터 사든 편지해 매뉴얼을 요청했다. 그러면 제조사는 대개 매뉴얼을 보내주었다. 매뉴얼이 도착하면 두 사람은 미친 듯이 탐독했다. 그들은 곧바로 컴퓨터 명령어 집합을 설명하는 부분으로 넘어가 기계에 내장된 레지스터 수, 더하는 법, 곱하는 법, 나누는 법에 주목했다. 명령어 집합을 살펴보면 기계의 특성은 물론이고 사용 편의성까지 알아챌 수 있었다. 기대해도 좋을 기계일까? 만약 기대할 만하다고 판단이 서면 "테스트할 방법이 전혀 없는 상황에서 코드를 짜며 많은 시간을 보냈다"고 워즈니악은 회상했다. 한 번은 데이터 제너럴 노바 컴퓨터 사에서 매뉴얼을 받은 후 두 사람이 직접 컴퓨터를 재설계하기로 결심했고 심지어 새로운 설계를 데이터 제너럴 사에도 보내주었다. 혹시라도 데이터 제너럴 사가 고등학생 두 명이 제안한 설계를 구현하고 싶을지도 모르니까.

"컴퓨터를 설계하는 일이 멋지게 느껴졌습니다". 바움이 회상했다. "중요한 일로 여겨졌습니다. 매력이 넘쳤고 즐거웠습니다". 고등학교에 다니는 동안 워즈니악은 기술을 완벽히 연마하기 위해 더 많은 시간을 컴퓨터에 투입했다. 종종 바움은 워즈가 내놓는 프로그래밍 기교에 깜짝 놀랐다. "워즈는 모든 기교를 직접 고안했습니다". 나중에 바움은 말했다. "워즈는 사물을 다른 식으로 봅니다. '이렇게 해보면 어떨까?'라고 말하죠. 평범한 설계로는 성이 차지 않아 온갖 문제 해결 기법을 동원했죠. 자신이 최고가 되어야 했습니다. 워즈는 아무도 생각 못한 일을 하고 온갖 기교를 사용합니다. 때로 온갖 기교를 사용하면 더 나은 방법이 찾아지기도 하죠".

워즈는 바움보다 먼저 고등학교를 졸업하고 대학을 갔다. 하지만 몇 년 후 두 사람은 휴렛 패커드라는 컴퓨터 회사에서 같이 일하게 되었다. IBM의 투박한 캐딜락이 아니라 벤츠 같은 고성능 컴퓨터를 만드는 최첨단 기업이었다. 진짜 큰 무대였고 워즈는 그곳에서 무척 행복했다. 결혼을 했으나 워즈에게는 여전히 컴퓨터가 최우선이었다. HP에서 계산기 칩에 들어갈 산술 로직을 설계하는 업무 이외에도 워즈는 아타리 게임 회사를 위해 약간의 설계도 추가로 진행했다. 아타리는 워즈의 고등학교 동창인 스티브 잡스가 일하는 곳이었다. 아타리 부업은 부수적인 이익도 있었다. 예를 들어 어느 날 볼링장에 간 워즈는 정해진 점수를 넘기는 사람에게 공짜로 피자를 준다는 표지판이 붙은 동전 비디오 게임기를 발견했다. 공짜 피자 몇 판을 먹은 후에 놀란 동료들이 어떻게 그리 쉽게 게임을 깨는지 물었다. "제가 설계한 게임입니다". 웃음을 터뜨리며 워즈니악은 말했다.

때로 썰렁하고 때로 심란한 유머 감각을 지닌 장난꾸러기 워즈는 집에서 폴란드식 농담을 끝없이 제공하는 '농담 따먹기 전화' 서비스를 제공했다. 전화로부터 얻는 즐거움은 이뿐만이 아니었다. 1971년 『에스콰이어』 지에 실린 기사를 읽은 후 워즈와 잡스는 영감을 받았다. 장거리 전화를 공짜로 걸어주는 장치인 블루 박스를 개발한 캡틴 크런치라는 전설적인 인물에 관한 기사였다. 잡스와 워즈는 자신들의 블루 박스를 만들었으며 공짜 전화에 썼을 뿐만 아니라 한동안 버클리 기숙사를 돌며 팔았다. 워즈는 자신의 블루 박스로 교황에게 전화할 수 있는지 시험도 했다. 헨리 키신저인 체하며 거의 추기경 예하까지 도달했으나 바티칸 누군가에게 그만 들키고 말았다.

HP에서 해킹하고, 개인적으로도 해킹하고, 게임도 즐기며, 워즈는 자유분방하게 살았다. 워즈는 게임을 좋아했는데 특히 퐁과 같은 전자 게임에 몰두했다. 워즈는 테니스도 쳤다. 빌 고스퍼가 탁구를 치듯이 워즈 역시 테니스공에 스핀을 먹이며 즐거워했다. "승리보다 공을 쫓아다니는 일이 더 중요합니다". 워즈는 해킹도 같은 마음가짐으로 임했다.

워즈는 언제나 자신이 직접 설계한 컴퓨터를 꿈꿨다. 이미 첫 단계로 TV 타이프라이터를 직접 만들었다. 물론 목표는 해킹을 장려하는 컴퓨터였다. 도구를 만드는 도구, 시스템을 만드는 시스템, 지금까지 나온 어떤 컴퓨터보다 똑똑한 컴퓨터라야 했다.

때는 1975년이었고 만약 워즈의 꿈을 듣는다면 대다수 사람이 제정신이 아니라 여길 상황이었다.

그러다 앨런 바움이 게시판에서 홈브루 회합 공고를 읽었고 워즈에게 알렸다. 두 사람은 회합에 함께 참석했다. HP에서 최첨단 기계에 둘러싸여 지내다 보니 너무 귀찮아 컴퓨터를 만들지 못한다고 스스로 인정하는 바움은 별 감흥이 없었다. 하지만 워즈는 전율을 느꼈다. 나 같은 사람들, 자신만의 컴퓨터를 만드는 일에 돈키호테처럼 병적으로 집착하는 사람이 서른 명이나 있었다! 마티 스퍼겔이 나눠준 8008 칩 데이터 시트를 집으로 가져와 꼼꼼히 검토한 워즈는 자신이 설계하려고 생각하던 미니컴퓨터가 불필요하다는 사실을 깨달았다. 디지털 이큅먼트 사가 만든 컴퓨터처럼 큰 기계는 필요하지 않았다. 그날 밤 처음 보았던 알테어 같은 컴퓨터는 마이크로칩만으로도 충분했다. 워즈는 마이크로프로세서에 관한 문서를 모두 구해다 읽었고, 정보를 더 보내달라고 회사로 편지했으며, 온갖 I/O 장치와 칩에 대한 자료를 정리했고, 궁극적인 컴퓨터의 회로를 설계하기 시작했다. 홈브루 클럽 소식지 2호에는 워즈가 하는 작업에 대한 보고서가 실렸다.

TVT 제작 완료... 퐁, 브레이크스루라는 비디오 게임, 카세트 NZRI 리더기 제작 완료. 아주 간단함. (저장된 보드 3개를 포함한) 17-칩 TV 체스 디스플레이, 30-칩 TV 디스플레이 제작 중. 기술 : 디지털 설계, 인터페이스 제작, I/O 장치, 시간 부족, 회로도 있음.

홈브루 분위기는 스티브 워즈니악에게 완벽하게 맞았다. 홈브루 클럽에는 실험과 전자공학에 주력하는 창조적인 활동과 에너지가 있었다. 그것은 숨 쉬는 공기나 먹어치우는 불량식품만큼이나 워즈에게 중요한 요소였다. 게다가 평소 사교성이 부족한 사람도 홈브루에서는 친구를 만들 수 있었다. 워즈는 종종 자기 집 터미널을 이용해 콜 컴퓨터 서비스에 있는 홈브루 회원용 계정에 접속했다(콜 컴퓨터 서비스는 전화선으로 가정용 터미널과 메인프레임 컴퓨터를 연결해준다). 컴퓨터에는 MIT ITS 시스템과 유사한 프로그램이 있어 두 사람이 컴퓨터 상에서 정보를 교환하고 '이야기'도 나눌 수 있었다. 워즈는 이 프로그램으로 사람들과 전자적으로 대화했을 뿐만 아니라 시스템을 구석구석 해킹해 남들의 전자적 대화에 끼어드는 방법도 알아냈다. 예를 들어 고든 프렌치가 8008 치킨 호크에서 알아낸 새로운 기교를 열성적으로 설명하는 와중에 프렌치의 터미널은 불가사의하게도 다소 외설적인 폴란드식 농담을 출력하기 시작했다. 하지만 프렌치는 몇 마일 밖에서 스티브 워즈니악이 포복절도했다는 사실을 결코 알지 못했다.

또한 워즈는 14살짜리 건장한 금발 소년 랜디 위긴톤을 만났다. 콜 컴퓨터 사에서 일하는 위긴톤은 워즈니악 부부가 사는 어수선한 아파트 건너편에 살았다. 워즈는 때로 홈브루 회합에 위긴톤을 데려갔다. 위긴톤은 고등학교 들어가기 전부터 컴퓨터에 빠져들었다. 위긴톤에게 있어 컴퓨터를 깊이 이해하는 워즈는 거의 우상이었고, 25살짜리 워즈가 '기술적인 이야기라면 누구와도, 심지어 자신 같은 14살짜리와도 대화한다는 사실'에 깊이 감사했다. 위긴톤의 부모는 컴퓨터가 아들의 삶을 점령했다는 사실을 걱정했지만 컴퓨터를 향한 위긴톤의 집착은 깊어만 갔다. 홈브루 회합에서 돌아오는 길에 푸트힐 드라이브에 있는 데니스 식당에 들를 때 워즈가 주는 비공식적 가르침은 위긴톤의 집착을 더욱 부채질했다. 두 사람은 워즈의 낡은 말리부를 타고 다니며 콜라, 감자 튀김, 양파 튀김을 먹어치웠다. 뒷좌석은 맥도널드 포장지와 기술 잡지가 산더미처럼 쌓여 있었으며, 비 오는 날에도 창문을 닫지 않는 특이한 성향 탓에 모든 물건이 축축했다. "저는 단지 말을 시키려고 워즈에게 멍청한 질문을 던졌습니다. '베이식 해석기는 어떻게 돌아가죠?' 그런 다음 워즈가 하는 이야기를 계속 들었죠"라고 위긴톤은 회상했다.

곧 워즈니악은 또 다른 홈브루 회원을 알게 되었다. 콜 컴퓨터에서 일하는 존 드래퍼였다. 비정규직 엔지니어인 존 드래퍼는 '캡틴 크런치'라는 별명으로 더 유명했다. 1971년 워즈를 흥분시켰던 그『에스콰이어』지 기사에 실린 '공짜 전화' 영웅이었다. 화재경보기의 막바지 소리처럼 앵앵거리는 평소 목소리에, 한 번도 빗질하지 않은 듯한 길고 짙은 머리카락과 차림새가 후줄근한 드래퍼는 '캡틴 크런치'라는 시리얼에 든 장난감 호루라기 소리가 전화선으로 장거리 트래픽을 실어나를 때 전화회사가 사용하는 2,600 사이클 음색과 정확히 일치한다는 사실을 알아내 '캡틴 크런치'라는 별명을 얻었다. 당시 해외에 주둔하는 공군 병사였던 존 드래퍼는 본국에 있는 친구들에게 전화하는 데 자신의 지식을 이용했다.

하지만 드래퍼의 관심은 공짜 전화를 넘어섰다. 해커 성향이 다분하며 조만간 감당 못할 모험으로 뛰어들 엔지니어 드래퍼는 전화 회사 시스템에 푹 빠졌다. "저는 딱 한 가지 이유로 '공짜 전화'를 해킹했습니다". 1971년 드래퍼를 유명하게 만들었던『에스콰이어』지 기자에게 드래퍼가 한 말이다. "저는 시스템을 배우는 중이었습니다. 전화 회사도 시스템입니다. 컴퓨터도 시스템입니다. 이해하시겠습니까? 제가 할 수 있는 일은 시스템 탐험뿐입니다. 이것이 제 전문입니다. 전화 회사도 컴퓨터에 불과합니다". TMRC 해커들도, 특히 어린 시절부터 전화를 해킹했던 MIT 해커 스튜 넬슨도 빠져든 매력이었다. 하지만 스튜 넬슨과 달리 고도의 도구가 없었던 드래퍼는 임시방편 도구를 직접 만들어 써야 했다(언젠가 드래퍼를 만난 넬슨은 드래퍼의 기술적인 능력에 별로 감동받지 않았다). 드래퍼는 자신과 관심이 비슷한 공짜 전화 해킹 네트워크를 발견해 여기서 도움을 얻었다. 네트워크에 속한 사람들 대다수는 시스템에서 쌩하니 지나가는 음색을 쉽게 식별해내는 시각장애인이었다. 드래퍼는 테스트 보드에서 연결할 수 있는 우회 전화 시스템, 사람들의 통화에 끼어들 수 있는 증거 수집 중계선, 해외로 연결할 수 있는 스위치 유닛이 존재한다는 사실에 깜짝 놀랐다(한 번은 자신이 좋아하는 여성이 다른 남자와 통화하는 도중에 무섭게 끼어들어 그 여성을 깜짝 놀래킨 적도 있었다). 곧 드래퍼는 한 회선에서 다른 회선으로 옮겨다니는 방법을 알아냈으며 '블루 박스'의 비밀을 터득했다. 10여 년 전 스튜 넬슨이 PDP-1에서 전화선으로 특정 음색을 보내 해킹한 방식과 마찬가지로, 드래퍼가 만든 '블루 박스'는 공짜 장거리 전화를 무제한 걸 수 있었다.

하지만 때로 너무 충동적으로 행동해 시스템 지식이라는 젖을 달라고 떼쓰는 웃자란 젖먹이 같은 존 드래퍼에게는 MIT 해커들이 보여준 불굴의 의지가 없었다. 버클리 기숙사를 돌아다니며 블루 박스를 팔았던 워즈니악과 잡스처럼 공짜 전화를 원하는 사람들에게 블루 박스를 팔고 싶어 하는 사람들은 쉽게 드래퍼를 꼬드겨 블루 박스 정보를 빼내 갔다.

드래퍼 자신의 전화 여행은 오히려 순진했다. 전형적인 범죄자라면 외국 접근 코드를 모두 찾아내 '지도'를 만든 후 자신이 수집한 코드를 이용해서 한 중계선에서 다른 중계선으로 돌아다닐 터였다. 한 통신 위성에서 다른 통신 위성으로 신호가 옮겨 다닐 때 나는 일련의 딸깍거림을 들으면서 말이다. 하지만 『에스콰이어』 지에 기사가 나간 후 정부 기관이 드래퍼를 주시했고, 1972년, 드래퍼는 호주 시드니로 불법 전화를 걸었다는 이유로 체포되었다. 드래퍼가 건 전화는 호주에서 유행하는 음악 순위를 알려주는 번호였다. 첫 위법 행위로 드래퍼는 집행 유예를 선고받았다.

드래퍼는 컴퓨터 프로그래밍을 시작했고 얼마 지나지 않아 일반적인 해커가 되었다. 훗날 사람들은 PCC^{People's Computer Center} 저녁 회합에 참석해 자기 접시에 음식을 산더미처럼 쌓아놓고 먹던 드래퍼를 회상했다. 엄격한 흡연 반대자였던 드래퍼는 누군가 담배를 피워 물면 거의 고통스럽게 비명을 질러댔다. 여전히 전화 해킹에 관심이 많았으며, 저녁 회합에서 드래퍼가 거론하는 주제 중 하나가 ARPAnet에 접근하는 방법이었다. 드래퍼에게는 너무도 당연한 일이었다. "분석적으로 계산할 적분 문제 몇 개가 있었습니다. '제 문제를 풀어줄 프로그램이 있는' MIT 컴퓨터가 보였습니다. 그래서 썼습니다"라고 드래퍼는 말했다.

저녁 회합이 끝나면 드래퍼는 홈브루로 끌렸다. 콜 컴퓨터 컨설턴트였던 드래퍼는 콜 컴퓨터에 홈브루 계정을 마련해줬다. 드래퍼는 워즈니악의 열렬한 팬이었으며, 워즈니악은 자신의 블루 박스 장난에 영감을 줬던 유명한 전화 해커와 만나서 굉장히 기뻤다. 두 사람이 방 뒤편에 함께 있는 모습을 목격하기는 어렵지 않았고, 여느 때처럼 함께 있는 두 사람에게 소콜이 다가간 때가 1975년 후반 어느 날 밤이었다. 긴 금발머리 소콜은 홈브루 회합에 오면 자리에서 일어나 인텔 사람이 없는지 확인한 후 8008 칩을 괜찮은 장비와 교환하던 친구였다.

당시 소콜은 집에서 터미널로 콜 컴퓨터 계정에 접근하느라 파산하기 직전이었다. 소콜은 산타크루즈에 살았고 콜 컴퓨터는 팔로 알토에 있었기에 전화 요금이 엄청나게 나왔다. 소콜이 컴퓨터에 접속하는 시간은 매주 40에서 50시간 정도였다. 해결책은 어느 날 소콜이 SLAC 강당 뒤편에서 워즈니악과 존 드래퍼를 만났을 때 나왔다.

캡틴 크런치 아니신가요?

"예, 접니다". 드래퍼는 흔쾌히 대답했고, 소콜은 즉시 블루 박스 제작에 관한 질문을 퍼부었다. 산타크루즈에서 팔로 알토까지 공짜로 전화할 방법이었다. 드래퍼는 자신의 전화 해킹 비밀을 누설하지 않는다는 보호 관찰 조건으로 풀려났음에도 불구하고 사람들의 질문에 저항하지 못했다. 드래퍼의 해커 기질은 정보를 자유롭게 흐르도록 내버려두었다. "질문을 받은 후 15분 동안 드래퍼는 '블루 박스를 만들기 위해' 알아야 할 모든 지식을 전수해줬습니다". 나중에 소콜은 이렇게 말했다. 하지만 소콜이 조립한 블루 박스는 돌아가지 않았다. 소콜은 이 사실을 드래퍼에게 알렸고, 다음 토요일에 드래퍼는 스티브 워즈니악을 동반하고 소콜을 방문했다. 그들은 소콜의 블루 박스를 살폈다. "괜찮아 보입니다"라고 말하며 드래퍼는 귀로 음색을 조정하기 시작했다. 그런 다음 소콜이 블루 박스를 연결하자 이번에는 돌아갔다. 소콜은 컴퓨터에 접속할 목적으로만 블루 박스를 사용할 생각이었다. 해커들 생각에는 법을 어겨도 괜찮은 경우였다. 멀리 있는 친척에게 전화하는 등과 같이 소소하게 개인적인 이익을 챙길 목적이 아니었다.

워즈니악은 소콜의 '고물 컴퓨터'를 살펴봤다. 소콜이 여기저기서 교환한 부품으로 만든 컴퓨터였다. 두 사람은 하드웨어 해킹에 많은 돈이 든다는 사실에 탄식했다. 워즈는 HP 직원인 자신에게도 영업부 사람들이 칩을 주지 않는다고 불평했다. 다음 홈브루 회합에서 소콜은 모토롤라 6800 마이크로프로세서용 부품 한 상자를 워즈니악에게 선물했다. 워즈는 6800 매뉴얼을 구했고 자신이 만든 TV 타이프라이터에 연결할 컴퓨터를 설계하기 시작했다. 누군가 비디오가 포함된 컴퓨터를 홈브루 회합에 가져왔고, 워즈는 자기 컴퓨터에도 비디오를 내장하겠다고 결심했다. 워즈는 비디오 게임이 가능한 컴퓨터라는 아이디어가 좋았다. 그즈음 웨스콘 컴퓨터 박람회가 개최되었고, MOS 테크놀로지 부스를 지나던 워즈는 그들이 새로운 마이크로프로세서 6502 칩의 초기 모델을 단돈 20불에 판다는 사실을 발견했다. 6502 칩은 6800과 큰 차이가 없었기에 워즈는 한 주먹을 구입한 후 자신이 만드는 새 기계의 심장으로 6502를 쓰기로 결심했다.

워즈니악은 판매할 욕심으로 컴퓨터를 만들지는 않았다. 그냥 재미로, 친구들에게 자랑할 생각이었다. 그래서 아타리에 근무하는 친구 스티브 잡스에게 자기가 하는 일을 말해주었다(터미널에 관심 있었던 스티브 잡스는 터미널을 만들어 파는 회사를 설립하려고 생각하는 중이었다). 2주마다 워즈는 홈브루 회합에 참석해 새로운 소식을 섭렵했다. 모두가 자유롭게 정보를 공유했으므로 기술적인 내용을 따라가는 데 전혀 무리가 없었다. 워즈가 컴퓨터에 넣고 싶은 기능이 몇 개 있었는데, 예를 들어 대즐러 보드를 보고서는 컬러 그래픽을 원했다. 물론 베이식도 돌리고 싶었다. 당시 6502 칩에서 돌아가는 베이식은 톰 피트만의 타이니 베이식뿐이어서 '큰' 베이식을 원했던 워즈는 직접 만들었다. 워즈는 자신의 베이식 코드를 누구에게나 주었으며 심지어 『닥터 돕스 저널』에 하위 루틴 일부를 신기도 했다.

마침내 워즈가 내놓은 작품은 키트나 조립된 컴퓨터가 아니라 칩과 회로로 가득 찬 보드 한 장이었다. 보드 한 장만으로는 아무 일도 못했지만, 전원 공급기와 키보드와 비디오 모니터와 카세트테이프 플레이어를 보드에 연결하면 비디오 디스플레이와 대용량 저장소와 입/출력을 갖춘 컴퓨터가 되었다. 거기에 스티브 워즈니악의 '정수 베이식'을 올려 프로그램을 작성할 수 있었다. 워즈의 컴퓨터는 몇 가지 측면에서 굉장히 놀라웠다. 특히 알테어에 여러 보드를 탑재했을 때 발휘되는 기능과 능력을 훨씬 작은 보드에 담았다는 점이 그랬다. 남들이 칩 두 개로 하는 일을 워즈는 칩 하나로 해냈다. 제작 비용을 절약하는 이외에도 일종의 기술적인 과시였다. 과거 샘슨과 선더스와 코톡이 최소 명령으로 하위 루틴을 짜려고 애쓰던 TMRC 시절을 연상시키는 행위였다.

훗날 워즈니악은 보드에 칩을 적게 썼던 이유를 이렇게 설명했다. "저는 미적인 목적으로 칩을 줄이려고 애씁니다. 또한 제가 똑똑하다고 생각합니다. 칩 줄이기는 제가 즐기는 퍼즐이며, 제 설계는 지금까지 나온 보드보다 '칩을' 하나 덜 씁니다. 저는 더 빨리, 더 작게, 혹은 더 영리하게 하는 법을 궁리합니다. '뭔가를 구현할 때'

명령 6개가 괜찮다고 여겨지는 수준이라면 저는 5개나 3개에 도전합니다. 정말 잘하고 싶을 때는 2개에 도전합니다. 저는 평범하지 않은 기교를 씁니다. 모든 문제는 평범한 방식 말고 다른 각도에서 생각하면 더 나은 해법이 나옵니다. 그리고 저는 이런 해법을 발견합니다. 매일 여러 문제를 접할 때 우선 하드웨어 문제인지 자문한 후 과거에 썼던 기교를 하나씩 떠올립니다. 카운터와 피드백, 칩 레지스터... 계층에서 특정 말단부터 찾아내는 실용적 접근 방법입니다. 그러면 기본적으로 다른 수학을 창조합니다. 이런 발견은 제 의욕을 북돋웁니다. 자랑거리가 생기니까요. 다른 사람들이 보고서 '우와, 바로 내가 원하던 방법이야!'라고 감탄하기 바랍니다. 바로 이것이 홈브루 클럽에서 제가 얻은 반응입니다".

워즈니악은 보드를 홈브루 회합에 가져왔다. 동작에 필요한 하드웨어도 같이 챙겨왔다. 하지만 카세트 레코더가 없어서, 회합이 진행되는 동안, 워즈니악은 밖에 앉아 3,000바이트에 이르는 3K 베이식 해석기 16진수 코드를 미친 듯이 입력했다. 프로그램 일부로 테스트를 수행했고, 테스트가 실패하면 처음부터 다시 시작했다. 비록 명령 집합 전체는 지원하지 못하는 예비 버전이었지만 마침내 베이식이 돌아갔다. 사람들이 다가오면 워즈니악은 숨 가쁘게 빠른 목소리로 자신의 컴퓨터를 설명했다.

》 애플 | 마더보드

곧 워즈니악은 전체 홈브루 회원들 앞에서 보드를 들고 질문을 받았다. 대다수는 어떻게 보드를 만들었는지 그리고 앞으로 이런저런 기능을 넣을지 물었다. 좋은 아이디어가 많았고, 워즈니악은 2주마다 수정된 보드를 들고 와 전기 콘센트가 있는 강당 뒤편에 앉아 제안을 듣고 반영하며 보드를 개선해나갔다.

워즈의 친구인 스티브 잡스는 보드를 보고 굉장히 흥분했다. 잡스는 프로세서 테크놀로지 사와 크로멤코 사처럼 대량으로 보드를 만들어 팔아야겠다고 생각했다. 22살인 잡스는 워즈니악보다 몇 살 어렸으나 지저분하기는 마찬가지였다. 잡스는 소위 '피델 카스트로 수염'이라는 것을 길렀으며, 자주 신발 없이 돌아다녔고, 여느 캘리포니아 사람처럼 동양 철학과 채식주의에 관심이 많았다. 잡스는 정력적인 기획자이자 달변에다 능란한 설득자였다. 두 사람은 곧 '두 스티브'로 알려졌고, 워즈니악의 컴퓨터는 애플이라 알려졌다. 한때 과수원에서 일했던 잡스가 떠올린 이름이었다. 아직은 법인이 아닌 애플 사의 공식 주소는 집 주소였지만 두 사람은 사실상 차고에서 일했다. 자본을 마련하려고 잡스는 폭스바겐 버스를, 워즈는 HP 프로그래밍 계산기를 팔았다. 잡스는 컴퓨터 애호가들이 읽는 잡지에 광고를 실었고, 두 사람은 666.66불이라는 가격에 애플을 팔기 시작했다. 회로도는 홈브루 사람이라면 누구에게나 공개되었고, 컴퓨터와 카세트 레코드를 연결하는 장비만 구매하면 워즈의 베이식은 공짜로 따라왔다. 워즈는 자신이 만든 6502 '모니터' 루틴을 『닥터 돕스 저널』과 같은 잡지에 기고했다. '모니터' 루틴은 메모리 내부에 저장된 명령을 화면에 보여주었다. 애플 광고는 심지어 이렇게도 말했다. "우리 철학에 따라 우리 기계에서 동작하는 소프트웨어는 무료나 최소 비용으로 제공합니다".

애플이 판매되는 동안 스티브 워즈니악은 확장된 보드를 설계하기 시작했다. 홈브루 동료들에게 더 깊은 감동을 안겨줄 작품이었다. 스티브 잡스는 새 설계로 만든 컴퓨터를 많이 팔 계획이었다. 그래서 잡스는 제품이 나올 날을 대비해 재정, 기술 지원, 전문적인 도움을 구하러 나섰다. 스티브 워즈니악의 새 컴퓨터는 애플 II라 불릴 예정이었고, 당시로는 애플 II가 역사상 가장 중요한 컴퓨터가 되리라는 사실을 아무도 짐작하지 못했다.

» **애플 l 컴퓨터**

〉〉〉〉〉〉〉〉〉〉〉〉〉〉〉〉〉〉〉〉〉〉〉〉〉

애플 II가 탄생하기까지 스티브 워즈니악을 이끈 안내자는 홈브루라는 비옥한 환경이었다. 정보를 교환하고, 난해한 기술에 대해 힌트를 얻고, 창의적 에너지가 소용돌이치고, 잘 해킹한 설계나 프로그램으로 모두를 흥분시킬 기회가 있는 곳, 홈브루 환경은 스티브 워즈니악이 이미 품었던 강렬한 욕구, 자신이 쓰고 싶은 컴퓨터를 만들겠다는 욕구를 증폭시킨 자극제였다. 워즈의 욕심은 컴퓨터라는 범위를 벗어나지 않았다. 부와 명성이라는 허상에 사로잡히지 않았으며, 최종 사용자들을 컴퓨터에 노출시키겠다는 꿈에 집착하지도 않았다. HP에서 하는 일을 좋아했으며, 컴퓨터 업계 최정상에서 점잖은 엔지니어들에게 둘러싸인 의기양양한 분위기를 사랑했다. 언젠가 워즈니악은 HP가 자신이 회사를 위해 애플 컴퓨터를 설계하기 바라는지 상사에게 물었다. 판매가 불가능하다고 판단한 HP 사람들은 워즈가 직접 만들어 팔아도 좋다고 허락했다. HP가 소형 컴퓨터 부서를 설립하려는 듯하자 워즈니악은 해당 부서로 옮겨달라 신청했다. 하지만 앨런 바움에 따르면 "연구실 우두머리가 워즈니악을 탐탁히 여기지 않았습니다. 워즈는 학위가 없었거든요"(워즈는 졸업 전에 버클리를 떠났다).

그래서 워즈니악은 애플 II에 집중했다. 종종 새벽 4시까지 일했으며 곧 컴퓨터 과부에게 이혼 당한 홈브루 회원 그룹에 합류했다. 애플 II 설계는 장난이 아니었다. 프로그램할 준비가 갖춰진 컴퓨터, 컴퓨터와 터미널이 완벽하게 조합된 독립형 컴퓨터를 만드는 과정에서 수백 가지 문제가 생겼다. 최초로 터미널을 내장한 컴퓨터이자 애플 II에 영감을 준 컴퓨터 중 하나인 솔을 개발했던 밥 마쉬와 리 펠젠스타인과는 달리, 워즈니악에게는 적당한 자원도 자금도 없었다. 하지만 워즈에게는 자신이 바라는 컴퓨터에 대한 비전이 있었고 홈브루 사람들과 실리콘 밸리 전문가들로부터 얻어낸 도움이 있었다. 마침내 워즈는 동작하는 시제품을 만들어냈다. 워즈와 랜디 위긴톤은 부품과 보드가 산만하지만 완벽히 연결된 컴퓨터를 상자 몇 개에 담아 1976년 12월 홈브루 회합에 들고 왔다. 투박한 시어스 컬러 TV도 함께.

여러 해가 지난 후 당시 홈브루 회합에 참석했던 회원들은 스티브 워즈니악의 애플 II 발표에 사람들이 보였던 다양한 반응을 기억했다. 워즈니악과 6502 칩 지지자들은 사람들이 컴퓨터에 굉장히 흥분했다는 인상을 받았다. 다른 사람들은 궁극적인 홈브루 컴퓨터를 향한 질주에서 한 걸음 더 나갔을 뿐이라 생각했다. 펠젠스타인은 이렇게 표현했다. "홈브루 사람들은 죽치고 앉아 애플의 등장만을 기다리고 있지는 않았습니다. 계속 뭔가를 만들고 이야기하고 자랑했습니다".

홈브루 회원들이 실망했던 한 가지 이유는 애플 제품이 완전히 조립된 형태로만 나온다는 사실이었다. 하드웨어 해커들 생각에는 직접 만들지 못한다면 컴퓨터를 살 이유가 없었다. 프로세서 테크놀로지와 크로멤코 제품의 견고성과 예측성을 좋아하는 골수 보수파 해커들은 경제적인 회로 배치와 컬러 기능 면에서 애플을 흥미롭게 여겼지만 친숙한 알테어 버스에 기반을 둔 솔만큼 훌륭한 기계는 아니라고 생각했다(제조사들은, 특히 밥 마쉬와 해리 갈랜드는 자기네 컴퓨터 부품을 존재 자체가 불쾌한 경쟁사 이름으로 부른다는 사실 자체가 대단히 싫었다. 그래서 그들은 합의하에 알테어 버스를 S-100으로 개명했다). 애플은 완전히 새로운 버스와 신형 운영체제를 탑재했으며, 두 가지 모두 워즈가 설계한 작품이었다. 게다가 낯선 6502 칩을 두뇌로 사용했다. 또한 현장에서는 프로세서 테크놀로지처럼 검증된 회사가 애들 두 명이 차고에서 운영하는 회사보다 기술 지원이 나으리라 생각했다.

> 스티브 잡스와 스티븐 워즈니악

하지만 근본적인 충돌은 설계의 종교적인 쟁점에서 비롯되었다. 솔은 산업 구조가 언제든 사라질 수 있다는, 대참사 후를 다룬 공상과학 소설에서 형성된 펠젠스타인의 종말론적 공포를 반영했다. 업계의 기반 구조는 언제든 붕괴할 수 있기에 황폐화된 사회 잔해 속에서도 사람들은 부품을 구해다 기계를 돌릴 수 있어야 했다. 따라서 이상적인 설계는 사용자가 부품 넣을 장소를 명쾌히 보여주는 설계였다.

"쓰레기통에서 구한 부품으로도 조립할 수 있도록 설계했습니다". 언젠가 펠젠스타인은 이렇게 말했다. "부분적으로는 제가 그렇게 시작했기 때문이었지만 기본적으로 저는 산업 구조를 신뢰하지 않았습니다. 어느 날 갑자기 우리 괴짜들을 억압하기로 결정하고 우리가 필요로 하는 부품을 안 내놓을지도 모르니까요". 리 펠젠스타인은 이 철학을 VDM과 솔에 반영했고, 두 제품은 감성이 부족하나 지나치게 현란하지 않은 방식으로 할 일을 프롤레타리아적으로 깔끔하게 해냈다.

스티브 워즈니악의 애플은 완전히 달랐다. 단독 주택, 과학 박람회, 맥도널드 햄버거 등 풍요에 젖어 근심 걱정을 찾아보기 어려운 캘리포니아 근교의 지극히 평범한 가정에서 자란 워즈니악은 타고난 보호막이 있었다. 워즈는 서슴없이 위험을 무릅쓰며 상상력이 닿는 대로 설계를 해나갔다. 개수가 제한적인 기성 전자 부품을 최적으로 조합해 PDP-1의 위력만이 아니라 색상, 움직임, 소리까지 제공하는 기술적 경이를 만들어냈다.

만약 워즈가 마음대로 했다면 끝없이 기능을 추가했으리라. 홈브루 회합이 열리기 전 겨우 이틀 동안 워즈는 기계를 대담하게 뜯어고쳐 특수 고해상도 컬러 그래픽 기능을 추가했다. 특수 칩을 사용하는 일반적인 방식이 아니라 워즈는 기계 배선을 고쳐 중앙 처리 장치인 6502칩이 두 가지 임무를 수행하게 만들었다.

최적화에 대한 워즈의 천재성이 때로는 특이한 효과를 낳았다. 예를 들어 애플이 이미지로 화면을 채우는 방식은 솔이 하는 방식과 굉장히 달랐다. 솔은 올바른 순서로 화면을 채워가는 반면 애플은 언뜻 보기에 무계획적으로 조각보 이불처럼 채워갔다. 이것은 우연이 아니었다. 무계획적으로 그리면 면에 선 하나를 그릴 때마다 명령 하나가 절약된다는 사실을 워즈가 알아냈기 때문이었다. 이처럼 영리한 기교를 애플의 예측 불가능성과 '가벼움'으로 취급하는 사람들도 있었지만 극대화된 설계의 미를 알아보고 감탄하는 사람들도 있었다. 전반적으로 애플의 설계는 절묘한 해킹 솜씨를 드러냈으며, 아주 뛰어난 엔지니어라면 기계에 숨겨진 영리한 반전, 낙관적인 상상력, 별나게 장대한 농담을 알아챘다.

애플 II가 끝내주게 멋지다고 생각한 사람 중에 랜디 위긴톤의 지인인 크리스에스피노사가 있었다. 마르고 창백한 14살 고등학생 에스피노사는 컴퓨터를 사랑했으며 숙제하는 데 드든 시간이 너무 아까워서 수학에 낙제했다. 에스피노사는 스티브 워즈니악의 애플 컴퓨터에 완전히 매료되었다. 애플을 발표하던 워즈에게 특수베이식 명령 사용법과 (모두에게 배포한) 기계 내부에 대한 설명을 듣고서 에스피노사는 즉석에서 베이식 프로그램 몇 개를 작성했다. 발표 후 임의 접근 시간 동안, 사람들이 새 기계 주변에 몰려들자 에스피노사는 키보드를 낚아채 미친 듯이 프로그램을 두들겨 워즈니악이 가져온 낡고 거대한 시어즈 텔레비전 화면에 영상을 출력해냈다. 워즈니악은 열광했다. 워즈는 "딴 사람이 저한테 '이것 봐요!'라고, 신명에 차 남들에게도 보여주며 '아주 쉽네요. 명령만 넣으면 여러분도 할 수 있어요'라고 할 줄은 몰랐습니다"라고 회상했다. 워즈가 만든 이 작은 컴퓨터에 고등학생이 프로그램을 돌리는 장면을 지켜본 스티브 잡스의 반응은 좀 더 실용적이었다. 잡스는 크리스 에스피노사를 회사의 첫 직원 중 한 명으로 고용했다. 회사의 또 다른 10대 소프트웨어 전문가인 랜디 위긴톤과 마찬가지로 에스피노사는 시간당 3불을 받았다.

스티브 잡스는 다음 해 애플 II를 출시해 큰 성공을 거두겠다는 생각으로 회사를 다지는 데 전력을 다했다. 잡스는 달변가였다. 앨런 바움에 따르면 "잡스는 뼈 빠지게 일했습니다. 잡스가 제게 자신이 지불하는 부품 가격을 말해주었는데 HP가 지불하는 가격만큼 유리했습니다". 공학도로서 잡스는 보통이었다. 잡스의 강점은 기획자, 즉 스티브 워즈니악과 같은 순수 해커가 꿈꾸는 정도를 넘어서 컴퓨터를 유용한 수준까지 확장시킬 비전을 제시하는 데 있었다. 또한 잡스는 청바지에 맨발이 일상인 22살짜리 장발로는 대기업을 이끌지 못한다는 사실을 자각할 만큼 현명했다. 무엇보다 자신은 경영과 마케팅 경험이 부족했다. 잡스는 초일류 경영진을 고가로 고용해 애플 컴퓨터 운영을 맡기기로 결정했다.

당시 분위기로는 쉽지 않은 결정이었다. 에드 로버츠나 밥 마쉬와 같은 엔지니어들은 품질 좋은 기계가 성공의 열쇠이며 경영은 저절로 된다고 생각했다. 에드 로버츠는 자신의 생각이 틀렸다는 사실을 힘겹게 배웠다. 1976년 중반 로버츠는 완전히 지쳐버렸다. 짜증 난 고객들, 혼란스럽게 뒤죽박죽된 알테어 제품군, 수백 명에 이르는 직원, 타락한 사내 정치, 언제나 안달복달하는 거래처, 절망적으로 엉망인 재정, 1년 동안 하루도 편히 못 자 생긴 수면부족으로 MITS는 (자신의 표현을 빌자면) 한 편의 '눈물 짜는 드라마'가 돼버렸다. 당시 로버츠는 흥미진진한 알테어 2 컴퓨터를 개발하는 중이었다. 서류 가방에 쏙 들어갈 강력한 소형 기계였다. 하지만 온갖 자잘한 관리 업무로 에너지가 분산되었고 그래서 로버츠는 사업을 접기로 결심했다. "제 인생의 한 막이 끝났습니다. 이제 다음 막으로 넘어갈 시기였습니다". 회사를 퍼텍이라는 대기업에 팔아치우며 로버트는 하드웨어 해커들에게 충격을 주었다. 1976년 말 백만 불 이상의 매각 대금을 챙긴 로버츠는 회사를 떠나 남부 조지아의 농부가 되었다.

엔지니어가 절대로 회사를 운영하지 못한다는 이야기는 아니다. 하지만 회사를, 특히 적어도 겉보기에 히피와 고등학생이 득실거리는 작은 마녀 집회처럼 보이는 회사를 운영해낼 사람을 찾기란 쉽지 않다. 크리스 에스피노사는 훗날 이렇게 말했다. 1977년 초반 잡스는 너무나 지저분해 "사람들이 미니버스나 비행기에 태워주지 않았습니다. 당연히 반도체 업계 실세에 접근하기도 어려웠죠". 하지만 잡스는 마이크 마쿨라를 애플 팀에 끌어들이는 쾌거를 달성했다. 30대 중반인 마쿨라는 몇 해 전 인텔에서 은퇴한 마케팅 전문가였다. 은퇴 후 마쿨라는 사업 관련 활동부터 기타 코드의 운지 위치를 보여주는 휠 차트 발명까지 다양한 활동으로 소일하던 참이었다. 잡스는 애플 사업 계획을 그려 달라고 마쿨라에게 요청했고, 마쿨라는 벤처 자금 확보를 거들며 결국 이사회 첫 의장이 되었다. 마쿨라의 도움으로 잡스는 페어차일드 세미컨덕터에서 일하던 실무 경영자 마이크 스콧을 회사 사장으로 앉혔다. 그리하여 시장에서 가장 잘 나가던 터미널-컴퓨터 제조사인 프로세서 테크놀로지가 하드웨어 해커 밥 마쉬와 개리 잉그람의 미숙한 경영으로 고전하는 동안 애플은 도약할 준비를 갖췄다.

스티브 워즈니악에게 이런 현실적인 활동은 자신과 무관했다. 크리스 에스피노사와 랜디 위긴톤은 위긴톤이 반쯤 만든 애플 II를 갖고 놀다 워즈의 집에 들르곤 했다. 그들은 워즈의 작은 집 거실에 앉아 프로그램과 하드웨어를 디버깅하고 음악 생성 프로그램을 만들고 보드를 납땜했다. 재미있었다. 그러는 동안에 잡스는 차고에서 업무를 처리했다. "잡스는 한 번씩 들러 우리가 하는 일을 살펴보며 의견을 내놓았지만 설계는 하지 않았습니다". 훗날 에스피노사는 말했다. "잡스는 결정을 내렸고, 그것이 잡스의 재능이었습니다. 키보드, 케이스 디자인, 로고, 구매할 파트, 멋지게 보이는 PC 보드 레이아웃, 부품 배열, 거래처... 조립 방법, 유통 방법 등 모든 사항에 관해서요".

애플 벤처를 아주 진지하게 여기는 마이크 마쿨라의 숙달된 손이 잡스를 이끌었다. 잡스는 스티브 워즈니악의 헌신이 회사가 아니라 컴퓨터를 향한다는 사실을 명확히 인식했다. 워즈에게 애플은 훌륭한 해킹 작품이었지 투자가 아니었다. 애플은 워즈의 작품이지 사업이 아니었다. 워즈에게는 퍼즐을 풀고 칩을 적게 쓰고 홈브루 사람들을 감동시키는 일이 보상이었다. 해킹으로는 괜찮았지만, 마쿨라는 최소한 워즈니악이 회사에 전적으로 몸담기 바랐다. 마쿨라는 잡스에게 만약 워즈가 애플 컴퓨터 사에서 일하고 싶다면 HP를 그만두고 애플 II 양산 준비에 전념해야 한다고 말하도록 요청했다.

워즈니악에게는 어려운 결정이었다. "차고에서 함께 애플 I을 만들며 보낸 지난 1년과는 달랐습니다"라고 워즈니악이 회상했다. "애플은 진짜 회사였습니다. 저는 제가 설계하고 싶은 컴퓨터, 홈브루 사람들에게 자랑할 컴퓨터를 만들었습니다. 제 동기는 돈과 회사가 아니었습니다. 마이크는 제게 HP를 떠날지 결정하라며 사흘을 줬습니다. 저는 HP가 좋았습니다. 좋은 회사였고 제게 안정감을 주었으며 좋은 프로젝트가 많았습니다. HP를 그만두고 싶지 않아 저는 싫다고 대답했습니다".

워즈의 결정을 전해 들은 스티브 잡스는 워즈니악의 친구들과 친척들에게 전화해 워즈가 HP를 그만두고 애플에서 일하게 설득해 달라고 간청했다. 일부는 잡스의 간청대로 했고, 주변의 설득으로 워즈는 자신의 결정을 재고하게 되었다. 애플 II를 세상에 내보내는 일을 하면 어때? 하지만 HP를 그만두고 애플에서 일한다고 동의하면서도 워즈는 자신의 일이 더 이상 순수한 해킹은 아니라고 생각했다. 창업은 해킹이나 창의적인 설계와 무관하다는 사실은 진리였다. 창업은 돈을 버는 일이었다. 워즈니악이 나중에 지적했듯이 '경계를 넘어서는 행위'였다. 사기라는 의미는 아니었다. 워즈니악은 자신의 컴퓨터를 믿었으며 제품을 생산하고 판매할 팀에 대한 신뢰가 있었다. 하지만 "제 생각 속에서 훌륭한 컴퓨터 설계와 애플은 완전히 별개였습니다. 그것이 애플을 창업한 이유는 아니었습니다. 컴퓨터를 설계한 후 애플을 창업한 이유는 뭔가 다른 게 있었기 때문입니다. 바로 돈 버는 일입니다".

이는 소형 컴퓨터 업계에 일어나는 변화를 보여주는 중요한 결정이었다. 이제는 워즈니악과 같은 해커들이 터미널과 키보드가 달린 기계, 즉 애호가가 아닌 사람들에게도 유용하게 쓰일 기계를 만들었다. 막 싹트기 시작하는 업계의 방향은 더 이상 해커들의 손에 있지 않았다. TMRC 해커들이 처음 TX-0를 만난 지 20년이 지났다. 이제 사업이 옳은 길이었다.

1977년 1월 (3월이 되어서야 법인으로 등록한) 새 회사의 대여섯 남짓한 직원들은 쿠퍼티노의 스티븐스 크릭 대로에 위치한 좁아터진 공간으로 이사했다. 사무실은 세븐 일레븐과 굿 어스 건강식품 식당에서 넘어지면 코 닿을 거리에 있었다. 워즈니악은 대로를 걸어 밥스 빅 보이로 가는 일을 좋아했다. 매일 아침 가장 먼저 워즈와 위긴톤은 밥스 빅 보이로 걸어가 커피를 주문해 한 모금 마신 후 커피맛이 나쁘다고 불평하며 거의 입도 대지 않은 커피를 남겨두고 자리를 떠났다. 일종의 의식이었다. 워즈는 거품 제산제인 피진 봉지를 가져와 식당의 설탕 용기에 부어 놓는 장난을 좋아했다. 그리고는 어느 순진한 고객이 커피에 설탕을 넣을 때까지 기다렸다. 피진은 작은 화산처럼 분출했고 워즈는 데굴데굴 굴렀다. 하지만 때로는 이야기만 할 때도 있었다. 대부분은 기술적인 내용이었고 가끔은 애플에 관한 내용이었다. 아직 고등학생이던 위긴톤과 에스피노사는 잡스의 기획자적 과장 몇 가지를 가슴에 새겼고 홈브루 성전이 바로 스티븐스 크릭 거리에서 일어나고 있다고 믿었다. "모두가 푹 빠져들었습니다"라고 훗날 위긴톤은 말했다. "실제로 일어나고 있는 일보다 앞으로 일어날 일에 대한 꿈이 우리에게 동기를 부여했습니다. 성공적인 회사가 되리라는 꿈, 지금까지 나온 제품 중 가장 근사한 제품을 내놓으리라는 꿈 말입니다".

그들은 납땜에 설계에 프로그래밍까지 쉬지 않고 일했다. 하드웨어 전문가로 고용된 워즈의 친구 한 명은 일하면서 새소리를 내곤 했다. 워즈는 짓궂은 장난을 즐겼고, 게임을 했으며, 짧은 시간 내에 믿기 어려울 만치 많은 일을 해치웠다. 워즈와 워즈의 친구들은 알테어, 솔, IMSAI와 같은 기존 베스트셀러를 넘어서는 다른 유형의 컴퓨터를 준비하는 중이었다. 스티브 잡스와 마이크 마쿨라는 애플의 시장이 애호가 범위를 훨씬 넘어서므로 기계가 좀 더 친근해 보이기 바랐다. 잡스는 산업 디자이너를 고용해 세련되고 무난한 플라스틱 케이스를 만들었다. 따뜻한 베이지 색조였다. 또한 잡스는 일단 케이스 뚜껑이 열리면 워즈의 회로 배치가 매력적이게 보이도록 만들었다. S-100 버스처럼 애플 버스 역시 흥미로운 기능을 수행하는 추가 보드를 연결하는 능력이 이미 있었지만 워즈는 친구 앨런 바움의 조언을 받아들여 제조사가 호환 보드를 연결하기 아주 쉬운 '확장 슬롯' 여덟 개를 새로 만들었다. 물론 기계의 '개방형' 아키텍처도 제조사에 큰 도움이 될 터였다. 해커 윤리에 부합하게 워즈는 사람들이 뭔가를 만들지 못하게 막는 비밀이 없도록 애플을 설계했다. 설계에 들어간 온갖 기교와 반전, 심지어 전용 회로 칩으로 기계에 내장한 베이식 해석기의 코드 비법까지 모두 문서로 기록해 누구든 보고 싶어 하는 사람에게 나눠주었다.

어느 순간부터 워즈와 잡스는 홈브루 연줄을 이용해 도움을 받기 시작했다. 좋은 예가 FCC로부터 컴퓨터를 승인받는 과정에서 발생한 잠재적 문제였다. 전원 공급 장치 설계를 도와준 아타리 엔지니어 로드 홀트는 텔레비전 수상기에 연결하는 컴퓨터 쪽 단자인 RF^{Radio Frequency} 모듈레이터가 너무 많은 간섭을 일으키는 탓에 절대로 FCC 인증을 통과하지 못하리라는 슬픈 선언을 했다. 그래서 스티브 잡스는 고물상 마티 스퍼겔을 찾아갔다.

가끔씩 스퍼겔은 홈브루 회합에 난해한 부품을 들고 와 사람들에게 나눠주곤 했다. "고물 상자를 뒤적거리다가 '여기 A부터 Z까지 담긴 상자가 있습니다'라고 말하면 사람들은 초음속으로 달려왔습니다. 보통은 상자를 내려놓기도 전에 바닥났죠". 스퍼겔은 전자부품 시장의 틈새를 찾아내는 능력이 있었으며 근래에는 홍콩에서 (알테어와 솔에서 스티브 톰피어의 타겟 같은 게임을 즐기게 해주는) 조이스틱 컨트롤러를 수입해 큰돈을 벌었다. 스퍼겔의 회사 M&R 일렉트로닉스는 컴퓨터 키트도 출시했지만 큰 인기를 얻지 못했다. 어느 날 마티는 쿠퍼티노에 있는 방 한 칸짜리 애플 본사를 방문해 워즈, 잡스, 로드 홀트와 모듈레이터 상황에 대해 이야기를 나눴다. 현재 모듈레이터가 장착된 상태로는 애플이 컴퓨터를 출시하지 못한다는 사실이 명백했고, 그래서 홀트가 마티 스퍼겔에게 모듈레이터 명세를 넘겨주고 스퍼겔이 모듈레이터를 만들기로 결정했다. "저는 FCC를 애플 컴퓨터에서 떼어놓는 임무를 맡았습니다"라고 스퍼겔이 나중에 말했다. "그래서 모듈레이터는 우리가 팔고 애플 컴퓨터는 애플 사가 팔도록 했습니다. 애플 컴퓨터와 모듈레이터가 판매자에게 도달하면 판매자가 모듈레이터를 최종 사용자에게 팔고 최종 사용자는 집에 가서 모듈레이터를 장착하는 방식이었죠. 결과적으로 'RF 간섭을 막는 일'은 최종 사용자의 책임이 되었습니다".

관료주의라는 장애물을 우회해 모두가 이익을 얻는 홈브루 공유의 전형적인 사례였다. 스피걸은 모듈레이터가 몇 개나 필요한지 잡스에게 물었다. M&R 사는 Sup'r Mod라는 이름으로 개당 30불에 판매할 계획이었고, 잡스는 상당히 많이 팔리리라 전망했다. 어쩌면 한 달에 50개는 팔릴지도 모른다고.

몇 해가 지난 후 스피걸은 대략 40만 개에 이르는 Sup'r Mod가 팔렸다고 추정했다.

>>>>>>>>>>>>>>>>>>>>>>>

1977년 초반 홈브루 컴퓨터 클럽 회원이자 『닥터 돕스 저널』 편집자인 짐 워렌은 상당히 큰 계획을 구상했다. 짧은 머리와 넓적한 얼굴에 턱수염이 더부룩한 워렌은 '기술 업계 뒷담화'를 수집하는 취미가 있었다. 워렌에게 홈브루는 '실리콘 마을'에서 벌어지는 온갖 소문을 토해낼 방출구였다. 종종 워렌의 소식은 정확했다. 편집 업무와 실리콘 수다쟁이 활동 이외에도 워렌은 스탠퍼드에서 자칭 '박사 논문 모드'에 있었다. 하지만 개인용 컴퓨터의 비약적인 성장세는 워렌의 관심을 학위보다 업계로 강하게 끌었다. 워렌은 홈브루 컴퓨터 운동을 일종의 평생 교육 공짜 대학이자 소매-걷고-직접-뛰어드는 인본주의적 협력이라 여기는 지지자였다.

아틀랜틱시에서 열린 PC '76 컴퓨터 박람회에 참가한 후 워렌의 이런 믿음은 더욱 확고해졌다. 쇠퇴한 휴양지를 '국가의 치부'라 여겼기에 처음에는 가고 싶지 않았지만 박람회 홍보 담당자가 전화해 박람회에 참석할 흥미로운 사람들 이름을 언급하며 여기에 『닥터 돕스 저널』 편집자가 참석하면 얼마나 좋겠느냐며 부추겼다. 밥 알브레히트에게서 잡지 편집료로 매달 350불을 받는 짐 워렌은 출장비를 구걸해야 한다는 사실이 다소 짜증스러웠다. 워렌이 느끼기에 큰 박람회는 바로 여기 캘리포니아에서 열려야 마땅했다. 어느 날 밤 프레드 무어로부터 홈브루 소식지 편집자 임무를 조용히 넘겨받은 필코 사 엔지니어 밥 라일링과 대화하던 워렌은 마이크로컴퓨터 세상의 중심은 명백히 여기인데 어째서 엉뚱한 해안에서 빌어먹을 박람회가 열리는지 라일링에게 물었다. 라일링도 워렌의 생각에 동의했고 워렌은 자신들이 해커 정신을 계승해 정보와 장비와 기술적 지식과 훌륭한 분위기를 교환하는 박람회를 열어야 한다고 결정했다. 마린 카운티에서 매년 열리는 '르네상스 박람회'처럼 목가적인 분위기가 풍기는 진짜 '컴퓨터 박람회' 말이다.

아틀란틱시를 방문했을 때도 워렌은 자신의 박람회 아이디어를 계속 떠올렸다. 진저리나는 습도와 낡아빠진 시설에도 불구하고 워렌은 "완전히 흥분했습니다. 전화로 대화했거나 편지를 주고받았던 사람들을 직접 만났습니다. 행동하는 사람들을 만나며 엄청난 흥분을 맛봤습니다". 박람회는 강력한 인터페이스 도구였다. 얼굴을 마주하는 만남은 출판물보다 훨씬 신선한 정보를 제공했다. "『닥터 돕스 저널』은 기획부터 출간까지 6주가 걸렸고 그래서 저는 미칠 지경이었습니다. 6개월은 기계 한 세대의 절반입니다. 일주일 동안 사람들이 서로 하는 일을 이야기할 기회는 엄청난 개선입니다. 바로 그런 분위기에서 저는 서부에서 컴퓨터 박람회를 개최하겠다고 발표했습니다".

라일링을 동업자로 삼은 워렌은 행사를 준비하기 시작했다. 곧 워렌은 최적의 장소로 고른 샌프란시스코시 강당이 엄청난 임대료를 요구한다는 사실에 기가 죽었다. 하루에 수천 불이라니! 소식을 들은 후 워렌과 라일링은 반도를 따라 내려가다 피터스 하버에 들렀다. 항구 정박지 옆에 개방식 카페가 있었는데 알브레히트와 PCC 무리가 자주 들르는 곳이었다. "제가 했던 말이 기억납니다. '이런, 정말로 깊이 빠져들었군. 비용을 감당할 수 있을까?' 그리고는 큰 냅킨 상자에서 냅킨 하나를 꺼내 끼적이기 시작했습니다. 예상 전시자 수는? 참가자 수는? 아틀란틱시에 3,500명이 모여들었으니 2배가 모인다면… 어쩌면 7,000명이 올지도 모르지. 전시자와 참석자에게 얼마나 받을까? 곱하고 더하면…". 짐 워렌은 깜짝 놀랐다. 비용을 감당하고 남을 뿐만 아니라 이익까지 생길 정도였다. 확실히 이익을 남겨도 아무 문제가 없었다.

짐 워렌은 업계에서 큰 회사 대표들에게 전화하기 시작했다. 대다수는 홈브루 회합이나 잡지 업무 수행 과정에서 개인적으로 알게 된 사람들이었다. "저는 밥 마쉬에게 전화해서 말했습니다. '컴퓨터 박람회를 열려는데 관심 있습니까?' 마쉬는 대답했습니다. '당연하죠'. '그럼 돈을 보내세요. 전시 공간을 드리겠습니다'. 우리는 크로멤코의 해리 갈랜드에게 전화했습니다. '짐 워렌입니다. 컴퓨터 박람회를 열 생각입니다. 참가할 겁니까?' '물론입니다'. '네, 그러면 준비가 되는 대로 전시 공간 배치도를 보내드리겠습니다. 지금 돈이 필요하니 보내주십시오'. 흑자로 돌아서기까지 나흘 정도 걸렸습니다".

워렌은 기획자로서 상당한 재능을 가졌음이 드러났다. 박람회 분위기를 고조하려고 타블로이드판 신문을 만들었는데 부수적으로 자기 스타일의 기술 뒷담화를 퍼뜨리는 효과까지 얻었다. 실리콘 걸치 가젯이라 불리는 타블로이드 신문은 곧 열릴 박람회 이야기, 몇몇 연사 소개, '의장' 짐 워렌의 소개도 실었다. 이 신문은 홈브루 컴퓨터 클럽, SCCS, PCC, PCC 분파인 CCC^{Community Community Center} 등과 같은 비영리 단체가 박람회를 '공동 후원'한다는 사실도 떠벌였다(CCC를 대표해 박람회 지원을 맡았던 조앤 콜트나우는 나중에 박람회가 영리 조직이라는 사실을 알고서 "모두가 충격을 받았습니다"라고 말했다). 비서 두 명과 더불어 워렌과 동업자들은 거의 쉬지 않고 박람회를 준비하느라 뛰어다녔다.

애플 컴퓨터 직원 여덟 명도 박람회가 열리기 직전까지 미친 듯이 일했다. 애플은 3제곱미터짜리 부스 두 개를 350불에 빌렸다. 운 좋게도 전시장 입구에 가까운 최적의 자리였다. 애플은 그 운을 박람회에서 애플 II를 공식적으로 소개할 기회로 적극 활용할 생각이었다. 비록 홈브루 사람들 다수가 애플을 진지하게 여기지 않았지만 (고든 프렌치가 어느 날 회사에 들렀다가 아직도 차고에서 두 명이 운영하는 회사라며 비웃고 돌아갔지만) 이제 애플을 지탱하는 진지한 자본이 있었다. 하루는 새로운 사장 마이크 스콧이 크리스 에스피노사에게 브레이크아웃 게임을 선보일 데모 소프트웨어를 복제하라고 말했다. 잡스가 아타리용으로 만든 후 워즈가 애플

베이식용으로 다시 짠 게임이었다. 게임이 끝나면 프로그램은 점수를 평가하며 논평을 내놓았다. 스콧이 에스피노사에게 물었다. 그런데 말이지, '완전 멍청이' 대신 '신통치 않음'으로 논평을 바꿀 수 있겠나? 이유는 뱅크 오브 아메리카 사람들이 대출 한도액을 논하러 오기 때문이었다.

애플 사람들은 박람회에 쓸 돈이 충분했다. 인테리어 전문가를 고용해 부스를 디자인했으며, 전문적으로 보이는 간판에 세련된 새 로고도 박아 걸었다. 새 로고는 한 입 베어먹은 무지개색 애플이었다. 그들은 샌프란시스코로 기계를 옮기기 직전 마지막 순간까지 미친 듯이 일했다. 원래는 애플 II 네 대를 선보일 계획이었는데, 그 네 대가 세상에 존재하는 유일한 서제품이었다. 4월 15일 밤 사출 금형에서 막 뽑아낸 케이스가 도착했다. 모두가 달려들어 컴퓨터 내장을 케이스에 집어넣고 보니 애플 II가 솔을 제외한 경쟁 제품과 확연히 다르다는 사실이 명백해졌다. 타사 컴퓨터는 통신병이 지고 다니는 장비처럼 보였다. 애플은 바깥에서 나사와 볼트가 보이지 않았으며(밑면에 나사 10개가 있었다) 매끈하고 따뜻하고 친근한 타이프라이터처럼 보였다. 완만한 경사가 미래적이면서도 위협적일 정도로 급경사는 아니었다. 컴퓨터 속에는 워즈의 해커다운 면모가 드러났다. 워즈가 사용한 소자 수는 6502 CPU를 포함해 놀랍게도 62개에 불과했다. 실제로 스냅 뚜껑을 열어보면 워즈의 초록색 회로 기판인 '마더보드'가 보였다. 애플 I에다 성능을 더 높인 보드였다. 마더보드 외에도 리츠 크래커를 쌓아놓은 크기의 은색 전원 공급 장치와 기계의 용도를 무한히 늘여줄 확장 슬롯 8개가 보였다. 나사와 리벳 구멍을 케이스에 삽입하고, 마드보터를 장착하고, 바닥판을 나사못으로 고정하고, 전체를 테스트하고, 스냅 뚜껑을 덮고 나자 애플을 공식적으로 선보일 아침이 밝아왔다.

그날 아침 정시에 애플은 입구 근처 부스에 있었다. 대다수 회사는 천편일률적으로 부스에 노란색 커튼을 치고 고딕체 글자로 된 회사 이름 표지를 붙였다. 하지만 애플의 부스는 6도 특수 아크릴 수지로 만든 로고로 빛났다.

>> 플로피 드라이버 두 개를 장착한 애플 II

　물론 짐 워렌은 아침 일찍 현장에 나왔다. 준비하는 내내 하루 16시간씩 쉬지 않고 일한 뒤에 오는 흥분 때문이었다. 불과 이틀 전에 워렌과 라일링은 박람회를 영리 조직으로 설립했다. 비록 워렌은 영리 조직 설립이 '관료주의적 헛소리에 법률적 쓰레기' 절차라 여겼지만 라일링은 피해가 발생하면 두 사람이 개인적으로 책임 져야 한다는 사실을 지적했고 워렌도 동의했다. 이 무렵 워렌이 향하는 방향은 의심할 여지 없이 명백했다. 해커 윤리를 잘 아는 사람으로서 워렌은 자신의 실리콘 마을의 뒷마당에서 일어나는 일도 뻔히 보였다. 이제 진짜 세상이 도래했으며 해커와 산업이라는 두 문화가 융합할 시간이었다. 만약 두 문화가 충돌한다면 어느 쪽이 패배할지 명백했다. 하드웨어 해커들은 마이크로컴퓨터라는 비밀을 세상에 누설했고, 1976년 MITS, 프로세서 테크놀로지, IMSAI가 벌어들인 수백만 불은 컴퓨터 업종이 성장하고 있다는 반박하기 어려운 증거였다. 큰돈과 그에 따르는 변화를 감내할 가치가 있었다. 짐 워렌은 해커 정신을 사랑했지만 생존자이기도 했다. 만약 자신이 포스트 히피 문화, 이상주의, 관료주의 공포증을 고집하다 재난을 겪거나 돈을 잃는다면 해커주의에도 전혀 도움이 못 될 터였다. 오히려 워렌이 돈을 버는 편이 해커 윤리에 전혀 해가 되지 않을 가능성이 높았다. 그래서 워렌은, 자신의 표현을 빌자면 "부스와 권력과 계약과 그따위 것들에 전혀 개의치 않았지만" 그대로 진행했다. 마이크로 세상은 변하고 있었다. 그리스식 기둥이 떠받치는 웅장한 샌프란시스코 시민 센터 밖 매표소에서 벌어진 장면만큼 그것을 더 확실히 보여주는 증거는 없었다.

1977년 화창한 4월 어느 날, 수천 명에 이르는 사람이 다섯 줄로 늘어섰고 한 블록 길이의 건물 양쪽 옆면을 돌아 뒤편에서 다시 만났다. 해커들, 해커가 되려는 사람들, 해커에 관심 있는 사람들, 이 기이한 신세계에서 일어나는 일이 궁금한 사람들이 모여든 줄이었다. 이 기이한 신세계에서 컴퓨터는 흰 셔츠와 검은 넥타이에 두꺼운 가죽 지갑과 따분한 표정의 사람들로 대변되는 IBM과는 다른 의미였다. 물론 줄이 긴 이유는 짐 워렌의 경험 부족으로 사전 등록과 티켓 판매에 문제가 있었던 탓이기도 했다. 예를 들어 할인 입장료를 한 가격으로 고정하지 못하고 여러 가격을 책정했다. 일반은 8불, 학생은 4불, 홈브루 컴퓨터 클럽 회원은 5불 등이었다. 게다가 접수원 시급이 시간당 10불이라는 이유로 워렌은 추가 인력을 고용하지 않았다. 그런데 예상보다 두 배에 가까운 사람들이 몰려왔고 다들 일찌감치 나타나는 바람에 자칫 감당하기 어려운 상황이 벌어질 판이었다.

하지만 감당하기 어려운 상황은 벌어지지 않았다. 이 모든 사람이 컴퓨터에 관심 있다니, 사람들은 믿기지 않는 듯 주위를 둘러보았다. 또 다른 그린블랫이나 워즈니악으로서, 유아론적인 꼬맹이들로서 가졌던 기계를 향한 비밀스러운 해커 욕망이 전혀 비정상적이지 않다는 사실이 믿기지 않았다. 컴퓨터에 대한 사랑은 더 이상 금기가 아니었다. 그러므로 첫 연례 서부 컴퓨터 박람회에 들어가려고 사람들과 함께 줄 서 기다리는 경험이 전혀 불쾌하지 않았다. 짐 워렌은 이렇게 회상했다. "빌어먹을 건물을 감쌀 만큼 줄이 길었습니다만 아무도 짜증 내지 않았습니다. 아무도 재촉하지 않았습니다. 우리도 우리가 무엇을 하는지 몰랐고, 전시자들도 자신이 무엇을 하는지 몰랐고, 참석자들도 무엇이 어떻게 돌아가는지 몰랐지만, 모두가 들떴고 다정했고 졸라대지 않았습니다. 박람회는 엄청난 흥분을 안겨주는 사건이었습니다. 사람들은 그냥 서서 이야기를 나눴습니다. '알테어가 있다고요? 끝내주는군요!', '그 문제를 풀었다고요?' 아무도 짜증 내지 않았습니다".

사람들이 건물로 들어왔을 때 전시장 안은 첨단 기술광들로 발 디딜 틈 없었다. 달그락거리는 프린터 소리와 컴퓨터가 생성하는 서너 가지 전자음이 사람들 목소리에 뒤섞였다. 한 곳에서 다른 곳으로 이동하려면 끝없이 이어지는 사람들 흐름이 어느 방향으로 가는지 파악한 후 적절한 흐름에 몸을 맡기면 원하는 곳에 다다랐다. 거의 200여 개에 이르는 부스 모두가 사람들로 미어터졌다. 특히 솔 컴퓨터에서 스티브 돔피어의 타겟 게임을 돌리던 프로세서 테크놀로지 사 부스에 사람들이 몰렸다. 또한 바이오 리듬 분석표를 얻으려고 IMSAI 부스에도 많이 몰렸다. 그리고 입구 바로 옆에는 미래의 물결, 애플이 있었다. 거대한 애드벤트 모니터에서는 만화경 비디오 그래픽 프로그램이 돌아갔다. 부스에 있던 워즈, 크리스 에스피노사, 그리고 다른 사람들과 함께 작업하고 있던 앤디 위긴톤은 이렇게 회상했다. "모두가 둘러서서 시연을 요청했습니다. 정말 재미있었습니다. 사람들이 흥분했거든요".

사람들이 흥분한 대상은 애플만이 아니었다. 박람회는 자신들의 열정을 업계로 전파한 하드웨어 해커들의 승리를 보여주었다. 이 많은 사람이? 참가자 수가 압도적이라는 사실이 믿기지 않는 듯 사람들은 주위를 둘러봤다. 짐 워렌이 한 주 동안 총참석자 수가 거의 13,000명이라고 발표하자 엄청난 함성이 울려 퍼졌다. 워렌에 이어 『컴퓨터 립』 저자인 테드 넬슨이 마이크를 받았다. 아마 넬슨은 한때 외로웠던 정신적 스승이 단번에 수많은 제자의 바다를 만난 느낌이었으리라. "커크 선장입니다", 넬슨은 말했다. "이륙 준비!"

워렌 자신은 이미 한참 전에 이륙했다. 워렌은 롤러스케이트를 신고 박람회장을 돌아다니며 해커 운동이 얼마나 먼 길을 왔는지에 경탄했다. 애플, 프로세서 테크놀로지, 기타 회사 수십 곳 사람들과 마찬가지로 워렌 역시 성공은 금전적인 이익을 뜻했다. 박람회가 끝난 직후, 자신의 표현으로 '멘탈 붕괴' 상태에서 회복한 후, 워렌은 번 돈을 메르세데스 벤츠 SL에 쏟아부을지 고민했다. 결국 워렌은 열망하던 땅 40에이커(161,875제곱미터)를 사기로 결심했다. 우드사이드가 내려다보이는 언덕배기 땅이었다. 그리고 이삼 년 후 워렌은 태평양이 내다보이는 곳에 온수 욕조에 미국삼나무 마루를 갖춘 거대한 목조 건물을 지었다. 이곳은 워렌에게 집이자 컴퓨터화된 일터였다. 이곳에서 열두어 명의 직원들이 출판과 컴퓨터 박람회의 작은 제국을 준비했다. 짐 워렌은 미래를 이해했다.

첫 번째 컴퓨터 박람회는 하드웨어 해커들에게 1960년대 우드스탁 축제와 맞먹는 행사였다. 맥스 야스거 농장에서 열렸던 콘서트와 마찬가지로, 첫 번째 컴퓨터 박람회는 '이제 해커 운동은 너무 커서 더 이상 선각자들의 전유물이 아니다'는 문화적인 증명이자 신호였다. 후자의 깨달음은 천천히 얻어졌다. 모두가 부스에서 부스로 날아다니며, 온갖 획기적인 하드웨어와 감동적인 소프트웨어를 구경하고, 사람들을 만나 하위 루틴과 배선 방법을 교환하고, 거의 100여 개에 이르는 워크샵 중 하나에 참석했다. 워크샵은 펠젠스타인의 커뮤니티메모리 운동, 톰 피트만의 컴퓨터 언어, 밥 칸의 로렌스 홀 과학 컴퓨팅 프로그램, 마크 레브런의 컴퓨터 음악, 테드 넬슨의 승리의 미래를 포함했다.

넬슨은 근처 세인트 프랜시스호텔에서 열린 연회에서 기조 연설자로 연단에 섰다. 연설 제목은 '잊지 못할 다음 2년'이었다. 소형 컴퓨터에 매혹되어 참석한 대중들을 둘러보며 넬슨은 이렇게 시작했다. "우리는 지금 새로운 세상을 맞이하려는 찰나입니다. 소형 컴퓨터는 우리 사회를 새롭게 만들려고 합니다. 여러분도 이 사실을 압니다". 넬슨이 보기에 전쟁은 승리였다. 해커들이 사악한 예언자를 내쫓았다. "IBM은 혼란에 빠질 겁니다". 넬슨은 의기양양하게 말했다. 진정으로 멋진 세상이 펼쳐지려는 참이었다.

'현재로는 소형 컴퓨터가 충분한 마법을 부리고 있습니다. 소형 컴퓨터는 전화나 자동차만큼이나 사회에 급진적인 변화를 불러올 겁니다. 작은 컴퓨터가 여기에 있고, 여러분은 플라스틱 신용 카드로 이런 컴퓨터를 구매할 수 있습니다. 디스크 저장소, 그래픽 디스플레이, 대화형 게임, 고기 포장 용지에 그림을 그리는 프로그래밍 가능한 거북이(터틀 그래픽), 그 밖에 온갖 주변 장치도 존재합니다. 지금 우리는 유행의 모든 요소를 갖추었습니다. 유행은 빠르게 숭배로 변하고 있으며 곧 완전한 소비자 시장으로 성숙할 겁니다.

유행! 숭배! 소비자 시장! 변화가 닥쳐옵니다. 미국 제조업의 여론 몰이꾼들은 열광할 겁니다. 미국 사회는 호리병 바깥으로 나올 겁니다. 다음 2년은 결코 잊지 못할 시간이 될 겁니다'

CHAPTER 13

비밀

테드 넬슨의 연설은 복잡한 대규모 직접 회로에 파묻혀 버린 기획자가 자신을 주체하지 못하고 터뜨린 감정의 폭발이 아니었다. 실제로 하드웨어 해커들이 자신들도 모르게 만들어 버린 업계는 다음 두 해 동안 전례 없이 무서운 기세로 성장했다. 홈 브루 해커들은 마이크로컴퓨터 시대의 막을 여는 신생 회사로 뛰어들거나, 그냥 하던 일을 즉, 해킹을 계속했다. 소형 컴퓨터의 출현이 해커 정신을 퍼트리는 수단이라 믿은 입안자들은 잠시 멈춰 상황을 파악할 새도 없었다. 심사숙고하기에는 세상이 너무 빨리 움직였으니까. 그 뒤에는 프레드 무어와 같은 순수주의자들만 남았다. '돈이 아니라 사람을 믿어라'라는 글에서 프레드 무어는 돈이 "쓸모없으며, 가치 없으며, 삶에 반한다"고 주장했다. 돈은 컴퓨터 권력을 퍼트리는 수단이었고, 이를 무시하는 해커는 어쩌면 축복인 자신만의 세상에서 일할 운명이었다. APRA가 지원하는 그들만의 공동체나 '칩에서 기계로'가 아니라 '손에서 입으로(하루 벌어 하루 먹고 사는)'라는 표현이 더 어울리는 단체에서 말이다.

　　서부 컴퓨터 박람회는 하드웨어 해커들이 실리콘 밸리 차고에서 미국인들의 침실과 서재로 옮겨가는 뜻깊은 첫 단계였다. 나머지 단계는 1977년이 지나기 전에 일어났다. 대기업들이 조립할 필요가 없는 컴퓨터–터미널 제품을 발표했고 컴퓨터를 가전제품처럼 팔았다. 이런 제품 중 하나가 코모도어 PET이었는데, 설계자는 애플의 핵심 칩 6502를 개발한 인물이었다. 또 다른 제품으로 라디오 섁 TRS–80 컴퓨터가 있었는데, 조립라인에서 플라스틱으로 찍어내어 전국 대리점에서 일제히 팔렸다.

　　컴퓨터 제작은 더 이상 사투를 벌이며 익히는 일이 아니었다. 그래서 많은 홈브루 선구자들이 컴퓨터 개발에서 컴퓨터 제조로 전향했으며 공동의 유대감을 갖기보다 시장 점유율을 두고 경쟁했다. 덕택에 '모든 기법을 공유하며 비밀을 감추지 않으며 정보가 자유롭게 흘러야 한다'는 홈브루의 유서 깊은 관례는 무너져갔다. 빌 게이츠의 알테어 베이식을 비판할 때는 해커 윤리를 지키기가 쉬웠다. 하지만 직원 수백 명을 먹여 살리는 회사 주주 입장에 서고 보니 세상 일이 그리 단순하지 않았다. 순식간에 해커들은 지켜야 할 비밀이 생겼다.

» 확장 인터페이스를 갖춘 TRS-80

"무정부주의자들의 입장이 바뀌는 모습은 굉장히 재미있었습니다". 훗날 댄 소콜은 이렇게 회상했다. "사람들이 발길을 끊었습니다. 펠젠스타인이 중재하며 해커불길을 지켜가는 홈브루는 여전히 무정부주의였지만, 모임에서 누군가 제 회사에 대해 묻더라도 '말할 수 없습니다'라고 대답했습니다. 그래서 저도 남들이 하는 방식으로 문제를 해결했습니다. 즉, 모임에 가지 않았습니다. 가서 입 다물고 있기는 싫었습니다. 달리 뾰족한 수가 없었습니다".

홈브루 모임에는 여전히 수백 명이 참석했고 메일링 리스트에 가입한 사람 수는 천오백 명이 넘었다. 하지만 많은 수가 초짜였다. 컴퓨터 만들기가 거의 불가능하던 시절에 컴퓨터를 만들었던 고참들에게 초짜들이 들고 오는 문제는 도전의식을 자극하지 못했다. 더 이상 모임에 꼭 나갈 이유가 없었다. 애플, 프로세서 테크, 크로멤코와 같은 회사에 다니는 사람들은 정신없이 바빴다. 게다가 정보를 공유하는 사내 클럽이 회사마다 따로 있었다.

애플이 좋은 예였다. 스티브 워즈니악과 두 젊은 친구 에스피노사와 위긴톤은 새 회사 일에 너무 바빠 홈브루에 계속해서 참석하지 못했다. 크리스 에스피노사는 나중에 이렇게 설명했다. "(컴퓨터 박람회 이후로) 홈브루 참석률이 점차 저조해지다가 1977년 여름 막바지에는 완전히 그만뒀습니다. 사실상 우리는 애플에서 독자적인 컴퓨터 클럽을 만들었습니다. 제품 제작에 좀 더 집중하고 전념하는 클럽이었죠. 우리가 애플에 관여하기 시작했을 때 우리는 우리가 만들고 싶은 것을 찾아냈습니다. 그것을 완벽하게 만들고, 확장하고, 개선하는 데 모든 시간을 쏟고 싶었죠. 전 분야를 다루며 남들이 하는 온갖 일에 관심을 갖는 대신 한 주제를 깊이 파고 싶었습니다. 그리고 그것이 회사를 만드는 방법이었죠".

어떤 의미로 애플 쿠퍼티노 본사에서 열리는 '컴퓨터 클럽'은 홈브루의 공동체 정신과 공유 정신을 그대로 반영했다. 회사의 공식적인 목표는 수익, 성장, 시장 점유 등과 같이 전통적 가치였으며 해커 윤리의 핵심인 개방을 강력히 지지하는 스티브 워즈니악조차 기밀 유지를 요구받았다. 하지만 덕택에 회사 사람들끼리는 굉장히 가까워졌다. 부동소수점 베이식이나 병렬 프린터 카드에 대한 정보를 얻으려면 서로에게 의존해야 했으니까. 게다가 공동체는 간혹 옛날 홈브루 동료를 받아들일 만큼 개방적이었다. 예를 들어 1977년 중반, 존 드래퍼가 등장했다.

전직 '캡틴 크런치'는 어려운 처지였다. 알고 보니 아무에게나 전화 회사 비밀을 떠벌리는 그를 어느 정부 기관이 못마땅히 여겼다. FBI 요원들이 따라붙었고, 크런치가 전하는 이야기에 따르면, 정보원을 심어 불법으로 공짜 시외전화를 쓰도록 유도한 후 현장에서 덮쳤다. 이 두 번째 유죄 판결로 크런치는 짧은 형기를 선고받았다. 하지만 캡틴은 누군가 6미터 밖에서 담배를 꺼내 들기만 해도 거대한 하이에나로 돌변해 덤벼드는 인물이었다. 이렇듯 사사건건 시비에 휘말리는 캡틴에게 감옥은 힘든 곳이었다. 형기를 마친 크런치는 합법적인 일자리가 절실히 필요했고, 워즈는 크런치를 컨설턴트로 고용해 전화 인터페이스 보드 설계를 맡겼다. 애플 확장 슬롯에 꽂으면 컴퓨터와 전화를 연결해주는 보드였다.

드래퍼는 즐겁게 보드를 만들어나갔다. 애플 사람들은 넘치는 탁월함과 엽기적인 꼼꼼함을 오가는 드래퍼의 프로그래밍 스타일을 재밌어했다. 드래퍼는 '방어적인' 프로그래머였다. 어디로 튈지 모르는 캡틴을 감시하라는, 골치 아픈 책임을 맡았던 크리스 에스피노사는 나중에 이렇게 말했다. "프로그램을 짜다 오류를 발견했다고 칩시다. 예를 들어 프로그램을 실행할 때마다 버튼이 튀어나옵니다. 대다수 프로그래머는 코드를 분석해 원인을 찾아낸 후 버튼이 튀어나오지 않게 고칩니다. 드래퍼는 버튼 주변 코드를 수정합니다. 버그를 없애는 대신에 오류가 발생하면 프로그램이 알아서 고치게 만듭니다. 드래퍼가 덧셈 루틴을 만들었는데 2 + 2 = 5라는 답을 내놓는다면 프로그램에 '2 + 2 = 5라면 답은 4'라는 코드를 집어넣으리라는 농담도 있었습니다. 이것이 드래퍼가 프로그램을 구현하는 일반적인 방식이었습니다".

애플 사 해커들이 존 드래퍼가 희한한 프로그래밍 스타일로 다재다능한 제품을 만들어내는 모습을 즐기는 동안 드래퍼가 구현한 기능에 대한 소문이 애플 사업부 사람들에게도 흘러들었다. 그들로서는 반갑지 않은 소문이었다. 애플은 기교를 자랑하는 전시장이 아니었고 홈브루도 아니었다. 존 드래퍼의 보드는 상당히 멋진 기능을 제공했다. 전화 인터페이스는 물론 전화 회사의 공식적인 톤도 만들어냈다. 다시 말해, 컴퓨터로 구동하는 블루 박스였다. 10여 년 전 스튜 넬슨이 PDP-1으로 했던 일이 이제 집에서도 가능해졌다. 해커 본능에 따르자면 이런 하드웨어는 그 능력을 구석구석 탐험해야 마땅했다. 전 세계 시스템을 탐험할 수 있는 하드웨어니까. 만약 탐험용 완제품 시스템으로 컴퓨터를 배포한 후 기계 속 원리를 알려준다면 애플은 해커 윤리로부터 이익을 챙길 수도 있었다. 하지만 애플이 하려는 일은 순수한 해커주의의 실현이 아니었다. 어디까지나 사업이었다. 전화 해킹이라는 개념을 전혀 모르는 고급 정장 차림의 양복쟁이들이 내놓은 벤처 자본과 신용으로 운영되는 사업이었다. "마이크 스콧이 보드의 능력을 알아채고서 프로젝트를 즉각 날려버렸습니다". 에스피노사는 나중에 이렇게 말했다. "세상에 내놓기는 너무 위험한 물건이었죠".

프로젝트 취소라는 결정은 한창 뜨고 있던 애플 컴퓨터 회사의 사회적인 지위와도 잘 맞아떨어졌다. 당시 애플 컴퓨터는 미친 듯이 팔려나갔으며, 회사는 홈브루 졸업생들이 깜짝 놀랄 만큼 급격한 속도로 성장해갔다. 예를 들면 1977년 여름이 끝날 무렵 랜디 위긴톤은 애플이 일반적인 성장 사례를 압도해버렸다는 사실을 깨달았다. 그달 25만 불 어치 장비를 출시한 기념으로 마이크 머큘라가 파티를 주최해 모두가 축하했으며, 이것은 애플이 5년 이내에 10억 불짜리 회사로 성장할 첫걸음에 불과했다.

백만장자가 울고 갈 정도로 어마어마한 돈이 들어오던 시기, 백만 불 단위로 부를 세던 시기, 현실이 비현실적으로 느껴지던 시기였다. 애플 사람 모두가 늘어난 매출을 축하하던 이 시기에 존 드래퍼는 집에서 애플을 갖고 놀았다. 드래퍼는 완성된 보드를 애플 II에 장착한 후 전화선을 연결했다. 그리고는 모든 전화 신호를 '탐색'하며 상대편에서 전화 교환기를 거쳐 컴퓨터가 내는 신호음을 찾아냈다. 전화선에 연결된 또 다른 컴퓨터, 바로 해커가 들어가 탐험할 순결한 컴퓨터였다. 드래퍼는 컴퓨터 스스로 전화하는 프로그램도 만들었다. "별로 심각하게 생각하지 않았습니다". 훗날 드래퍼는 이렇게 말했다. 컴퓨터는 시간당 150통씩 전화를 걸어대기 시작했다. 전화선 반대편에서 컴퓨터를 발견할 때마다 컴퓨터에 연결된 텔레타이프 프린터로 전화번호를 출력했다. "그냥 자료를 긁어모았습니다"라고 드래퍼는 설명했다. 드래퍼의 컴퓨터는 공짜 장거리 전화가 가능한 WATS 확장 서비스 번호까지 알아냈다(영화 워게임즈에서 젊은 해커가 컴퓨터 침투 때 사용한 모델이 바로 존 드래퍼의 시스템이었다).

불행하게도, 비록 드래퍼의 시스템은 빈틈없었지만, 전화 회사도 새로운 전화 해킹 감지 시스템을 개발했다. 일주일에 2만 통이라는 전례 없는 전화 횟수는 뭔가 잘못되었다는 신호였을 뿐만 아니라 비정상적인 활동을 기록하는 전화 회사 프린터 용지를 바닥냈다. 정부 기관이 또다시 존 드래퍼를 방문했으며, 가정용 컴퓨터를 사용한 드래퍼의 첫 시도는 세 번째 유죄 판결을 받았다. 개인용 컴퓨터로 전화 해킹의 시대를 연 불길한 시작이었다.

>>>>>>>>>>>>>>>>>>>>>>>>

일부 해커들은 저가 개인용 컴퓨터 시장이 생겨났다는 사실 그 자체가 승리라 믿었다. 컴퓨터의 광범위한 확산에 힘입어 컴퓨터의 본질적인 개방성과 창의성을 바탕으로 해커 윤리가 저절로 뻗어 나가리라 믿었다. 하지만 리펠젠스타인에게 있어 전쟁은 이제 막 시작되었다. 펠젠스타인은 커뮤니티메모리를 부활시키겠다는 목표에 매달렸다. 레오폴드 레코드점 실험에서 어렴풋이 느꼈던 영광스러운 꿈에 여전히 집착했다. 커뮤니티메모리 지부에서 공용 터미널 형태로만 사용하려는 톰 스위프트 터미널의 구성요소인 페니휘슬 모뎀, VDM 비디오 보드, 솔 컴퓨터가 소형 컴퓨터 업계의 발전을 도왔다는 사실은 참으로 절묘한 모순이었다. 가정용 컴퓨터가 빠르게 보급되면서 한때 대담무쌍했던 커뮤니티메모리 개념이 그리고 톰 스위프트 터미널 자체가 진부해졌다는 여론이 해커들 사이에 커져갔다. 동네 도서관, 게임방, 카페, 공원, 우체국 같은 정보 센터에 공용 터미널을 두겠다는 생각은 괜찮았다. 하지만 집에서 애플 컴퓨터에 전화선을 연결해 전 세계 모든 데이터베이스에 접속할 수 있는데 굳이 커뮤니티메모리 터미널을 사용하러 집 밖으로 나설 이유가 무엇이겠는가?

톰 스위프트 터미널 자체는 보류되었지만 펠젠스타인은 여전히 자신의 목표에 매달렸다. 자신이 주인공인 공상과학 소설은 예상치 못한 반전으로 개인용 컴퓨터가 주요 요소라는 사실을 확인시켜주었다. 승승장구했던 컴퓨터 박람회 이후로 '잊지 못할 2년' 동안 펠젠스타인은 회사가 쇠락하는 모습을 지켜봤다. 탄탄한 관리 없이 지나치게 급속도로 성장한 프로세서 테크놀로지는 살아남기 쉽지 않았다. 1977년 한 해 동안은 감당하기 어려운 속도로 솔 컴퓨터 주문이 밀려들었다. 훗날 밥은 1977년 한 해 동안 판매액이 5백 5십만 불에, 판매한 장비 수가 대략 8,000대에 이르렀다고 추정했다. 프로세서 테크놀로지는 베이 에어리어 동부에 있는 1.8평방 킬로미터짜리 깨끗한 장소로 이사했다.

미래는 밝아 보였다. 밥 마시와 잉그램은 매출액 1,500만 불에서 2,000만 불 정도에 이르면 회사를 팔고 부자가 될 생각이었다. 하지만 회사는 계획도 부실했고 애플, PET 등 새롭고 더 싸고 더 멋진 경쟁 제품에 대항할 전략도 없었다. 훗날 마시는 저가 시장에 뛰어들 생각은 있었으나 1,000불 미만의 완제품 컴퓨터를 내놓는 경쟁 회사들의 위력에 지레 겁먹었다고 말했다. 마시는 오디오 업계의 매킨토시 앰프처럼 솔 컴퓨터를 질 좋은 고가 제품으로 팔려고 계획했다. 하지만 솔 컴퓨터의 디스크 드라이브 저장 시스템이 불안정하다고 밝혀지면서 회사는 장비를 효과적으로 확장할 기회를 놓쳐버렸다. 게다가 솔용 소프트웨어도 정시에 출시하지 못했다. "유대인 난쟁이는 없다-레니 브루스"와 같은 수수께끼 인용문과 버그 보고가 뒤섞인 활기찬 회사 소식지에다 곧 출시할 제품을 발표하고는 약속한 날짜보다 몇 달이 지나서도 소프트웨어 프로그램이든 하드웨어 주변장치든 감감무소식이었다. 컴퓨터랜드라는 새로운 컴퓨터 체인점이 솔 컴퓨터를 판매하고 싶다고 제안하자 마시와 잉그램은 상대를 의심해 거절했다. 체인점 운영자가 IMSAI 컴퓨터를 만든 (마찬가지로 버둥거리다 곧 파산한) 회사 소유주와 같은 사람들이라는 이유에서였다. 결국 컴퓨터랜드에서 판매하는 컴퓨터 터미널은 솔 대신 애플이 차지했다.

나중에 마시는 "당시 우리가 얼마나 소심했는지 생각하면 부끄럽습니다"라고 시인했다. 사업 계획 따위는 없었다. 제품은 정시에 출시하지 못했고, 우수 고객에게 결재 기한을 연장해주지 않았으며, 끊임없는 배송 실수와 어설픈 공급업체 관리로 인해 프로세서 테크놀로지는 오만하고 탐욕적이라는 평판까지 얻었다.

훗날 마시는 "우리는 기본적인 자연법칙을 어겼습니다"라고 말했다. 판매가 저조해지면서 회사를 운영할 돈이 바닥났다. 처음으로 그들은 투자자를 찾아 나섰다. 젊은 업계에 이미 잔소리꾼으로 자리 잡은 아담 오스본이 투자하겠다는 사람들을 소개해주었지만, 마시와 게리 잉그램은 회사 지분 상당량을 포기하기 싫었다. "탐욕이었습니다". 훗날 오스본은 이렇게 표현했다. 몇 달 후 회사가 거의 파산 직전에 이르자 마시는 제안을 받아들이겠다고 말했다. 하지만 더 이상 제안은 유효하지 않았다.

"우리가 애플이 될 수도 있었습니다". 수년이 지난 후 밥 마시는 이렇게 말했다. "많은 사람이 말합니다. 1975년은 알테어의 해였고, 1976년은 IMSAI의 해였고, 1977년은 솔의 해였다고. 시장을 지배한 컴퓨터들이었죠". 하지만 그 '잊지 못할 2년'이 끝날 무렵, 조립형 컴퓨터든 조립된 컴퓨터든, 하드웨어 해커들이 갖고 놀기 좋아하던 기계를 만들던 회사들, 즉 엔지니어들이 운영하던 회사들은 사라졌다. 시장을 지배하는 컴퓨터는 애플, PET, TRS-80이었고, 그들은 완제품 하드웨어였다. 사람들은 소프트웨어를 해킹하려고 완제품 하드웨어를 구매했다.

》 1976년 유행한 IMSAI

펠젠스타인은 프로세스 테크놀로지의 짧은 역사에서 아마 재정적으로 가장 큰 이익을 얻은 사람이었다. 정직원은 아니었지만 솔 컴퓨터로 받은 로열티는 총 10만 불을 넘었다. 마지막 로열티 1만 2천 불은 결국 받지 못했다. 로열티 대부분은 새롭게 부활한 커뮤니티메모리에 쓰였다. 새로운 커뮤니티메모리 본사는 서쪽 버클리 공업 지역에 있는 헛간 같은 2층짜리 대형 공장 건물에 자리 잡았다. 원래 커뮤니티메모리 일원이었던 에프렘 리프킨과 주드 밀혼도 새로운 커뮤니티메모리 공동체에 헌신적인 노력을 쏟았다. 지난 10년 동안 겪었던 짜릿한 경험을 다시 한 번 반복하기 위해 참가한 모두가 장시간 노동에 최저 임금을 받고서도 참여하기로 맹세했다. 새로운 시스템을 개발하려면 방대한 노력이 필요했다. 공동체는 어느 선까지 소형 컴퓨터용 소프트웨어를 제작해 자금을 조달하기로 결정했다.

그 사이에 펠젠스타인은 무일푼이 되었다. 훗날 펠젠스타인은 "이성적으로는 제가 벌인 공학 사업을 접고 직장을 구해야 마땅했죠. 하지만 저는 그러지 않았습니다"라고 말했다. 대신 펠젠스타인은 거의 무보수로 일하며 솔의 스웨덴 버전을 설계했다. 펠젠스타인은 너무나도 진지한 커뮤니티메모리 모임과 월간 홈브루 모임에 에너지를 나눠 쏟아부었다. 펠젠스타인이 여전히 자랑스럽게 이끌던 홈브루 모임은 마이크로컴퓨터가 주요 성장 산업으로 각광받으면서 유명해졌다. 아주 좋은 예가 애플 컴퓨터였다. 1980년 총 매출이 1억3천9백만 불에 이르렀고, 그해 회사가 상장하면서 잡스와 워즈니악 두 사람은 재산이 총 3억 불을 넘어서는 부호가 되었다.

1980년은 바로 펠젠스타인이 컴퓨터 박람회에서 아담 오스본을 만난 해였다. 이 무렵 짐 워렌의 쇼는 주말 동안 5만 명이 모여드는 연중행사가 되었다. 오스본은 가느다란 갈색 콧수염에 말쑥한 40대 방콕 출신 영국인으로, 사업 관련 잡지에 기고하는 "원칙적으로From Fountainhead"라는 칼럼으로 악명을 얻을 만큼 거만한 허영심이 가득한 인물이었다. 전직 엔지니어인 오스본은 마이크로컴퓨터 관련 서적이 전무하던 시절 책을 출판해 큰돈을 벌었다. 때때로 오스본은 홈브루 모임에 자기 책

한 상자를 들고 가서 빈 상자와 현금 뭉치를 집으로 들고 왔다. 그의 책은 총 10만 권이나 팔렸으며, 맥그로-힐 출판사가 오스본의 출판사를 인수했다. 이제 오스본은, 자기표현에 따르면 '돈 쓰고 싶어 안달 난' 컴퓨터 제조업으로 뛰어들 기회를 노리는 중이었다.

오스본의 이론에 따르면, 현재 나온 제품은 모두 지나치게 해커 편향이었다. 일반인들은 해커들이 컴퓨터 속에서 발견하는 마법에 별 관심 없다고 오스본은 믿었다. 오스본은 사물이 돌아가는 방식을 알고 싶은 사람들, 사물을 탐험하고 싶어 하는 사람들, 자신이 꿈꾸는 시스템을 개선하고 싶어 하는 사람들에게 동조하지 않았다. 오스본의 관점에서는 해커 윤리를 퍼뜨려 얻을 게 없었다. 컴퓨터는 워드 프로세싱이나 재무 계산과 같이 간단한 응용 프로그램을 돌리는 기계였다. 오스본이 구상하는 컴퓨터는 필요한 기능을 모두 갖추었으면서도 불필요한 장식이 없는 컴퓨터였다. 오스본은 어느 워드 프로세싱 프로그램을 구입할지 등과 같은 고민에서 벗어날 때 사람들이 가장 행복하다고 믿었다. 컴퓨터는 싸야 하고 비행기에 들고 탈 정도로 작아야 했다. 대중적인 휴대용 컴퓨터! 오스본은 펠젠스타인에게 이런 컴퓨터를 설계해달라고 요청했다. 오스본이 필요한 컴퓨터는 '적당'하면 충분했으므로 설계는 그리 어렵지 않았다. "이 지역에서 제가 원하는 컴퓨터를 설계할 만한 사람이 한 5천 명쯤 되었습니다"라고 훗날 오스본은 말했다. "그중에서 제가 아는 사람이 리였습니다".

그래서 아직 설립되지 않은 회사의 지분 25%를 받기로 하고 펠젠스타인은 오스본이 원하는 기계를 설계했다. 펠젠스타인은 기계가 '적당'해야 한다는 오스본의 요구사항을 '평소처럼 고물상 엔지니어링을 적용하되 속임수와 우회책이 없는 아키텍처에 꼼꼼히 테스트한 부품을 지원할 만큼 탄탄한 설계면 된다'고 이해했다. "우수하고 적당하며, 제대로 돌아가고, 제작이 가능하며, 가격도 저렴하고, 거품이 없는 설계란 예술적인 문제였습니다. 그런 일을 시도할 정도로 저는 미쳤었고 궁핍했습니다". 훗날 펠젠스타인은 이렇게 말했다. 하지만 펠젠스타인은 자신이 오스본의 요구를 충족시킬 수 있다는 사실을 알았다. 늘 그렇듯이, 공식에는 공포가 있었다. 펠젠스타인은 스스로도 인정했지만 아담 오스본에게 비이성적인 공포를 느꼈다. 필경 오스본으로부터 어린 시절 권위자를 떠올린 탓이라 펠젠스타인은 추측했다. 두 사람이 깊이 있게 소통할 방법은 없었다. 한 번은 오스본에게 자신의 진짜 직업인 커뮤니티메모리를 설명하려 애썼으나 오스본이 이해하지 못했다며 펠젠스타인은 한탄했다. "오스본은 아마 직접 보고 사용해도 커뮤니티메모리를 결코 이해하지 못할 겁니다". 그래도 펠젠스타인은 오스본을 위해 열심히 일했다. 커뮤니티메모리 본사에 자리 잡고 일하며 6개월 만에 설계를 끝냈다.

》 **5인치 화면이 내장된 오스본 1 컴퓨터**   출처 http://oldcomputers.net

오스본 1은, 펠젠스타인이 판단하기에 기술적인 요구사항뿐만 아니라 미적인 요구사항까지도 충족했다. 나중에 비평가들은 이 플라스틱 케이스에 든 기계가 불편하게 작은 5인치 화면에다 기타 자잘한 문제가 있다고 말했지만, 처음 오스본 1이 나왔을 때는 찬사가 쏟아졌고 곧 오스본 컴퓨터 사는 수백만 불짜리 회사가 되었다. 그리고 난데없이 펠젠스타인은 2천만 불 상당의 부를 소유한 갑부가 되었다. 물론 서류상으로...

펠젠스타인이 살아가는 방식은 크게 변하지 않았다. 펠젠스타인은 여전히 월 2백 불이 채 안 되는 소박한 아파트 2층을 세내어 살았으며, 여전히 오스본 사 근처에 있는 어두컴컴한 빨래방에서 옷가지를 세탁했다. 유일한 특권으로 회사 차인 신형 BMW를 몰고 다녔다. 하지만 아마도 나이, 몇 차례의 상담 치료, 성숙, 눈에 보이는 성공으로 인해 펠젠스타인은 다른 방식으로 성장했다. 30대 후반에 펠젠스타인은 자신을 "여전히 시류에 맞춰 살고 있습니다. 보통 사람들이 20대 초반에 겪는 일을 겪으면서 말이죠"라고 묘사했다. 꾸준히 만나는 여자 친구가 있었으며, 이 여자 친구는 오스본 사에서 일했다.

펠젠스타인이 팔아치운 오스본 주식은 대부분 커뮤니티메모리로 들어갔다. 마이크로컴퓨터가 한창 뜨는 가운데 커뮤니티메모리는 힘든 시기를 거치는 중이었다.

공동체가 쏟아붓는 열정은 대부분 소프트웨어 개발에 집중되었다. 비영리 커뮤니티메모리 시스템을 구축하는 데 필요한 자금을 마련하기 위한 소프트웨어였다. 하지만 누구에게든 소프트웨어를 판매할지 아니면 군사적인 목적에 이용되지 않도록 구매를 제한할지 여부를 두고 구성원들 사이에 도덕성 논란이 불거졌다. 무기 소지자보다 중소업체에 더 유용한 데이터베이스와 통신 응용 프로그램을 포함하는 이 소프트웨어를 군대가 구입하려 덤벼들지는 미지수였다. 하지만 이들은 고집불통 버클리 급진주의자들이었고 이런 토론은 당연한 절차였다. 군대에 대해 가장 거부감이 강한 인물은 뛰어난 컴퓨터 기술로 축복받은 동시에 컴퓨터 활용에 대한 혐오감으로 저주받은 해커 에프렘 리프킨이었다.

펠젠스타인과 에프렘은 사이가 좋지 않았다. 에프렘은 개인용 컴퓨터 업계를 달갑게 여기지 않았다. 에프렘은 개인용 컴퓨터를 '중산층의 사치스런 장난감' 정도로 취급했다. 오스본 컴퓨터를 '역겹다고' 여겼으며, 자신과 다른 사람들이 커뮤니티메모리에서 쥐꼬리만 한 봉급으로 일하는 동안 펠젠스타인이 오스본을 위해 일한다는 사실에 분개했다. 커뮤니티메모리에 들어간 돈 대부분이 펠젠스타인이 만든 오스본 컴퓨터에서 나왔다는 사실은 고치기 불가능한 치명적인 프로그램 오류만큼 에프렘을 괴롭혔다. 에프렘은 순수주의자 해커였다. 펠젠스타인과 에프렘은 컴퓨터로 사람들을 연결한다는 커뮤니티메모리 정신에 동의했지만 에프렘이 용납하지 못하는 사항도 있었다. 바로 자신이 짠 소프트웨어를 군대에 파는 행위였다.

사실 문제는 훨씬 더 심각했다. 애플이나 오스본 같은 개인용 컴퓨터에 펠젠스타인이 만든 페니휘슬 유형의 모뎀이 장착되면서 커뮤니티메모리가 하려는 일들을 해내기 시작했다. 사람들은 이미 컴퓨터로 통신했다. 커뮤니티메모리의 원래 목표, 즉 '우리를 보살피는 기계의 자애로운 은총'이라는 이상은 10년도 안 되어 대부분 실현되었다. 컴퓨터는 더 이상 신비한 물건이 아니었다. 더 이상 무섭고 사악한 블랙박스도 아니었다. 컴퓨터는 최신 유행이었다. 머지않아 컴퓨터 기술은 레오폴드 레코드점에서도 쉽게 접할 뿐만 아니라 레코드 대신 소프트웨어가 선반을 차지하고 팔릴지도 몰랐다. 펠젠스타인과 에프렘의 절친이자 커뮤니티메모리에 삶의 상당 부분을 투자한 주드 밀혼은 이 문제에 관해서 거의 말을 잇지 못했다. 하지만 그들이 실패했다는 사실을 주드 밀혼은 알았다. 아직 1984년도 오지 않았는데 2100년의 반란은 끝이 났다. 컴퓨터는 신나는 도구로 여겨졌고, 기꺼이 지갑을 열겠다는 사람들이 수천 곳에 이르는 소매점에서 컴퓨터의 위력을 맛보았다.

좌절감에 시달리던 에프렘 리프킨은 회의 도중에 폭발했다. 에프렘은 자신이 생각하기에 그룹이 실패한 이유를 조목조목 열거했다. "사실상 모든 것이 끝장났다고 생각했습니다"라고 훗날 에프렘은 말했다. 에프렘은 특히 리의 돈이 그룹 자금으로 쓰인다는 사실을 심하게 비난했다.

리는 그 부패한 돈으로 에프렘에게 봉급을 준다고 응수했다.

"더 이상 아닐 겁니다"라고 에프렘이 말했다. 그리고 그 해커는 사라져버렸다.

오스본 컴퓨터 사는 1년도 채 살아남지 못했다. 프로세서 테크놀로지보다 훨씬 더 어설픈 경영으로 소위 '위대한 컴퓨터 도태'라는 심각한 재정 파탄 사례의 첫 타자가 되었다. 서류상으로 존재하던 리의 수백만 불도 사라졌다.

하지만 펠젠스타인은 여전히 꿈을 간직했다. 이미 큰 승리 하나를 거두지 않았던가. 이제는, 어쩌면 서사적 공상과학 소설에서 3분의 2쯤 진행한 이 시점이, 마지막 스핀을 위대함으로 승화시킬 힘을 모을 적기였다. 오스본 컴퓨터 사가 파산하기 얼마 전 펠젠스타인은 최신 컴퓨터들의 불투명성을 한탄했다. 이제 사람들은 칩과 기판 내부로 들어가 이것저것 연결할 필요가 없었다. 리에 따르면 하드웨어 제작은 사고를 구체화하는 방법이었다. 하드웨어 제작이 버림받고 소수 해커들로만 제한되는 상황은 너무나도 안타까웠다. 펠젠스타인은 하드웨어 제작이 사라지리라 생각하지 않았다. "어느 정도까지 마법은 항상 그 속에 존재할 겁니다. 사람들은 '데우스 엑스 마키나*'를 말합니다만 우리는 '데우스 인 마키나'를 말합니다. 처음에는 상자 속에 신이 있다고 생각하다가 막상 아무것도 없다는 사실을 사람들은 깨닫습니다. 바로 내가 상자 속에 신을 넣는 겁니다".

펠젠스타인과 하드웨어 해커들은 해커 윤리가 한정된 은둔자적 공동체 속에서만 번성했던 MIT 해커들의 세상을 기계가 도처에 퍼진 세상으로 바꾸었다. 이제 수백만 대에 이르는 컴퓨터가 만들어졌으며, 각 컴퓨터는 프로그래밍하라는, 탐험하라는, 기계어로 신화를 창조하라는, 세상을 바꾸라는 초청장이었다. 컴퓨터는 백지

---

* 옮긴이_ 데우스 엑스 마키나는 '기계Machina로부터ex 나온 신Deus'이라는 의미로 극이나 소설에서 가망이 없는 상황을 타개하기 위해 동원하는 힘이나 사건을 말한다. 바로 뒤에 나오는 데우스 인 마키나는 엑스ex를 인in으로 살짝 바꾼 언어유희로 '기계 안에 존재하는 신'이라는 의미다.

상태로 공장에서 쏟아졌으며, 새로운 해커 세대는 그 백지를 메꿀 힘에 유혹받았고, 그들이 만든 소프트웨어는 10여 년 전과 전혀 다른 방식으로 컴퓨터를 바라보는 세상으로 퍼져 나갔다.

3

>>>>>>>>>>>>>>>>>>>>>>>>>

게임 해커
시에라 : 80년대

CHAPTER 14 »
마법사와 공주

프레즈노에서 41번 고속도로를 타고 요세미티 남쪽 입구로 나와 북동쪽으로 가면 처음에는 크고 구멍 난 바위가 드문드문 흩어진 벌판이 나오다 지대가 서서히 높아 진다. 대략 65킬로미터 정도 가면 코어시골드라는 마을이 나오고 여기서부터 길은 가파르게 경사져 데드우드라는 산꼭대기로 이어진다. 데드우드 정상을 넘어선 다음 에야 오크허스트를 가로지르는 41번 도로가 보인다. 오크허스트의 인구는 6천 명 미만이다. 그곳에는 건강식품부터 전기장판까지 온갖 물건을 취급하는 랄리스라는 현대식 슈퍼마켓, 패스트푸드 식당 몇 군데, 전문점 몇 곳, 모텔 두 곳, 빛바랜 갈색 유리 섬유로 만든 곰이 세워진 부동산 사무실이 있었다. 시내에서 2킬로미터 정도 더 가면 (48킬로 정도 떨어진) 요세미티로 올라가는 길이 이어졌다.

이곳의 곰은 말도 했다. 곰 앞에 있는 말뚝 상단에 있는 버튼을 누르면 나지막하 게 으르렁거리며 "오크허스트에 오신 당신을 환영합니다"라는 환영 인사를 한 뒤 부 동산 시세를 홍보했다. 곰은 개인용 컴퓨터가 지역을 바꿔놓았다는 사실은 언급하 지 않았다. 오크허스트는 어려운 시기를 겪었지만 1982년 무렵 큰 성공 사례를 자 랑했다. 어떤 의미에서 해커 윤리가 낳은 회사, 스티브 워즈니악이라는 마법사와 애 플 컴퓨터가 없었더라면 불가능했을 회사가 여기에 있었다. 애플은 해킹의 결과물이 즉, 예술의 경지에 이른 컴퓨터 프로그램이 실제 세상에서 중요한 분야로 부상하게 된 현실을 상징하는 회사였다. MIT에서 스페이스워를 즐겼던 해커들은 예상하지 못했지만, 하드웨어 해커들이 컴퓨터를 해방시켜 개인에게 안겨준 이후, PDP-1 프로그램의 후예들은 새로운 산업을 창조해냈다.

》 **프레즈노(A)에서 오크허스트(B)**　출처 구글 지도

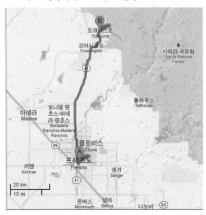

》 **말하는 곰 위치(B). 오크허스트의 명물 말하는 곰**　출처 구글 지도

말하는 곰에서 그리 멀지 않은 곳에 평범한 2층짜리 상가 건물이 있었다. 작은

미장원, 변호사 사무실, 지역 전기회사의 자그마한 지사를 제외하고 건물 나머지 공간은 모두 시에라 온라인 사가 차지했다. 시에라 온라인 사의 주력 제품은 플로피 디스크에 담긴 코드였다. 애플 같은 개인용 컴퓨터에 플로피 디스크를 삽입하면 환상적인 게임으로 변신하는 어셈블리 프로그램이었다. 회사가 내세우는 특기는 '어드벤처'라는 게임이었다. 스탠퍼드 인공지능 연구실에서 돈 우즈가 완벽하게 완성했던 버전에다 회사는 그림을 추가할 방법을 알아냈다. 게임이 담긴 디스크는 수만 장이 넘게 팔렸다.

1982년 8월경 시에라 온라인 사 직원 수는 대략 70여 명이었다. 상황이 너무도 빠르게 변한 탓에 정확한 숫자를 알기는 어렵지만 1년 전보다 3배가 늘어난 숫자였다. 2년 전에는 창립자인 켄과 로버타 윌리엄스 두 사람뿐이었다. 두 사람이 회사를 시작했을 당시 켄은 25살, 로버타는 26살이었다.

켄 윌리엄스는 사무실에 앉아 있었다. 바깥에는 붉은 포르세 928이 있었다. 재미도 느끼고 새로운 역사도 만드는 또 다른 하루였다. 오늘 켄의 사무실은 비교적 깔끔했다. 책상 위에 놓인 서류 더미의 높이는 몇 인치에 불과했고, 책상 맞은 편 소파와 의자에서 평소 쌓여 있던 플로피 디스크와 잡지가 치워졌다. 벽에는 로댕의 생각하는 사람을 기리는 석판화가 있었는데, 생각에 잠긴 고상한 남자 대신 무지개색 애플을 응시하는 로봇이 주인공이었다.

하지만 켄 윌리엄스는 천성적으로 너저분했다. 건장하고 배가 나온 켄은 통통한 체구가 친절한 푸른 눈을 압도하는 사람이었다. 켄이 입은 붉은 티셔츠에는 구멍이 하나 있었고, 청바지에도 구멍이 하나 있었다. 헝클어진 머리가 어깨까지 내려오는 짙은 금발의 켄은 마치 포스트 반문화 인사인 양 긴 갈색 팔걸이 중역 의자에 걸터앉아 듣기 좋은 캘리포니아 억양으로 겸손한 멘트를 간간이 끼워 넣으며 자신의 삶을 기자에게 말해주고 있었다. 이미 켄은 회사의 엄청난 성장과 자기네 소프트웨어로 세상에 컴퓨터 복음을 전파하는 기쁨을 이야기했고, 이제는 회사가 언덕 위 해커들 모임을 넘어 큰 기업으로 성장했을 때 일어난 변화를 설명하는 중이었다. 켄은 세상의 진정한 힘을 맛보고 있었다.

"제가 매일 하고 있는 일은 굉장히 감동적입니다"라고 켄은 말했다.

마침내 켄은 상장에 관해 말했다. 1982년 무렵 상장은, 하드웨어 해커들이 시작한 혁명에서 생겨난, 회사 오너들이 자주 거론하는 주제였다. 컴퓨터는 경제의 꽃이었으며 불경기 속에서 유일하게 성장이 기대되는 분야였다. 직접 해보라 강령을 추종하던 선지자들이 배치 방식 수도원에서 처음으로 맛보았던 마법을, PDP-1 예술가들이 맛보았던 힘을, 에드 로버츠가 제시하고 리 펠젠스타인이 개종한 정보 접근 기술을 점점 더 많은 사람이 알아가기 시작했다. 그 결과, 푼돈으로 시작한 시에라 온라인 같은 회사들도 상장을 고려할 정도로 성장했다. 무심한 듯 의식적인 어조로 켄은 수년 전에 사람들이 나누었던 이야기를 회상했다. 언젠가 롤프식 마사지를 받는 날이 오리라는 기대였다. 어쨌거나, 한때 종교적 엄숙함으로 행하던 행위가 이제는 즐거운 필연으로 여겨졌다. 상장은 당연한 순서였다. 특히 2년 남짓한 기간 동안 야망 찬 컴퓨터 프로그래머에서 연간 천만 불짜리 컴퓨터 게임 회사 사장으로 변신한 사람에게는 말이다.

1982년은 켄 윌리엄스의 회사에 있어 중요한 시기였다. 컴퓨터 게임 업계에도 중요한 시기였고, 컴퓨터 업계 전체에도 중요한 시기였으며, 미국에도 중요한 시기였다. 이런 분위기는 자칭 전직 해커인 켄 윌리엄스가 최소한 포르세 928 정도를 몰 수 있도록 만들었다.

자신의 사무실을 나선 켄 윌리엄스는 문 두 개를 지나 큰 방으로 갔다. 사무실용 카페트가 깔린 회벽 방에는 칸막이 책상이 두 줄로 자리 잡았고, 각 칸막이 책상에는 작은 컴퓨터 한 대와 모니터 한 대가 놓여있었다. 바로 여기가 프로그래밍 사무실이었고, 여기서 한 젊은 해커가 자기 프로그램을 켄 윌리엄스에게 선보였다. 키가 작았고, 들창코에 허세 찬 미소를 지었으며, 빛바랜 푸른 티셔츠 아래 가슴이 툭 튀어나온 해커였다. 그날 아침 LA에서 차를 몰고 올라온 해커는 너무도 들떠, 남아도는 아드레날린으로 자동차 연료통을 채우고도 남을 정도였다.

모니터에는 지난 몇 달 동안 자정부터 아침 8시까지 미친 듯이 만든 월 워즈라는 게임의 프로토타입이 떠 있었다. 그가 작은 아파트에서 작업하는 동안 스테레오는 헤어컷 100*의 음악을 귀청이 찢어지게 연주했다. 월 워즈는 화려한 색깔의 벽돌 조각이 쏟아져 나와 화면 가운데 움직이는 벽을 만들었다. 화면 상단과 하단에는 번쩍거리는 로봇 생명체가 있었다. 사용자는 로봇 하나를 조작해 벽돌을 충분히 넘어뜨려 틈을 만든 후 건너편으로 총을 쏘아 상대편 로봇을 파괴했다. 물론 상대편 로봇 역시 같은 방식으로 대응했다.

현재 마텔 사에서 프로그래머로 일하는 젊은 해커는 만약 켄 윌리엄스가 자신의 게임 개념을 받아들인다면 직장을 그만두고 독립하겠다고 약속했다. 이미 소프트웨어 슈퍼스타라 일컬어지는 엘리트 그룹에 합류하겠다는 의미였다. 소형 컴퓨터로 프로그래밍 기술을 익힌, 즉 공동체 방식으로 깨우친 경험이 전무한 3세대 해커들에게 소프트웨어 슈퍼스타 팀은 궁극이었다. 그들은 궁극적인 해킹만이 아니라 명성과 엄청난 로열티 수익을 꿈꾸었다.

켄 윌리엄스는 느릿느릿 걸어와 칸막이 모서리에 팔꿈치를 기댔다. 젊은 해커는 초조함을 감추고자 게임에 관해 이것저것 설명하기 시작했다. 하지만 켄은 귀담아 듣지 않는 듯 보였다.

"이것이 전부입니까?"라고 켄이 말했다.

해커는 고개를 끄덕이며 게임이 궁극적으로 펼쳐질 모양새를 설명하기 시작했다. 켄이 끼어들었다.

"완성하려면 얼마나 걸릴까요?"

"직장을 그만둘 겁니다"라고 해커가 말했다. "한 달이면 가능해요".

----

* 옮긴이_ Haircut 100. 1981년과 1982년에 영국 인기 차트의 선두를 차지한 영국의 팝 그룹이다.

"두 달은 걸리겠군요"라고 켄이 말했다. "프로그래머는 늘 거짓말을 하죠". 켄은 휙 돌아서 방을 나가기 시작했다. "내 사무실에 들러 계약서에 서명합시다".

마치 과거 연예계 거물이 방금 오디션을 통과한 햇병아리 배우에게 고개를 끄덕이는 모습과 흡사했다. 사람들이 컴퓨터를 생각하고, 사용하고, 반응하는 방식에 엄청난 변화가 생겼다는 증거였다. MIT 해커들과 홈브루 클럽이 이 같은 변화를 이끌어냈다. 그들이 시에라 온라인 사와 야심 찬 소프트웨어 스타들을 낳았다.

해커 윤리가 시장을 만났다.

>>>>>>>>>>>>>>>>>>>>>>>

켄 윌리엄스는 결코 순수한 해커가 아니었다. 해커라는 호칭에 자부심을 느끼지도 않았으며, 컴퓨터 엘리트라는 개념 자체가 없었다. 켄은 우연히 컴퓨터에 관여하게 되었다. 아주 우연히 기계와 관계를 맺었고, 자신이 기계에 통달했다고 느끼고 나서야 겨우 컴퓨터가 세상에 미칠 영향을 이해하기 시작했다.

처음 컴퓨터를 접했을 때, 켄은 완전히 좌절했다. 캘리포니아주 폴리테크닉대학 포모나 캠퍼스에서 처음 컴퓨터를 접했는데, 켄이 그곳을 다닌 이유는 첫째, 분기당 책값으로 24달러만 들 뿐이었고 둘째, 겨우 16살에다 집에서 가까웠기 때문이었다. 전공은 물리학이었는데 수업을 따라가는 데 어려움을 겪었다. 매우 총명한 터라 성적은 늘 좋았지만 삼각법이나 미적분학은 고등학교 시절만큼 쉽지 않았다. 그러다가 컴퓨터 과목을 들었다. 포트란 프로그래밍을 가르치는 수업이있다.

켄은 컴퓨터가 무서웠고, 그래서 특이하게 반응했다. 언제나 그는 미리 정해진 교과 과정에 저항했다. 중학교 때는 숙제를 안 하며 강박적으로 독서를 했다. 하디 보이스로부터 가장 좋아하는 장르가 된 하롤드 로빈스의 자수성가 이야기들까지 닥치는 대로 읽었다. 주변에서는 켄을 패배자라 생각했다. 윌리엄스의 아버지는 시어즈에서 텔레비전 수리공으로 일했으며 켄터키주의 컴벌랜드 카운티에서 캘리포니아로 이주한 억센 사람이었다. 동료들은 윌리엄스의 아버지를 '촌놈'이라 불렀다. 켄은 포노마에서도 상당히 거친 동네서 자랐으며, 때때로 두 형제와 방도 같이 썼다. 켄은 끈질기게 싸움을 피해 다녔고 훗날 자신이 '겁쟁이'였다고 선선히 인정했다. "저는 맞받아치지 못했습니다". 마치 지배욕과 마초 성향이 전혀 없는 사람인 듯이 켄은 말했다.

하지만 신파조 소설에서 주인공이 겪는 어려움을 읽었을 때 켄은 뛸 듯이 기뻤다. 가난한 아이가 거금을 벌어 모든 소녀의 마음을 사로잡는다는 설정이 좋았다. 영화 더 카펫배거즈에 나오는 무자비한 젊은이 조나스 코드, 상속받은 재산을 항공 산업과 영화 제작에 쏟아부은 하워드 휴즈 같은 인물의 매력에 푹 빠져들었다. "조나스 코드가 바로 제 본보기였습니다"라고 훗날 윌리엄스는 말했다. 켄 윌리엄스가 고등학교 시절 악단에 참여하고, 여자친구를 사귀고, 좋은 성적을 받아내고, 돈 벌 궁리를 한 이면에는 아마 조나스 코드 같은 야망이 있었기 때문일지도 모른다(훗날 켄은 신문 구독자 모집 대회에서 하도 자주 승리해 디즈니랜드 티켓 창구 직원과 친하게 지낼 정도였다고 자랑했다). 켄의 자기비하적인 성향과 무심한 듯한 독립적인 태도는 포트란 수업에 사용하는 고집 센 컴퓨터 컨트롤 데이터가 그를 궁지로 몰아붙일 때 드러나는 맹렬한 투지를 가려주었다.

몇 주 동안 켄은 수업을 따라가지 못해 힘들어했다. 과제는 스스로 정했는데, 미로 속 작은 생쥐가 벽을 따라 움직이며 탈출하는 프로그램이었다(작은 생쥐가 마티니를 찾으러 돌아다니던 TX-0용 프로그램 마우스와 비슷했다). 9주 과정에서 6주가 지나면서 F 학점이 유력해졌지만 켄은 실패를 인정하려 들지 않았다. 그래서 계속 파고들었고 그러던 어느 날 깨달음을 얻었다. 컴퓨터는 전혀 똑똑하지 않다! 주어진 명령을 따르며 내가 정한 순서로 내가 시킨 일을 하는 멍청이에 불과하다. 통제할 수 있다. 내가 신이다.

권력, 권력, 권력! 여기 위에서 보면

세상은 내 아래 장난감과 같다. 여기서

막대기를 흔들며 지시하면

내게 '아니요'라고 말할... 사람은 없었다!

— 조나스 코드, 해럴드 로빈스의 '더 카펫배거스'

쥐는 미로를 빠져나왔고, 켄 윌리엄스도 과목을 통과했다. 켄은 뭔가 깨달음을 얻은 듯 보였다. 켄이 제때 코드를 제출하는 모습에서 같은 반 학생들도 그 사실을 느꼈다. 켄 윌리엄스는 멍청이 괴물과 잘 돼가고 있었다.

그 무렵 켄에게 더 중요한 관계는 로버타 호이어라는 소녀와 꽃피운 연애였다. 켄은 로버타를 고등학교에서 만났는데, 당시 로버타는 켄의 친구와 사귀던 중이었다. 쌍쌍 데이트 후 두 달이 지난 어느 날 켄은 난데없이 로버타에게 전화해 자신이 누구인지 밝히고 데이트를 신청했다. 얌전하고 수동적인 로버타는 훗날 "처음에는 켄에게 별 관심이 없었어요"라고 말했다. "켄은 귀여웠지만 조금 멍청하게 행동했습니다. 소심했지만 '소심함을 감추려고' 좀 과하게 행동했습니다. 너무 공격적이었죠. 주머니에 담배를 넣고 다녔지만 피우지는 않았습니다. 켄은 '데이트를 시작한 지' 일주일만에 진지하게 사귀자고 했습니다".

》 **로버타 윌리엄스와 켄 윌리엄스** 출처 http://www.atarimagazines.com

당시 로버타의 남자 친구는 북부 캘리포니아 출신이었다. 켄은 자신과 그 남자 중 한 명을 선택하라고 로버타에게 강요했다. 로버타는 이 자신 없고 강압적인 남자를 차버릴 작정이었으나, 어느 날 켄이 로버타에게 마음을 터놓았다. "켄은 물리학을 이야기했습니다". 훗날 로버타는 이렇게 회상했다. "정말로 똑똑한 친구라고 생각했습니다. 그때까지 제가 사귀던 남자애들은 하나같이 좀 멍청했습니다. 켄은 진짜 중요한 것들을 이야기했습니다. 책임감 말이죠". 로버타가 다른 남자를 차버리자 켄은 곧바로 영원한 헌신을 강요했다. "외톨이로 살기 싫어서 그랬습니다". 훗날 켄은 이렇게 회상했다.

로버타는 엄마에게 이렇게 말했다. "켄은 뭔가 해낼 겁니다. 정말 성공할 겁니다. 대단한 사람이 될 거예요".

마침내 켄은 로버타에게 말했다. "우리 결혼해요. 결정 났어". 로버타는 반대하지 않았다. 당시 로버타는 19살이었고, 켄은 한 살 어렸다.

일 년도 안되어 로버타는 임신했고, 켄은 D학점 세례를 받으며 가족을 먹여 살릴 걱정에 시달렸다. 구인 광고를 읽다 보니 물리학보다 컴퓨터 프로그래밍 쪽에 일자리가 더 많았다. 그래서 켄은 성냥갑 상자에 적힌 대로 전자 자료 처리 분야에서 직장을 찾겠다고 생각했다. 로버타의 아빠가 공동으로 서명해준 덕분에 학자금을 대출받아 컨트롤 데이터 학원이라는 직업 학교에 등록했다.

켄 윌리엄스가 들어선 세상은 MIT 인공지능 연구실의 성스러운 보호지와 전혀 달랐다. 비즈니스 컴퓨팅 분야에서 켄의 장래 동료가 될 사람들은 알테어 졸업생을 하드웨어 해킹으로 몰아갔던 직접 해보라 교리에 관심이 없었다. 1970년대 초반 켄이 들어선 비즈니스 컴퓨팅 분야는 미국에서 가장 소름 끼치는 곳으로 여겨졌다. 소심한 작은 두더지들이 거대한 컴퓨터의 윙윙거리는 바퀴와 펀치 카드에 (그게 뭐든) 뭔가를 하는, 하찮은 직업이었다. 일반 대중 입장에서는 기계적으로 카드에 구멍을 뚫고 키보드를 두드리는 단순 노동자나 기계가 카드를 제자리에 놓도록 프로그램하는 숙련된 기술자나 별 차이가 없었다. 일반인들 눈에는 모두가 흰색 셔츠에 두꺼운 안경을 낀 두더지들이었다. 미지의 생물체였다.

켄과 로버타가 좀 더 사교적이었더라면 (켄의 생각과 전혀 다른) 이런 고정관념에 부딪혀야 했을지도 몰랐다. 하지만 켄과 로버타는 굳이 한 곳에 뿌리를 내리거나 가까운 관계를 엮어갈 생각이 없었다. 컴퓨터 프로그래머로서 켄은 리처드 그린블랫이나 리 펠젠스타인보다 조나스 코드에 가까웠다. 훗날 켄은 명랑하게 말했다. "아마 저를 가장 잘 요약하는 단어는 탐욕이라 생각합니다. 저는 항상 뭔가를 더 원했습니다".

컨트롤 데이터 학원을 마친 켄 윌리엄스는 눈부신 프로그래머라 부르기 어려웠으나 확실히 요구받은 무엇이든 할 태세였다. 아니, 그 이상 할 생각이었다. 켄은 최대한 많이 일해 최대한 높이 올라갔다. 능력이 닿든 않든 점점 더 어려운 일을 맡았다. 전직 고용주와 깨끗하게 관계를 끊는 대신 컨설턴트로 일하며 계속해서 월급을 받으려고 애썼다.

켄은 전혀 모르는 컴퓨터 언어와 운영체제를 안다고 주장했다. 면접보기 몇 시간 전에 해당 주제에 관한 책을 읽고 온갖 거짓말과 속임수로 일자리를 따냈다. "음, 우리는 BAL* 프로그래머를 찾고 있습니다"라고 면접관이 소수 개발자만 아는 컴퓨터 언어를 언급하면 그는 거의 비웃듯 싱글거렸다.

"BAL요? 제가 3년 동안 BAL로 프로그램을 짰습니다!"

그러고 나서 켄은 곧바로 책을 구하러 뛰어다녔다. 생전 BAL이란 언어를 듣도 보도 못했기 때문이다. 하지만 일을 시작할 무렵이면 문서를 구해 빡빡한 싸구려 매뉴얼을 파고들었다. 그렇게 켄은 'BAL 환경'에 대한 전문 지식을 가장하거나, 기계에 접근해 BAL의 비밀을 캐낼 때까지 시간을 벌었다.

----

* 옮긴이_ Basic Assembly Language. IBM 360부터 최근에 나온 z시리즈까지 메인프레임에서 사용하던 어셈블리 언어다. 스페리에서 만든 유니백에도 채택되었다.

로스엔젤레스 위쪽 계곡에 위치한 수많은 서비스 회사 어느 곳에서도 켄 윌리엄스는 존경할 만한 인물을 한 사람도 만나지 못했다. 여러 해 동안 프로그래밍을 해왔다는 사람들을 관찰하고는 이렇게 말했다. "제게 책 한 권만 주십시오. 두 시간 안에 저 사람들만큼 합니다". 물론 두말할 필요 없이, 며칠 동안 하루 14시간씩 산더미 같은 매뉴얼을 파고 나면, 적어도 겉으로는 최상급 프로그래머처럼 보였다.

켄은 종종 한밤중에 냉방이 과도한 컴퓨터 밀실로 출근해 버그를 고치거나 컴퓨터를 복구했다. 자기 프로그램이 우연히 죽어버리고 수많은 계산을 망쳐 일반 직원들이 기계를 복구할 방법이 없다고 씩씩거릴 때도, 자신이 프로그래밍 기술로 먹이고 키운 멍청이 괴물의 놀라운 복종이 동료들의 어리석음을 압도한다는 자신감으로, 멍청이 괴물이 정상으로 돌아올 때까지 식사도 거르면서 사흘 밤낮 꼬박 일했다. 멍청이 괴물의 조련사, 그날의 영웅이 된 켄 윌리엄스는 집으로 돌아가 한나절 반을 곯아떨어졌다가 다음 마라톤을 위해 회사로 돌아왔다. 회사는 켄의 능력을 알아봤고 그만큼 보상했다.

켄은 놀라운 속도로 성장했다. 로버타는 왕성하게 활동적이던 그 시절에 LA의 이곳저곳으로 대략 열두 차례는 이사를 다녔으리라 짐작했다. 이사를 할 때는 항상 이윤을 남기고 집을 사고팔았다. 친구를 사귈 시간이 없었다. 대개 노동자 동네에 유일한 사무직 가정이라 이웃과 어울리지 못하고 겉돌았다. 돈이 위안이었다. "주에 200불을 더 벌면 얼마나 좋을까?" 로버타가 말하면 켄은 새 직업을 구하거나 컨설팅 업무를 더 맡았다. 하지만 켄이 새 직장에 정착하기도 전에 두 사람은 새로 옮긴 집 거실에 앉아서 이렇게 말했다. "200불을 더 벌면 얼마나 좋을까?" 압박감은 결코 멈추지 않았다. 특히 켄 윌리엄스가 남은 일생을 놀고먹어도 충분한 돈, 환상적인 거금이라는 헛된 꿈을 품은 후로 더욱 심해졌다. 켄은 자신과 로버타가 쓸 돈만이 아니라 아이들이 쓸 돈까지 모두 벌고 싶었다(당시 로버타는 둘째 아이 크리스를 임신한 상태였다). 켄은 생각했다. 서른에 은퇴하면 얼마나 좋을까?

하지만 그 무렵 뭔가가 달라졌다. 바로 멍청이 괴물과 켄의 관계였다. 틈만 나면 켄은 두꺼운 싸구려 매뉴얼을 꺼내 들고 버로우, IBM, 컨트롤 데이터 등과 같은 기계가 돌아가는 원리를 이해하려 애썼다. 전문가로서 실력이 쌓일수록 컴퓨터에 대한 존경도 커져갔다. 어째서 예술이라 하는지 납득이 갔다. 켄이 생각했던 수준을 훌쩍 넘어서는 전문 지식이 존재했다. 프로그래밍 신이 정말 존재했으며 그들은 고대 철학적 이념으로 뭉친 조직과 흡사했다.

베킨스 이삿짐 센터라는 회사에 시스템 프로그래머 자리를 얻으려 면접관을 구슬릴 때 켄은 이 이국적인 세상을 살짝 맛봤다. 베킨스 사는 회사 시스템을 버로우 컴퓨터에서 더 크고 약간 더 대화형인 IBM 컴퓨터로 바꾸는 중이었다. 켄은 대담하게 IBM 마법사로 이력서를 조작해 일자리를 얻어냈다.

베킨스 사에서 켄 윌리엄스는 순수 프로그래밍에 푹 빠져들었다. 그가 맡은 업무는 IBM 컴퓨터에 대용량 통신 시스템을 설치하는 일이었다. 전국 현장에서 일하는 사용자 8, 9백여 명이 사용할 시스템이었는데, 켄이 부딪힌 문제와 복잡도는 지금까지 경험한 모든 시스템을 능가했다. 켄은 자기 경력과 무관한 언어 서너 개를 써보았고 각 언어에 필요한 기법과 철학에 매혹되었다. 컴퓨터 속에는 완벽한 세상, 새로운 사고방식이 존재했다. 처음으로 켄은 업무 완료라는 목표보다 컴퓨팅 과정 자체에 마음을 빼앗겼다. 즉, 해킹에 빠져들었다.

지속적인 흥미를 느낀 탓에 켄은 어느 회사보다 베킨스에 더 오래 머물렀다. 베킨스에서 1년 반은 잘 보냈다. 덕분에 다음 직장에서 더 큰 도전을 경험했을 뿐 아니라 얼마 후 꿈에 그리던 환상을 행동으로 옮기도록 도와줄 연줄과 아이디어도 얻었다.

>>>>>>>>>>>>>>>>>>>>>>

다음 직장은 인포매틱스라는 회사였다. 1960년대 메인프레임 컴퓨터 소프트웨어 분야의 빈틈을 노리고 생겨난 수많은 회사 중 하나였다. 컴퓨터를 도입하는 대기업과 정부 기관은 점점 더 많아졌지만, 거대한 컴퓨터 회사들이 제공한 소프트웨어는 어느 하나도 컴퓨터가 마땅히 수행할 기능을 제대로 해내지 못했다. 그래서 회사마다 독자적인 프로그래밍 인력을 고용하거나 비싼 컨설턴트에 의존했다. 물론 컨설턴트란 시스템이 죽거나 귀중한 자료가 러시아어처럼 보이면 어김없이 사라져버리는 존재였지만. 문제가 생기면 대기업과 정부 기관은 프로그래머나 컨설턴트로 팀을 짜 해결했고, 다음번에도 똑같은 과정을 되풀이했다. 새로 짠 팀은 처음부터 다시 시작해 같은 일을 반복했다.

인포매틱스와 같은 회사들은 거대 메인프레임을 더 쓰기 쉽게 해주는 소프트웨어를 판매할 목적으로 설립되었다. 제대로 된 소프트웨어를 딱 한 번만 구현하여 특허를 '쾅' 내건 다음에, 미친 듯이 판다는 전략이었다. 회사 프로그래머들은 어셈블리 수준에서 엄청나게 열심히 일했고 마침내 하급 프로그래머나 심지어 프로그래머가 아닌 사람들도 간단한 컴퓨터 업무를 수행할 수 있는 시스템을 내놓았다. 어쨌거나 이런 상용 시스템이 하는 일은 거기서 거기였다. 사무원이나 지사에서 자료가 들어온다. 들어온 자료로 펀치 카드를 만들어 시스템에 넣는다. 시스템은 기존 파일을 수정한다. 인포매틱스는 마크 4라는 미리 프로그램된 시스템을 만들었다. 마크 4는 1970년대 한때 가장 잘 팔리는 메인프레임 컴퓨터 소프트웨어가 되었으며, 연간 매출이 최고 1억 불에 달했다.

70년대 후반 인포매틱스에서 신제품 개발을 책임지던 관리자 중 딕 선더랜드라는 사람이 있었다. 늦은 나이에 들어간 법대를 마지못해 포기한 후 기업 사다리를 오르는 전직 포트란 프로그래머였다. 딕은 법 대신 관리라는 눈부시고 성스러운 개념과 연애하기로 결심했다. 사람들을 이끄는 지도자, 유능하고 잘 짜여진 팀을 능숙하게 구성하는 사람, 설득력 있는 기획자, 건설적인 실무자... 이것이 바로 딕 선더랜드가 동경하는 모습이었다.

반쯤 감긴 눈, 느릿하고 사려 깊은 말투에 작고 창백한 딕은 자신을 타고난 관리자라 여겼다. 딕은 전부터 늘 광고, 판매, 홍보에 관심이 많았다. 심리학도 매력적이었다. 특히 올바른 사람들을 골라 함께 일하면 단순히 개별 노력의 합보다 훨씬 큰 공동의 성과가 나온다는 생각에 심취했다.

딕은 인포매틱스에서 신제품 개발팀으로 이것을 증명하고 싶었다. 이미 진짜 마법사 한 명을 확보했는데, 그는 마르고 조용한 40대 남자 제이 설리반이었다. 전직 재즈 피아니스트인 제이는 고향 시카고에서 평범한 일을 하다 인포매틱스로 옮겼다. 나중에 제이가 설명한 이직 이유는 다음과 같았다. "인포매틱스에서 만드는 시스템 소프트웨어가 훨씬 더 흥미로웠습니다. 지원서나 급여 프로그램 등과 같이 평범한 사항들을 신경 쓸 필요가 없었습니다. 제게는 시스템 소프트웨어가 훨씬 더 진정한 프로그래밍이었습니다. 프로그래밍의 본질에 더 가까웠죠. 실제 프로그래밍 기법이 특정 시점에 수행하는 특정 기능보다 중요했습니다". 다시 말해, 설리반은 인포매틱스에서 해킹을 할 수 있었다.

프로그램을 짤 때 설리반은 여행을 신중하게 계획하고, 주변 경관의 미묘한 특징을 배우며, 의식적인 노력으로 계획을 따르는 여행객처럼 일했다. 그럼에도 불구하고 설리반은 필요하면 계획에서 벗어나는 호기심을 가졌으며, 계획에서 벗어난 후 주의 깊게 탐험하는 모험도 즐겼다. 물론 탈선이 성공으로 판명 날 때 얻는 성취감도 있었다.

여느 해커들과 마찬가지로 설리반 역시 프로그래밍에 몰두한 만큼 사교적 관계는 소원해졌다. 훗날 설리반은 컴퓨터가 있으면 "자신만의 우주를 만들 수 있습니다. 자신만의 우주에서 무엇이든 할 수 있습니다. 사람들을 상대할 필요가 없습니다"라고 설명했다. 그러다 보니 비록 자기 일에서는 대가인 설리반이었지만 성격이 심하게 까칠했다. 컴퓨터와는 굉장히 잘 지냈으나 사람들과 세세한 사교까지 신경 쓰지 않았다. 아무렇지 않게 딕에게 모욕을 주고는 태연하게 자기 일에 몰두했다. 운영체제에 기막히게 뛰어난 기능을 넣었으나, 가끔씩 큰 회사에 필수적인 정치 공작에 허술하여 자신의 혁신이 사장되는 모습도 보았다. 딕 선더랜드는 인내심을 가지고 설리반을 대했으며, 결국 두 사람은 판매자-창안자 관계에 도달했다. 이런 두 사람의 관계 덕분에 마크 4 제품군을 개선해서 수지맞는 장사를 했다.

딕은 프로그래밍 전문가를 더 찾아 나섰다. 헤드헌터들에게 연락하여 자신은 최고만 찾는다고, 그 이하는 안 된다고 명시했다. 헤드헌터 한 명이 켄 윌리엄스를 딕에게 언급했다. "이 친구는 천재형입니다"라고 헤드헌터가 말했다.

딕은 켄을 불러 면접했다. 물론 자신의 진짜 천재인 제이 설리반을 동석시켜 윌리엄스라는 친구의 근성을 살펴보게 만들었다. 지금까지 제이와 대등하게 대적한 사람이 없었던 터라 딕은 면접이 어떻게 진행될지 궁금했다.

켄이 면접에 나타났을 때 딕과 제이는 인포매틱스에서 진행 중인 새로운 사용자 친화적인 언어를 구현하는 문제에 관해 대화하는 중이었다. 켄은 정장 차림이 너무 어색해 티셔츠가 평소 차림이라는 사실이 뻔히 보였다. 딕과 제이가 나누던 대화는 상당히 기술적이었다. 프로그래머가 아닌 사람이 이해하는 언어, 즉 영어 같은 언어를 만들려면 모호한 단어나 약어는 피해야 한다는 문제를 집중적으로 토론하던 중이었다.

갑자기 제이가 켄을 향해 물었다. "'어떤'이라는 단어를 어떻게 생각하죠?"

주저 없이 켄은 매우 귀중하지만 모호한 단어라고 정확히 단언했다. 그런 다음 단어를 처리하는 방식을 생각나는 대로 열거했다.

딕이 보기에는 건방진 캘리포니아 포모나 출신 악동과 덕망 있는 시카고 말라깽이가 벌이는 전형적인 싸움이었다. 비록 켄에게 카리스마가 있었고 명백히 컴퓨터 지식도 있었지만 딕은 그래도 제이가 이기리라 믿었다. 제이는 딕의 기대를 저버리지 않았다. 켄이 말을 멈추자 제이는 조용하고 체계적으로 켄의 생각에서 오류와 미

흡함을 하나하나 열거하며, 딕의 표현에 따르면, "켄을 난도질했다". 하지만 대학교 중퇴자가 이런 생각을 할 수 있다는 사실 자체가 딕에게는 심지어 제이에게도 매우 인상적이었다. 게다가 켄은 제이의 공격에 무너지는 대신 맞받아 대항했다. 딕은 두 사람이 서로의 아이디어에서 흐름을 포착하여 좀 더 정제된 개념으로 엮어가는 모습을 지켜보았다. 이것이 바로 시너지, 관리자의 성배였다. 딕은 켄 윌리엄스를 고용하기로 결정했다.

딕은 켄을 제이의 관리하에 뒀다. 제이와 켄은 프로그래밍 비밀에 대해 몇 시간이고 빠르게 이야기를 주고받았다. 켄에게는 배움의 시간이었다. 이제껏 전혀 경험하지 못했던 방식으로 켄은 컴퓨터 제국의 심리학을 익혀나갔다. 물론 상사가 있다는 사실은 마음에 들지 않았다. 이런 점에서 켄은 전형적인 반관료주의 해커였다. 그러다 보니 켄은 딕을 싫어 하게 되었다. 갖가지 일정과 세세한 관리 항목에 대한 딕의 집착은 정보의 자유로운 흐름을 막는 장애물일 뿐이었다.

켄과 제이는 프로그래밍 언어에서 일부 측면의 복잡성을 논하곤 했다. 예를 들어 누군가 "고객 순으로 열거하라"고 말한다면 정확히 무슨 뜻일까? '고객 순으로 정렬하라'는 뜻일까 아니면 '모든 고객을 열거하라'는 뜻일까? 아니면 '어떤 고객이든 열거하라'는 뜻일까? (또 '어떤'이란 단어다!) 어떤 경우라도 명확히 처리하려면 컴퓨터를 제대로 프로그램해야 했다. 아니면 적어도 의미를 구체적으로 명시하라고 사용자에게 물어볼 시점은 알아야 했다. 그러려면 상당히 유연하고 우아한 언어가 필요했고, 비록 켄과 제이가 대놓고 말하지는 않았지만, 기술을 넘어 근본적인 언어학과 관련되는 문제였다. 어쨌거나 이미 '어떤'이라는 단어의 의미를 깊이 있게 토론하기 시작했다면 존재 자체를 철학적으로 고심하는 다음 단계는 자연스러웠다.

간혹 이런 대화 가운데 딕이 끼어들었다. 자신의 부대가 일으키는 상승효과를 직접 보고 싶어서였다. "우리는 두 살짜리도 이해할 수 있을 만큼 극도로 범위를 줄이려고 노력했고 딕에게 의견을 물었습니다. 그가 의견을 내놓으면 방에서 쫓아냈죠". 켄은 훗날 이렇게 회상했다. "딕은 우리가 말하는 내용을 전혀 이해하지 못했습니다. 자기 능력 밖이었습니다".

그 당시 켄은 자신이 딕보다 낫다고 느꼈을지 모르지만, 돌아보면 딕이 재능 있는 인재를 알아볼 만큼 똑똑했다는 사실을 인정하지 않을 수 없었다. 켄은 인포메틱스에서 멋진 제품을 개발하는 슈퍼 프로그래머팀 가운데 자신이 좀 뒤처진다는 사실을 알았다. 종종 켄은 우연찮게 가장 창의적인 개발자 다섯 명을 새 제품개발팀으로 모은 딕이 아주 운 좋았다고 생각했다. 그게 아니라면 딕은 세상에서 가장 뛰어난 관리자거나 적어도 가장 뛰어난 재능 발굴자였다.

늘 돈이 궁했던 켄은 야간 부업을 시작했다. 딕은 월급을 올려달라는 켄의 끈질긴 요구를 계속 거절했다. 켄이 프로그래밍 그룹을 이끌고 싶다고 제안했을 때 딕은 이 똑똑하나 뜬금없는 친구의 대담함에 약간 놀랐지만 일언지하에 거절했다. "당신에게는 관리자 자질이 없습니다"라고 딕은 말했고 켄은 딕의 말을 결코 잊지 않았다. 켄은 집에 가 로버타에게 딕이 얼마나 비열하고, 가혹하고, 사람들과 사람들의 문제에 무지한 사람인지 주기적으로 불평했다. 하지만 더 큰 집, 더 빠른 차, 무전기, 모터사이클, 온수 욕조, 더 많은 전자 제품을 사들일 돈에 대한 욕구에 비하면 상사에 대한 불만은 별거 아니었고 그래서 켄은 두 배 아니 세 배 이상 일하며 종종 밤샘 모드까지 돌입했다. 결국 외부 일이 내부 일보다 많아졌고, 1979년 켄은 인포매틱스를 떠나 독립 컨설턴트가 되었다.

처음에는 누군가가 제너럴 모터스나 쉘 석유 회사 같은 대기업용 세금 환급 프로그램을 의뢰했다. 다음으로 워너 브라더스와 일하며 가수들에게 지불할 로열티를 관리하는 음반 관리 시스템을 제작했다. 시큐리티 퍼시픽 은행에 외국 세무 계획과 관련 있는 부기 시스템도 만들어 줬다. 켄은 점차 재정 전문가가 되어 갔다. 계속해서 부지런을 떤다면 1년 동안 벌어들인 3만 불은 시작에 불과한 듯 보였다.

켄과 로버타는 작은 환상을 키워가기 시작했다. 켄이 컨설팅하러 나가지 않는 밤에 두 사람은 온수 욕조에 앉아 시미 벨리 교외라는 덫에서 벗어나 숲으로 이사하는 꿈을 이야기했다. 어디 가서 수상 스키를 탈지, 어디 가서 눈 스키를 탈지, 어디서 그냥 빈둥거릴지. 물론 켄이 아무리 많은 회사에다 세금 프로그램을 설치하더라도 환상을 채울 만한 돈을 벌기에는 하루 24시간이 너무 짧았다.

켄의 남동생 래리가 애플 컴퓨터를 사면서 불가능한 환상은 가능해졌다.

래리는 어느 날 켄의 사무실로 애플을 가져왔다. 동시에 사용자 2천여 명을 지원하는 통신 네트워크를 다뤄왔으며 제이 설리반 같은 메인프레임 마법사들과 컴퓨터 언어를 고안했던 켄에게는 이 매끈한 베이지색 기계가 컴퓨터라는 사실이 좀 가소로웠다. "제가 사용하던 컴퓨터에 비하면 장난감이었습니다". 훗날 켄이 설명했다. "순 엉터리에 원시적인 기계였습니다".

다른 한편으로 애플은 켄이 다뤘던 거대 메인프레임이 제공하지 못하는 기능을 다양하게 갖추었다. 인포매틱스에서 일할 때 켄이 쓰던 컴퓨터는 끔찍한 펀치 카드를 읽어들이는 배치 방식이었다. 애플은 적어도 대화형이었다. 게다가 막상 써보면 10년 전 상당히 큰 기계에 비하면 꽤 강력했다(MIT의 마빈 민스키는 애플 II가 사실상 PDP-1의 위력에 버금가리라 예측했다). 애플은 거의 큰 기계에 필적할 만큼 빨리 돌아갔다. 시분할 메인프레임에서 사용자 8백여 명이 자기 코드를 동시에 밀어 넣으며 CPU 시간을 다투면 멍청이 괴물은 끽끽거리며 각 사용자에게 나노초를 나눠주려 애썼지만, 애플 II에서는 누구와도 CPU 시간을 공유하지 않았다. 한밤중까지 집에서 나를, 오직 나만을 기다렸다. 켄 윌리엄스는 애플을 사기로 결심했다.

그래서 1980년 1월 켄은 '저금통을 탈탈' 털어 애플 II를 구입했다. 하지만 이 기계가 얼마나 중요한지 깨닫기까지는 한참이 걸렸다. 켄은 애플을 가진 사람 모두가 자기처럼 기술자나 공학자라 생각했다. 따라서 그들이 정말로 원하는 바가 강력한 프로그래밍 언어라는 켄의 생각은 논리적으로 당연했다. 아직 아무도 애플용 포트란을 만든 사람은 없었다. 애플에서 포트란을 돌려보겠다고 시도한 사람도 없었다. 하지만 켄은 해커처럼 생각한 탓에 컴퓨터를 쓰기 위한 도구 외에 다른 뭔가는 상상조차 못했다. 도구를-만드는-도구 증후군이었다(거의 똑같은 이유로 리처드 그린블랫이 PDP-1에서 첫 번째로 벌인 대규모 프로젝트도 포트란 구현이었다). 당시 켄은 애플이 (또한 유사한 소형 컴퓨터가) 해커 이외 사람들에게 오락 컴퓨팅 이라는 새 분야를 열었다는 사실을 인지하지 못했다.

켄이 애플용 포트란을 만들기로 계획했음에도 불구하고 컴퓨팅 역사상 가장 중요 한 혁명이 바로 켄의 집에서 시작되었다는 사실은 참으로 재미난 역설이라 하겠다.

>>>>>>>>>>>>>>>>>>>>>>>>

로버타 윌리엄스는 평생 소심하게 살았다. 그녀에게는 공상가적인 기질이 있었다. 인형 같은 갈색 눈, 긴 갈색 머리, 봉긋한 소매, 부드러운 가죽 부츠, 팬던트 목걸이 등 주름 달린 여성스러운 옷차림은 한껏 공상에 빠져 지낸 어린 시절을 드러냈다. 실제로 어린 시절의 공상은 로버타 윌리엄스의 삶에 지배적인 영향을 미쳤다. 그녀 는 항상 특이한 상황에 처한 자신을 상상했다. 밤에는 침대에 누워, 자기표현으로 '내 영화'를 구상했다. 어느 날 밤 해적들에게 납치당했고 정교한 탈출 계획을 세웠 다. 물론 늠름한 구원자가 자주 끼어들었다. 어떤 밤은 고대 그리스에 있었다. 그녀 는 늘 자신에게 일어날 뭔가를 꿈꾸었다.

남부 캘리포니아에서 자란 로버타는 검소한 농업 검사관의 딸로서 부끄럼이 굉 장히 심했다. 상대적으로 고립된 시골 생활도 수줍은 성격을 부추겼다. "저는 한 번 도 저 자신을 좋아하지 않았습니다. 항상 다른 사람이 되고 싶었습니다". 훗날 로버 타는 이렇게 회상했다. 부모님이 간질을 앓던 남동생을 편애한다고 느꼈던 로버타는 이야기하기를 즐겼다. 재미있는 이야기로 어른들의 관심을 끌고 (그녀가 하는 이야기를 글자 그대로 받아들이는) 동생을 기쁘게 해주었다. 하지만 나이가 들고 데이트를 하고 어른 세상을 접하면서 "그 모든 것을 내다버렸습니다"라고 로버타는 말했다. 켄과 결혼할 때 로버타는 켄이 생계를 꾸려나가리라 수동적으로 기대했다. 자신은 부끄럼이 너무 심해 "전화도 걸지 못했습니다"라고 했다. 이야기 재주는 묻혀버렸다.

그러다 어느 날 켄이 컴퓨터 터미널을 집으로 가져와 로버타에게 프로그램 하나를 보여주었다. 터미널에 연결된 IBM 메인프레임에 누군가 올려놓은 프로그램이었다. "어서 이리 와요, 로버타". 켄은 재촉했다. 터미널을 놓아둔 건넌방의 녹색 카펫에 앉아 켄은 말했다. "이거 봐요, 정말 재밌는 게임이에요".

로버타는 전혀 궁금하지 않았다. 무엇보다 게임을 별로 좋아하지 않았다. 게다가 컴퓨터 게임이라니! 켄이 주로 컴퓨터와 소통하며 살았지만 그녀에게 컴퓨터는 여전히 낯선 암호였다. 하지만 켄은 집요했고 마침내 로버타를 꼬드겨 터미널 앞에 앉혔다. 그녀 앞에는 다음 문구가 떴다.

> 당신은 작은 벽돌 건물 앞에 놓인 길의 끝에 서 있습니다. 당신 주변은 숲입니다. 실개천이 이 건물에서 시작해 도랑으로 흘러갑니다.

어드벤처 게임이었다. 스탠퍼드 인공지능 연구실의 돈 우즈라는 해커가 만들었으며 수많은 해커와 사용자를 마법 동굴 세상으로 유혹했던 바로 그 톨킨풍 게임이었다. 그리고 로버타 윌리엄스가 주저하며 "동쪽으로 가라 GO EAST"를 입력한 순간부터 그녀 역시 완전히 빠져들었다. "도저히 멈출 수가 없었습니다. 정말 재미있었습니다. 한번 시작한 후로 계속했습니다. 당시 아들 크리스가 여덟 달이었는데 아기를 잊어버릴 정도였습니다. 방해받기 싫었거든요. 밥도 하기 싫었습니다". 막다른 골목을 벗어날 방법이나 뱀을 지나가는 방법을 알아내는 일 외에 다른 무엇도 하고 싶지 않았다. 새벽 4시까지 그 망할 놈의 뱀을 피해 거대한 조개에 도달할 방법을 궁리했다. 자다가도 벌떡 일어났다. 무엇을 빼먹었지? 뭘 다르게 해야 했을까?

그 멍청한 조개를 왜 못 열었을까? 그 속에 무엇이 들었을까?

처음에는 켄도 같이 했지만 곧 흥미를 잃었다. 어드벤처가 빈정거리는 순간을 싫어 하는 탓이라고 로버타는 짐작했다. "용을 죽여라"고 명령하면 컴퓨터는 "뭐라고? 맨손으로?"라고 대답했다. 화낼 수는 없으니 무시해야 했다. 똑같이 빈정거릴 수 없으니 "그렇다"라고 답할 수밖에 없었다. 그러면 컴퓨터는 "맨손으로 용을 죽이고 용은 당신 발아래 죽어 있다"고 답했다. 용을 죽였다! 이제 나갈 수 있다. 로버타는 굉장히 체계적으로 게임에 임했다. 정교한 지도를 그렸으며, 다음 순간 일어날 사건을 예측했다. 한때 컴퓨터 근처에도 안 가던 로버타를 이제 컴퓨터에서 떼어놓기 어려워졌다는 사실이 켄은 매우 흥미로왔다. 결국 한 달에 걸쳐 트롤, 도끼, 안개 낀 동굴, 광대한 통로를 추리한 후에야 로버타는 어드벤처를 정복했다. 로버타는 이런 게임을 더 하고 싶어 안달했다.

그 무렵(1980년 1월) 켄은 애플을 구입했다. 사실 로버타는 컴퓨터에 대한 새로운 흥미에도 불구하고 이천 불이나 들여 애플 II를 구매한다는 결정을 영 탐탁지 않아 했다. 그래서 로버타는 애플을 그렇게 갖고 싶다면 애플로 돈을 벌어야 한다는 전제를 달았다. 로버타의 제안은 당시 켄의 야망과 완벽하게 일치했다. 켄은 애플용 포트란 컴파일러를 짜서 도구를—만드는—도구를 원하는 엔지니어들과 기술자들에게 비싸게 팔 작정이었다. 켄은 시간제 프로그래머 다섯 명을 고용해 컴파일러를 구현하기 시작했다. 방 4개에 600평방미터 짜리 전형적인 시미 밸리 가정집은 포트란 프로젝트의 본거지가 되었다.

그러는 동안 로버타는 애플용 어드벤처식 게임이 있다는 소식을 들었다. 산 페르난도의 노스브리지 근처에 있는 컴퓨터 상점에서 몇 개를 구입했지만 모두 너무 쉬웠다. 로버타는 새롭게 눈 뜬 상상력을 전만큼 혹사하고 골려대고 싶었다. 그래서 로버타는 직접 어드벤처 게임 줄거리를 짜기 시작했다.

이야기는 '미스테리 하우스'에서 벌어지는 사건으로 시작했다. 아가사 크리스티가 쓴 '열 꼬마 인디언'과 비슷했다. 보드 게임 클루*도 게임에 영감을 주었다. 어드벤처처럼 단순히 보물을 찾아다니는 대신, 이 게임은 탐정 활동이 필요했다. 어드벤처 게임을 했을 때 그랬듯이 로버타는 이야기 지도를 그렸다. 지도를 그리며 퍼즐과 인물 성격과 사건과 지형을 고안했다. 몇 주 후 로버타는 지도와 궁지와 우여곡절이 담긴 종이 뭉치를 들고 와 켄 앞에 내밀었다. "이것 좀 봐요!"

켄은 듣는 둥 마는 둥 로버타에게 기획이 아주 멋지며 계속 작업해 완성하라고 말했다. 솔직히 개인용 컴퓨터로 게임을 하려는 사람은 없었다. 개인용 컴퓨터는 회로를 설계하거나 3차 지수 방정식을 풀려는 엔지니어들을 위한 기계였다.

얼마 지나지 않아 켄과 로버타는 두 사람이 자주 외식하던 통나무 스테이크 레스토랑 플랭크 하우스에 갔고, 그곳에서 마침내 켄은 자신의 섬세한 아내가 묘사하는 게임 이야기를 들었다. 고전적인 빅토리아풍 저택에서 친구들이 하나씩 살해당하는 게임이었다. 로버타는 몇 가지 궁지를 설명했고 비밀 통로를 묘사했다. 켄이 듣기에도 그럴싸했다. 돈 냄새를 잘 맡는 켄 윌리엄스는 이 게임으로 타히티 여행을 가거나 새 가구를 장만할 돈이 들어올지도 모른다고 생각했다.

"멋진 이야기예요"라고 켄은 로버타에게 말했다. "하지만 진짜로 팔리려면 뭔가 더 필요해요, 여보. 뭔가 다른 것이…"

공교롭게도, 얼마 전부터 로버타는 화면에 그림까지 나온다면 얼마나 좋을까 생각하던 중이었다. 단순히 문구를 읽는 대신 서있는 위치를 보여준다면? 애플이든 다른 컴퓨터든 이것이 가능한지 로버타는 몰랐다. 그림을 어떻게 컴퓨터에 넣지?

켄은 한번 해보자고 말했다.

우연의 일치인지, 때마침 버사라이터라는 테블릿 장치가 막 출시되었다. 테블릿 위에 그림을 그리면 테블릿은 그림을 애플 컴퓨터로 등록했다. 하지만 아주 정확하게 그리지는 못했고 책상 전등의 투박한 받침처럼 생긴 기록 장치의 제어는 쉽지 않

----

* 옮긴이_ 미국에서 Clue로 발매된 이 영국산 보드 게임의 원래 이름은 Cluedo다.

앉다. 무엇보다 최악은 200불이나 하는 가격이었다. 켄과 로버타는 한번 모험을 해 보기로 결심했다. 로버타가 사용하기 쉽도록 켄은 전반적인 사항을 다시 프로그래 밍했다. 마침내 로버타는 '미스터리 하우스' 속 방들을 흑백으로 열 장 정도 그렸다. 사람은 막대기 형상보다 약간 나은 정도였다. 그런 다음 켄은 게임 논리를 구현했 다. 먼저 그림 70장을 플로피 디스크 한 장으로 압축하는 방법을 알아내야 했는데, 애플에 익숙하지 않은 프로그래머라면 불가능이라 여겼을 작업이었다. 비밀은 그림 전체를 저장하는 대신 각 그림 속 각 선의 좌표를 저장한 어셈블리 명령을 사용하는 데 있었다. 화면에 새 그림이 필요하면 컴퓨터는 명령대로 그림을 그렸다. 최고 해 커로서 켄의 솜씨를 보여주는 눈부신 프로그램 압축 기법이었다.

전체 작업은 한 달 정도 걸렸다.

>>>>>>>>>>>>>>>>>>>>>>>>

켄은 포트란 프로젝트를 접고 프로그래마라는 소프트웨어 배급 회사에 게임을 보여 줬다. 프로그래마 사는 전 세계 최대 애플 소프트웨어 배급사였다. 1980년 초반에 는 세계 최대라는 표현이 과하지 않았다. 바이오리듬, 누드 레이디, 베가스 스타일 빙고, 주 수도, 애플 파리채 등과 같은 다양한 프로그램을 팔았다. 대다수 게임은 훨 씬 빨리 돌아가는 어셈블리어가 아니라 베이식으로 작성되었고 컴퓨터를 갖고 논다 는 개념에 혹한 사람이나 어린아이들이 좋아할 수준이었다. 그래도 프로그래마 사 가 한 달에 15만 불을 벌어들일 정도로 수요는 충분했다.

프로그래마 사람들은 미스터리 하우스 게임을 굉장히 좋아했다. 기획이 탄탄하 고, 도전적이며, 그림까지 갖춘 어셈블리어 어드벤처 게임이라니! 그림이 흑백이며 여섯 살짜리 D. J. 윌리엄스가 그린 듯한 수준이라는 사실은 중요하지 않았다. 지금까지 누구도 시도하지 않은 일이었다. 프로그래마 사는 도매가 12불에 로열티 25%를 제안하며 첫 6개월 동안 매달 500부는 팔린다고 장담했다. 게임 하나당 로열티가 3불이면 9천 불에 달하는 금액이었다. 포트란 컴파일러에 쳐주겠다던 액수보다 (프로그래머 다섯 명과 나누기 전 액수보다) 두 배 이상이었다. 로버타가 만든 단순한 게임이 벌어들일 돈이었다.

켄 윌리엄스는 게임을 애플 컴퓨터에 직접 팔 생각도 했다. 견본을 보내고 한 달을 기다렸지만 응답이 없었다. 그즈음 굼벵이 관료주의에 물든 대기업이 돼버린 애플은 1년이 지나서야 "구매를 고려하고 싶습니다"라는 답장을 보내왔다. 미스터리 하우스가 어떤 게임인지가 아니라 애플 컴퓨터가 어떻게 변해버렸는지를 보여주는 일화라고 하겠다. 켄과 로버타는 프로그래마 사의 제안을 거절했다. 두 사람은 돈을 모두 차지하고 싶었다. 직접 판매하면 어떨까? 정 안되면 그때 가서 프로그래마 사에 팔자.

》 **윌리엄스 부부의 미스터리 하우스**

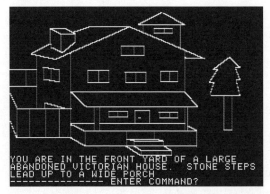

그리하여 윌리엄스 부부는 미스터리 하우스를 근처 컴퓨터 가게 여러 곳으로 들고 갔다. 처음에는 모두 회의적이었다. 새로운 애플, 라디오 섹 TRS-80, PET 컴퓨터가 부여하는 힘에 도취해 한껏 흥분한 컴퓨터 광신도들이 언제나 괴상한 프로그램을 팔려고 들고왔으니까. 그 무렵 로버타의 게임은 볼품없는 저해상도 화면이 아니라 고해상도 화면에 그려진 낡은 집을 그리며 부팅되었다. 종종 가게 사람들은 켄에게 어떻게 했는지 물어보았다. 몇 차례 비슷한 경험을 하고 나서 켄과 로버타는 소프트웨어를 팔아 한 달에 일이천 불 정도는 벌겠다고 생각했다.

다음 단계는 잡지에 제품을 광고하기였다. 하지만 이왕 광고를 낼 요량이라면 게임 몇 개를 더 제공하여 진짜 회사처럼 보이면 좋겠다고 생각했다. 두 사람은 이미 온라인 시스템즈라는 회사 이름도 지어놓았다. 켄이 컨설팅 서비스를 제공하며 온라인 컴퓨터 회사에 비즈니스 소프트웨어를 만들어주던 시절 애플용 비즈니스 소프트웨어를 만들어 팔겠다고 구상하며 생각해뒀던 이름이었다. 켄은 친구를 찾아가 온라인 시스템즈의 첫 외부 프로그래머가 되어달라고 요청했다. 로열티를 받는다는 조건으로 친구는 서키트 슈트라는 점에서 점을 쏘는 간단한 흑백 게임을 만들었다. 두 사람은 광고지와 문서를 인쇄했다. 조판비 100불을 내기 싫어 로버타가 잡지에서 글자를 일일이 잘라내 '원본'을 만든 후 근처 복사소로 가져가 복사했다. 잘라붙인 흔적이 희미하게 드러났지만 이미 500불을 투자한 상태였다. 어쨌거나 당시로는 나름 최신 포장 기법이었다. 컴퓨터 세상에서 포장은 중요하지 않았기 때문이다. 컴퓨터 세상에서는 컴퓨터를 켰을 때 일어나는 마법이 가장 중요했다. 마케팅은 실질적인 제품보다 덜 중요했다.

미스테리 하우스는(또는 '고해상도 어드벤처 #1'은) 24.95불로 책정되었다. 희망에 들뜬 켄과 로버타는 근처 레인보우 컴퓨팅 가게에서 공 디스켓 백 장짜리 상자도 하나 샀다. 컴퓨터 가게 여러 곳에 광고지를 돌렸고, 마이크로라는 작은 잡지 1980년 5월호에 거금 2백 불짜리 광고도 실었다. 그리고 두 사람은 기다렸다. 5월 1일에 전화벨이 울렸고, 한참 조용하더니 다시 전화벨이 울렸다. 그때부터 전화는 끊이지 않고 울려댔다.

5월 한 달 동안 켄과 로버타는 만천 불을 벌었다. 6월에는 2만 불을 벌었다. 7월에는 3만 불을 벌었다. 그들의 시미 벨리 보금자리는 돈 찍는 기계가 되어갔다. 켄이 연봉 4만 2천 불 정도를 받으며 파이낸셜 디시전즈 사에서 프로그래머로 일하는 동안, 로버타는 디스크를 복사한 후 광고지와 전단지와 함께 지퍼락 백에 넣었다. 또한 로버타는 아이들을 돌보고, 프로그램을 포장하고, 집을 청소하고, UPS로 프로그램을 보냈다. 밤이 되면 로버타는 동화 세상에서 벌어지는 더 길고 더 나은 어드벤처 게임을 설계했다.

전화는 몇 분마다 끊임없이 울려댔고, 수화기 너머로는 미스터리 하우스의 가망 없어 보이는 상황에서 탈출할 힌트를 필사적으로 구하는 목소리가 들려왔다. 지퍼락 백에 든 광고지 번호로 전화한 사람들은 온라인 시스템즈가 필경 대기업이리라 짐작했다가 운 좋게도 실제 게임을 만든 사람과 통화한다는 사실에 감동했다. "정말로 게임을 만드신 분과 제가 통화하나요?", "네, 그것도 그분의 부엌에서요". 로버타는 힌트를 주며 잠시 대화했다. 절대 답은 주지 않았다. 직접 해결하며 얻는 즐거움이 있으니까. 열망은 전염성이 있었다. 사람들은 컴퓨터와 노는 일에 점점 더 빠져들었다.

켄 윌리엄스는 파이낸셜 디시전즈 사에서 복잡한 재무 시스템을 개발하고 자료 처리 부서를 이끌며 바쁘게 일했다. 밤에는 로버타의 새로운 어드벤처 게임을 위해 애플 II에서 사용할 새로운 기계어 시스템을 개발했다. 주말에는 컴퓨터 가게들을 순회했다. 소프트웨어 사업을 하려면 전업이 되어야 한다는 사실이 점차 명백해졌다.

로버타는 켄이 기왕 그만둘 참이라면 자신들의 오랜 꿈인 숲으로 이사하고 싶었다. 로버타의 부모님은 요세미티 근처 오크허스트라는 소도시 위쪽에 살았는데, 그곳은 로버타가 자라고 추억하는 동네보다 훨씬 더 조용한 시골이었다. 아이들을 위해서도 완벽한 곳이었다. 그래서 두 사람은 실천에 옮겼다. "산으로 이사할 겁니다"라고 켄은 깜짝 놀란 딕 선더랜드에게 말했다. 1980년대 중반 어느 파티에서였다. 딕과 켄은 시끄러운 파티 무리에서 조금 떨어진 방에 있었고 켄은 딕에게 이렇게 말했다. "이제 저는 스물다섯이고 애플 컴퓨터가 제 꿈을 이뤄주었습니다. 숲 속 통나무 집에 살며 소프트웨어를 만들 겁니다".

켄과 로버타는 첫 번째로 보았던 시골집을 구입했다. 캘리포니아 코어시골드 외각, 머지 랜치 로드에 있는 방 세 개짜리 A자 모양의 소박한 목조 건물이었다.

그 무렵 두 사람은 로버타의 동화에 기반을 둔 게임인 마법사와 공주를 완성했다. 새 게임은 미스터리 하우스보다 2배 정도 길었지만 더 빨리 돌아갔다. 켄이 프로그램 논리를 개선한 덕분이었다. 켄은 어드벤처 게임 구현에 적합한 새 어셈블리 언어 해석기를 개발해 ADL^{Adventure Development Language}이라 불렀다. 게다가 새 게임 '고해상도 어드벤처 #2'는 그림 수가 150장을 넘었다. 켄은 로버타가 일반 도화지에 그리듯 쉽게 컴퓨터에 그림을 그려넣는 하위 루틴을 고안했다. 이번에 들어가는 그림은 컬러였다. 켄은 '디더링'이라는 기법을 사용해 애플이 제공하는 6색을 점 단위로 혼합하는 방법으로 21색을 구현했다. 켄은 스티브 워즈니악이 상상조차 못했던 묘기를 애플 II로 해내고 있었다. 그야말로 마법이었다.

》 **마법사와 공주들** 출처 http://www.filfre.net/tag/wizard-and-the-princess/

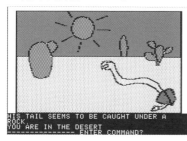

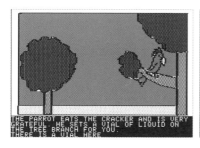
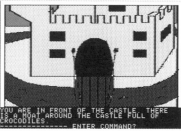

게임의 유일한 문제는 첫 번째 관문이었다. 마법사 하린에게 납치된 세리니아 왕국의 프리실라 공주를 구하러 가는 마법사는 뱀 옆을 지나야 했는데 해답이 다소 난해했다. 바위를 들어 뱀을 죽여야 했는데, 특정 위치에 놓인 바위를 고르지 않으면(바위는 모두 비슷했다) 전갈에 물려 죽었다. 대다수 사람은 서너 번 전갈에 물리고 나면 머리를 쥐어뜯기 시작했다. 좌절한 수많은 모험가가 로버타의 부엌으로 전화하고 나서야 마침내 온라인 시스템즈는 이 난제의 힌트를 적어 모든 패키지에 동봉했다(동부 사람들은 종종 캘리포니아 시각으로 오전 6시에도 전화했다).

어쨌거나 마법사와 공주는 32.95불에 6만 장이 넘게 팔렸다. 켄과 로버타는 자신들이 설치한 온수 욕조에 앉아 "이게 믿겨요?"라고 말하며 고개를 저었다.

사업을 시작한 첫해 12월 1일, 집에서 운영하던 사업장을 41번 도로를 따라 10킬로미터 정도 떨어진 오크허스트에 있는 2층짜리 건물 2층으로 옮겼다. 사업이 두 사람의 삶을 바꾸고, 새집을 사주고, 두 사람을 애플 세계에서 떠오르는 스타로 만들었다. 사무실 이웃은 전국 순회 설교 중에 리틀 리처드 공연을 예약하려다 실패한 종교 장사치였다. 얇은 벽으로는 이웃이 지르는 소리가 들렸다.

플로피 디스크 몇 장과 200불짜리 잡지 광고로 회사를 시작한 지 1년도 되지 않은 1981년 초반, 로버타는 어느 작은 잡지사에 보낸 편지에서 이렇게 상황을 묘사했다. "우리는 1980년 12월 1일에 사무실을 열었고, 배송과 전화를 도와줄 첫 직원을 고용했습니다. 두 주 후에 첫 직원을 도와줄 직원들을 고용했고, 한 주 후에 그들을 도와줄 다른 직원들을 고용했습니다. 이번 주에 전임 프로그래머를 고용했는데 프로그래머가 또 필요합니다. 우리 사업은 비약적으로 발전하는 중이며 현재로서는 끝이 보이지 않습니다".

CHAPTER 15

형제애

해커 윤리가 변하고 있었다. 전국적으로 퍼져 나가는 와중에도 변해갔다. 해커 윤리를 전파하는 사절단은 애플, 라디오 섁, 코모도어(PET), 아타리 사가 파는 저가 소형 컴퓨터들이었다. 이들은 진짜 컴퓨터였고, 진짜 컴퓨터 수가 급속도로 증가하면서 더 혁신적인 프로그램이 필요해졌다. 기존의 배포 방식으로는 역부족이었다. MIT에서처럼 테이프를 서랍에 넣어두거나 홈브루 모임에 나가 프로그램을 교환하는 방식은 더 이상 통하지 않았다. 신형 컴퓨터를 구입한 사람 중 많은 수는 굳이 클럽에 가입하지 않았다. 대신 근처 컴퓨터 상점에서 기꺼이 프로그램을 구입했다. 이 흥분되는 새 기계의 잠재력을 현실로 만들어 줄 뭔가를 필사적으로 갈구하는 사람들에게 미스터리 하우스에 투자하는 25불은 거의 특권으로 여겨졌다. 1980년대 초반 선구적인 컴퓨터 주인들은 컴퓨터를 충분히 배우고 익혀 자유로운 정보 흐름의 미를 어느 정도 즐겼을지 모르지만, 마이크로컴퓨터 시대에 해커 윤리는 더 이상 정보가 자유로워야 한다는 사상을 내포하지 않았다.

온라인 시스템즈와 같은 회사들은 더 많은 프로그램을 개발해 팔았고, 해커는커녕 프로그래머도 되고 싶지 않은 사람들은 패키지 소프트웨어만 돌릴 작정으로 컴퓨터를 구매하기 시작했다. 어떤 면에서 이것은 대중을 위한 컴퓨터, 전축 같은 컴퓨터를 퍼뜨리겠다는 '해커의 꿈'의 실현을 의미했다. 사람들은 소프트웨어 상점으로 가서 최신 버전을 골라 들고 집으로 돌아왔다. 하지만 직접 프로그램을 짜지 않고서도 컴퓨터로부터 이익을 얻을 수 있을까?

그래도 80년대 초창기에 컴퓨터를 보유한 사람이라면 누구나 어느 정도는 해커 사고방식에 물들지 않을 수 없었다. 아무리 단순한 작업일지라도 학습이 필요했다. 디스크를 복사하는 방법이나 프린터에 연결할 올바른 접속 케이블을 알아내려면 전문가를 직접 찾아 나서야 했다. 심지어 패키지 소프트웨어를 구입하는 과정조차 해커 느낌이 풍겼다. 프로그램은 지퍼락 백에 포장되었고, 소위 문서에 실린 그림은 거의 로버타 윌리엄스가 그렸던 막대기 사람 수준이었으며, 디스크에 붙은 라벨은 대개 타이프라이터로 찍어 손으로 붙였다. 제품은 불법적인 냄새가 팍팍 풍겼다. 노골적인 포르노 서적보다 아주 조금 더 점잖은 수준이었다.

동네 컴퓨터 상점으로 가는 나들이는 미지를 탐험하는 여행이었다. 늘 최저임금을 받으며 일하는 꼬마 점원은 마치 고객이 어드벤처 게임 속 장애물인 양 K, 바이트, 니블, 램 카드 등과 같은 전문 용어를 던지며 고객을 이리 재고 저리 쟀다. 이 회계 패키지가 저 회계 패키지보다 나은 이유를 알려달라 요청하면 프로토콜이 어떠니 매크로가 저떠니 횡설수설했다. 마침내 고객은 1980년과 1981년 당시 거의 모든 애플 구매자가 던진 질문을 던졌다. "요즘 잘 나가는 게임이 무엇인가요?" 게임은 애플의 위력을 가장 잘 활용하는 소프트웨어였다. 사용자를 조종칸에 앉혀주었으며, 기계 속 비트와 바이트를(차이를 확실히 몰라도) 좌지우지하는 신으로 만들어주었다. 꼬마 점원은 한숨을 쉬고 고개를 끄덕인 후 계산대 아래서 최신 대유행 지퍼락 백을 꺼내주었다. 운 좋을 때는 구매하기 전에 화면에 띄워 몇 판 돌려보며 확인할 수도 있었다. 그리고는 20, 25, 심지어 35불을 지불하고 집으로 돌아갔다. 엄청나게 중대한 애플과의 소통, 바로 게임을 하기 위해!

1980년 초반에 크게 인기 있던 신작 게임 대다수는 엄청나게 느려터진 베이식 프로그램이었다. 당시 애플은 카세트 레코더를 사용했는데, 카세트 레코더와 어셈블러를 같이 쓰기가 어려웠다. 따라서 기계 가장 깊숙한 곳인 CPU, 즉 6502 칩까지 들어가 어셈블리 언어로 애플과 소통하기란 거의 불가능했다.

하지만 상황은 바뀌었다. 스티브 워즈니악이 고성능 애플용 디스크 드라이브 인터페이스를 곧바로 설계해, 초당 수천 바이트로 통신하는 저가 플로피 디스크를 제공했다. 덕택에 난해한 어셈블리를 쓸 줄 아는 소수도 애플에서 어셈블리로 프로그램을 작성할 수 있게 되었다. 물론 직접 해보라 강령에 감염된 사람들도 곧 정예 부대에 합류해 가장 원시적인 수준에서 시스템을 익히기 시작했다. 프로그래머나 장래 프로그래머, 심지어 일반 사용자도 예외 없이 애플 본체와 디스크 드라이브를 같이 구입했다. 스티브 워즈니악이 만든 애플은 완전히 '개방'된 시스템이라는 측면에서 해커 윤리에 충실했으므로, 즉 구하기 쉬운 매뉴얼은 칩과 마더보드에 무엇이 어딨는지 모두 알려주었으므로, 애플 컴퓨터는 소매를 걷어붙이고 기계어 수준에서 16진수 코드를 진지하게 파고들 기회를 주었다. 해킹할 기회를 말이다.

따라서 1980년 봄, 애플 기계어를 해킹해 영광의 열차에 올라탄 인물이 켄 윌리엄스만은 아니었다. 미국 전역에 흩어진 기술 선구자들은 해커들이 이미 오래전부터 알았던 사실을 깨닫기 시작했다. 바로 컴퓨터가 삶을 바꿀 수 있다는 사실이었다. 새크라멘토에 사는 베트남계 수의사 제리 제웰은 보험 사업을 더 수익성 있는 업종으로 바꿔볼 요량으로 애플을 구매했다. 황갈색 머리에 황갈색 수염, 언제나 멍한 듯 약간 짜증 난 듯 보이는 제웰은 기계를 손에 넣고 2주일 후 로렌스 과학관에서 여는 어셈블리 언어 과목을 신청했다. 애플 최고 프로그래머인 앤디 허츠펠드가 가르치는 과목이었다. 제웰은 디스크 드라이브가 없어 매주 배포되는 예제 프로그램을 돌리지 못했다. 8주 동안 제웰은 허츠펠드가 하는 말을, 심지어 보조 강사인 존 드래퍼가(그렇다! 바로 그 캡틴 크런치다!) 내주는 간단한 튜토리얼도 이해하지 못했다. 결국 디스크 드라이브를 구입한 후 수업 때 녹음한 테이프를 다시 듣고 나서야 진도를 따라잡았다.

제웰은 동네 컴퓨터 상점에 관리자로 취직했다. 당시 상점에는 온갖 부류의 사람이 몰려들었다. "IF 컴퓨터를 소유한다 THEN 필경 약간 미쳤다"는 베이식 구문과 흡사했다. 알테어가 나오고 4년이나 지났지만 개인용 컴퓨터로 할 만한 일은 별로 없었다. 존 드래퍼가 만든 '이지 라이터'라는 간단한 워드 프로세스 프로그램과 회계 프로그램 몇 개뿐이었다(제웰은 1980년 컴퓨터 박람회에서 이지 라이터 첫 제품 중 하나를 구입했다). 하지만 대개 사람들은 도구를-만들기-위한-도구를 해킹했다. 아니면 게임을 해킹했다. 그리고는 자기가 만든 프로그램을 자랑하러 컴퓨터 상점으로 몰려들었다.

따라서 나시르 게벨리라는 아랍계로 보이는 대학생이 상점으로 성큼성큼 걸어들어와 자기가 만든 슬라이드 쇼 프로그램을 시연했을 때도 그리 놀랍지 않았다. 제웰은 프로그램이 마음에 들었고, 게벨리와 함께 원래 프로그램에 기반해 'E-Z-드로우'라는 그래픽 프로그램을 만들었다. 제웰은 로스엔젤레스와 베이 에어리어에 있는 컴퓨터 가게로 제품을 팔러다니기 시작했다.

다음으로 나시르는 게임을 만들기 시작했다. 학과 성적은 별로였지만 나시르는 색상과 '페이지 전환Page Flipping'이라는 기법을 이용해 환상적인 게임을 만들었다. 나시르가 만든 게임과 비교하면 기존 게임은 아주 촌스러웠다. 페이지 전환 기법은 이중 화면을 즉 '페이지'를 사용해 모든 내용을 애플 화면에 표시했다. 기계어 명령으로 초당 수천 번씩 페이지를 전환해 마이크로컴퓨터 그래픽을 촌스럽게 만들던 화면 껌뻑임을 제거했다. 나시르는 또한 게임 속에서 주변 모든 사물을 서슴없이 '침입자'로 간주했다. 기본 시나리오는 거의 항상 다음과 같았다. 침입자들이 되쏘기 전에 주변에 보이는 무엇이든 쏘아댄다. 나시르는 특수 마이크로칩으로 굉장한 그래픽 효과를 제공하는 오락실 게임기에서 크게 인기 있던, 중독성 강하고 화려한 포위 공격을 애플에서 재창조했다. 나시르가 보여주고 나서야 사람들은 애플에서도 일부 특수 효과가 가능하다는 사실을 깨달았다.

» 나시르의 스페이스 에그즈

그해 나시르는 게임을 12개나 만들었다. 제웰과 컴퓨터 상점 주인은 게임을 팔기 위해 시리우스 소프트웨어라는 회사를 차렸다. 나시르가 초안을 만들면 제웰이 이국적인 변경을 제안했다. 나시르가 만든 게임 중 하나는 스페이스 인베이더와 상당히 유사했다. 스페이스 인베이더는 외계인들이 무리지어 내려오며 작은 탱크를 공격하는, 인기 있는 오락실 게임이었다. 제웰은 침입자가 총 대신 계란을 쏘게 하자고, 더불어 침입자를 괴물, 우주 늑대, 거대한 폭탄을 던지는 입술, 그리고 가장 위험한 살인자 솜털 공으로 만들자고 제안했다. 살인자 솜털 공은 이리저리 튀어다니고 흔들리며 정신없이 움직였다. 스페이스 에그즈는 시리우스 소프트웨어 사 최고의 베스트셀러가 되었다.

>>>>>>>>>>>>>>>>>>>>>>>>

같은 시기 시장에 뛰어든 또 다른 회사는 위스콘신 출신의 전직 기업 변호사가 세웠다. 더그 칼스톤은 시카고 소재 시어스 빌딩 28층에 있는 거대한 법률 회사 일이 전혀 즐겁지 않았다. 칼스톤은 대학에서 해킹하던 시절이 그리웠다. 학창 시절 칼스톤과 친구들은 전산실 자물쇠에 껌을 붙여두었다가 관리자들 몰래 한밤중에 전산실로 숨어들곤 했다. 심지어 메인주의 외진 촌구석에 작은 변호사 사무실을 개업한 후에도 칼스톤은 컴퓨터를 잊지 못했다. 그러던 중 온화한 어조에 사려 깊은 칼스톤은 '라디오 섁'이 2천 불 미만으로 컴퓨터를 판다는 소식을 들었다. 금요일에 컴퓨터를 구입한 칼스톤은, 자신이 기억하기에, 일요일 밤까지 한 번도 쉬지 않았다. 결국 그는 TRS-80에서 거대한 전략 게임을 구현하기 시작했다. 가상의 우주 공간을 배경으로 하는 '갤랙틱 사가'라는 게임인데, 임무는 좋은 친구 '더 브로더번드the Brøderbund (스칸디나비아 말로 형제단)'를 보호하는 일이었다.

그때가 1980년 초였으며 칼스톤은 윌리엄스나 제웰과 마찬가지로 소프트웨어에서 자신의 미래를 보았다. 칼스톤은 남동생 게리도 끌어들였다. 당시 게리는 다 큰 남자 어른이 들으면 헉 소리를 낼 정도로 탐나는 직업에 종사했다. 바로 스칸디나비아 여자 농구팀 코치였다. 두 사람은 캘랙틱 사가를 판매하고자 브로더번드 소프트웨어 사를 설립했다. TRS-80 게임을 애플 게임으로 변환할 작정이었다.

초기에 캘래틱 사가는 그리 잘 나가지 않았다. 시작할 때 두 사람이 들고 있던 자본금 7천 불은 어느 순간 32불로 떨어졌고, 회사는 게리의 신용 카드로 운영해나갔다. 더그가 전국을 돌며 눈에 띄는 컴퓨터 상점이란 상점에 모두 들러 게임을 보여주고 프로그램 장점을 설명하고 매일 밤 게리에게 보고한 끝에 만 칠천 불짜리 계약을 따내고 나서야 상황이 나아지기 시작했다.

하지만 정말 큰 기회는 1980년 컴퓨터 박람회에서 터졌다. 칼스톤 형제는 있는 돈 없는 돈을 긁어모아 저렴한 '마이크로부스'에서 캘래틱 사가를 선보였다. '마이크로부스'는 짐 워렌이 고안한 제도인데 이를 이용하면 중소기업이나 특히 비영리 단체가 고가의 대관료를 투자하지 않고서도 제품을 전시할 수 있었다. 어느 보수적인 일본 사업가가 건전하고 독실한 칼스톤 형제를 마음에 들어 했고, 자신이 거래하던 일본 프로그래머들의 작품을 배포하도록 허락했다. 게임은 현재 인기 있는 오락실 게임의 충실한 복제판이었다. 그 사업가가 두 사람에게 준 첫 애플 프로그램은 오락실 게임인 갤럭시안의 훌륭한 모방품이었고, 두 사람이 낯 두껍게 애플 갤럭시안이라 이름 붙여 수만 장이나 팔아치웠다. 비록 브로더번드 사가 프로그래머들을 고용해 자체적으로 게임을 만들었지만, 몇 달 동안 회사에서 잘 나가는 제품은 일본 게임이었다.

》 애플 II 갤럭시안   출처 http://strategywiki.org

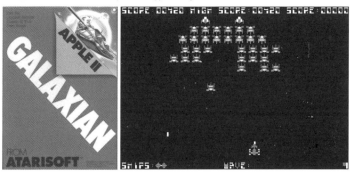

온라인 시스템즈, 브로더번드, 시리우스는 새로운 컴퓨터 사용자들, 특히 애플 세상으로 알려진 공동체의 필요에 응하고자 생겨난 수십 개에 이르는 회사 중 가장 빠르게 부상했다. 앞서 시장을 지배했던 프로그래마는 과도하게 확장하다 시장 지배력이 별로 없는 큰 회사로 합병되고 말았다. 하지만 컨티넨탈, 스톤웨어, 사우스웨스턴 데이터 등과 같은 신생 기업들은 거친 단거리 경주마처럼 시장에 뛰어들었다. 과거 홈브루 컴퓨터 클럽에서 쏟아져 나온 하드웨어 회사들과 마찬가지로 신생 기업들 역시 막 떠오르는 유행으로부터 한몫 잡겠다는 욕심 못지않게 하루라도 빨리 소프트웨어를 시장에 내놓겠다는 욕심에 시달리는 듯 보였다. 시장에 제품을 선보이는 일이 자신들이 해킹한 프로그램을 뽐내는 최선의 방법이었으니까.

애플 세상 소프트웨어 회사들의 자신만만한 새 물결에 적극 찬동하는 잡지를 만들기 시작한 사람들은 출판업계 베테랑들이 아니라 광적인 애플 전도사들이었다.

60년대 난민 스타일의 길고 곧은 갈색 머리가 특징인 로스앤젤레스 프리랜서 교과서 편집자인 마고 토머빅은 컴퓨터를 만지기 오래전부터 게임을 좋아했다. 1980년 초 마고는 패스워드라는 텔레비전 게임 쇼에 출연했으며, '버지니아주가 남부이고 뉴햄프셔주가 북부인지도 모르는' 드라마 연예인과 팀이 되었는데도 단어를 맞추는 TV 쇼인 '라이트닝 라운드*'를 능숙하게 통과해 만 오천 불을 따냈다. 『버라이어티』 지 교열 담당자인 남편 알과 마고는 이 돈으로 하고 싶은 일 목록을 만들었는데, 막상 만들고 보니 돈이 두 배는 필요했다. 결국 빌어먹을 목록은 집어 치우고 두 사람은 컴퓨터를 사러 갔다.

당시 가장 유명한 가정용 컴퓨터는 TRS-80이었다. 하지만 마고와 알이 동네 라디오 섹에서 판매원을 기다리는 동안 알 옆에 서 있던 꼬마 직원이 "웩! 이게 무슨 냄새야?"라고 말했다. 알은 짱딸막하고 빨간 머리에 수염이 길어 마치 중간계에서 다리를 지키는 통행료 징수관을 연상시키는 남자였다. 파이프 담배를 물지 않은 알은 상상조차 어려웠다. 필경 해커 정신에 충만해 MIT 해커들처럼 흡연을 혐오하던 꼬마는 알 토머빅에게 이렇게 말했다. "아저씨, 여기서 담배를 피우시면 안 됩니다. 냄새 때문에 미치겠어요". 토머빅 내외는 라디오 섹을 나와 일주일 후 애플을 구입했다.

마고와 알은, 마고의 표현을 그대로 빌자면 애플에 '중독되었다'. 마고는 애플에서 게임을 즐겼으며 만족감은 점점 더 커졌다. 기술적인 배경 지식 없이도 마고 토머빅은 이 미끈한 기계로부터 해커 윤리를 끌어낼 수 있었다. 마고는 자신의 애플이 삶을 사랑하는 좋은 의미로 다소 우직한 성격이라 믿었다. 훗날 마고는 이렇게 설명했다. "애플이라고 이름 지을 생각 그 자체가 멋졌습니다. 72497이나 9R라는 이름보다 훨씬 멋지죠. '이것은 단순한 기계가 아니랍니다. 그 이상입니다'라는 뜻으로 들렸습니다. 전원을 켤 때 나는 자그마한 삑삑 소리에서조차 특별한 열정이 느껴졌습니다".

....

* 옮긴이_ 정해진 시간 내에 문제를 푸는 퀴즈 쇼

마고 토머빅은 애플 컴퓨터 사의 창립 배경을 들었고 스티브 워즈니악의 '삶을 사랑하는 정신'이 그대로 담긴 기계에 감탄했다. "워즈니악은 삶의 큰 덩어리를 하나 하나 꼭꼭 씹어 꼼꼼히 음미하는 능력이 있었습니다. 애플을 만들면서 그 정신을 애플에 넣었죠. 워즈니악은 기계로 가능하다고 생각되는 모든 일을 실제로 해내는 기계를 만들었습니다." 마고는 사람들이 애플과 충분한 시간을 보낸다면 그들 역시 자신들이 상상하는 모든 일이 가능하다는 사실을 깨달으리라 믿었다. 마고에게 애플은 새로운 뭔가를 시도하는 경험, 위험을 무릅쓰는 용기와 의지, 아무도 해보지 않은 시도, 불가능에 도전하여 이겨내는 기쁨, 즉 개척의 정수였다. 뭔가 동작하게 만드는 즐거움, 한 마디로 해커주의라는 기쁨이었다. 직접 해보라 교리를 모르는 사람들이 생전 처음으로 느끼는 기쁨이었다.

마고는 애플을 쓰는 모든 사람에게서 이 기쁨을 보았다. 사람들은 애플에 푹 빠져들었다. 예를 들어 마고와 친분이 있는 배관공이 애플을 샀는데, 그의 부인이 애플에서 게임하는 모습을 보면서 마고는 그녀의 의식이 확장되는 광경을 실제로 봤다고 단언했다. 처음 애플을 켤 때도, 부팅 디스크를 넣고서 '사용 중'이라는 빨간 불이 깜빡이며 디스크 드라이브가 기쁘게 윙윙거릴 때도, 이 흥분을 맛볼 수 있었다. "하느님 맙소사, 제가 해냈습니다! 뭔가 일어나게 만들었습니다. 디스크 드라이브를 돌아가게 만들었고, 뭔가 일어나게 만들었고, 애플에 진짜 임무를 맡기고 소우주를 건설해 문제를 풀어내기 시작했습니다". 사람들은 엄청나게 커진 자신의 힘을 느꼈다. 마고 자신을 비롯해 마고가 만난 애플 세계 사람들은 모두 이런 즐거움을 피력했다. 마고는 이것이 우리가 인간으로서 느끼는 본연의 즐거움과 다르지 않다고 믿었다.

마고 토머빅은 신작 소프트웨어를 좋아했다. 비록 마고와 알이 베이식 프로그램을 조금 짰지만 대개는 마고가 산 새 게임을 하는 데 애플을 사용했다. 어느 날 마고는 레인보우 컴퓨팅이라는 컴퓨터 상점에 들렀다가 새로 출시될 어드벤처 프로그램

공고를 보았다. 판매는 어느어느 금요일 10시부터 시작하며 게임을 가장 먼저 푸는 사람에게 상을 준다는 내용이었다. 마고는 그 금요일에 32불 95센트를 들고 상점으로 갔고 토요일 정오에 답을 들고 상점을 제일 먼저 다시 방문했다. 게임은 미스테리 하우스였다.

얼마 지나지 않아 마고는 소프트웨어 잡지를 시작해놓고 파트너를 물색 중인 출판사를 우연히 발견했다. 마고와 알은 경영권을 쥔다는 조건 아래 돈을 투자하고 잡지를 운영하겠다고 제안했다. 그리하여 남은 패스워드 상금은 잡지 새 단장에 들어갔다. 애플 컴퓨터 세상을 전문으로 다루는 잡지로, 이름은 『소프토크』였다.

잡지에 실을 광고를 구하러 다니기 시작한 마고는 온라인 시스템즈에 전화해 로버타에게 애플 컴퓨터 정신을 반영할 전문 잡지의 필요성을 이야기했다. 당시 로버타는 여전히 시미 벨리에 있는 자기 집 부엌에서 회사를 운영하는 중이었다. 마고의 열정은 누가 봐도 분명했다. 마고가 바로 자신이 미스테리 하우스 경진대회 우승자라 밝히자 로버타는 "바로 당신이군요! 우리는 몇 달이 걸리리라 생각했어요"라며 감탄했다. 로버타는 켄에게 이야기했고, 온라인 시스템즈는 잡지 창간호에 1/4페이지짜리 광고 4개를 싣기로 결정했다. 윌리엄스 부부는 다른 회사에도 연락해 광고를 실으라고 열렬히 권장했다.

》 **소프토크 표지** (Vol 1, No. 1)

『소프토크』지는 1980년 9월, 표지를 포함해 32쪽짜리 간행물로 출간되었다. 애플 관련 제품을 제공하던 영세 업계 사람들도 잡지 독자층이 자신들의 직접적인 고객층이라는 사실을 깨달으며 마침내 잡지의 가치를 인정하기 시작했다. 1981년 이 끝날 무렵에는 호마다 광고가 백여 개를 넘어섰다.

>>>>>>>>>>>>>>>>>>>>>>>>

애플 세상 선구자들은 무언의 정신적 유대감을 공유했다. 모두가 애플 컴퓨터를 사랑했으며 대중 컴퓨팅이라는 개념 자체를 사랑했다. 그들은 사람들이 컴퓨터를 직접 접하고, 컴퓨터가 가르쳐주는 교훈을 배우고, 특히 이 과정을 촉진하는 소프트웨어를 얻는다면, 어떻게든 세상이 더 나아지리라 믿었다.

이처럼 공통적인 목표를 추구하면서 온라인 시스템즈, 시리우스, 브로더번드는 거의 그들만의 형제단을 발전시켰다. 제웰, 윌리엄스 부부, 칼스톤 형제는 절친이 되었다. 컴퓨터 전시회와 무역 박람회에 함께 참여할 뿐만 아니라 회사 파티에도 (캘리포니아에 있는 다른 애플 제품 회사 사람들과) 세 회사 직원들이 모였다.

이 같은 분위기는 나름 신생이나 이미 망해가는 회사들과 극명한 차이를 보였다. 특히 아타리 사와는 완전히 달랐다. 최초로 컴퓨터 게임을 보급했으며 애플 경쟁 제품인 아타리 홈 컴퓨터와 프로그래밍이 불가능한 아타리 'VCS' 게임용 기계로 수백만 불을 벌어들인 아타리는 워너 커뮤니케이션즈라는 거대 기업에 인수된 후로 창립자가 품었던 해커식 개방성을 잃어버렸다. 프로그래머 이름 하나를 알아내려면 거의 KGB 요원이 되어야 했다. 누군가 프로그래머를 빼돌릴까 두려워한 탓이었다. 업계 프로그래머들이 모여 아이디어를 공유한다는 생각은 더욱 무시무시했다. 만약 프로그래머가 조건이 더 좋은 곳을 발견한다면? 형제단 회사들은 그런 비밀이 없었다. 1981년 당시 형제단 회사 프로그래머들은 로열티 30%를 받았다. 이것은 세 회사와 업계 사람들에게 익숙한 비율이었다.

협력은 사교를 넘어서는 수준이었다. 마치 해커 윤리를 일부라도 고수하겠다고 은연중에 서약한 사람들처럼 형제단 사이에는 비밀이 없었다. 켄, 더그, 제리는 거의 매일 통화하며 유통업체 정보나 플로피 디스크 제조사 정보를 공유했다. 일부 소매상이 한 회사에 대금을 지불하지 않으면 나머지 회사는 즉각 납품을 중단했다. "우리에게는 문서화되지 않은 관례가 있었습니다". 제리 제웰은 이렇게 회고했다. "같은 프로젝트를 중복하지 않도록 서로에게 지금 하는 일을 알려주었습니다. 제가 자동차 경주 게임을 만든다면 그들에게 말해주었죠. 그래야 같은 게임을 시작하지 않으니까요".

이 같은 교류를 불공정 거래라 보는 사람도 있겠지만 이는 구시대적인 시각이었다. 형제단은 사용자와 기술을 해하는 카르텔이 아니었다. 사용자는 더욱 다양한 게임을 접할 수 있으므로 오히려 이익이었다. 게다가 한 회사 프로그래머가 제로 페이지 그래픽에 관련한 어셈블리 언어 기법을 알아내지 못할 경우 다른 회사 프로그래머에게 도움을 청할 수 있다는 사실은 해커 윤리가 상업에도 도움이 된다는 증거였다. 유용한 정보를 숨길 이유가 무엇이란 말인가? 좋은 기교가 널리 퍼진다면 전반적인 소프트웨어 품질이 좋아지고 사람들이 컴퓨터에서 더 많은 즐거움을 얻으며 결국 모든 회사에 이익이 아닌가?

어쩌면 분열을 초래하는 기업 관행을 버리고 더 해커적 방식을 취할 시기가 도래한 상황인지도 모른다. MBA 출신들이 꽉 잡고, 변호사들이 소송이나 일삼으며, 진화론자들이 적자생존을 추종하는 소용돌이 속에서 해커 방식은 소프트웨어 분야에서 성공을 거두며 미국 전역으로 퍼져 나가 나라 전체에서 활성화되는 중이었다. 소유와 기업 비밀이라는 비생산적인 관례가 없는 세상에서는 본질이 두루뭉술한 '기업 이미지'를 이길지도 몰랐다. 파괴적이고 무자비한 심각함이 없는 세상! 애플 세상 사람들의 태도는 "즐겁지 않으면, 새롭거나 창의적이지 않으면 가치가 없다"에 가까 웠다. 이것이 바로 켄과 로버타 윌리엄스, 더그와 게리 칼스톤, 제리 제웰이 제창하 는 소리였다.

이 정신은 1981년 여름 최고조에 달했다. 스태니슬라우스 강을 따라 내려가는 급류 래프팅 행사에서 콜라 광고에 나올 법한 열정적인 장면이 펼쳐졌다. 래프팅은 켄 윌리엄스가 낸 아이디어로, 게임 업계 전체가 함께한 휴가 여행이었다. 켄은 순 전히 경쟁 회사 보트에 구멍을 낼 목적으로 아이디어를 냈다며 농담했다. 하지만 아 무도 그의 말을 믿지 않는다는 사실 자체가 게임 업계와 다른 업계 사이의 차이를 명백히 보여주었다. 경쟁 회사를 방해하는 대신 켄 윌리엄스는 그들과 나란히 사나 운 물살을 헤치며 앞으로 나갔다.

강은 아름다웠지만, 한 참가자는 훗날 기자에게 울창한 소나무에 높은 절벽으로 둘러싸여 고립된 느낌의 풍광보다 제품 정보와 기술 정보와 재정 정보를 당연하게 교환하던 모험가들 사이의 공감이 더 아름다웠다고 말했다. "우리 모두는 기존 시스 템을 이겼다고 느꼈습니다. IBM보다 먼저 마이크로컴퓨터를 내놓았죠. 서로 경쟁 자였지만 협력했습니다".

심지어 래프팅 강사가 모든 참가자들에게(켄과 로버타, 칼스톤 형제, 스티브 돔 피어를 비롯한 소프트웨어 회사 여섯 곳의 대표를 포함한 모두에게) 일 이야기를 그 만하라고 요청할 정도였다(홈브루 일원인 스티브 돔피어는 프로세서 테크 사가 망 한 후 독립해 소프트웨어를 제작하는 상황이었다). 때로 사람들은 이야기를 멈췄 다. 특히 래프팅 막바지에 마지막 급류에서는 확실히 그랬다. 처음은 아니지만 켄 윌리엄스는 자기네 래프팅 보트로 다른 사람들의 보트를 들이받았다. 상대 보트의 사람들이 서로 엉키며 보트에서 떨어졌고, 다른 보트 열 대에 탄 사람들은 노와 양 동이로 서로에게 물을 퍼부으며 유쾌한 물싸움을 해댔다. 급류의 물안개, 웃음, 짜 릿한 동료 의식 속에서 형제애는 화려하게 피어났다.

CHAPTER 16 》
3세대 해커

타고난 해커들은 여전히 존재했다. 그들은 끊임없는 호기심과 직접 해보라 교리로 축복받은 자들이었다. 농구 경기에서는 선택될 일이 거의 없지만 불가사의한 분수를 고민하는 수학 시간에는 영순위로 뽑히는 친구들이었다. 어른들이 어떻게 그렇게 빠르게 계산하는지 물으면 "숫자를 좋아해요"라고 우물거리는 5학년짜리였다. 실력이 너무 앞서 수학 시간에 혼자 선행학습을 하다가 그거도 너무 쉬운 나머지 교실 맨 뒤에 앉아 놀던 삐침머리 중학생이었다. 급기야 교실 밖으로 나가도 좋다는 허락을 받고는 건물 안을 돌아다니다 MIT에서 피터 샘슨이 EAM실을 우연히 발견했듯이 어느 대학에 연결된 시분할 터미널을 발견했던 십 대였다. 학교 지하실에 있는 회색 텔레타이프 터미널은(놀라지 마시라!) 게임을 제공했다. 게임을 즐겨도 좋았지만 타고난 해커라면 게임 정도에 만족하기 어려웠다. '왜 이건 못하지?', '왜 저런 기능은 없지?'라는 의문이 생겨났다. 그리고 터미널 역시 컴퓨터였으므로 생전 처음으로 이것을 저것으로 바꿀 힘이 주어졌다. 누군가로부터 베이식을 배우고 나면 시스템을 완전히 통제하에 둘 수 있었다.

위 이야기는 바로 존 해리스에게 일어난 일이었다. 훤칠한 키에 못생기지 않았지만 해리스는 사회적으로 외톨이였다. 황갈색 금발에 엉뚱하고 매력적인 미소, 열정이 지나쳐 문법적 쉼표를 무시하고 속사포처럼 말하는 해리스는 자신이 '영어 시간과 체육 시간에는 최악의 학생'이었다고 기꺼이 시인했다. 해리스는 샌디에고에서도 꽤 괜찮은 집안 출신이었다. 아버지는 은행 임원이었으며, 남동생과 쌍둥이 누나들은 기술에 무관심했다. "저는 완전히 200% 기술적이었습니다"라며 존은 귀엽게 강조했다. 해리스에게는 학교 시분할 터미널에 연결된 위치도 모르는 원격 컴퓨터가 가장 친한 친구였다.

존 해리스는 과학 캠프 선생님들을 감동시키는 꼼꼼하고 꾸준한 천재형이 아니었다. 어른들을 감동시키는 재주는 해리스의 특기가 아니었다. 해리스의 기술은 전적으로 해리스와 열정을 공유하는 사람들을 감동시켰다. 해리스가 열정을 쏟는 분야는 많지 않았으나 명확했다. 책을 즐겨 읽지는 않았으므로 책이 아닌 영화나 만화로 공상과학을 접했고, 게임과 해킹을 즐겼다.

과거라면 존 해리스와 같은 사람들의 존재는 MIT 인공지능 연구실 같은 컴퓨터 센터로 입성하며 정점을 찍었을 것이다. 그곳에서 터미널 앞에 앉을 기회를 얻을 때까지 어슬렁거리며 배웠으리라. 9층 해커들 패거리에 끼어 PDP-6라는 성찬에 참석하게 되었을 때 14살짜리 데이비드 실버가 느꼈듯이 천국에 들어온 느낌을 받았으리라. 하지만 해리스는 알테어가 혁명을 일으킨 이후에 고등학생이 되었다. 존 해리스 세대는 텔레타이프 터미널이 연결된 원거리 메인프레임으로부터 컴퓨터 시간을 구걸하거나 빌리거나 훔칠 필요가 없는 첫 세대였다. 1980년대 부유한 샌디에고 근교에 사는 고등학생이 부모를 꼬시거나 아르바이트로 돈을 모아 값비싼 물건을 사는 일은 드물지 않았다. 대다수 아이는 자동차를 원했다. 하지만 초창기 컴퓨터 상점 주인들이 아주 잘 알고 있듯이, 컴퓨터를 원하는 아이들도 있었다.

존 해리스가 고등학교 2학년이 되었을 때 아는 선배 한 명이 자신의 코모도어 PET 컴퓨터를 사용하게 해주었다. "선배 컴퓨터로 게임을 시작했고, 선배 컴퓨터로 프로그래밍을 시작했습니다. 스타 트랙이라는 게임이었죠. 베이식도 조금 배웠는데 시분할 시스템보다 훨씬 재미있었습니다. 더 빠르고, 더 대화식이었고, 그래픽에다 음향 효과도 있었습니다. 텔레타이프도 괜찮았지만 세상에 다른 뭔가가 존재하리라 생각하지 못했는데 '우와, 이거 정말 대단하다.'라는 감탄사가 나왔습니다"라고 존은 회상했다.

선구적인 1세대 메인프레임 해커들 그리고 기관에서 컴퓨터를 해방시킨 2세대 하드웨어 해커들에 이어 등장한 존 해리스와 같은 3세대 해커들에게 컴퓨터는 일상적인 물건이었다. 사거나 친구 컴퓨터를 빌릴 수 있었다. 물론 개인용 컴퓨터는 기관이 보유하는 컴퓨터만큼 강력하지 못했다. 마법사 공동체도 없었다. 패배주의를 버리고 올바른 길로 가 승자가 되라고 몰아대는 그린블랫이나 고스퍼도 없었다. 하지만 3세대 해커들은 신경 쓰지 않았다. 언제든 컴퓨터를 사용할 수 있었으니까. 그것도 자기 방 침대에서! 그리고 그들은 해킹을 해나가면서, 해킹에 관해 그리고 해커 윤리에 관해 배웠다.

존 해리스는 PET에 푹 빠졌다. 개인용 컴퓨터로는 뭐든 하기가 아주 쉬웠다. 존은 특히 전체 화면 편집 기능에 감동했다. 한 번에 한 행씩 편집해 답답했던 텔레타이프 방식에 비하면 엄청난 발전이었다. 하지만 PET과 다른 개인용 컴퓨터와의 차별점은 게임에 있었다.

"저는 게임이라면 종류를 불문하고 빠져들었습니다"라고 존 해리스는 나중에 말했다. "그냥 제 스타일이었습니다". 전자공학에 매료된 고등학생이 1970년대 후반에 등장하는 우주 전쟁 게임에 빠져드는 현상은 지극히 자연스러웠다. 해리스는 우주 전쟁 게임들이 슬러그 러셀의 스페이스워에서 나온 아류작이라는 사실을 몰랐다. 얼마 후 존은 크레이지 클라이머라는 게임에 푹 빠졌다. 주인공을 건물 꼭대기로 보내는 게임으로, 화분이 떨어지고 사람들이 창문을 닫아버리고 거대한 고릴라가 방해했다. 크레이지 클라이머에서 해리스가 감동한 부분은 획기적이며 독특하고 예술적인 시나리오였다. 그때까지 아무도 시도하지 않은 방식이었다.

존 해리스가 추구하는 독창성이 그 정도 수준이었다. 게임을 대하는 해리스의 자세는 컴퓨터 언어를 대하는 자세나 특정 컴퓨터를 향한 편애와 비슷했다. 게임에 강렬히 몰입했으며, 비효율적이고 차선인 방식을 참지 못했다. 자고로 게임이라면 어느 정도 혁신과 어느 정도 화려한 그래픽과 어느 정도 도전이 있어야 한다고 믿었다. '게임성Playability'에 대한 해리스의 기준은 엄격했다. 해리스가 보기에 명백히 더 낫게 만들 수 있는데도 기술적으로 무지해서든, 알아채지 못해서든, 최악의 경우 게을러서든 그러지 못한 경우에 불쾌감을 느꼈다. 게임을 멋지게 만드는 요인은 세부 사항이었고, 존은 게임 제작자가 게임을 즐겁게 만들기 위해 최대한 많은 장식을 넣어야 한다고 굳게 믿었다. 물론 본질적으로 버그가 없는 완벽한 게임 구조는 기본이었다.

자신의 엄격한 표준을 맞추자니 자신만의 컴퓨터가 필요했다. 존은 돈을 모으기 시작했다. 심지어 오락실에 쓰는 돈도 줄였다. 그즈음 고등학교를 졸업한 존은 지역 대학 전자공학과에 등록하고 은행 자료처리 센터에서 일하기 시작했다. 친구 중 한 명이 가장 잘 나가던 가정용 컴퓨터인 애플을 소유했지만, 존은 애플의 편집 기능이나 우스꽝스러운 그래픽을 좋아하지 않았다.

마침내 돈을 마련한 존은 컴퓨터 쇼핑에 나섰다. PET을 살 작정이었는데 매장 직원이 존을 조롱했다. "PET을 사는 유일한 사람은 십원짜리까지 털어야 하는 사람입니다"라고 말했다. "애플 II를 살 여유가 없는 사람이죠". 하지만 존 해리스는 워즈니악의 창조물을 원하지 않았다. 친구의 애플을 면밀히 살펴본 후 애플이 심각한 두뇌 손상을 입었다고 100% 확신했다. 해리스는 애플을 한없이 경멸했다. "보기만 해도 짜증 났습니다"라고 나중에 말했다. 언급하기만 해도 흡혈귀를 마주한 듯 움찔하며 성호를 그었다. 이유는 많았다. 전체 화면 편집기가 없었고, 뭔가 하려면 상당한 하드웨어가 추가로 필요했으며, 키보드가 제한적이었다. 하지만 존이 느끼는 혐오감은 이성적인 수준을 넘어섰다. 어째선지 모르지만 해리스는 사람들이 하고 싶은 일을 애플이 못하게 막는다고 느꼈다. 애플의 한계를 다른 해커들은 도전하여 뛰어넘을 장애물로 여기거나 "더 멀리 데려다 줘"라는 유혹의 속삭임으로 취급하는 반면 해리스는 애플의 한계가 어리석고 우스꽝스러웠다. 그래서 존은 상점 점원에게 아타리라는 다른 컴퓨터에 대해 물어봤다.

아타리 사는 애플과 경쟁할 제품으로 저사양 모델 400과 더불어 모델 800을 막 출시한 참이었다. 첫인상은 키보드가 딸린 요란한 게임 기계처럼 보였다. 실제로 카트리지를 꽂는 슬롯도 있었다. 즉, 플로피 디스크는 고사하고 카세트테이프조차 다루지 못하는 초보자를 적어도 조금은 고려하는 기계라는 표시였다.

모델 800은 괜찮은 매뉴얼도 없었다. 존 해리스는 상점에서 모델 800을 써보다 PET에는 있지만 애플에는 없는 전체 화면 편집 기능을 발견했다. 하지만 내부 동작이 궁금했기에 다른 상점을 찾아갔다. 그곳에서 어느 매장 직원이 새 컴퓨터 명령이 적힌 종이를 슬며시 쥐여주었다. 모델 800의 명령은 프랑스 저항군이 사용하던 비밀 암호처럼 보였다. 존 해리스는 어떤 암호 해독가보다 더 열정적으로 메시지를 파고들었다. 아타리에 키보드로 입력하는 그래픽 기호, 고해상도 모드, 음향 효과를 전담하는 별도 칩이 있다는 사실을 발견했다. 즉 PET에서 해리스가 좋아했던 모든 기능, 흥미진진한 새로운 기능, 심지어 애플에서 마지못해 괜찮다고 인정했던 기능까지 모두 아타리에 있었다. 그래서 모델 800을 구입했다.

존 해리스는 베이식으로 프로그램을 시작했지만 얼마 못 가 원하는 게임을 만들려면 어셈블리 언어를 배워야 한다는 사실을 깨달았다. 해리스는 은행을 그만두고 감마 사이언티픽이라는 회사에 일자리를 얻었다. 어셈블리 언어를 사용하는 프로그래머가 필요했고 기꺼이 신참을 훈련시킬 의사가 있는 회사였다.

새로 배운 어셈블리 언어 기술을 아타리에 적용하기는 어려웠다. 아타리는 '폐쇄형' 기계였다. 즉, 사용자가 던진 어셈블리 언어 명령의 결과 정보를 아타리는 어딘가에 숨겨났다. 마치 다른 사람에게 어셈블리 프로그램을 열어주고 싶어 하지 않는 듯 보였다. 해커 윤리에 반하는 방식이었다. 존은 아타리에 편지를 썼고 심지어 전화를 걸어 질문도 던졌다. 수화기 반대편 목소리는 차가웠고 도와줄 의사가 전혀 없었다. 존은 아타리 사가 아무도 자기네 소프트웨어 부서와 경쟁하지 못하도록 아타리를 그렇게 만들었다고 생각했다. 그것은 시스템을 폐쇄할 합당한 이유가 절대 아니었다(애플에 대해 말하자면 애플은 '개방형'이었다. 애플의 비밀은 누구에게나 공개되어 있었다). 결국 존에게는 아타리의 수수께끼만 남았다. 아타리 기술자들은 존에게 모델 800이 그래픽 모드에서 4색만 제공한다고 말했지만, 그들이 출시한 바스켓볼과 슈퍼 브레이크아웃과 같은 게임을 보면 확실히 8색 이상이었다. 존은 아타리의 비밀, 시스템의 수수께끼, 시스템을 확장하고 통제하는 더 좋은 방법을 밝혀내리라 다짐했다.

목표를 이루고자 존은 어셈블리 언어를 아는 친구에게 도움을 청했다. 두 사람은 베이식으로 구현된 역어셈블러가 담긴 카세트테이프를 구한 후 아타리 사가 판매한 소프트웨어를 한 줄씩 역어셈블했다. 역어셈블로 온갖 괴상한, 아타리 내 6502 칩의 온갖 괴상한 메모리 주소에 접근하는 명령을 찾아낸 후 각 명령을 실행하며 결과를 살폈다. 두 사람은 화면에 더 많은 색상을 표시하게 해주는 '디스플레이 목록 인터럽트' 명령을 비롯해 '사용자 정의 문자' 명령을 발견했으며, 무엇보다 'ANTIC^{Alphanumeric Television Interface Controller}'이라는 아타리 특수 칩에 접근하는 '플레이어-미사일 그래픽'이라는 최고의 명령도 발견했다. 이 명령을 사용하면 ANTIC 칩이 그래픽을 전담하는 동안 나머지 프로그램을 CPU 칩에서 돌릴 수 있었다. 흔히 게임을 구현하다 보면 CPU 칩 활동을 음향, 그래픽, 게임 논리로 나누는 일이 큰 골칫거리였으므로 '플레이어-미사일 그래픽'은 굉장히 유용한 명령이었다. 이렇게 멋진 기능을 넣어두고도 어째서 스쿠루지 영감처럼 쩨쩨하게 숨겼을까?

해리스와 그의 친구는 아타리의 비밀을 밝혀냈다. 두 사람은 자신들이 얻은 지식으로 기계를 해방시키고, 기술 자료를 배포하고, 아타리 시장을 활짝 열고 싶었다. 하지만 그 무렵 몇몇 해적판 하드웨어 매뉴얼이 등장했다. 아타리 사 내부에 있는 몇몇 해적이 사내용 하드웨어 매뉴얼 사본을 빼돌려 고가로 판매한 듯했다. 하지만 매뉴얼은 이미 아타리 설계 엔지니어 수준에 오른 사람들이나 이해할 내용이었다. 훗날 해리스가 말했듯이 "영어가 아니라 아타리어로 쓰인 매뉴얼이었습니다". 해적판 매뉴얼은 아타리 800이 돌아가는 방식과 정신세계가 혼연일체 된 해리스 같은 사람들을 제외한 사람들에게는 그다지 쓸모가 없었다.

18살 존 해리스는 매뉴얼에 담긴 지식을 활용해 게임을 만들었다. 자신이 하고 싶은 게임을 만들었으며, 게임하는 입장에서 흥미롭고 환상적인 게임을 바라는 욕구에 부응해 아타리 시스템을 더 깊이 파고들었다. 기술 환타지에 빠진 사람을 정상으로 여기는 공상과학 광들의 비밀 모임인 '콘스'에 자주 참석한 해리스는 자연스럽게 우주 전쟁 게임에 끌렸다. 우주선, 우주 정거장, 소행성 등 다양한 외계 구성 요소를 만들었으며, 상상 속 이미지를 화면에 옮긴 다음 제어했다. 화면에 그려놓고 제어하는 과정이 게임의 궁극적인 운명보다 더 중요했다. 조심성 없는 해리스는 카세트테이프의 엉뚱한 면에 파일을 저장하거나 코드를 너무 확장하다 프로그램을 망가뜨리는 등의 사고로 종종 프로그램 전체를 날려 먹었으며 그제서야 백업 테이프를 만들지 않았다는 사실을 깨닫기 일쑤였다. 정신적인 충격을 받았지만 해킹을 멈추지는 않았다.

해킹은 해리스의 인생에서 가장 멋진 일이었다. 경제적으로 독립하려고 감마 사이언티픽 사에 취직했는데 연봉은 만 불이 채 안 되었다. 하지만 컴퓨터를 만질 수 있다는 이유로 해리스는 자신의 직업이 만족스러웠다. 집에는 모델 800이 있었다. 이제는 디스크 드라이브도 갖추었기에 폼나는 어셈블리 프로그래밍도 가능해졌다. 하지만 해킹만으로는 뭔가 충분하지 않았다. MIT 해커들이 가졌던 긴밀한 공동체가 없었다. 해리스는 사회적인 교류를 갈망했다. 가족과 관계도 돈독하지 못했다. 해리스는 자신이 아버지의 기대에 부응하지 못해 '집에서 쫓겨났다'고 훗날 주장했다. 아타리 800 컴퓨터로 게임을 만드는 아들을 아버지는 그리 달가워하지 않았다고 해리스는 표현했다. 그래서 해리스는 공상과학 애호가 친구들이 사는 집으로 이사했다. 그들과 함께 콘스에 참석해 며칠 동안 밤낮없이 플라스틱 화살 총을 들고 호텔 연회장을 어슬렁거리기도 했다. 하지만 친구들은 자기 몰래 뭔가 멋진 여행을 계획 중인 듯이 보였다. 존 해리스는 친절하고 아장거리는 애송이였고, 이처럼 명백한 따돌림에 아주 민감했다.

해리스는 여자친구를 원했다. 다가가고 싶지만 종잡기 어려운 이성과 몇 차례 데이트를 해보았으나 결과는 늘 실망스러웠다. 해리스의 동거인들은 농담 삼아 자신들이 사는 집을 외계의 페이튼 플레이스*라 부를 만큼 자주 진한 연애를 즐겼으나 존은 거의 가담하지 않았다. 몇 주 동안 만나던 여자가 있었고 12월 31일의 데이트도 약속했다. 하지만 새해를 얼마 앞두고 그녀에게서 걸려온 전화에서 "뭐라고 말할지 모르겠어. 어떤 남자를 만났는데 그 사람이랑 결혼할 거야"라는 음성이 흘러나왔다. 늘 이런 식으로 흘러갔다.

그래서 해리스는 게임 해킹에 몰두했다. MIT 해커들이나 홈브루 해커들과 마찬가지로, 보상은 해킹에서 얻는 만족이었다. 지역 아타리 사용자 그룹에 가입해 그들의 라이브러리에서 프로그램을 빌려 와 아타리용 프로그램을 더 빨리 돌게 하고 더 멋진 기능을 구현했다. 예를 들어 오락실 게임인 미사일 커맨드를 구해와 속력을 높이고 사용자의 ICBM이 도시를 파괴하려는 적군의 핵무기를 막아낼 때 생기는 폭발 장면을 한층 실감 나게 만들었다. 해리스가 자신의 작품을 보여주면 사람들은 감탄했다. 해리스가 작성한 프로그램은 모두 자동으로 공개되었다. 소유권이란 해리스가 전혀 신경 쓰지 않는 개념이었다. 사용자 그룹의 누군가 존 해리스에게 자신의 컴퓨터 게임 유통사에서 존의 게임을 팔고 싶다고 말하자 존은 이렇게 대답했다.

----

* 옮긴이_ 1956년 출간된 소설이자 1964년부터 1969년까지 ABC 방송을 탄 연속극이다. 페이튼 플레이스라는 작은 마을에서 마을 고교생 학생들을 중심으로 오해와 갈등, 이해와 사랑을 다루고 있다.

"물론이죠, 좋습니다". 게임을 알리고 돈도 버는 일석이조였다.

해리스는 그에게 배틀 워프라는 게임을 주었다. 나중에 존이 묘사한 바에 따르면, 우주선이 '날아다니며 서로 쏘아대는' 2인용 MIT 스페이스워와 놀랍도록 흡사한 게임이었다. 해리스는 배틀 워프로 200불 정도를 벌었는데, 그 경험 후에 사용자 그룹 네트워크를 넘어 좀 더 광범위하게 게임을 배포해도 좋겠다는 생각이 들었다.

1981년 3월, 해리스는 샌프란시스코에서 열린 컴퓨터 전시회에 참석했다. 아타리 사 최고 프로그래머 중 한 명인 크리스 크로포드가 진행하는 프로그래밍 세미나에 참석하기 위해서였다. 존은 활기차고 입담 좋고 능숙하게 설명하며 발표하는 크로포드에게 매우 감동했다. 존 해리스는 세미나 후부터 구름 위를 떠다녔다. 부스가 빽빽하게 들어찬 브룩스 홀을 이리저리 돌아다니고, 그해 부스를 연 소프트웨어 회사 수십 곳을 둘러보았다.

존은 몇몇 회사에 아타리에서 돌아가는 프로그램이 필요하지 않은지 용기를 내어 물었다. 대개는 부정적인 대답이 돌아왔다. 그러다 존은 온라인 시스템즈 부스에 도달했다. 누군가 존을 친절하게 보이는 켄 윌리엄스에게 소개했고, 존은 자신이 어셈블리 언어 비즈니스 프로그래머인데 지금 회사에서 하는 일에 질렸다고 켄에게 말했다.

그 무렵 켄 윌리엄스는 멋진 어셈블리 언어 게임을 짤 줄 아는 사람이 굉장히 드물다는 사실을 인식하고 있었다. 켄은 우수한 어셈블리 언어 프로그래머들을 캘리포니아 코스골드로 데려가고 싶었다. 온라인 시스템즈는 폭발적으로 성장하는 중이었다. 지난 컴퓨터 전시회 때만 해도 미스테리 하우스가 팔릴지 가늠하는 입장이었지만, 1년이 지난 지금은 제품이 절실히 필요한 게임 배급사였다. 켄은『소프토크』지에 '제작자 구함'이라는 광고를 냈다. 광고는 '업계에서 가장 높은 로열티... 다시는 남 밑에서 일할 필요가 없습니다' 등과 같은 문구를 포함했다. 게다가 '기술 토론, 디버깅, 브레인스토밍 등 언제라도 개인적으로 도와줄' 애플 대가 켄 윌리엄스와 같이 일한다는 특권도 언급했다. 게임을 만들 프로그래머가 반드시 숙련된 컴퓨터 전문가일 필요는 없다는 사실을 켄은 잘 알았다. 서투른 십 대여도 괜찮았다. 존 해리스처럼.

켄은 곧바로 존 해리스에게 물었다. "그렇다면 숲 속에서 프로그램 만드는 일은 어때?"

매력적인 표현이었지만 실상은 온라인 시스템즈에서 일하자는 의미였다. 존은 온라인 시스템즈에 대해 조금밖에 몰랐다. 자신이 알기로는 온라인 시스템즈는 애플 소프트웨어를 주로 파는 회사였다. "저는 애플 시스템을 모릅니다"라고 해리스는 말했다. 물론 자신이 아는 애플 시스템은 화장실 변기에다 버리고 싶은 기계였다는 사실은 눈치껏 언급하지 않았다.

켄이 마법의 단어를 말했다. "우리는 아타리로 확장하고 싶은데 말이지. 아직 아타리에서 프로그래밍할 수 있는 사람을 찾지 못했네".

존은 말문을 잇지 못했다.

"할 수 있지?"라고 켄이 물었다.

한 달 안에 켄 윌리엄스는 존 해리스에게 프레즈노행 비행기 표를 보냈다. 그리고는 프레즈노 공항에서 해리스를 태워 41번 국도를 달려 오크허스트로 데려갔다. 켄은 살 집을 보장했고, 이어서 두 사람은 연봉을 협상하기 시작했다. 감마 사에서 막 봉급이 인상된 존에게 켄이 제의한 월급 1,000불은 사실상 감봉이었다. 존은 용기를 내 더 달라고 말했다. 한 달 1,200불에 공짜 집까지 제공해도 되는지 켄은 (조그만 사무실이라 언제든 누구든 고개만 돌리면 보이는) 로버타를 건너다봤고 로버타는 그럴 여유가 없다고 말했다.

"그러면 이렇게 해결하면 어떨까? 로열티를 30%로 하고 회사에 묶이지 않는다면? 집에서 일하면 좋지 않을까? 첫 게임을 완성할 때까지 두세 달 동안 매달 700불씩 보내줄 테니. 어쨌거나 두세 달 안에 끝내지 못하면 이 분야에서 살아남기 어려울 테니까". 켄은 존에게 말했다.

존은 켄의 제안이 마음에 들었다. 하지만 집에 갔을 때 아버지는 존이 이용을 당한다고 말했다. 월급을 더 받고 로열티를 낮추면 어떻겠니? 아무 보장도 없니? 기센 켄에게 눌린 존은 게임 해킹을 가장 중히 여기는 환경에서 살아갈 기회를 놓치고 싶지 않았다. 진심으로 그는 샌디에고를 떠나 게임을 해킹하고 싶었다. 정말로 행복해지고 싶었다. 월급을 좀 덜 받더라도 30% 로열티는 확보했으니까.

그것은 지금껏 존이 내린 결정 중 가장 수지맞는 결정이었다.

>>>>>>>>>>>>>>>>>>>>>>>

켄 윌리엄스는 오크허스트 지역에 프로그래머들이 살 집 몇 채를 사들였고, 존 해리스는 그중에서 헥사곤 하우스라는 집으로 이사했다. 길에서는 유일하게 보이는 2층이 육각형 모양이라 붙여진 이름이었다. 튼튼한 전망대처럼 위층이 돌출된 집이었고, 현관을 들어서면 거실과 부엌이 보였다. 침실은 아래층에 있었다. 존과 같이 사는 스무 살 청년은 온라인 시스템즈의 광고와 마케팅 부서를 담당하는 켄의 동생 존 윌리엄스였다. 존 윌리엄스는 해리스를 좋아했지만 존 윌리엄스가 보기에 해리스는 컴퓨터만 아는 괴짜였다.

존 해리스가 켄에게 언급한 첫 프로젝트는 오락실 게임인 팩맨에서 영감을 받았다. 팩맨은 1981년 당시 가장 잘 나가는 동전 게임이었고 머지않아 역사상 가장 잘 나가는 동전 게임이 되었다. 존 해리스는 오락실에 가서 게임을 속속들이 익힌 후 아타리 800에서 돌아가는 버전을 만들었고, 전혀 잘못된 일이라 생각하지 않았다. 유용한 프로그램이나 재미난 프로그램을 한 기계에서 다른 기계로 옮기는 행위는 해커에게 본질적으로 선한 행위였다. 점을 와삭와삭 먹어치우는 노란색 팩맨을 유령이 쫓아다니는 귀엽고 작은 게임 팩맨을 누군가 소유할 수 있다는 사실이 존 해리스에게는 별로 중요하지 않았다. 해리스에게는 팩맨 게임이 아타리에 적합해 보인다는 사실이 중요했다. 그래서 개인적으로는 우주 전쟁과 총싸움을 선호했지만 존은 켄에게 아타리 800용 팩맨을 만들겠다고 제안했다.

켄은 이미 고블러라는 이름으로 애플용 팩맨 유사품을 판매하던 중이었다. 오라프 루벡이라는 전문 과학 프로그래머가 작성한 프로그램으로 '제작자 구함' 광고를 보고 루벡이 자발적으로 보내온 게임이었다. 한 달 판매량이 800부 정도였고 켄은 이미 루벡과 협의해 고블러를 아타리로 복제할 계획이었다.

하지만 존 해리스는 애플용 고블러를 보고 질겁했다. "볼거리도 없었고 애니메이션도 없었습니다"라고 해리스는 나중에 설명했다. "충돌 감지가 아주 어설펐습니다". 해리스는 루벡이 애플 버전을 자신의 사랑하는 아타리로 그대로 옮겨 잘못을 키울까 봐 걱정스러웠다. 애플과 아타리는 똑같은 6502 칩을 사용했는데, 애플 버전을 있는 그대로 옮긴다면 별도 칩에 담긴 아타리의 우월한 기능을 거의 활용하지 못한다는 뜻이었다. 생각만 해도 소름이 끼쳤다.

존은 한 달 안에 훨씬 더 멋진 게임을 만들겠다고 장담했고, 켄 윌리엄스는 루벡을 프로젝트에서 뺐다. 존 해리스는 한 달 동안 집중적으로 해킹에 몰두했다. 밤을 꼴딱 새우기도 일수였다. 존의 스타일은 자유분방했으며 즉흥적이었다. "마음이 가는 대로 했습니다. 결과는 아주 창의적이었습니다"라고 나중에 존은 말했다. 때로 존은 창의성에 매우 민감했다. 표준 구조와 깔끔한 문서를 중시하며 흐름도로 무장한 전통적인 프로그래머가 자신의 코드를 검토할 때는 특히 심했다. 예를 들어 존이 감마 사이언티픽 사를 떠나 코스골드로 옮길 때 후임자가 자신의 재치있는 코드를 버린 다음 구조적이고 간결하고…더 나쁜 코드로 고칠까 걱정스러웠다. 당시 감마 사가 고려 중인 후임자는 6명이었는데, 존에 따르면 5명이 '엄청난 학위의 소유자들'이었다. 여섯 번째 지원자가 학위 없는 해커였고 존은 상사에게 그 해커를 고용하라고 간청했다.

"하지만 그 친구는 학위가 있는 사람들만큼 돈을 달라네요"라고 상사는 존에게 말했다.

"그 친구가 더 가치 있습니다"라고 존은 대답했다. 상사는 존의 요청을 들어주었다. 존이 신입 해커를 훈련시키며 자신의 시스템을 설명했을 때 신입 해커는 존의 코드에 엄청나게 감동했다. "저처럼 프로그램을 짜시네요!"라고 신입 해커는 말했다. "세상에 저 말고 이렇게 프로그램 짜는 사람이 있을 줄 몰랐습니다!"

큰 개념 덩어리 단위로 작업하며 집중력을 발휘해 존은 한 달 만에 아타리에서 팩맨 스타일의 게임을 만들어냈다.

존은 자신이 예전에 개발했던 하위 루틴 몇 개를 사용했다. 창의적인 복제를 거쳐 발전을 촉진하는 좋은 예였다. 프로그래머가 미분 함수보다 훨씬 나은 도구를 개발할 때 쓰는 일종의 하위 루틴 환생이었다. 머지 않은 언젠가 존의 하위 루틴은 훨씬 더 웅장한 형태로 수정되어 사용되리라. 이는 해커 원칙을 적용한 루틴이 발전하는 건강하고 자연스러운 과정이었다. 다만 이들 3세대 해커들은 사용자 그룹이나 친구의 비정기적인 도움만 받았을 뿐 결국 그들은 안타깝게도 자신의 소프트웨어 도구 툴킷을 직접 짜야 했다.

팩맨 게임은 오락실 버전과 굉장히 흡사했다. 지금까지 작성된 아타리 가정용 컴퓨터 게임 중 최고의 어셈블리 언어 프로그램이라 해도 과언이 아니었다. 하지만 해리스가 자신의 작품을 켄 윌리엄스에게 가져갔을 때 문제가 있었다. 근래 들어 일부 회사가 저작권을 바탕으로 자신들의 오락실 게임을 승인받지 않은 채 가정용 컴퓨터 게임으로 이식하는 행위를 불법이라 주장하기 시작한 탓이었다. 이런 저작권을 소유한 회사 중 가장 큰 회사가 아타리였고, 아타리는 브로더번드, 시리우스, 온라인과 같은 작은 게임 배급사에 다음과 같은 경고장을 보냈다.

아타리 소프트웨어

저작권 침해

게임은 끝났다

아타리는 아스터로이즈™와 미사일 커맨드™와 같은 게임을 개발한 업계의 선두 주자입니다. 열렬한 반응으로 우리 게임을 아주 인기 있게 만들어 주신 세상의 게임 애호가들에게 감사드립니다. 하지만 불행히도 아타리가 만든 게임을 복제해 자신들이 개발하지 않은 게임으로부터 부당한 이익을 취하는 회사와 개인이 있습니다. 아타리가 새롭고 더 나은 게임 개발에 지속적으로 투자하려면 지금까지 투자한 제품을 보호해야 합니다. 따라서 아타리는 우리가 국회 도서관에 게임과 관련한 시청각 자료를 등록해 게임이 자사 재산으로 인정된다는 저작권 법률을 모르는 개인들과 의도적으로 저작권을 침해하는 사람들에게 경고를 보냅니다. 아타리는 컴퓨터가 되었든 다른 장치가 되었든 실행 환경과 무관하게 아타리 게임을 대량으로 복제하거나 수정하는 불법적인 주체에 대해 강력하게 저작권을 집행하고 적절한 조치를 취함으로써 자사 권리를 보호할 계획입니다.

켄 윌리엄스는 아타리가 팩맨 저작권을 확보하고자 수백만 불을 들였다는 사실을 알았다. 존 해리스가 만든 게임은 화려한 색채와 현란한 움직임에 껌뻑이지 않는 팩맨 복제판이었고, 존의 게임을 본 켄은 너무 충실한 복사판이라 판매가 어렵다는 사실을 깨달았다. "팩맨과 너무 닮았군"이라고 켄은 말했다. "시간 낭비야, 존 해리스". 켄은 존에게 게임을 바꾸자고 제안했다. 해리스는 게임을 집으로 들고 와 그래픽을 다시 프로그램했다. 새로운 버전은 사실상 원래 버전과 똑같았다. 팩맨을 쫓아다니는 유령에다 수염과 선글라스를 씌웠을 뿐이었다. 변장한 유령이라니! 어리석은 상황에 완벽하게 딱 맞는 모순적 비판이었다.

새 게임은 엄밀히 켄 윌리엄스가 의도했던 모양새는 아니었다. 다음 두 주 동안 존과 켄은 변호사들에게 조언을 구했다. 팩맨의 본질을 유지하면서도 아타리를 저지하는 방법은 없을까? 변호사들은 아타리가 정말로 소유한 저작물은 캐릭터 이미지, 즉 게임 외양이라고 말했다.

그리하여 그들은 예방 치과의학이라는 믿기 힘든 주제로 새 시나리오를 개발했다. 켄의 동생인 존 윌리엄스는 유령을 '웃는 얼굴'로 대체하자고 제안했다. '웃는 얼굴'은 빙빙 돌며 뒤집혔다. 존 해리스는 노란색 팩맨을 딱딱거리는 의치로 바꿨다. 점 대신 '구멍 튜브'를 그렸고, 점을 모두 지우면 칫솔이 등장해 이를 닦게 만들었다. 프로그래밍은 어렵지 않았다. 모양 테이블에 새 이미지를 추가해 기존 프로그램에 올렸을 뿐이었다. 마음껏 프로그램 세상을 바꿀 수 있는 컴퓨터만의 독특한 매력이 있어 가능한 일이었다.

변호사들은 켄에게 새로운 조브레이커 시나리오가 아타리와 아무런 문제를 일으키지 않으리라 장담했다. 하지만 변호사들은 아타리를 몰랐다. 아타리는 워너 엔터테인먼트라는 대기업이 소유한 회사였고, 컴퓨터 소프트웨어를 다른 소비재와 똑같이 취급하는 전직 섬유 산업 중역이 경영했다. 더 이상 엔지니어들이 아타리를 운영하지 않았으므로 아타리에는 해커 본성을 억누르는 관료주의가 판쳤다. 천문학적으로 팔리는 게임 매출에 비하면 프로그래머들이 받는 월급은 턱없이 적었고, 혁신적인 게임을 출시하자고 마케팅 '전문가들'을 설득시키는 일은 만만치 않았다. 아타리는 게임 프로그래머의 이름을 패키지에 표기하지 않았다. 심지어 언론이 제작자 이름을 요청했을 때도 프로그래머의 공로를 인정하지 않았다. 회사 최고 프로그래머들 몇몇이 불평했지만, 전하는 바에 의하면 아타리를 운영하는 섬유 산업 졸업생은 해커들을 '수건 디자이너'라 불렀다. 결국 많은 해커가 아타리를 그만두고 게임 제작사를 차려 아타리의 게임 카트리지 시장 점유율을 앗아갔다.

아타리는 이런 손실에 곧바로 대처하지 않았다. 대신 오락실 게임에서 영화까지 한 매체에서 확실히 성공한 재산을 다른 매체로 판매하는 고부가 라이선스나 소송에 회사의 창의적인 노력을 집중했다. 두드러진 예가 팩맨으로, 아타리는 수백만 불을 투자했다. 먼저 게임을 VCS 게임 기계로 이식한 다음 아타리 가정용 컴퓨터인 모델 400과 800으로 이식할 계획이었다. 두 부서는 별개에다 서로 경쟁했지만 프로그래머가 부족하다는 문제는 공유했다. 그러니 어느 날 난데없이 누군가 1981년 여름 사용자 그룹에서 돌아다니던 프로그램 복사본을 아타리로 보내왔을 때 아타리 가정용 컴퓨터 부서장이 얼마나 기뻐했을지 상상해보라. 그것은 아타리 800에서 멋지게 돌아가는 뛰어난 팩맨이었다.

이는 존 해리스가 현실에서 늘 저지르는 실수의 결과였다. 존이 조브레이커를 손보던 시기에 프레즈노 컴퓨터 상점을 드나들던 사람들이 종종 가게에 들러 주변 기기와 소프트웨어를 둘러보던 비쩍 마르고 예민해 보이는 소년이 훌륭하게 팩맨을 해킹했다는 소문을 들었다. 사람들은 존 해리스에게 게임을 보여달라고 요청했고, 생각 없는 존 해리스는 자랑스럽게 사람들에게 회사 기밀인 개발 버전을 보여주었다. 디스크 사본을 빌려달라는 그들의 요청에도 전혀 개의치 않았다. 사본을 상점에 남겨두고 헥사곤 하우스로 돌아와서는 계속해서 작업에 몰두했다.

게임 사본은 사용자 그룹을 돌고 돌아 미국 전역으로 퍼져 나갔다. 사본이 아타리에 도착했을 때 아타리 사람들은 자신들이 아는 모든 소프트웨어 회사에 전화해 제작자를 찾았다. 마침내 그들은 켄 윌리엄스와 통화했다. 훗날 윌리엄스에 따르면 아타리 중역은 아주 뛰어난 팩맨 게임을 구했는데 제작자를 찾는 중이라고 켄에게 말했다.

"게임에 대해 말씀해주십시오"라고 켄이 말했고, 아타리 중역은 '행복한 얼굴'이 나온다고 설명했다. "존 해리스가 만든 게임입니다!"라고 켄이 말했다. 아타리 중역은 존 해리스로부터 프로그램을 구입하고 싶다고 말했다.

켄은 존 해리스를 자신의 사무실로 불러 아타리 인수 부서장인 프레드 톨린에게 전화를 걸게 했다. 켄에 따르면 톨린은 존 해리스의 게임에 열광적이었다. 톨린은 해리스에게 엄청난 로열티를 약속했으며 아타리가 개최하는 최고 소프트웨어 대회도 언급했다. 상금 2만 5천 불이 걸린 대회였는데 톨린은 그때까지 해리스의 게임에 근접한 참가작이 없다고 말했다.

하지만 존 해리스는 자신이 어셈블리 언어를 배우려고 했을 때 아타리가 얼마나 비열하게 굴었는지 기억했다. 또한 자신이 애당초 프로그램을 완전히 뜯어고친 이유가 아타리가 온라인에 보낸 편지 탓이라는 사실도 알았다. 존의 표현에 따르면 아타리는 친구에게 장난감을 빼앗기지 않으려는 이기적인 아이처럼 정보를 거머쥐고 '아기들'처럼 굴었다. 존 해리스는 켄에게 아타리가 만드는 제품에 자기 이름을 넣을 생각이 전혀 없다고 말하며 (아타리가 프로그램에 켄의 이름을 넣어주겠다고 말하지도 않았지만) 켄을 위해 조브레이커를 완성하겠다고 말했다.

》 **조브레이커(1981년 작)** 출처 http://www.atarimania.com

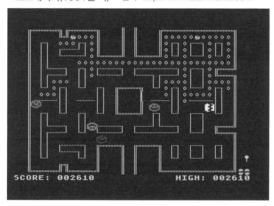

조브레이커는 판매 즉시 베스트셀러가 되었다. 게임을 본 사람은 모두가 아타리 가정용 컴퓨터의 대표적인 게임이라 간주했다. 물론 아타리만 빼고… 아타리 경영진은 존의 프로그램이 팩맨 소유자인 자신들의 권리를 침해하는 바람에 자기들 방식대로 광고해 큰돈을 벌어들일 기회를 놓쳤다고 생각했다. 만약 켄 윌리엄스가 팩맨과 흡사한 느낌이 나는 게임을 출시했다면, 특히 존 해리스가 만든 버전이 아타리 프로그래머가 만든 버전보다 뛰어나다면, 사람들은 아타리 버전의 팩맨을 구입하지 않을 테니까. 또한 아타리는 자신들이 팩맨 저작권을 가지고 있어 팩맨과 유사한 가정용 컴퓨터 게임으로 벌어들인 돈은 동전 한 닢까지도 모두 자기네 차지라 생각했다.

이런 태도는 해커 윤리에 대한 도전이었다. 팩맨 코드를 해킹해 궁극적으로 게임을 개선하겠다는 사람들의 충성심을 어째서 아타리는 기쁘게 받아들이지 못할까? 특정 소프트웨어를 '소유'하고 남들이 개선하지 못하게 막는 회사가 대중에게 이익이 될까?

아타리는 논쟁할 필요성을 못 느꼈다. 이것이 현실이니까. 그래서 조브레이커가 출시된 후 아타리는 온라인 시스템즈를 압박하기 시작했다. 한편으로는 켄 윌리엄스가 게임 판매를 중단하기 바랐고, 다른 한편으로는 존 해리스의 게임을 사들이고 싶었다.

>>>>>>>>>>>>>>>>>>>>>>>

켄은 아타리와 싸울 의사가 없었다. 켄은 해커 윤리를 무조건적으로 지지하지 않았다. 그래서 켄은 프로그램을 아타리에 판매해도 존과 달리 아무런 정치적 문제가 없었다. 아타리의 프레드 톨린이 켄과 존 해리스를 서니베일로 초대했을 때 켄은 동의했다.

아타리 800에 능수능란하게 마법을 일으킨 사람치고 간단한 일상조차 처리하지 못하는 존 해리스는 비행기를 놓치는 바람에 미팅이 끝난 후에야 서니베일에 위치한 이다리 빌딩에 도착했다. 해리스는 운이 좋았다.

훗날 켄은 그때 경험을 맹세코 있는 그대로 회상했다. 프레드 톨린은 아타리 사 변호사 몇 명이 기다리는 사무실로 켄을 안내했다. 회의에 참석하지 않았던 아타리의 준 고문 변호사인 켄 누스바커는 온라인과 같은 게임 제작사를 취급하는 회사의 방식을 '당근과 채찍'이라 묘사했고, 이 경우가 전형적인 본보기였다. 켄 윌리엄스에 따르면 변호사 한 명이 조브레이커가 일으킨 저작권 침해 문제를 조용히 해결하려면 온라인이 아타리용 팩맨 게임을 만들어달라고 당근을 주며 말했다. 켄은 아타리와 기꺼이 거래하겠다고, 제안을 듣겠다고 말했다.

다른 변호사가 채찍을 휘둘렀다. 켄에 따르면 이 변호사는 고함을 지르며 협박을 해대기 시작했다. 켄은 그가 한 말을 기억했다. "자신은 아타리 저작권을 침해하는 회사를 찾아내 회사 문을 닫아버리라고 아타리가 고용한 사람이다. 당신보다 아타리가 훨씬 많은 법률 비용을 지원할 여력이 있으며, 당신이 협력하지 않으면 회사가 문을 닫게 해주겠다".

켄은 너무 겁먹어 동요하기 시작했다. 하지만 그는 조브레이커가 저작권을 침해했는지 여부는 판사가 판단하는 편이 낫겠다고 말했다.

그즈음 프레드 톨린은 진정하고 두 회사가 협력할 가능성을 찾아보라고 (당근) 변호사들에게 말했다. 그들은 아타리 컴퓨터를 사랑하지만 아타리 사를 경멸하며 코스골드와 서니베일 사이 어딘가에서 길을 잃어버린 열아홉 살짜리 해커 존 해리스가 아타리용 신형 팩맨 게임을 완성하려면 얼마나 걸릴지 토론했다. 하지만 톨린이 제안한 로열티 5%는 모욕적일 정도로 낮았다. 톨린은 켄에게 "선택의 여지가 없습니다"라고 말했고 켄의 공포는 분노로 바뀌기 시작했다. 켄은 협박에 넘어가느니 그냥 고소하게 내버려두겠다고 결심했다. 불쾌감을 확실히 표시하려고 켄은 팩맨 변환 명세서를 톨린의 책상에다 집어 던지고 코스골드로 돌아왔다. 협상은 무산되었다.

한동안은 아타리가 온라인을 문 닫게 만들 듯 보였다. 켄의 동생 존이 회상하는 바에 따르면, 하루는 아타리가 조브레이커 디스크 복사에 사용될만한 기계를 즉, 사내 모든 컴퓨터와 디스크 드라이브를 압수하는 법원 명령을 받았다고 누군가 귀띔해주었다. 집행관이 프레즈노에서 오는 중이었다. 켄과 로버타는 연락이 안 되었고,

그래서 당시 회사를 운영하던 스무 살 존 윌리엄스는 집행관이 도착하기 전에 컴퓨터를 옮기라고 모두에게 명령했다. 그렇게 하지 않았더라면 회사는 운영을 계속하지 못할 뻔했다.

강제 명령 심리가 진행되는 동안 켄 옆자리를 지키려고 구형 도요타를 밤새도록 몰고 온 알 토머빅은 로버타에게 모든 원본을 자신에게 우편으로 보내라고 제안했다. 만에 하나 안전을 기하기 위해서였다. 토머빅은 만약 아타리가 온라인 사 사무실을 닫아버리면 새 장소를 찾겠다고 말했다. 그런 사태는 벌어지지 않았지만 1981년 가을은 긴장감이 감돌던 시절이었다.

특히 존 해리스는 심하게 동요했다. 당시 해리스는 오크허스트 외곽에 커다란 오랜지색 목조 주택을 구입할 만큼 충분한 로열티를 받았고 사륜구동 픽업트럭도 구입했다. 또한 온라인을 위해 마우스어택이라는 또 다른 미로 게임을 만드는 중이었다. 이 같은 승승장구에도 불구하고 12월 초반 증언대에 선 해리스는 굉장히 긴장한 상태였다.

참으로 희한한 상황이었다. 청바지와 티셔츠 차림의 열아홉 살짜리 해커 존 해리스가 미국재벌 기업의 정장차림 변호사와 대면했다. 온라인 법률팀을 이끄는 변호사는 빅 세펄브다 한 명뿐이었다. 짧은 백발에 비행사 스타일의 크고 검은 안경과 여유 있는 자신감으로 무장한 프레즈노 출신이었다. 저작권 법률을 다룬 경험은 몇몇 출판업체가 교훈적인 시인 '데지데라타*'의 저작권이 소멸되었다고 주장한 소송이 전부였다.

증언하는 동안 존 해리스는 너무 긴장한 나머지 가만있지 못했다. 아타리 변호사들은 초창기에 존이 했던 프로그래밍, 샌디에고 직장 생활, 켄을 만난 사연, 조 브레이크를 작성한 계기 등을 질문했다. 모두 답하기 쉬운 질문이었으나 너무 긴장

---

* 옮긴이_ 데지데라타는 미국 시인인 맥스 어먼의 시로 저작권이 걸렸는지 아닌지를 놓고 치열한 공방이 오간 전력이 있다. http://www.fleurdelis.com/desidera.htm를 참고하기 바란다.

한 탓에 존의 이야기는 앞뒤가 엉키고 자신이 한 말을 자꾸 고쳤다. 어느 시점에 존은 말을 멈추더니 "이런, 정말 이상하게 들리는군요"라고 말했다. 평소 남들에게 자기 일을 말해주기 좋아하는 사람이었지만 이번은 달랐다. 아타리 변호사의 목표는 존이 의도하지 않은 말을 내뱉어 실수하게 만드는 데 있다는 사실을 존은 잘 알았다. 사실 증언이란 진실을 얻어내는 장, 가장 효과적인 질문을 던져 가장 정확한 답을 얻어내는 장이 아니던가. 어셈블리 언어로 짠 세련된 프로그램처럼 돌아가야 마땅했다. 6502 칩에 최소의 명령을 던지고, 메모리에 정보를 넣거나 메모리에서 정보를 얻고, 레지스터 플래그를 적절히 설정하고, 매초 돌아가는 수천 개의 명령어가 올바른 결과를 화면에 표시하는 프로그램처럼 말이다. 하지만 현실은 프로그램처럼 돌아가지 않았다. 컴퓨터에 존재하는 진실은 현실에서 가치가 없었다. 마치 시스템이 죽기를 바라며 변호사가 존 해리스에게 가짜 자료를 입력하는 양상이었다.

존 해리스 안의 해커가 법률 시스템의 적대적인 분위기에 질려가는 동안 법률 시스템 역시 해리스에 적응하기 위해 애를 먹고 있었다. 증거 규칙은 존의 기록 기준보다 좀 더 엄격했다. 아타리 변호사가 존의 원시코드 상태를 물었을 때 증언대에 선 켄 윌리엄스는 이 사실을 경고했다. 그는 변호사들에게 이렇게 말했다. "저는 존 해리스를 압니다. 존에게 아무런 기록이 없다고 확신합니다. 존은 그런 식으로 일하지 않습니다".

그런 식으로 일하지 않는다고? 말도 안 되는 소리! 여느 '전문적인' 프로그래머와 마찬가지로 아타리 사 프로그래머는 주기적으로 코드를 제출해 검사를 받았다. 아타리 변호사들이 깨닫지 못한 사실은 에드 로버츠, 스티브 워즈니악 그리고 자기네 아타리 800을 만든 디자이너들이 바로 3세대 해커를 만들어낸 당사자들이라는 점이었다. 3세대 해커, 마이크로프로세서를 신봉하는 바보들, 흐름도와 같은 가장 기본적인 상식도 없으면서 키보드를 팔레트처럼 써서 피카소풍의 걸작을 만들어내는 아이들 말이다.

아타리 변호사 : (켄에게) 일반적으로 이런 게임을 디자인하는 프로그래머는 최소한 흐름도를 그리고 원시 코드를 손으로 쓴 다음에 펀치 카드로 입력하지 않나요?

켄 윌리엄스 : 아니오.

아타리 변호사 : 그냥 키보드에 앉아 곧바로 입력한다는 말입니까?

켄 윌리엄스 : 저희 프로그래머들은 너무 게을러 어떤 유형의 흐름도 만들지 않습니다. 대개 프로그램을 시작할 때는 어느 방향으로 갈지도 모릅니다. 배경에 깔 루틴부터 만든 후에 거기서부터 게임이라는 목표를 향해 움직입니다.

다음 날 존 해리스가 증언하면서 자신이 짠 조브레이커 팩맨 게임의 사본을 찾을 수 없다고 말하자 아타리 변호사들은 엄청나게 놀랐다. 온라인에 있는 아타리 기계들은 마법사와 공주를 복제하느라 모두 사용 중이었고 존의 장비는 망가졌기에 조브레이커 팩맨 게임이 담긴 디스크조차 찾을 수 없었다. "디스크에 이름표가 없습니다. 제가 아는 한 제 라이브러리 어딘가 있습니다"라고 말했다.

그래서 아타리 변호사들은 존 해리스가 만든 버전들의 차이점을 캐려고 계속 질문을 던졌다. 심문이 진행될수록 창의적인 자유와 표절 사이의 경계가 점점 더 모호해졌다. 그렇다, 존 해리스는 자신의 게임을 만들면서 의식적으로 팩맨을 복사했다. 하지만 해리스가 사용한 일부 루틴은 팩맨을 보기도 전에 작성했다. 아타리 800은 팩맨이 돌아가는 오락실 기계와 판이하므로, 칩이 다르고 프로그래밍 기법이 다르므로 존 해리스의 코드는 아타리 코드와 전혀 닮지 않았다. 해리스가 짠 코드는 완전히 독창적이었다.

그래도 해리스의 첫 버전은 팩맨과 흡사했으며 저작권이 걸린 캐릭터를 사용했다. 하지만 켄은 그 버전을 팔지 않기로 결정했고 존은 캐릭터를 바꾸었다. 아타리는 캐릭터 변경으로는 부족하다고 주장했다. 아타리는 마케팅 우두머리를 출두시켜 '팩맨의 마법'을 판사에게 설명했다. 그는 팩맨을 '점과 알약을 먹으면 힘이 나서 자신을 먹어치우는 고블린을 도로 쫓아가는 작은 주인공, 작은 팩맨의 게임'이라 불렸다. 이어서 마케팅 우두머리는 '아타리의 마법'은 인기 있는 오락실 게임의 저작권을 구입한 계약에 있다고 말했다.

빅 세펄브다는 존 해리스가 아타리로부터 팩맨이라는 아이디어를 얻었을 뿐이라 주장하며 아이디어에는 저작권이 없다는 법을 인용했다. 빅은 팩맨과 조브레이커 의 차이를 조목조목 열거했다. 차이가 있지만 그래도 게임은 팩맨이라고 아타리는 응수했다. 존 해리스는 온갖 미로 중에서도 팩맨 미로를 선택했다고 아타리 변호사는 지적했다.

온라인 스스로 인정한 바에 따르면, 존 해리스는 팩맨 프로그램 사본에 성형수술을 가했을 뿐이었다.

판사는 온라인의 조브레이크 판매를 중단시켜달라는 아타리의 가처분 신청을 기각했다. 두 게임을 살펴본 판사는 차이가 있다고 판단해 공판이 열릴 때까지 온라인이 조브레이커를 계속 판매해도 좋다고 판결했다. 아타리 변호사들은 뒤통수를 맞은 듯 보였다.

다윗이 잠시나마 골리앗을 때려눕혔다. 하지만 켄 윌리엄스는 판사의 결정에 그다지 흥분하지 않았다. 온라인도 독자적인 게임과 독자적인 저작권을 보유하기 때문이었다. 켄 윌리엄스는 자신이 해커 윤리에 대한 염려보다 아타리가 취한 입장에 심적으로 더욱 공감한다는 사실을 깨달았다. "이번 판결이 내가 만든 소프트웨어를 다른 프로그래머들이 훔쳐가도 좋다는 허가증이 된다면 좋은 판결이라 보기 어렵습니다". 판결 직후 켄은 알 토머빅에게 말했다. 켄은 본안 재판 전에 합의할 작정이었다.

CHAPTER 17 》
여름 캠프

켄 윌리엄스는 존 해리스 같은 3세대 해커들에게 의존하게 되었다. 그들은 로버트 하인라인이나 독 스미스가 아니라 갤럭시안, 던전즈 앤드 드래곤즈, 스타워즈에 영향을 받은 세대였다. 게임을 제작하는 창의적인 해커 프로그래머들의 신문화가, 핵심 인재들을 발굴하는 헤드헌터들의 시선이 미치지 못하는 곳에서 급성장하는 중이었다. 대다수 해커는 아직 고등학생이었다.

젊은 프로그래머들을 코스골드로 유인하고자 켄은 LA 타임스에 '요세미티로 부팅하자'며 프로그래머를 유혹하는 광고를 실었다. 전형적인 응답 중 하나가 "제 아들은 굉장한 애플 프로그래머인데 당신과 일하고 싶답니다"라는 어느 남자의 전화였다. 켄이 "아들 좀 바꿔주십시오"라고 청하자 그는 아들이 전화로 의사를 제대로 전달하지 못한다고 말했다. 오크허스트에서 진행한 면접에서 그는 자신이 아들을 대신해 자신이 모든 질문에 답하겠다고 우겼다. 작은 키, 동그란 눈에 아직 솜털도 가시지 않은 16살짜리 금발머리 소년은 잔뜩 겁먹은 듯 보였다. 하지만 소년이 복잡 난해한 애플 어셈블리 언어를 이해한다는 사실을 발견한 순간 아무것도 문제가 되지 않았다. 켄은 시간당 3불에 소년을 고용했다.

켄 윌리엄스는 시에라 스카이 랜치 지역에 매입한 집을 조금씩 채워나가기 시작했다. 오크허스트를 지나 41번 국도가 1,500여 미터 높이로 올라가기 시작하는 지역이었다. 공짜 월세 외에도 켄의 즉흥적인 그래픽 강의도 있었다. 켄은 이제 명실상부 공인된 애플 마법사였다. 거의 충동적으로 해커적인 호기심이 발동했으며, 남들이 당연하게 여기는 애플의 제약을 결코 받아들이지 않았다. 켄은 페이지 전환, XOR, 마스킹 등 모든 기법을 동원해 화면에 무엇이든 그려냈다. 다른 사람의 프로그램을 보면 문제를 단번에 알아차렸다. 그리고는 그 문제를 우회하여 핵심으로 다가가 해결책을 찾아냈다.

1981년 당시 온라인 본사는 41번 도로변에 있는 어두운 갈색 목재 구조물 2층에 있었다. 1층은 문구점과 작은 인쇄점이었다. 사무실로 들어가려면 빌딩 외벽에 달린 사다리를 타고 올라갔으며, 화장실을 가려면 계단을 내려와 바깥으로 나갔다. 사무실에는 책상이 있었는데, 책상 수가 직원 수보다 적었다. 사람들은 애플 컴퓨터 몇 대 중 하나와 책상을 확보하려고 끊임없이 의자 빼앗기 놀이를 했다. 바닥에는 디스크 상자, 버려진 컴퓨터 모니터, 편지 더미가 수북이 쌓여 있었다. 어수선함은 믿기 어려울 정도였다. 소음은 늘 참기 어려운 수준이었다. 복장 규정은 없었다. 회사는 생산적인 무질서 상태였으며 인공지능 연구실이나 홈브루 클럽의 체계 없는 분위기를 연상시켰다. 하지만 번창하는 사업이었고 참가자들도 아주 젊었으므로 온라인 사무실은 동물농장과 백만장자를 기묘하게 조합한 분위기였다.

회사 분위기는 켄 윌리엄스의 우선순위를 그대로 드러냈다. 켄이 몸담은 비즈니스는 완전히 새로운 사업으로 형태부터 남달랐다. 켄은 지금까지 일했던 거의 모든 회사에서 자신이 경멸해 마지않던 그 가증스럽고, 답답하고, 비밀스럽고, 관료적인 환경을 만들 생각이 전혀 없었다. 켄은 인포매틱스 사 딕 선더랜드처럼 세부 사항에 집착하는 상사는 아니었다. 켄은 더 큰 그림을 통제했다. 온라인 프로그램들이 매달 『소프토크』지 '베스트셀러 30'에 오르면서 자연스럽게 부자가 되어가는 와중에도 켄은 온라인에서 자신이 수행할 이중 임무가 있음을 느꼈다.

첫 번째 목표가 재미있게 일하기였다. 애통하게도 기존의 점잔빼는 문화에서는 부족한 요소였다. 켄 윌리엄스는 최첨단 여름 캠프에서 실질적인 수석 상담자가 되었다. 여름 캠프에는 즐거움과 소란스러움과 음주와 마리화나가 있었다. 술에 취했든 약에 취했든 아니든 모두가 정치적으로 도덕적으로 기분 좋게 느끼는 분야에서 일하며 들떴다. 주기적으로 들어오는 돈 봉투는 파티 분위기를 한층 더 돋웠다.

새로운 게임을 담은 패키지도 속속 도착했다. 시리우스나 브로더번드와 같이 친한 경쟁사가 보낸 게임, 소프트웨어 슈퍼스타 지망자가 팔고 싶어 하는 게임, 혹은 켄이 감독하는 온라인 외부 제작자가 보낸 게임이었다. 누가 보냈든 상관이 없었다. 새로운 게임이 도착하면 모두가 일을 멈췄다. 누군가 서둘러 사본을 만들어 나눠주면 모두가 애플 앞에 몰려들어 게임하며 버그를 비웃거나 기능에 감탄하거나 최고점을 따려고 애썼다. 지금처럼 확실히 돈만 계속 들어온다면 작은 무질서나 수시로 파티나 하려는 분위기에 누가 신경이나 쓰겠는가?

사무실을 방문한 외부인들은 회사 분위기에 놀라움을 금치 못했다. 제프 스티븐슨도 그랬다. 서른살 제프는 최근까지 소프트웨어 아츠 사에서 일했던 경력 프로그래머였다. 매사추세스주 케임브리지에 위치한 소프트웨어 아츠 사는 애플용 역대 최고 베스트셀러 프로그램으로 등극한 금융 '스프레드시트'인 비지−캘크를 만든 회사였다. 소프트웨어 아츠 사 역시 프로그래머들이 이끄는 회사였다. 제프가 기억하는 바로는, 사장이 두 명이었는데 한 명은 전직 MIT 해커였으며 한 명은 보고서의 쉼표 위치를 놓고 반 시간 동안 논쟁하는 꼼꼼한 젊은 정통 유대인이었다. 조용하며 겸손한 채식주의자에 한국 검도 검은 띠 소유자인 제프는 최근 부인과 산악 지역으로 이사했는데 새로 이사한 집에서 가장 가까운 회사가 프로그래머를 원하는지 알아보려고 온라인을 방문했다. 제프는 청바지에 남방 차림으로 면접에 참석했다. 부인이 좀 더 차려입으라고 조언했지만 "여기는 산이야"라고 부인에게 상기시키고는 데드우드 산을 내려가 온라인 시스템즈로 운전했다. 회사에 도착했을 때 켄은 제프에게 이렇게 말했다. "좀 보수적으로 보이는군요. 우리 회사에 맞을지 모르겠습니다". 어쨌든 켄은 연봉 만 팔천 불에 제프를 고용했다. 소프트웨어 아츠에서 받던 연봉보다 만 천 불이 적은 액수였다.

그 무렵 온라인이 그때까지 시도한 프로젝트 중 가장 야심 찬 프로젝트가 조직적 재앙이라는 늪에 빠져들었다. 로버타가 거의 1년 동안 작업한 어드벤처 게임인 타임 존이 기능 추가 괴물에 발목을 잡히면서 사실상 통제 불능 상태가 돼버렸다. 뭔가를 창조한다는 짜릿한 야망에 흠뻑 취한 로버타는 전 세계 경관을 재창조할 뿐만 아니라 인간 탄생부터 4081년에 이르는 역사를 모두 담아내는 시나리오를 만들었다. 좋은 어드벤처 게임을 즐길 때 로버타는 언제나 게임이 끝나지 않았으면 좋겠다고 생각했다. 그래서 로버타는 줄거리와 사건이 한없이 풍부해 노련한 모험가조차 1년은 족히 걸릴 게임을 만들기로 작정했다. 시저의 몰락을 보고, 나폴레옹 전쟁을 겪고, 사무라이 전사와 싸우고, 선사시대의 호주 원주민과 노래하고, 콜럼버스와 항해하며, 수많은 곳을 방문하고, 인간 역사 전체를 조감하며, 마침내 사악한 지도자 라마두가 지구 파멸 계획을 세우는 행성 네브론에 도달한다. 중부 캘리포니아에 사는 한 주부가 떠올린 마이크로컴퓨터 서사시였다.

이 괴물을 구현하느라 온라인의 사업은 거의 중단 상태에 이르렀다. 한 프로그래머는 고해상도 그림을 그리고자 프로그램이 색상 채우는 속력을 세 배로 높이는 루틴에 투입되었다. 아버지가 취직을 주선했던 젊은 프로그래머는 게임 논리를 처리하느라 바빴고, 자기 힘으로 프로그래머라는 직책을 획득한 전직 알콜 중독자는 ADL로 메시지를 입력했다. 동네 십 대 청소년은 1,400장에 이르는 그림을 일일이 모눈종이에 그린 후 애플 그래픽 태블릿에서 따라 그렸다.

제프 스티븐슨은 어떻게든 프로그램을 합치라는 임무를 부여받았다. 스티븐슨은 무질서에 실망했고 마감일에 경악했다. 마감일은 가을까지 크리스마스에 맞춰 판매할 예정이었다(나중에 스티븐슨은 켄이 준 마감일이 대개 3배 정도 과하게 낙관적인 기한이라 결론짓게 되었다).

프로젝트가 일정보다 심하게 뒤처졌지만 회사는 여전히 여름 캠프처럼 운영되었다. 화요일 밤은 '남자들의 저녁'으로, 회사 남자들은 켄과 함께 술을 마시러 나갔다. 매주 수요일은 직원 대다수가 하루를 쉬고 요세미티에 있는 배저 패스로 스키를 타러 갔다. 매주 금요일 정오에는 '스틸 마시기'라는 의례를 치렀다. 온라인 직원들이 가장 즐겨 마시는 '스틸'은 깔끔하지만 아주 독한 박하유 네델란드 진이었다. 회사 관례에 따라 엄청난 스틸을 마시고 실려나가기 일쑤였다. 금요일마다 일단 스틸을 마시기 시작하면 당연히 타임 존 개발은 중단되었다. 개발을 제쳐 두고 직원들은 켄의 주도하에 몽롱한 상태로 타임 존이 아니라 알콜 존을 탐험했다.

》 **타임존 타이틀과 옵션 화면** 출처 http://www.mobygames.com

크리스마스가 지나갔고 2월이 되어서야 타임 존이 출시되었다. 마법사와 공주보다 12배가 큰 타임 존은 플로피 디스크 6장 양면을 꽉 채웠으며 소매가가 100불이었다. 처음으로 게임을 끝낸 사람은 쾌활한 어드벤처 게임광인(『소프토크』지의 최고 비평가이기도 한) 로 아담스^Roe Adams였다. 아담스는 라마두를 정복할 때까지 일주일 동안 거의 잠도 자지 않았으며, 로버타의 타임 존을 역사상 가장 위대한 게임이라 칭송했다.

하지만 온라인에는 타임 존보다 훨씬 더 유명한 (악명 높은) 게임이 있었다. 회사 정신에 잘 부합하는, 소프트포르노라는 게임이었다. 1981년 봄, 켄은 한 프로그래머를 만났다. 게임 제작사에 자신이 제작한 어드벤처 게임을 홍보하며 비록 성공하지 못했으나 직접 팔아보려고 시도하던 프로그래머였다. 그가 만든 게임은 보석을 찾거나, 살인 사건을 해결하거나, 이반 행성에서 사악한 황제 니퀼을 타도하는 일반적인 어드벤처 게임이 아니었다. 게임 속에서 게이머는 여자 세 명을 유혹하라는 임무가 주어진 독신남이었다. 프로그래머는 혼자 데이터베이스를 익히려고 프로그램을 만들었는데, 조금이나마 흥미를 돋우고자 성적인 주제를 적용했다. 이것은 사실 해커들이, 적어도 세상에 성이라는 개념이 존재한다는 사실을 아는 해커들이 오랫동안 해온 일이었다. 저속한 농담을 생성하는 프로그램이나 여인의 나체를 출력하는 프로그램 등 나름의 야한 프로그램이 없는 컴퓨터 센터를 찾기란 어려웠다. 단지 차이점은 1981년으로 접어들면서 해커들이 장난삼아 해오던 잡스러운 일들이 갑작스럽게 가정용 컴퓨터 시장에서 금전적 가치를 얻게 되었다는 점이었다.

》 온라인이 만든 **소프트포르노**　출처 http://www.pcgamer.com

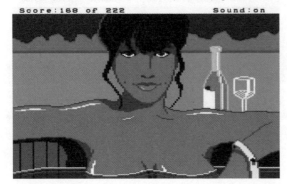

　　문제의 프로그램은 원본을 깨끗하게 정리한 버전이었다. 사용자가 외설적인 명령을 내려야만 비도덕적인 내용이 나왔다. 매춘부와 섹스를 해야 하며, 성병에 걸리지 않으려면 콘돔을 구입해야 하며, 같이 자기 전에 결혼해야 한다고 우기는 금발 머리 여인과 가학 피학성 변태 행위를 해야 했다. 이 어드벤처 게임에서 성공하려면 창의적이게 야한 명령을 컴퓨터에 입력해야 했다. 하지만 위험도 있었다. '요염한 금발'을 우연히 만나 'EAT BLONDE'라고 입력하면 컴퓨터는 금발 머리가 게이머 위로 몸을 기울여 오럴 섹스 중이라는 사실을 암시하는 문구를 출력했다. 하지만 그러고 나서 번쩍이는 이빨을 드러내어 남자의 그곳을 물어뜯어 버렸다!

이런 식의 유머 감각이 있는 사람들에게 소프트포르노는 유일무이하게 바람직한 애플 게임이었다. 대다수 소프트웨어 제작사는 이런 게임을 멀리했으며 스스로를 '가족용' 게임 사업이라 여겼다. 하지만 켄 윌리엄스는 이 게임이 대박이라 생각했다. 서너 시간 동안 게임하며 멋진 시간을 보냈고, 논란이 불거지면 재미있으리라 생각했다. 켄은 소프트포르노를 팔겠다고 동의했다.

그리고 나서 어느 날, 켄은 사무실로 들어와 "우리 집에 와서 온수 욕조에 앉아 발가벗고 사진 찍을 사람?"이라고 말했다.

온수 욕조에 여자 세 명이 상반신을 드러내고 앉은 사진을 소프트포르노 광고로 싣겠다는 생각이었다. 사진 어딘가에 애플 컴퓨터가 있어야 했고, 욕조에는 벌거벗은 여자 세 명과 함께 술을 따르는 남자 웨이터가 필요했다. 그들은 동네에서 유일하게 그럴싸한 식당인 코스골드 스테이크 하우스 브로큰 비트에서 웨이터 한 명을 조달했다. 상의를 벗어 던진 여자 세 명은 모두 온라인 사람으로 경리, '율리시스와 황금 양모'의 개발자인 밥 데이비스의 부인, 로버타 윌리엄스였다.

와인 잔을 들고 온수 욕조에 출렁이는 물이 교묘하게 젖꼭지를 가린 여자들, 와인 병과 여분의 와인 잔이 놓인 쟁반을 든 정장 차림의 남자 웨이터, 그리고 다소 쓸쓸하게 뒤편에 놓인 애플 컴퓨터가 담긴 총천연색 광고는 큰 화제를 불러일으켰다. 온라인으로 항의 편지가 빗발쳤고, 일부는 성서 구절과 저주로 가득했다. 게임과 광고 이야기는 뉴스의 관심을 끌었고, 사진은 타임지와 UPI 통신을 타고 퍼져 나갔다.

켄 윌리엄스는 공짜 홍보를 즐겼다. 소프트포르노는 온라인에서 가장 잘 팔리는 게임 중 하나가 되었다. 소프트포르노를 원하는 컴퓨터 상점은 단지 이 게임 하나만 주문하기 꺼려했다. 그래서 편의점을 방문해 '빗, 치약, 아스피린, 선탠오일, 편지지 그리고 "아 기왕 여기까지 왔으니 『플레이보이』 지도 한 권 사야겠다"라고 말하는 십 대처럼 상점 주인들은 온라인 제품 샘플 전체를 주문했고 여기에 소프트포르노 몇 개도 집어넣었다. 켄은 소프트포르노가 일으킨 파문이 매출을 거의 두 배로 올려줬다고 추측했다.

》 1981년 출시된 성인용 어드벤처 게임 '소프트포르노'의 광고(좌에서 우로 경리, 밥 데이비스의 부인, 브로큰 비트 식당의 웨이터, 로버타). 애플소프트 베이식으로 개발되었으며, 1991년에 MS-DOS로 포팅되었다.

즐기고, 부자가 되고, 유명해지고, 끝없는 파티를 여는 일은 켄의 사명 중 일부에 불과했다. 좀 더 진지한 사명도 있었다. 켄은 개인용 컴퓨터에 대한 철학, 개인용 컴퓨터가 사람들의 삶을 바꾸는 능력에 대한 철학을 계발하는 중이었다. 애플은 (그리고 애플과 유사한 컴퓨터들은) 그들의 기능만이 아니라 접근성도 놀라웠다. 켄은 컴퓨터에 무지한 사람들이 컴퓨터를 쓰면서 자신감을 얻어 삶에 대한 전반적인 태도가 바뀌는 모습을 지켜봤다. 컴퓨터 속 세상을 조작하면서 사람들은 자신에게도 창의력으로 뭔가를 해내는 능력이 있다는 사실을 자각했다. 일단 그 권력을 쥐면 무엇이든 할 수 있었다.

켄 윌리엄스는 사람들을 이와 같은 변화에 노출시킬 능력이 자신에게 있음을 깨달았고, 자신과 로버타가 설립한 온라인을 이용해 오크허스트와 코스골드 지역의 저평가된 사람들을 위한 일종의 갱생 프로젝트를 시작했다.

오크허스트와 코스골드 지역은 경기 침체로, 특히 한때 지역 경제를 지탱했던 탄광업이 침체하면서, 고통을 겪었다. 골드 러시 이후로 경제 호황은 없었다. 온라인 시스템즈는 곧바로 지역에서 가장 큰 고용주가 되었다. 켄의 변칙적인 경영 스타일에도 불구하고 마을에 들어선 첨단 기업은 신이 내린 선물이었다. 좋든 싫든 그들은 공동체의 일원이었다. 켄은 졸부 마을 유지 노릇을 즐겼다. 지역 소방서에 큰돈을 기부하는 등 무엇이든 과한 평소 취향대로 시민의 의무도 신속히 해치웠다. 하지만 켄과 로버타가 가까워진 친구들은 오크허스트 상류층이 아니었다. 그들은 켄이 컴퓨터의 힘을 빌려 초야에서 끌어낸 사람들이었다.

릭 데이비드슨은 보트 청소부였고, 부인인 샤론은 모텔 청소부였다. 켄은 두 사람을 모두 고용했다. 릭은 결국 제품 개발을 책임지는 부사장이 되었고, 샤론은 회계 부서를 이끄는 책임자가 되었다. 실직한 배관공이었던 레리 베인은 제품 인수부를 이끌게 되었다.

특히 극적인 변신에 성공한 인물은 밥 데이비스였다. 한때 잘 나갔던 사람이나 한 번도 잘나간 적 없는 사람을 기술 대가로 탈바꿈시키는 전도 사업을 펼치던 켄의 온라인 시스템즈 인간 연구실에서 데이비스는 최고의 표본이었다. 긴 붉은 머리, 덥수룩한 수염의 데이비스는 전직 음악가이자 즉석 요리사로 27살이었다. 1981년 당시 주류 상점에서 일하던 데이비스는 컴퓨터로 자신의 삶을 개혁할 기회에 크게 기뻐했으며, 켄은 데이비스의 변화에 더욱 크게 기뻐했다. 또한 밥 데이비스의 자유분방한 기질은 켄의 성격에 내재한 유사한 결점과 맞아떨어지는 듯이 보였다.

켄이 주류 상점에 위스키를 사러 갈 때마다 밥 데이비스는 켄에게 취직을 부탁했다. 데이비스는 새로운 회사에 대한 이야기를 들었고 컴퓨터에 호기심을 느꼈다. 결국 켄은 데이비스에게 밤에 디스크를 복사하는 일을 줬다. 데이비스는 낮에 프로그래밍을 배우기 시작했다. 비록 고등학교를 중퇴했지만 데이비스는 베이식에 끌렸고 켄의 젊은 해커들로부터 도움을 받았다. 세상 물정에 밝은 데이비스는 온라인이 게임으로 엄청난 돈을 벌어들이는 모습을 보았고 자신도 게임을 만들겠다고 맹세했다.

밥과 밥의 부인은 윌리엄스 부부와 시간을 보내기 시작했다. 온라인 시스템즈는 고용주와 고용인이 친하면 안 된다는 전통적인 금기를 무시할 정도로 자유로운 분위기였다. 두 부부는 타호 호수 등지로 함께 여행했다. 회사에서 밥의 지위는 올라갔다. 밥은 프로그래머 자리에 올랐고 타임 존 프로젝트 관리자가 되었다. 밥은 어셈블리 언어를 잘 몰랐기에 주로 ADL 코드를 입력했다. 밥 데이비스가 스스로를 프로그래머라 부르자 몇몇 사람들은(심지어 밥을 상당히 좋아하는, 붙임성 있는 제프 스티븐슨조차) 거부감을 느꼈다. 진짜 프로그래머라면, 해커 자격을 갖춘 사람이라면, 데이비스보다 훨씬 더 결연한 마법을 수행할 수 있어야 했다.

하지만 일단 켄의 ADL 도구를 익히자 데이비스에게는 전문가 수준의 어드벤처 게임을 작성할 열쇠가 쥐어졌다. 늘 신화에 관심이 많았던 데이비스는 특히 이아손에 관련된 그리스 고전 몇 편을 읽은 후 옛날이야기를 어드벤처 게임으로 만들었다. 자신이 주장하는 바에 따르면 데이비스는 여가 시간을 이용하여 게임을 작성했으며 비록 온라인 사람들 일부는 데이비스가 게임을 만드느라 타임-존 관리자 직무에 태만했다고 믿었지만 켄의 도움을 받아 게임을 완성했다. 주류 상점 점원에서 탈출한 지 채 1년도 안 되어 데이비스는 소프트웨어 스타가 되었다. 온라인의 변호사는 게임을 '이아손과 황금 양모'라 부를 경우 문제가 되리라 생각했다. 이아손과 황금 양모라는, 저작권이 걸린 동명의 영화가 있었기에 온라인은 '율리시스와 황금 양모'라는 이름으로 게임을 출시했다.

게임은 즉시 히트를 쳤고 수월하게 『소프토크』 지의 30대 게임 목록에 올랐다. 『비디오게임 일러스트레이티드』 지는 율리시스와 황금 양모를 '역대 최고로 중요하고 도전적인 비디오 게임 중 하나'라 불렀다. 사실 이전 고해상도 어드벤처 게임과 비교해 딱히 눈에 띄는 발전은 없었다. 단지 내용이 더 길었고 사람을 막대기 형상으로 표현했던 미스터리 하우스보다 그래픽이 한층 더 예술적일 뿐이었다. 잡지는 데이비스도 인터뷰했다. 제법 전문가로 보이는 데이비스는 향후 5년 동안 게임 소비자들이 기대할 만한 미래를 이야기했다("컴퓨터가 모든 전화와 모든 텔레비전에 연결되고... 음성 합성... 음성 인식... 비디오디스크로 생성하는 특수효과..."). 이상적인 시나리오였지만 불가능하지는 않았다. 컴퓨터가 밥 데이비스에게 한 일을 보라.

》》》》》》》》》》》》》》》》》》》》》》》》》

개인용 컴퓨터가 사람들의 삶에 일으키는 변화는 결코 캘리포니아로만 국한되지 않았다. 미국 전역에 걸쳐 컴퓨터는 창의력이라는 새로운 분야를 열어갔다. '창의력을 맘껏 펼치지 못하는 사람들을 컴퓨터로 해방시키자', 이것이 바로 해커 꿈이 아니던가! 해방된 사람들이 해커라는 직함에 걸맞은 마법사 수준까지 오를지도 모르잖는가? 켄 윌리엄스는 해커 꿈이 실현되는 모습을 이미 목격했다. 마치 운명처럼 온라인의 몇몇 프로그래머가 일단 기계와의 대화에 몰입한 후에는 찬란하게 피어났다. 그중에서도 워렌 슈바더보다 더욱 극적으로 탈바꿈한 사람은 없었다.

어쩌면 워렌 슈바더의 인생에서 가장 중요한 사건은 1977년에 일어났다. 워렌이 18살이 되던 해, 워렌의 형이 첫 애플 II 컴퓨터를 구입했다. 워렌의 형은 자동차 사고로 신체가 마비되었고 따분함을 덜고자 애플을 마련했다. 형이 내리는 명령을 애플로 입력한 사람은 키 크고, 금발에다, 두터운 용모에, 느릿한 말투의 워렌이었다. 해커가 된 사람도 워렌이었다.

당시 워렌은 고향인 시골 위스콘신에서 파커 펜이라는 회사에 근무했다. 수학에 재능이 있었으나 고등학교만 마치고 학업을 중단했다. 파커에서 워렌은 플라스틱이 가열되는 커다란 거푸집과 관으로 구성된 사출 성형기를 돌렸다. 뜨거운 플라스틱을 금형으로 주입한 후 20초 정도 냉각한 다음 문을 열고 새로 만들어진 펜 부속을 꺼냈다. 그러고 나서 다시 문을 닫았다. 워렌 슈바더는 자신의 일을 도전으로 받아들였다. 워렌은 자신의 펜 부속이 완벽하기를 바랐다. 끊임없이 적하기를 조정하고, 키를 구부리고, 주형의 너트와 볼트를 조였다. 워렌은 기계를 사랑했다. 파커를 떠나고도 몇 년 동안 워렌은 자신이 만든 펜 부속이 정말로 완벽했다고 자랑스럽게 말했다.

워렌은 프로그래밍 역시 똑같이 꼼꼼하고 강박적인 태도로 접근했다. 매일 다른 그래픽 데모를 시도했다. 아침에 그날 시도할 데모를 결정했으며, 금형 기계가 허용하는 20초 간격 동안 연필과 종이로 시도할 프로그램 흐름도를 그렸다. 밤에는 애플 앞에 앉아 의도했던 효과가 화면을 채울 때까지 프로그램을 디버깅했다. 워렌은 특히 여러 색으로 화면을 그리는 만화경을 좋아했다.

워렌이 시도했던 그래픽 데모 중 하나가 너무나 만족스러워 워렌은 데모를 게임으로 확장하겠다고 결심했다. 오락실에서 퐁을 해본 이래로 워렌은 비디오 게임 팬이었다. 워렌은 오락실에서 보았던 게임을 복제하려 시도했다. 화면 하단에는 라켓이, 상단에는 작은 벽돌이 있었다. 라켓으로 광점을 치면 광점은 핀볼처럼 튕겨 나갔다. 한 달에 걸친 20초 주기 계획과 야간 디버깅 작업 끝에 워렌이 만든 게임도, 비록 저해상도 그래픽이라 어셈블리 언어와 고해상도로 만든 게임만큼은 멋지지 않았지만 쓸 만했다.

그때까지 워렌은 자신이 애플에서 할 수 있는 일들을 알아볼 목적으로만 애플을 써왔다. 순수하게 과정 자체에 푹 빠져 있었다. 하지만 자신이 무에서 창조한 게임을, 지금까지 자신이 만든 가장 창의적인 작품을 보며 워렌은 자신의 컴퓨팅 작업이 실제로 유형의 결과물을 내놓을 수 있겠다는 생각이 들었다. 사람들이 즐기는 게임을 만들 수도 있겠다!

이 같은 깨달음으로 워렌은 더 깊이 기계를 파고들었다. 워렌은 여러 달이 걸릴지라도 어셈블리 언어 게임을 만들기로 결심했다. 어셈블리 언어 게임에 대한 책은 없었고, 위스콘신에서 워렌에게 어셈블리 언어 게임에 대해 말해줄 사람도 없었다. 또한 워렌에게 있던 유일한 어셈블러는 애플에 내장된 느리고 단순한 미니-어셈블러였다. 하지만 경주에서 결국 토끼를 이긴 거북이의 성격과 인생관을 보여준 워렌 슈바더는 어떤 장애물에도 굴복하지 않았다.

워렌은 스매시-업이라는 어셈블리 언어 게임을 만들었다. 사용자가 작은 차를 운전하며 마주 오는 차들과 정면충돌을 피하려고 애쓰는 게임이었다. 워렌이 보기에 판매해도 괜찮은 수준이었다. 잡지에 광고를 실을 만한 돈이 없어 워렌은 카세트테이프를 최대한 많이 복사해 컴퓨터 상점으로 보냈다. 그때가 1980년이었는데, 새롭게 만들어진 애플 게임 시장은 카세트에서 더 빠르고 더 다목적인 플로피 디스크로 넘어가던 중이었다. 워렌은 스매시-업 게임을 2,000불어치 정도밖에 팔지 못했고, 경비는 매출의 두 배에 달했다.

파커 펜 사가 공장을 닫으면서 워렌은 다음 게임에 투자할 시간이 훨씬 더 많아졌다. "저는 막 카드 게임인 크리비지를 배웠고 정말로 좋아했습니다"라고 워렌은 나중에 회상했다. "제가 아는 사람 중에는 크리비지 게임을 할 줄 아는 사람이 없었습니다. 그래서 생각했죠. '크리비지하는 프로그램을 만들면 어떨까?'" 워렌은 대략 800시간을 투자했으며, 종종 밤을 꼬박 새워 동틀 무렵까지 일했다. 워렌은 확실히 이해하지 못하는 그래픽 기교를 시도했으며, 나중에야 그것이 간접 주소 지정과 제로-페이지 그래픽이라는 사실을 깨달았다. 게임 제작에 너무나 몰두한 나머지 "시종일관 저 자신이 컴퓨터 속에 있다고 느꼈습니다. 사람들이 저에게 말을 걸었지만 대화하지 못했습니다"라고 워렌은 말했다. 워렌의 모국어는 더 이상 영어가 아니라 LDX #$0, LDA STRING,X, JSR $FDF0, BYT $0, BNE LOOP 등과 같은 16진수 상형문자였다.

완성된 프로그램은 대단히 훌륭했다. 워렌은 컴퓨터가 12가지 규칙에 따라 카드 패를 평가하는 탁월한 알고리즘을 개발했다. 워렌은 내놓을 카드를 선택하는 프로그램 논리가 완벽하다고 생각했다. 자신이 60% 정도 승률로 컴퓨터를 이기는 이유는 단지 자신이 오래된 게임 상대처럼 프로그램 습성에 정통했기 때문이었다.

워렌 슈바더는 자신의 게임을 켄 윌리엄스에게 보냈고, 켄은 선명하고 깔끔한 카드 그래픽과 게임 논리에 감명을 받았다. 무엇보다도 워렌이 제한적인 애플 미니-어셈블러로 게임을 제작했다는 사실이 가장 놀라웠다.

마치 누군가 켄에게 아름답게 만들어진 흔들의자를 보내왔는데, 알고 보니 장인이 톱, 선반, 기타 일반적인 도구가 아니라 주머니칼 하나로 만들었다고 말하는 상황이었다. 켄은 워렌에게 온라인에서 일하자고 청했다. "숲 속에서 삽시다. 요세미티로 부팅합시다. 신세대 회사의 거칠고 무모한 여름 캠프에 합류합시다".

워렌은 형을 돌보는 대가로 매달 주 정부에서 받는 수백 불로 근근이 살아가던 중이었다. 간병인에게 형을 맡기고 떠날 일이 걱정이었지만 형은 워렌에게 온라인의 제안은 큰 기회라며 꼭 잡으라고 말했다. 게다가 바깥세상으로 나가 게임을 만들며 돈을 벌고 숲 속에서 산다는 아이디어는 워렌에게 매력적으로 들렸다. 결국 워렌은 위스콘신을 떠나기로 결심했다. 하지만 한 가지 마음에 걸리는 부분이 있었다. 떠들썩하게 즐기고 마시고 마약 하는 온라인 분위기였다.

왜냐하면 워렌의 종교가 여호와의 증인이었기 때문이다. 워렌이 여호와의 증인이 된 계기는 어머니의 죽음과 관련이 있었다. 크리비지를 만드는 동안 어머니가 돌아가셨는데, 자신이 어디로 가는지 인생에 있어 목표가 무엇인지 생각하게 되는 계기가 되었다. 그 결과, 그동안 컴퓨터가 자신이 살아가는 목적이었다는 사실을 깨달았다. 워렌은 컴퓨터만으로는 부족하다고 느꼈고 돌아가신 어머니의 종교로 귀의했다. 워렌은 성경을 집중적으로 공부하기 시작했다. 그리고 캘리포니아에서 자신의 새로운 인생을 여호와의 계율에 충실하게 펼쳐나가리라 맹세했다.

처음에는 이 맹세가 온라인에서 워렌의 삶에 크게 지장을 주지 않았다. 워렌 슈바더는 온라인 시스템즈의 무사태평하고 호화로운 삶을 비판하지 않았다. 하지만 동료들의 무신론적인 관행으로 인해 사업적인 대화나 기술적인 대화로 교류를 제한했다. 워렌은 유혹에 빠지지 않기 위해 종교가 같은 사람들과 교류하는 쪽을 선호했다.

워렌은 켄이 공짜로 빌려준 방 두 개짜리 집에서 혼자 살았다. 워렌의 사교 생활은 오크허스트에서 서쪽으로 8킬로미터 정도 떨어진 아와니 여호와의 증인 왕국회관을 벗어나지 않았다. 그곳으로 예배 드리러 간 첫날, 워렌은 과거 어느 때보다 많은 친구를 사귀었다고 느꼈다. 그들은 컴퓨터가 사람에게 (비록 큰 해가 될 수도 있다는 사실을 인지해야 하지만) 큰 이익이 될 수도 있다고 말하며 컴퓨터를 받아들여 주었다. 워렌은 해킹에 대한 사랑이 신에 대한 헌신을 위협할지 모른다는 사실을 깨닫고는, 여전히 프로그래밍을 사랑했지만 진정한 목적에서 벗어나지 않는 선에서 해킹하려고 노력했다. 그래서 밤에 프로그램을 짜면서도 성경 공부를 계속했으며, 오후와 주말에는 동네를 돌며 가가호호 방문하여 『깨어라』나 『파수꾼』 책자를 전달하며 여호와의 신념을 전파했다.

그러는 동안 워렌은 켄의 가장 빠르고 가장 멋진 어셈블리 언어 하위 루틴에 기반을 둔 게임을 만들었다. 스페이스 인베이더와 비슷하게 우주선을 조종해 쇄도하는 침략자들을 쳐부수는 게임이었다. 하지만 침략자들은 괴상한 모양새에다 온갖 방향으로 움직였고, 게이머가 쉬지 않고 총알을 발사하면 '레이저 총'이 과열되어 거의 확실한 죽음을 맞았다. 공격자가 너무 사납고 폭발이 너무 격렬하여 심신이 허약한 사람이라면 심장마비를 일으킬 정도였다. 스페이스 인베이더 부류의 총싸움 게임이라 애플 게임 세계에서 엄밀히 획기적인 작품은 아니었으나 화려한 그래픽과 게임 몰입도는 기존 게임보다 한 단계 앞섰다. 게임 이름은 스레쉬홀드였고, 워렌 슈바더에게 로열티로 십만 불을 안겨줬다. 십만 불 중 상당액을 아와니에 있는 여호와의 증인 왕국회관에 헌금했다.

하지만 여호와의 증인 교인들과 가까워지면서 워렌은 자신이 온라인에서 해왔던 일에 심각하게 의문을 품기 시작했다. 워렌은 자신이 프로그래밍에서 느끼는 즐거움이 죄악일지 모른다고 생각했다. 게임을 구현하는 행위는 세속적이었다. 예를 들어 평소 워렌은 사탄의 락 밴드인 레드 제플린을 귀청이 터지게 틀어놓고 밤새도록 일했다. 게다가 게임 속 총싸움은 확실히 전쟁을 미화했다. 성경을 공부할수록 워렌은 더 이상 전쟁을 배우지 말아야 한다고 확신했다. 자신이 만든 전쟁 게임을 아이들이 갖고 논다는 사실에 워렌은 부끄럼을 느꼈다.

그래서 워렌은 비디오 게임을 마약에 비교하며 전쟁 게임이 '무자비한 침략을 고취한다'라고 말하는 『깨어라』 기사에도 놀라지 않았다. 워렌은 더 이상 폭력적인 게임을 구현하지 않기로 결심했다. 만약 『파수꾼』 지가 모든 게임을 강력히 반대한다면 프로그래밍을 그만두고 다른 일을 찾을 생각이었다.

워렌은 서커스를 주제로 비폭력적인 게임을 만들기 시작했다. 프로그래밍에 너무 빠져 신과 단절된 좀비가 되지 않으려고 애쓴 탓에 진도가 더뎠다. 워렌은 자신의 하드 락 앨범을 몽땅 없애버리고 캣 스티븐스, 토토, 비틀즈와 같은 음악을 들었다. 심지어 올리비아 뉴튼-존과 같이 한때 감상적이라 여겼던 음악도 즐기기 시작했다(물론 그녀의 레코드를 틀 때는 죄스러운 노래 피지컬이 연주되기 직전에 축음기 바늘을 들어올려야 한다는 사실을 항상 명심했다).

이처럼 금욕적인 노력에도 불구하고 12가지 다른 패턴으로 이중 페이지 애니메이션을 사용해 주인공이 뛰어넘을 굴러 오는 통을 제어하는 방법이나 깜박임을 제거해 100% 하기 쉬운 게임을 만드는 방법을 이야기할 때는 해킹에 대한 세속적인 자부심이 한껏 묻어났다. 프로그래밍은 워렌에게 아주 소중했다. 인생을 바꾸어놓았으며 권력을 주었으며 대단한 사람으로 만들어줬다.

>>>>>>>>>>>>>>>>>>>>>>>>>

존 해리스는 샌디에고를 떠나 시에라 구릉 지대 생활을 사랑했고, 온라인의 자유로운 여름 캠프 분위기를 환영했고, 자신의 프로그램이 화려하고 창의적인 노력으로 인정받아 기뻤다. 하지만 삶에서 중요한 한 가지가 전혀 마음에 들지 않았다. 해킹은 중요하지만 MIT 해커와는 달리 해킹이 삶의 전부가 아닌 3세대 해커들이 흔히 앓는 질환이었다. 존 해리스는 여자 친구가 절실히 필요했다.

켄 윌리엄스는 이 젊은 프로그래머의 문제를 심각하게 받아들였다. 존 해리스가 행복해야 대박 게임이 나올 테니까. 로버타 윌리엄스 역시 순진한 21살짜리 해커에게 애정을 느꼈고, 해리스가 자신을 남몰래 짝사랑한다는 사실에 감동받았다. "해리스는 강아지 같은 눈망울로 저를 쳐다보곤 했습니다"라고 로버타는 회상했다. 윌리엄스 부부는 존의 문제를 해결해주기로 결심했고, 꽤 오랫동안 온라인 시스템즈의 비공식적인 목표는 존의 총각 딱지 떼주기가 되었다. 쉽지 않은 문제였다. 존 해리스는 동갑내기 여자들이 제법 '귀엽다'고 부를 외모였고, 말도 똑똑하게 했으며, 어지간한 여자들이 기뻐할 정도로 돈도 잘 벌었지만, 어쩐 일인지 여자들은 해리스에게 성적으로 끌리지 않았다.

남탕인 오크허스트에서 여자를 찾는 일 자체가 도전적인 과제였다. 존 해리스는 게임을 좋아하는 여자라면 자신과 통하리라는 생각에 지역 오락실에 아르바이트 자리를 얻었다. 오락실이 문을 여는 동안 존은 거의 오락실을 떠나지 않았다. 하지만 오락실에서 시간을 보내는 여자들은 주로 고등학생들이었다. 좀 똑똑한 지방 여학생들은 집을 떠나 대학으로 갔다. 남은 아가씨들은 폭주족을 좋아했으며 여자 앞에서 긴장이나 하는 존 해리스 같은 숙맥을 이해하지 못했다. 존은 수많은 아가씨에게 데이트를 신청했지만 대개는 거절당했다. 아마 농구 경기에서 편을 가를 때 선택되지 않은 채 남겨졌던 느낌이었으리라.

켄은 상황을 바꿔놓겠다고 맹세했다. "존 해리스, 내가 총각 딱지를 떼게 해줄께"라고 켄은 늘 말했다. 존은 쑥스러워하며 그런 말 하지 마라고 하면서도 속으로는 켄이 약속을 지키기 바랐다. 하지만 불행은 계속되었다.

존이 데이트하러 나갈 때마다 늘 크고 작은 사고가 뒤따랐다. 존이 처음으로 만난 여자는 10대 소녀였는데 패스트 푸드 음식점에서 같이 피자 먹은 이후로는 다시는 만나지 못했다. 이어서 켄이 온라인에서 디스크를 포장하던 여직원과 만남을 주선해주었다. 익숙한 술집을 약속 장소로 잡는데 존은 새로 산 사륜구동 자동차의 열쇠를 차 안에 두고 내리는 실수를 저질러 한바탕 소동이 벌어졌다. 엎친 데 덮친 격으로 켄은 존이 얼마나 지독한 색마인지 여자 앞에서 노골적으로 떠벌렸다. "정말로 쥐구멍에라도 숨고 싶은 심정이었습니다"라고 존 해리스가 나중에 말했다. 시간이 흘러 나머지 사람들이 둘만 두고 윌리엄스네 집에서 온수 목욕을 즐기고자 자리를 떴다. 이윽고 데이트가 끝나고 존은 그녀를 자신의 차로 집에 데려다 주기로 했다. 그런데 가던 도중에 그만 차가 눈에 빠져 오도 가도 못하게 되었다. 설상가상으로 거기서 소개팅녀는 우연히 옛 남자친구를 만나 그를 따라가 버렸다. 존 해리스의 데이트는 대개 이렇게 끝났다.

켄 윌리엄스는 쉽게 포기하지 않았다. 윌리엄스 부부는 존 해리스를 하이티에 있는 클럽 메드로 데려갔다. 클럽 메드에서 여자를 못 만나기는 어려웠다. 벌거벗은 비키니 차림의 여자가 눈앞에 젖가슴을 들이대며 존에게 스노클링을 하러 가자고 말했을 때 켄은 웃고 말았다. 노다지다! 여자는 존보다 열 살 정도 나이 들어 보였지만, 어쩌면 존 해리스가 필요한 여성은 이처럼 노련한 여성일지도 몰랐다. 스노클링은 상당히 재미있었고, 돌아오는 길에 모든 아가씨가 노닥거리며 남자들에게 가슴을 드러내 보였다. 로버타는 존의 팔을 움켜잡고 속삭였다. "이 아가씨와 아무 일도 없으면 너랑 다시는 말하지 않겠어!"

그 말은 들은 존 해리스는 간신히 부끄러움을 억누르며 아가씨의 어깨를 둘렀다. 그러자 그녀는 "이야기 좀 할까?"라고 말했고 그들은 그 자리에 앉아 이야기를 나눴다. 그녀는 나이 차에 대해 이야기를 꺼냈는데, 연인 관계로 발전할 일은 없으리라는 의미였다. "보트를 타러 가자고 말하려 했는데 너무나도 창피해서 말도 못 꺼냈습니다"라고 존은 회상했다.

켄은 하이티 이후에 더욱 대담해졌다. "저한테 여자를 짝지어주려고 켄은 상당히 많은 노력을 기울였습니다"라고 훗날 존 해리스는 말했다. 언젠가 윌리엄스 부부는 타호 호수에 있는 식당에 갔는데 웨이트리스에게 스무 살짜리 갑부랑 자고 싶지 않느냐고 노골적으로 물을 정도였다.

최악의 사건은 윌리엄스 부부가 온라인 직원들에게 열어준 독신자 파티에서 일어났다. 켄은 스트립 댄서 둘을 고용했다. 파티는 사무실에서 열렸는데 자유분방하고 무슨 일이든 허용되는 온라인 시스템즈 분위기를 잘 보여주는 행사였다. 사람들은 폭음했고, 누군가 고개를 돌린 채 사무실 건너편으로 맥주병 던지기 게임을 시작했다. 사무실은 깨진 유리 조각으로 가득 찼고, 파티에 참석했던 사람들 거의 모두가 다음 날 상처투성이로 깨어났다.

존은 스트립 댄서 중 한 명이 마음에 들었다. "그녀는 믿기 어려울 정도로 환상적이었습니다"라고 존은 회상했다. 그녀는 존에게 수줍어했고, 몇 주 전까지만 해도 비서였지만 돈이 궁해 이런 일을 한다고 고백했다. 그녀는 존 해리스 근처에서 맴돌며 춤췄고, 어느 시점에는 브래지어를 벗고 존의 머리 위로 떨어뜨렸다.

"이야기 좀 하세"라며 켄은 존을 구석으로 데려가 말했다. "사실 그대로 말할게. 저 여자가 '존은 정말 귀여워요'라고 말했어".

존은 듣기만 했다.

"자네가 1년에 30만 불을 번다고 그녀에게 말했네. 그녀는 자네가 기혼인지 묻더군!"

켄은 전적으로 솔직하지 않았다. 사실 켄은 존 해리스와 자도록 그녀와 거래했다. 켄이 이 모든 사건을 꾸몄다. 존에게 그녀가 프레즈노의 체즈 파리에 있으리라 말했고, 존은 잘 차려입고 그녀를 보러 갔다. 켄도 따라갔다. 존과 그녀는 술집 뒤편 구석 테이블에 앉았다. 켄은 술을 사주라고 존에게 귀띔했지만 그녀는 세븐업 한 병을 원했다. 켄이 세븐업 두 병을 주문했다. "음료수는 비쌌습니다. 한 병에 20불이었습니다"라고 존은 훗날 회상했다. 켄은 20불짜리 세븐업을 계속 사댔다. "저는 완전히 그녀에게 넋을 빼앗겼습니다. 대화가 술술 풀렸어요. 우리는 그녀가 예전에 했던 일과 스트립 댄서가 된 이유를 이야기했습니다". 그러다 켄은 가버렸고 존이 이어서 20불짜리 세븐업을 샀다. 가게가 문 닫을 시간이 되었고 진실이 드러났다. 그녀는 존과 자신이 당연히 각자 자기 집에 가야 하는 듯이 행동했다. 그래서 존은 집으로 돌아갔다. 나중에 켄이 존을 불러 "성공했느냐"고 물었을 때 존은 "뭐라 할 말이 없었습니다"라고 회상했다.

영원히 풀리지 않는 숙제였다. 아타리에서는 성공했지만 여자 운은 없었다.

여자 문제에도 불구하고 존 해리스는 새로운 세대의 본보기이고 해커계의 슈퍼스타였다. 잡지 인터뷰도 들어왔고 인터뷰에서는 아타리 800의 장점을 열거했다. 기사에는 존이 로열티 30%를 받는 억대 연봉자임이 늘 언급되었다. 갑자기 인기가 급부상했고 선망의 대상이 되었다.

그때쯤 전국에서는 젊은 자칭 해커들이 자신만의 대작을 만들고 있었다. 위대한 미국 소설을 쓰려고 덤볐던 1940년대 젊은이들의 판박이였다. 일방적으로 온라인에 보내지는 게임이 베스트셀러가 될 확률은 일방적으로 출판사에 보내지는 소설이 베스트셀러가 될 확률보다 대단히 높지는 않았지만 제법 높았다.

켄은 온라인 시스템즈가 해커 프로그래머들을 놓고 형제단 회사들과 경쟁하고 있다는 사실을 깨달았다. 켄이 시작했을 때만 해도 독보적이던 애플과 아타리 어셈블리 언어 마법을 점점 더 많은 사람이 익히면서 가정용 컴퓨터 소비자는 점차 자신이 구입한 물건에 대한 안목을 높여갔다. 온라인 외에도 그래픽 어드벤처 게임을 출시하는 회사가 생겨났고, 그들도 독자적인 기법을 개발해 애플 디스크에 그림 수십 장을 넣었다. 또한 케임브리지에 있는 인포콤이라는 회사는 MIT 해커들이 창업했는데 많은 단어로 구성된 완전한 문장을 받아들이는 고급 해석기를 개발했다. 그들이 이 해석기를 이용해 만든 첫 마이크로컴퓨터 게임이 조크였다. 테크스퀘어 컴퓨터에서 재미로 작성했던 게임을 엄청나게 공들여 확장시킨 버전인데, 원작은 스탠퍼드의 크라우더와 우즈가 개발한 어드벤처 딘전 게임이었다. 조크는 미친 듯이 팔려나갔다.

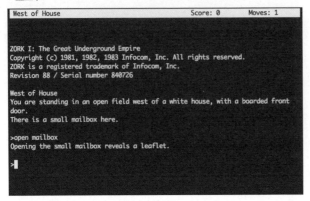

```
West of House                          Score: 0        Moves: 1

ZORK I: The Great Underground Empire
Copyright (c) 1981, 1982, 1983 Infocom, Inc. All rights reserved.
ZORK is a registered trademark of Infocom, Inc.
Revision 88 / Serial number 840726

West of House
You are standing in an open field west of a white house, with a boarded front
door.
There is a small mailbox here.

>open mailbox
Opening the small mailbox reveals a leaflet.

>▌
```

조크의 성공은 컴퓨터 게임 시장이 빠르게 움직인다는 증거였다. 한해 훌륭했던 게임이 해만 넘어가도 시대에 뒤떨어졌다. 애플과 아타리 해커들은 기계를 한계치 훨씬 너머로 가져갔다. 예를 들어 온라인의 스키트 사격 프로그램은 출시 후 몇 달이 지나자 창피할 정도로 조잡해보여 켄은 제품군에서 아예 빼버렸다. 또한 스레쉬홀드는 그때까지 표준을 완전히 깨버렸다. 그리고 빌 버지라는 해커는 핀볼 게임을 흉내내는 프로그램을 작성했다. 컴퓨터 핀볼 게임 래스터 블래스터는 온라인이 애플용으로 제공했던 어느 프로그램보다 앞섰다.

켄 윌리엄스는 온라인이 일하기 좋은 회사라는 이미지를 주어야 한다는 사실을 알았다. 켄과 직원들은 미래 소프트웨어 슈퍼스타에게 보낼 인쇄물을 준비했다. 약속과 꿈이 가득 찬 인쇄물이었다. 특이하게 온라인이 제공한 미끼는 해커 윤리와 별 상관 없었다. 인쇄물은 행복한 여름 캠프 공동체를 강조하지 않았다. 대신 부의 신 맘몬에게 바치는 찬양 일색이었다.

인쇄물 한 부분은 '질문과 답변'란이었다.

질문 : 뭐 때문에 다른 회사가 아닌 온라인에서 게임을 출시해야 하나요?

대답 : 한 가지 아주 좋은 이유는 돈입니다. 온라인은 업계에서 가장 높고

가장 규칙적인 로열티를 지불합니다. 우리의 임무는 당신의 삶을 더 편하게 만드는 데 있습니다.

질문 : 제가 직접 게임을 출시하면 안 됩니까?

대답 : 온라인에서 출시하면 고도로 훈련된 기술 전문가들이 귀하의 제품을 지원하게 됩니다. 그러면 귀하는 인생의 '고된' 활동에서 벗어나 카리비안 크루즈, 아스펜에서 즐기는 스키 등 좀 더 중요한 일에 시간을 보낼 수 있습니다. 간단히 말하면, 우리가 고된 일을 모두 합니다. 귀하는 버그가 발생할 경우만 시간을 투자하면 됩니다. 그 외에는 가만 앉아 돈이 굴러들어오는 모습을 지켜보면 됩니다.

또한 인쇄물에는 온라인이 업계에서 가장 전문적이고 효율적인 마케팅 회사인 이유를 설명하는 (이사회 의장) 켄 윌리엄스의 편지도 있었다. 켄은 워렌, 데이비스, 스티븐슨과 같은 최고 프로그래머들을 언급하며 자신의 기술적인 전문성도 홍보했다. 또한 온라인 영업 책임자가 쓴 편지도 있었다. "우리는 최고이며, 최고가 될 사람만 원합니다. 귀하가 이처럼 단순명료한 설명에 부합한다면 정상에서 우리와 희박한 공기를 마시러 오십시오. 성공은 자극적입니다. 견딜 수 있습니까?" 소프트웨어 인수부는 유망한 프로그래머들에게 보내는 메시지를 이렇게 요약했다. "우리가 귀하에게 관심 갖는 이유는 귀하가 우리 산업의 혈액이기 때문입니다. 프로그래밍은 고부가 상품이 되었습니다".

상당한 변화였다. 한때는 누군가 자신의 소프트웨어에서 예술적 진가를 알아준다는 사실만으로도 감격했다. 이제 시장이 생겨났고, 진짜 세상은 해커주의를 바꿔놓았다. 컴퓨터 대중화로 얻어지는 이익을 감안하면 필연적인 타협이었다. 컴퓨터가 온라인 공동체 사람들의 삶을 멋지게 바꿔놓은 모습을 보라!

켄은 이런 변화가 굉장히 자랑스러웠다. 사람들의 변화는 해커 꿈의 멋진 약속을 증명했다. 자신의 사업은 번창했으며, 온라인과 형제단 회사들은 이기적이지 않으며 새 시대에 걸맞은 사고방식으로 변화를 이뤄냈다. 그들은 새로운 미국의 선구자들이었다! 게다가 컴퓨터가 자동차 산업 이래로 누구도 맛보지 못한 최고의 성황을 이룰 산업이 될 거라는 사실이 점차 분명해졌다. 모두가 컴퓨터 산업에 숟가락을 얹고 싶어했다. 켄이 애플 II를 처음 보았을 때만 해도 미래가 불투명했던 애플 컴퓨터 사는 역사상 어떤 회사보다 빠르게 포춘 500대 회사로 진입했다. 벤처 캐피탈리스트들은 컴퓨터 분야에 주목하며 컴퓨터를 동작하게 만드는 소프트웨어를 가장 유망한 투자처라 여겼다. 팔려나가는 플로피 디스크양으로만 봐도 게임은 가장 잘 팔리는 컴퓨터 응용 프로그램이었으며, 게임 회사 중에서도 형제단 회사들은 컴퓨터 게임 시장에서 상당한 비중을 차지했다. 이런 이유로 패키지 출시만큼이나 투자와 인수 제안도 끊이지 않았다. 비록 켄은『월 스트리트 저널』에 자주 등장하는 부유한 기업 사냥꾼들과 대화를 즐겼지만 회사를 팔지 않았다. 형제단 회사들의 전화는 가장 최근에 들어온 인수 제안을 서로에게 알려주느라 자주 울려댔다. "방금 천만 불을 제안받았어요!", "음, 회사 절반에 10장을 주겠다더군요!", "오, 그리고 얼마에 어쩌자는 제안을 거절했어요!" 켄은 흔히 기업 사냥꾼들을 공항 조찬 모임에서 만났지만, 경영자들은 합의를 이끌어내지 못한 채 각자의 길을 갔다. 켄 윌리엄스는 회사를 접을 생각이 전혀 없었다. 켄은 사람들의 삶을 바꾸는 일이 그리고 화염처럼 붉은 신형 포르세 928을 몰고 출근하는 일이 너무 재미있었다.

CHAPTER 18 》
프로거

1982년에 접어들며 회사는 두 번째 생일을 맞았고, 켄 윌리엄스는 존 해리스를 비롯한 젊은 해커들에게 점차 인내심을 잃어갔다. 더 이상 그들을 기술적으로 지원할 시간도 의사도 없었다. 켄은 프로그래머들이 던지는 "이것을 껌뻑이지 않게 화면에 표시할 방법이 없나요? 물체를 수평으로 스크롤하는 방법은 무엇인가요? 이 버그는 어떻게 없애면 좋을까요?" 같은 질문 때문에 자신이 정작 할 일을 못 한다고 느꼈다. 바로 급성장하는 온라인 시스템즈를 해킹하는 일이었다. 지금까지는 프로그래머가 어느 하위 루틴에서 막혔다고 울부짖으며 켄을 호출하면, 켄이 즉시 달려가 함께 울어주고 함께 프로그램을 살펴주는 등 자신의 해커들을 행복하게 만들고자 무슨 일이든 했다. 하지만 이런 시절은 끝나가고 있었다.

켄은 자신의 태도 변화가 회사를 덜 이상적으로 만든다고 생각하지 않았다. 켄은 여전히 온라인이 컴퓨터로 사람들의 삶을, 직원과 고객 모두의 삶을 바꿔준다고 믿었다. 컴퓨터 황금기가 막 시작되려는 참이었다. 하지만 켄 윌리엄스는 해커가 다가올 황금기의 중심이 되리라 확신하지 못했다. 특히 존 해리스와 같은 해커라면 말이다.

켄 윌리엄스와 존 해리스 사이에 일어난 분열은 가정용 컴퓨터 소프트웨어 업계 전반에 일어난 현상을 상징적으로 드러냈다. 처음에는 해커의 예술적인 목표가 시장과 잘 맞아떨어졌다. 시장은 기대치가 없었고, 해커들은 자기가 하고 싶은 게임을 즐겁게 만들었고, 자신의 예술적 기교를 보여주는 멋진 기능으로 비즈니스 프로그램을 치장했다.

하지만 기술적인 지식이 없으면서도 컴퓨터를 구입하는 사람들이 점차 많아지면서 해커들을 감동시킨 요소들도 점차 가치를 잃어갔다. 물론 프로그램이 어느 정도 품질을 유지해야 했지만 기능 하나를 추가할 때 해커가 적용하는 혹은 어떤 프로그램보다 빠를 때까지 프로젝트를 끝내지 않는 엄격한 표준은 오히려 생산성을 저해하는 요소가 되었다. 게다가 마케팅이 더욱 중요해졌다. 사람들에게 알려지지 않은 훌륭한 프로그램은 넘쳐났다. 때로 해커들은 프로그램을 만들어 대가를 받지 않고 공개했고 존 해리스가 조브레이커 초기 복사본을 프레즈노 컴퓨터 상점에서 사람들에게 나눠주었듯이 무상으로 샘플을 제공했다. 하지만 사람들이 공개 프로그램 이름을 기억해 찾는 경우는 극히 드물었다. 대개는 잡지에 광고되고 기사가 실리고 컴퓨터 상점에 전시된 프로그램을 원했다. 굉장히 똑똑한 알고리즘은 별로 중요하지 않았다. 사용자는 평범한 알고리즘만으로도 만족했다.

물론 해커 윤리에 따르자면 모든 프로그램은 최대한 우수하고, 무한히 유연하고, 개념과 수행이 탁월하고, 사용자 능력을 키워줘야 마땅했다. 컴퓨터 프로그램을 치약처럼 파는 행위는 이단이었다. 하지만 현실은 달랐다. 1982년 소프트웨어 전시회에서 한 최첨단 벤처 투자가는 성공 비결을 이렇게 전했다. "저는 세 단어로 요약하겠습니다. 마케팅, 마케팅, 마케팅". 컴퓨터가 토스트기처럼 팔리는 시절이니 프로그램은 당연히 치약처럼 팔려나가리라. 해커 윤리가 뭐라든 말이다!

켄 윌리엄스는 게임 이름이 브랜드가 될만한 베스트셀러를 갈망했다. 그래서 자신의 스타 프로그래머인 존 해리스가 오락실 인기 게임인 프로거를 아타리 가정용 컴퓨터 게임으로 변환하고 싶다고 했을 때 존의 아이디어가 마음에 들었다. 프로거는 단순하지만 중독성있는 게임으로, 게이머는 작고 귀여운 개구리를 조종해 아주 복잡한 고속도로를 지나 통나무와 거북이 등을 타고 강을 건너야 했다. 아주 인기 있는 게임이었고, 제대로 해킹한다면, 베스트셀러가 될 거 같았다. "존 해리스는 프로거를 보고 정말 멋지다고 말했습니다. 일주일 안에 만들 수 있다고 말했죠. 저는 동의했습니다. 별로 어렵지 않아 보였습니다"라고 나중에 켄이 회상했다.

해리스에게 프로그램을 복제하도록 만든 후 다른 이름을 붙이는 대신 켄은 기업 규칙을 따랐다. 켄은 게임 저작자인 걸프 & 웨스턴 그룹의 세가 사에 전화했다. 세가 사는 자신들이 보유한 자산의 가치를 이해하지 못하는 듯했고, 켄은 겨우 10% 로열티에 컴퓨터 디스크와 카세트테이프 권리를 용케 얻어냈다(세가 사는 카트리지 권리를 파커 브라더스 게임 회사에 대여했다. 모노폴리 제조사인 파커 프라더스는 비디오 게임 시장으로 진입하려는 중이었다). 켄은 존 해리스에게 즉시 프로거 게임을 아타리 컴퓨터 버전으로 바꾸라고 지시했다. 또한 프로그래머 한 명에게 애플 버전도 만들라고 지시했다. 하지만 애플 그래픽은 프로거 게임에 적합하지 않았기에 프로거를 실행하기 위한 온라인의 주력 플랫폼은 아타리가 되리라 믿었다.

존 해리스는 완벽하게 감탄할 아타리 버전을 만들려면 대충 잡아도 3주가 걸리리라 예상했다(일주일에 하겠다는 소리는 허풍이었다). 이것은 해커가 프로젝트를 시작할 때 흔히 품는 환상이었다. 사무실에서 일하면서 해리스는 자신의 집 침실 셋 중 가장 작은 방에 작업실을 차렸다. 종이 뭉치, 버려진 하드웨어, 감자 칩 봉지로 가득한 방에서 존은 곧 화면에 그래픽을 띄우기 시작했다. 훗날 해리스는 이렇게 회상했다. 이 기간에 "제 손가락은 키보드와 혼연일체가 되었습니다. 한 번은 오후 3시에 프로그램을 시작했는데 한동안 코드를 짜다가 밖을 내다봤는데 여전히 밝았습니다. 그래서 몇 시간 정도 타이핑을 했으려니 생각했습니다. 알고 보니 밤이 지나 다음 날 아침이었습니다".

작업은 빠르게 진행되었고, 프로그램은 아름답게 완성되어 갔다. 샌디에고에 있는 존의 친구는 지속적으로 음악을 연주하는 루틴을 짜주었다. 아타리에 내장된 3채널 음향 칩을 사용해 원래 프로거 주제 음악인 캠프타운 레이시즈를 만들어냈다. 증기 오르간의 쾌활한 다중 화음이 잘 어우러진 음악이었다. 해리스가 만든 그래픽 형상도 더할 나위 없이 좋았다. 폴짝 뛰는 개구리, 고속도로를 달리는 작은 자동차와 트럭, 물속에서 잠수 중인 거북이와 뻐드렁니 악어... 모든 그림이 형상 테이블에 사랑스럽게 정의되었고, 어셈블리 하위 루틴과 합쳐져 정교하게 게임에 통합되었다. 게임을 사랑하는 사람만이 구현할 수 있는 게임이라 해리스는 믿었다. 진정한 해커만이 존 해리스와 같은 광적인 집중력과 결벽적인 예술적 가혹함으로 프로그램 구현에 임할 터였다.

프로거는 '대충 구현해서 3주면 끝나는' 프로젝트가 아니었다. 물론 누구도 3주에 끝나리라 기대하지 않았다. 소프트웨어는 항상 예상보다 오래 걸리니까. 프로젝트가 두 달째 접어들면서 존은 어려운 고비를 모두 넘어섰고, 며칠 쉴 겸 샌디에고 소프트웨어 엑스포에 참가하기로 했다. 근육 위축증 환자를 위한 자선 행사였는데, 선도하는 소프트웨어 예술가로서 존은 거의 완성된 프로거를 포함해 자신의 작품을 전시할 계획이었다. 그래서 존 해리스는 아직 출시되지 않은 프로거를 자신의 소프트웨어 컬렉션 상자에 넣은 후 상자 전체를 남부 캘리포니아로 가져갔다.

이처럼 중요한 짐을 들고 여행할 때는 엄청난 주의가 필요한 법이다. 존 해리스가 지금까지 작성한 프로그램 중 가장 중요한 프로그램인 프로거의 유일한 버전을 포함해 사본까지도 원본 디스크가 부팅되지 않는 경우를 대비해 상자에 넣었다. 존의 라이브러리 상자는 존이 소유한 디스크 거의 전부였다. 직접 수정한 어셈블러, 파일 수정 루틴, 음악 생성기, 애니메이션 루틴, 형상 테이블 등으로 가득했다. 평생 모은 도구들이었고 존에게는 MIT에 있었던 PDP-1용 종이테이프 프로그램 서랍만큼 소중했다. 이처럼 귀중한 물건이라면 한시도 눈을 떼면 안 되는 법이다. 한시도 손에서 놓으면 안 되는 법이다. 그렇지 않으면 잠시 눈을 떼고 손에서 놓는 순간,

예를 들어 팬과 대화에 열중하느라 방심한 순간에 머피의 법칙이 작용한다. 잘못될 수 있는 일은 잘못되기 마련이다! 누군가의 귀중한 소프트웨어 라이브러리 상자가 비극적으로 사라질 수도 있다!

그러한 일이 정확히 소프트웨어 엑스포에서 존 해리스에게 일어났다.

존 해리스가 옆 사람과 환담을 마치고 소프트웨어 상자가 사라졌다는 사실을 발견한 순간 그는 자신의 영혼이 상처받았음을 깨달았다. 상자에 담긴 그 플로피 디스크들보다 존에게 더 소중한 물건은 없었고, 존은 깊은 공허감을 느꼈다. 컴퓨터가 디스크를 씹어버려 잃어버린 내용을 복구하려고 며칠 동안 마라톤 모드로 돌입할 수 있는 상황이 아니었다. 걸작 전체를 완전히 날려 먹은 상황이었다. 설상가상으로, 해리스가 걸작을 만드는 데 사용한 도구도 모두 함께 날려 먹었다. 더 이상 최악의 재난은 없었다.

존 해리스는 깊은 우울증에 빠졌다.

존은 너무도 속상한 나머지 오크허스트로 돌아왔을 때 아타리를 켜고 프로거를 다시 짜는 고된 작업을 시작하지 못했다. 존은 두 달 동안 소스 코드를 10줄도 작성하지 못했다. 심지어 컴퓨터 앞에 앉기도 힘들었다. 매일 오크허스트의 유일한 오락실에서 거의 온종일을 보냈다. 온라인이 이사한 2층짜리 사무실 건물에서 길 건너 마주 보이는 작은 쇼핑 센터에 위치한 오락실이었다. 사실 오락실이라기보다 어두운 벽에 장식이라고는 구닥다리 비디오 게임이 전부인 소굴이었다. 최신 모델은 없었다. 하지만 존에게는 여기가 바로 집이었다. 존은 오락실 점원으로 아르바이트 자리를 얻었다. 25센트를 받아 토큰으로 교환해주며 근무 시간이 아닐 때는 스타패스와 로보트론과 버저크와 템페스트를 즐겼다. 기분이 좀 나아졌다. 어떤 때는 사륜구동 트럭을 몰고 비포장도로를 달리다가 눈에 띄는 가장 큰 언덕의 꼭대기로 차를 몰았다. 사실상 프로그램을 제외하고 무엇이든 하려고 덤벼들었다.

"저는 거의 하루 종일 오락실에 죽치고 앉아 여자애가 오기를 기다렸습니다"라고 해리스는 나중에 회상했다. "집에서 컴퓨터 게임을 즐긴 후에 프로그램 디스크를 밀어 넣고 게임을 즐기듯 프로그램을 해보려고 했습니다". 모두 소용이 없었다. "소스 코드 2줄도 작성할 의욕이 없었습니다".

존 해리스의 상실감은 켄 윌리엄스의 동정을 얻지 못했다. 로열티로 한 달에 수천 불을 받는 스무 살 소년에게 동정심을 느끼기란 어려웠다. 켄은 존에게 우정을 느꼈지만 동시에 나름대로 친구와 사업에 대한 이론을 세워놨다. "사적이며 훌륭한 교우 관계는 대략 만 불까지 가능합니다"라고 켄은 나중에 설명했다. "일단 만 불을 넘어서면 우정은 중요하지 않습니다". 프로거의 잠정적인 수입은 만 불이라는 한계선보다 몇 배나 가치가 있었다.

사실 존이 소프트웨어 엑스포에서의 부주의함으로 자신의 멍청함을 켄 윌리엄스에게 한 번 더 증명하기 전부터 켄은 자신의 최고 프로그래머가 못마땅했다. 켄은 애초에 존이 한 달 안에 프로거를 끝냈어야 한다고 생각했다. "존 해리스는 완벽주의자입니다"라고 켄 윌리엄스는 나중에 말했다. "해커였죠. 모두가 손을 뗀 후에도 존은 두 달 동안 프로젝트를 계속할 사람입니다. 기존 어떤 제품보다 뛰어난 제품을 내놓는다는 자기 만족감에 취해서요". 설상가상으로 좌절 좀 겪었다고 일손을 놓아 버린 사실에 켄은 더욱 화가 났다. "집중이 안 된다고 말했죠. 그래놓고 오락실에서 토큰을 세고 있더군요!"

켄은 존의 친구들 앞에서 프로거가 너무 지체되었다며 존을 심하게 힐책했다. 존은 간단한 답변조차 떠올리지 못할 만큼 긴장했다. 켄이 가버린 후에야 존 해리스는 자신이 켄의 직원이 아니라 프리랜서 프로그래머라고 말했어야 한다고 생각했다. 존은 켄에게 납품일을 약속하지 않았다. 존은 자신이 원하는 무엇이든 할 수 있었다. 그런데 이상하게도 미안한 감정이 들었다.

고문과 같았지만 결국 존은 아타리로 돌아가 다시 프로그램을 짜기 시작했다. 마침내 존은 이전 버전을 복구했으며 추가 기능 몇 개도 덧붙였다. 44색, 완전히 재정의된 플레이어—미사일 그래픽 루틴*, 아타리 6502 칩의 8비트로 10비트를 흉내내는 산뜻한 기교 몇 가지. 샌디에고에 있는 친구는 3채널 화음을 담은 사운드 트랙을 개선해주었다. 전반적으로 존 해리스의 새 버전은 오락실 버전보다 훨씬 멋졌다. 오락실 버전이 빠르고 고른 색상 그래픽을 얻고자 전용 칩을 쓴다는 사실을 감안하면 대단한 성과였다. 비록 더 범용이지만 위력이 떨어지는 가정용 컴퓨터로 오락실 기계를 흉내 내기는 굉장히 어려웠다. 심지어 제프 스티븐슨처럼 숙련된 프로그래머조차 감동했다.

암흑기는 지나갔지만 켄과 존 사이는 달라졌다. 온라인에 일어나는 변화를 보여주는 증거였다. 온라인은 해커 여름 캠프에서 관료주의로 넘어가는 중이었다. 예전이라면 존이 만든 게임은 "자! 오늘 해볼 게임이 있습니다! 모두가 좋아하면 출시합니다"라고 켄이 떠들어 대면 즉흥적으로 테스트된 후에 곧바로 배포되었을 것이다. 하지만 이제는 전담 부서에서 테스트를 수행한 후에 출시했다. 이제는 누군가 게임이 좋다고 말하려면 사내 메모를 한 50통쯤 거쳐야 하는 듯 보였다. 게다가 포장, 마케팅, 복제 방지 절차가 심각하게 정체되었다. 누구도 이유는 몰랐지만 존이 완벽한 프로거를 제출한 후 게임이 배포되기 전까지 두 달이 넘게 걸렸다.

》 **존 해리스의 프로거(1982년 작)**   출처 http://www.atarimania.com

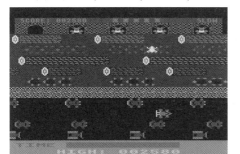

----

* 옮긴이_ Player—Missile. 아타리에서 2차원 화면에 스프라이트를 표현하기 위해 제공하는 그래픽 기능이다. 세부 설명은 http://www.atariarchives.org/agagd/chapter5.php 참고

마침내 프로거가 시장에 나왔을 때 모든 사람이 존의 프로거가 오락실에서 가정용 컴퓨터로 변환된 걸작이라는 사실을 인정했다. 첫 달 로열티로 존에게 지급된 수표는 3만 6천 불이었고 이 프로그램은 『소프트셀』 지의 (매주 집계되며 빌보드 순위표를 따라 만든) 신규 '핫 리스트' 1위에 올라섰고 여러 달 동안 1위 자리를 유지했다.

하지만 켄 윌리엄스는 존 해리스가 의기소침했던 동안 일으킨 문제를 결코 잊지 않았다. 당시 존은 프로거를 결코 완성하지 못할 듯 보였다. 1982년 여름이 되면서 켄은 세상의 모든 존 해리스들로부터 자유로워지는 날을 계획하기 시작했다. 켄 윌리엄스 입장에서 보자면 해커 시대는 끝났다. 그리고 해커 시대의 끝은 늦지 않게 도래했다.

>>>>>>>>>>>>>>>>>>>>>>>>

어린 시절 『카펫베거스』*의 조나스 코드를 좋아했던 켄 윌리엄스는 흥정을 좋아했다. 전도유망한 프로그래머에게 전화해 직설적으로 그리고 아주 약간 놀리는 투로 이렇게 말했다. "제가 부자로 만들어드릴까요?" 또한 켄은 대기업 중역들과 동등한 입장에서 흥정하기도 좋아했다. 1982년 컴퓨터 혁명이 급속히 퍼져 나가던 초창기에 켄 윌리엄스는 많은 사람과 거래했다. 켄이 한 거래들은 가정용 컴퓨터 소프트웨어가 어떤 사업으로 발전할지 그리고 해커나 해커 윤리가 거기서 어떤 위치를 차지할지 보여주었다.

"온라인은 미쳤습니다". 그해 여름 윌리엄스는 말했다. "제게는 IBM인 제하거나 아니면 여기 없거나, 둘 중 하나라는 철학이 있습니다".

----

* 옮긴이_ 하롤드 로빈스가 1961년에 발표한 소설로, 1964년에는 동명의 영화로도 제작되었다. 주인공인 조나스 코드는 하워드 휴즈를 모태로 만들어졌다.

켄은 대중 시장에서 전국적인 영향력을 발휘하고 싶었다. 1982년 여름 당시 이 것은 아타리 VCS 게임기를 의미했다. 아타리 VCS는 애플 소프트웨어처럼 만 단위가 아니라 백만 단위로 팔리는 베스트셀러 게임이 돌아가는 전용 게임기였다.

아타리는 VCS 게임기가 돌아가는 방식을 비밀로 간주했다. 어쩌면 코카-콜라 배합 공식보다 좀 더 엄격히 방어했다. 만약 청량음료 공식이었더라면 VCS 회로도는 즉 칩의 어느 메모리 위치가 화면에 색상을 출력하는지 혹은 어느 위치가 소리를 내는지 등과 같은 정보가 아타리 사 금고에 얌전히 보관되어 있으리라. 하지만 여기는 컴퓨터 업계였다. MIT에서 자물쇠를 해킹하던 시절 이래로 암호 해독은 해커들의 취미 활동이었다. 자만에 빠진 아타리가 판매하는 시시껄렁한 소프트웨어보다 더 나은 소프트웨어를 제작하면 금전적인 이익까지 있었으니 아타리 800 비밀과 마찬가지로 VCS 비밀이 깨지는 일은 시간문제였다.

VCS 분야에서 처음으로 아타리에 도전한 회사는 아타리 사장이 '수건 디자이너'라 부르던 전직 아타리 프로그래머가 설립한 벤처였다. 거의 모든 아타리 VCS 마법사들이 1980년대 초반에 배를 떠났다. 아타리에게는 심각한 손실이었다. VCS는 절망적으로 메모리가 작았고, VCS에서 게임을 제작하려면 일본전통단시인 하이쿠를 지을 만치 섬세한 솜씨가 필요했다. 하지만 아타리 프로그래머들은 VCS의 제약을 뛰어넘어 기계를 확장하는 방법을 알았다. 벤처 친구들이 작성한 게임에 비하면 아타리가 만든 게임은 유치하고 우스꽝스러웠다. 게임의 향상된 품질은 VCS의 시장 수명을 여러 해 연장했다. '매뉴얼과 비밀이 자유롭게 배포될 때 창작자들은 더욱 신나고 도전은 더욱 커지며 업계는 이익을 얻고 사용자는 더 나은 제품으로 보상받는다'는 해커들의 주장을 놀랍도록 정당화하는 사례였다.

그동안 다른 회사들은 VCS를 '역공학'했다. 그들은 비밀을 이해할 때까지 극도로 정교한 최첨단 장비와 오실로스코프로 기계를 철저히 분석했다. 이런 회사 중 하나가 시카고에 기반을 둔 타이거 토이즈였고, 그들은 프로그래밍 재능을 공유하자며 켄 윌리엄스에게 연락했다.

켄은 해커 셋을 시카고로 날려보냈고, 타이거 토이즈는 해커들에게 VCS 프로그램이 얼마나 엿 같은지 가르쳤다. 코드가 들어갈 공간을 무척 아껴야 했으며, 자료를 움직일 공간을 마련하고자 CPU 사이클을 세야 했다. 특히 존 해리스는 VCS를 굉장히 싫어했다. 어느 밤 존 해리스와 로버타 윌리엄스가 머리를 맞대고 팩맨과 별로 안 닮은 조브레이커를 위해 훌륭한 VCS 화면을 구성했으면서도 존 해리스는 VCS가 싫었다. 아타리 800 컴퓨터에서 빠르게 돌아가는 루틴에 익숙한 존은 VCS가 비슷한 루틴을 받아들이지 않는다는 사실에 분개했다.

존은 VCS가 터무니없다고 생각했다. 하지만 아타리의 VCS 팩맨을 완전히 박살 낼 프로그램을 정말 짜고 싶었고, 새로운 조브레이커 설계안에 기반하면 그런 프로그램이 가능하리라 생각했다. 아타리의 VCS 팩맨은 너무 껌벅거려 완전히 실패작이었다. 존의 VCS 프로그램은 껌벅임이 없었고, 색상이 화려했으며, 엄청나게 빨랐다.

켄 윌리엄스의 거래는 VCS 시장에서 멈추지 않았다. 컴퓨터 게임이 영화만큼 성공을 거두자 켄은 영화 업계와 연줄을 만들었다. 더 머펏을 제작해 전 세계적으로 유명해진 짐 헨슨이 그해 크리스마스 시즌에 개봉할 전형적인 블록버스터 '다크 크리스탈'이라는 2천만 불짜리 영화를 제작하는 중이었다. 켄과 헨슨은 거래를 텄다.

"영화 흥행이 참패로 끝나면 어쩌지?" 켄이 컴퓨터 게임을 미개봉 영화와 엮는 아이디어가 위험하다고 생각한 반면 로버타 윌리엄스는 다크 크리스탈 인물에 기반해 어드벤처 게임을 만든다는 아이디어를 굉장히 반겼다. 로버타는 컴퓨터 게임이 영화나 텔레비전에 못지않은 오락이라 생각했고, 자신의 장르를 영화나 텔레비전과 결합하는 일을 당연하게 여겼다. 실제로 다른 비디오 게임과 컴퓨터 회사도 영화 업계와 합작해 프로젝트를 진행하는 중이었다. 예를 들어 아타리의 'E.T', 폭스 비디오 게임의 'M.A.S.H.', 파커 브라더스의 '제국의 역습' 등이 있었다. 심지어 데이터소프트사는 '댈러스'라는 TV 쇼를 기반으로 어드벤처 게임을 만드는 중이었다. 프로그래머가 가진 도구라곤 창의성뿐이었던 초창기에 비하면 비약적인 발전이었다. 이제 프로그래머에게는 흥행을 보장하는 다른 미디어도 있었다.

만일 다크 크리스탈이 대박을 터트리지 못한다면 다음이 있었다. 바로 그다음을 위해 켄 윌리엄스는 컴퓨터 업계에서 가장 큰 회사와 흥정에 돌입했다.

바로 IBM이었다.

2년 전까지만 해도 존재하지 않았던 캘리포니아주 코스골드에 위치한 회사가 IBM과 맞짱을 떴다. 흰색 와이셔츠에 어두운 넥타이, 배치 프로세스로 무장한 IBM 직원들이 켄의 새로운 본사로 왔다. 본사 건물은 일련의 사무실로 이루어졌는데, 건물에는 오크허스트 사람들과 코스골드 사람들이 전기세를 납부하던 사무실, 1층 작은 가구점, 마케팅 부서와 광고 부서 옆에 미용실이 세들어 있었다.

여름 캠프에서 반바지와 티셔츠를 입은 온라인 직원들, 해커들, 오크허스트 토착민들에게 IBM의 첩보 영화 같은 행동은 우스꽝스러웠다. 모든 것이 엄숙한 일급비밀이었다. 심지어 자신들의 의도를 밝히기 전에 무표정한 IBM 직원들은 거래 내용을 알 만한 모든 사람이(그리고 최소한의 사람이) 두툼한 비밀 유지 각서에 서명해야 한다고 고집했다. 비밀 유지 각서는 누구든 세 글자로 이뤄진 회사 이름이나 계획을 누설하면 심각한 고문과 완벽한 전두엽 절제술을 받는다고 명시되어 있었다.

개인용 컴퓨터 혁명이 IBM을 '혼란에 빠뜨리리라'고 예측한 『컴퓨터 립』 저자 테드 넬슨과 다른 사람들은 안타깝게도 IBM이라는 획일적인 회사를 과소평가했음이 밝혀졌다. 컴퓨터 업계의 거인은 사람들의 기대 이상으로 민첩했다. 1981년 IBM은 독자적인 컴퓨터인 IBM PC를 발표했다. IBM PC가 나오리라는 소문에 많은 컴퓨터 업계 회사가 IBM 앞에 무릎을 꿇을 준비를 했으며, IBM PC가 시장에 나오자 그들은 즉각 계획대로 무릎을 꿇었다. 심지어 IBM과 배치 프로세스라는 철학을 증오하던 사람들조차 경쟁을 포기했다. IBM이 과거 자신들을 대표했던 철학에서 사실상 완전히 돌아서는 행동을 보여준 탓이었다. IBM은 자신들의 기계를 개방했다! 외부인들에게 소프트웨어를 작성하라 장려했으며, 심지어 홈브루 알테어 베이식 복사꾼들에게 원본 소프트웨어 도용 관련 편지를 보냈던 빌 게이츠가 이끄는 마이크로소프트 등과 같은 외부 협력사를 끌어들여 소프트웨어 설계를 돕게 했다. 게이츠는 IBM 운영체제를 만들었고, 게이츠가 만든 운영체제는 즉시 업계 표준이 되었다. 마치 IBM이 해커 윤리를 공부하고서 개인용 컴퓨터 비즈니스에는 해커 윤리를 적용하는 편이 낫겠다고 결정한 듯했다.

하지만 IBM은 해커 윤리를 너무 많이 적용할 계획은 없었다. 여전히 자기들 방식대로 비밀을 중시했다. 그래서 정장 차림의 IBM 직원들은 비밀 유지 각서에 서명을 받은 후에야 켄 윌리엄스에게 속내를 드러냈다. IBM은 PC보다 저렴하고 게임에 더 적합한 가정용 기계를 계획하는 중이었다. 새 기계의 암호명은 (결국 PCjr로 알려진) 피넛이었다. "온라인이 과거 어떤 해석기보다 복잡할 새 어드벤처 해석기를 만들 의향이 있으십니까? 또한 PCjr에서 쓰기 쉬운 워드 프로세서는 가능할까요?" 켄은 문제없으며 가능하다고 생각했다. 로버타가 또 다른 어드벤처 줄거리를 계획하는 동안 켄은 새 프로젝트에 투입될 비밀 마법사팀을 고용하러 나섰다.

큰돈이 걸린 사업에 참여하려면 역시 큰돈이 필요했다. 하지만 켄 윌리엄스는 가장 중요한 흥정으로 돈 문제를 해결했다. 바로 벤처 캐피탈이었다. "그때까지 저는 벤처 캐피탈에 대해 전혀 들어보지 못했습니다"라고 켄 윌리엄스가 나중에 말했다. "하지만 벤처 캐피탈을 잡아야 한다는 확신이 들었습니다". 그래도 온라인은 아주 빠르게 돈을 썼다. 켄과 로버타가 개인적으로 투자한 20만 불에다 TA 어소시에이츠라는 보스턴 회사에서 받은 120만 불은 현금 흐름을 유지하는 데 필수적이었다. 투자한 대가로 TA는 온라인 지분 중 24퍼센트와 사업 다방면에 걸쳐 자문할 권리를 가져갔다.

거래를 성사시킨 TA 쪽 책임자는 생기 넘치는 백발 여성 재키 모비였다. 모비는 반듯한 이목구비에 사려 깊은 열정의 소유자인데 회사 대모로서 자신의 자리를 매김하는 능력이 있었다. 재키 모비는 뛰어난 사업가가 회사를 시작할 때 너무 빨리 성장하는 바람에 통제 불능 상태로 빠져드는 상황을 많이 경험했고, 그래서 즉시 켄에게 전문 경영자를 영입하라고 그냥 하는 말이 아님을 분명히 암시하며 충고했다. 모비는 켄이 MBA 유형이 아니라는 사실을 간파했다. 모비가 보기에 켄은 회사를 적절히 키워 전통적인 성장 가도로 올려놓을 사람, 다시 말해 미국을 위대하게 만들고 TA같은 벤처 투자사를 부자로 만들어 줄 사람이 아니었다. 온라인 시스템즈가 상장해 모두가 떼부자 모드로 들어서고 싶다면 배를 이끌 튼튼한 방향타가 필요했다. 켄의 방향타는 굽어 있었다. 마구잡이 계획, 미친 흥정, 해커 여름 캠프 잔치로 계속 방향을 틀었다. 누군가 회사로 들어와 새로운 방향타로 교체될 필요가 있었다.

전문 경영인을 들인다는 아이디어는 켄에게도 꽤 매력적이었다. 1981년 3월 호 『소프토크』 지에다 켄은 이미 이렇게 발표했다. "저는 프로그래밍에 집중하고자 온라인에서 사퇴하려고 합니다". 회사가 더 많은 소프트웨어를 판매하고, 더 많은 계약을 맺고, 더 많은 프로그래머를 고용하고, 더 많은 종이를 처리하면서(사실 많은 종이가 애플 컴퓨터에서 처리되는 자료 형태로 존재했지만) 점점 심각해지는 마구잡이식 관리에 뭔가 조치를 취해야 한다는 사실은 분명했다.

문제는 켄이 온라인을 마치 컴퓨터 시스템인 양 해킹한다는 점이었다. 켄은 여기서 마케팅 계획을 수정하고 저기서 회계를 디버깅했다. 켄의 해킹 스타일은 폭발적으로 터져 나오는 창의력과 세세함에 무심한 태도가 특징이었다. 비슷하게 켄의 업무 스타일은 통찰력이 번득이지만, 아이디어를 실행하는 뒷심이 부족했다. 애플용 저가 워드프로세싱 패키지의 가치를 처음으로 인식한 사람이 켄이었다(MIT의 TMRC 해커들이 TX-0를 '값비싼 타이프라이터'로 썼던 아이디어를 극대화한 결과였다). 또한 무수한 수정을 거치는 동안 인내심을 보이며 프로그램을 지원한 사람도 켄이었다. 이렇게 완성한 스크린라이터 II는 백만 불이 넘는 매출을 달성했다. 하지만 켄의 우호적인 경쟁사들은 켄이 장볼 때 쓰는 수표책으로 프로그래머에게 엄청난 로열티를 지급하는 버릇을 비웃었다. 애플 사용자의 철자를 교정하는 프로그램 더 딕셔너리 개발을 도와놓고는 잡지에 실은 광고에 철자를 10개나 틀릴 정도였다. 심지어 철자오류misspell라는 단어조차 잘못 썼다.

켄의 새 사무실은 쓰레기 더미에 묻히기 일보 직전이었다. 신입 사원 한 명은 켄의 사무실을 처음 보았을 때 누군가 지저분한 쓰레기 더미를 안 치우고 방치한 줄 알았다고 말했다. 나중에 켄이 일하는 모습을 보고서 그는 이해했다. 낡은 푸른색 애플 컴퓨터 티셔츠, 구멍 난 무릎에 빛바랜 청바지 차림의 28살짜리 사장은 책상에 앉아 서류를 뒤적거리며 전화기로 직원이나 사람들과 대화를 나누었다. 티셔츠는 회사 매출액만큼이나 극적인 성장을 겪은 켄의 돌출된 복부를 덮었다. 켄은 중요한 계약서를 전광석화처럼 훑어보고 서류 더미 위로 툭 던졌다. 계약 상태를 궁금해하는 제작자들과 공급업체들은 끊임없이 전화를 걸어왔다. 온라인에서는 계약서가 전혀 없는 대형 프로젝트도 진행했다. 누구도 어느 프로그래머가 무엇을 하는지 몰랐다. 심지어 서로 다른 지역에 있는 프로그래머 두 명이 동일한 게임을 변환하던 황당한 사건도 있었다. 백업 없는 마스터 디스크와 IBM 최고 기밀 디스크 등은 켄의 집 마루에 쌓여 있었다. 애들 중 하나가 들고 가거나 강아지가 쉬할지도 모르는 곳에! 그렇다, 켄 윌리엄스는 꼼꼼한 사람이 아니었다.

켄도 스스로를 알았다. 켄 윌리엄스는 자신의 회사가 너무 커져 이제는 해커 성향이 없는 누군가가 좀 더 전통적인 방식으로 운영해야 한다는 사실을 인지했다. 마침내 켄은 후보자를 찾아냈다. 바로 자신의 전직 상사인 딕 선더랜드였다.

켄은 딕 선더랜드가 훌륭한 사업에 따라다니는 모호한 특성을 대표한다고 생각했다. 예측성, 질서, 통제, 신중한 계획, 일관적인 관점, 예의범절, 지침에 충실하기, 구조적 계층 등은 온라인에 확실히 부족한 특성이었다. 온라인에 부족한 특성이 바로 해커들이 혐오하는 특성이라는 사실은 우연이 아니었다. 켄이 판단하기에 자신의 전직 상사만큼 해커 윤리와 극단적으로 대립하는 사람은 없었다. 자신이 아프다고 인정하고서 삐딱하게 가장 쓴 약을 선택하는 행위와 비슷했다.

딕 선더랜드를 선택한 결정 뒤에는 음흉한 의도도 있었다. 몇 년 전 켄이 인포매틱스 사를 그만둔 이유는 딕 선더랜드가 켄에게 한 말 때문이었다. "켄, 자네는 관리자로서 자질이 없네". 딕 선더랜드의 상사가 된다는 생각은 기존 체제를 쓰러뜨리기 좋아하는 켄에게 굉장히 매력적이었다.

딕 선더랜드 입장에서 보면 켄 윌리엄스 아래서 일한다는 발상이 처음에는 터무니없었다. "여기 와서 제 회사를 운영하세요!" 켄은 요세미티 근처의 휴양 단지에서 전화로 딕에게 쨱쨱거렸다. 중역을 이딴 식으로 뽑다니, 딕은 생각했다. 이런 흥정에 연루될 일은 절대 없을 거라고 딕은 스스로 다짐했다. 딕은 막 MBA 프로그램을 끝낸 참이었고, MBA가 자신을 인포메틱스에서 최고 지위로 올라가는 줄에 세워주리라 생각했다. 하지만 켄이 두 번째로 전화했을 즈음 딕은 인포매틱스에서 자신의 미래를 우려하며 한창 뜨는 마이크로컴퓨터 분야를 고려하던 중이었다. 6월 초 딕은 차를 몰고 와 온라인즈를 방문했고, 브로큰 비트에서 오크허스트 재취업자와 대학 중퇴자로 이루어진 온라인 경영진과 점심을 먹었다. 딕은 온라인이 벤처 투자자와 맺은 거래를 보았고 감명을 받았다. 훗날 자신의 표현에 따르면 딕은 '온라인이 굉장한 잠재력이 있으며 일할 만한 장소'라는 생각이 들었고, 이에 그날 온라인 경영진에게 "저는 온라인에 없는 것을 가져올 수 있습니다. 회사를 묶어줄 응집력 있는 리더십을 가져오겠습니다"라고 말했다. 딕은 가정용 소프트웨어 업계가 "새롭고, 점토와 같다. 원하는 대로 모양을 만들고, 발전시키고, 승자가 되고... 짜잔! 인생의 기회다!"라는 사실을 깨달았다.

다른 한편으로 이직은 켄 윌리엄스 밑에서 일한다는 뜻이었다. 한 달 넘게 딕과 딕의 부인 애이프릴은 수년 동안 공들여 장식한 로스엔젤레스에 있는 자신들의 집 뒤뜰에 앉아 집을 떠나야 할지도 모르는 가능성을 이리저리 재며 시간을 보냈다. 두

말할 필요없이 가장 큰 위험은 프로그래머에서 소프트웨어 황제로 변신한 켄의 제멋대로 성격이었다. 딕은 신중한 관리자가 무모한 사업가 밑에서 일하기가 어떨지 전문가에게 조언을 구했다. 경영 전문가를 비롯해 심지어 정신과 의사도 찾아갔다. 마침내 딕은 자신이 켄 문제를 감당할 수 있다고 확신했다.

1982년 9월 1일, 딕 선더랜드는 온라인 시스템즈의 대표가 되었고, 동시에 온라인 시스템즈는 회사명을 시에라 온라인으로 바꾸었다. 요세미티와 가깝다는 사실을 반영하여 새로운 로고에는 원 안에 하프돔*이 있었다. 새로운 시대를 수용하기 위한 변화였다.

》 시에라 온라인 로고

딕이 도착하기 일주일 전 켄은 속이 좀 트이는 듯했다. 자신이 만든 윌 워즈 게임을 들고 와 켄 앞에서 '심사'받은 해커에게 축하해준 날이었다. 그 해커와 만난 후 켄은 어느 방문객에게 자신이 관리하는 잠재적인 스타 프로그래머들에 대해 이야기했다. 켄은 자신의 제작자 몇몇이 록스타에 필적하는 브랜드 이름이 되었다는 사실을 인정했다. "게임을 출시하면서 존 해리스 이름을 박으면 그러지 않은 경우보다 훨씬 더 많이 팔립니다"라고 켄은 말했다. "존 해리스는 '아타리' 세상에서 누구나 아는 이름입니다. 아타리 컴퓨터 소유자 사이에서는 어지간한 록스타보다 존 해리스가 더 유명합니다".

하지만 이제 딕 선더랜드가 올 날이 임박했으니 켄은 앞으로 프로그래머들의 권력이 줄어들 리라 기대했다. 이제 켄은 해커들을 억압해야 한다고 확신하는 해커였다. 켄은 딕이 표준 프로그래머 로열티를 30%에서 20%로 낮춰주기 바랐다. 흥행에

----

* 옮긴이_ 미국 캘리포니아주 요세미티 국립공원에 있는 화강암 돔이다.

성공하는 게임을 만들기 위해서 "천재가 필요하다고 생각하지는 않습니다"라고 켄은 말했다. "괜찮은 게임을 만들려고 우등생 프로그래머를 구하던 날이 아직은 끝나지 않았습니다만 1년 안에는 끝나리라 봅니다. 프로그래머들은 한 묶음에 10센트가 아니라 50K입니다. '비디오 화면에' 떠다니는 우주선은 더 이상 문제가 아닙니다. 우리에게는 시장의 요구 파악, 유통 채널 확보, 돈, 전략, 마케팅 홍보가 필요합니다".

그날 자신의 사무실에서 켄은 노골적으로 '까짓 것 아무려면 어때'라는 어조로 자신의 회사가 "1985년까지 매출 2억 불을 달성하거나 파산하거나" 둘 중 하나가 되리라 추측하고 "어느 쪽이든 별로 개의치 않습니다"라고 말하며 자신은 첨단 기술 순례자처럼 산으로 들어가 컴퓨터 황금기를 헤쳐나갈 다음 단계를 고민하겠다고 약속했다.

하지만 켄 윌리엄스는 '자신을 해고하겠다'는 약속을 지키지 않았고, 약속을 어겼다는 사실에 아무도 놀라지 않았다. 올바른 기능을 모두 구현하지 못한 채 멋진 게임 프로그램을 포기하는 행동은 해커에게 걸맞지 않았다. 켄 윌리엄스는 마치 '관리자에게 넘길 만큼 회사를 키운다'는 자신의 목표를 달성한 듯 딕에게 회사를 건네주었다. 하지만 해커 특성상 켄 윌리엄스는 목표라는 관점에서 상황을 조망하지 못했다. 켄은 여전히 온라인을 운영하는 과정 자체에 매료되어 헤어나지 못했으며, 결국 해커 비공식주의와 관료주의적인 엄격한 사이에 벌어지는 문화적인 충돌로 회사를 혼란에 빠뜨리고 말았다.

마치 업계 정신을 두고 전투가 벌어지는 듯했다. 딕 선더랜드는 가장 먼저 시에라 온라인에 엄격한 기업 구조를 세우려고 시도했다. 직원들과 제작자들이 문제를 직속상관에게만 보고하는 계층 구조였다. 딕은 비서들에게 조직도 사본을 배포하라고 지시했다. 조직도 맨 위에는 켄이 있었고, 바로 아래는 딕이, 계속해서 아래에는 상자 여럿이 선으로 연결되어 있었다. 선은 조직에서 유일하게 허용되는 의사소통 채널을 표현했다. 이와 같은 구조가 해커주의와 정반대라는 사실에도 딕은 별로 개의치 않았다. 오히려 딕은 해커 성향이 회사를 거의 파산으로 몰고 가 망쳤다고 믿었다.

딕은 특히 여름 캠프를 끝내고 싶었다. 딕은 소란스런 행위, 마약, 즉흥적인 파티, 업무 시간 중에 일어나는 장난 등에 관해 이야기를 들어왔다. 심지어는 한밤중에 사무실에서 실제로 성행위가 있었다는 소문도 청소부에게서 들었다. 이런 종류의 행동은 이제 멈춰야 했다. 딕은 특히 켄이 직원들과 좀 더 경영자적인 관계를 유지하며 좀 더 질서 있고 합리적인 의사소통 체계를 장려하기 바랐다. 사장이 말단 직원들과 온수 욕조에 같이 들어가는데 어떻게 계층 구조를 유지할 수 있겠는가?

딕이 생각하기로는 정보의 흐름에는 조직 상부 사람들의 명료한 해석과 신중한 통제가 필요했다. 시각이 넓지 않은 사람들은 정보를 조금씩 얻어야 동요하지 않는 법이다. 하지만 딕이 온라인에서 싸우는 대상은 놀랍게 퍼져 나가는 소문이었다. 회사 내 무제한적인 정보의 흐름은 소문을 더욱 부추겼다. 게다가 "켄 윌리엄스는 '소문을' 진압하기보다는 키웠습니다. 켄에게는 신중함이라는 개념이 없었습니다"라고 딕은 말했다. 켄에 관해서라면 사생활부터 은행 계좌까지 모든 것이 공개된 정보였다.

그럼에도 불구하고 딕은 켄이 '온라인에 책임감 있는 경영진이 필요하며 그렇지 않으면 회사가 망한다'는 사실을 안다고 확신했다. 하지만 켄은 쉽게 물러서지 않았다. 딕은 인사 체계를 확립하고, 신중하게 선택한 후보자를 영입하고, 급여를 통제했다. 그 와중에 뜬금없이 누군가를 비서로 고용했다고 켄이 딕에게 통보했다. 1분 전까지도 회사에 존재하지 않는 자리였다. "누구를 고용했죠?" 딕은 대답했다. "로스엔젤레스에서 펩시 트럭을 운전하는 친구입니다".

"전형적인 사례였습니다"라고 딕이 말했다. 딕은 경영을 공부할 때 읽었던 사례를 기억했다. 번득이는 아이디어로 사업을 시작했지만 규모가 커지면서 대응하지 못하는 사업가 이야기였다. 이 모든 문제는 해커가 시작한 회사라는 사실에서 기인했다. 켄은 이제 해커 시절이 끝났다고 말했다. 켄은 사내 프로그래머들의 권력을 제한하고 싶었다. 하지만 이런 바람도 딕에게 전혀 도움을 주지 못했다.

로열티를 30%에서 20%로 낮추려는 협상은 특히 어려웠다. 프로그래머들이 회사가 떼돈을 번다고 생각하는 상황에서는 더욱 어려웠다. 실제 회사 상황은 그렇지 않았지만, 창문에서 떨어지는 배춧잎을 보면서 누구도 회사가 어렵다고 생각하지 않았다. 켄이 교외에 집을 짓는다는 사실을 모두가 알았다. 길이가 120미터에 달하는 저택으로 지역에서 가장 큰 연회실을 갖추었다. 건축에 투입된 일꾼만도 10여 명이 넘었으며, 그들은 공사장에 전화와 모든 설비를 갖춘 사무실을 지어놓고 살았다. 절반도 완성되지 않았지만 켄은 주말에 이미 회사 직원 전체를 초대해 저택에 딸린 라켓볼장에서 라켓볼 경기를 벌였다. 프로그래머들에게 로열티 축소를 요구하는 시점에서 적절하지 못한 행동이었다.

켄 윌리엄스의 관점은 다소 달랐다. 자신이 딕을 고용했으며 평소 딕을 옹호했다. 하지만 켄은 자신이 경영에 계속 관여해야 한다고 생각했다. 자신이 고용한 사람들과 회사 비전 자체에 책임감을 느꼈다. 켄은 누구보다 업계를 잘 알았다. 딕은 신참에 불과했다. 게다가 켄 윌리엄스는 일이 너무 재미있었다. 지금 떠나면 끝발이 가장 좋을 때 도박판을 떠나는 셈이었다. 좀 더 직접적으로 표현하면 해커에게 더이상 기계를 갖고 놀지 말라고 지시하는 셈이었다. 그런 단어는 해커 두뇌에 입력되지 않았다. 프로그래밍에 통달해 얻는 신과 같은 능력, 일단 이것을 맛보면 놓기가 어려웠다.

로버타 윌리엄스도 동의했다. 켄이 온라인을 자신이 해킹할 복잡한 컴퓨터 프로그램으로 취급하듯, 로버타도 회사를 어드벤처 게임처럼 아름답게 장식하고 우아하게 구조화할 창의적인 프로젝트라 생각했다. 어드벤처 게임 제작자들과 마찬가지로 로버타와 켄은 회사에 대한 궁극적인 통제권을 즐겼다. 남에게 내주기는 어려웠다. 로버타는 이것을 보모 고용에 비유했다. "내가 하고 싶은 일을 하는 동안 누군가 와서 애들을 봐주면 좋겠다고 생각합니다. 그러면 그동안 어드벤처 게임을 설계할 수 있으니까요. 그런데 보모가 애들에게 아무거나 해도 좋다고 말합니다. '그래, 땅콩버터와 젤리 샌드위치를 먹어도 좋아'. 하지만 저는 아이들에게 땅콩버터와 젤리 샌드위치를 먹이고 싶지 않습니다. 차라리 소고기를 먹이겠습니다. 그런데 보모가 말합니다. '땅콩버터는 괜찮아요. 단백질이 많답니다. 절 고용하셨으니 제가 알아서 하겠습니다'. 바로 이것이 현재 우리와 딕이 처한 상황입니다. 딕은 말합니다. '저한테 이렇게 할 권력을 주었잖습니까? 프로그램만 하고 싶다면서요". 이제 우리는 말합니다. '네, 우리도 그런 줄 알았습니다. 하지만 통제권을 포기하고 싶지는 않네요.'"

>>>>>>>>>>>>>>>>>>>>>>>>

시에라 온라인 경영진이 정체성을 찾으려고 버둥거리는 동안, 3세대 해커들은 회사에서 일어나는 변화에 낙담했다. 해커들은 던전즈 앤드 드래곤즈 게임을 하기 전에 핵사곤 하우스에서 인스턴트 저녁을 먹으며 이야기를 나누거나 플라스틱 체크무늬 식탁보가 덮인 야외용 테이블이 놓인 41번 도로변의 적막한 술집인 데니스에서 피자와 콜라를 마시며 점점 떨어지는 회사 사기를 걱정했다. 데니스를 찾는 고객 대다수는 온라인 사람들을 그다지 좋아하지 않는 지역 주민이었지만 동네에서 피자와 비디오 게임을 즐길 수 있는 곳은 데니스뿐이었다. 해커들은 데니스에서 주문한 음식을 기다리는 동안 그다지 몰두하거나 흥미로워하는 기색 없이 비디오 게임에 열중했다.

해커들은 자신의 위치에 자부심을 느꼈으며 자기가 좋아하는 일을 하면서 월급을 받는다는 행운에 어리둥절해했다. 1980년대 초반 게임 해킹은 자본 없이 상업적으로 성공할 수 있는 유일한 예술 분야였다. 제작자는 진정으로 감독이 될 수 있었다. 혼자서 착상하고, 대본을 쓰고, 감독하고, 제작하고, 다듬어 시장에 나온 여느 베스트셀러 게임 못지않게 뛰어난 예술 작품을 완성할 수 있었다. 3세대 해커들은 예술적으로 특권 있는 위치에 올랐다. 게임 판매 회사들이 해커들의 소프트웨어를 놓고 경쟁한다는 사실에 어떤 해커들은 기뻐했지만 어떤 해커들은 혼란스러워했다. 이런 일에는 규칙이 없었다. 켄 윌리엄스처럼 강압적인 협상가나 딕 선더랜드처럼 위협적인 협상가와 맞설 만큼 사업 수완과 담력 있는 21살짜리 해커는 드물었다. 해커들에게 돈은 중요한 문제가 아니었으므로 공정하다고 여겨지는 거래라면 무엇이든 동의했다. 사업은 해킹만큼 재미나지 않았으니까.

그럼에도 불구하고 1982년 가을, 업계를 움직이는 힘은 가장 창의적인 프로그래머들이었다. 브로더번드 사는 댄 고린이라는 28살짜리 전직 인공 지능 해커가 만든 초프리프터로 대박을 터뜨렸다. 이란 인질 사건에 기반을 둔 게임으로 헬리콥터가 적진을 가로질러 인질 64명을 구출하는 이야기였다. 헬리콥터에는 조그만 애니메이션 인질들이 손을 흔들었다. 초프리프터는 1982년 한 해 가장 잘 팔린 게임이었으며 칼스톤의 세련된 사업 운영 방식과도 일치했다. 브로더번드는 해커들을 사랑했고 항상 자기네 '게임 디자이너들'이 얼마나 멋진 예술가인지 자랑했다.

» 댄 고린이 만든 초프리프터(1982년 작)

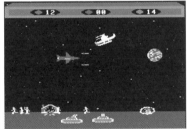

시리우스 사는 독자적인 슈퍼스타들을 키웠지만, 시리우스가 설립된 첫해 동안 거의 모든 게임을 만들었던 디자이너 나시르는 시리우스 소속이 아니었다. 제리 제웰에 따르면, 나시르는 시리우스가 자신의 작품을 전시하고 판매할 최고 회사가 아니라고 생각하여 그것도 첫해 25만 불을 받고 나서 전직 시리우스 중역진과 함께 자

신의 회사를 차린 후 뻔뻔하게 게벨리 소프트웨어라 이름 지었다. 결과적으로 게벨리 소프트웨어는 업계 선두에 진입하지 못했다.

시리우스는 미국 내 다른 지역에서 10대 해커들을 데려와 손실을 보충했으며, 비어 런, 트웝스, 디 어스 다이즈 스크리밍과 같은 히트 게임을 선보였다. 제리 제웰은 때로 회사 젊은 프로그래머들에게 난폭한 큰형처럼 행동했다. 제웰이 정말로 원하는 목표는 대규모 VCS 시장이었으며, 이십 세기 폭스 사의 새 비디오 게임 부서에 게임을 개발해주는 큰 계약을 따낸 후로는 애플이나 아타리 세상만이 아니라 모든 세상에 자신의 제품을 대중적인 브랜드로 만들겠다는 비전에 불타올랐다. 제웰은 자신의 프로그래머들 몇몇이 1년에 백만 불정도 벌지도 모른다고 생각했다.

VCS 시장에 슬쩍 손대는 정도였던 온라인에서 켄 윌리엄스와 딕 선더랜드는 프로그래머 연봉으로 백만 불을 꿈꾸지 않았다. 오히려 로열티를 30%에서 20%로 내리려고 궁리하는 중이었다. 하지만 온라인 해커들은 데니스에 모여 계약서를 서로 비교한 결과 30%는 공정하고 20%는 공정하지 못하다는 결론을 내렸다. 브로더번드와 시리우스는 여전히 더 높은 로열티를 제공했으며, 몇몇 해커는 일렉트로닉 아츠라는 흥미로운 신생 회사로부터 이직 제안도 받았다. 아츠 사는 해커들을 록스타처럼 문화적인 영웅으로 대우하겠다고 다짐한 전직 애플 직원으로 이뤄진 회사였다.

켄과 딕은 무대에서 게임을 선전하고 테스트하고 배포하는 데 드는 비용이 급격히 상승하는, 더 새롭고 전문적인 현재 업계의 수준을 감안하면 20%가 적당한 수치라고 해커들을 설득하려 애썼다. 온라인은 광고비 지출을 늘렸고, 지원 인력을 더 고용했으며, 판촉 인력도 확대하는 중이었다. 하지만 프로그래머들은 딕과 딕의 관리 체제를 관료주의로 취급해 전형적인 알레르기 반응을 보였다. 해커들은 여름 캠프와 악수 하나로 계약이 성사되던 시절이 그리웠다. 예를 들어 존 해리스는 6자리 계약 협상에 일조한 변호사에게 수임료를 지불한다는 생각을 못 견뎌 했다. "그냥 읽기만 하고 100불이나 받다니요!" 해리스는 울부짖었다. 해리스와 나머지 온라인 해커들은 회사가 이제껏 하던 일, 즉 해커들이 작성한 게임을 출시하는 일을 하려고 온갖 관리자와 지원 인력을 고용하는 모습을 지켜보았다. 해커들 관점에서는 또 다른 해커 죄악이며 비효율성의 증거였다. 해커 본질보다 마케팅을 강조하는 분위기도 마찬가지였다.

예를 들어 온라인은 게임 포장 상자를 새롭고 화려하게 꾸미느라 많은 돈을 쏟아부었으나 프로그래머 이름을 넣을 자리는 마련하지 않았다. 켄은 상자 속에 구겨 넣을 설명서에 이름을 올리면 충분하다고 생각했다. "그래야 회사가 광고와 로열티에 더 많은 돈을 쓸 수 있다는 사실을 제작자들은 알아야 합니다"라고 켄은 말했다. '전문가'적인 새로운 태도로 게임 제작자들을 대하겠다는 의도였다.

하지만 1982년 가을 데니스에서 오가는 대화를 들어보면 프로그래머들은 '전문가'적인 태도보다 해킹하기 좋은 분위기를 더 중요하게 여겼으며 거의 모든 프로그래머가 떠날 생각을 한다는 사실이 명백했다.

프로그래머들이 대탈출할 가능성을 짐작했지만 우리의 회사 창립자는 별로 걱정하지 않았다. 켄은 잠재적인 변절자들과는 차원이 다른 프로그래머들을 모집하느라 바빴다. 어셈블리 언어 기술과 불규칙한 작업 버릇이 완전히 굳어진 채로 켄에게 왔던 해커들에게 인내심이 바닥난 켄은 대안을 찾기로 결정했다. 컴퓨터의 전지전능한 힘을 사용해 프로그래밍 전문가를 만들어보리라. 생각해 보면, 지금 로열티 삭감에 불평하는 성마른 해커들은 기껏해야 게임 한두 개 정도만 만들어본 경험으로 자신에게 오지 않았던가. 그래놓고 자기들 덕분에 내가 성공했다고 생각하다니. 아직 첫 게임을 만들어보지 않은 사람을 찾으면 어떨까? 프로그래밍 경험은 있지만 아직 어셈블리 언어의 마법사는 아닌 사람을 찾아내 켄 아래에서 훈련시키면 어떨까? 확실히 이런 친구들은 배은망덕하게 다른 회사가 봉급을 올려준다고 곧바로 켄을 배신하지는 않으리라. 하지만 좀 더 중요하게는 이처럼 대담한 채용이 켄이 꿈꾸는 온라인의 비전과 맞아떨어진다고 생각했다. 켄은 자신의 회사가 사람들의 삶을 개선하는 곳, 컴퓨터 미래를 사람들에게 가져다주는 곳이 되기를 바랐다.

켄은 41번 국도 변 TV 판매점 위층에 있던 옛날 온라인 사무실을 사내 프로그래머 전용으로 꾸몄다. 그곳에서 일하는 사람 중 일부는 켄이 공짜 집을 제공하고 로열티를 줬던 프로그래머들이었다. 그중 한 명이 텍사스에서 시에라까지 낡은 재규어 XKE를 몰고 와서 '처클스'라는 가명으로 게임을 만드는 척 뷔쉬였다. 딕은 처클스가 만든 첫 미로 추적 게임인 크리피 코리더스에서 특정 부분을 좋아했다. 게이머가 조종하는 작은 사람이 미로를 돌아다니다 뒤쫓는 괴물에게 잡히는 순간 끔찍하고 소름 끼치는 비명을 질렀다. 상대적으로 골때리는 애플의 사운드 기능을 고려한다면 비명은 상당한 업적이었다. 처클스는 자신이 낼 수 있는 가장 소름 끼치는 비명을 테이프 레코더에 녹음한 후 디지털 분석기를 사용해 다섯 페이지짜리 자료로 출력했다. 그런 다음 출력한 자료를 애플에 입력해 비명과 똑같은 소리가 나는 메모리 위치를 정확히 찔렀다*. 비명은 애플의 가용 메모리 중 거의 1/5을 차지했지만 척에게는 그만한 가치가 있었다. 온라인의 순수 프로그래머들은 이 같은 비효율성을 끔찍하게 여겼다.

하지만 일부 신입 프로그래머들은 척에 비해 실력이 너무나 뒤떨어져 그들에게 척이 쓴 기교는 완전히 외계어였다. 신입 프로그래머들이 갖춘 자격 요건은 컴퓨터 공학 학사부터 마약에 취해 비디오 게임을 즐기는 열정파까지 다양했다. 두 사람은 일본인이었는데, 켄이 그들을 고용한 이유는 누군가 켄에게 동양인들이 환상적으로 헌신적인 일꾼이라 말한 탓이다. 일부는 근처 배저 패스에 훌륭한 스키장이 있다는 이유로 온라인에 합류했다. 낮에는 기존 온라인 게임을 다른 기계로 이식하고 밤에는 위대한 미국 컴퓨터 게임을 해킹하려는 사람들도 있었다. 어쨌거나 몇 달이라는 시간 안에 켄은 경험도 없고 해커도 아닌 프로그래머 십여 명을 헐값에 고용했다.

----

* 옮긴이_ POKE. 메모리를 제어하는 애플소프트 베이식 명령(POKE, PEEK) 중 하나다.

그리고는 업계가 커가는 만큼 자신의 신참 프로그래머들도 빠르게 커가기를 희망했다.

켄의 신참 프로그래머들 중 밥과 캐롤린 박스만큼 컴퓨터 위력으로 삶을 개선하겠다는 켄의 열정에 부합한 인물들은 없었다. 밥 박스는 50대였다. 밥과 캐롤린은 10년 넘게 이 지역에서 살았으며, 오크허스트에서 8km 정도 떨어진 목장에서 일했다. 아와니라는 인적 드문 작은 마을이었다. 짙은 머리카락에 활기찬 눈동자, 사냥개처럼 길쭉한 코의 밥은 키가 대략 121cm 정도였다. 밥은 전직 뉴요커이자, 전직 엔지니어이자, 전직 경주용 자동차 운전사이자, 전직 디스크자키이자, 기네스북 사금 채취 부문 직전 세계 기록 보유자였다. 캐롤린 박스는 150cm가 넘는 키에 긴 갈색 머리카락과 시크한 매력이 있었고, 기네스 북 사금 채취 부문에서 현재 세계 기록 보유자였다. 두 사람은 캐롤린이 15살이던 26년 전에 결혼했다. 지난 몇 년 동안 두 사람은 금 채굴에 필요한 물품 사업을 운영하며 자신들의 뒷마당에 흐르는 프레즈노 강에서 금을 채굴했다. 오크허스트-코스골드 지역은 캘리포니아 주맥의 남쪽 가장자리에 있었고, 두 사람은 강에서 채굴한 금으로(어느 날 아침 30분 만에 채굴한 2천 불어치 금으로) 프레즈노 무역 학교에서 개설한 프로그래밍 수업비를 충당했다.

박스 부부는 1980년대 황금이 소프트웨어라는 사실을 깨달았고 온라인에서 일하겠다고 결심했다. 캐롤린 박스는 컴퓨터 사용에 다소 조심스러웠지만 (컴퓨터 언어가 항상 써오던 언어인 양) 필수적인 개념을 즉각 이해했다. 거의 초자연적인 현상이었다. 캐롤린은 학교 역사상 최초로 졸업학점 4.0으로 졸업한 학생이었다. 밥 역시 우수했다. 밥이 느끼기에 프로그래밍은 사금 고르기와 비슷했다. 논리적인 단계로 진행하며 작업하는 동안 집중한다.

하지만 두 사람이 켄에게 자신들을 소개했을 때 켄은 회의적이었다. 켄은 두 사람에게 프로그래머는 보통 열아홉에 전성기를 맞았다가 스물이면 내리막이라고 말했다. 스물여덟인 켄조차도 퇴물이 되어가는 중이었다(물론 켄은 그렇다고 생각하지 않았지만 말이다). 그럼에도 불구하고 켄은 박스 부부에게 기회를 주고 싶었다. 두 사람은 켄이 가진 꿈, 온라인과 위대한 컴퓨터 미래라는 꿈에 딱 맞기 때문이었다. 그래서 켄은 두 사람에게 한 달 안에 어셈블리 언어로 화면에 뭔가 그려내라고 말했다. 박스 부부가 다닌 학교는 부부에게 메인프레임 컴퓨터에서 고차원 언어로 프로그래밍하는 방법을 가르쳤다. 즉, 두 사람은 애플 어셈블리 언어를 전혀 몰랐다. 하지만 밤낮으로 애쓴 끝에 두 사람은 닷새 만에 82행짜리 프로그램을 만들었다. 화면에서 점을 움직이는 프로그램이었다. 켄은 두 사람에게 뭔가 다른 프로그램을 짜보라고 요청했고, 다시 한번 깨어있는 시간 거의 전부를 투자해 박스 부부는 282행짜리 프로그램을 만들었다. 이번에는 고해상도 화면에서 작은 비행기가 움직이는 프로그램이었다. 켄은 두 사람을 고용했고 자신이 좋아하는 교육용 프로그램을 맡겼다.

곧 박스 부부는 자기네 개 이름을 딴 더스티라는 작은 강아지가 화면을 돌아다니게 하려고 열심히 일했다. 두 사람은 자신들의 프로그램이 화면 깜빡임을 방지하기 위해 XOR$^{eXclusive-OR}$라는 복잡한 기법을 사용한다고 방문객들에게 자랑스럽게 설명했다. 두 사람은 자신들이 강아지 더스티에게 생명을 준다고 느꼈다. "이 강아지는 우리 애완동물과 마찬가지랍니다". 캐롤린 박스는 종종 이렇게 말했다. 켄이 처음으로 더스티가 작은 다리를 움직이며 깜빡임 없이 부드럽게 돌아다니는 모습을 보았을 때 거의 까무러칠 뻔했다. "게임 사업을 하는 동안 참으로 자랑스러운 날이 바로 오늘입니다"라고 켄은 두 사람에게 말했다. 이처럼 중년의 금광 채굴꾼들조차도 소프트웨어 슈퍼스타가 될 수 있었다. 켄은 그들을 약속된 컴퓨터 땅으로 이끈 모세였다.

>>>>>>>>>>>>>>>>>>>>>>>>>

로버타 윌리엄스에게 이것은 대단한 성과였다. 박스 부부의 재기, 켄의 공동체적인 노력, 베스트셀러 게임 디자이너 반열에 오른 로버타, 헨슨 어소시에이츠 사와 협력해 만든 다크 크리스탈, 회사 소프트웨어 슈퍼스타들의 예술적인 노력, 무엇보다 컴퓨터로 안방에서 시작한 사업을 연간 천만 불짜리 회사로 키운 환상적인 방식까지 이 모든 것이 대단한 업적이었다. 로버타는 박스 부부의 이야기에 한껏 고무되었다. 두 사람의 이야기는 컴퓨터의 힘을, 사람들이 컴퓨터와 더불어 살아가며 맞이할 더 나은 삶을 보여줬다. 온라인과 함께 한 2년 동안 로버타는 수줍음을 버리고 대신 자신들의 성과에 강렬한 자부심을 가지게 되었다.

이런 자부심에 취한 로버타는 1982년 가을, 다음과 같이 말했다. "우리를 보세요"(입버릇처럼 하는 말이다). 그러고 나서 마치 트럼프 조커 카드를 꺼내들 듯 다음과 같이 말을 이었다. "사람들은 제게 묻습니다. 그저 빈둥대다가 '우와'라고 감탄하는 것 빼고 하는 일이 뭐 있느냐고요. 그렇습니다. 답하자면 우리에게 놀라움이란 거의 일상이 되어버렸습니다".

로버타는 온라인의 메시지를 세상에 퍼뜨리고 싶었다. 그래서 온라인이 뉴욕에 있는 홍보 회사와 제휴하여 프로그램뿐만 아니라 프로그램을 만드는 사람들도 홍보해야 한다고 주장했다. "프로그래머들, 제작자들은 미래의 새로운 연예인이 될 겁니다"라고 로버타는 설명했다. "이들이 새로운 로버트 레드포드가 되리라 말하면 좀 지나치겠지만, 어느 정도는 우상이 될 겁니다. 내일의 영웅 말입니다".

딕 선더랜드는 프로그래머 홍보에 대한 로버타의 열정에 공감하지 않았다. 딕은 프로그래머가 아무것도 아닌 업계 출신이었다. 딕은 세상의 주목으로 인해 온라인 프로그래머들이 거만해질까 두려웠다. 일 년에 십만 불을 버는 21살짜리도 이미 상대하기 버거웠다. 피플 지에 얼굴이라도 실리고 나면 얼마나 다루기 힘들지 상상이 가는가? 존 해리스가 그해 겨울 그랬다.

켄과 로버타 두 사람이 회사를 운영하던 시절에 사용하던 오두막 집 주소가 찍힌 편지봉투를 여전히 사용하는 신비한 소프트웨어 회사는 바라든 바라지 않든 세간의 주목을 받기 시작했다. 캘리포니아 코스골드 머지 목장가에서 일어나는 비밀을 세상은 알고 싶어했다. 그 숲 속은 어떤 컴퓨터 광기에 사로잡혔을까? 머지 목장가는 얼마나 많은 돈을 벌어들일까? 1980년대 초반 컴퓨터보다 매체를 더 뜨겁게 달구는 주제는 없었다. 뉴욕 홍보 회사가 명성에 끌려 궁금해하는 사람들을 연결해주면서 그해 가을 오크허스트로 장거리 전화와 장거리 방문객이 몰려들기 시작했다.

방문객 중에는 뉴욕시에서 오크허스트로 날아온 'NBC 매거진' 카메라팀도 있었다. 번성하는 컴퓨터 회사를 다큐멘터리로 찍어 비디오 매거진 쇼를 만들기 위해서였다. NBC는 로버타가 집에서 새로운 어드벤처 게임을 제작하고, 켄이 전화 메시지를 확인하고, 켄과 로버타가 새 저택 공사장을 답사하는 장면을 찍었다. 하지만 NBC 프로듀서는 회사의 핵심을 만나고 싶어 안달했다. 젊은 프로그래머들, 게임을 만들어 부자가 된 달인들 말이다. 직원으로 근무하는 프로그래머들과 로열티로 일하는 프로그래머들이 모두 때맞춰 사무실에 집합했다.

백발에, 덥수룩한 콧수염, 반짝이는 눈의 NBC 프로듀서는 상대를 끔찍하게 다루는 방법을 알지만 연민을 간직한 서커스단 경비원을 연상시켰다. 그는 프로그래머들에게 터미널에 앉아 프로그램을 만들라고 재촉했다. 생산성을 컴퓨터 코드 행수로 측정하는 공장의 모습을 찍기 위해서였다. 해커 중 한 명은 즉시 화면에 면이 21개인 꽃을 그려내는 프로그램을 만들어냈다. 원주율 pi 값을 소수점 여섯째 자리까지 사용하는 프로그램이었다. NBC 직원이 설정된 장면을 다 찍고 난 후에도 10대 프로그래머는 자신의 프로그램을 완성하고자 계속 해킹을 했다.

다음으로 프로듀서는 켄의 스물한 살짜리 신동 중 한 명을 인터뷰했다.

"향후 게임 업계가 어떻게 될까요?" 프로듀서는 그에게 엄숙하게 물었다.

우리의 신동은 프로듀서를 쳐다보며 대답했다. "잘 모르겠는데요".

CHAPTER 19

애플페스트

3세대 해커들은 그린블랫과 고스퍼가 놀라 자빠질 만큼 해커 윤리를 훼손했다. 모두 돈 때문이었다. 프로그래밍은 결국 판매자의 손익계산서와 불가피하게 맞물려 있었다. 우아함, 혁신, 화려한 코딩은 동경의 대상이었지만 해커 스타의 반열에 오르려면 새로운 조건이 필요했다. 바로 엄청난 판매 수익이었다. 초창기 해커들은 이들을 이단으로 간주했을지도 모르겠다. 모든 소프트웨어, 아니 모든 정보는 자유로워야 하니까. 얼마나 많은 사람이 내 프로그램을 쓰는지 그리고 얼마나 많은 사람이 내 프로그램에 감동했는지에 따라 자긍심이 높아졌으니까. 하지만 앞 세대 해커들과는 달리 공동체 소속감을 전혀 느껴보지 못한 3세대 해커들은 일찌감치 승자가 되기 위한 필수 조건이 돈이라 인식했다.

게임 판매자들은 자신의 판매 수익을 보호하려는 욕심에서 해커 윤리를 좀 더 심하게 비틀어버렸다. 사용자가 프로그램을 쉽게 복사하지 못하도록 컴퓨터 프로그램을 의도적으로 변조하는 행위였다. 제작자나 판매자에게 대가를 지불하지 않고서 프로그램을 배포하지 못하게 막으려는 의도였다. 소프트웨어 판매업체는 이를 '복제 방지'라 불렀지만 진짜 해커들은 '전쟁'이라 불렀다.

컴퓨터는 본질적으로 정보에 대한 소유권을 주장하지 않는다. 이것은 해커 윤리의 핵심 명제였다. 컴퓨터 아키텍처는 기본적으로 가장 쉽고 가장 논리적인 정보 흐름에 기반했다. 특정 사용자에게 자료 접근을 허용하지 않으려면 컴퓨터 아키텍처를 크게 바꿔야 했다. 짧은 명령 하나면 사용자는 대략 30초 안에 '복사 방지가 없는' 플로피 디스크를 마지막 한 바이트까지 똑같이 복제할 수 있었다. 소프트웨어 업체는 이 같은 용이성을 끔찍하게 여겼으며 '복제 방지' 디스크를 사용해 막으려고 애썼다. '복제 방지'란 누군가 디스크 복사를 시도하면 컴퓨터가 정상적으로 동작하지 않도록 특수 루틴을 넣어 프로그램을 변경하는 기법이었다. 사용자에게 프로그램의 가치를 높여주지는 않지만 프로그램 판매자에게 이익을 제공하는 디지털 장애물이었다.

소프트웨어 판매자들이 이런 불쾌한 수단에 의존하는 데는 타당한 이유가 있었다. 생계가 달렸으니까! 그들은 기관으로부터 보조금을 받아 소프트웨어를 만들었던 MIT가 아니었다. 경비를 대줄 ARPA도 없었다. 모든 사람이 하드웨어를 만들려고 노력하며 애호가들이 소프트웨어를 작성한 후 자유롭게 교환하는 홈브루 컴퓨터 클럽도 아니었다. 소프트웨어 개발은 사업이었으며 아무도 소프트웨어를 사지 않으면 회사는 망한다. 만약 해커들이 맘대로 게임을 만들어 친구들에게 나눠주고 싶다면 그것은 누구도 상관할 바 아니었다. 하지만 온라인, 브로더번드, 시리우스가 판매하는 게임은 단순히 컴퓨터 복음을 전파하려고 허공에 날린 진실이라는 종이비행기가 아니었다. 그들이 판매하는 게임은 제품이었다. 그리고 미합중국에서 누구든 제품이란 물건을 갖고 싶다면 파릇파릇한 지폐나 플라스틱 신용 카드를 꺼내들어야 했다.

소프트웨어 복제는 판매업체들을 미치게 만들었지만, 일부 사람들은 그 단순한 사실 자체를 인정하려 들지 않았다. 그들은 디스크를 복사하는 방법을 알아냈으며 실제로 복사했다. 그 일부 사람들은 대체로 해커였다.

사용자들도 복제 방지가 깨진 디스크로부터 이익을 얻었다. 일부 사용자는 그래도 괜찮은 이유를 하루 종일 이야기할 수 있었다. 그들의 변명은 사용자 그룹 모임,

컴퓨터 상점, 심지어 『소프토크』지의 독자 편지란에서 장황하게 반복되었다. 소프트웨어는 너무 비쌉니다. 어차피 못 사는 소프트웨어만 복사합니다. 프로그램을 시험 삼아 써보려고 복사할 뿐입니다. 몇몇 합리화는 꽤 설득력이 있었다. 복제 방지 디스크를 구매하면 합법적인 소유자조차도 디스크가 망가질 경우를 대비해 사본을 만들지 못한다. 대다수 소프트웨어 판매업체는 망가진 원본 디스크를 보내면 교환 디스크를 제공했지만 대개 추가 요금을 부과했다. 금전적인 부담을 제하고라도 누가 이미 돈 주고 구매한 물건을 다시 받기 위해 4주 동안이나 기다리고 싶어할까?

하지만 해커들에게 복제 방지 해제란 숨 쉬는 일만큼이나 자연스러웠다. 해커들은 복제 방지 디스크를 맘대로 바꾸지 못한다는 사실이 싫었다. 코드를 볼 수도, 기교에 감탄하고 배울 수도, 마음에 안 드는 하위 루틴을 변경할 수도, 자신의 하위 루틴을 넣을 수도 없었다. 완벽할 때까지 프로그램에 매달릴 수 없었다. 비양심적이었다. 해커들에게 프로그램이란 원저자의 삶과는 독립적인 삶을 누리는 유기체였다. 누구든 기계어 유기체를 개선하고 싶다면 그렇게 하도록 권장해야 마땅했다. 스레스홀드의 유도탄이 너무 느리게 느껴져 코드를 살펴보고 시스템 깊숙이 파고들어 개선하고 싶다면 반겨야 마땅했다. 복제 방지란 어떤 권위자가 프로그램, 인생, 크게는 세상을 개선하기 위해 절대적으로 필요한 기계어 도구가 든 금고를 열지 말라는 금지령과 같았다. 복제 방지는 파시스트 단원이 내리는 "손 떼!"라는 명령이었다. 그러므로 다른 것은 차치하고서라도 원리상 복제 방지 디스크는 반드시 '깨져야' 했다. MIT 해커들이 CTSS 기계의 '보안'을 무력화하거나 자물쇠 해킹에 몰두해 도구를 해방시켰듯이 파시스트 복제-방지 디스크를 깨는 일은 신성한 부름이자 굉장한 즐거움이었다.

초창기 복제 방지 기법은 '비트 시프트bit-shifting'라는 루틴에 바탕을 뒀다. 컴퓨터가 디스크 드라이브에서 정보 읽는 방법을 살짝 변경하는 루틴이었다. 이것을 깨기는 식은 죽 먹기였다. 소프트웨어 회사들은 더 복잡한 기법을 시도했고, 그때마다 해커들은 새로운 기법을 깨버렸다. 그 와중에 어느 변절자 소프트웨어 판매자가 록스미스라는 프로그램을 팔기 시작했다. 복제 방지된 디스크를 복제 가능하게 만들어주는 프로그램이었다. 더 이상 해커나 프로그래머가 아니어도 복제 방지를 깰 수 있었다! 록스미스 판매자는 사용자들이 합법적으로 구입한 프로그램을 복제하도록 편의를 제공할 뿐이라며 애플 세상 사람들을 안심시켰다. 록스미스 판매업체는 사용자들이 다른 판매업체에 피해를 주는 방식으로 록스미스를 남용하지 않는다고 주장했다. 그리고 벅민스터 풀러는 자신이 미식 축구단 뉴욕 제츠의 PK(PlaceKicker, 땅에 볼을 놓고 차는 선수)가 되었다고 발표했다.

대다수 판매업체가 자기네 비즈니스 절반 이상을 소프트웨어 불법 복제로 날려버렸다고 느끼는 가운데 복제 방지에 걸린 판돈은 점점 치솟았다(켄 윌리엄스는 거짓말을 좀 보태 자신이 판매한 디스크 한 장당 대여섯 장씩 복제가 일어났다고 추정했다). 신기하게도 대다수 회사는 복사 방지 전문가로 젊은 해커를 고용했다. 흔히 다른 회사의 복제 방지 루틴을 깨버릴 방법을 궁리하는 해커들 말이다. 시에라 온라인도 예외는 아니었다. 온라인의 복제 방지 전문가는 마크 두시뉴였다. 두시뉴는 20살이었고, 1982년 샌프란시스코에서 열린 애플페스트Applefest 기간 동안 혼자서 연간 천만 불짜리 회사를 볼모로 잡았다.

마크 두시뉴는 컴퓨터에 사로잡힌 3세대 해커 중 하나였다. 두시뉴의 갈색 머리카락은 등까지 멋지게 흘러내렸으며, 차분한 동양적 태도 아래 감춰진 맹렬한 불꽃이 넌지시 드러나는 푸른 눈은 강렬하게 빛났다. 두시뉴를 쉽게 불가해한 행동으로 이끄는 바로 그 불길이었다. 두시뉴는 캘리포니아 카스트로 밸리의 중학교에서 자신의 감수성을 컴퓨터와 결합했다. "학교에 텔레타이프가 있었습니다"라고 두시뉴는 나중에 설명했다. "방과 후에도 오랫동안 학교에 머물렀습니다. 사람들은 제가 프로그램하도록 내버려뒀습니다. 저는 인기 없는 외톨이였죠. 다른 학생들이 야구를 하러 가는 동안 저는 과학과 수학에 빠졌습니다. 가까운 친구가 없어도 개의치 않았습니다. 기계에 일처리 방법을 가르치는 직업이 정말 재밌었으니까요. 기계와 대화하면 또 다른 사람을 상대하는 느낌입니다. 프로그래밍을 할 때는 완전히 다른 세상이 펼쳐집니다. 그리고 저처럼 어릴 때 컴퓨터에 빠지면 컴퓨터와 하나가 됩니다. 마치 컴퓨터가 자신의 일부인 듯 말입니다. 코드에 주석을 표시할 때면 저는 이렇게 말하곤 합니다. '우리 이렇게 하고, 저렇게 하자...' 우리 말입니다".

훗날 마크 두시뉴는 이렇게 말했다. 컴퓨터를 만나지 못했더라면 "큰 공허감을 느끼고 살았을 겁니다. 마치 시각이나 청각이 없는 듯 말입니다. 컴퓨터는 또 다른 감각, 제 존재의 일부입니다".

1970년대 후반에 이 사실을 깨달은 두시뉴는 개인적인 용도로 컴퓨터를 사용하다 3세대 해커가 되었다. 고등학교에 다니면서 헤이워드에 있는 바이트 숍에 일자리를 얻었는데, 컴퓨터 상점 일이 굉장히 즐거웠다. 수리, 판매, 전용 프로그램이 필요한 고객은 물론이고 상점 주인을 위한 프로그래밍까지 이것저것 모두 맡았다. 시급이 기껏해야 3불이라는 사실은 문제가 되지 않았다. 상시 컴퓨터와 있다는 사실 자체가 충분한 보상이었다. 헤이워드에 있는 칼 스테이트 대학에 다니는 동안에도 두시뉴는 상점 일을 계속했다. 대학에서 수학과 컴퓨터 과목을 아주 수월하게 끝내고 버클리로 옮긴 두시뉴는 버클리 전산과 교과 과정의 엄격함에 충격을 받았다. 두시뉴에게는 해커 성향이 있었다. 다시 말해, 관심 있는 분야는 오랫동안 집중하지만 그렇지 않은 분야에는 쉽게 싫증이 났다. 실제로 두시뉴는 자기표현으로 '앞으로 절대 쓸모없을 자잘한 일들'을 견디기란 사실상 불가능하다는 사실을 깨달았다. 불행히도 그 자잘한 일들이 버클리 전산학과에서 성공하는 데 필수적인 요소였다. 그래서 많은 3세대 해커들과 마찬가지로, 두시뉴는 대학에서 일어나는 고차원 해킹의 수혜자가 되지 못했다. 두시뉴는 개인용 컴퓨터가 제공하는 자유로움을 얻고자 학교를 때려치우고 바이트 숍으로 돌아갔다.

일군의 열정적인 해적들이 상점을 들락거렸다. 심지어 일부 해적들은『에스콰이어』지가 다룬 소프트웨어 불법 복제 기사에 실려 영웅이 되었다. 실제로 두시뉴는 그들을 천박한 해커들이라 생각했다. 하지만 두시뉴는 복제 방지를 깨는 기술에 관심이 있었고 복제 방지 디스크를 깨는 일에 상당히 능숙했다. 디스크에 담긴 프로그램이 필요해서가 아니었다. 해커 윤리를 따르는 학생으로서 두시뉴는 복제 방지 기법을 구현하는 사람이 된다는 생각은 별로 해보지 않았다.

그러던 어느 날 두시뉴는 애플 운영체제를 갖고 놀았다. 시스템 속 헤집기, 해커가 흔히 즐기는 오락이었고 두시뉴도 자주 했다. "저는 발견을 좋아했습니다". 훗날 두시뉴는 이렇게 설명했다. 컴퓨터를 만지다 보면 언제나 새로운 뭔가를 발견했고 새로운 발견에서 상당한 만족을 느꼈다. 두시뉴는 운영체제에서 디스크 드라이브를 켜고 끄는 방법을 찾으려 애썼고 곧 디스크 드라이브를 켜고, 돌리고, 헤드를 움직이고, 모터를 움직이는 방법을 알아냈다. 두시뉴는 이 방법 저 방법을 시도하며 디스크 드라이브로 실험한 끝에 엄청난 발견을 했다는 사실을 깨달았다. 디스크에 정보를 넣는 새 방법을 찾아냈다!

자료를 디스크의 나선 경로 여러 개에 배치한다는 아이디어였다. 즉, 바늘 하나가 레코드판을 따라 돌며 동심원으로 정보를 읽는 방식이 아니라 여러 나선 경로에서 동시에 정보를 읽는 방식이었다. 두시뉴가 자신의 기법을 '스피라디스크Spiradisk'라고 부른 이유가 여기에 있었다. 자료를 다르게 배치하면 해적들이 복제 방지를 깨뜨릴 때 쓰는 프로그램이 무력해진다. 해적질을 100% 막지는 못하겠지만 (100% 막을 수도 없지만) 록스미스와 기타 시판된 프로그램으로부터 보호할 것이며 전문적인 해커조차 깨려면 엄청난 시간이 걸릴 터였다.

온라인에서 게임을 개발하던 친구를 통해 두시뉴는 켄 윌리엄스를 만났다. 켄은 두시뉴가 사용한 기법에 막연한 관심만 표명했을 뿐 몇 달 동안 전화로 이야기를 나눴다. 켄은 항상 두시뉴의 방식에서 결함을 찾아내려는 듯했다. 일례로, 두시뉴의 기법은 플로피 디스크 공간을 너무 많이 차지했다. 스피라디스크 기법을 사용하면 평소 넣던 정보의 절반밖에 넣지 못했다.

공간 문제를 수정하던 중 두시뉴는 뜻밖의 새로운 방법을 발견했다. 디스크에 모든 정보를 저장할 뿐만 아니라 컴퓨터와 디스크 드라이브가 정보를 교환하는 속력을 높여주는 방법이었다. 처음에는 두시뉴도 가능할지 몰랐다. 하지만 여느 훌륭한 해커처럼 오랫동안 집중적으로 파고든 끝에 깜짝 놀라며 "우와, 돌아가네!"라고 말했다.

두시뉴의 계산에 따르면, 스피라디스크 방식은 애플 운영체제보다 스무 배나 빨랐다. 즉, 디스크에서 컴퓨터 메모리로 순식간에 정보를 가져온다는 뜻이었다. 진정으로 놀랍고도 혁명적이었다. 마크 두시뉴는 켄 윌리엄스가 어째서 자신의 기법을 꺼리는지 이해하기 어려웠다.

켄은 두시뉴의 시스템에서 가능성을 엿보았으나 햇병아리 천재가 떠올린 검증되지 않은 기법에 회사 운명을 걸고 싶지는 않았다. 2년 동안 온라인을 운영하면서 켄은 천재적인 개념론자이나 최악의 의미에서 해커인 진정한 마법사를 수없이 보아 왔다. 그들은 일을 마무리 지을 줄 몰랐다. 그처럼 혁명적인 기법이라면 무시무시한 버그가 반드시 존재하기 마련이다. 하지만 두시뉴가 버그들을 고친다는 혹은 고칠 수 있다는 보장이 있는가? 하지만 두시뉴에게 굉장히 감동한 켄은 오크허스트에 와서 좀 더 전통적인 복제 방지 기법을 만들어 달라고 요청했다. 켄이 스피라디스크를 거부하자 발끈한 두시뉴는 그럴 일 없다며 거절했다.

"얼마나 받고 싶습니까?"라고 켄이 두시뉴에게 물었다.

당시 마크 두시뉴는 부모님 집에 살며 시간당 3불에 컴퓨터 상점에서 일했다. 한번 질러보자는 심정으로 두시뉴는 "시간당 10불"이라고 말했다. "괜찮은 숫자라 생각했습니다". 훗날 두시뉴가 한 말이다.

"음" 켄이 말했다. "집을 제공하고 시간당 8불 65센트는 어떻습니까?"

"좋습니다".

기본적으로 켄은 폼 마스터에 반영할 수 있는 아주 안정적인 복제 방지 시스템을 원했다. 폼 마스터는 온라인이 제품을 대량으로 찍어내려고 구입한 디스크 복사 기계였다. 두시뉴가 그런 프로그램을 만들 수 있을까? 물론이었다. 반 시간 만에 아이디어를 떠올린 두시뉴는 다음 24시간 동안 구현에 돌입했다. 그리고는 본인의 표현에 따르면 '엄청나게 안정적이거나 고품질은 아니지만 어쨌건 정상적인 디스크 드라이브가 있고 일반적인 디스크 속력이라면 돌아가는 복제 방지 기법'을 완성했다. 다음 몇 달 동안 두시뉴는 대략 25개 제품을 보호하는 데 자신의 프로그램을 사용했다.

또한 두시뉴는 헥사곤 하우스에서 진행 중인 D&D^{Dungeons and Dragons, 던전&드래곤} 게임의 공식적인 던전마스터가 되었다. 전형적인 교외 가정집인 헥사곤 하우스는 밤낮으로 드나드는 해커 하숙생들이 소홀히 관리한 흔적이 여기저기 드러났다. 벽, 나무 난간, 부엌 찬장 모두가 낡고 폭탄 맞은 모습이었다. 누구도 굳이 가구를 사들이지 않았던 터라 거실에는 합성수지 도료로 칠해진 식탁과 싸구려 의자, 2미터짜리 검투사 결투 게임기, 스탠드도 없이 바닥에 놓인 대화면 컬러 TV뿐이었다. 베타맥스에 연결된 TV는 줄곧 코난을 상영했다. D&D 게임을 하는 밤에는 프로그래머들이 식탁 주위에 둘러앉았고 두시뉴는 지저분한 카펫에 책상다리로 앉았다. 주변에는 D&D 게임 지침서들이 뒹굴었다. 두시뉴는 주사위를 굴리며 이 사람이... 혹은 경우에 따라서 트롤이... 즈웨니프라는 마법사가 던지는 번개에 맞을 확률이 40퍼센트라고 불길하게 예언했다. 두시뉴는 18면짜리 주사위를 굴린 다음 조심스레 눈금을 살피고는 당혹스러울 만치 강렬한 눈을 들어 "여전히 살아있군"이라고 말했다. 벌써 다음 재앙을 학수고대한다는 어투였다. 그리고 나서 경기자들이 맞이할 또 다른 삶이냐—죽음이냐 대결을 찾으려고 책을 휙휙 넘겼다. D&D 게임 운영은 컴퓨터와 마찬가지로 훌륭한 제어 연습장이었다.

두시뉴는 계속해서 스피라디스크를 홍보했다. 깨기 힘든 복제 방지 기법을 구현하려는 두시뉴의 열의는 미래의 해적질을 막고 싶은 욕심 때문이 아니었다. 두시뉴에게 스피라디스크는 좀 더 이타적인 계획을 이뤄줄 수단이었다. 두시뉴는 스피라디스크로 충분한 로열티를 벌어 직접 회사를 차리고 싶었다. 비생산적인 상업적 표준이 아니라 연구와 개발이라는 미래지향적인 목표를 추구하는 회사 말이다. 두시뉴는 프로그래머들이 멋진 소프트웨어 제작에 필요한 모든 도구를 맘껏 사용하는 해커 천국을 만들고 싶었다. 만약 프로그래머가 느끼기에 엄청나게 정밀한 오실로스코프와 같은 장비가 필요하다면 아무것도 모르는 관리자에게 허락을 구할 필요가 없는 회사, 자신과 동료 해커들이 큰 목소리를 내는 회사를 만들고 싶었다. 처음에는 최신 소프트웨어를 작성하리라. 두시뉴 자신은 D&D의 궁극적인 컴퓨터 버전을 작성하리라.

하지만 소프트웨어는 시작에 불과했다. 일단 매출이 어느 수준에 이르면 두시뉴의 회사는 하드웨어로 진출하리라. 궁극적인 목표는 가장 복잡한 오락실 게임을 돌릴 만큼 우수한 컴퓨터 제작이었다. 현재 가장 앞선 모델보다 뛰어난 뮤직 신디사이저를 내장하는 컴퓨터, 꿈의 소프트웨어 '환경'인 SORDMASTER^Screen Oriented Data Manipulation System를 돌리고도 남을 처리 능력을 갖춘 컴퓨터, 오늘날 최고 프로그램을 가져다 그 가치를 10배로 올려줄 컴퓨터... 두시뉴의 표현으로 '사용자가 원하는 무엇이든 해내는' 컴퓨터가 목표였다.

마침내 켄 윌리엄스는 온라인 제품을 스피라디스크로 보호해도 좋다고 허락했다. 복제 방지 작업은 시간당 40불, 시스템 유지보수는 한 달 5천 불, 두시뉴의 시스템을 사용하는 디스크당 1% 로열티가 주어졌다. 두시뉴는 사용자가 스피라디스크를 부팅할 때 처음으로 보는 문구가 자신의 '회사' 이름인 비트 웍스가 되도록 프로그램을 수정했다.

켄이 의심했듯이 스피라디스크에는 문제가 있었다. 종종 디스크를 두어 번 부팅해야 프로그램이 제대로 메모리에 올라왔다. 켄은 두시뉴에게 환멸을 느꼈다. 켄의 관점에서 두시뉴는 똑똑하지만 산만한 해커 프리 마돈나에 불과했다. 켄은 두시뉴가 업계 전반에 굉장히 중요한 업적으로 증명될 쿠데타를 성사시킬 능력이 있다고 믿었다. 현재는 애플, 아타리, IBM 기계를 돌리려면 각각 다른 디스크가 필요했다. 하지만 두시뉴라면 같은 디스크에 애플, 아타리, IBM을 모두 지원하는 디스크 포맷을 만들 수 있으리라! "두시뉴는 방법을 알았습니다". 켄은 불평했다. "6주면 가능했습니다. 단지 하고 싶지 않았죠. 일이었으니까요. 앉아서 일주일 정도 일하면 프로젝트에 흥미를 잃었습니다. 할 수는 있지만 신나지 않았죠. 재미가 없었습니다". 켄에 따르면 "자멸하고 싶다면 회사 운명을 두시뉴와 같은 사람에 걸면 됩니다". 실제로 회사 운명을 그 3세대 해커에게 걸지 않았었느냐고 지적받자 켄은 그랬다고 시인했다.

샌프란시스코에서 열린 연례 애플페스트에서 상황은 뚜렷이 드러났다. 애플용 제품을 판매하는 모든 회사가 참가하는 주말 바자회인 애플페스트의 하이라이트 중 하나가 역사상 가장 사랑받은 애플 게임 울티마의 속편 출시였다. 오랫동안 기다리고 공들여 보완한 작품이었다. 엄청난 노력으로 온라인 시스템즈는 게임과 로드 브리티시라는 필명으로 활동하는 제작자를 회사로 끌어들였다.

원본 울티마는 공상 롤플레잉 게임이었다. 게이머가 캐릭터를 창조한 후 내구성, 지혜, 지성, (손)재주, 체력 등에 '속성 점수'를 부여했다. 그러면 캐릭터는 보급품과 소문을 얻으러 마을을 돌아다녔다. 신비한 행성을 여행하고 동굴과 탑을 탐험하며 요정, 전사, 마법사와 싸웠다. 베이식으로 작성한 게임이라 상당히 느렸지만 상상력이 굉장히 풍부하여 애플용 제품 중 베스트셀러가 되었다. 하지만 속편을 준비하던 로드 브리티시는 현재 회사를 떠나겠다는 의중을 공공연히 밝혔다. 로드 브리티시의 말로는, 로열티를 제대로 받지 못해서였다.

소프트웨어 업체로부터 제안이 쇄도했다. 스무 살에 불과했지만 로드 브리티시는 압박에 익숙했다. 브리티시의 진짜 이름은 리처드 게리엇이었으며 스카이랩 우주비행사인 오웬 K. 게리엇의 아들이었다. 게리엇은 아버지의 명성에서 오는 후광을, 특히 스카이랩 2가 발사되면서 가족이 받은 세상의 이목을 즐겼다. 게리엇은 공학 분위기가 넘치는 휴스턴의 나소 베이에서 자랐으며 고등학교 때 컴퓨터에 빠져들었다. 고등학교 시절 게리엇은 선생님을 설득해 프로그래밍 개인 수업도 받았다. 과목 이름은 게임 만들기였다.

》 **울티마 I (1980년 작)**

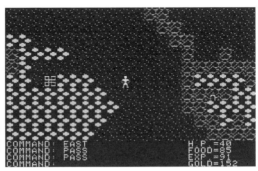

많은 면에서 게리엇은 적응력 좋은 전형적인 미국 소년이었다. 다른 한편으로는 자기 방에서 애플 컴퓨터를 갖고 노느라 밤도 자주 샜다. "일단 해가 뜨면 얼마나 늦었는지 깨닫고 그 자리에서 곧바로 잠들곤 했습니다"라고 나중에 설명했다. 게리엇은 오랫동안 공상 롤플레잉 게임에 흥미를 보였으며, 특히 중세 문화에 매료되어 SCA*에도 가입했다. 텍사스 주립 대학 신입생 시절에는 펜싱팀에 참가했으나, 거침없이 탁자 위로 박차고 오르는 에롤 플린† 검투 방식에 흠뻑 빠져들었다. 게리엇은 자신의 두 가지 흥미를 결합해 컴퓨터 게임으로 만들고 싶었다. 여러 달 동안 작업한 끝에 자신의 스물여덟 번째 게임을 완성했고 알카베스라 이름 지었다. 친구들에게 공짜로 나눠준 알카베스를 우연히 본 게임회사가 판매하고 싶다며 돈을 보내겠

---

* 옮긴이_ Society of Creative Anachronisms. 17세기 이전 중세 유럽 문화와 역사를 연구하고 재구성할 목적으로 1966년에 결성된 단체다.
† 옮긴이_ 1909년에 태어난 오스트레일리아 배우로 1938년도 작품인 로빈 훗에 출연했다.

다고 제안하자 게리엇은 굉장히 놀랐다. "까짓 거, 안 될 게 뭐람?" 게리엇은 로드 브리티시라는 필명을 요구했다. 예전 컴퓨터 캠프에서 아이들이 게리엇이라는 이름이 영국 출신처럼 들린다고 영국인이 아닌 게리엇을 괴롭혔기 때문이었다.

알카베스는 대학을 몇 차례 다니고도 남을 만큼 많은 돈을 벌어주었다. 다음 게임인 울티마는 더욱 야심 찼다. 백만 단위 로열티 수익으로 게리엇은 차를 샀고, 키오*와 IRA† 계정을 두둑이 채웠으며, 어느 휴스턴 레스토랑에 투자했으며, 부동산까지 고려하기 시작했다.

게리엇은 다음 작품으로 아주 특별한 게임을 만들고 싶었다. 특별히 기계어를 배웠고, 기계어의 위력에 아찔함을 느꼈다. 기계어를 배우고 나니 메모리, 마이크로프로세서, 비디오 회로가 보였다. 각 비트가 하는 일, 각 자료가 가는 곳이 보였다. 게다가 기계어가 제공하는 속력은 엄청났다. 울티마 2를 만들려면 바로 이런 힘이 필요했다. 2에서 리처드 게리엇은 진정한 서사시를 쓰고 싶었다. 게이머들에게 지금까지 어떤 게이머도 하지 못한 경험을 제공하고 싶었다. 게리엇은 게임 포장에 다음 능력을 표기해야 한다고 주장했다.

- 선박 강탈하기
- 비행기 납치하기
- 태양계 여행하기
- 무고한 방관자와 격돌하기
- KGB 요원들의 추적 피하기
- 어두운 뒷골목에서 낯선 사람 만나기
- 공해에서 해적과 전투하기
- 바에서 유혹당하기

....

* 옮긴이_ Keogh. 미국의 자영업자 퇴직 연금 제도
† 옮긴이_ Individual Retirement Account. 비과세 개인연금 적금

- 좋아하는 식당에서 만찬 즐기기
- 컴퓨터 업계에서 저명한 사람과 만나기
- 사악한 피조물에 마법 주문 걸기
- 로드 브리티시 성 방문하기
- 깊고 어두운 죽음의 던전 탐험하기
- 상인 털기
- 사악한 피조물 살해하기
- 뚫기 어려운 병력을 향해 돌격하기
- 사람에게 알려진 가장 강력한 마법을 사용하기 위해 성장하기

게리엇은 컴퓨터에 혼자만의 우주를 창조했다. 게이머를 이주시켜 로드 브리티시의 상상 속 세계에서 살아가는 게임으로 구체화했다. 자신이 만든 캐릭터에 성격을 지정해 움직이며 게이머는 힘과 도구와 이동 수단과 무기를 얻었다. 또한 무시무시한 오크 무리와 사악한 마법사들 사이에서 실재 인물에 기반을 둔 캐릭터도 만났다. 실제 성격을 그대로 보이는 리처드의 친구들은 수수께끼 해결에 필요한 알쏭달쏭한 정보를 게이머에게 주었다.

리처드 게리엇은 제임스 조이스의 야망과 복잡함을 가졌을지도 몰랐으나 문학적 소양이 부족했다. 자신도 인정하는 바였다. "철자도 잘 틀렸고, 문법 기술도 없었으며, 살면서 책은 25권도 채 읽지 않았습니다". 처음에는 창피했지만 이제는 컴퓨터도 명백히 예술의 한 형태라고 자신에게 말했다. 그리고 울티마 2를 새로운 게임 회사에 판매하러 다니는 동안 게리엇의 주요 관심사는 협상의 여지 없는 로열티 30%에 더해, 컴퓨터 프로그램 내용물과 예술적으로 일치하는 패키지와 마케팅이었다. 그러려면 전문적으로 디자인한 대형 상자, 시간 왜곡 경계선을 표시한 천으로 만든 세계 지도, 게임에서 쓸 수 있는 수십 가지 명령을 담은 특수 카드 묶음, 16쪽 전부가 색 바랜 양가죽으로 보이는 정교한 특대 매뉴얼이 필요했다.

이처럼 까다로운 요청에도 불구하고 소프트웨어 판매회사들은 대박을 보증하는 해커와 적극적으로 계약하러 나섰다. 베스트셀러 냄새를 맡은 켄 윌리엄스 역시 끈질기게 게리엇을 쫓아다녔다. 젊은 해커를 오크허스트에 불러들인 후 30% 로열티를 포함하여 로드 브리티시가 요구하는 모든 조건을 받아들였다. 켄 윌리엄스는 브리티시가 그 자리에서 즉시 서명하길 바랐다. 훗날 게리엇은 이렇게 말했다. "그날 제가 아무 서류에도 서명하지 않으려는 태도에 켄은 발끈했습니다". 하지만 텍사스로 돌아온 후 게리엇은 계약서에 서명했다. "안 할 이유가 없었습니다".

여러 달에 걸친 지연 끝에 드디어 프로그램이 완성되었다. 지연되었던 이유라면, 디버깅 기간이 예상 밖으로 길어진 데다(물론 컴퓨터 역사에서 예상 밖으로 디버깅이 짧은 적은 없었지만) 천 지도를 제작할 회사가 이란에 있었는데 인질 사건 후 이란이 미국과 갑작스럽게 교역을 중단한 탓도 있었다.

》 **울티마 II (1983년 작)**

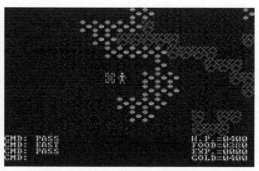

게리엇은 새로운 게임을 애플페스트에서 선보였다. 갈색 머리, 삐쩍 마른 장신에 금목걸이와 스웨드 가죽 토가를 걸친 우리의 텍사스 친구는 자신의 걸작을 선보이며 온라인 사 부스로 군중을 끌어들었다. 뜻밖의 행운에 놀란 사람들은 울티마 2에서 명왕성으로 여행할 기회를 잡는 법을 덤덤하게 설명하는 21살짜리 게리엇 주변으로 몰려들었다. 이 친구가 바로 울티마를 만든 사람이야! 59.95불짜리 프로그램은 밀린 주문만도 수만 개에 달했다. 리처드 게리엇은 울티마 2의 첫 번째 로열티 수표가 지금까지 자신이 만든 모든 게임의 로열티 총 합보다 크리라 예상했다. 정말 행복한 청년이 될 뻔했다. 한 가지 문제만 아니었다면! 바로 그 주에 울티마 2를 출시하지 못한 원인에는 바로 마크 듀시뉴가 있었다. 두시뉴는 프로그램에 복제 방지를 걸지 않았고, 앞으로 복제 방지를 걸지도 명확하지 않았다.

던전마스터는 딕 선더랜드에게 스피라디스크 시스템이 울티마 2에서도 완벽하게 돌아가리라 주장했다. 프로그램을 메모리로 올리는 속력이 높아지며, 복제 방지를 깨버리겠다며 목 빠지게 기다리는 해적판 유통을 크게 늦추리라 장담했다. 두시뉴는 예전 스피라디스크에서 드러났던 문제를 사소하다며 무시했으며 스피라디스크 없이 복제 방지를 하기에는 문제가 있을지도 모른다고 암시했다. 딕은 두시뉴의 주장이 스피라디스크를 팔아 로열티를 받으려는 열망에서 비롯되었다고 의심했다. 울티마 2와 같은 베스트셀러라면 로열티가 만 불은 넘을 터였다.

리처드 게리엇, 친구이자 동료 프로그래머인 척 뷔쉬, 온라인의 제품 관리자는 스피라디스크가 너무 위험하다는 의견에 합의했고, 딕 선더랜드는 두시뉴에게 전화해 예전 방식으로 복제 방지를 걸라고 지시했다. 하지만 두시뉴는 여전히 확답하지 않았다.

딕은 격노했다. 이상하게 생긴 녀석, 켄의 집에 눌러사는 스물한 살 먹은 과대망상 환자, 자기 시스템을 판촉하려고 온라인의 명성을 이용하는 던전마스터가 방금 딕에게 뻔뻔하게도 올해 가장 잘 팔릴 프로그램이 출시되지 못하리라 암시했다. 왜? 자기 방식으로 복제 방지를 걸고 싶어서! 두시뉴의 위협이 섬뜩하게 들렸지만 사내 유일한 복제 방지 담당자인 두시뉴는 그럴 만한 힘이 있었다. 다른 인물을 구하려면 몇 주가 걸릴 터였다. 더욱 끔찍한 사실은 두시뉴가 마음만 먹으면 온라인 제품 전체에 자신의 서비스를 중단할 수도 있다는 점이었다! 두시뉴 없이 회사는 어떤 제품도 출시하지 못할 터였다.

딕은 어쩔 줄 몰랐다. 켄은 아직 애플페스트에 도착하지 않았다. 핀볼 게임과 동전 비디오 게임기 제조회사 컨벤션에 참석했다가 시카고에서 날아오는 중이었다. 딕은 두시뉴의 주장이 타당한지 판단할 기술적인 방법조차 없었다. 그래서 딕은 온라인의 젊은 프로그래머 중 한 명인 척 뷔쉬를 시켜 애플페스트 입구 근처에 있는 공중전화로 달려가 두시뉴에게 전화하게 했다. 물론 딕이 시킨 일임을 숨기고 관련 기술을 파악하기 위해서였다. 혹시라도 뷔쉬가 던전마스터의 강경한 태도를 누그러뜨린다면 그것도 나쁘지 않으니까.

불편한 이중 스파이 노릇이었지만 뷔쉬의 전화는 정체를 해소한 듯했다. 두시뉴가 한발 물러선 이유는 어쩌면 뷔쉬와의 통화 끝에 동료 프로그래머의 업적이 사용자에게 가는 과정을 자신이 지연하고 있다는 사실을 깨달았기 때문인지도 몰랐다. 마크 두시뉴는 다른 해커의 가치 있는 프로그램이 출시되지 못하도록 방해하는 해커라는 난처한 입장이었다. 어쨌거나 두시뉴는 울티마 2에 복제 방지를 걸기로 동의했다. 물론 켄 윌리엄스가 전말을 듣고 나서 해커 마크 두시뉴에 대한 평가는 한층 더 바닥으로 떨어졌지만 말이다. 온라인이 두시뉴를 대체할 방법을 찾자마자 오크허스트에서 쫓아내 버리겠다고 켄은 맹세했다.

>>>>>>>>>>>>>>>>>>>>>>>

2년 동안 애플페스트는 온라인, 시리우스, 브로더번드 등 애플용 소프트웨어, 추가 보드, 주변기기 제공업체 수십 곳이 총집합하는 전시회였다. 애플페스트는 형제단 회사들에게 밥줄과 영감을 준 기계를 축복하는 시간이었다. 행사에 참여한 회사들은 오락실 게임, 프린터 버퍼, 디스크 드라이브, 프로그래밍 지침서, 조이스틱, 램카드, RGB 모니터, 전쟁 시뮬레이션, 컴퓨터 전용 가방의 바다에 푹 빠진 애플 소유자들 수천 명을 적극적으로 맞이했다. 애플 페스트는 형제단의 결속을 다지고, 새로운 프로그래머를 찾고, 주문을 받고, 회사와 회사 제품을 소개하는 기회였다.

하지만 1982년 샌프란시스코에서 열린 애플페스트는 마지막 주요 행사가 되고 말았다. 우선, 온라인과 경쟁사들이 애플 외에도 다양한 기계에서 돌아가는 프로그램을 출시하기 시작했다. 애플은 더 이상 지배적인 플랫폼이 아니었다. 또한 회사들은 사용자 초청 쇼를 시간 낭비, 정력 낭비, 돈 낭비라 여기기 시작했다. 오히려 그 시간과 정력과 돈을 꼭 필요한 쇼에 투자하고 싶어했다. 라스베가스와 시카고에서 열리는 대규모 업체 행사인 CES^{Consumer Electronics Show}가 좋은 예였다. CES에서 영웅은 해커가 아니라 영업 사원이었다.

그래도 여전히 사람들은 애플페스트로 몰려들었다. 컴퓨터 업계에 찾아온 경제 호황을 드러내는 증거였다. 발걸음 소리, 사람들 말소리, 전자 게임 소리가 뒤섞인 애플페스트의 소음 가운데 전례 없는 호황의 선율이 울려 퍼졌다. 발길 닿는 곳은 어디나 백만장자들이 운영하는 부스가 있었다. 2년 전만 해도 애매하고 수익성 없는 일에 빠져 허우적대던 사람들이었다. 그리고 자그만 부스를 마련했거나 부스조차 마련하지 못한 신생 기업과, 애플 세상과 가정용 컴퓨터 세상이 풍기는 짜릿한 최음제 향기에 끌려든 몽상가들도 모여들었다.

성공의 향기는 사람들을 미치게 만들었다.

사람들은 빈둥거리며 믿기 어려운 이야기를 나누었다. 심지어 가장 놀라운 첨단 기술 호레이쇼 앨저*식 무용담조차도 컴퓨터 호황기의 놀라운 사례에 비하면 초라했다. 현대판 골드 러시였다. 하지만 쓸 만한 회사의 최소 인수비는 켄 윌리엄스가 시작했을 무렵에 비하면 어마어마하게 뛰어올랐다. 벤처 자본은 필수였다. 실리콘 밸리의 이류 프랑스 식당에서 만찬을 즐기고, '마케팅, 마케팅, 마케팅'을 강조하는 업계 세미나에서 탁월함을 추구한다는 선문답을 되뇌며, 엄숙하게 스스로를 '승

----

* 옮긴이_ Horatio Alger. 19세기 미국 소설가로 비천한 신분을 타고났지만, 근면성실하게 일해 불굴의 투지로 중산층에 진입한다는 가난한 소년소녀 이야기를 담은 상투적인 소설을 많이 집필했다.

부사'라 부르는 줄무늬 정장 신사들이 내놓는 자금이었다. 그들은 해커 꿈에서 한몫 잡으려는 참아주기 힘든 기회주의자들이었다. 하지만 그들로부터 환심만 얻는다면 무한한 보상이 주어졌다. 일렉트로닉 아츠라는 회사를 시작하려고 애플페스트에 참가한 사람들은 이 사실을 누구보다 잘 알았다. 그들의 목표는 이미 구식이라 여겨지는 형제단 회사들의 관례를 우회해 신시대보다 더욱 새로운 회사, 소프트웨어를 완전히 다른 차원으로 옮기는 회사였다.

일렉트로닉 아츠는 회사 목표를 작은 소책자에 정의했다. 현재 게임 판매회사로부터 빼내오려는 '소프트웨어 예술가'를 겨냥한 책자였다. 이 안내서는 잘 갖춰 입은 정장과 최고급 하와이산 마약의 감수성을 성공적으로 합친 광고 카피라이터가 쓴 느낌이 났다. '흥분', '비전', '비 관료주의적인' 등과 같은 단어를 포함하는 한 문장짜리 문구가 가득했다. 무엇보다 가장 뛰어난 점은 호소의 초점이었다. 안내서는 독자들의 해커 감성을 곧바로 겨냥했다. 일렉트로닉 아츠는 해커들에게 선홍색 트랜스-암 자동차를 구입하고 카리브해에서 섹시한 소프트웨어 소녀팬들과 밀회를 즐길 만큼 넉넉한 로열티를 약속하며 탐욕을 자극할 정도로 어리석지 않았다. 대신 일렉트로닉 아츠는 단도직입적으로 털어놓았다. "우리는 소프트웨어 '공장'이나 '관료주의'에서 일하지 않는 독립적인 사람들이 창의적인 제작자가 될 가능성이 높다고 믿습니다". 일렉트로닉 아츠는 환상적이며 강력한 도구와 유틸리티를 만들어 EA 제작자들에게 제공하겠다고 약속했다. 또한 해커들이 돈보다 중요하게 여기는 개인적 가치를 지켜나가겠다고 맹세했다. 그리하여 '위대한 소프트웨어 회사'를 만들겠다고 말했다. 즉, 창의적이고 정직하며 진취적이며 해커 가치를 중시하는 프로그래머 입장에서 보자면, 현재 그런 회사는 존재하지 않는다는 의미였다.

일렉트로닉 아츠는 트립 호킨스가 만든 회사였다. 애플 미국 지역 마케팅 책임자였던 호킨스는 일렉트로닉 아츠를 차리려고 애플을 그만두었으며 벤처 투자 회사 사무실에 방 하나를 얻어 회사를 시작했다. 애플, 아타리, 제록스 PARC, 비지코프 사람들로 팀을 구성했으며, 해커들의 마음을 사로잡을 확실한 방법으로 스티브 워즈니악을 이사회에 참여시켰다.

애플페스트에서 일렉트로닉 아츠는 부스가 없었지만 존재감을 발휘했다. 개막식 당일 밤에 큰 파티를 열었으며, 회사 직원들은 정치인처럼 파티장을 누볐다. 그중에는 전직 애플 중역이었던 팻 매리엇도 있었다. 마른 장신, 까무잡잡한 피부, 금발에 크고 둥근 안경을 낀 매리엇은 기자들에 열정적으로 회사를 홍보했다. 매리엇에 따르면 트립이 일렉트로닉 아츠를 설립한 이유는 게임 산업이 빠르게 성장하는 모습을 보았고 '기회를 놓치고 싶지 않아서'였다. 매리엇이 호킨스와 함께 하는 이유는 재미는 물론이거니와 확실하게 돈도 벌 기회라 느꼈기 때문이었다.

실리콘 밸리에는 부가 널렸다고 설명하며 "참, 저는 부자가 되고 싶습니다"라고 매리엇이 말했다. 어디를 둘러봐도 부의 상징이 보였다. BMW, 스톡 옵션, 비록 매리엇이 언급하지는 않았지만 엄청난 양의 코카인이 넘쳐났다. 일반 동네의 연봉 백만 불짜리 부자는 명함도 못 내밀 정도였다. 7자리 부동소수점 연산으로 세어도 모자랄 정도로 어마어마한 갑부 크로이소스* 모드였다. 친구들이 크로이소스 모드로 들어가는 모습을 보면 '나는?'이라고 생각하기 마련이다. 그러다 부를 거머쥘 기회의 창이 열리면 당연히 뛰어든다. 지금까지 소프트웨어 업계의 창만큼 활짝 열린 창도 없었다. 팻 매리엇은 작은 목소리로 독설가 기자 헌터 S. 톰슨의 말을 인용하며 이렇게 요약했다. "내가 괴팍하게 행동하면 괴팍한 사람들이 내 편으로 돌아선다".

팻 매리엇은 자신의 60년대 가치관을 훼손하지 않으면서 크로이소스 모드로 들어가기 바랐다. 예를 들어 매리엇은 극악무도한 회사에서 일할 생각이 전혀 없었다. 전직 프로그래머인 매리엇은 버클리에서 해커 문화를, 사악한 IBM에서 전문적인 환경을 경험했다. "버클리는 진리와 아름다움이었습니다. IBM은 힘과 돈이었습니

---

* 옮긴이_ 기원전 561년부터 리디아의 마지막 왕으로 등극했는데, 기원전 547년에 페르시아 제국에 전쟁을 일으켰다가 패해 떠돌이가 되었다. 엄청난 부로 유명하다.

다. 저는 둘 다 갖고 싶었습니다"라고 매리엇이 말했다. 일렉트로닉 아츠가 해답이었다. 회사 제품과 철학은 진리와 아름다움이며 회사 창립자들은 힘과 돈을 얻으리라. 그리고 컴퓨터 시대의 예술가로서 마땅히 받아야 할 존경을 받을 프로그래머들은 락 스타나 영화 스타의 신분으로 상승하리라.

일렉트로닉 아츠의 메시지가 애플페스트 참가자들에게 퍼지자 프로그래머 무리가 컨벤션 홀 밖에 모여들기 시작했다. 일렉트로닉 아츠가 연 대규모 파티가 열리는 스탠퍼드 코트 호텔로 가는 버스를 타기 위해서였다. 그중에는 온라인 프로그래머 몇 명과 존 '캡틴 크런치' 드래퍼도 끼어 있었다.

억센 짙은색 머리가 사방으로 삐친 존 드래퍼는 혼자서도 잘해왔다. 애플 전화 인터페이스를 블루 박스로 사용하다 걸려 감옥에서 지내는 동안 드래퍼는 '이지 라이터'라는 워드 프로세싱 프로그램을 작성해 상당한 돈을 벌었다. 흥미롭게도 자신들의 공식 워드 프로세서로 내놓을 프로그램을 찾던 IBM은 이지 라이터를 선택했다. 드래퍼의 프로그램을 판매하던 회사는 아주 분별력 있게 제작자가 악명 높은 캡틴 크런치라는 사실을 밝히지 않은 채 IBM과 거래를 중재했다. 항간에 떠도는 소문에 따르면 드래퍼는 이 거래로 백만 불을 벌었다고 했다. 드래퍼의 바랜 청바지, 낡은 폴로 셔츠, 치과 치료가 절실히 필요한 외모를 봤을 때는 선뜻 믿기 어려운 소문이었다. 마크 두시뉴는 경외와 혐오가 뒤섞인 감정으로 드래퍼를 대했다. 전직 전화 해커인 드래퍼가 IBM PC의 기술적인 측면을 놓고 자신에게 일장 연설을 늘어놓은 탓이었다.

곧 그들은 버스를 포기하고 택시를 잡았다. 택시 기사는 담배 피우는 실수를 저질렀고, 존 드래퍼는 운전사 입에서 담배를 낚아채다시피 하며 신선한 공기를 마시기 위해 창문을 전부 열라고 고래고래 고함쳤다. 11월 샌프란시스코의 차고 습한 공기가 밀려들었다.

호텔은 꽤 고급스러웠고, 청바지와 운동화 차림으로 나타난 해커들은 조금 주눅

이 들었다. 하지만 일렉트로닉 아츠는 해커들을 위해 만반의 준비를 갖춘 상태였다. 댄스 음악을 연주하는 락밴드를 초청했고, 동전 비디오 게임기 십여 대를 빌려 동전 없이도 공짜 게임을 무제한 즐기게 고쳐뒀다. 해커들은 즉시 게임기 주위로 몰려들었다. 분위기가 한층 고조되면서 게임 업계 거장들 다수가 파티에 참석했다는 사실이 눈에 띄었다. 일부는 그저 둘러보러, 일부는 차세대 신생 기업에 진심으로 관심이 있어서였다.

물론 이 모든 관심의 중심에는 EA 이사회 이사인 스티브 워즈니악이 있었다. 워즈니악은 몇 차례에 걸친 연설에서 '이 모든 것을 시작한 주인공'으로 지칭되었다. 과거를 떨치고 앞으로 나가고픈 젊은 천재에게 부담스러운 수식어일 수도 있겠지만 워즈니악은 한껏 즐기는 듯했다. 지난 1년 동안 국내 업계 모임을 돌면서 같은 칭찬에 익숙해진 탓이었다. 워즈니악은 자신의 크로이소스 모드 재산 중 상당액을 대규모 락 축제에 썼다. 워즈니악은 여전히 해커 윤리를 열렬히 신봉했으며, 어디서든 해커 복음을 전파할 뿐만 아니라 자신을 예로 삼아 제시했다. 예를 들어 그날 밤 워즈니악은 현 애플 정책을 예로 들며 비밀이라는 악행에 대해 이야기했다. 애플에 만연한 비밀과 숨 막히는 관료주의 때문에 워즈니악은 자신의 창조물인 애플 II에 기반해 성장한 회사로 아마 결코 돌아가지 않으리라 말했다.

전반적으로 행사는 성공적이었다. 모두가 거대한 해일의 꼭대기에 탄 듯한 달콤한 느낌에 빠졌다. 헐리우드 초창기가 이렇지 않았을까? 1960년대 음반 업계가 이렇지 않았을까? 미래가 발 앞에 있었다. 해커주의와 엄청난 부의 융합. 지금 여기서 역사가 만들어지고 있다는 느낌을 모두가 받았다.

온라인 해커들은 감동해 행사장을 떠났고, 일부는 몇 달 안에 일렉트로닉 아츠와 계약했다. 한 해커는 굉장히 만족한 미소를 지으며 파티를 떠났다. 그날 밤 팩맨, 로보트론, 동키 콩게임에서 최고 총점을 기록한 해커였다. 베스트셀러 제작자에게 기억할 만한 밤이었다.

켄 윌리엄스는 꿀꿀한 기분으로 애플페스트에 도착했다. 시카고에서 열린 핀볼 제조업체 컨벤션은 끔찍했다. 대기업들은, 특히 아타리는, 동전 게임기 제조업체에 돈을 트럭으로 퍼부어 거의 모든 게임기 게임을 가정용 컴퓨터 버전으로 바꾸지 못하게 막아버렸다. 겨우 10% 로열티를 지불하고 얻었던 프로거의 재연은 이제 물 건너가 버렸다.

로버타와 함께 온 켄은 온라인의 애플페스트 전시장으로 직행했다. 온라인 부스는 거대했고 입구 에스컬레이터 바로 옆에 있었다. 지하 브룩스 홀 전시관으로 가려고 수많은 사람이 오가는 길목이었다. 온라인 부스는 거대한 시에라 폭포 사진으로 꾸몄다. 온라인 시스템즈에서 시에라 온라인으로 바뀐 사실을 강조하기 위해서였다. 또한 부스에는 젊은 컴퓨터 광들이 최신 시에라 온라인 게임을 즐기도록 많은 컴퓨터-조이스틱-모니터 조합이 패널에 매립된 형태로 제공되었다. 모니터는 눈높이보다 훨씬 높게 설치해 구경꾼들도 게임이 얼마나 정교하게 만들어졌는지 쉽게 감상할 수 있었다. 또한 고객들을 부스로 끌어들이고자 거대한 프로젝션 스크린 컬러 텔레비전을 컴퓨터에 연결해 베스트셀러 온라인 게임인 프로거를 계속해서 보여줬다. 애플 버전은 존 해리스가 만든 아타리 버전처럼 계속해서 이어지는 음악이나 오락실 수준의 그래픽을 제공하지 못했으므로 온라인 직원들은 아타리 800 컴퓨터를 커튼 아래 신중히 숨긴 후 아타리 버전의 프로거를 돌렸다. 애플페스트에서 아타리를 돌리다니, 제너럴 모터스 전시회에 일본 차를 선보인 격이었다. 수많은 군중과 요란한 선전 속에서 누가 알겠는가?

진실을 알아챈 두 사람은 소프토크 발행자인 알과 마고 토머빅이었다. 두 사람이 곧바로 눈치챈 이유는 그들에게 프로거는 단순한 온라인 제품 중 하나가 아니었기 때문이었다. 프로거는 우울한 사건의 추이를 대변했다. 존 해리스의 뛰어난 프로거 버전을 감상한 여느 사람과 마찬가지로 두 사람 역시 그해 초 프로거를 보았을 때 감동과 기쁨을 느꼈다. 하지만 뒤이은 애플 버전을 봤을 때 그들은 충격을 받았다. 끔찍했다. 알과 마고에게 애플 버전 프로거의 형편없는 그래픽은 아무리 좋게 봐줘도 실수였고 최악의 경우에는 온라인을 키워준 애플 시장에 대한 궁극적인 배신이었다.

애플 세상은 토머빅 부부에게 정신적 성지였고, 두 사람은 온라인이 열등한 애플 프로거를 내놓음으로써 그들의 고귀한 성지에 침을 뱉어 모욕했다고 느꼈다. 애플 세상에 보답하는 마음으로 두 사람은 잡지에 부정적인 비평을 실었다. 거의 전례 없는 일이었다. 프로거 기사를 맡은 비평가도 토머빅 부부의 의견에 동의해 다음과 같은 혹평을 내놓았다. "프로거는 사하라에서 한 달 자란 상추만큼이나 생기가 없었다"라고 썼다. "개구리는 날개가 퇴화한 체스판 졸을 닮았고, 강에 뜬 통나무는 오스카 마이어 공장에서 막 탈출한 듯하다.".

비평가는 여기서 멈추지 않았다. 그는 한때 '평범함이 판치는 세상에서 품질로 우뚝 선' 회사가 어쩌다 이렇게 되었는지 물었다. 아타리 소유자들에게는 훌륭한 프로그램을 제공한 반면 애플 소유자들에게는 '대놓고 면박'을 주다니! 해커 윤리의 심장을 강타하는 심각한 기사였다. 해커 윤리는 이전 프로그램보다 더 좋은 프로그램을 만들 때까지 계속 해킹하라고 가르치지 않던가! "그들은 우리를 저버렸는가?"라고 비평가는 온라인에 물었다.

마고와 알은 켄과 로버타와 굉장히 친하게 지내왔기에 『소프토크』 10월 호가 나오기 전에 윌리엄스 부부에게 기사를 알려주려 애썼다. 하지만 켄이나 로버타에게 연락이 닿지 않았다. 관료주의가 온라인에 뿌리를 굳히는 중이었고, 더 이상 윌리엄스 부부는 전화를 직접 받지 않았다. 접수원이 받아 비서에게 넘겼고, 비서가 이름과 회사 번호를 받아 적은 후 전화드리겠다고 대답했다. 그것도 운이 좋다면 말이다. 마침내 알은 켄의 동생인 존과 연락이 닿았고, 존은 프로거 게임이 엉망인 이유가 있다고 말했지만 토머빅 부부는 결코 이유를 듣지 못했다. 온라인 사람들은 경영 싸움에 휩쓸려 설명할 겨를이 없었다.

알과 마고는 잡지 초판을 애플페스트에 가져갔고 온라인이 아타리 프로거로 부리는 교활한 속임수를 보고서 비평이 옳았다는 믿음을 재차 확인했다. 두 사람은 켄과 로버타와 대화하고 나면 상황이 원만히 해결되리라 생각했다. 모두가 같은 목적으로 모이지 않았던가? 애플 세상의 멋진 인도주의적 여세를 유지하자는 목적 말이다. 프로거 때문에 의견이 좀 달라졌다고 이처럼 중요한 목표에 영향을 미치지는 않으리라.

온라인 부스에서 누군가 켄에게 『소프토크』지 신간을 건네주었을 때 켄은 즉시 프로거 비평 기사를 펼쳤다. 로버타도 어깨너머로 읽었다. 두 사람은 부정적인 비평이 나올 줄 알았고 게임 그래픽에 대한 비난은 어느 정도 예상했었다. 하지만 혹독한 표현은 예상 밖이었다. 게다가 심지어 온라인이 그처럼 멋진 아타리 버전과 그처럼 초라한 애플 버전을 내놓음으로써 애플 세계를 팔아먹었다는 추궁을 받으리라 상상조차 못했다. '프로거는 실수거나 배신이다'라며 기사는 이렇게 결론지었다. '어느 쪽인지는 여러분 스스로 판단할 바이다'.

"정말이지 심하게 불공정한 기사였습니다"라고 켄이 말했다. 우선, 『소프토크』지는 아타리와 비교해 애플에서 게임을 만드는 작업이 얼마나 어려운지 몰랐다. 토머빅 부부는 명백히 작정하고 온라인을 공격했다. 형제단이 막 형성되던 시기에 잡지가 궤도에 오르도록 윌리엄스 부부가 얼마나 물심양면으로 도왔던가! 로버타는 드디어 터질 것이 터졌다고 생각했다. 무슨 이유에선지 『소프토크』지는 항상 온라인을 가차 없이 다루었다. 하지만 로버타가 톰과 마고에게 뭐가 잘못되었느냐고 물을 때마다 두 사람은 아무 문제 없다고 대답했다.

"『소프토크』지는 우리를 원하지 않는 모양이네요"라고 로버타가 켄에게 말했다. "광고를 빼야겠어요".

형제단의 결속이 위태롭다는 또 다른 징후였다. 개인적인 친분으로 끌어가기는 더 이상 무리였다. 형제단 회사들이 점점 더 현실 세계 사업과 닮아가면서 그들은 서로 경쟁하기 시작했다. 윌리엄스 부부는 브로더번드나 시리우스 사람들과 거의 교류하지 않았고 더 이상 비밀도 공유하지 않았다. 제리 제웰은 나중에 이렇게 표현했다. "예전에는 브로더번드와 온라인이 많이 어울렸습니다. 이제는 태도가 달라졌습니다. 경쟁자들을 파티에 초대하면 온갖 추문을 파헤치고 프로그래머를 빼가려 합니다. 사업이 점점 치열해지면서 '교류는' 점점 불가능해졌습니다. 지금 하는 일을 경쟁자에게 최대한 숨기려고 합니다". 어쩔 수 없는 일이었다.

켄은 행사장에서 더그 칼스톤을 만났을 때 이것을 간단히 언급했다. 그나마 가장 안 바뀐 사람이 더그였다. 그는 늘 그렇듯 성실하고 개방적이었으며 형제단에서 가장 이성적이었다. 두 사람은 옛날 좋은 시절처럼(1년 전처럼) 좀 더 자주 만나야 한다는 사실에 동의했다. 800만 불이라는 자본으로 시장에 뛰어든 새 회사를 포함하여 새로운 경쟁자에 대해서도 의견을 나누었다. "그들에 비하면 우리는 애들 장난이지"라고 칼스톤은 말했다. "우리는 '벤처 투자금'이 100만 불이네. 자네는…".

"120만 불"이라고 켄이 말했다.

"더 포기했군. 우리는 25%를 내주었네".

"아니, 우리는 24%를 포기했지".

두 사람은 시리우스 소프트웨어가 애플페스트에 참가하지 않은 사실에 대해서도 이야기했다. 회사들이 업체만 참가하는 무역 박람회로 전향한다는 또 다른 증거였다. 켄은 일반용 카트리지 시장으로 뛰어든 제리 제웰의 전술이 훌륭하다고 생각했다. "제웰은 누구보다 훨씬 부자가 될 거야"라고 켄이 예측했다.

더그는 미소를 지었다. "누가 부자가 되든 개의치 않아… 내가 그중 하나라면 말이지".

"나 역시 누가 부자가 되든 개의치 않지. 내가 좀 더 부자기만 하다면 말이지".

켄은 유명 디자이너 청바지와 굽 높은 구두와 검정 베레모로 멋을 낸 로버타와 전시장을 둘러보며 전시회 분위기를 즐기려 애썼다. 켄은 타고난 달변가였고, 거의 모든 부스에서 사람들은 켄을 알아보고 따뜻하게 맞아주었다. 켄은 대여섯 명에 이르는 젊은 프로그래머들에게 오크허스트에 와서 온라인을 위해 해킹하며 부자가 되보자고 청했다.

『소프토크』지 부스를 피하려고 무던히 애썼지만 윌리엄스 부부는 마고 토머빅과 우연히 마주쳤다. 어색한 인사 끝에 마고는 켄에게 다스 크리스탈 표지 기사를 보았는지 물어봤다.

"프로거 비평 기사만 읽었습니다"라고 켄은 말했다. 잠시 뜸을 들인 끝에 켄은 덧붙였다. "상당히 고약한 기사라고 생각했습니다".

악감정이 없음을 보이려고 마고는 켄을 포옹했다. "오, 켄, 게임이 형편없었어요"라고 마고가 말했다. "당신을 사랑하기 때문에 그렇게 했습니다. 당신의 게임은 그보다 훨씬 나으니까요. 우리는 당신에게서 더 많은 것을 기대합니다".

"글쎄요". 억지 웃음을 지으며 켄이 말했다. "비평이 게임을 벗어났다는 생각은 안 드나요? 우리 회사에 대해 온갖 소리를 했더군요".

마고는 전혀 들으려 하지 않았다. 하지만 윌리엄스 부부는 문제가 끝났다고 생각하지 않았다. 그들에게 이번 사건은 회사가 커지자 사람들이 변하는 또 다른 사례였다.

그날 밤 온라인은 노스 비치에 있는 이탈리아 레스토랑에서 저녁 행사를 주최했다. 켄은 옛날 온라인 시절처럼 소란스럽고 난폭한 밤이 되리라 몇 주 동안 기대했다. 비록 모두가 축하하는 분위기였으나, 파티는 기대만큼 화끈하지 않았다. 아마도 초대된 프로그래머는 리처드 게리엇과 척 뷔쉬 단지 2명뿐이었고 나머지는 모두 영업, 회계, 마케팅 사고방식에 빠진 사람들인 탓인지도 몰랐다. 몇 차례 건배가 있었고, 당연히 스틸(박하향 네덜란드 진)도 있었다. 사람들은 금속 꼭지가 달린 술병에 든 스틸을 큰 컵에 따라 마셨다. 많은 건배가 초청 손님인 스티브 워즈니악에게 돌아갔다. 그날 오후 켄은 워즈니악과 우연히 마주쳤고, 기쁘게도 전설적인 해커는 뒤늦은 저녁 식사 초대에 응했다. 켄 윌리엄스는 워즈에게 자신이 애지중지하는 물건을 의도적으로 언급했다. 바로 원본 애플 I 마더보드였다. 켄에게 그것은 자유분방한 가정용 컴퓨터 시대의 정신과 이어진 소중한 연결끈이었다. 켄은 그 에폭시 수지와 실리콘 덩어리를 사랑했다. 1976년 홍적세 시대에 워즈가 차고에서 직접 만들었다는 사실 또한 켄에게는 커다란 의미였다. 워즈는 홈브루 시절 이야기를 절대 사절하지 않았고 켄의 찬사를 고맙게 여겼다. 또 다시 자신을 향한 건배에 워즈니악은 크게 미소 지었다. 이번에는 딕 선더랜드였다. 스틸이 한 차례 더 돌았다.

하지만 워즈에게 그날 저녁의 백미는 로드 브리티시와 만남이었다. 여러 달이 지난 후에도 워즈는 그런 천재를 만나서 얼마나 기뻤는지 말했다.

저녁 식사를 마치고 사람들은 트랜스 아메리카 건물의 디스코장으로 옮겨 환상적인 시간을 보냈다. 왁자지껄한 파티를 끝내고 완전히 파김치가 된 켄과 로버타가 호텔로 돌아왔을 때 응급 전화가 두 사람을 기다리고 있었다. 머지 목장가에 있는 A자 모양의 목조 건물에 화재가 발생했다는 소식이었다. 영웅적인 보모가 두 아이를 구했지만 집은 심각하게 훼손되었다. 켄과 로버타는 아이들과 통화해 안전을 확인한 후 즉시 집으로 차를 몰았다.

한때 집이 서 있던 장소에 도착했을 무렵은 동틀녘이었다. 아이들은 안전했고 모든 피해는 보험이 적용되는 듯했다. 윌리엄스 부부는 건설 중이던 호화 저택으로 이듬해에 이사할 계획이었다. 화재가 일으킨 피해는 생각보다 적었다. 하지만 켄 윌리엄스는 안타까운 마음을 금할 수 없었다. 그 무엇으로도 대신할 수 없는 물건, 원래 용도를 넘어 그에게 소중했던 공예품을 잃은 탓이었다. 화재는 켄의 애플 I 마더보드를 앗아갔다. 인본주의적 컴퓨터 시대의 이상적인 출발을 상징하는 연결 고리가 사라졌다. 그것은 화마가 휩쓴 잔해 속 어딘가에 있었다. 고칠 수 없을 만큼 손상된 채, 결코 되찾지 못할 곳에...

CHAPTER 20

마법사 대 마법사들

1982년 12월, 멀쑥한 키에 짙은 머리칼과 수염, 느릿한 남부 사투리만큼이나 여유만만한 톰 타툼은 라스베가스 샌즈의 연회장 연단에 올랐다. 타툼 뒤쪽으로 배열된 의자에는 해커 10명이 불편하게 앉아 있었다. 전직 변호사이자 로비스트이자 카터 선거 고문이자 현재 비디오 '다큐스포츠'* 프로그램을 배급하는 톰 타툼은 자신이 선 연단에서 얼마 떨어지지 않은 카지노의 어떤 슬롯머신보다 큰 뜻밖의 대박을 터뜨렸다고 생각했다.

"이것은 헐리우드가 컴퓨터 시대를 만나는 행사입니다". 톰 타툼은 컴덱스 전시회를 보러 온 보도 기자들과 컴퓨터 업계 사람들에게 말했다. "1980년대의 최첨단 경연 대회를 시작합니다".

톰 타툼의 창조물은 마법사 대 마법사들이라 불렸다. 게임 디자이너들이 상대방 디자이너가 만든 게임을 하는 대회로, 상금이 걸린 텔레비전 프로그램이었다. 타툼은 온라인이나 시리우스와 같은 회사에서 프로그래머들을 모집했다. 새로운 영웅의 도래를 감지한 때문이었다. 근육이 아니라 머리로 싸우는 사람, 세계 누구보다 앞서 기술 패권을 잡으려는 미국의 대담한 의지를 대변하는 사람, 그것은 바로 해커였다.

---

* 옮긴이_ docusports. 다큐멘터리와 스포츠의 장점을 합쳐 만든 새로운 장르를 말한다.

1981 마우이 섬 윈드서핑 그랑 프리와 텔루라이드 곡예비행 초청 경기 등 톰 타툼이 기획했던 이전 스포츠 행사들과는 달리, 마법사 대 마법사들은 다큐스포츠 장르로 새로운 청중을 끌어올 잠재력이 있었다. "슈퍼 크로스 오토바이를 가진 사람은 극히 소수입니다"라고 훗날 타툼은 설명했다. "하지만 집에서 컴퓨터를 쓰는 사람들 수는 어마어마하죠".

이미 오락실과 애플 컴퓨터 앞에서는 사람들이 관심 갖는 대회가 벌어지고 있었다. 프로 게이머들이 경쟁하는 모습을 보려고 얼마나 많은 사람이 채널을 고정할지 상상해보라. 게다가, 타툼이 표현했듯이 '이 쇼의 백미는' 게임을 만든 당사자들이 (즉, 괴상한 공상과학 컴퓨터광들이) 서로 맞붙는 '이중 경쟁'이었다.

"자, 새로운 스타들을 소개합니다!"라고 톰 타툼이 말했다. 하지만 새로운 스타들은 미스 유니버스 대회에 참가한 기형 미인 마냥 자신들이 라스베가스 무대 위에 전시되는 상황에 안절부절못했다. 이상주의와 두뇌 활동의 멋진 조화를 볼 줄 아는 사람에게야 해커주의는 도교적이며 내적으로 눈부시게 감동적이겠지만 라스베가스 연회장에서 연사 뒤에 배경으로 깔고 보면 그리 멋지지 않았다. 해커들의 미소는 딱딱했고 옷은 안 맞았다(비록 일부는 특별히 만든 츄리닝을 입었지만 그조차도 안 맞았다). 차라리 집에서 해킹하고 싶다는 표정이었고, 아무리 눈치 없는 사람에게도 이런 분위기가 느껴질 정도였다. 하지만 호기심, 회사의 압력, 라스베가스에서 며칠 보내고 싶은 욕구, 게다가 허영심까지 더해져 그들은 샌즈로 왔다. 톰 타툼이 기획한 행사 중(훗날 그도 인정한 쇼인 밀러 하이 라이프 슈퍼 크로스 파이널을 제외하고) 가장 화끈한 대회에 참가하려고…

대회는 일곱 회사에서 온 해커들이 참석했다. 제리 제웰은 시리우스에서 가장 뛰어난 오락실 게이머 두 명을 데리고 참가했다. 온라인은 다음날 도착할 예정이었다. 발표가 끝난 후 제웰은 경쟁자 중 한 명에게 자기 직원 한 명이 세계 최고 비디오 게이머가 되리라 장담했다. "그 친구가 로보트론*을 4시간 동안이나 죽지 않고 하는 모습을 본 적 있습니다"라고 제웰이 말했다.

상대 해커는 전혀 주눅 들지 않았다. "이거 봤어요?" 날카로운 목소리로 대답하며 그는 손을 내밀었다. "이게 바로 제 로보트론 물집입니다. 제 손은 아주 민감해서 보통 한 시간 게임하고 멈추죠".

나중에 호텔 방에서 제웰은 자신의 해커들이 연습하는 모습을 지켜보았다. 제웰은 20세기 폭스 게임즈 사와 거래가 성사되어 굉장히 기뻤다. 폭스 사는 자신의 프로그래머들이 설계한 VCS 카트리지를 널리 유통하고 크게 홍보할 계획이었다. 시리우스는 형제단 회사 중 게임을 TV에 광고하고 대중 시장에 내놓은 첫 회사였다. 제리 제웰은 이렇게 말했다. "컴퓨터 상점에 전시된 우리 애플 제품을 보는 기분도 괜찮습니다만, K-마트 선반에 가득 찬 우리 제품 모습을 보면 진짜 해냈다는 생각이 듭니다".

켄 윌리엄스는 대회 사전 모임에 딱 맞춰 라스베가스에 도착했다. 12명의 경연자와 후원자들을 위해 타툼이 마련한 모임이었다. 화재로부터 재빨리 회복한 켄은 유일하게 판매자이자 경연자로 대회에 참가할 예정이었다. 켄과 다른 사람들은 타툼이 설명하는 규칙을 들으려고 반원으로 둘러앉았다.

"이것은 새로운 유형의 대회입니다". 톰 타툼은 둘러앉은 사람들에게 말했다. "TV가 없으면 대회도 없습니다. TV를 위해 만든 대회입니다. 규칙도 TV를 위해 만들었습니다". 타툼은 이 새로운 유형의 대회가 추구하는 상반된 가치 두 가지를 설명했다. 가치 1번은 정직하고 공정한 경쟁이었다. 가치 2번은 무슨 수를 써서라도 TV에서 멋져 보일 필요성이었다. 타툼은 두 가치가 모두 중요하지만 둘이 충돌한다면 2번을 선택하라고 조언했다.

그리고 나서 타툼은 대회를 시작할 때 방영될 영상을 묘사했다. 라스베가스의

----

* 옮긴이_ 1982년에 윌리엄스 일렉스토로닉스 사에서 발매한 슈팅게임

네온이 화려한 밤거리를 해커의 상징인 마법사가 굽어본다. 마법사 손끝에는 번개가 흐른다. 전지전능한 뉴에이지 아이콘! 컴퓨터 업계 사람들은 타툼이 묘사하는 영상에 감동했다. TV 이벤트로 경쟁해 얻을 이익에도 마찬가지로 감동했다. 누구나 여러분 이름을 알게 될 겁니다. 타툼이 말했다. "일단 쇼가 흥행하고 다른 쇼들이 등장하기 시작하면 그렇게 되어갈 겁니다. 제품 광고 등 다른 수입원도 생길 겁니다".

TV 쇼가 있던 날 아침, 카메라가 돌아가기 전에, 샌즈 연회장에 있던 소수의 청중은 10년이나 20년 전이라면 하인라인, 브레드버리, 심지어 MIT 선지자 에드 프레드킨조차 상상하지 못했을 장면을 목격했다. 분장 전문가들이 아무렇지 않게 두터운 화장을 좌불안석하는 젊은 컴퓨터 프로그래머들에게 입히는 모습이었다. 해커가 대중 매체에 등장하는 시대가 시작되었다.

톰 타툼은 멜로 드라마 여배우를 고용해 사회를 맡겼다. 죽여주는 헤어스타일에 미소를 지으면 눈부신 치아가 드러나는 사회자 여배우는 은하계 역사상 최초로 세계 컴퓨터 마법사들과 기술 천재들이 경쟁하러 모였다는 첫 멘트부터 실수를 저질러 한 장면을 15번이나 다시 찍었다. 그리고 나서야 시합이 시작되었고, '해커 한 무리가 기다란 탁자에 앉아, 다리 사이에 조이스틱을 놓고, 한 다리는 의자 아래로 구부리고, 한 다리는 탁자 아래로 쭉 뻗은 채, 입은 헤 벌리고, 눈은 멍하게 화면을 응시하는 모습'이 얼마나 지켜보기 따분한지 비참할 정도로 분명해졌다.

흥미진진한 비디오 대회와는 달리, 프로그래머들은 화면 가득한 외계인을 처리하거나 적으로부터 복수의 펄서 광선을 맞고 죽어도 별다른 반응을 보이지 않았다. 잘못된 움직임이 폭발로 이어지는 순간을 알아내려면 눈썰미 좋은 군중이 찡그린 얼굴이나 가늘어지는 눈을 굉장히 주의 깊게 살펴야 했다. 5분이라는 제한 시간이 끝나기 전에 끔찍한 'GAME OVER' 메시지가 뜨더라도, 심판이 점수를 기록하도록 슬프게 한 손을 들 뿐이었다. 패배의 고통조차 밋밋했다.

타툼은 지루한 방송을 빠른 편집, 컴퓨터 화면 보여주기, 실리콘 검투사와 간결한 인터뷰 등으로 보충하면 되겠다고 생각했다. 일반적으로 해커들과 진행한 인터뷰는 멜로 드라마 스타가 곧바로 강력한 우승 후보로 부상한 시리우스의 19살짜리 해커 댄 톰슨과 주고받은 대화와 별반 다르지 않았다.

멜로 드라마 스타 : 유력한 준결승 후보가 된 소감이 어떠세요?

톰슨 (어깨를 으쓱하며) : 멋져요, 제 생각엔.

컷! 한 번 더 갈까요? 이번에는 어깨를 으쓱하지 않았다. 한 번 더 가죠. 이제서야 댄 톰슨은 디지털 논리와 문제 해결 기법을 퍼즐에 적용했다. 질문이 멜로 드라마 스타 입에서 떨어지자마자 톰슨은 카메라를 똑바로 쳐다보며 마이크로 몸을 기울였다.

"아, 굉장합니다. 계속해서 잘 해나가기 바랍니다." 이렇게 컴퓨터광다운 피상적인 답변을 합성해냈다.

대회 우승자는 톰슨이었다. 새크라멘토에 있는 처크 E. 치즈 피자 타임 극장에서 수많은 시간을 조이스틱과 함께 한 결과였다. 켄 윌리엄스도 멋지게 해냈다. 대회 전에 게임을 살펴볼 기회가 거의 없었던 점을 고려하면 꽤 괜찮은 성적이었다. 전체 6등이라는 순위는 게임의 핵심을 즉시 간파하는 켄의 능력을 입증했으며 28살임에도 불구하고 여전히 반사 신경이 남아 있다는 사실을 보여주었다.

그날 밤 타툼이 묵던 스위트 룸에서 비디오 감독은 흥분해서 어쩔 줄 몰랐다. "저는 우리가 수년 동안 가장 혁명적인 텔레비전 이벤트를 봤다고 생각합니다"라고 말했다. 타툼은 해커들이 미국인들의 흥미를 사로잡으리라 예측했다. 신체적으로 치고받는 대신 꼼짝 않고 집중력을 고도로 발휘하는 선수들. 술잔을 들어 새로운 미국의 영웅으로 등장한 해커의 미래에 건배했다.

대중 매체의 영웅으로 부상할 징조를 보여준 온라인 프로그래머 중 한 명이 밥 데이비스였다. 과거에 알콜 중독자였으나 켄 윌리엄스가 게임 제작자로 발탁했으며 켄이 가장 친한 친구라 여기는 해커였다. 켄은 데이비스와 함께 율리시스와 황금 양모라는 어드벤처 게임을 만들었는데, 게임을 논평한 기사에서 『소프토크』지의 마고 토머빅은 세상을 바꾸고자 컴퓨터와 동맹을 맺은 켄 윌리엄스의 결정이 옳았다고 결론지었다.

> 온라인 시스템즈가 만든 '율리시스'에는 새로운 승자가 두 명 있다. 하나는 '마법사와 공주'이래 온라인이 내놓은 최고 모험 게임이며, 다른 하나는 새로운 제작자 밥 데이비스다. 앞으로 데이비스가 새로운 어드벤처 게임을 많이 보여주기 바란다.

시에라 온라인이 전도유망한 개발자들에게 보내는 소포에는 밥 데이비스가 쓴 공개편지도 있었다. 편지에서 데이비스는 '컴퓨터 버그에 물린' 경험, 자신의 게임이 빠르게 제작되는 모습, '항상 제때 넉넉하게 들어오는 로열티'를 이야기했다. 데이비스는 이렇게 편지를 마무리 지었다. "그래서 이제 저는 타호 호수의 스키장에서 스키를 즐기고, 비디오를 녹화해 감상하며, 새 차를 몰고, 방 세 개짜리 새집에서 편안하게 지냅니다. 여러분도 저처럼 해보라고 강력히 추천합니다".

하지만 켄이 라스베가스에서 돌아온 지 얼마 되지 않아 스키장, 자동차 운전석, 새로 이사한 집, 어느 곳에서도 밥 데이비스를 볼 수 없었다. 데이비스는 프레즈노 카운티 교도소에서 방문객을 맞이하는 신세였다. 죄수복을 입은 데이비스는 겁에 질린 얼굴이었다. 붉은색 긴 머리에 덥수룩한 수염, 걱정으로 생긴 주름살로 28살 데이비스는 나이보다 훨씬 늙어 보였다. 죄수와 방문객을 가르는 유리가 두꺼운 탓에 대화는 양편에 놓인 수화기로 이뤄졌다.

밥 데이비스가 교도소에 들어간 몇 주 동안 방문객은 많지 않았다. 켄 윌리엄스가 보석으로 빼내려고 애썼지만 허사였다. 겨우 몇 달 새에 데이비스는 알콜 중독자에서 소프트웨어 슈퍼스타로 등극했다가 약물 중독 전과자로 전락했다. 데이비스는 컴퓨터가 자신을 구해주리라 생각했다. 하지만 컴퓨터만으로는 충분하지 않았다.

고등학교를 중퇴한 주정뱅이, 남몰래 논리 퍼즐을 좋아하던 데이비스에게 프로그래밍은 하늘이 내린 계시였다. 술 마실 필요가 없을 만큼 컴퓨터에 깊이 빠져들었다. 타임 존 프로젝트를 맡고, 어드벤처 게임을 공동으로 작성하고, 빌어먹을 VCS 기계를 위해 어셈블리 언어를 배우기 시작하면서 회사에서 데이비스의 행운은 활짝 피어났다. 하지만 순식간에 나아졌던 데이비스의 인생은 순식간에 내리막을 향했다.

"저는 성공을 감당하지 못했습니다"라고 데이비스는 말했다. 베스트셀러 소프트웨어 제작자가 되었다는 의기양양함으로 데이비스는 자신의 인생을 불행하게 만들었던 마약을 감당할 수 있다고 생각했다.

온라인에는 마약이 돌았지만 밥 데이비스는 다른 사람처럼 절제하며 즐기지 못했다. 마약은 그의 일에도 영향을 미쳤다. VCS 코드는 배우기가 굉장히 어려웠다. 켄 윌리엄스의 비교적 단순한 ADL을 사용하여 만들었던 율리시스가 단기간에 성공을 거두자 데이비스는 즉각적인 만족에 익숙해졌고 VCS에 좌절감을 느꼈다. "저는 변명거리를 찾았습니다". 훗날 데이비스는 말했다. "제가 일하기에는 온라인이 너무 관료적이라고 말했죠". 데이비스는 온라인을 그만뒀다. 직접 게임을 만들어 로열티를 받으며 살아갈 작정이었다.

VCS 게임을 만들던 데이비스는 화면에 뭔가를 움직여 보려고 많은 시간을 투자했지만 실패했다. 켄 윌리엄스는 데이비스는 누군가 끌어줘야만 돌파구를 찾아내는 인물이라는 사실을 알았지만 켄은 친구를 도와줄 시간이 없었다("누군가 옆에 있으면 데이비스는 새벽 4시까지라도 일하며 함께 있습니다"라고 언젠가 켄은 말했다).
데이비스는 켄을 만나 자신이 얼마나 불행한지 토로하고 싶었지만 켄은 대개 출장
중이었다. 데이비스는 더 많은 코카인을 정맥에 주사했으며 부인과 싸우면 코카인
에 취해 집을 떠났다. 그러면서도 내내 집으로, 새로운 컴퓨터 중심의 삶으로 돌아
가고 싶어했다. 온라인이 유망한 개발자들에게 보내는 소포에 여전히 포함된 1인칭
추천사에서 자신이 묘사했던 소프트웨어 슈퍼스타의 삶으로 돌아가고 싶었다.

어느 날 밤늦게 귀가한 데이비스는 부인이 집에 없자 자신이 아는 모든 사람에
게 전화하기 시작했다. 아내가 있는 곳을 누군가 알지도 모른다는 희망으로 아내가
갈 리 없는 모든 프로그래머 집까지 전화했다. 데이비스를 모르는 사람들조차 그의
애처로운 목소리에 묻어나는 공포를 느낄 수 있었다. "제 아내를 봤습니까?" "아니
오 밥". "혹시 어디 있는지 아십니까?" "그녀를 보지 못했습니다, 밥". "늦은 시간인
데 아내가 집에 없어서 걱정입니다". "곧 돌아올 겁니다". "아내가 무사하면 좋겠습
니다". 울음을 삼키며 데이비스가 말했다. "어디 있는지 아무도 말해주지 않아요".

모두가 밥 데이비스를 안타깝게 여겼다. 온라인이 일반적인 업계에 일반적인 회
사가 아니라는 사실을 딕 선더랜드가 처음으로 깨달은 사건 중 하나였다. 딕이 온라
인에 취직한 바로 그날도 데이비스는 오크허스트를 헤매고 다녔다. 컴퓨터 꿈이 드
리운 어두운 그림자, 날아간 황금 기회와 함께 데이비스는 유령이 되었다. 밥 데이
비스는 옛날 친구들을 전화로 괴롭혔다. 주로 돈을 빌려달라는 전화였다. 데이비스
의 잦은 욕설과 흡연에도 불구하고 밥을 좋아했던 프로그래머이자 여호와의 증인인
워렌 슈바더는 데이비스에게 주택 대출금을 갚아주겠다고 제안했지만 현금을 원했
던 밥은 전화를 쾅 끊어버렸다. 하지만 나중에 워렌을 설득해 1,000불을 빌렸다.

다른 사람들과 마찬가지로 워렌 역시 밥 데이비스가 마약에 찌든 생활에서 탈
출해 컴퓨터로 돌아오기 바랐다. 하지만 결국은 모두가 포기했다. 착실한 프로그래
머 제프 스티븐슨은 데이비스를 AA(금주자 익명 모임)에 등록하려 애썼으나 데이

비스가 부도 수표를 사용하기 시작하자 두 손을 들었다. "약을 사기 위해 하루 300불에서 900불까지 수표를 남발했습니다". 훗날 데이비스가 설명했다. "제가 아내를 내쫓았습니다. 두 차례나 약을 끊으려 했습니다". 하지만 실패로 끝났다. 데이비스는 딕 선더랜드에게 로열티를 선불로 달라고 요청했다가 딕이 거절하자 (딕의 표현에 따르면) '푼돈에' 미래 로열티를 팔겠다고 제안했다. 하지만 곧 데이비스의 로열티는 부채를 갚느라 은행이 직접 차압해 가져가 버렸다. 데이비스는 마약 살 돈을 마련하고자 가구를 팔았다. 마지막으로는 자신을 거물로 만들어주었던 마법의 도구인 애플 컴퓨터도 팔았다.

밥 데이비스가 교도소에 갔혔을 때 온라인 직원들은 안도의 한숨을 쉬었다. 데이비스는 모텔에서 체포되었다. 사람들은 부도 수표 발행 때문에 기소되었으리라 추측했지만 데이비스 자신은 코카인 때문이라 말했으며 죄를 인정했다. 데이비스는 새 출발을 위해 약물 회복 프로그램에 들어가고 싶었다. 켄에게 자신의 의중을 알리려고 했지만 켄은 밥 데이비스가 감옥에 있는 편이 나으리라 생각했다. 감옥이라면 중독에서 벗어날지도 모르니까.

『소프트셀』지의 핫 리스트에 따르면, 미국에서 열두 번째로 잘 팔리는 컴퓨터 게임의 제작자는 교도소에서 전화기로 자신이 실패한 경위를, 컴퓨터가 비춰준 눈 부신 햇살에 흠뻑 젖었다가 그 햇살에 부응하지 못한 사실을 설명했다. 데이비스가 말하는 도중에 전화는 끊어졌고 면회 시간이 끝났다. 돌아가기 전에 데이비스는 유리를 향해 소리쳤고, 프레즈노 교도소 방문객들은 그가 한 말을 알아들었다. "켄에게 전화 좀 해달라고 전해주세요".

>>>>>>>>>>>>>>>>>>>>>>>>

밥 데이비스의 곤경은 그해 겨울 시에라 온라인에 산재한 혼란을 보여주는 좋은 예였다. 표면적으로 온라인은 존경할 만한 수준에 도달한 회사로 보였다. 대기업들은 여전히 회사를 인수하겠다고 덤볐으며, 가장 최근에는 1,250만 불에다 윌리엄스에게 연봉 20만 불을 주겠다는 제안도 있었다. 하지만 성장이라는 허식 뒤에는 끊임없는 의혹이 꼬리를 물었다. 아타리 비디오 게임 판매량이 급격하게 떨어졌다는 1982년 12월 발표가 이런 의혹을 더욱 증폭시켰다. 온라인과 다른 게임 회사들은 이를 게임 산업이 쇠퇴하는 징후로 받아들이려 하지 않았다.

》 **애플 II의 로드 런너(1983년 작)**

인력이 늘어나며 시에라 온라인의 규모가 다루기 힘들게 커지면서 무질서는 더더욱 증가했다. 예를 들어 딕이 멋지다고 생각했던 다단계 채굴 게임 하나는 여러 주 동안 인수 부서에서 유야무야되었다. 프로그래머가 계약을 맺자고 전화했고, 딕이 사내에서 간신히 진행 상황을 추적했을 즈음, 게임을 만든 대학생은 온라인을 포기하고 브로더번드에 프로그램을 팔았다. 로드 런너라는 이름으로 출시된 게임은 베스트셀러가 되었고 여러 비평가는 '1983년 올해의 게임'으로 뽑았다. 켄 윌리엄스가 미스터리 하우스를 팔려고 애플을 찾아갔던 불과 3년 전과 기괴하게 똑같은 상황이었다. 젊은 컴퓨터 회사가 뒤죽박죽 관리를 해서 컴퓨터 업계가 요구하는 번개 같은 속력으로 반응하지 못하고 뒤늦게야 관심을 표명했다. 아직 걸음마 단계인 시에라 온라인이 벌써 공룡이 돼버렸을까?

켄 윌리엄스와 딕 선더랜드가 회사 경영권을 두고 벌이는 충돌은 더욱 악화되었다. 새로 들어온 영업 쪽 사원들은 딕을 지지했다. 하지만 초창기 직원들과 프로그래머들 대다수는 사장과 사장의 비밀스러운 경영 기법을 싫어했다. 켄을 향한 사람들의 감정은 복잡했다. 온라인 정신을 대변해야 할 켄은 회사 '성장'을 거론했다. 마치 컴퓨터 소프트웨어를 만들려면 비즈니스 계획과 엄격한 관료주의로 가득한 전통적인 회사 운영이 필요한 듯 말이다. 만일 켄의 생각이 맞다면, 우리 삶을 개선하고 풍요롭게 만들어줄 행동 모델이 컴퓨터라 믿는 해커의 꿈은 무엇이 돼버리는가? 마법의 기술을 제공하는 자신들의 비즈니스가 특별하다고 믿으며 사업을 시작했던 선구자 모두를 괴롭히는 도덕적 위기였다. 대중 마케팅은 톨킨 작품에 나오는 전지전능한 반지와도 같이 해커들 앞에 나타났다. 반지를 쥐고도 타락하지 않을 수 있을까? 해커들의 사명 속에 존재하는 이상주의를 보존할 수 있을까? 해커주의 정신이 소프트웨어 업계의 성공보다 오래 지속될 수 있을까?

켄은 이것이 걱정스러웠다. "제가 딕 밑에서 일하던 시절 저는 '자유분방한 해커 모드가 아닌' 8시부터 5시까지 일하는 방식을 늘 불평했습니다. 이제는 저 역시도 프로그래머들이 8시에서 5시까지 일했으면 합니다. 저 자신이 히피에서 자본가로 변해가는 듯합니다. 아마 제게 배신감을 느낀 프로그래머가 많을 겁니다. 존 해리스도 그랬죠. 해리스가 처음 왔을 때 우리 회사는 개방적인 곳이었습니다. 제 사무실 문은 항상 열려 있었죠. 언제든 해리스가 들르면 우리는 프로그램 기법을 토론했습니다. 저는 해리스를 여기저기로 데리고 다녔고 계약서 따위는 없었습니다. 그릴 필요가 없었으니까요. 서로 믿지 못한다면 애초에 사업을 같이 하지 말았어야죠. '지금'은 변했습니다. 더 이상 제 목표가 무엇인지, 회사를 어느 방향으로 이끌지 모르겠습니다. 어쨌든 딕을 고용하면서 저는 손을 뗐습니다. 정말 괴로운 건 불확실성입니다. 제가 맞는지 틀렸는지 모르겠습니다".

이해하기 어려운 사건이 계속 일어났다. 프로그래밍 사무실에서 일어났던 사건이 그랬다. 기한이 지난 다크 크리스탈 어드벤처 게임에 컴퓨터 그림을 그리느라 잔업하던 젊은 친구는 거의 초창기 시절부터 온라인 직원이었는데 어느 날 난데없이 그래픽 태블릿을 내팽개치고 비명을 지르기 시작했다. 또한 벽을 두드리며 포스터를 찢고 옆에서 같이 그림을 그리던 젊은 여직원에게 긴 칼을 휘둘렀다. 그러고 나서 그는 장난감 강아지를 움켜잡고 미친 듯이 찔러댔다. 갈기갈기 찢어진 인형은 작은 작업실에 흩날렸다. 옆 방 프로그래머들이 달려온 뒤에야 난장판을 멈췄고, 그 젊은 친구는 끌려나갈 때까지 조용히 기다렸다. 그는 이성을 잃었다. 단지 그뿐이었다.

역시 기한이 지난 비밀 IBM 프로젝트에 참여하던 해커 제프 스티븐슨은 전반적인 좌절감을 이렇게 표현했다. "회사가 누구를 위해 운영되는지 모르겠습니다. 하지만 게임 제작자들은 아닙니다. 제가 보기에는 그들이 회사의 기반인데 말입니다. 회사의 태도는 '그래, 당신이 존 해리스야. 누가 당신이 필요하대?' 하지만 회사가 그를 필요로 합니다. 해리스가 회사에 벌어준 돈은 엄청납니다. 하지만 회사는 게임에 멋진 포장지와 라벨만 붙이면 잘 팔리리라 생각하는 듯 보입니다".

존 해리스도 달라진 분위기를 느꼈다. 마이크로컴퓨터 역사상 가장 인기 있는 프로그램 두 가지를 개발한 수다스러운 게임 디자이너는 해커 윤리가 무시되는 상황에 대한 혐오감과 충성심 사이에서 어쩔 줄을 몰랐다. 회사가 새로운 포장에 개발자 이름을 뺐다는 사실이 싫었고, 딕에게 그것을 언급했을 때 "잠시만요! 그 전에 다음 게임은 언제 끝낼 예정입니까?"라던 딕의 대답은 더 싫었다. 여름 캠프 시절과는 완전히 다른 분위기였다. 해리스는 모두가 하던 일을 멈추고 핵사곤 하우스로 가서 가구는 물론 집안 물건을 몽땅 뒤집어 놓는 장난을 칠 때가 온라인에서 가장 좋았던 시절이라 믿었다. 그때 회사는 일하기 즐거웠고 모두가 더 열심히 더 신나게 일했다.

존 해리스는 또한 회사가 아주 높은 미적 기준에서 후퇴한 사실에도 분노했다. 자신이 보기에 말도 안 되는 게임을 출시하는 회사에 개인적인 모욕감을 느꼈다. 해리스는 조브레이커 2의 아타리 버전과 애플 버전에 경악했다. 자신이 만든 게임의 공식적인 후속편이라는 사실이 거슬렸지만 게임이 아주 뛰어났더라면 그냥 넘어갈 수도 있었다. 하지만 게임은 엉망이었다. 웃는 얼굴은 너무 컸으며, 얼굴이 왔다갔다하는 비탈 양 끝은 막혀 있었다. 해리스는 저하된 품질에 분개했다. 전반적으로 온라인에서 나온 새 게임들이 모두 별로라고 생각했다.

해리스가 보기에 온라인이 저지른 최악의 실수는 켄 윌리엄스와 회사가 아타리 800이 위대한 기계임이 명백한데도 이를 완전히 인정하지 않았다는 점이었다. 존은 아타리 800에 굉장한 친밀감을 느꼈다. 하지만 슬프게도 온라인에서 아타리는 언제나 애플 다음 순위였다. 심지어 존의 아타리용 프로그거는 최첨단이었으나 애플용 프로거가 크게 실패한 뒤에도 켄은 아타리를 심각하게 받아들이지 않았다. 여기에 낙담한 존 해리스는 온라인을 떠나 자신과 같은 관점으로 아타리를 대하는 회사로 옮기겠다고 결심했다.

쉬운 일은 아니었다. 지금까지 온라인은 존 해리스에게 잘해줬다. 이제 해리스는 집, 존경, 피플 잡지에서 인터뷰하러 온 기자, 사륜구동 트럭, 프로젝션 텔레비전, 넉넉한 은행 잔고, 게다가 프레즈노부터 클럽 메드까지 온갖 고생을 겪은 끝에 여자 친구도 있었다.

어느 공상과학 전시회에서 해리스는 샌디에고에서 잠시 알았던 여자를 우연히 다시 만났다. 그녀는 샌디에고 시절과 달랐고 "멋졌습니다"라고 존은 나중에 회상했다. "살도 빠지고 코도 성형했더군요". 이제 그녀는 배우였고 로스엔젤레스에서 벨리 댄서로 일했다. 존에 따르면, 그녀는 헐리우드에서 가장 유명한 벨리 댄스 업소에서 무대에 서달라는 요청도 받았다. "샌디에고에서 그녀는 항상 사귀는 사람이 있었어요. 하지만 그때는 없었죠. 그녀는 누구보다 제게 많은 관심을 보였습니다. 우리는 전시회에서 만난 직후 24시간 중 19시간이나 함께 있었습니다". 해리스는 공상과학 전시회 후에 종종 그녀를 만났다. 어떤 때는 그녀가 몇 주 동안 해리스 집에 머물렀고, 어떤 때는 해리스는 그녀를 만나러 L.A.로 날아갔다. 둘은 결혼 이야기를 하기 시작했다. 존 해리스가 결코 몰랐던 행복이었다.

해리스는 자신의 삶이 변한 데는 멘토인 존 윌리엄스의 공이 크다는 사실을 알았다. 그러므로 너무나도 아끼던 회사에 드는 깊은 의구심을 존 윌리엄스에게 직접 털어놓는 편이 당시로는 논리적이라 생각했다. 하지만 존 해리스는 자신이 온라인을 떠나기 일보 직전이라는 사실을 켄에게 도저히 말할 수 없었다. 해리스는 더 이상 켄을 신뢰하지 않았다. 온라인이 자신을 속였다고 느낀 이유를 설명하려 했을 때 켄은 해리스가 벌어들이는 돈에 대해서만 말했다. 켄은 『피플』지 기자에게 해리스가 연간 300만 불을 번다고 말했고, 해리스가 액수를 정정하려자 켄은 가장 최근 로열티 수표를 건네어 해리스를 당황하게 만들었다. 4개월 치 수표는 총 16만 불이었다(해리스는 매달 로열티를 받았지만 때로 한동안 챙기지 못하는 경우도 있었다). 하지만 요지는 그것이 아니었다. 켄은 존 해리스 덕분에 온라인이 벌어들이는 액수에 대해 절대로 언급하지 않았다. 그 사실을 켄에게 따지는 대신 해리스는 켄이 언급한 액수에 그저 동의하고 말았다. 해리스는 자신의 행동이 부끄러움인지 불안인지 아니면 다른 무엇인지 몰랐다.

그래서 해리스는 켄 윌리엄스에게 아무 말도 하지 않았다. 해리스는 새 여자친구 집에 들락거렸고, 아타리용 새 어셈블러 만들기에 몰두했고 동네 오락실을 방문했으며 스타게이트 게임기에서 최고점을 올리고 앞으로 만들 게임을 구상했다. 그리고 아타리 800을 중요하게 여기는 시냅스 소프트웨어 사 사람들과 접촉했다.

실제로 시냅스 사는 전적으로 아타리 가정용 컴퓨터 소프트웨어 회사에 가까웠다. 물론 아타리 게임을 다른 플랫폼으로 변환할 계획은 있었다. 시냅스가 만든 게임은 액션, 폭발, 사격, 창의적인 그래픽이 가득했다. 존 해리스는 시냅스 사 게임들을 높이 평가했다. 버클리에 있는 시냅스 사를 방문한 해리스는 회사가 프로그래머들을 적극 지원하는 모습에 감동했다. 프로그래머들은 사내 컴퓨터 게시판을 사용해 유틸리티를 교환하고 의견을 나눴다. 한 시냅스 프로그래머로부터 시냅스 게임 중 하나에 실린 사운드 루틴 일부가 해리스가 소프트웨어 엑스포에서 잃어버렸던 프로거 사본에서 그대로 따온 오브젝트 코드라는 사실을 들었을 때 해리스는 그들의 반칙에 전혀 화나지 않았다. 오히려 시냅스 해커가 자신의 코드를 뒤져 뭔가 쓸 만한 것을 찾아냈다는 사실에 굉장히 기뻤다. 시냅스는 해리스가 요구하는 모든 기술적인 지원을 제공하겠다고 약속했다. 시냅스 프로그래머 공동체에 합류해도 좋다고 허락했으며, 에누리없이 25%라는 로열티를 제시했다. 요약하자면, 시냅스는 아타리 해커에게 온라인이 제공하지 못하는 모든 것을 제안했다.

해리스는 시냅스를 위해 다음 프로젝트를 진행하기로 동의했다. 이로써 온라인에서는 소프트웨어 슈퍼스타가 사라졌다.

전화벨이 울렸을 때 해리스는 집에 앉아 켄 윌리엄스에게 어떻게 말할지 고민 중이었다. 평상시와 마찬가지로 "연결되었습니다"라고 대답했다. 상대방은 켄이었다. 해리스는 당황했고 "저는 이제 시냅스를 위해 일합니다"라고 불쑥 내뱉었다. 켄이 굉장히 건방지게 여길 어투였다. 켄이 이유를 묻자 해리스는 그들이 25% 로열티를 제시했기 때문이라 말했다. 온라인이 주는 로열티는 20%였다. "정말 어리석군"이라고 켄은 말했다. 하지만 해리스도 할 말이 많았다. 허둥거리며 해리스는 그동안 주눅 들어 못했던 이야기를 몽땅 쏟아내기 시작했다. 심지어 자신이 생각했던 범위를 넘어섰다. 훗날 해리스는 자신에게 그렇게 잘해준 회사 사장에게 회사 제품이 쓰레기라 말했던 기억을 되살리며 몸서리쳤다.

프로그램 분실 사건, 기발한 원시 코드, 기한은 넘기며 매달리는 완벽주의, 아타리 800에 바치는 맹목적인 열정으로 유명한 존 해리스는 시에라 온라인의 해커 정신이었다. 해리스는 켄 윌리엄스의 존재를 위협하는 골칫거리자 켄의 업적을 보여주는 상징이었다. 켄과 해리스의 친분은 통상적으로 상사와 부하 사이에 존재하는 깊은 골을 대신할 자애로운 관계의 본보기였다. 하지만 이제 존 해리스는 온라인이 원래 사명을 포기했다고 한탄하며 떠나버렸다. 여러 주 동안 소프트셀 핫 리스트에 올라 있는 베스트셀러 프로그램 프로거를 남긴 채...

>>>>>>>>>>>>>>>>>>>>>>>>>

존 해리스가 떠났다는 사실에 흔들리기는커녕 오히려 켄은 원기 왕성한 모습이었다. 불과 몇 달 전 아타리 프로그램에 존 해리스 이름을 넣으면 더 잘 팔린다고 떠벌렸던 기억은 잊은 듯했다. 켄은 독립적인 게임 제작자 시절이 끝났다고 확신했었다. "제가 제작자를 바라보는 관점은 제작자가 제작자를 바라보는 관점과 다릅니다. 그리고 제 관점이 옳기를 기원합니다. 즉, 제가 지금 거래하는 해커들은 적절한 때 적절한 곳에 있었을 뿐이라는 뜻입니다. 존 해리스가 그랬었습니다. 해리스는 전혀 창의적이지 못한 이류 프로그래머였습니다. 단지 적절한 때 아타리 프로그램을 짰을 뿐이죠".

프로그램을 완벽하게 만드느라 시간을 낭비하는 대신 켄은 덜 완벽한 프로그램을 일정대로 출시하는 편을 선호했다. 그래야 거기에 맞춰 광고 캠페인을 시작하니까. 존 해리스가 하기 싫다며 때려치우는 바람에 질질 끌었던 프로거처럼 당하고 싶지 않았다. "물건 좀 잃어버렸다고 우울증에 빠지는 사람들을 믿고 사업을 할 수는 없습니다. 약속한 날짜에 약속한 가격으로 일을 마쳐주는 사람들이 필요합니다. 개인적인 문제는 스스로 해결해야죠. 존 해리스는 누군가 술도 같이 마시고, 전화로 대화하고, 클럽 메드에 같이 가고, 총각 딱지도 떼어주기 바랐습니다. 저는 존 해리스와 그의 감정 문제에 전문가가 되었죠. 그렇기에 존 해리스가 짜겠다고 약속한 게임에 의존해 1983년도 계획을 세우거나 ROM 카트리지 30만 불어치를 미리 주문하고 싶지는 않습니다. 만에 하나 여친이 자신을 싫다고 말하거나 침실에서 형편없다고 말하면 해리스는 또 그럴 거니까요".

"회사가 지금 가진 이류 재능으로 프로거가 나왔습니다. 회사가 제자리를 잡고 나면 어떤 일이 벌어질지 상상해보세요. 누구도 우리를 막을 수 없을 겁니다. 누가 돈 좀 더 준다고 당장 그만두거나 여자 친구가 바람 피운다고 일손을 놔버리는 사람들에게 제가 계속 의존하면 회사는 결국 망합니다. 시간문제입니다. 저는 엄살쟁이들을 쫓아내야 합니다".

세상을 구해주고 멋지게 바꿔주던 마법의 신세대 도구 소프트웨어는 켄에게 어디까지나 비즈니스였다. 자신의 해커 뿌리를 잘라버린 켄은 해커들이 전통적인 비즈니스 관점에 기반해 의사를 결정하지 않는다는 사실, 일부 해커들이 따뜻함을 느끼지 못하는 회사에서 일하려 들지 않는다는 사실, 어떤 해커들은 회사에서 일할 생각이 전혀 없다는 사실을 더 이상 이해하지 못하는 듯했다.

하지만 그즈음 켄은 해커들의 생각에 그다지 관심이 없었다. 해커들과 관계가 끝났기 때문이었다. 켄은 직업적인 프로그래머를 구하는 중이었다. 책임 있는 자세로 프로그램에 임하는 목적 지향적인 사람들, 완벽과 감동에 집착하는 프리 마돈나 예술가가 아닌 사람들을 원했다. 켄의 표현에 따르면 '결과물을 내놓는, 우수하고 확실한 친구들'이 필요했다. "우리는 더 이상 프로그래머들에게 의존하지 않을 겁니다. 프로그래머가 창의적이라는 생각은 어리석죠. 프로그래머들로부터 연락을 기다리는 대신, 존 해리스와 같은 친구들이 뭔가 설계하기 기다리는 대신, 우리는 창의적이지 않더라도 착실한 개발자들을 구할 겁니다".

이미 켄은 대기업 프로그래머로 묻혀 살던 잠재적인 게임 마법사 몇 명을 발굴했다고 느꼈다. 켄이 발굴한 목표 지향적 전문가 중 한 명이 지역 전화 회사에서 일하는 프로그래머였다. 또 한 명은 디지털 이미지를 사용해 본인의 표현으로 '분명히 군대와 관련된' 정부 하청 프로젝트를 몇 년 동안 했던 남부 캘리포니아 출신의 가정적인 40대 가장이었다. 또 한 명은 아이다호 촌구석의 측지식 나무 돔에 가족과 사는 채식주의자였다.

켄은 계속해서 해커들을 직업 프로그래머로 대체하려 애썼다. 자신의 위대한 실험, 41번 도로변에 있는 예전 사무실에서 초보자들을 어셈블리 언어 프로그래머로 바꾸려던 시도는 실패로 판명 났다. 사람들을 훈련시키는 데 너무 오래 걸렸고, 전문가가 될 만한 시간과 기술적 기량을 모두 갖춘 사람도 없었다. 충분한 수의 어셈블리 언어 프로그래머를 찾기가 어려웠고, 헤드헌터의 인맥과 구인 광고조차도 켄이 이듬해에 필요한 프로그래머 수를 보장하지 못했다. 1983년 동안 백여 개가 넘는 게임을 출시할 계획이던 켄은 많은 프로그래머가 필요했다. 진짜 창조적인 업무에 관여할 사람은 소수였다. 대다수는 현재 게임을 다른 플랫폼으로 이식하는 업무에 투입될 예정이었다. 특히 VIC-20, 텍사스 인스트루먼트 등과 같이 ROM 카트리지에 기반을 둔 저가 대중 시장 컴퓨터를 목표로 삼았다. 온라인은 '경영 전략'에서 자신들의 목표를 이렇게 설명했다. "가정용 컴퓨터 시장이 너무나도 폭발적으로 성장하므로 우리는 '게임 포화 상태'란 불가능하다고 믿습니다. 1983년에는 애플과 아타리뿐만 아니라 새 기계가 급증할 겁니다. 이는 1982년에 잘 나갔던 게임이 팔릴 새로운 시장이 생긴다는 뜻입니다. 우리는 이 기회를 놓치지 않을 겁니다".

온라인은 기존 제품을 다른 제품으로 변환하는 데 온 힘을 집중했다. 새로운 세상을 창조한다는 해커의 즐거움에서 벗어난 방식이었다. 과거 성공을 토대로 뛰어난 프로그램을 추구하는 대신 온라인은 과거 성공을(그만그만한 성공까지 몽땅) 복제해 판매량을 높이려고 애썼다. 상대적으로 제한된 플랫폼으로 복제한 프로그램은 대개 원래 버전보다 형편없었다. 허겁지겁 변환하려는 노력 속에는 해리스의 프로거와 같은 프로그램, 즉 너무나도 예술적이라 원본 못지않은 저력으로 시장을 강타한 프로그램을 장려할 의지가 전혀 없었다.

자신의 어수선한 복층식 집에서 존 해리스는 가슴에 프로그램에 대한 사랑이 없고 영혼에 해커 완벽주의가 없는 '직업적' 프로그래머에게서는 반드시 삭막하고 불완전한 게임이 나온다고 소신을 밝혔다. 하지만 켄 윌리엄스는 시냅스 사를 위해 일하는 존 해리스와 더 이상 교류하지 않았다. 켄은 새로운 회사를 소개받을 회의에 나갈 참이었다. 변환 작업에 필요한 직업 프로그래머 조립라인 전체를 제공할 회사였다. 그것도 헐값에!

믿기 어려운 소리라 켄은 의심을 품은 채 회의에 참석했다. 새 회사를 소개해줄 사람은 베리 프리드만이라는 비즈니스맨이었다. 어깨까지 내려오는 긴 머리카락에 피터 로레의 눈을 닮은 친구였다. 프리드만은 가정용 컴퓨터 업계가 급성장하면서 큰돈을 벌었다. 원래는 예술가들을 고용해 온라인 제품 광고와 포장용 삽화를 그려주었는데, 그러다 사업을 확장하여 여러 컴퓨터 회사에 그림을 제공했다. 다음으로 프리드만은 소프트웨어 회사에 필요한 온갖 서비스를 제공하기 시작했다. ROM 카트리지를 최저가에 구하고 싶다면 프리드만이 중간 도매상이 되어 필경 무명의 홍콩 제조사로부터 저렴한 ROM을 구해주었다.

근래 들어 프리드만은 돈이 필요한 사람에게 엄청난 자본을 대줄 수 있다는 정보를 흘리기 시작했다. 켄에 따르면, 어느 날 베리가 전화해 외부인이 온라인을 사려면 얼마가 필요한지 물었다. 별생각 없이 켄은 2천만 불이라 대답하고 전화를 끊었다. 당일 날 베리는 다시 전화하여 2천만 불이면 좋다고 말했다. 여전히 심각하게 받아들이지 않던 켄은 이렇게 말했다. "하지만 경영권은 제가 가져야 합니다". 베리는 금방 다시 전화해 그 역시 좋다고 대답했다. 비록 베리 프리드만과 점점 늘어나는 그의 회사 수는 수상쩍었지만(베리나 베리의 동료가 건네는 명함에 회사 이름이 뭐라 적혔을지 누구도 몰랐지만) 신기하게도 베리는 언제나 약속을 지켰다. 마치 실리콘 밸리식 파우스트적인 거래의 수혜자인 듯했다.

그중에서도 이번 새 거래는 굉장히 놀라웠다. 켄 윌리엄스와 만나는 자리에 베리는 자신이 대표하는 신생 기업의 창립자 2명을 데리고 나왔다. 소프트웨어 변환만 전문으로 하는 회사였다. 수수료 만 불에 로열티 5%, 굉장히 저렴한 가격이었다. '리치 앤 리치 시너지스틱 엔터프라이즈'라는 회사로, 리치는 창립자 두 명의 이름이었다.

다이아몬드가 박힌 은팔찌와 금시계에 맞춰 낀 금목걸이를 내보이려고 노란색 폴로 셔츠 단추를 풀어 내린 베리 프리드만은 두 리치와 자신의 동업자 한 명을 데려왔다. 키 작은 금발에 펑크스타일의 정장을 차려입은 트레이시 코츠는 '아주 부유한 가문'의 후원자들을 대변하는 전직 락 음악 매니저였다. 한쪽 눈썹을 올리며 말하는 저음의 목소리에서 '부자' 후원자는 다 안다는 듯한 인상이 풍겨났다.

겉치레 인사가 끝나고 그들은 긴 회의 탁자에 둘러앉았다. 켄의 사무실 옆에 있는 회의실이었다. 카펫과 흰벽과 나무 책장과 칠판이 있는 방, 어느 회사나 어느 사무실에도 있는 방, 완벽하게 평범하고 특색 없는 방이었다.

"리치 씨와 리치 씨..." 두 프로그래머의 이력서를 살펴보며 켄은 말했다. "여러분이 저를 부자로 만들어주기 바랍니다".

어느 쪽 리치도 웃지 않았다. 주름 없는 외모로 판단컨대 웃음은 두 리치가 즐기는 감정이 아니었다. 그들은 딱딱하고 공식적이었으며, 그들의 이력서는 그들의 외모보다 훨씬 더 진지했다. 두 사람은 최근에 완공된 도쿄 디즈니랜드에서 디지털 분야의 책임자급으로 일했었다. "디즈니랜드 전체가 실리콘에 기반했습니다"라고 첫 번째 리치는 말했다. 하지만 그 독재주의 놀이 공원은 두 사람의 이력서에서 아주 하찮은 경력에 속했다. 그들의 이력서는 잠재 회로 분석, 제트 추진 연구실, 원자로 제어, 미사일 시스템 분석, 하운드 독 미사일 비행 유도와 제어 시스템 등과 같은 문구로 빽빽했다. 두 리치는 넥타이 없이 스포츠 재킷을 입었으며, 두 사람의 복장은 강박적으로 단련된 육체에 걸쳐진 옷이 풍기는 잘 관리된 느낌을 줬다. 말쑥한 머리와 조심스러운 눈동자의 두 사람은 30대 정도로 보였으며 경망하게 계속 회의실을 두리번거렸다.

두 번째 리치가 말했다. "우리 두 사람은 가정용 컴퓨터 분야의 다른 사람들보다 좀 더 전문적인 환경 출신입니다. 가정용 컴퓨터 사람들보다 좀 더 통제된 환경에서 일했죠. 코드와 문서 작성 방법을 제대로 아는 사람입니다". 두 번째 리치는 잠시 뜸을 들였다. "해커 유형은 아니죠"라고 덧붙였다.

그들의 회사는 게임용 변환 도구와 기법을 개발할 계획이었다. 변환 기법, 알고리즘, 교차 어셈블러는 물론 자신들이 소유한다. 즉, 리치 앤 리치 사가 당연히 원시 코드를 보관한다. 남부 캘리포니아에 있는 리치 앤 리치 사무실에 말이다. 기교가 아무리 훌륭하더라도, 코드를 아무리 우아하게 줄이더라도, 해커에게 공개해 코드를 읽는 즐거움은 주지 않는다. 단지 제품으로만 존재한다. 불투명성. 사람들은 제품으로 프로그램을 구매하리라. 레코드 판에 홈 파는 기계처럼 중요하지 않은 프로그래밍은 깊숙이 숨겨진 채로 말이다. 마찬가지로, 리치 앤 리치 사 프로그래머들은 익명으로 남는다. 해커 자존심과 골치 아프게 씨름할 필요는 없다. 필요한 게임 목록만 제출하면 조립라인을 가동해 찍어내겠다.

켄은 제안이 마음에 들었다. "그쪽도 부자가 되고 이쪽도 돈을 벌 아이디어였습니다". 훗날 켄은 말했다. 자신이 준 실험 프로젝트 2개가 잘 끝나자 "그들에게 모두 맡기겠습니다. 존 해리스보다 훨씬 더 나아요!"라고 켄은 말했다.

켄은 자신이 인생에서 정점에 도달했다고 느꼈다. 리치 앤 리치 사 외에도 『월스트리트 저널』 기자가 켄과 로버타에게 회사에 관해서 물으러 마을을 방문했다. 여느 때처럼 일과 중에 여러 차례 켄은 자신에게 포상하는 마음으로 사무실을 나서 새 집 건설 현장을 보러 갔다. 오늘은 7.6미터짜리 지붕 빔 7개가 거대한 게임실 천장에 올라갔다. 게임실은 실내 라켓볼 코트에서 멀지 않은 위치에 있었다. 너덜한 푸른색 애플 티셔츠 위에 플란넬 셔츠를 겹쳐 입은 켄은 진흙투성이 현장으로 차를 몰고가 유압식 크레인이 빔을 들어 올리고 인부 12명이 각자 위치에서 빔을 고정하는 모습을 지켜보았다. 코드를 컴파일한 후 처음으로 돌아가는 잘 짜진 하위 루틴처럼 일은 부드럽게 진행되었고, 켄은 아찔한 자부심으로 자신이 짓는 집을 바라보았다. "신기하지 않아요?" 켄은 계속 물었다. "신기하지 않아요?"

집은 언덕 아래까지 130미터에 이르렀다. 마침내 골조가 세워졌고 올라갈 계단과 들여다볼 출입구도 만들어졌다. 아직은 자연에 그대로 노출된 상태였다. 비바람을 그대로 맞았으며, 자유로운 움직임을 막는 문과 벽은 없었다. 완벽하게 해커스러운 집이었다. 하지만 곧 세상이 들여다보지 못하게 벽이 세워지고, 사람들이 아무때나 박차고 들어와 사생활을 침해하지 못하도록 문이 달릴 터였다. 제정신인 사람이라면 당연한 순서였다.

아마... 해커주의도 같은 운명이었다. 사업하는 사람이라면 누구도 해커 윤리가 실제로 사업을 지배하기 바라지 않는다. 곧 현실에 부딪힌다. 낡고 친숙한 문과 벽이 절실하게 필요하게 된다. 너무 당연하게 여겨져서 미친 사람이나 없애버릴 문과 벽이었다. 문과 벽이 없는 이상향은 컴퓨터로 유토피아를 해킹하는 컴퓨터 시뮬레이션 속에서나 가능했다. 어쩌면 그곳은 꿈을 보존할 유일한 장소인지도 몰랐다. 컴퓨터 속 말이다.

켄은 집 주변을 몇 차례 돌아보고 건축가와 잠깐 이야기를 나눈 후 돌아갈 시간이라는 사실을 깨달았다. 『월 스트리트 저널』 기자에게 어드벤처 게임 하나로 출발했던 별난 영세 소프트웨어 회사에 대해 이야기할 계획이었다.

>>>>>>>>>>>>>>>>>>>>>>>

켄과 로버타 윌리엄스는 1983년 노동절 주말에 집들이 파티를 열었다. 200명이 넘는 사람들이 300평짜리 삼나무 집을 거닐며, 스테인드글라스 그림에 감탄했으며, 강돌로 만든 벽난로에 경탄했으며, 어슴푸레 빛나는 나무에 총천연색 애플 로고가 새겨진 라켓볼 경기장에서 토너먼트 시합을 벌였으며, 사우나에서 땀을 빼고, 온수 욕조에서 피로를 풀고, 프레즈노 강의 뒤뜰에서 줄다리기를 하고, 운동장에서 배구를 하고, 인공위성 안테나로 수신한 비디오를 시청하고, 샌프란시스코에서 초빙한 코메디 극단을 즐기고, 완벽한 바를 갖춘 거대한 게임실에 놓인 오락실용 게임기 6대에서 게임을 즐겼다.

달콤쌉쌀한 행사였다. 큰 자본에 기반을 둔 신규 회사들이 출연하면서 경쟁이 치열해졌고, 경기가 침체하였으며, VIC20과 같은 저가 컴퓨터용 ROM 카트리지에 나중에 결코 회수하지 못한 거액의 자본이 들어갔고, 3세대 해커의 새롭고 혁신적인 히트작이 없는 가운데 시에라 온라인의 올해 매출은 작년보다 줄어들 전망이었다. 이미 켄은 벤처 자본 300만 불을 구하러 다녔었다. 50만 불이 켄에게 바로 갔다. 새집 건축비보다 훨씬 적은 금액이었다.

그해 초여름, 켄은 딕 선더랜드에게 브로큰 비트에서 만나자고 요청했다. 대화를 나누기 전에 켄은 과거 상사에게 다음과 같은 쪽지를 건넸다. "시에라 온라인 사장직에서 당신을 해임합니다". 딕 선더랜드는 분노했으며 결국 켄과 온라인을 상대로 소송을 걸었다. "저는 굉장히 화가 났습니다"라고 딕이 설명했다. "저에게는 평판이 있었습니다. 저는 켄에게 운영할 수 있는 회사를 만들어주었고, 켄은 자신이 회사를 운영하고 싶어했습니다". 여름 캠프 시절을 생생하게 기억하는 다른 온라인 직원들은 기뻐했다. 그들은 주차장에서 딕 선더랜드의 명패를 떼어 여자 화장실 문 앞에 붙여놓았다. 그들은 '억압의 시절'이라는 부르는 딕 선더랜드 통치 시절에 나온 서류 한 무더기를 가져와 즉석에서 모닥불에 던져버렸다. 모닥불이 타오르는 짧은 시간 동안 온라인 직원들에게 관료주의는 한 줌의 재로 변해버린 듯했다.

다른 낙관적인 소식도 있었다. 켄은 새로운 저가 워드프로세싱 프로그램이 돈을 벌어주리라 희망했다. 또한 B.C.와 Id의 마법사에 나온 만화 주인공 라이선스로 백만 달러짜리 계약을 따내리라 믿었다. 체력 관리 프로그램에 존 트라볼타라는 이름을 쓰려고 이 배우와 협상하는 중이었다. 하지만 이런 프로젝트들에도 불구하고 소프트웨어 사업은 처음 나왔을 때보다 좀 더 불확실하다는 사실이 드러났다.

시리우스의 제리 제웰과 이야기만 해봐도 이유는 명백히 알 수 있었다. 새크라멘토에서 내려온 제웰은 20세기 폭스 게임 사와 맺었던 거래가 비참하게 끝난 사실을 슬퍼하고 있었다. 제웰의 회사가 만든 카트리지 게임은 1983년 과도하게 쏟아진 비디오 게임 홍수 속에서 사라졌고, 아타리 VCS 시장 공략에 몽땅 투자했던 제웰은 거의 한 푼도 벌지 못했다. 제웰의 회사는 벼랑 끝으로 몰렸고 제웰은 향후 몇 년 동안 형제단 회사들이 살아남을지 의심스러웠다. 제웰의 최고 프로그래머들은 해고가 임박한 며칠 전에 회사를 떠났다.

켄 윌리엄스는 여전히 프로그래머 문제로 골치를 앓았다. IBM 프로젝트를 맡은 해커가 있었는데, 일정이 상당히 뒤처졌다. 몇몇 '직업' 프로그래머도 있었지만, 컴퓨터 게임 세상으로 몰입하는 즐거움에 익숙하지 않은 그들은 이런 즐거움을 게임으로 만들어내지 못했다. 게다가 밥과 캐롤린 박스와 켄도 의견이 일치하지 않았다. 사금 채취꾼에서 프로그래머로 변신한 두 사람은 자신들이 보여준 게임에 대한 켄의 비평을 거부했고 독립 소프트웨어 제작자가 되고자 회사를 떠났다.

그리고 존 해리스가 있었다. 근래 들어 켄과 해리스는 온라인 베스트셀러 프로그램인 프로거에 대한 로열티를 두고 반목이 심해졌다. 파커 브라더스는 프로거를 구입해 카트리지로 변환하고 싶어했고, 켄은 해리스에게 20만 불짜리 계약의 20%를 주겠다고 제안했다. 해리스에게 20%는 충분하지 않았다. 두 사람은 켄의 사무실에서 토론했다. 켄 윌리엄스는 자신의 전직 소프트웨어 슈퍼스타를 쳐다보며 이렇게 말했다. "존 해리스, 내 사무실에서 나가게. 자네는 내 시간을 낭비하고 있어".

이 사건 이후로 두 사람은 집들이 때까지 대화가 없었으며, 켄은 해리스를 집들이에 초대하지 않았다. 그럼에도 불구하고 해리스는 여자친구와 함께 나타났다. 해리스의 여자친구는 존이 선물한 큼지막한 다이아몬드 약혼반지를 끼고 있었다. 켄은 해리스를 진심으로 환영했다. 증오할 날이 아니라 축하할 날이었으니까. 켄과 로버타 윌리엄스에게는 새로운 80만 불짜리 저택이 있었고, 최소한 시에라 위에는 먹구름이 없었다. 컴퓨터는 모두에게 꿈도 꾸지 못했던 부와 명성을 안겨주었고, 데드우드 산 위로 땅거미가 지면서 반바지와 티셔츠 차림의 켄 윌리엄스는 남부 캘리포니아에서 초빙한 블루그래스 밴드의 선율에 맞춰 즐겁게 춤췄다. 파티가 무르익자, 자신이 늘 꿈꾸었듯이, 켄은 친구들과 온수 욕조에 들어갔다. 산속에서 온수 욕조를 즐기는 20대 백만장자! 욕조에 팔을 걸치고 느긋하게 기댄 친구들 귀에는 시에라 숲을 스치는 바람 소리 사이로 근처 게임실에서 나는 희미한 전자음이 들려왔다.

4

>>>>>>>>>>>>>>>>>>>>>>>>>>

마지막 진짜 해커
케임브리지 : 1983년

CHAPTER 21 》
최후의 진짜 해커들

켄 윌리엄스가 집들이를 열었을 무렵, 즉 MIT TMRC가 TX-0를 발견하고도 25년이 지났을 즈음, 자신을 마지막 해커라 부르는 사람이 테크스퀘어 9층 연구실에 앉아 있었다. 연구실은 인쇄물, 매뉴얼, 간이침대, PDP-6의 직계 후손인 DEC-20에 연결된 컴퓨터 터미널의 껌뻑임으로 어수선했다. 그의 이름은 리처드 스톨먼이었다. 스톨먼의 날카로운 고음색 목소리는, 자신의 표현을 빌리자면 '인공지능 연구실에서 벌어진 약탈'에 대한 감정을 숨기려 들지 않았다. 스톨먼은 서른 살이었다. 파리한 안색과 덥수룩한 검은 머리카락은 깊고 푸른 눈동자가 뿜어내는 강렬한 광채와 선명한 대조를 이뤘다. 테크스퀘어에서 점차 사라져가는 해커 윤리를 말하는 스톨먼의 눈가는 촉촉했다.

리처드 스톨먼은 12년 전인 1971년 MIT에 왔으며, 다른 해커들과 마찬가지로, 해킹을 위해 살고, 살기 위해 해킹하는 해커 천국인 테크스퀘어 수도원을 발견하고 깨달음을 얻었다. 스톨먼은 고등학생 시절 컴퓨터 세계에 입문했다. 여름 캠프에서는 캠프 지도 선생님께 빌린 컴퓨터 매뉴얼을 탐독했으며 고향 맨하탄에서는 새로운 열정을 시험할 컴퓨터 센터를 찾아냈다. 하버드에 입학할 무렵에는 어셈블리어, 운영체제, 텍스트 편집기 분야의 전문가가 되었다. 또한 스톨먼은 해커 윤리에 깊이 빠져들었으며 해커 윤리를 실천하기 위해 투쟁했다. 다소 권위적인 하버드 컴퓨팅 센터에서 MIT 매사추세츠 거리로 옮긴 이유가 바로 해킹에 좀 더 우호적인 분위기를 찾아서였다.

스톨먼은 테크스퀘어의 인공지능 연구실이 좋았다. 관료주의, 보안, 공유 거부 등 일을 끝내기 어렵게 만드는 아집이라는 인공적인 장벽이 없어서였다. 또한 스톨먼은 해킹이 삶의 방식인 사람들과 지내기를 좋아했다. 스톨먼은 자신이 주거니 받거니 하는 일반적인 인간관계에 적합하지 않은 성격이라는 사실을 알았다. 9층에서는 해킹 실력으로 인정을 받았으며 마법을 추구하고자 모인 공동체의 일원이었다.

스톨먼의 실력은 곧 두각을 나타냈고, 베트남 반전 시위 동안 강력한 보안 조치를 취했던 인공지능 연구실 관리자 러셀 노프트스커는 스톨먼을 시스템 프로그래머로 고용했다. 스톨먼은 주로 밤에 일했는데, 스톨먼이 인공지능 연구실에서 일하는 동시에 하버드에서 아주 우수한 성적으로 물리학을 전공하는 중이라는 사실이 밝혀지자 MIT 해커 대가들조차 깜짝 놀랐다.

자신의 멘토라 여기는 리처드 그린블랫과 빌 고스퍼 밑에서 일하면서 해커 윤리에 대한 스톨먼의 가치관도 점차 확고해졌다. 스톨먼에게 인공지능 연구실은 해커 윤리가 실현된 곳이었다. 스톨먼이 컴퓨터 파일에 쓴 표현에 따르면 '약육강식의 정글을 지지하지 않는' 무정부주의 철학이 실현된 곳이 바로 인공지능 연구실이었다. '미국 사회는 이미 약육강식의 정글이다. 사회 규칙이 이런 현실을 옹호한다. 우리 해커들은 이런 규칙을 건설적인 협력에 대한 관심으로 바꾸기를 원한다'.

자신이 쓰는 로그인 계정대로 이름 첫 글자를 딴 RMS라 불리기 좋아하는 스톨먼은 자신의 가장 널리 알려진 작품인 EMACS를 만들 때도 해커 윤리를 지도 원리로 삼았다. 편집 프로그램인 EMACS는 사용자들이 자기 입맛대로 무한하게 바꿀 수 있었다. 개방형 아키텍처 덕분에 사람들은 EMACS를 끊임없이 고치고 개선할 수 있었다. 스톨먼은 'EMACS 향상을 위해서, 자신이 만든 모든 확장 기능을 환원

한다'는 조건에만 동의하면 누구에게든 공짜로 프로그램을 배포했다. "저는 이것을 'EMACS 코뮌'이라 불렀습니다. 제가 공유했듯이 그들 역시 공유할 의무가 있었습니다. 서로 대립하지 않고 협력하기 위해서였죠".

EMACS는 전국 대학 전자 계산학과에서 거의 표준 편집기가 되었다. 해킹의 가능성을 보여주는 멋진 예제였다.

하지만 1970년대를 지나면서, 리처드 스톨먼은 자신이 아끼는 분야에 일어나는 변화를 감지했다. 갑작스럽게 닥친 첫 변화가 공식적으로 인가된 사용자에게 암호를 부여하고 인가되지 않는 사용자를 시스템에서 쫓아내겠다는 정책이었다. 진정한 해커로서 RMS는 암호를 혐오했으며 자신이 관리하는 컴퓨터들에서 암호를 쓰지 않는다는 사실이 자랑스러웠다. 하지만 인공지능 연구실 사람들이 아닌 다른 사람들이 운영하는 MIT 전산과 센터는 컴퓨터에 암호를 걸기로 결정했다.

스톨먼은 암호를 없애자는 캠페인을 벌였다. 사람들에게 '빈 문자열'을 암호로 쓰라고, 즉 단어 대신 엔터 키를 치라고 홍보했다. 그러면 컴퓨터가 암호를 물을 때 누구든 엔터 키로 로그인이 가능했다. 또한 스톨먼은 컴퓨터 암호화 코드를 깨어 사용자 암호가 담긴 파일을 얻어낸 후 사용자가 시스템에 로그인했을 때 다음과 같은 메시지를 화면에 띄웠다.

> (이런저런) 암호를 쓰시는군요. 암호를 '엔터 키'로 바꾸도록 권장합니다.
> 입력하기 쉬울 뿐만 아니라 암호가 없어져야 한다는 원칙에도 부합합니다.

"제가 설득한 덕분에 1/5에 이르는 사용자가 암호로 빈 문자열을 사용했습니다"라며 훗날 RMS는 자랑했다.

그러자 전산과 연구실은 자기네 다른 컴퓨터에 좀 더 복잡한 암호 시스템을 설치했다. 스톨먼이 깨뜨리기 다소 벅찬 시스템이었다. 하지만 스톨먼은 암호화 프로그램을 연구했고, 훗날 자신의 표현에 따르면 "프로그램에서 워드 하나만 고치면 사용자가 로그인할 때 화면에 사용자 암호가 출력되게 할 수 있다는 사실을 알아냈습니다". '시스템 콘솔'은 지나가는 누구에게나 공개되었고 로그인 메시지는 어느 터미널에서든 심지어 인쇄해서도 확인할 수 있었으므로 스톨먼이 고친 프로그램 덕분에 누구든 마음만 먹으면 원하는 암호를 알아낼 수 있었다. 스톨먼에게는 결과가 '아주 흥미로웠다'.

그럼에도 암호라는 거대한 물결은 계속 밀려왔다. 보안과 관료주의에 흠뻑 빠진 바깥세상이 점점 더 연구실을 죄어왔다. 보안 편집증은 심지어 성스러운 인공지능 연구실 컴퓨터도 감염시켰다. 인공지능 연구실이 고집스럽게 컴퓨터 암호화를 반대하자 미 국방성은 인공지능 연구실 컴퓨터를 ARPAnet 네트워크에서 끊어버리겠다고 위협했다. 전국에 흩어진 해커들, 사용자들, 평범한 컴퓨터 과학자들이 열성적으로 참여하는 전자 공동체에서 MIT 사람들을 빼버리겠다는 협박이었다. 미 국방성 관료들은 누구든 인공지능 연구실 컴퓨터를 거쳐 미 국방성 네트워크 곳곳에 접속할 수 있다는 사실에 화가 나서 까무러칠 지경이었다. 스톨먼과 다른 해커들은 당연히 그래야 한다고 생각했다. 하지만 스톨먼은 자신의 편에 선 사람들 수가 점점 줄어든다는 사실을 깨달았다. 점점 더 많은 골수 해커들이 MIT를 떠나고 있었으며, 처음 해커 문화를 만들고 행동으로 근간을 세웠던 해커들 상당수는 이미 MIT를 떠나버린 후였다.

예전 해커들은 어떻게 되었을까? 대다수가 회사에 취직하는 길을 택했고 자신의 선택에 따르는 타협을 암묵적으로 받아들였다. 처음 TX-0를 발견한 TMRC 해커 피터 샘슨은 여전히 샌프란시스코에 살며 전화 해킹의 대가인 스튜 넬슨과 공동으로 설립한 시스템 컨셉츠에서 일했다. 샘슨은 해커들이 변한 이유를 이렇게 설명했다. "이제 해킹은 현실적인 책임과 부딪힙니다. 생계, 결혼, 양육 등과 같은 책임 말입니다. 옛날에는 넉넉한 시간과 상당한 체력이 있었지만 지금은 그렇지 않습니다". 휴랫 패커드에 다니며 고등학생 자녀가 둘인 밥 선더스, 인공지능 연구실에서 자라나 지금은 케임브리지에서 자그마한 로봇 회사를 운영하는 데이비드 실버, 보스턴 외곽에 있는 회사에서 프로그램을 만들며 라디오 섁 가정용 컴퓨터를 갖고 노는 스페이스워의 제작자 슬러그 러셀, 그리고 독신 모드임에도 불구하고 1983년에는 자신이 원하는 만큼 해킹하지 못했다고 불평하는 스튜 넬슨에 이르기까지 TMRC 동료들도 어느 정도 공감하는 결론이었다. "오늘날 모든 활동은 사업이며, 우리가 좋아하는 기술적인 사항에 매달릴 시간이 많지 않아요"라고 20년 전에 본능적으로 PDP-1을 사용해 전화 시스템이라는 세계를 탐험했던 해커인 넬슨이 말했다.

앞으로 그들과 같은 세대는 다시 없으리라. 스톨먼은 인공지능 컴퓨터의 자유를 누리려는 새로운 '여행객들'의 행동을 볼 때마다 이렇게 느꼈다. 새로운 세대는 앞 세대만큼 해커 문화에 몰입하지 않았고 몰입하고 싶어 하지도 않아 보였다. 예전에는 개방형 시스템이 '좋은 일을 하라는 초청'이자 '진정한 해커로 인정되는 수준까지 자신을 개선하라는 격려'로 여겨졌다. 이제 새로운 사용자들 일부는 모든 파일이 개방된 시스템을 구석구석 헤집고 다니는 자유를 부담스러워했다. "바깥세상이 밀려들고 있습니다"라고 스톨먼은 인정했다. "다른 컴퓨터 시스템을 사용해본 사람들이 점점 더 많이 들어옵니다. 다른 시스템에서는 누군가 내 파일을 수정하면 아무 일도 못한다는 사실을 당연하게 받아들입니다. 5분마다 방해받을 테니까요. 옛날 방식으로 여기서 자란 사람들, 그것이 가능할 뿐 아니라 합리적이라는 사실을 아는 사람들 수가 점점 줄어듭니다".

스톨먼 자신의 표현에 따르면 "제힘으로 가능한 모든 수단과 방법을 동원해 파시스트의 진군을 늦추기 위해 투쟁하고 노력했다". 비록 자신의 공식적인 시스템 프로그램 업무는 전산과에 절반, 인공지능 연구실에 절반으로 나뉘었지만 스톨먼은 전산과 연구실의 보안 정책에 대항해 '파업'을 감행했다. EMACS 편집기 새 버전을 내놓을 때 스톨먼은 전산과 연구실이 쓰지 못하게 막았다. 어떤 면에서 정책을 만든 사람들이 아니라 컴퓨터를 사용하는 사람들이 벌을 받게 되었다는 사실을 스톨먼도 알았다. "하지만 어쩔 도리가 없었습니다"라고 스톨먼은 나중에 말했다. "전산과 기계를 사용하는 사람들은 정책을 따랐으니까요. 그들은 싸우지 않았습니다. 제가 사용자를 협박해 인질로 삼는다며 많은 사람이 저를 비난했습니다. 어떤 의미에서 맞는 말이었습니다. 그들이 전체 사용자에게 폭력을 행사한다고 믿었기에 저도 그들에게 폭력을 행사했습니다".

MIT에서 순수한 해커 윤리를 점점 더 외롭게 방어하는 처지에 놓인 스톨먼에게 닥친 문제는 암호만이 아니었다. 연구실에 새로 들어온 직원 대다수는 소형 컴퓨터에서 프로그래밍을 익혔으며 해커 원리를 제대로 배우지 못한 사람들이었다. 3세대 해커들과 마찬가지로 그들은 프로그램 소유권이라는 개념을 당연하게 여겼다. 앞세대 못지않게 흥미로운 새 프로그램을 만들었지만 새로운 뭔가를 더 내놓았다. 그들이 짠 프로그램이 화면에 뜰 때는 저작권 공지도 같이 떴다. 저작권 공지라니! 모든 정보가 자유롭게 흘러야 한다고 믿는 RMS에게 이것은 불경이었다. "저는 소프트웨어에 소유권이 있다고 믿지 않습니다". 1983년 스톨먼이 한 말이다. 뒤늦게 다음과 같은 발언도 덧붙였다. "이런 관행은 인간성을 완전히 파괴합니다. 이런 관행 때문에 사람들은 프로그램으로부터 최고의 가치를 뽑아내지 못합니다".

바로 이런 상업주의가, 스톨먼이 보기에는 자신이 사랑했던 이상적인 공동체에 남은 희망마저 날려버린 치명타였다. 바로 이런 상업주의가 악을 드러내고 남은 해커들을 격렬한 분쟁으로 몰아넣은 원흉이었다. 이 모든 시작은 그린블랫의 LISP 컴퓨터였다.

>>>>>>>>>>>>>>>>>>>>>>>

여러 해가 흘렀어도 리처드 그린블랫은 테크스퀘어 9층 해커들의 황금기를 이어주는 중요한 연결고리였다. 체스 기계와 MacLISP를 만들었던 30대 중반의 골수 해커는 자신의 극단적인 버릇을 고치고, 짧은 머리를 더 자주 손질하고, 옷을 더 자주 바꾸고, 소극적이지만 이성도 생각했다. 하지만 그린블랫은 여전히 미친 듯이 해킹할 수 있었다. 게다가 이제 자신이 오래전부터 꿈꿔왔던 이상, 완전한 해커 컴퓨터가 현실로 다가오고 있었다.

그린블랫은 LISP 언어가 가장 굶주린 해커 정신도 만족시킬 시스템을 구축하고 탐험할 통제력을 제공할 만큼 강력하고 유연하다는 사실을 깨달았다. 문제는 LISP가 시스템에 거는 상당한 부하를 감당할 컴퓨터가 없다는 점이었다. 그래서 70년대 초반부터 그린블랫은 어떤 컴퓨터보다 LISP를 더 빨리 더 효율적으로 돌려줄 컴퓨터를 설계하기 시작했다. 기계를 완벽하게 통제하지 못해 해커들에게 심리적인 좌절감을 안겨주었던 시분할이라는 심미적 문제에 대한 최종적인 해결책, 즉 단일 사용자 기계였다. 인공지능 언어 LISP를 돌려 차세대 컴퓨터의 선구적인 일꾼이 될 기계였으며, 회로 설계부터 고급 수학까지 모든 주제에 대해 사용자와 지적인 대화를 나눌 기계였다.

그리하여 약간의 연구비를 확보한 그린블랫은 동료 해커 몇 명과 특히 비호환 시분할 시스템Incompatible Time-sharing System을 설계하는 (그리고 이름 짓는) 일에 크게 기여한 톰 나이트와 함께 작업을 시작했다. 일은 느리게 진행되었지만 1975년에 이르러 그들은 '콘스Cons'라는 기계를 만들었다(Cons는 기계가 LISP로 수행하는 복잡한 'constructor operator' 함수를 줄인 표현이었다). 콘스 기계는 단독으로 동작하지 못했고 PDP-10에 연결해야 돌아갔다. 게다가 랙 두 칸을 차지하는 콘스 기계는 회로 기판과 뒤엉킨 전선이 고스란히 드러났다. 그들은 바닥에 냉방 시설이 갖춰진 테크스퀘어 9층에서 콘스를 만들었다.

콘스는 그린블랫이 희망한 그대로 작동했다. "LISP는 아주 구현하기 쉬운 언어입니다". 훗날 그린블랫은 말했다. "언제든 해커가 컴퓨터로 달려가 몇 주 동안 열심히 작업하면 LISP를 만들어냅니다. '보세요, 제가 만든 LISP입니다.' 하지만 그런 LISP와 정말로 쓸 만한 LISP 시스템은 천지 차이입니다". 나중에 단독형 LISP 컴퓨터가 된 콘스는 쓸 만한 시스템이었다. '가상 주소 공간'이라는 개념이 있어 다른 LISP 시스템과는 달리 프로그램이 소모하는 공간에 시스템이 압도당하지 않았다. 따라서 LISP로 훨씬 더 섬세하고 복잡한 세상을 만들 수 있었다. 콘스를 사용하는 해커는 지속적으로 확장되어 가는 LISP 세상을 여행하는 정신적 로켓 조종사였다.

다음 몇 해 동안 그들은 콘스를 단독형으로 만들려고 노력했다. MIT에서 월급을 받는 처지였으므로 물론 ITS 업무와 인공지능 해킹도 병행했다. 그러다 전환점이 찾아왔다. ARPA가 기계 여섯 대당 오만 불에 만들어 달라며 자금을 투자했다. 그러고 나서 더 많은 기계를 만들어 달라는 요청과 함께 돈이 더 들어왔다.

결국 MIT 해커들은 LISP 컴퓨터 32대를 만들었다. 외관상으로 보면 LISP 컴퓨터는 중앙냉방식 에어컨으로 보였다. 시각적인 동작은 모두 원격 터미널에서 이뤄졌다. 기능 키가 가득한 매끈하고 기다란 키보드에 초고해상도 비트맵 화면을 갖춘 터미널이었다. MIT 해커들은 여러 LISP 컴퓨터를 네트워크로 연결할 생각이었다. 각 사용자가 기계를 완벽히 통제하는 동시에 공동체 일원으로 해킹하겠다는, 즉 자유로운 정보 흐름에서 얻어지는 가치를 유지하겠다는 생각이었다.

LISP 컴퓨터는 중요한 업적이었다. 하지만 그린블랫은 기계 몇 대를 만들어 거기서 해킹하는 이상의 뭔가가 필요하다는 사실을 깨달았다. LISP 컴퓨터는 궁극적으로 유연한 세상을 구축할 도구이자 해커 꿈을 실현한 산물이었지만, 동시에 '생각하는 기계'라는 장점으로 인해 미국이 일본과 벌이는 인공지능 경쟁에서 미국을 기술적 우위에 올려줄 도구이기도 했다. 확실히 LISP 컴퓨터의 영향력은 인공지능 연구실을 넘어섰으며, LISP 컴퓨터 같은 기술은 상업적인 시장에서 가장 널리 파급될 기술이었다. "개발하는 동안 언젠가 우리가 회사를 세워 결국 LISP 컴퓨터를 상업적으로 판매하리라는 사실을 어렴풋이 짐작했습니다. 시기만 몰랐을 뿐 언젠가 일어날 일이었습니다. 그래서 기계가 점차 완성되면서 우리는 여기저기 찔러보기 시작했습니다"라고 그린블랫은 말했다.

이것이 러셀 노프트스커가 회사에 가담하게 된 배경이었다. 전직 인공지능 연구실 관리자인 노프트스커는 1973년에 MIT를 떠나 캘리포니아로 가서 취직했으며 가끔 케임브리지를 방문할 때마다 인공지능 연구실에 들러 해커들 근황을 살폈다. 노프트스커는 LISP 컴퓨터라는 아이디어가 마음에 들었고 창립을 돕겠다는 의중을 비쳤다.

훗날 그린블랫은 이렇게 회상했다. "처음에는 거의 모두가 노프트스커의 의견에 반대했습니다. 노프트스커가 연구실을 떠날 때까지도 저는 누구보다도 그와 친했었지만, 노프트스커는 평소에 심하게 편집광적인 일을 많이 해댔기 때문에 대다수 사람이 정말 싫어했었습니다. 그래서 저는 '좋아, 한번 기회를 주자'고 말했습니다".

사람들은 기회를 줬지만, 노프트스커가 생각하는 회사의 방향은 그린블랫과 크게 다르다는 사실이 금세 드러났다. 그린블랫은 해커 성향이 너무 강한 탓에 전통적인 비즈니스 방식을 받아들이지 못했다. 그린블랫은 '인공지능 패턴과 유사한' 뭔가를 바랐다. 거대한 벤처 자금은 싫었다. 그린블랫은 자력으로 돌아가는 회사를 선호했다. 기계 한 대를 주문받고, 주문받은 기계를 제작하고, 여기서 얼마를 남겨 다시 회사에 투자하는 방식이 좋았다. 회사가 MIT와 꾸준한 관계를 유지하기 바랐으며, 심지어 인공지능 연구실과 계속해서 연계할 방법까지 구상했다. 그린블랫은 MIT를 떠날 생각이 전혀 없었다. 자신이 살고 싶은 세상의 경계는 명확했다. 컴퓨터 세상에서는 상상력의 고삐가 풀렸지만, 그린블랫의 물리적인 세상은 테크스퀘어 9층의 터미널이 있는 어지러운 사무실과 1960년대 중반부터 지금은 돌아가신 은퇴한 치과 의사와 의사 부인에게 빌린 셋방이 전부였다. 인공지능 학회에 참석하느라 전 세계를 돌아다녔지만, 먼 곳에서 벌어지는 토론은 연구실이나 ARPAnet 전자편지에서 오가던 기술적 논쟁의 연속일 뿐이었다. 그린블랫은 사실상 해커 공동체를 대표하는 인물이었으며, 비록 LISP 컴퓨터라는 복음을 전파하려면 어느 정도 상용화가 필요하다는 사실을 알았지만, 해커 윤리의 불가피한 타협, 즉 시스템 프로그램의 코드 행 수와 마찬가지로 타협은 최소로 줄이고 싶었다.

노프트스커는 그린블랫의 생각을 비현실적이라 여겼으며 프로젝트에 참여한 다른 해커들에게 자신의 관점을 피력했다. 톰 나이트를 비롯해 일부는 9층 황금기 이후에 합류한 해커들이었고, 그들이 생각하는 방식은 좀 더 실용적이었다. "제가 보기에 그린블랫의 아이디어는 자그만 차고를 개조한 공장에서 LISP 컴퓨터 회사를 시작하자는 느낌이었습니다. 확실히 비현실이었죠". 톰 나이트는 훗날 이렇게 말했다. "세상은 그렇게 돌아가지 않습니다. 회사가 돌아가는 방법은 딱 하나입니다. 돈을 벌겠다는 사람들이 모이는 겁니다".

나이트와 다른 해커들은 그린블랫의 모델이 샌프란시스코의 시스템스 컨셉츠 사와 비슷하다고 생각했다. 시스템스 컨셉츠는 과거 MIT 해커였던 스튜어트 넬슨과 피터 샘슨이 일하는 곳으로, 돈에 휘둘리지 않겠다는 확고한 결심으로 무장한 소규모 회사였다. "우리의 원래 목표는 막대한 부가 아니었습니다". 1983년, 공동 설립자인 마이크 레비트는 이렇게 설명했다. "우리의 운명은 우리가 통제하고 싶었습니다. 우리는 누구에게 어떤 빚도 없습니다". 하지만 MIT 해커들은 지난 10년 동안 시스템스 컨셉츠가 세상에 미친 영향을 따져봤고 여전히 작은 회사로서 별다른 영향력이 없다는 결론을 내렸다. 나이트는 시스템스 컨셉츠를 살펴본 후 이렇게 말했다. "위험이 없고, 외부 투자를 받지 않으며, 모르는 사람은 고용하지 않는 회사입니다. 그렇게는 멀리 못 갑니다". 나이트와 다른 해커들이 LISP 컴퓨터 회사에 품고 있는 비전은 훨씬 더 컸다.

러셀 노프트스커 역시 많은 해커가 그린블랫이 이끄는 회사에서 일하기 꺼린다는 사실을 깨달았고 그것을 이용했다. 그린블랫은 LISP 컴퓨터 제작에, 해킹이라는 임무에, 해야 할 일에 몰두한 나머지 인간적인 감정에 무심했다. 고참 해커들이 나이를 먹어감에 따라 그린블랫의 태도는 점점 더 문제가 되었다. "모두가 그린블랫의 탁월함과 생산성 때문에 참아줬습니다". 훗날 노프트스커는 이렇게 설명했다. "하지만 마침내 그린블랫은 곤봉과 채찍을 휘둘러 사람들을 몰아세우기 시작했습니다. 적응하지 못하는 사람들을 호되게 꾸짖었고 무슨 밭 가는 소처럼 취급했습니다. 결국 대화가 단절되는 지경에 이르렀고, 그린블랫에게서 벗어나려고 사람들이 9층에서 나가는 극단적인 상황까지 벌어졌습니다".

응어리는 1979년 2월 모임에서 터졌다. 모임에서 그린블랫이 해커식 회사와 해커식으로 유지할 권력을 원한다는 사실이 명백해졌다. 꼴사나운 요구였다. 오랫동안 인공지능 연구실은, 나이트의 표현을 빌자면 "무정부주의적 원칙으로 운영되었습니다. 여러 해에 걸쳐 쌓아온 서로의 기술적 능력에 대한 신뢰와 존경에 기반했습니다". 하지만 이 경우 무정부주의를 '정의'라 보기는 어려웠다. 물론 해커들이 느끼기에 그린블랫의 요구를 '정의'라 보기도 힘들었다. "솔직히 제가 참여하는 회사에서 그린블랫이 우두머리 노릇을 하는 모습은 상상할 수 없었습니다"라고 나이트는 말했다.

노프트스커는 이렇게 말했다. "우리는 그린블랫을 설득하려고 온갖 시도를 다 했습니다. 전문 관리층을 따로 두고 자신은 우리와 동등한 직위에 머무는 구조로 가자고 간청했습니다. 하지만 그린블랫은 이를 거부했습니다. 그래서 우리는 회의실에 모인 참석자 한 사람 한 사람에게 물었습니다. 그린블랫이 원하는 요소가 있는 조직을 받아들이겠느냐고. 모두가 그런 기업에 참여하지 않겠다고 말했습니다".

회의는 교착상태에 빠졌다. 대다수 해커는 LISP 컴퓨터의 아버지인 그린블랫과 함께 가려 하지 않았다. 노프트스커와 다른 해커들은 그린블랫에게 회사를 창립할 시간으로 1년을 주겠다고 약속했다. 하지만 1년 기한을 조금 남기고 그들은 그린블랫과 그린블랫이 LMI^{LISP Machine Incorporated}에 고용한 해커들이 '승리'하고 있지 않다고 판단했고, 그래서 막대한 외부 투자를 유치해 심볼릭스라는 회사를 설립했다. 그들은 그린블랫이 크게 기여한 기계를 만들어 판다는 사실이 미안했지만 자신들이 해야 할 일이라 느꼈다. LMI 사람들은 배신감을 느꼈다. 그린블랫이 분열을 언급할 때는 말투가 언제나 느릿한 우물거림으로 바뀌었고 불편한 주제에서 벗어나려 애썼다. 이처럼 쓰디쓴 분열은 인간 관계에 감정을 투자했을 때나 비즈니스 세계에서 일어날 일이었지 해커들 세상에서 일어날 일은 아니었다.

인공지능 연구실은 두 진영, 아니 두 회사 사이에서 가상의 전쟁터가 되었다. 두 회사는, 특히 심볼릭스는 연구실에 남아 있던 해커들 상당수를 고용했다. 당시 스탠퍼드와 제록스에서 일하던 빌 고스퍼마저 결국 심볼릭스가 팔로 알토에 세운 새 연구 센터에 합류했다. 심볼릭스는 인공지능 연구실에서 일하는 LMI 사람들의 이해관계가 상충할 수 있다는 즉, MIT가 인공지능 연구실에서 일하는 LMI 해커들에게 월급을 주므로 결국 LMI를 지원하는 셈이라는 불평을 터뜨렸고, 덕분에 그린블랫을 포함해 연구실에서 일하던 해커들이 그만둬야 했다.

모두에게 힘든 시간이었고, 마침내 1980년대 초반 두 회사가 비슷한 LISP 컴퓨터를 선보였을 때 문제가 오랫동안 지속되리라는 사실이 명백해졌다. 그린블랫은 자신의 사업 계획에서 몇 가지를 양보했고, 예를 들어 LMI는 주식 1/4을 내주고 텍사스 인스트루먼트 사에서 돈과 지원을 받기로 합의했고 회사는 살아남았다. 자금이 좀 더 여유로웠던 심볼릭스는 최고 해커들을 고용했으며 심지어 자기네 LISP 컴퓨터를 MIT에 판매한다는 계약도 따냈다. 하지만 최악은, 에드 프레드킨의 표현을 빌자면 '서로 사랑하던' 이상적인 해커 공동체가 더 이상 말도 섞지 않는 사이가 되어버렸다는 사실이었다. "저는 정말로 그린블랫과 말하고 싶었습니다". 가장 대표적인 해커와 사실상 같이 자랐으나 이제는 모든 교류가 단절된 심볼릭스 해커 대다수를 대표해 고스퍼는 말했다. "제가 여기 나쁜 놈들과 한 패거리가 되었다는 사실을 그린블랫이 기뻐할지 슬퍼할지 잘 모르겠습니다. 그린블랫에게는 유감스럽지만 이

번에는 나쁜 놈들이 옳았습니다".

　그나마 서로 교류하는 사람들도 진짜 중요한 내용에 대해서는 입을 닫았다. 자신들이 컴퓨터 시스템 내부에서 발견하고 구축한 마법은 절대 발설하지 않았다. 이제 마법은 기업 비밀이었다. 살펴보라고 경쟁사에 내놓을 정보가 아니었다. 회사에서 일함으로써 순수한 해커 사회 구성원들은 자유로운 정보 흐름이라는 해커 윤리의 핵심을 저버렸다. 바깥세상이 내부 세상이 돼버렸다.

〉〉〉〉〉〉〉〉〉〉〉〉〉〉〉〉〉〉〉〉〉〉〉

　이 같은 분열과 분열이 인공지능 연구실에 미친 파장으로부터 가장 크게 영향받은 사람은 리처드 스톨먼이었다. 스톨먼은 해커 윤리를 지키지 못한 연구실의 실패를 몹시 슬퍼했다. RMS는 처음 보는 사람들에게 자신의 부인이 죽었다고 말했고, 상대는 한참을 대화하고 나서야 이 야위고 애처로운 친구가 가리키는 대상이 비극적으로 죽은 신부가 아니라 연구 기관이라는 사실을 깨달았다.

　훗날 스톨먼은 자신의 생각을 컴퓨터에 이렇게 기록했다.

> 이 무렵의 기억을 되살리기란 고통스럽다. 연구실에 남아 있던 사람들은 교수, 학생, 해커가 아닌 연구원들이었으며, 그들은 시스템이나 하드웨어 운영법을 몰랐고 관심도 없었다. 기계가 고장 나도 수리하지 않았다. 때로는 그냥 갖다버렸다. 소프트웨어에 필요한 변경도 이뤄지지 않았다. 소프트웨어에 변경이 필요하면 해커가 아닌 연구원들은 파시즘과 라이선스 동의를 수반하는 상업적 시스템에 의존했다. 한때 북적였으나 지금은 밤마다 텅 빈 연구실을 돌아다니며 나는 생각했다. "불쌍한 인공지능 연구실이여! 지금 죽어가고 있지만 나는 너를 구할 수 없구나". 해커들을 훈련시키면 심볼릭스가 곧바로 채어 가버렸으므로 사람들은 굳이 해커들을 훈련시킬 필요가 없다고 생각했다. 전반적인 해커 문화가 소멸하고 있었다".

스톨먼은 더 이상 부담 없이 연구실에 들르거나 전화해서 중국 식당으로 밥 먹으러 같이 갈 친구들을 모으기가 쉽지 않다는 사실이 슬펐다. 이제는 6765로 끝나는 연구실 번호를 돌려도 같이 밥 먹을 사람은 없었다. 같이 이야기할 사람도 없었다(연구실 전화인 6765는 '20의 피보나치 값'으로, 몇몇 수학 해커가 번호를 외우기 쉽도록 초창기에 정한 번호였다).

리처드 스톨먼이 보기에 연구실을 파괴한 원흉은 심볼릭스였다. 스톨먼은 맹세했다. "나는 절대로 심볼릭스 LISP 컴퓨터를 사용하지 않으며 심볼릭스 기계를 사용하는 누구도 돕지 않겠다. 심볼릭스에서 일하는 사람이나 심볼릭스와 거래하는 사람과도 대화하지 않겠다". 스톨먼은 그린블랫이 설립한 회사 LMI도 인정하지 않았다. 공짜여야 마땅한 컴퓨터 프로그램을 파는 회사기 때문이었다. 하지만 스톨먼이 느끼기에 LMI는 인공지능 연구실에 피해를 입히지 않으려고 애썼다. 반면 심볼릭스는 해커들이 경쟁 기술을 대중에게 공짜로 나눠주지 못하도록 고의적으로 연구실 해커들을 빼내 갔다.

스톨먼은 반격하고 싶었다. 스톨먼이 택한 전쟁터는 LISP 운영체제였는데, 원래는 MIT, LMI, 심볼릭스가 공유한 기술이었다. 하지만 심볼릭스가 자기네 노력의 성과물을 독점하겠다고 결정한 순간부터 상황은 달라졌다. 심볼릭스 해커가 개선한 기능인데 어째서 LMI에 이익이 돌아가지? 따라서 더 이상 공유는 없었다. 두 회사가 힘을 합쳐 궁극적으로 기능이 풍부한 운영체제를 만드는 대신 각자 따로 일하며 똑같은 일을 하느라 에너지를 소모했다.

RMS가 복수할 기회는 여기에 있었다. 스톨먼은 LMI에 대한 감정을 잠시 접어두고 LMI와 협력하기 시작했다. 스톨먼은 공식적으로 여전히 MIT 소속이었고, 심볼릭스는 개선한 코드를 여전히 MIT 기계에 설치했다. 그래서 스톨먼은 심볼릭스가 설치한 새 기능이나 버그 수정 코드를 주의 깊게 살펴볼 수 있었다. 그러고 나서는 코드가 수정된 방식을 신중하게 생각한 후 똑같은 해결책을 구현해 LMI에 전달했다. 쉽지 않은 작업이었다. 단순히 변경된 내용을 그대로 베끼지 않고 창의적으로 다르게 구현하는 방법을 찾아내야 했다. "코드 복제가 부도덕하다고 생각하지 않았습니다". 스톨먼은 이렇게 설명했다. "하지만 제가 심볼릭스 코드를 그대로 베끼면 심볼릭스는 LMI를 고소할 테니까 이를 피하려면 많은 노력이 필요했습니다". 컴퓨터 코드의 존 헨리로서 RMS는 세계적인 수준의 해커 한 무리가 내놓는 코드를 혼자서 해킹하려 애썼으며 1982년 대부분과 1983년 대부분을 혼자서 해냈다. 당시를 회상하며 그린블랫은 이렇게 말했다. "현실적으로 보면 스톨먼은 심볼릭스 해커 한 무리를 능가하는 해킹 솜씨를 보여줬습니다".

》 일당백 리처드 스톨먼

몇몇 심볼릭스 해커들은 스톨먼이 자기네 코드를 해킹한다는 사실이 아니라 스톨먼이 구현 과정에서 내린 기술적 선택이 마음에 안 든다는 사실을 불평했다. "저는 심볼릭스 해커들이 진심인지 정말 궁금했습니다"라고 심볼릭스에 대한 충성과 스톨먼의 해킹 실력에 대한 존경 사이에서 고민했던 빌 고스퍼는 말했다. "심볼릭스 해커들이 공정한지도 궁금했습니다. 스톨먼이 짠 코드가 형편없다고 판단하는 경우도(대개는 아니었죠. 하지만 누군가 형편없다고 저를 설득하는 경우도) 있었습니다. 그래도 저는 이렇게 생각했습니다. '하지만 잠깐! 스톨먼은 밤새 토론할 동료가 없었어. 혼자 일했다고! 이것을 혼자 했다는 사실 자체가 믿기지 않아!'

심볼릭스 대표인 러셀 노프트스커는 스톨먼을 격찬하는 그린블랫이나 고스퍼의 의견에 동의하지 않았다. 몇 마일 떨어진 곳에 있는 허름한 LMI 본사와 비교해 꽤 호화롭고 잘 꾸며진 심볼릭스 사무실에서 노프트스커는 소년 같은 얼굴에 걱정을 가득 담은 채 스톨먼에 관해서 이야기했다. "우리는 프로그램이나 운영체제 개선 사항을 개발해 배포합니다. 때로는 석 달이 걸리기도 합니다. 그런 다음 MIT와 맺은 계약에 따라 프로그램을 MIT에 납품합니다. 그런데 스톨먼이 수정 버전을 예전 버전과 비교한 다음 차이점을 살펴 동작 원리를 파악하고 나서 LMI 기계를 위해 코드를 구현합니다. 스톨먼은 이것을 역공학이라 하지만 우리는 기업 비밀 절도라고 봅니다. 스톨먼이 하는 행동은 MIT에 전혀 도움이 안 됩니다. 우리가 이미 MIT에 새 버전을 제공했으니까요. 그린블랫쪽 사람들에게만 도움이 되죠".

정확히 스톨먼이 의도한 바였다. 스톨먼은 자신의 행동이 세상을 크게 바꿔놓으리라 전혀 기대하지 않았다. 스톨먼은 인공지능 연구실을 둘러싼 환경이 영원히 오염되었다는 사실을 받아들였고 그 원흉에게 최대한 피해를 입힐 심산이었다. 물론 무한정 계속하기 어렵다는 사실은 알았다. 스톨먼은 스스로 1983년이라는 기한을 정했다. 1983년이 지난 후의 행보는 자신도 몰랐다.

스톨먼은 자신이 지구 상에 남은 마지막 진짜 해커라 믿었다. "인공지능 연구실은 무정부적이면서도 아주 훌륭한 연구 기관이 가능하다는 사실을 보여주는 좋은 예였습니다"라고 스톨먼이 설명했다. "암호가 없어도 사람들이 내 파일을 날려버리지 않으며 사사건건 간섭하는 상사도 없는 가능하다고 주장할 때 저는 인공지능 연구실을 가리키며 말했죠. '보세요, 우리가 그렇습니다. 와서 우리 기계를 보세요! 직접 확인하세요!' 이제는 더 이상 이렇게 말하지 못합니다. 증거 없이는 누구도 저를 믿지 않을 테니까요. 한동안 우리는 세상에 보여줄 본보기를 만들어 나갔습니다. 이제 본보기가 사라졌으니 저는 어디서부터 시작할까요? 언젠가 책 한 권을 읽었습니다. '이시, 마지막 야히*'라는 제목이었습니다. 인디언 부족의 마지막 생존자에 대한 책이었는데, 처음에는 가족부터 시작해 부족이 한 명씩 죽어가는 이야기였습니다".

이것이 리처드 스톨먼이 느낀 감정이었다. 이시처럼.

"저는 죽은 문화의 마지막 생존자입니다"라고 RMS는 말했다. "저는 더 이상 이승에 속한 사람이 아닙니다. 어떤 면에서 이미 저승에 속한 사람입니다".

결국 리처드 스톨먼은 MIT를 떠났다. 하지만 계획 하나를 품고 떠났다. 스톨먼은 UNIX라는 유명한 독점 운영체제 버전을 새로 만들어 모두에게 무료로 나눠주겠다고 결심했다. 'Gnu's Not Unix'를 의미하는 GNU 프로그램 제작은 스톨먼이 '자신의 원칙을 위배하지 않고서도 컴퓨터를 계속 사용할 수 있음'을 의미했다. MIT에서 번성했던 해커 윤리가 원래의 순수한 형태로는 살아남지 못한다는 사실을 목격한 스톨먼은 GNU와 같은 수많은 작은 행동이 외부 세상에서 해커 윤리를 이어가는 방법이라 생각했다.

>>>>>>>>>>>>>>>>>>>>>>>>>

스톨먼은 자신이 고통스럽게 떠났던 바로 그 연구 기관에서 시작된 현실적인 해커주의라는 대중 운동에 합류했다. 25년 전 MIT에 등장했던 해커주의는 컴퓨터라는 마법을 완벽히 소화하려는 집중적인 노력이었다. 당시 해커들은 컴퓨터라는 매혹적인 시스템의 복잡함에 빠져들고 탐험하고 확장하려 애썼으며 컴퓨터라는 완벽하게 논리적인 시스템을 사용해 문화와 삶의 방식에 영감을 불어넣으려 애썼다. 바로 이것이 알버커키에서 베이 에어리어까지 펠젠스타인과 전국 하드웨어 해커들을 행동

---

* 옮긴이_ Ishi, the Last Yahi. 야히 족은 북부 캘리포니아 시에라 네바다를 근거지로 삼은 인디언 부족이며, 이시는 마지막으로 살아남았던 야히 족 사람이다. 이시는 1916년에 죽었다.

하게 만든 목표였다. 해커들의 행동에서 나온 부산물이 개인용 컴퓨터 산업이었으며, 개인용 컴퓨터는 수백만에 달하는 사람에게 컴퓨터라는 마법을 보여주었다. 물론 새로운 컴퓨터 사용자 중 극소수만이 MIT 해커들과 같은 격렬한 마법을 경험했겠지만 기회는 모두에게 주어졌고, 많은 수가 컴퓨터의 기적적인 가능성을 어렴풋이라도 맛보았다. 컴퓨터는 힘을 부여하고 창의력을 키워주고 귀 기울이는 사람들에게 뭔가를 (어쩌면 해커 윤리를) 가르쳐줄 도구였다.

실리콘, 돈, 유행, 이상주의가 어지럽게 소용돌이치는 가운데 컴퓨터 혁명이 일어났고, 외부 세상과 불가피한 충돌을 일으키며 해커 윤리는 순수함을 잃어갔다. 하지만 어디선가 사용자가 컴퓨터를 켤 때마다, 단어와 생각과 그림과 때로는 즉석에서 작성된 정교한 단어로 화면이 살아날 때마다, 해커 윤리라는 사상은 문화 속으로 퍼져 나갔다. 컴퓨터 프로그램은 누구든 신으로 만들어주었다.

때로 좀 더 순수했던 선구자들은 자신의 후계자들에게 몹시 놀라기도 했다. 예를 들어 빌 고스퍼는 1983년 봄 우연히 만난 신세대 해커에 깜짝 놀랐다. 심볼릭스에서 일하는 고스퍼는 상업적 분야에서 해킹하는 자신이 어떤 의미에서 팔려 넘어갔다는 사실을 인지했지만 그래도 여전히 수다스러운 코드 연금술사처럼 9층 PDP-6 앞에 앉아 해킹하던 그 시절 고스퍼 그대로였다. 꼭두새벽, 팔로 알토 시엘 카미노 리얼 근교에 있는 2층 연구실을 방문하여 고스퍼를 만날 수 있었다. 심볼릭스 서해안 연구 센터가 있는 밋밋한 2층 건물 주차장에 주차된 차는 고스퍼의 낡은 볼보뿐이었다. 큰 금속 테 안경 뒤에 날카로운 얼굴을 숨기고 등까지 내려오는 머리카락을 한 갈래로 묶은 고스퍼는 40이 되어서도 여전히 생명 게임을 해킹하며 자신의 LISP 컴퓨터 터미널에 무수한 군체 세대가 그려지는 모습을 즐겁게 바라보았다.

"제다이의 귀환을 보러 갔을 때 굉장히 흥미로운 경험을 했습니다"라고 고스퍼는 말했다. "열대여섯 살 정도 되는 소년 옆에 앉았는데, 그 소년에게 무엇을 하느냐고 물었더니 이렇게 말하더군요. '아, 저는 그냥 해커예요'. 저는 거의 자빠질 뻔했습니다. 아무 말도 못 했습니다. 전혀 예상하지 못한 대답이었습니다. 지금까지 제가 들어본 소리 중 가장 건방졌습니다".

소년의 태도는 오만함이 아니라 자신이 누구인지 설명하는 당당함이었다. 그는 제3세대 해커였다. 물론 이후로 더 많은 세대가 이어졌다.

펠젠스타인과 같은 선구자에게 이 같은 연속성은 목표 달성을 의미했다. 솔과 오스본 1의 설계자이자 커뮤니티메모리의 공동 창립자이자 상상 속에서 자신이 만든 하인라인* 소설 속 영웅으로서 펠젠스타인은 종종 자신이 '창조의 현장'에 있었으며 그 후에 이어진 호황의 효과를 미묘하나 중대한 영향력과 한계를 느낄 만큼 아주 가까이서 지켜보았다고 자랑했다. 오스본 사에서 서류상으로 큰돈을 벌었던 펠젠스타인은 형편없는 관리와 시장에 대한 오만함으로 1983년 몇 달 만에 오스본 컴퓨터가 무너지면서 모든 부가 한순간에 날아가는 사고(?)를 당했다. 펠젠스타인은 자신의 재정적인 손실을 슬퍼하지 않았다. 대신 자랑스럽게 "우리 모두를 합친 것보다 큰, 사제들만 접근 가능한 사악하고 거대한 괴물 기계의 신화는 사라졌다. 이제 숭배를 그만두고 현실로 돌아올 수 있다"라며 축하했다.

펠젠스타인은 편안하게 차려입는 법, 여성과 교제하는 법, 청중을 매혹하는 법을 익혔다. 하지만 여전히 펠젠스타인은 기계와 기계가 사람에 미치는 영향을 중요하게 생각했다. 펠젠스타인에게는 다음 계획이 있었다. "할 일이 많습니다". 오스본 컴퓨터 사가 망하고 얼마 지나지 않아 펠젠스타인은 말했다. "우리는 기계와 사람 사이에서 좀 더 공생에 가까운 관계를 찾아야 합니다. 한 신화에서 현실로 내려오는 일도 중요합니다만 그 신화를 다른 신화로 대체해야 합니다. 저는 도구에서 시작해야 한다고 생각합니다. 도구는 신화의 실현이니까요. 저는 도구로 미래를 그리는 방법, 미래를 만드는 방법을 알아내려 애쓰는 중입니다".

----

* 옮긴이_ 『스타십 트루퍼스』와 『여름으로 가는 문』으로 유명한 로버트 하인라인은 미국 SF 작가다.

펠젠스타인은 컴퓨터를 대중에게 보급하겠다는 자신의 첫 전투가 승리를 거두었다는 사실이 자랑스러웠다. 심지어 펠젠스타인이 말하는 와중에도 3세대 해커들은 뉴스를 만들어냈다. 단지 슈퍼스타 게임 디자이너로서가 아니라 경계를 허물고 컴퓨터 시스템을 탐험하는 문화적 영웅으로서 말이다. 워게임이라는 블록버스터 영화는 3세대 해커를 주인공으로 출연시켰다. 영화에서 스튜 넬슨이나 캡틴 크런치의 혁신적인 업적을 모르는 해커 주인공은 순진한 호기심으로 직접 해보라는 강령을 따라 컴퓨터 시스템에 침입했다. 컴퓨터가 해커 윤리를 전파하는 또 하나의 예였다.

"우리는 기술을 단순한 무생물 하드웨어 조각 이상으로 생각해야 합니다"라고 펠젠스타인은 말했다. "기술은 무생물적 사고방식, 즉 객관화된 사고방식을 의미합니다. 워게임 등에서 우리가 접하는 신화는 집단적인 좌절 대신 개인의 승리를 확실히 보여줍니다. 신화는 틀에 박힌 지혜와 상식에 언제나 의문을 던져야 한다고 말합니다. 단순히 학술적 관점에서가 아닙니다. 인간성의 생존이 달린, 아주 근본적인 관점에서입니다. 인간은 그저 생존할 수 있습니다. 하지만 인간성은 좀 더 소중하고 좀 더 연약합니다. 그러므로 '이것은 건드리지 말지어다'라는 문화에 도전할 수 있는 가능성 그리고 자신의 창의력을 무기로 실제로 도전하는 행동이 핵심입니다".

물론 여기서 핵심은 해커 윤리다.

CHAPTER 22 》
후기 : 10년 후

나는 헌신적이며, 혁신적이며, 불손한 컴퓨터 프로그래머를 일컫는 해커를
미국 헌법 초안자들 이래 가장 흥미롭고 유능한 두뇌 집단으로 생각한다.
내가 아는 한 기술을 해방시키겠다고 나서서 실제로 성공한 무리는
그들뿐이다. 그들은 미국 기업의 철저한 무관심에도 불구하고 해냈을 뿐만
아니라 결국 미국 기업이 자신들의 방식을 받아들이게 만들었다.
그들이, 개인용 컴퓨터를 보급해 정보 시대의 중심에 개인을 세우며,
미국 경제를 구했다고 말해도 과언이 아니다.
1960년대 소문화 중에서 가장 조용했던 해커 문화는 이후로
가장 창의적이고 가장 강력한 모습으로 성장했다.

– 스튜어트 브랜드, 홀 어스 카탈로그 설립자

1984년 11월, 샌프란시스코 북쪽의 습하고 바람 많은 곳에서 150여 명에 이르는
전형적인 프로그래머들과 테크노–닌자들이 제1회 해커 콘퍼런스에 참석하러 모였
다. 원래 홀 어스 카탈로그 설립자인 스튜어트 브랜드가 시작한 이 행사는 버려진
육군 기지를 해커 윤리를 논하는 임시 세계 본부로 바꿔버렸다. 순전히 우연은 아
니었지만 행사는 이 책 출간에 딱 맞춰 시작되었고, 책에서 언급한 수많은 인물이

모습을 드러냈다. 대부분은 처음 만나는 사이였다. 리처드 그린블랫과 같은 1세대 MIT 해커들은 전설의 홈브루 일원인 리 펠젠스타인, 스티브 워즈니악, 게임 황제인 켄 윌리엄스, 제리 제웰, 더그 칼스톤과 친해졌다. 새로운 매킨토시 컴퓨터의 건방진 마법사들은 스페이스워를 만들어낸 사람들과 만났다. 모든 사람이 이층 침대에서 잠을 잤고, 설거지를 했으며, 식탁을 치웠고, 잠자는 시간을 아꼈다. 몇 시간 동안 전기가 나갔을 때 사람들은 등잔불 밑에서 이야기를 나눴다. 전기가 복구되자 사람들은 자신의 해킹 솜씨를 보여주러 전산실로 몰려갔다. 미국에서 마지막 버팔로 떼가 우르르 달리던 시절 이래로 거의 보기 어려운 광경이었다.

그들을 보며 '진짜 해커들이군!'이라 생각했던 기억이 난다.

사람들에게 이미 책을 한 권씩 나눠주었던 터라 나는 잠재적인 비평가 150여 명에 둘러싸여 아주 긴장하고 불안한 상태였다. 책에 실린 사람들은 즉시 색인에서 자기 이름을 찾은 후 본문을 펼쳐 정확성을 확인하고 기술적 오류를 점검하기 시작했다. 색인에 없는 사람들은 뾰로통해서 오늘날까지 개인적으로나 사이버 공간에서 나를 만날 때마다 불평을 늘어놓았다. 궁극적으로는 아주 유쾌한 경험이었다. 이후로 연례행사가 돼버린 해커 콘퍼런스는 오늘날까지 이어지며 해킹의 미래와 (이 책에서 정의한) 해커 윤리를 열정적으로 논의하는 공개 토론장이 되었다.

'해커'라는 용어는 토론할 때마다 언제나 골칫거리였다. 이 책을 집필할 때만 해도 상당히 불분명한 용어였다. 실제로도 책을 출간하기 몇 달 전에 출판사 영업부로부터 제목을 바꾸자는 요청이 들어왔다. "해커가 무엇인지 누가 압니까?" 이것이 영업부 사람들의 질문이었다. 다행스럽게도 우리는 원래 제목을 고수했고, 80년대 중반에 이르자 '해커'라는 용어는 일상어로 자리 잡게 되었다.

하지만 진짜 해커들에게는 안타깝게도 해커라는 용어의 대중화가 오히려 재앙이었다. 왜냐하면 사람들이 해커라는 단어를 부정적으로 인식했기 때문이었다. 문제의 발단은 정부 컴퓨터 시스템과 같이 금지된 디지털 영역에 과감히 접근했다가 체포된 십 대들이었다. 사건을 보고하는 기자들이 이런 젊은이들을 해커라 칭한 행위는 당연했다. 그들 스스로 자신을 해커라 불렀으니까. 하지만 덕택에 '해커'라는 단어는 손 쓸 틈 없이 '디지털 침입자'와 같은 뜻이 되고 말았다.

중앙지, TV 드라마와 영화, 싸구려 소설, 심지어 권위 있는 소설에도 해커는 언제나 키보드 앞에 앉아 마법처럼 범죄를 저지르는 반사회적 괴짜로 그려졌다. 전형적인 해커는 핵미사일부터 차고 문까지 기계와 관련된 것이라면 무엇이든 앙상한 손가락으로 싸구려 PC나 워크스테이션 키보드를 두드려 간단히 제어했다. 이 같은 정의에 따르면, 해커는 아무리 좋게 봐도 자신의 진짜 힘을 깨닫지 못한 순진아였다. 최악의 경우 테러리스트로 취급받았다. 지난 몇 년 동안 컴퓨터 바이러스가 등장하면서 해커는 글자 그대로 악의 축이 되버렸다.

물론 역사상 가장 강직한 해커 중 몇몇은 '직접 해보라'는 강령을 추구하고자 지적 재산권이나 법적인 규정 등을 하찮게 여기기로 유명했다. 장난은 언제나 해킹의 일부였으니까. 하지만 이처럼 과도한 행동이 해킹의 본질이라는 생각은 틀렸을 뿐만 아니라 진정한 해커들에게 모욕감을 주었다. 그들의 업적은 세상을 바꿨으며, 그들의 방법은 사람들이 세상을 바라보는 시각을 바꾸지 않았던가! 게시판에 접속해 시스템 암호나 신용카드 회사 코드를 내려받아 그 정보로 디지털 파괴를 선동하는 얼치기 중학생들 소식은, 그것도 언론이 그들을 해커라 부른다는 소식은, 자신을 진짜 해커라 자부하는 사람들에게 기가 막힐 노릇이었다. 그들은 격분했다. 해커 공동체는 1988년 해커 콘퍼런스 5.0에서 CBS 뉴스 기자로부터 공개적으로 받았던 모욕에 아직도 분개한다. 겉으로는 전형적인 해커의 영광을 보도하기 위하여 파견됐던 기자가 해커의 위험을 경고하는 보안 전문가들만 잔뜩 취재해 방송했기 때문이었다. 당시 기자였던 댄 레더는 앞으로도 해커 콘퍼런스에 모습을 드러내지 않는 편이 나으리라 생각한다.

하지만 지난 몇 년 동안 분위기가 많이 달라진 느낌이다. 점점 더 많은 사람이 이 책에서 설명한 진짜 해킹의 정신을 알게 되었다. 점점 더 많은 사람이 해커 사상과 이상을 기술적으로 이해할 뿐만 아니라 해커의 진가를 인정하고, 브랜드가 암시했듯이, 해커가 양성할 만한 존재라는 사실을 깨닫게 되었다.

이와 같은 변화를 일으킨 요인은 여러 가지다. 첫 번째 요인은 컴퓨터 혁명 자체다. 컴퓨터를 사용하는 사람들 숫자가 수십만 명에서 수억 명으로 늘어나면서 컴퓨터의 다재다능한 마법은 암묵적인 메시지를 전파했고 컴퓨터의 힘을 탐구하는 사람들은 자연스럽게 선구자들을 찾아 나섰다.

두 번째 요인은 네트워크다. 컴퓨터 네트워크는 수많은 사람을 연결해주며 진지한 해커들은 인터넷이라 부르는 동맹에서 서로 만난다. 인터넷은 사람들을 연결하고 협력을 촉진하는 파이프라인이다. 인터넷은 또한 회의와 대화가 일어나는 온실이며, 놀랍도록 많은 회의와 대화가 해커 윤리에서 발생하는 문제와 해커 윤리가 돈이나 현실과 일으키는 충돌을 다룬다.

마지막으로, 진짜 해커가 근사해졌다. 윌리엄 깁슨, 브루스 스털링, 루디 루커와 같이 똑똑한 신예 공상과학 소설가들이 쓴 염세적 미래 소설에서 나온 용어인 '사이버펑크'라는 기치 아래, 1990년대 초반에 새로운 문화 운동이 등장했다. 이 운동을 선도한 잡지 (원래 이름은 '리얼리티 해커스'였던) 『몬도 2000』은 사이버펑크 원칙을 천명하기 시작했는데, 사실 사이버펑크 원칙 대다수는 해커 윤리에서 출발했다. MIT의 TMRC 그룹이 내걸었던 신념이, 즉 '정보는 자유로워야 한다. 컴퓨터에 대한 접근은 무제한적이고 완전해야 한다. 권위를 불신한다.' 등이 가장 중요하게 부상했다.

사이버펑크가 시대정신으로 등극했을 무렵에는 대중매체도 해킹을 좀 더 폭넓고 긍정적인 시각으로 포용할 준비가 되었다. 해커 원리와 흡사한 관점을 표방하는 전문적인 출판물도 생겼다. 『몬도 2000』, 『와이어드』를 비롯하여 『인터텍』, 『보잉 보잉』 등과 같은 해커 잡지가 쏟아졌다. 해커 덕택에 컴퓨터 업계가 존재하게 되었다는 사실을 잘 아는 언론인들이 만드는 업계 잡지도 있었다. 더욱 중요하게, 처음에 무지로 해커주의에 오명을 씌웠던 기존 잡지 언론인들도 해커주의라는 개념을 포용하기 시작했다.

일단 사람들이 해커들에게 동기를 부여하는 요인이 무엇인지 파악하자 해커 정신은 실리콘 밸리의 가치를 가늠하는 척도로 활용되었다. 특히 애플 컴퓨터는 해커 정신이 회사의 안녕에 결정적인 요인이라 믿었다. 심지어 훨씬 엄격한 회사들도 자신의 분야에서 앞서 나가려면 해커들의 활력, 비전, 끈질긴 문제 해결 능력이 필요하다는 사실을 인식했다. 그 결과, 자유분방한 해커 문화를 수용하고자 규정을 완화하게 되었다.

무엇보다 이런 사고는 컴퓨터 업계를 넘어 일반적인 문화로 스며들기 시작했다. 이 책을 집필하면서 필자가 깨달았듯이, 해커들의 이상은 열정을 바쳐 추구하는 활동이라면 어디나 적용이 가능했다. 매킨토시 컴퓨터의 설계자인 버렐 스미스는 제1회 해커 콘퍼런스에서 다른 발표자들과 마찬가지로 이렇게 말했다. "해커는 거의 무엇이든 할 수 있으며 어느 분야에서든 해커가 될 수 있습니다. 해커 목수가 될 수도 있습니다. 반드시 첨단 기술일 필요는 없습니다. 자신이 하는 일에 장인정신이 있으면 해커라 생각합니다".

마지막으로, 이 책에 등장하는 주요 인물들의 10년 후 근황을 소개한다.

빌 고스퍼는 실리콘 밸리에서 컨설턴트로 일한다. 컨설턴트로 먹고 살지만 여전히 해킹을 즐기며 수학, 프랙탈, 생명 게임의 비밀을 추구한다. 고스퍼는 아직도 미혼이며 『More Mathematical People』이라는 책에서 면담자에게 "내가 아무리 관심을 주려고 의식적으로 노력하더라도 자신들이 컴퓨터보다 뒷전이라는 사실을 느낀다"는 이유로 아이는 물론 배우자도 맞이하기가 어렵다고 설명했다.

리처드 그린블랫이 창립했던 리스프 머신 사는 심연으로 빠져들었다. 한동안 컨설턴트로 일했던 그린블랫은 이제 전화선으로 음성 정보와 자료를 결합하기 위한 소규모 의료 기기 제작 회사를 경영한다. 그린블랫은 해킹의 미래에 대해 늘 생각하며, 황금기 MIT에서 정부 지원을 받아 일상적으로 진행되던 프로젝트가 상업화에 제압당한 현실을 슬퍼한다. 하지만 "좋은 소식도 있습니다. 컴퓨터 가격이 너무나도 급격히 떨어져 이제는 소위 취미로 컴퓨터를 만질 수 있습니다. 중요한 일을 혼자서도 할 수 있죠"라고 그린블랫은 말한다.

>>>>>>>>>>>>>>>>>>>>>>>>

홈브루 시절의 동료 PC 선구자들과는 달리, 리 펠젠스타인은 결코 부자가 되지 못했다. 기술 문화 안에서는 명성을 떨쳤지만, 자신이 세우고 운영하는 골렘믹스 사는 간신히 수지를 맞추는 정도였다. 하지만 최근, 펠젠스타인은 차세대 기술 마법을 만들고자 풍부한 자금으로 무장한 신생 실리콘 밸리 회사인 인터발에서 수석 엔지니어로 멋진 직장 생활을 시작했다. 나이 50에 가까워지면서 리의 개인적인 생활도 좀 더 안정되었다. 여러 차례 진지한 관계를 거친 후 현재는 '홀 어스 렉트로닉 링크 Whole Earth 'Lectronic Link 컴퓨터 네트워크'에서 만난 여성과 함께 산다. 펠젠스타인은 컴퓨터로 사회를 바꾸는 일에 여전히 열정적이다. 오랫동안 해커 리그라는 일종의(반드시 남자로 국한하지 않지만) 디지털 보이스카웃을 만들겠다고 구상해왔다. 또한 펠젠스타인은 지금도 커뮤니티메모리가 일단 네트워크에 연결되면 세상에 영향을 미치리라 믿는다.

>>>>>>>>>>>>>>>>>>>>>>>>

켄 윌리엄스는 여전히 시에라 온라인의 이사회 의장이다. 시에라 온라인은 굴곡을 겪었지만, 사라진 시리우스와는 달리 경쟁업체 브로더번드의 성공과 유사하게, 그 어느 때보다 큰 규모를 자랑한다. 오크허스트 본사에는 700명에 이르는 사람들이 근무한다. 시에라는 1992년에 상장했으며, 켄이 가진 지분만도 수백만 불이 훨씬 넘는다. 시에라는 또한 상호대화식 컴퓨터 게임 네트워크에 수백만 불을 투자했고, AT&T는 시에라 지분의 20퍼센트를 매입했다. 로버타 윌리엄스는 시에라에서 가장 인기 있는 게임 디자이너이며 3D 그래픽 어드벤처 게임인 킹즈 퀘스트 시리즈로 이름을 날렸다.

켄 윌리엄스는 시에라에 예전 해커 정신이 거의 없다고 생각한다. "초기에는 존 해리스가 혼자 프로젝트를 진행할 수 있었습니다. 요즘 우리 게임은 제작자 명단에 50명이 넘는 이름이 오릅니다. 개발비가 최소 백만 불이 넘지 않는 제품은 없습니다. 킹즈 퀘스트 VI는 스크립트만 700페이지가 넘었고, 50명이 넘는 전문 배우들이 목소리 연기를 했습니다. 이는 헐리우드에서 가장 큰 음성 녹음 프로젝트였습니다".

켄 윌리엄스는 존 해리스가 여전히 오크허스트 근처에 산다고 말해줬다. 해리스는 케이블 텔레비전 회사에서 쓰는 화면 생성 소프트웨어를 판매하는 작은 사업을 운영한다. 윌리엄스는 해리스가 오래전에 단종된 아타리 800 컴퓨터용 소프트웨어를 여전히 만든다고 전했다.

>>>>>>>>>>>>>>>>>>>>>>>

누구나 인정하는 최후의 진짜 해커인 리처드 스톨먼은 MIT 인공 지능 연구실의 이상에 가장 가깝게 산다. 『와이어드』지에 따르면, 스톨먼이 만든 자유 소프트웨어 재단은 세상에서 유일하게 자유 소프트웨어를 개발하는 사명을 내건 자선 단체다. 또한 스톨먼은 '독점 소프트웨어는 디지털 세상의 매독'이라는 스톨먼의 믿음을 반영하는 그룹인 소프트웨어 자유 동맹에 중요한 역할을 해왔다. 1991년 스톨먼의 업적은 사람들이 선망하는 맥아서 펠로십 '지니어스 상'을 수여하는 담당자들의 주목을 끌었다. 내가 마지막으로 스톨먼을 만났을 때 스톨먼은 로터스 디벨롭먼트 사에 항의하는 시위를 기획하는 중이었다. 로터스의 소프트웨어 특허와 관련된 시위였다. 스톨먼은 정보는 자유로워야 한다고 믿었고 지금도 그렇게 믿는다.

— 1993년 8월, 스티븐 레비

CHAPTER 23 》
후기 : 2010년*

"정말 재미있네요". 빌 게이츠가 말했다. "제가 젊었을 때는 나이 든 사람을 아무도 몰랐습니다. 우리가 마이크로프로세서 혁명을 일으켰을 때 나이 든 사람은 아무도, 정말 아무도 없었습니다. 나이 먹은 언론인과 만날 기회는커녕 30대도 상대하지 않았습니다. 이제는 50대와 60대 사람들도 있습니다. 저도 나이를 먹었으니 인정해 줘야겠죠. 우리 업계가 이렇게 나이 들었다니 어색하군요. 제가 젊었을 때 당신을 만났는데 이렇게 늙어서 다시 만나다니, 세상에나!"

사반세기 전 이 책을 내면서 헝클어진 머리의 게이츠와 인터뷰를 했었다. 이제 50살 넘은 영감탱이가 된 마이크로소프트 공동창립자와 나는 그 후속으로 다시 한 번 대담하는 중이다. 당시 나는 막 싹트기 시작한 컴퓨터 혁명의 핵심, 즉 해커라는 사람들을 이해하려 애쓰던 참이었다. 그들은 무섭게 무언가에 집착하고, 대단히 명석하며, 끝없이 창의적이라고 알려진 사람들이었다. 그 무렵 게이츠는 DOS 운영체제를 IBM에 공급하는 거래를 성사시켜 열매를 막 거둬들이기 시작한 참이었다. 향후 수십 년 동안 PC 데스크톱 시장에서 마이크로소프트 사에 주도적인 위치를 안겨

----

* 옮긴이_ 2010년에 와이어드지에 실린 'Geek Power: Steven Levy Revisits Tech Titans, Hackers, Idealists'(http://www.wired.com/magazine/2010/04/ff_hackers/all/1)를 일부 수정한 내용이다.

순 거래였다. 당시만 해도 빌 게이츠란 이름을 모르는 사람이 많았다. MS 워드 역시 사람들에게 낯선 단어였다. 이후에도 여러 차례 게이츠와 대담을 했지만, 첫 대담은 특별했다. 나는 게이츠가 컴퓨터에 쏟아붓는 열정을 역사적으로 중요한 문제로 보았다. 게이츠는 내가 '컴퓨터 애호가들에게 보내는 공개편지'와 같은 사건에 보이는 관심을 아주 신기하고 재미나게 여겼다. 하지만 그 무렵 나는 내 프로젝트가 진실로 모든 사람에게 영향을 미칠 변화의 기록이라 확신했다.

편집자는 내게 야심 차게 추진하라고 격려했고, 생애 첫 책을 쓰던 나는 편집자의 격려대로 야심 찬 목표를 겨냥했다. 컴퓨터 안에서 세상을 발견한 똑똑한 프로그래머들이 오늘날 물밀듯 밀려오는 디지털 시대를 일으킨 주인공이라는 주장으로 글을 쓰기로 결심했다. 이처럼 원대한 생각은 원래 내 의도가 아니었다. 맨 처음 집필에 착수했을 때 나는 해커들을 흥미로운 소小문화 정도로 평가했다. 하지만 조사가 진행되면서 남들이 불가능하다고 말해도 개의치 않는 그들의 태평한 무관심과 장난기가 오늘날 수십억에 이르는 사람들이 컴퓨터를 쓰게 만든 획기적인 발전을 이끌었다는 사실을 발견했다. MIT 해커들은 비디오 게임과 워드 프로세서의 탄생에 일조했다. 홈브루 컴퓨터 클럽은 무어의 법칙이라는 난제를 연금술로 바꿔 결국은 우리 책상 위에 데스크톱 컴퓨터를 한 대씩 안겨주었다. 사람들이 개인용 컴퓨터를 필요로 하거나 원할 일은 절대로 없을 것이라는 당시의 보편적인 생각에도 불구하고 말이다. 게다가 대다수 해커는 순전히 근사한 기교를 보여주는 즐거움에서 이런 일들을 했다.

창의력이라는 커튼 뒤에서 나는 좀 더 근사한 뭔가를 찾아냈다. 진짜 해커들은 어느 시대 어느 곳에 살았든 동일한 가치를 공유했으며 그들이 믿었던 가치는 오늘날 정보화 시대에 신조로 남아 있었다. 나는 그들이 공유한 무언의 가치를 해커 윤리라 이름 짓고 기록으로 남기려 애썼다. 나는 특히 '정보는 자유로워야 한다'는 해커 신념을 강조하는 해커 윤리라는 렌즈를 통해 사람들이 해커를 다른 관점에서 보기를 바랐다.

비록 처음에는 뉴욕 타임스로부터 '기형적으로 부풀린 잡지 기사에 불과하다'는 평을 받으며 판매가 부진했으나 시간이 흐르면서 독자층을 확보했으며 심지어 내 기대치를 넘어서기에 이르렀다. 우연한 만남, 이메일, 트윗으로 언제나 사람들은 내 책이 자신의 경력이나 사고에 영감을 주었다고 말했다. 둠을 만든 존 카막에 관한 책을 읽다가 나는 내 책이 카막이라는 10대 괴짜에게 세상에 자기 같은 사람이 혼자가 아니라는 확신을 심어주었다는 사실을 발견했다. 최근에 구글 CIO인 벤 프라이드와 대담할 때도 프라이드는 귀퉁이가 너덜더덜한 내 책 사본을 들고 와 사인을 부탁하며 이렇게 말했다. "이 책이 아니었으면 오늘날 저는 이 자리에 없을 겁니다" 일 년에 수십 번씩 듣는 이야기지만 절대 질리지 않는다.

이 책에서 제기했던 쟁점이 정보화 시대의 핵심 논쟁이 되었다는 사실 역시 나로서는 만족스럽다. 책을 출판한 그 주에 나는 캘리포니아주 마린 카운티에서 열린 첫 해커 학회에 참석해 내 책에서 소개한 해커들을(물론 내 책에서 소개하지 못했으나 뛰어난 해커들도) 만났다. 바로 거기서 해커들의 대부이자 홀 어스 카탈로그 편집자인 스튜어트 브랜드가 '정보는 자유로워야 한다'는 원칙을 난도질했다. '해커 윤리의 미래'라는 내 발표 세션에서 브랜드가 즉흥적으로 한 발언은 자주 잘못 인용되는 탓에 여기서 올바로 인용할 가치가 있겠다. "한편으로 정보는 비싸지고 싶어한다. 왜? 가치가 있으니까"라고 브랜드는 말했다. "적시 적소에 얻어지는 정보는 인생을 바꾼다. 다른 한편으로 정보는 자유로워지고 싶어한다. 왜? 얻는 비용이 점점 낮아지니까. 그래서 두 가지가 항상 서로 싸운다"

사반세기가 지나면서 브랜드가 한 말 중 일부만 너무 많이 인용되어 (비평가들이 '정보는-자유롭고-싶어한다 파派'라 칭할 정도로) 일반 형용사가 돼버렸다. 하지만 브랜드가 한 말 전체는 지난 사반세기 동안 해커 운동을 특징지은 (종종 해커 이상주의와 냉정한 상업주의 사이에 격렬한 전투로 드러난) 긴장을 깔끔하게 요약한다. 해커들은 정보가 자유롭기 바란다. 리처드 스톨먼의 표현을 빌자면, '공짜 맥주'할 때 '공짜'가 아니라 '자유로움'이라 할 때 '자유' 말이다. 다행스럽게도 자신이 마지막 야히 족의 이시가 될지도 모른다는 스톨먼의 두려움은 실현되지 않았다.

필자가 애플 II 컴퓨터에서 워드스타로 이 책을 쓴 이후로 해커 세상은 엄청난 변화를 겪었다(당시 사용하던 플로피 디스크에는 한 장˚의 절반만 겨우 들어갔다). 그때만 해도 해커가 무엇인지 아는 사람이 거의 없었다. 첫 출판사인 더블데이의 영업 사원 몇몇은 책 제목이 난해하다며 바꾸자고 우겼다. 인터넷은 정부와 학계 내 소수 컴퓨터만 연결하는, 잘 알려지지 않은 네트워크였다. 컴퓨터 앞에 죽치고 앉아 있는 사람들은 반사회적이고 뭔가 대화하기 어려운 상대로 여겨졌다. 그런데 당시로는 기괴했던 해커 윤리에 담긴 사고가 이제는 너무나 당연해져서 신세대 독자들은 내가 뭐하러 군이 뻔한 생각을 기록하겠다고 나섰는지 의아하게 여길지도 모르겠다("컴퓨터로 예술과 미를 창조한다고? 너무 당연하잖아").

책을 출간한 지 25주년이 다가오면서 나는 한 번 더 해커주의를 둘러보러 나섰다. 집필 당시 자료를 조사하면서 만났던 사람 몇몇을 다시 방문했으며, 처음 조사에서 빠졌던 사람들도 방문했다. 후자는 책이 나온 이후에 해커왕국에 입성한 사람들이었다. 한편으로는 2010년에 해커로서 살아가는 의미를 이해하고 싶었다. 하지만 더 큰 동기는 그동안 책 속의 이미지로 고정되어 있던 인물들을 현실에서 다시 만나고픈 욕심이었다. 영화 브로큰 플라워에서 빌 머레이가 옛날 여자 친구들을 방문하듯이, 그들에게 일어난 사건에서 어떤 의미를 찾아내기 바랐다. 그러면 해킹 세계에 어떤 일이 일어났는지, 해킹이 세상을 어떻게 바꾸었는지, 아니 세상이 해킹을 어떻게 바꾸었는지 조금이나마 가늠할 수 있으리라 생각했다.

단지 소수의 표본만 만났지만, 그 표본으로부터 나는 지난 25년 동안 발전한 기술 세상의 현주소를 보았다. 비록 해커 운동은 승리를 거두었지만, 그 운동을 창조한 모든 해커가 같은 운명을 누리지는 못했다. 내가 책에서 소개했던 해커 중 일부는 게이츠처럼 부자에다가 유명하고 유력해졌다. 이들은 해커 운동이 독립적인 소문화에서 수백억 불짜리 업계로 변하는 과정에서 성공을 거머쥐었다. 물론 몇몇은 진정한 해커 방식을 벗어나기도 했지만 말이다. 반면, 어떤 해커들은 그들의 열정을 발견하고서 이용하려는 세상에 적응하지 못하거나 적응할 의사가 없었다(혹은 그저 운이 없었다). 이들은 세상의 그늘에 묻힌 채 쓰디쓴 실망을 느끼지 않으려고 애썼다. 또한 나는 새로운 물결의 출현을 목격했다. 바로 해커 유산의 새로운 상속자들이다. 상업주의와 해커주의를 상반된 가치로 받아들인 적이 없는 세상에서 태어난 이들은 이제 해커 운동의 미래를 만들어가고 있다.

>>>>>>>>>>>>>>>>>>>>>>>>

진짜 해커는 휴가를 가지 않는다. 이런 기준으로 판단하면, 빌 게이츠는 더 이상 진짜 해커가 아니다.

게이츠 자신도 여기에 동의한다. "나는 집중력이 중요하다고 생각하는데, 객관적으로 평가해보면 십 대와 이십 대에 내 집중력이 훨씬 더 높았다고 생각합니다. 이십 대에는 일만 했습니다. 지금은 저녁을 먹으러 집에 갑니다. 결혼하고 아이를 갖기로 결정하면, 그것도 잘할 생각이라면, 극단적인 태도를 어느 정도 포기해야 합니다". 실제로 과거를 회상하며 게이츠는 자신의 해커 시절에서 가장 치열했던 시기를 레이크사이드 학교에 다니던 10대 시절로 꼽았다. "가장 치열하게 열정적이던 시기는 13살에서 16살까지였습니다".

"그렇다면 하버드로 갔을 무렵에는 전성기가 지났었나요?"라고 내가 물었다.

"하루 24시간씩 프로그램에 매달리던 열정으로 치면 그렇죠"라고 게이츠는 대답했다. "확실히 17살이 되었을 무렵에는 소프트웨어에 대한 생각이 구체화되었죠".

쓰기 쉬운 컴퓨터가 사방에 널린 오늘날의 아이들은 어떻게 그와 같은 영향력을 발휘할 수 있을까? 오늘날에도 빌 게이츠와 같은 인물이 탄생할 수 있을까? "음, 컴퓨터를 대중에게 보급할 기회는 확실히 사라졌습니다"라고 게이츠는 말한다. 컴퓨터 혁명은 이미 일어났다. 하지만 게이츠는 이렇게 덧붙인다. "더 큰 혁명이 있습니다". 게이츠는 백지에서 출발해 완전히 새로운 산업을 창조할 천재들이 어딘가 있으리라 믿는다. 요즘은 백지를 찾기가 어렵다고 말하자 게이츠는 딱 잘라 말했다. "엄청나게 많습니다. 로보틱스도 있고 인공지능도 있고 DNA 프로그래밍도 있습니다. 대여섯 가지가 더 있는데 늙어서 기억도 나지 않는군요. 매년 1억 3천5백만 명이 태어납니다. 많은 천재가 필요하지는 않습니다. 일 년에 하나도 많습니다. 그러니 아주 복잡하고 어려워도 됩니다".

내가 만난 게이츠는 27살 때와 다름없이 열정적이었다. 27살에 만났을 때는 게이츠가 건방진 태도로 시선을 회피했었다. 이번에 대담하는 동안에 거의 절반은 컴퓨터 화면을 응시하며 당시 유행하던 신제품 마우스를 사용하는 소프트웨어를 테스트했다. 하지만 내 질문에는 성의껏 빠짐없이 대답했으며, PC 초창기에 함께 일했던 혹은 경쟁했던 사람들에 대해 아주 독단적인 의견을 쏟아내기도 했다. 게이츠의 열정은 회사와 일에 활력을 불어넣었고, 마이크로소프트를 세계 최고 소프트웨어 회사로 키웠으며, 게이츠를 잠시나마 세상에서 가장 부유한 사람으로 만들었다. 해킹에 대한 게이츠의 신념은 인사 결정을 포함해 게이츠가 하는 모든 일에 확실히 나타난다. "만일 엔지니어를 고용하고 싶다면 그 사람이 짠 코드를 보십시오. 그게 전부입니다. 코드를 많이 짜보지 않았다면 고용하지 마십시오"라고 게이츠는 말한다.

나는 게이츠가 1976년에 작성했던 '컴퓨터 애호가들에게 보내는 공개 편지' 사건을 다시 꺼냈다. "당시는 '사람들이 소프트웨어를 돈 주고 구입해주면 직원들을 더 고용할 수 있을 텐데'라는 생각이었습니다"라고 게이츠는 대답했다.

자신이 제기한 사안들이 오랜 시간이 지난 지금까지도 여전히 해결되지 않으리라는 사실을 게이츠는 짐작했을까? 그렇게 보인다. 게이츠의 설명은 간략하나마 지적 재산권 법률에 관한 역사 강의였다. 게이츠는 아담 스미스의 이론과 유럽 출판사들이 벤자민 프랭클린의 저작물을 불법으로 출간해 판매한 사건까지 언급한다. "벤자민 프랭클린은 완전히 사기당했습니다. 아마 그가 편지를 썼다면 제가 쓴 대로 썼을 겁니다. '빌어먹을 출판사 자식들!'이라고 말이죠". 게이츠는 디지털 시대에 새로운 비즈니스 모델들을 시험해 저작권자와 독자들 사이에서 균형을 찾으려면 오랜 시간이 걸리리라 생각했다. 또한 자신이 공개편지에서 투덜거렸던 바로 그 문제를 요즘 언론가들이 투덜거린다는 사실에 상당한 만족감을 느끼는 듯 보였다. 적어도 내가 보기에는 말이다. "어쩌면 20년 후에도 잡지 기자들이 계속해서 보상을 받을지도 모르죠. 아니면 낮에는 미용실에서 일하고 밤에 기사를 써야 할지도 모릅니다. 누가 알겠습니까?"

게이츠는 성공한 주류가 되기 위해 엄격한 해커 윤리 코드에서 벗어나야만 했다. 하지만 스티브 워즈니악은 댄스 신발 한 컬레로 충분했다. 워즈는 여전히 전설적인 해커로 남아 있으면서 인기 TV 프로그램 댄싱 위드 더 스타*에 출연해 믿기 어려울 정도로 대중적인 인기를 끌었다. 25주년 인터뷰로 다시 만났을 때 워즈는 시즌 마지막 촬영에서 다른 참가자들을 만난 직후였다. 캘리포니아주 프레몬트에 있는 멕시코 음식점에서 감자칩과 살사 소스를 앞에 두고 워즈는 말했다. "저는 제리 스프링어와 클로리스 리치먼과 경쟁했습니다". 비록 초반에 탈락했지만 워즈는 전혀 풀이 죽지 않았다. 세상에 워즈의 기를 꺾을 만한 일은 별로 없었다. 자신이 기술 분야에서 이룩한 천재적인 성과가 리얼리티 TV쇼에서 얻은 유명세에 완전히 가려져 버린 사실도 워즈의 기를 꺾지는 못했다. 사람들이 제게 다가와 말합니다. "와, TV에서 당신이 춤추는 모습을 봤어요!" 그러면 저는 이렇게 말합니다. "네, 그런데

---

* 옮긴이_ 미국 ABC 방송에서 기획한 프로그램으로 연예계 스타와 사회 저명인사들이 전문 댄서들과 연습한 다음에 경쟁한다.

전 컴퓨터도 좀 해요".

열혈 팬이 아닌 이상 워즈의 기술적인 업적을 간과해도 용서할 만하다. 오늘날 워즈는 세그웨이를 타고 경기하는 폴로와 같은 취미나 애정사로 대중의 주목을 더 많이 받는다(코미디언 캐시 그리핀과의 연애는 파국으로 치달았으며, 그 뒤 크루즈에서 만난 여자와 결혼했다). 웹 사이트들은 연예인 잡지에 실린 워즈의 기사를 무자비하게 조롱했으며 일요일 애플 스토어 앞에 자주 줄 서 기다리는 모습을 하찮은 인물이 되어가는 슬픈 징표로 여겼다. 하지만 워즈는 그저 어깨만 으쓱할 뿐이다. 워즈는 몇 년 전 그리핀에게 한 충고를 회상한다. "그리핀, 원하는 만큼 나를 창피주고 악담하고 웃음거리로 만드세요. 사람들에게 웃음을 준다면 그걸로 충분합니다". 1980년대 초반에 내가 만났던 워즈는 사회적으로 서투르고 위험할 정도로 상처 입기 쉬운 백만장자였다. 지금의 워즈는 남의 이목 따위를 두려워하지 않으며 해킹 문화를 대표하는 인물로 널리 사랑받는 아버지상이다.

》 '2009 댄싱 위드 더 스타'에 출현한 카리나 스미노프(좌)와 워즈니악(우)
출처 http://www.people.com

때때로 워즈는 잠재력 있는 기술을 갖춘 벤처 기업을 지원하는 인물로 뉴스에 나온다. CL 9 사는 엄청나게 강력한 원격 제어 장치를 발명하겠다는 회사였다. 휠즈 오브 제우스 사는 무선 기술로 모든 소지품을 추적하는 기술을 약속했다. 하지만 CL 9 사는 성공하지 못했으며, 휠즈 오브 제우스 사는 제품을 내놓지 못했다. 현재 워즈는 퓨전 아이오라는 저장 장치 회사에서 수석 과학자로 일한다. "제품을 설명하고 영업과 마케팅을 많이 합니다만, 미래에 경쟁력 있을 기술도 눈여겨 살핍니다".

하지만 워즈 자신조차도 또 다른 애플 II를 만들어내리라 기대하지 않는다. 2010년 현재 워즈의 가장 큰 공헌은 롤 모델role model로서다. 워즈의 유명세는 전통적으로 '멋있다'라는 개념에 반해 두뇌와 창의력만으로도 충분히 멋질 수 있다는 사실을 끊임없이 일깨워준다. 워즈가 이룩한 행복과 명예는 고교 시절 잘 나가다 이후로 시들해진 졸업파티 최고상 수상자와 비교가 안 된다. 바로 이것이 세상 도처의 괴짜들에게 귀감이 된다.

실제로도 워즈가 후원하던 사람들 중 하나인 앤디 허츠필드는 여전히 해킹에 열정적이다. 초창기 애플 컴퓨터 사에서 가장 총명한 직원 중 하나였던 허츠필드는 이 책에서 주요 인물로 등장하지 않으나 충분한 자격을 갖췄다(허츠필드와 나는 1983년 후반 허츠필드가 매킨토시운영체제 설계자로 일할 때 처음 만났다). 오늘날 허츠필드는 구글에서 일하며, 가장 눈에 띄는 공헌은 구글 뉴스 질의를 연대기 형태로 배열해 사용자에게 시간 순서로 기사를 보여주는 기능이다. 하지만 50대에 들어서면 20대처럼 해킹하기 어렵다. "제가 맥을 해킹하던 시절에는 일에 빠졌다가 한 시간쯤 지났으려니 생각하고 시계를 보면 네 시간이 지났습니다. 이제는 한 시간쯤 지났으려니 하고 시계를 보면 한 시간이 지나 있습니다".

허츠필드가 바뀐 이유는 흘러간 세월만이 아니다. 구글이라는 해커 회사 문화에 맞추기 위해 허츠필드는 자신의 개인주의적인 접근 방식도 바꾸어야 했다. 한편으로 구글은 해커의 성지다. 그들은 엔지니어를 가장 중요한 자산으로 여긴다. "우리는 직원들이 열정이 우러나와 일하기를 바랍니다"라고 허츠필드는 말한다. 확실히 해커 친화적인 가치다. 하지만 허츠필드도 구글이 제품을 설계할 때는 엄격한 표준과 절차를 적용하는(그만큼 격식이 늘어나고 재미가 떨어지는) 대기업이라는 사실을 부인하지 않는다. "일과 저의 관계는 작품과 예술가의 관계와 같습니다"라고 허츠필드는 말한다. "구글에서는 제가 즐거움을 느끼는 방식으로 창의력을 발휘하기 어렵습니다. 그게 바로 제 기본적인 접근 방식인데 말이죠"라고 덧붙인다.

하지만 허츠필드는 개인적인 통제력 일부를 잃은 반면 세상에 족적을 남길 수 있는 전례 없는 능력을 얻었다. 컴퓨터와 인터넷이 너무도 널리 퍼진 덕택에 구글이나 애플에 근무하는 직원들은 코드 몇 줄만으로도 수백만 명의 삶을 개선할 수 있게 되었다. 허츠필드에게는 애플 초창기에 경험했던 전율과는 또 다른 종류의 전율이었다. "애플 II에서 가장 흥미진진했던 기능이 무엇인지 아십니까?"라고 허츠필드는 묻는다. "스피커로 삐~ 소리를 낼 수 있다는 사실이었습니다. 삐~ 소리 하나가 그렇게 흥미진진했던 이유는 우리가 언젠가 음악을 연주할 수 있으리라 믿었기 때문입니다. 지금보다 발전할 가능성이 보일 때, 바로 그때 최고의 흥분을 느끼죠. 다른 한편으로, 현대에는 큰 영향력을 발휘하도록 도와주는 기술과 도구가 너무도 풍부합니다. 요즘은 이런 기술과 도구가 완전히 주류입니다. 구글이나 아이폰은 60년대 비틀즈보다 우리 문화에 더 큰 영향을 미칩니다. 이것이 인류를 바꾸고 있습니다".

>>>>>>>>>>>>>>>>>>>>>>>

리처드 그린블랫은 내게 불평을 털어놓았다.

이런.

25년이 지난 지금에 와서 초판에 내가 자신의 개인적인 위생 상태를 거론했다는 사실을 불평하려는 참일까?

다행스럽게도 그린블랫은 전산 분야의 노쇠한 상태를 더 우려했다. 그린블랫은 HTML과 C++ 등 오늘날 많이 쓰이는 프로그래밍 언어를 아주 싫어했으며 MIT 시절에 썼던 소중한 언어인 LISP를 그리워했다. "세상은 엉망진창입니다"라고 말하며 그린블랫은 내가 감히 범접하기 어려운 수준으로 프로그래밍의 현재 상태를 기술적으로 분석하기 시작했다.

하지만 코딩은 시작에 불과했다. 그린블랫에 따르면, 진짜 문제는 개방성과 창의력이라는 이상을 토대로 건설된 문화에 상업적 이권이 개입한 데 있었다. 전성기 시절에 그린블랫과 그린블랫의 친구들은 코드를 자유롭게 공유했으며 더 나은 제품을 만들겠다는 목표 하나에만 전념했다. "지금은 '사람들이 버튼을 많이 누르게 만들어 광고가 많이 보이도록 웹 페이지를 구성하자'라는 생각으로 사이트를 만듭니다. 다시 말해, 가장 쓰기 불편한 제품을 만들어 낸 사람들이 승리합니다"라고 그린블랫은 말한다.

그린블랫은 이런 뷰류가 아니었다. 그린블랫은 다른 부류에 속했다. 발견의 기쁨, 아이디어의 자유로운 교환과 같이 처음의 동기를 여전히 고수하는 진정한 신봉자들 말이다. 그들은 수십억 불짜리 산업의 그림자에 가려진 채 조용히 열정을 불태웠다. 대단히 총명하고 중요한 인물들이었지만 결코 뛰어난 제품을 내놓지 못했고 아이콘이 되지도 못했다. 단지 해킹에만 몰두했을 뿐이었다.

25회 해커 학회는 그린블랫과 유사한 이상주의자들로 가득했다. 그들은 매년 모여 뭔가 정말 멋진 작품을 만들어내는 전율을 찬미했다. 몇 년 만에 참석했지만 학회는 내가 기억하는 그대로였다. 산타크루즈 리조트에서 48시간 동안 계속된 해커 모임은 밤늦게까지 이어졌으며, 경제학 이론에서 대용량 자료 저장소에 이르기까지 모든 주제를 토론했다. 30살 이하의 사람들을 더 많이 참여시키려는 필사적인 노력에도 불구하고 참가자들 평균 연령은 꽤 높았다. 여전히 나이 먹은 사람들만 열심히 참석했다.

그린블랫은 해커 학회 단골 참가자이자 해커 문화의 산실인 MIT로 이어지는 연결고리다. 요즘 그린블랫은 자신을 독립 연구가라 칭한다. 몇 년 전 어머니 집으로 이사해 2005년 어머니가 돌아가실 때까지 여생을 보살펴드렸고 그 후로 혼자 산다. 몇몇 MIT 동료들과 계속 연락하며, 여러 해에 걸쳐 프로젝트 MAC으로 유명한 해커 빌 고스퍼를 해커 학회로 초대하려고 애써왔다. 하지만 은둔자에 가까운 고스퍼는 결코 응하지 않았다(아직도 해킹을 계속하는 빌 고스퍼는 실리콘 밸리에 살면서 자신의 웹 사이트에서 수학 퍼즐을 판다). "지난 15년간 내가 주로 작업한 프로젝트는 스레드 메모리라 불리는데, 영어 이해와 관련이 있습니다"라고 그린블랫은 말한다. "기초 연구입니다. 아직 돌아가지는 않지만 어쨌거나 작업하는 중입니다".

그린블랫은 해킹의 현재 상태를 보면 무너진 세상이 떠오른다고 한다. 그린블랫은 심지어 해킹이라는 단어 자체도 의미를 잃었다고 생각한다. 오늘날 해킹 상태에 대해 질문하자 그린블랫은 즉시 진심에서 우러나오는 대답을 해주었다. "세상이 해커라는 이름을 훔쳤습니다. 그래서 해킹이라는 단어는 영원히 사라져버렸습니다".

과거를 동경하는 사람은 그린블랫만이 아니다. 1983년에 처음으로 리처드 스톨먼(http://www.stallman.org/)을 대담했을 때 스톨먼 역시 해커 문화의 슬픈 퇴보를 탄식했으며 소프트웨어의 상업화를 범죄라 여겼다. 나는 조만간 세상이 '최후의 진정한 해커들'을 벌레처럼 짓밟아버리리라 생각했다.

하지만 내 생각은 틀렸다. 자유 소프트웨어를 적극 옹호하는 스톨먼은 지적 소유권에 대해 투쟁을 멈추지 않았으며, 맥아서 재단으로부터 '지니어스' 보조금을 받아 자유 소프트웨어 재단FSF를 설립하고 GNU 운영체제를 구현했다. 리누스 토발즈가 GNU 기반으로 리눅스를 작성한 다음부터 널리 퍼진 그 운영체제 말이다. 현재 수백만 대가 넘는 장치가 GNU 운영체제/리눅스 조합을 사용한다. 하지만 GNU 운영체제보다 좀 더 중요한 업적은 스톨먼이 오픈소스 운동에 기반이 된 지적 프레임워크를 제공했다는 사실이다. 이제 오픈소스 운동은 현대 소프트웨어와 인터넷 자체의 핵심 요소가 되었다. 소프트웨어 분야에 성인이 있다면, 스톨먼이 오래전에 시복諡福했을 것이다.

스톨먼은 완고한 성격으로도 유명하다. 2002년 크리에이티브 커먼즈 설립자인 로렌스 레식은 이렇게 썼다. "나는 스톨먼을 잘 모른다. 하지만 좋아하기 어려운 사람이라는 사실은 잘 안다"(스톨먼이 쓴 책의 서문에 실린 말이다!) 시간이 지나도 스톨먼의 성격은 전혀 누그러지지 않았다. 첫 대담에서 스톨먼은 이렇게 말했다. "저는 죽은 문화의 마지막 생존자입니다. 더 이상 이 세상에 속한 사람이 아닙니다. 어떤 면에서 저는 죽어야 마땅하다고 느낍니다". 자신이 좋아하는 중국 음식을 앞에 놓고 대담하는 이번에도 스톨먼은 재차 같은 주장을 펼쳤다. "저는 태어날 때 자살했으면 좋았으리라 믿었습니다. 하지만 제가 세상에 미친 영향을 고려해보면 살아서 다행이라 생각합니다. 그러니 만에 하나 과거로 돌아가 내 출생을 막을 수 있다 해도 그러지는 않을 겁니다. 그래도 살아오면서 그토록 격심한 고통을 안 겪었더라면 좋았으리라 생각합니다".

스톨먼이 겪은 고통이란 외로움이었다. 당시는 컴퓨터 호사가라는 광적인 소수 정예요원이 흔히 겪던 고통이었다(1980년 스탠퍼드 대학 심리학자 필립 짐바도는 '해커는 대면 접촉을 피하려고 컴퓨터에 집착하는 반사회적 패배자'라는 논평을 내놓았다). 하지만 해커 문화가 널리 퍼지면서 사회도 해커라는 존재를 인정하기 시작했다. 오늘날 컴퓨터 해커는 패배자가 아니라 중요한 창조자로 여겨진다. 이들은 스톨먼만큼 극심한 고독으로 고통받지 않는다. 역설적이게도 스톨먼이 그렇게 경멸하는 상업화 덕분에 말이다.

지금의 스톨먼은 25년 전과 다름없이 근본주의자이며 해커주의의 후터라이트*

---

* 옮긴이_ 16세기 종교개혁 당시 급진적/근본적 종교개혁자들로 분류된 아나뱁티스트의 분파로 '형제들의 모든 삶과 물질을 함께 공유하는 나눔의 공동체'를 실천하기 위해 개인 재산을 부정한다.

다. 스톨먼이 운영하는 개인 웹 사이트는 블루레이부터 J.K. 롤링에 이르기까지 대의에 거스르는 적들을 비판하는 호소문으로 가득하며, 심지어 토발즈를 포함해 과거 동맹들과도 논쟁한다("토발즈는 사용자의 자유를 보호하려는 생각이 없다"라고 말한다). 특히 스톨먼은 폐쇄적인 시스템과 디지털 지적 재산권 소프트웨어를 만든 애플을 경멸하며, 『매드』 잡지* 형식을 빌어 애플 제품을 비꼰다. MP3 재생기는 아이스크로드(iScrod†), 모바일 장치는 아이그로운(iGroan‡), 새로운 태블릿 컴퓨터는 아이베드(iBad§)라 부른다. 물론 스톨먼은 공평한 불평주의자다. 아마존 제품 킨들을 스윈들(Swindle¶)이라 불렀다. 조만간 이 책이 킨들판으로 나온다고 말하자 불평을 접고 전자책의 번거로운 DRM에 저항하도록 열정적으로 나를 설득했다. "자유가 중요하다고, 스스로 자유를 누릴 자격이 있다고 믿어야 합니다". 스톨먼이 느끼는 환멸에도 불구하고 스톨먼의 마음속에는 여전히 열정이 타오르고 있었다.

리 펠젠스타인 역시 아직도 열정을 간직한 인물이다. 이 책에서 거론한 인물 중 컴퓨터 혁명의 정치적 영향을 가장 자세하게 말한 사람이 바로 그였다. 하지만 오스본으로 성공한 후로 사업은 전혀 진전이 없었다. 창의력 연구실인 인터벌 리서치에서 8년 동안 일했으나, 결국은 물거품이 되었다(인터넷 전화 서비스 개통부터 자전거 발전기로 움직이는 라오스Laos에 이르기까지) 펠젠스타인이 시도한 많은 프로젝트는 유망한 듯 보였지만 여러 이유로 뜨지 못했다. "그러려고 맘 먹으면 냉소적일 수도 있겠죠. 하지만 그건 원하지 않습니다"라고 펠젠스타인은 말한다.

비록 펠젠스타인은 개인용 컴퓨터의 출현을 예견했지만, 개인용 컴퓨터의 보급

----

* 옮긴이_ 1952년에 출간된 유머 잡지로 처음에는 만화책으로 출발했다. 풍자적인 내용뿐만 아니라 20세기의 전반적인 문화를 조망하는 내용을 담고 있다.
† 옮긴이_ 아이포드를 빗댄 단어로, scrod는 대구 새끼
‡ 옮긴이_ 아이폰을 빗댄 단어로, groan은 신음소리
§ 옮긴이_ 아이패드를 빗댄 단어로, bad는 불운
¶ 옮긴이_ 킨들을 빗댄 단어로, swindle은 사기

이 불러올 민주화를 아직도 기다리는 중이다. 저렴한 컴퓨터가 '대중' 손에 쥐어져 모든 사람이 정보를 얻고, 진실을 더 제대로 반영하도록 고쳐서 널리 퍼뜨릴 수 있는 세상 말이다. "그런 세상이 막 시작되는 참입니다만, 내가 생각했던 방식은 아닙니다"라고 펠젠스타인은 말한다. "링컨 스테픈이 언젠가 이렇게 말했습니다. '내가 생각하는 미래는 가능하다'. 하지만 나는 그 친구가 한 말을 조금 바꾸고 싶습니다. '내가 생각하는 미래는 노력이 필요하다'".

》 '해커 도장' 웹 사이트(http://www.hackerdojo.com/)

리는 '해커'라는 용어의 쇠퇴를 안타까워해 왔으나 이제는 되살아나는 중이라 생각한다. "요즘 해커라는 단어는 최첨단이라는 분위기를 풍깁니다. 나쁜 일보다 좋은 일을 할 사람이라는 느낌을 줍니다. 그래서 저는 80년대 모두가 졌다고 생각했던 문화 전쟁에서 우리가 승리하고 있다고 봅니다". 현재 펠젠스타인은 차세대 해커들을 올바른 길로 인도하는 일을 한다. 최근에는 캘리포니아 마운틴 뷰에 900 제곱미터 정도 땅을 마련해 내부 네트워크와 IR 리더기 같은 온갖 괴상한 도구를 갖춘 해커 도장Hacker Dojo을 만드는 데 일조했다(80여 명에게 한 달에 100불씩 받는다). 이곳은 뿔뿔이 흩어지고 장비가 부족한 컴퓨터 프로그래머에게 힘을 실어주기 위해 전국적으로 생겨나는 '해커 공간'의 전초기지다. "저는 도장道場의 스승님입니다. 대단히 존경받는 대가 말입니다"라고 펠젠스타인은 만면에 미소를 지으며 말한다. "리 펠젠스타인 스승님".

>>>>>>>>>>>>>>>>>>>>>>>>

리처드 그린블랫, 리처드 스톨먼, 리 펠젠스타인은 해킹을 이상적인 가치로 바라본다. 하지만 폴 그레이엄은 해킹을 잠재력이 무한한 경제 원동력으로 바라본다. 한때 자신도 광적인 공학도였던 45살 인터넷 전문가 그레이엄은 인터넷 벤처 기업 육성에 전념하는 Y 컴비네이터의 공동 창립자다. 일 년에 두 번, Y 컴비네이터는 아메리칸 아이돌 방식으로 경연대회를 열어 스무 개에서 서른 개 정도의 신생 기업을 고른 후 3달 동안 집중 단련시킨 다음 엔젤 투자자, 벤처 캐피탈, 구글이나 야후!처럼 합병에 굶주린 회사들을 잔뜩 모아놓고 시연한다.

그레이엄이 가장 유망한 기업을 어떻게 뽑을까? 간단하다. 그레이엄은 해커를 찾는다. "우리 자신이 아주 해커스러우므로 유사한 성향을 금방 알아봅니다". 1995년 최초의 웹 기반 응용 프로그램인 비아웹을 공동 창립한 그레이엄은 이렇게 말한다. "해커들은 시스템을 철저히 파악합니다. 시스템을 책임질 수 있고, 시스템을 제대로 구현할 수 있으며, 심지어 애초에 계획하지 않았던 기능까지 구현할 수 있는 사람들입니다". 그레이엄에 따르면 최고의 후보는 '정상급 해커들'이다. 컴퓨터를 만지는 방법뿐만 아니라 모든 것을 만지는 방법에 능숙한 사람들 말이다. 실제로 그레이엄은 오늘날 모든 회사들이 해커들을 고용하거나 해커가 운영하는 회사에 투자하려 한다고 말한다. "우리는 시연 날에 발표하는 창립자에게 '너무 잘 차려입으면 투자자들이 멍청하게 볼 겁니다'라고 말해줍니다". 투자자들은 MBA 유형이 아니라 다음 래리나 세르게이의 뒤를 이을 인물을 찾으러 오니까요.

사업적인 효율성과 해킹을 동격으로 취급하는 그레이엄의 견해를 들으면 스톨먼은 무서워 도망가버릴지도 모르겠다. 하지만 그레이엄은 사업이 해킹의 가치를 훼손하지 않으며 오히려 사업을 정복했다고 믿는다. 육감과 경험에 의한 문제 해결, 분권화된 의사 결정, 옷매무새가 아니라 업무 질을 강조하는 태도와 같은 해커 사상은 비즈니스 세계로 스며들었다. 시에라 온라인에서 내가 목격했던 해커와 상사 간 알력은 대부분 해소되었다. 이제는 신생 벤처 기업은 물론이고 구글과 같은 큰 회사도 해커 정신을 회사가 추구하는 가치로 편입했다.

(그런데 켄 윌리엄스는 시에라가 대기업에 합병되어 넘어간 후 업계를 떠났다. 이메일에서 그는 이렇게 말했다. "로버타와 나는 게임 사업에서 완전히 손을 털었으며, 심지어 게임도 하지 않습니다". 항해가인 켄은 항해 모험담을 다룬 책 세 권을 냈으며, 로버타는 아일랜드 이민에 대한 논픽션 소설을 쓰고 있다.)

이제 새로운 해커 세대가 등장했다. 그들에게 비즈니스는 '적'이 아니라 '아이디어와 혁신으로 폭넓은 고객층을 끌어들이는 수단'이다. 4억에 이르는 사용자가 온라인에서 개인적인 삶을 공유하는 페이스북 CEO 마크 저커버그가 좋은 예다. 25살에 저커버그는 신중하고도 의도적으로 광고주와 마케팅 사람들에게 사이트를 개방해 비즈니스 흑마법에 통달했음을 증명했다. 그럼에도 불구하고 저커버그는 자신을 틀림없는 해커라 생각한다. 지난해 그는 인터넷 사업가 지망생들 앞에서 이렇게 말했다. "우리에게는 해커 문화를 만들고 싶어 하는 시대정신이 있습니다".

저커버그의 말뜻을 이해하려고 나는 팔로 알토 소재 캘리포니아 애버뉴에 있는 페이스북 본사를 방문했다. 지난 1983년 이 책에 넣을 자료를 조사할 때 내가 세들어 살았던 바로 그 거리다. 놀랍게도 노스 페이스 플리스 차림으로 유명한 CEO는 그날따라 넥타이를 매고 나타났다. 저커버그는 자신의 팀에게 매일 넥타이를 매고 출근하겠다고 약속했던 한 해의 끝이 다가왔다고 설명했다. 불경기에도 불구하고 페이스북에는 멋진 한 해였다. 사용자 수는 두 배로 늘었고, 이익은 수억 불에 달했다. 정장을 한 저커버그는 "넥타이가 행운을 가져다주었는지도 모르겠습니다"라고 말했다. "하지만 넥타이 때문에 아주 답답합니다".

저커버그의 복장은 해킹의 황금시대와 거리가 멀지만, 저커버그의 업무 윤리는 확실히 해킹의 황금시대와 관련이 깊다. "우리는 뭔가 웅장한 이론에서 출발하지 않았습니다. 그저 몇 주 동안 모여서 해킹한 프로젝트였습니다. 재빨리 뭔가를 만들겠다는 생각이 우리 문화입니다". 6주에서 8주마다 한 번씩 페이스북은 '해커톤'을 연다. 하룻밤 만에 프로젝트를 고안해 구현하는 경연 대회다. "해커톤은 하룻밤 사이에 정말 훌륭한 작품이 나올 수 있다는 생각에 기반합니다. 그리고 바로 이것이 오늘날 페이스북만의 개성입니다. 우리는 빠르게 움직이고, 경계를 허물고, 그래도 괜찮다고 믿습니다. 이것이 바로 제 성격의 핵심이기도 합니다".

인재를 놓고 벌이는 치열한 경쟁 속에서 저커버그는 최고의 해커를 영입한 회사가 승리한다고 믿는다. "훌륭한 해커 한 명은 일반 개발자 10~20명 몫을 하며, 우리는 이런 인재를 기꺼이 포용하려 합니다. 우리는 최고의 해커가 일하고 싶어 하는 회사를 만들려고 합니다. 우리 문화가 해커들이 번개처럼 뭔가를 만들 수 있고 괴상한 시도를 할 수도 있고 뛰어나면 인정받는 문화이기 때문입니다".

초창기 해커와는 달리, 저커버그 세대는 아무것도 없는 맨땅에서 시작할 필요도, 기계를 제어하느라 어셈블리어를 사용할 필요도 없었다. "저는 컴퓨터를 분해하고 싶었던 적이 한 번도 없습니다"라고 저커버그는 말한다. 90년대 후반에 새롭게 등장한 해커 세대인 저커버그는 고차원 언어에 익숙한 탓에 하드웨어 차원이 아니라 운영체제 차원에서 컴퓨터에 접근할 수 있었다.

예를 들어 저커버그가 소중한 닌자 거북이를 갖고 놀 때 저커버그는 다른 아이들과 달리 전쟁놀이를 하지 않았다. 저커버그는 사회를 만들고 거북이들이 서로 대화하도록 하며 놀았다. "사회 시스템이 돌아가는 방식에 흥미가 있었을 뿐입니다"라고 저커버그는 말한다. 비슷하게 저커버그가 컴퓨터를 갖고 놀기 시작했을 때도 저커버그는 마더보드나 전화기를 해킹하는 대신 AOL 메신저에서 버그를 활용해 친구를 쫓아내며 놀았다.

게이츠와 마찬가지로, 저커버그 역시 해커 이상에 등을 돌렸다는 비난을 자주 받는다. 페이스북 사용자들이 제공하는 정보를 다른 사이트에서 접근하지 못하게 막아버린 탓이다. 하지만 저커버그는 진실이 정반대라 말한다. 자신의 회사는 정보의 자유로운 흐름을 바탕으로 돌아간다는 뜻이다. "지금까지 경험으로 보건대 내가 원하는 정보는 언제나 남들도 원합니다. 그래서 정보가 더 널리 퍼져야만 한다고 생각했습니다. 세상은 점점 더 개방적이 되어가고 정보에 대한 접근이 쉬워지는 추세는 아주 바람직합니다. 이게 바로 해커 문화의 본질이라고 읽었습니다. '정보는 자유로워지고 싶어한다'와 같은 믿음 말입니다".

나를 포함해 이전 해커 세대는 상업적인 세상이 혁신을 제한하고 막 싹트기 시작한 문화 운동을 방해할지 모른다고 걱정했다. 하지만 해커주의는 살아남았고 번성했고 유연성과 힘을 증명했다. 푸 캠프 '언콘퍼런스*'로 해커주의를 장려하는 컴퓨터 전문서 출판자인 팀 오라일리는 해커 문화가 언제나 새로운 출구를 찾으리라 자신한다(이 책 개정판이 오라일리 출판사에서 나왔다는 사실은 우연이 아니다). 해커들이 내놓는 혁신을 대기업이 우연히 발견해 상업화하겠다고 덤빌지도 모르지만, 그러면 해커들은 단순히 새로운 분야로 옮겨갈 것이다. "'파리에서 마지막 탱고'에 나온 대사와 같습니다"라고 오라일리는 말한다. "극 중에서 말론 브란도는 이렇게

---

* 옮긴이_ 언콘퍼런스는 높은 참석 비용, 스폰서 발표, 하향식 조직 체계를 따르는 기존 콘퍼런스에 반대해 자원봉사자 위주로 진행되는 회의를 말한다. 언콘퍼런스의 대표적인 예는 푸 캠프와 바 캠프가 있는데, 푸 캠프는 초청장을 받은 선택된 사람만 참석이 가능한 반면 바 캠프는 일반 대중에게 열려 있으므로 누구나 참석이 가능하다.

말하죠. '끝났다. 하지만 다시 시작한다'".

현재 해커들이 몰두할 미개척지는 0과 1을 다루는 순수 수학이 아니라 실용적인 분야라고 오라일리는 말한다. 한때 컴파일러에 쏟아붓던 분해−후−재조립 태도를 친환경 에너지와 생명 공학에 적용하라는 소리다(오라일리 출판사는 『Make: Technology on Your Time』 잡지를 출간하며 DIY 정신을 기리는 메이커페어 박람회도 연다*). 오라일리는 "DIY는 사실 해킹의 다른 표현"이라 말한다. 하지만 오라일리가 지적하듯, 심지어 이 분야조차도 기업적인 방향으로 쏠리기 시작했다. 오라일리는 현재 DIY 생물학에서 활발한 활동이 진행 중이라 말한다. 컴퓨터 코드를 조작하던 예전 해커 세대처럼 이제 새로운 해커 세대는 세포의 유전자 코드를 조작한다. "DIY 생물학은 아직 재미있는 단계입니다".

빌 게이츠에게 물어보라. 게이츠는 지금 자신이 10대라면 생물학 해킹에 도전하겠다고 말한다. "DNA 합성으로 인공 생명체를 창조하는 작업은 기계어 프로그래밍과 유사합니다"라고 게이츠는 말한다. '빌 게이츠와 메린다 게이츠 재단'에서 일하면서 게이츠는 질병과 면역학 분야에 전문가가 되었다. "세상을 크게 바꾸고 싶다면 분자 생물학이 출발점입니다. 생물학은 PC 업계를 이끌었던 젊은 천재의 열정과 순수함이 필요할 정도로 깊이 있는 분야이며 PC 출현에 버금가는 영향을 인류에 미칠 분야입니다".

다시 말하면, 게이츠 역시 해커들이 다음 혁명의 영웅이 되길 기대한다. 나로서는 이의가 없다.

− 2010년 5월, 스티븐 레비

....

* 옮긴이_ MAKE 잡지 한국판도 있다. 아울러 메이커페어 코리아도 년에 1회 개최된다. http://www.make.co.kr

>> 참고문헌

이 책에 담긴 내용은 주로 1982년과 1983년 동안 100여 차례가 넘는 개인 인터뷰에서 얻은 자료다. 인터뷰 외에도 다음에 열거하는 출판물을 참고했다.

1부

<u>36</u> 페이지 – 일부 TMRC 용어는 1959년 피터 샘슨이 쓴 미출간서 『An Abridged Dictionary of the TMRC Language』에서 발췌했다. 이 책은 핵심적인 해커 사전으로 오랫동안 MIT 온라인에서 유지되다 나중에 거스 스틸이 『The Hacker Dictionary』(New York : Harper & Row, 1983)로 출간했다.

<u>37</u> 페이지 – F.O.B에 인쇄된 샘슨의 시(the TMRC newsletter, Vol. VI, No. 1, Sept. 1960)

<u>38</u> 페이지 – '... 버릇으로 유명했다 ...' 필립 J. 힐트가 집필한 『Scientific Temperaments: Three Lives in Contemporary Science』(New York : Simon & Schuster, 1982)를 참고한다.

<u>58</u> 페이지 – IBM 배경 지식을 이해하려면 캐서린 데이비스 피시맨이 집필한 『The Computer Establishment』(New York : Harper & Row, 1981)를 참고한다.

<u>83</u> 페이지 – 개인 인터뷰 외에도 스페이스워에 관한 정보는 J.M 가레츠가 쓴 기사 'The Origin of Spacewar!'(Creative Computing Video and Arcade Games), 가레츠가 1962년 디지털 이큅먼트 컴퓨터 사용자 협회에서 발표한 논문 'Spacewar: Real-time Capability of the PDP-1', 스튜어트 브랜드가 쓴 기사 'Spacewar: Fanatic Life and Symbolic Death Among the Computer Bums'(Rolling Stone, Dec. 7, 1972)에서 수집했다.

<u>94</u> 페이지 – '사용자가 원하는 것은...'은 매카시가 'Time Sharing Computer Systems' (Cambridge, Mass.: MIT Press, 1962)에 쓴 글이다.

<u>106</u> 페이지 – 페그 솔리테어 게임 규칙은 M. 빌러가 쓴 'Hakmem,'(Massachusetts Institute of Tech- nology, AI Lab Memo No. 239, Feb. 1972)에 나온다.

<u>110</u> 페이지 – 고스퍼의 메모는 위에 나온 'Hakmem'의 일부다.

<u>124</u> 페이지 – 사이먼이 한 말은 파멜라 메코덕이 집필한 『Machines Who Think: A Personal Inquiry into the History and Prospects of Artificial Intelligence』(San Francisco: W.H. Freeman & Co., 1979)에서 발췌했다. 이 책은 인공지능 연구실의 기획자를 이해하는 데 많은 도움을 줬다.

172 페이지 – 도널드 이스트레이크가 작성한 보고서는 'ITS Status Report'(Massachusetts Institute of Technology, AI Lab Memo No. 238, Apr. 1972)였다.

180 페이지 – 조셉 와이젠바움이 집필한 『Computer Power and Human Reason』(San Francisco: W.H. Freeman & Co., 1976)

191 페이지 – 브루스 뷰캐넌 인용구는 'Introduction to the Memo Series of the Stanford Artificial Intelligence Laboratory'(Stanford University Heuristic Programming Project, Report No. HPP–83–25)에서 발췌했다.

195 페이지 – 1970년 10월과 11월 사이언티픽 아메리카에 실린 'Mathematical Games' 기사 이외에도 마틴 가드너는 'Wheels, Life, and Other Mathematical Amusements'(New York : W.H. Freeman & Co., 1983)에서 콘웨이의 생명에 대해 상당히 긴 글을 적었으며, 여기서 고스퍼를 부각했다.

2부

209 페이지 – 시스템에서 오간 벤웨이의 메시지와 기타 전자적인 서신은 프로젝트 관련 커뮤니티메모리의 꼼꼼한 스크랩북에서 찾았다.

211 페이지 – 리 펠젠스타인에 대한 이야기는 'Biographical Background Information'(Jan. 29, 1983)에서 발췌했다.

214 페이지 – 로버트 A. 하인라인이 집필한 『Revolt in 2100』(New York : Signet, 1954)을 참고한다.

225 페이지 – 1960년대 초반에 일인칭 시점으로 알브레히트의 활동을 기술한 내용은 'A Modern-Day Medicine Show'(Datamation, July 1963)에서 찾았다.

227 페이지 – '수백만에 이르는 사람들이…' 존 케메니가 집필한 『Man and the Computer』(New York : Scribners, 1972)를 참고한다. 이 책은 로버트 A. 칸이 집필한 'Creative Play with the Computer: A Course for Children'(버클리 캘리포니아의 로렌스 과학 회관을 위해 작성한 미출간 논문)에서 인용했다.

228 페이지 – '…디맥션…' 휴즈케너가 집필한 『Bucky : A Guided Tour of Buckminster Fuller』(New York : Morrow, 1973)를 참고한다.

<u>230 페이지</u> – 밥 알브레히트가 너그럽게 제공한 『PCC』 과월호는 1970년대 초반 베이 에어리어 해 킹에 대해 특히 유용한 정보를 제공했다.

<u>233 페이지</u> – 테드 넬슨, 『Computer Lib/Dream Machines』(자비 출판, The Distributors, South Bend, Ind., 1974)

<u>237 페이지</u> – 브라우티간의 시는 『The Pill Versus the Springhill Mine Disaster』(New York : Dell, Laurel, 1973)에 실렸다. 허락을 얻어 이 책에 실었다.

<u>239 페이지</u> – '…조작자이자…' 윌리엄 버로우즈가 집필한 'Naked Lunch'(New York : Grove Press, 1959)

<u>243 페이지</u> – 이반 일리치 『Tools for Conviviality』(New York : Harper Colophon Books, 1973)

<u>244 페이지</u> – '…평범한 미국 민중을…' 리 펠젠스타인이 쓴 논문을 참고한다. 'The Tom Swift Terminal. A Convivial Cybernetic Device'(Journal of Community Communications, June 1975)

<u>246 페이지</u> – 마이크로칩의 진화와 실리콘 밸리에 미친 영향에 대한 배경 지식을 이해하려면, 디크 한센이 집필한 『The New Alchemists』(Boston: Little, Brown, 1982)를 참고한다.

<u>265 페이지</u> – '무어는 끈질기게 남아 있었고 모두가 기권하는 바람에…' 토마스 알브라이트와 찰스 무 어가 기고한 'The Last Twelve Hours of the Whole Earth'(롤링스톤, July 1971)를 참고한다. 마우 린 오쓰도 'Whole Earth $$$ Demise Continues'(Mar. 1972)라는 제목으로 롤링스톤에 후속 이야 기를 기고했다.

<u>267 페이지</u> – 이 전단지는 『Homebrew Computer Club Newsletter (HBCCN)』 창간호에도 실렸 다. 『HBCCN』은 9장을 집필하는 과정에서 귀중한 정보를 제공했다.

<u>316 페이지</u> – 피트만이 기고한 기사는 짐 워렌이 편집한 『The Second West Coast Computer Faire Proceedings』(Palo Alto: Computer Faire, 1978)에 실렸다.

<u>322 페이지</u> – '마쉬가 걱정 외에 별로 할 일이 없을 때는…' 리 펠젠스타인이 기고한 'Sol: The Inside Story'는 단명한 『ROM』 잡지의 창간호(July 1977)에 실렸다.

329 페이지 – 에스콰이어 기사. 론 로젠바움이 기고한 'Secrets of the Black Box'는 『Rebirth of the Salesman: Tales of the Song and Dance 70's』(New York : Delta, 1979)에도 실렸다.

330 페이지 – '승리보다 공을 쫓아다니는 일이...' 언론가인 더그 가와 인터뷰한 미공개 내용이다.

333 페이지 – 드래퍼 관련 정보 몇 가지는 돈 파커가 집필한 『Fighting Computer Crime』(New York : Scribners, 1983)에서 가져왔다.

338 페이지 – '피델 카스트로 수염' 폴 시오티가 기고한 'Revenge of the Nerds'(California, July 1982)를 참고한다.

356 페이지 – '이륙 준비!' 엘리자베스 페어차일드가 기고한 'The First West Coast Computer Faire'(ROM, July 1977)를 참고한다.

357 페이지 – 넬슨의 연설은 짐 워렌이 편집한 『The First West Coast Computer Faire Proceedings』(Palo Alto: Computer Faire, 1977)에 다시 실렸다.

3부

383 페이지 – 『The Carpetbaggers』(New York : Pocket Books, 1961).

404 페이지 – 이 편지는 『Purser's Magazine』(Winter 1981)에 실렸다.

417 페이지 – '한 참가자는 훗날 기자에게...' 기자는 토머빅이 만든 또 다른 출판사인 소프트라인에서 왔다. 소프트라인은 윌리엄스 부부의 투자를 받아 출발했다. 소프트라인과 소프트토크 모두 형제단에 대한 상당한 배경 정보를 제공했다.

433 페이지 – '...수건 디자이너...' 존 F. 허브너와 윌리엄 F. 키스너가 기고한 'What Went Wrong at Atari?'(InfoWorld, Nov. 28, 1983와 Dec. 5, 1983)를 참고한다. 아타리에 대한 다른 배경 지식은 스티브 불름이 집필한 『Video Invaders』(New York : Arco, 1982)를 참고한다.

500 페이지 – '...소프트웨어 불법 복제 기사...' 리 그놈즈가 기고한 'Secrets of the Software Pirates'(Esquire, January 1982)를 참고한다.

4부

552 페이지 – '약육강식의 정글을 지지하지 않는' 스톨먼은 MIT 컴퓨터 시스템에 대한 격렬한 논쟁을 불러일으키는 글을 『Essay』, 『Gnuz』, 『Wiezenbomb』 등에 기고했다. 이 인용구는 자서전적인 'Essay'에서 발췌했다.

552 페이지 – '모든 확장 기능을 환원한다.' 스톨먼의 『Essay』에서.

563 페이지 – '이 무렵의 기억을 되살리기란 고통스럽다.' 『Essay』